러시아 정치의 이해

Politics in Russia

(edition no.07)

토머스 레밍턴 지음 | 장덕준 옮김

한울

아카데미

이 도서의 국립중앙도서관 출판예정도서목록(CIP)은 서지정보유통지원시스템 홈페이지(http://seoji.nl.go.kr)와 국가자료공동목록시스템(http://www.nl.go.kr/kolisnet)에서 이용하실 수 있습니다. (CIP제어번호 : CIP2014024983)

Politics in Russia

Seventh Edition

THOMAS F. Remington

Emory University

Longman

Boston Columbus Indianapolis New York San Francisco Upper Saddle River
Amsterdam Cape Town Dubai London Madrid Milan Munich Paris Montreal Toronto
Delhi Mexico City Sao Paulo Sydney Hong Kong Seoul Singapore Taipei Tokyo

Politics in Russia
by Remington, Thomas F.

Authorised translation from the English language edition, entitled POLITICS IN RUSSIA, 7th Edition, isbn: 0205005799 by REMINGTON, THOMAS F., published by Pearson Education, Inc.

차례

이 책을 옮기며

소련 붕괴 이후 국가 위상이 크게 위축되어 있던 러시아는 한동안 국제정치의 중심무대에서 다소 멀어져 있긴 했지만 블라디미르 푸틴(Vladimir Putin)의 등장 이후 국제 석유가격의 상승에 힘입어 경제적으로 빠르게 성장하는 한편 국제사회에서의 영향력도 확대하기 시작했다. 2008년 8월 발생한 러시아-조지아 전쟁은 러시아가 스스로를 강대국으로 선포하는 무대와도 같았다. 과연 러시아가 진정한 강대국으로 재탄생했는가에 대해서는 논란이 분분하다. 그러나 러시아는 2014년 3월 크리미아반도를 전격적으로 병합하고 동부 우크라이나의 분리·독립을 추진하는 반군세력 지원 문제를 둘러싸고 미국 등 서방과 대립각을 세움으로써 세계정치 무대의 핵심 행위자이자 주역으로 떠올랐다. 한때 초강대국 중 하나로 세계정치를 지배하던 러시아가 체제전환의 혼란기를 지나 다시 그 존재감을 드러내기 시작한 것이다. 한편, 한국에서는 최근 '유라시아 이니셔티브'라는 정책 노선 아래 유라시아 국가와의 협력이 강조되면서 러시아에 대한 관심이 점차 높아지고 있다. 한반도의 안정과 평화, 동북아 평화협력의 증진, 나아가 통일한국의 실현 등을 위해 러시아는 한국의 중요한 협력 파트너로 인식되고 있다.

이렇듯 대러시아 협력의 필요성과 중요성이 점차 증대되고 있음에도 필자가 여러 해 '러시아 정치론' 강의를 해오면서 항상 아쉽게 생각했던 것은 러시아 정치를 체계적이고 쉽게 이해할 수 있게 하는 제대로 된 입문서 겸 교재가 없다는 점이었다. 그래서 학생들에게 늘 미안한 마음이었고, 그것을 마음의 빚으로까지 생각해왔다. 그러던 차에 토머스 레밍턴(Thomas F. Remington) 교수가 쓴 『러시아 정치의 이해(Politics in Russia)』를 접하게 되었다. 국내의 러시아학도는 물론이고, 정치학을 전공하는 학생이나 일반 독자 또한 러시아의 사회와 정치를 좀 더 쉽게 이해할 수 있고 러시아에 대한 호기심과 궁금증을 푸는 데 도움이 될 것이라는 생각에 망설임 없이 이 책의 번역에 나서게 되었다.

이 책의 저자인 레밍턴 교수는 미국 에머리 대학교(Emory University) 정치학과에 재직 중인 러시아 지역연구 전문가로, 러시아 의회와 정당 연구 분야의 국제적인 권위자다. 그는 미국 유라시아 및 동유럽 연구협의회(National Council for Eurasian and East European Research) 이사와 미국 슬라브학회(American Association for the Advancement of Slavic Studies) 이사, 암스테르담에 본부를 둔 동서의회 관행 프로젝트를 위한 러시아 워크숍의 고문을 역임한 바 있다. 레밍턴 교수는 의회정치, 입법부와 행정부의 관계, 노동시장과 사회복지제도 등을 포함해 포스트공산주의 국가의 정치제도 발전에 관한 연구를 주로 수행해온 미국의 중견 정치학자다. 그는 『불평등의 정치(The Politics of Inequality in Russia)』(2011), 『러시아의회: 이행기 체제하의 제도적 전개, 1989-1999(The Russian Parliament: Institutional Evolution in a Transitional Regime, 1989-1999)』(2001), 『제도적 선택의 정치: 러시아 국가두마의 형성(The Politics of Institutional Choice: The Formation of the Russian State Duma)』(2001) 등 다수의 책과 논문을 저술했다.

이 책은 러시아의 역사와 정치, 경제, 사회에 대한 폭넓은 정보를 제공함으로써 일차적으로 이에 대한 독자의 지적 호기심을 충족시켜준다. 또한 러시아 정치의 역사적 연원에서 시작해 소련 시기 정치체제의 유산, 푸틴과 메드베데프의 리더십, 행정부와 의회, 러시아 정당체제의 성격, 러시아의 정치문화, 러시아 시민사회와 이익집단, 러시아 경제의 변화와 현황, 러시아 사법체계의 속성, 러시아의 국제관계 등을 폭넓게 다룬다. 아울러 러시아 정치와 사회에 대한 지식 전달에서 한걸음 더 나아가 권력, 국가, 리더십, 정당, 정치문화, 이익집단, 법의 지배, 정치경제 및 국제관계 등 사회과학과 정치학의 기본개념과 이론적인 틀을 사용해 러시아의 정치 및 사회 현상을 분석함으로써 러시아 지역을 공부하는 학생들에게 사회과학적인 시각과 분석방법을 훈련할 수 있는 기회도 제공해준다. 바로 그러한 측면이 이 책의 가장 큰 특징이자 장점이라고 할 것이다.

이 책에서 분석하는 러시아 정치, 사회의 여러 측면이 한국의 정치 및 사회와 어떤 점에서 닮아 있고, 어떤 점에서 독특한지를 눈여겨 살펴본다면 정치 및 사회현상의 일반적인 성격을 이해하고 러시아 사회의 속성을 파악하는 데 시사점을 얻을 수 있을 것이다. 나아가 러시아의 정치와 사회 현상에 대한 고찰을 통해 한국 정치와 사회의 문제점을 직시하고 바람직한 발전방향을 모색하는 타산지석(他山之石)의 지혜를 찾을 수 있다면 옮긴이에게는 뜻밖의 행운이자 기쁨이 될 것이다.

2014년 8월 북악연구실에서

옮긴이 장덕준

한국의 독자들께: 『러시아 정치의 이해』(제7판) 한국어판을 출간하며

이 책을 접하는 한국의 독자들에게 인사할 수 있는 기회를 갖게 되어 큰 영광으로 생각합니다. 최근의 여러 사건은 오늘날에도 러시아가 세계정치에서 여전히 중요한 요소로 남아 있다는 사실을 일깨워주고 있습니다. 소련이 붕괴된 지 벌써 20년도 훨씬 더 지났지만 러시아와 그 이웃 국가 사이에는 많은 난관과 복잡한 사안이 가로놓여 있습니다. 소련의 핵심적인 부분을 차지하면서 공산당 통치의 유산을 지닌 채 사회주의 경제체제의 모델 노릇을 했던 러시아의 역사적 경험은 오늘날의 국가정책과 다양한 사회적 관행에 여전히 지속적으로 영향을 끼치고 있습니다. 따라서 오늘날 현대 국제정치 및 비교정치를 공부하는 학도들은 모름지기 러시아 정치체제의 동학을 이해할 필요가 있다고 할 것입니다.

이 책에서 저는 질문에 대한 명확한 답변을 내놓기보다는 분석을 유도하기 위해 질문을 설정했습니다. 저는 독자 스스로 러시아가 현재 당면한 삶의 방식을 왜, 그리고 어떻게 발전시켜왔는가라는 질문을 제기하기를 바랍니다. 저는 러시아를 연구하기 위해 비교정치론에서 개발된 분석 틀을 활용하는 것이 매우 유용하다는 결론을 내렸습니다. 러시아의 발전에 영향을 끼친 많은 요소가 다른 국가의 정치체제에서도 공통적으로 발견되기 때문입니다. 우리는 러시아와 선진세계, 개발도상 지역, 그리고 포스트공산주의권을 포함하는 여타 국가 사이의 유사성과 차이점을 파악하기 위해 현대 정치학의 개념과 이론적 도구를 활용할 수 있습니다. 일찍이 알렉시 드 토크빌(Alexis de Toqueville)은 "비교하지 않고서는 정신적 활동을 어떻게 전개해나갈지 알 수 없다"라고 설파한 적이 있습니다. 러시아의 역사와 문화에는 다양한 독특성이 있기 때문에 우리는 그러한 점을 규명하기 위해 노력해야 합니다.

러시아가 공산주의체제로부터 벗어나는 여정은 정치세계가 안고 있는 몇몇 보편적인 문제를 부각시키고 있습니다. 그러한 문제 가운데는 자유와 안보를 어떻게 조화시킬 것인가, 개인의 이익과 공익 사이의 균형을 어떻게 맞출 것인가, 법의 지배를 어떻게 확립할 것인가 등의 이슈가 포함되어 있습니다. 이러한 문제를 한꺼번에 모두 해결할 수는 없겠지만 해결하기 위한 노력을 대를 이어 계속해서 각기 다른 방법으로 모색해나가야 할 것입니다. 이 책을 읽는 독자가 스스로 조국과 세계의 안녕에 기여할 수 있다는 점을 염두에 두고 러시아의 정치발전을 공부했으면 하는 것이 저의 바람입니다.

2014년 4월 29일
토머스 F. 레밍턴

서문

이 책의 [원서의][1] 표지 사진은 2008년 5월 러시아 대통령 취임식 당시 취임 선서를 하러 단상에 오르는 드미트리 메드베데프(Dmitry Medvedev)의 모습과 이를 직전 대통령 블라디미르 푸틴(Vladimir Putin)이 바라보고 있는 장면이다. 취임하자마자 메드베데프는 정책과 지도부의 연속성을 확보하기 위해 푸틴을 총리로 임명했지만 시간이 지나면서 내정과 외정에서 정책의 우선순위와 주요 의제를 바꿔나갔다. 이 표지 사진을 통해 러시아 같은 중앙집권화체제의 지도부 변화는 불확실성을 수반할 수밖에 없다는 사실을 알 수 있다. 이 책에서는 러시아의 단기적·장기적 정책과제를 다루는 과정에서 나타난 두 지도자의 관계 변화를 평가한다.

---

1) 옮긴이 주: 본문에서 대괄호([ ])로 넣은 내용은 정확한 의미 전달이나 매끄러운 번역을 위해 옮긴이가 추가한 것이다.

1. 제7판에서 새롭게 바뀐 내용

러시아 정치는 항상 빠르게 변화한다. 이번 제7판에서는 2010년 여름까지의 사건을 다루었는데, 제6판이 출간된 이후의 여러 변화를 설명하기 위해 상당히 많은 부분을 수정했다. 그 가운데 몇 가지 예를 들면 글로벌 경제위기가 러시아에 끼친 영향, 메드베데프 대통령의 현대화 및 혁신 추진, 푸틴과 메드베데프의 이른바 '양두체제(tandem)' 리더십의 변화 등이 있다. 이번 제7판에 새롭게 추가된 요소는 다음과 같다.

1) 푸틴과 메드베데프 사이의 독특한 양두체제 리더십에 대한 논의

메드베데프는 대통령으로서 정치적 자유화와 민주화를 지향하는 방향으로 주요 정책목표를 설정해왔지만 푸틴이 이룩한 폐쇄적 정치체제와 권력 집중화 등의 정치 구조를 아직까지 변화시키지는 않았다. 만약 그들의 긴밀한 협력관계가 노골적인 경쟁관계로 바뀐다면 그 결과는 정치체제의 불안정으로 이어질 것이다.

2) 메드베데프의 러시아 경제 현대화 요구에 대한 논의

메드베데프 대통령은 러시아 경제가 석유, 천연가스 및 기타 천연자원의 수출에서 벌어들이는 수입에 과도하게 의존함으로써 야기되는 부정적인 결과를 특히 강조해왔다. 나아가 기술혁신 역량을 제고하지 않으면 러시아는 부와 권력을 얻기 위한 글로벌 경쟁에서 영원히 뒤쳐질 것이며, 치명적으로 도태될 것이라는 점을 인식했다. 그러나 그의 현대화와 혁신에 대한 요구는 2008년 시작된 경기침체의 부정적 결과를 극복하고 정권의 권력기반을 유지하기 위해 에너지 자원의 수출로 발생하는 지대(rent)를 사용할 수밖에 없는 현실적 필요성과 상충된다.

3) 글로벌 경제위기가 러시아에 끼친 영향에 대한 논의

석유 및 천연가스 수출 소득에 의존하는 러시아 연방 예산은 세계 에너지가격이 하락함에 따라 엄청난 적자를 나타냈다. 또한 러시아 증권시장에서 거래된 주식의 가치는 경제위기 발발 이후 1년도 채 지나지 않아 무려 75%나 하락했다. 경제위기의 여파로 많은 기업이 도산하고 수십만 명의 노동자가 해고되면서 위기는 경제 전반으로 고조되었다. 이로써 러시아 경제가 대외적 충격에 취약하며, 따라서 근본적인 개혁이 시급하다는 것이 명백해졌다.

4) '기업도시'에 대한 심층 분석

토글리아티(Togliatti) 시[2]에 위치한 자동차 기업 아브토바즈(AvtoVAZ)를 사례로 들어 일개 거대 기업이 형성한, 이른바 모노시티(mono-cities)를 다룬다. 토글리아티 시에서는 성인의 1/7이 문제가 많은 아브토바즈에서 일한다. 전국적으로 수백 개 이상 되는 그러한 기업도시(company towns)는 소련 시기의 역사적 유물로, 오늘날 러시아 정부에 여전히 과제

---

2) 옮긴이 주: 러시아 사마라 주의 도시로 러시아어로는 톨야티(Тольятти)로 불린다. 대형 자동차 제조 기업인 아브토바즈가 있는데, 이 도시의 인구 70여만 명 가운데 아브토바즈에 근무하는 근로자는 11만여 명에 이른다.

를 던져준다.

5) 러시아의 참담한 인구학적 상황에 대한 최신 정보

이 책은 낮은 출산율, 높은 유아사망률, 인구 감소 등과 같은 러시아의 인구 상황을 다룬다. 최근 들어서는 사정이 다소 개선되기는 했지만 공중보건과 인구학적 상황은 여전히 심각한 상태다. 또한 인구 감소에 직면한 러시아는 노동력을 확보하기 위해 이주 노동자에 대한 의존도를 점차 높여가고 있다.

6) 러시아 사회에서 확산되고 있는 온라인 커뮤니케이션 분석

최근 들어 러시아 사회에서 인터넷 사용자가 늘어남에 따라 온라인상의 커뮤니케이션이 국가-사회의 패턴을 변화시키고 있다. 이 책에서는 러시아 전역에서 자동차 운전자들이 당국의 억압에 대항해 궐기한 에피소드(모스크바의 '푸른 양동이 운동' 포함)를 분석한다. 이는 새로운 정보통신기술이 풀뿌리 저항운동을 형성시킨 대표적인 사례로 꼽힌다.

2. 이 책의 내용

러시아 정치의 최근 동향을 이해하기 위해서는 러시아 정치를 형성하는 좀 더 장기적인 동학을 이해해야 한다. 이 책은 포스트공산주의 시기에 러시아가 국내뿐 아니라 국외에서 국가의 힘을 재건하는 데 주력해왔다는 입장을 취한다. 권위주의적 통치자 푸틴은 야당, 대중매체, 독립적인 시민사회집단, 사법부, 지방정부 등과 같이 러시아 사회에서 독자적으로 정치적 주도권을 행사할 수 있는 세력의 영향력을 제어함으로써 국가의 힘을 증대시키는 데 초점을 맞췄다. 그러나 좀 더 장기적인 관점에서 보면 국가의 힘은 경제와 시민사회가 강건해질 때 강화된다. 강한 경제와 사회는 법의 지배를 준수하고, 사적 부문을 착취할 수 있는 부패하고 권력에 굶주린 국가관리의 능력을 제어할 때에만 달성될 수 있다. 이 책에서 다루는 실제 사례를 통해 두 가지 국가 건설 전략 사이에 형성된 긴장관계가 어떻게 나타났는지를 살펴볼 수 있을 것이다. 그 두 가지 전략이란 첫째, 사회를 희생해서 국가권력을 집권화하려는 전략과, 둘째, 국가와 사회 사이의 상호 보완관계와 지속적인 성장을 가능하게 하는 강한 경제의 발전을 촉진하는 전략을 말한다.

제1장에서는 메드베데프 대통령과 푸틴 총리하의 러시아 지도부가 당면한 정책 의제를 개관해본다. 이 장에서는 푸틴에서 메드베데프로 대통령직이 이양되는 과정과 메드베데프 대통령과 푸틴 총리 사이의 보기 드문 권력 공유현상을 다룬다. 이 책은 두 사람이 국가권력의 강화를 최우선 정책 과제로 인식하는 가운데 에너지 수출 의존을 약화시키는 방편으로 경제 다각화를 요구하지만, 대내외적으로 국가의 힘을 증대시키기 위해 석유, 가스 및 기타 천연자원의 수출에 의존할 수밖에 없는 현실을 통해 이 둘 사이에 근본적인 양립 불가능성이 존재한다고 본다.

또한 포스트소비에트 정치체제를 공산주의 시기 및 포스트공산주의 시기의 유산과 관련시켜 살펴본다. 푸틴의 전략은 대부분 1990년대 국가 응집력의 상실에 대한 반작용에서 비롯되었다. 푸틴은 국가권력의 집권화를 위해 부분적으로는 소련 시기 권위주의 통치로 복귀했다. 포스트소비에트체제는 1917년부터 1991년까지 존속했던 소련체제와의 관련성을 생각하지 않고서는 이해하기 어렵기 때문에 제2장에서는 소련체제 — 특히 소련체제의 종식 과정으로 들어섰던 미하일 고르바초프(Mikhail Gorbachev) 시기 — 를 다룬다. 또한 제3장에서는 1980년대 후반과 1990년대 초반의 정치적 혼란기를 거치면서 수립된 오늘날 러시아의 정치 구조와 제도를 살펴본다.

제4장은 시민이 투표를 하고 정당에 가입하며, 시민단체 활동을 하거나 공직을 맡는 등 정치 과정에 참여하는 양상을 보여줌으로써 국가와 사회가 상호작용하는 모습을 서술한다. 또한 시민이 정치엘리트 그룹에 진입하는 경로와 돈과 정치권력이 서로 결부되는 방식을 추적해본다.

제5장은 러시아 정치의 문화적 측면을 다룬다. 그들은 민주적 자유를 중시하고 소련 시기보다 훨씬 자유롭다고 느끼는 동시에 푸틴이 표방하는 안정과 질서 또한 선호한다. 즉, 이 장에서는 러시아 시민의 다소 상충된 정치의식을 다룬다. 여기서는 러시아 사회에서 일어난 장기적인 변화를 살펴보는 동시에 정치생활에 관한 시민의 태도와 가치를 형성하는 대중매체와 교육의 영향도 들여다본다. 또한 지배적인 러시아 민족뿐 아니라 20%에 이르는 소수민족의 민족정체성에 종교가 어떠한 방식으로 영향을 끼치는지도 살펴본다. 이 장은 러시아가 소수민족에 정치적 대표성을 부여하기 위해 채택한 연방제의 종족적 요소를 살펴보고, 이러한 정치제도가 국가권력의 행사에 어떻게 작용하는가를 분석한다.

제6장에서는 이익집단과 정당을 살펴본다. 소련 시기와는 대조적으로 오늘날 러시아에는 수십만 개의 조직화된 이익집단이 있으며, 그 가운데 많은 이익집단이 영향력을 행사한다. 그중 일부는 정치영역에서 활발하게 활동하고, 나머지 집단도 그들과 연관되는 직능별 또는 사회적 이슈와 관련된 활동을 한다. 이 장에서는 이러한 이익집단에 대한 국가의 복합적인 전략을 다룬다. 국가는 일부 이익집단은 우호적인 관계로 끌어들이고, 다른 집단은 그러한 관계로부터 배제시키거나 억압하는 전략을 취한다.

이 장에서는 광대한 영토와 중앙집권화된 정치체제를 지닌 러시아 같은 국가에서는 국가와 시민사회 사이에 대화의 장이 존재해도 정치적·조직적으로 불리한 시민사회는 그 활동에 방해를 받을 수밖에 없다는 견해를 취한다.

제6장 후반부에서는 현대 러시아에서의 정당의 역할에 대해 논의한다. 이 부분에서는 포스트소비에트 러시아 출범 이래 생명력 있고 경쟁력 있는 정당이 자리를 잡지 못하다가 10년 뒤 당국이 어떻게 단일 지배정당인 통합러시아당(United Russia)을 창출해낼 수 있었는가를 살펴본다. 러시아 지도부는 통합러시아당의 창당으로 각계각층의 정치엘리트를 통합하고, 러시아 전역에서 선거와 입법 과정을 지배할 수 있게 되었다. 한편 통합러시아당의 창당과 전국적인 통합 정치세력으로의 발전은 정당 간 민주적 경쟁을 통해 정치적 요구와 선택을 표출하고 공직자들에게 그들의 업적에 대한 책임을 물을 수 있는 시민의 기회를 희생시킨 결과 이루어진 것이다.

제7장에서는 경제와 정치의 관계를 분석한다. 이 장은 포스트소비에트 시기가 시작된 직후 심각한 경제침체가 동반된 공산주의 경제체제로부터의 고통스러운 이행 과정에 대해 논의한다. 극심한 경제침체 이후 러시아는 국제 유가 및 가스가격의 상승 덕택에 경기회복과 함께 상대적인 번영의 시기를 구가했다. 하지만 2008~2009년의 글로벌 경제위기에서 드러났듯이 러시아 경제는 여전히 외부로부터의 경제적 충격에 취약한 상태에 머물러 있다. 이 장에서는 러시아 경제가 왜 그토록 국제경제의 충격에 취약한지, 그리고 러시아가 당시의 위기에 어떻게 대처했는지를 살펴본다.

제8장에서는 러시아의 사법체제에 대해 살펴본다. 포스트소비에트 시기 당국은 소련의 사법기관을 개혁했지만 러시아의 지도자들은 정보기관

뿐 아니라 법원, 경찰, 검찰 등 사법기관에 대한 통제를 쉽사리 포기하지 않았다. 이는 국가 이익이 직접적으로 침해되지 않는 범위 내에서만 사법부의 정치적 독립이 허용된다는 것을 의미한다. 이 장은 또한 법의 지배가 러시아에서 점점 심해지는 부패 문제, 관료의 권력이 책임으로부터 벗어나 있는 관행, 정치적 목적을 위해 사법제도를 악용하는 당국의 태도 때문에 방해받고 있음을 보여준다.

제9장에서는 러시아와 외부 세계, 특히 소련 영토에 해당하는 이웃 국가와의 관계를 살펴본다. 이 장은 러시아 지도자들은 자국의 안보와 석유 및 가스관의 안전을 증대시키기 위해 소련 지역을 지배하고 싶어 하는 동시에 국제경제와의 통합도 심화시키고자 한다고 주장한다. 이러한 상충되는 목표 때문에 러시아의 대외정책은 여러 가지 딜레마를 안고 있다.

특정 주제를 좀 더 자세히 알고 싶다면 주석을 참고하기 바란다. 주석에는 이 책에서 다룬 주제에 관한 영어와 러시아어로 된 1차 및 2차 자료들이 소개되어 있다. 또한 '클로즈업'을 통해 이 책에서 다루는 주요 인물[푸틴, 메드베데프, 보리스 옐친(Boris Yeltsin) 등]에 대한 소개, 최근의 중요한 사건[미하일 호도르콥스키((Mikhail Khodorkovsky)의 체포와 유코스의 해체 등]에 대한 설명, 또는 러시아 정치를 이해하는 데 중요하다고 생각되는 개념(사회주의, 공산주의, 마르크스주의, 레닌주의 등의 이념 등) 등을 살펴볼 수 있다.

독자들이 이 책을 읽으면서 러시아가 과연 왜, 어디로 향해가는가라는 문제에 대해 스스로 판단해보기를 바란다. 포스트공산주의 시기의 러시아는 정치체제 변화를 이해하는 데 중요한 수많은 역설과 문제를 보여준다. 러시아는 강하고 매력적이면서 때로는 이해하기 어려운 국가다. 이 책은 러시아 정치의 해석에 대한 정답을 제공하지는 않는다. 다만 독자가 러시아의 미래에 중요한 문제가 무엇인지를 이해하는 데 도움이 될 수는 있을 것이다.

3. 감사의 말

필자는 러시아에서 일어나는 정치적 현상에 대한 이해와 지식을 함께 나눠준 러시아 친구들과 동료들에게 큰 빚을 졌다. 또한 국내의 동료 학자들에게도 감사의 인사를 전하고 싶다. 그들의 러시아 정치 연구는 오늘날 러시아에 대한 우리의 지식을 진일보시켰을 뿐 아니라 정치학 분야의 발전에도 기여했다. 마지막으로 제6판에 대한 피드백으로 제7판을 좀 더 다듬는 데 도움을 준 위스콘신 대학교(University of Winsconsin) 밀워키(Milwaukee) 캠퍼스의 도널드 페인코스(Donald Peinkos) 교수, 라피엣 대학교(Lafayette University)의 페이비언 캐틀린(Fabian Katalin) 교수, 뮬런버그 주립대학교(Mulhenberg State University)의 모신 하힘(Mohsin Hahim) 교수 등 서평자들에게도 감사의 인사를 전하고자 한다.

지난번과 마찬가지로 제7판 역시 내 아들 알렉산더(Alexander Frederick Remington)에게 바친다.

■ 지도 1 러시아의 연방관구

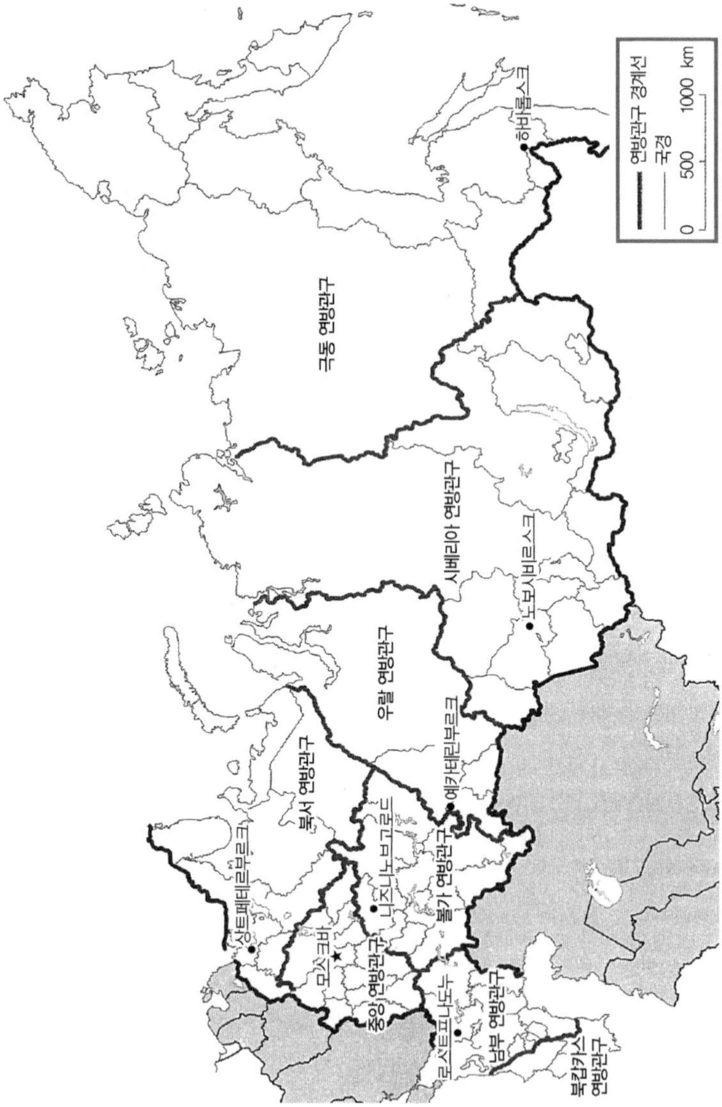

▎지도 2 러시아 남부 및 캅카스

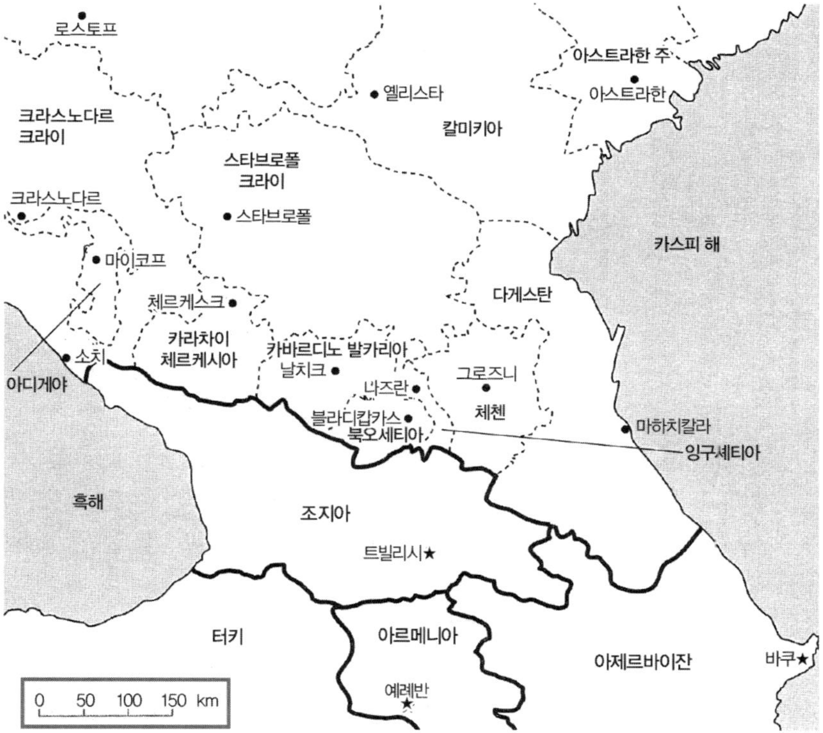

지도 3 러시아 서부 연방주체의 위치

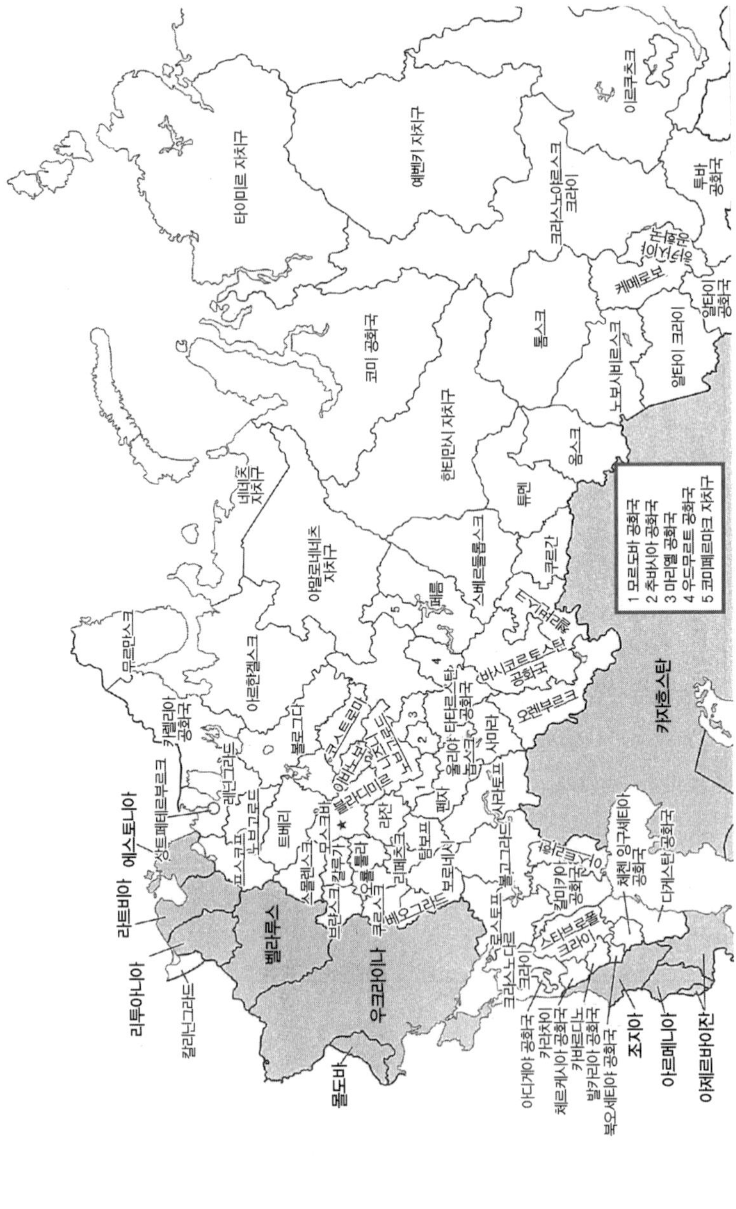

제1장

러시아의 국가와 정치체제

1. 이중집행부

2008년 5월 7일 드미트리 메드베데프는 러시아 연방의 대통령으로 취임선서를 했다. 전임자 푸틴, 러시아 정교회 총대주교 알렉시 2세(Alexii II)등 저명인사들이 참석한 취임식의 장엄함은 신임 대통령의 선출 과정에서 러시아 리더십이 일치단결했음을 알려주는 신호와도 같았다. 소련의 다른 국가에서는 한 대통령에서 다른 대통령으로의 권력승계가 경쟁관계에 있는 정치세력 간 권력투쟁을 촉발시키고, 이는 곧 대중봉기로 연결되어 예측할 수 없는 혼란을 야기하곤 했다.[1] 러시아 당국은 권력승계에서 이와 유사한 파열음을 내어서는 안 된다는 입장을 확고히 했다.

---

1) Henry E. Hale, "Regime Cycles: Democracy, Autocracy and Revolution in Post-Soviet Eurasia", *World Politics*, 58(2005), pp. 133~165.

권력승계는 순조로웠으나 민주적으로 이루어지지는 않았다. 형식적으로 선거는 3월 2일에 실시되었지만 메드베데프의 승리에 걸림돌이 될 만한 사안이 발생하지 않도록 하기 위해 모든 선거 과정이 철저하게 통제되었다. 푸틴이 2007년 12월 메드베데프를 후계자로 결정한 후 크렘린은 선거에서 확실한 승리를 거두고자 했다. 따라서 언론, 지방정부의 수장, 대기업, 선거관리위원회 등이 모두 한 몸이 되어 움직였다. 조작된 선거 과정은 전 세계인과 러시아의 실제적·잠재적 야권인사들에게 러시아의 모든 정치엘리트가 일치단결해 메드베데프를 지지했다는 사실을 보여주었다.

그러한 엘리트의 단합과 지속성 외에도 눈여겨봐야 할 것은 푸틴이 총리로 계속 권좌에 머물러 있게 되었다는 사실이다. 메드베데프가 신임 대통령으로서 제일 처음 취한 정치적 조치는 전임자 푸틴을 총리로 지명한 것이다. 이러한 깔끔한 직무교대 — 푸틴이 메드베데프를 후임자로 지명하고, 메드베데프가 푸틴을 권좌에 머물러 있도록 한 조치 — 는 여러 문제를 한꺼번에 해결했다. 푸틴은 자신에 대한 엄청난 대중적 지지와 정치불안을 야기할 수 있는 지배 엘리트 내부의 균열을 우려한 권력 당국의 입장 때문에 대통령 퇴임 후에도 신임 대통령에게 정당성을 부여하고 정권의 연속성을 보장해주는 역할을 맡을 수 있었던 것이다. 동시에 크렘린 당국은 메드베데프로의 권력 이양을 통해 연속 3선을 금지한 헌법을 준수하는 모양새를 갖출 수 있었던 것이다. 그리하여 푸틴은 러시아 연방의 헌법을 준수하면서도 권력의 지렛대를 계속 유지할 수 있는 묘수를 찾은 것이다.

새로운 '탠덤' 리더십체제는 엘리트 그룹 내부에 과연 누가 실세인가에 대한 불확실성을 야기했다. 시간이 지나면서 메드베데프는 정부 고위직을 교체하고 새로운 정책 아이디어를 발표함으로써 영향력을 확대해나갔으나 푸틴 집권기에 만들어졌던 기본 정책과 제도적 장치를 건드리지는

☞ 클로즈업 1-1 _ 푸틴-메드베데프 탠덤

총리인 푸틴과 대통령 메드베데프 사이의 '탠덤'이라고 알려진 팀 리더십은 러시아 국내외에서 두 지도자의 관계가 지닌 속성에 대한 갖가지 추측을 끊임없이 자아냈다. 즉, 메드베데프는 허수아비에 불과하고 실제 통치자는 푸틴인가, 특정 이슈 영역에서 정책결정을 할 때 메드베데프는 푸틴과 권력을 공유하는가, 메드베데프도 대통령이므로 결국 푸틴을 밀어내고 싶은 야망을 갖고 있는가 등이다. 분석가들은 전면적인 권력 투쟁에 이를 수도 있는 두 지도자 간에 정책 차이의 징표가 있는지 예의주시한다. 만약 그러한 경쟁이 존재한다면 정치엘리트들이 서로 대립하는 진영에 가담하게 되어 혼란스러운 결과를 초래할 것이다. 이러한 권력 투쟁은 다른 포스트공산주의 국가처럼 대중의 저항을 야기해 공공질서를 무너뜨릴 것이다.* 그러나 지금까지 두 사람의 긴장관계는 별로 관찰되지 않았다.

비록 탠덤체제 자체가 이례적인 것이긴 하지만 사실은 견고하게 확립된(well-established) 후견-피후견(patron-client) 관계에 바탕을 둔다. 푸틴은 메드베데프가 자신과 함께 일하기 시작한 1990년 이래 줄곧 그를 곁에 두었다. 또한 푸틴은 승진을 거듭할 때에도 메드베데프를 계속 측근으로 두고 같이 일했다. 메드베데프는 자신의 정책목표를 추구하고 스스로의 경험을 축적해나갔으나 결코 독자적인 정치 경력을 구축하지 않고 푸틴을 충실히 따랐다. 푸틴은 자력으로 대통령이 되기 전 국가보안국, 대통령 행정실, 총리 등 많은 행정부서의 기관장 자리에 올랐다. 그러나 푸틴과 달리 메드베데프는 주로 법률 지원을 하거나 자문집단을 이끄는 등 참모 역할을 수행한 경력을 갖고 있다. 메드베데프는 제1부총리로 재임할 때에도 전반적인 정부의 정책방향을 설정하는 책임을 맡지 못했다. 따라서 그는 대통령에 오른 뒤에도 푸틴을 계속 추종할 것으로 보인다. 그러한 후견-피후견 관계에서는 후견인이 우월한 권력을 갖고 충성의 대가로 피후견인에게 승진할 기회와 권력을 행사할 기회를 부여한다. 이러한 관계는 푸틴과 메드베데프에게도 분명하게 적용되어왔고, 메드베데프가 국가 최고 권력인 대통령직에 오른 이후에도 여전히 지속될 것으로 보인다.

1952년생인 푸틴은 1965년생인 메드베데프보다 13살이 더 많다. 그들의 인연은 푸틴이 상트페테르부르크 시의 대외협력국장을 맡으면서 메드베데프를 법률보좌관으로 영입했던 1990년에 시작되었다. 이 무렵은 푸틴이 동독에서의 5년을 포함해 15년간의 소련 국가공안위원회(KGB) 요원 생활을 마치고 돌아왔을 때였다. 한편, 이즈음 메드베데프는 상트페테르부르크 국립대학교 법학부에서 법학박사 학위를 막 끝냈다. 1996년 푸틴은 옐친 대통령 행정실에서 직책을 맡아 고속 출세를 하고, 1998년 7월 옐친이 푸틴을 옛 KGB인 연방보안국(FSB) 국장으로 임명한 이후 1999년 8월에는 총리로 임명되었다. 제2차 체첸전쟁에서 군사작전을 단호하게 수행한 덕택에 푸틴 총리의 인기는 급상승했다. 1999년 12월 31일 옐친이 사임하면서 푸틴은 자동적으로 대통령 권한대행이 되었다. 그는 2000년 3월 26일에 실시된 대통령 선거에서 확실한 과반수 득표에 성공함으로써 1차 투표만으로 대통령에 당선되었다. 그는 2004년 3월 실시된 대통령 선거에서 압도적인 차이로 재선에 성공했다.

1999년 푸틴은 메드베데프를 모스크바로 불러들였다. 메드베데프는 푸틴의 대통령 선거운동을 성공적으로 이끌었다. 대통령으로 취임한 이후 푸틴은 메드베데프를 대통령 행정실 부실장에 임명하는 동시에 국영가스회사인 가스프롬 이사회 부의장에 임명했다. 메드베데프는 이 직책을 수행하면서 푸틴에게 정보를 수집해 보고하는 일을 했던 것 같다. 계속해서 푸틴은 메드베데프를 관료제도와 가스프롬의 개혁을 다루는 위원회를 포함한 고위직에 중용했다. 2002년 푸틴 대통령은 메드베데프를 가스프롬 이사회 의장으로 앉혔고, 2003년에는 대통령 행정실장에 임명했다.

2005년에 푸틴은 메드베데프를 제1부총리로 임명했는데, 여기에는 아마도 자신의 후계자로 키우기 위한 목적이 있었던 것으로 보인다. 이 직책을 맡음으로써 메드베데프는 지방과 중앙정부에서 인지도를 높이고 지지기반을 확대할 수 있었다. 이와 함께 푸틴이 메드베데프에게 교육, 보건, 농업, 주택 등에 공공예산을 투입하는 국책사업의 책임을 맡김으로써 메드베데프의 입지는 한층 견고해졌다. 메드베데프는 행정조직의 수장보다는 참모역할을 주로 수행해왔던 과거의 경력처럼 여전히 정부의 재정정책을 수립하거나 기본적인 정책의 우선순위를 정하는 일만 담당함으로써 결정권자로서의 책임을 맡지는 않았다. 국책사업을 관장하는 역할 외에도 메드베데프는 사회정책, 인구정책, 이주정책, 청소년·청년정책을 감독하는 일도 맡았다. 이러한 직책은 메드베데프 자신이 독자적인 권력기반을 다지는 데 별 도움이 되지 않았다. 메드베데프는 푸틴의 측근 그룹 가운데 시장경제와 법의 지배를 지향하는 개혁론자로 분류된다. 푸틴은 이 개혁론자들을 내세워 안보 부문에 기반을 둔 다른 정치세력을 견제했다. 그들 가운데는 푸틴이 과거 KGB에서 근무할 때 같이 활동했던 동료도 포함되어 있었다. 이들 분파는 통상 '실로비키(siloviki)'라고 불렸다. '힘의 부서(silovye struktury)'**라는 별칭의 안보 관련 부서의 간부들의 성향이 보수적·민족주의적·국가주의적이었기 때문이다. 푸틴은 임기 내내 '실로비키'와 함께 메드베데프를 비롯한 자유주의 성향의 인사들을 측근으로 두었다. 예를 들면 푸틴은 메드베데프를 제1부총리에 기용하면서 동시에 국방장관이던 세르게이 이바노프(Sergei Ivanov)에게 부총리와 안보회의(Security Council) 사무총장직을 맡겼다. 이를 통해 푸틴은 이 두 사람이 후계자 자질을 스스로 증명해보이도록 경쟁하게 했다는 것이 분석가들의 일치된 견해다. 그런 과정을 거쳐 2007년 말 푸틴은 메드베데프를 자신의 후임 대통령 후보로 결정했다고 선언한다. 동시에 스스로는 계속해서 국정의 일정한 책임을 맡기로 했다고 밝혔다. 전문가들은 메드베데프가 자신의 전임자를 총리에 임명할 것으로 예상했으며, 실제로 메드베데프는 대통령에 취임함과 동시에 이를 실행에 옮겼다. 대통령 선거운동에 돌입하자 크렘린과 여당인 '통합러시아당'은 메드베데프의 당선을 위해 모든 자원을 총동원했다.

푸틴과 메드베데프는 매우 상이한 지도자로서 각자 개성이 있지만 그러한 차이가 반드시 두 지도자 간 정책의 차이로 연결되지는 않았다. 푸틴의 이미지는 강인하고, 단호하며, 현실적이다. 그는 대체로 차분하고 점잖은 태도를 보이지만 때때로 자신의 논점을 강조하기 위해 냉소적이거나 통속적인 표현을 쓰기를 마다하지 않는다. 어떤 때에는 상냥하고 편안한 모습을 보이기도 한다. 또한 그는 야외에서 활동적인 모습을 자주 연출하고, 다른 사람을 대할 때 냉정하고 신중한 모습을 보인다. 푸틴은 공공정치에서 일반적으로 행하는 주고받기 협상을 불편해하는 것처럼 보이지만, 시민이 질문하고 불만을 토로하는 시민과의 전화대화 생방송 프로그램에서는 능숙하게 대처한다. 그는 복잡한 이슈를 쉬운 말로 명쾌하게 설명하는 능력이 있다. 그를 만나는 외국의 정치지도자들과 기업인들은 정책의 세부적인 내용까지 꿰뚫고 있는 푸틴의 모습에서 깊은 인상을 받고 돌아간다는 것이다.

그와는 대조적으로 메드베데프는 세련되고 학자적인 풍모를 보인다. 그가 행한 공적인 성명서나 언급을 보면 메드베데프는 푸틴보다는 더욱 분명한 어조로 러시아가 자유민주주의와 시장지향적인 가치를 받아들이고, 법의 지배를 존중하고, 정치제도 및 경제제도를 개혁할 필요성이 있음을 지적한다. 메드베데프는 군비 통제, 세계무역기구(WTO) 회원국 가입 문제, 이란에 대한 국제제재 조치 등의 이슈를 다룰 때 미국 등 서방국가에 관해 푸틴보다 더 유화적인 입장을 보인다. 그렇다고 해서 메드베데프가 이러한 문제에 관해 푸틴을 무시하고 다소 친서방적인 방향의 정책을 내세웠다기보다는 전임자와 상의해 그의 동의를 얻어 움직였던 것으로 보인다. 푸틴이 메드베데프의 경제 및 정치현대화 드라이브 정책을 지지한 것은 아직까지 그것이 기존 질서를 흔들거나 푸틴의 정치적 이익을 희생시키지 않고, 어디까지나 수사학적 차원에서 이루어졌기 때문이다. 만약 심각한 반부패운동 또는 푸틴이 만든 거대 국영기업의 해체 요구 등 메드베데프가 공언한 정책의제들이 립서비스에 머물지 않고 실제로 사회 변화를 유발한다면 그것은 두 지도자 사이의 심각한 불화로 이어질 것이다. 만약 2012년 대통령 선거에 두 사람이 모두 출마를 결정한다면 두 사람 사이에 훨씬 더 심각한 불화가 일어날 것이다.***

그러나 지난 20년간의 정치적 유대관계와 후견-피후견 관계의 분명한 규칙에 입각해 대통령과 총리 역할을 수행한 두 지도자는 지금까지 매우 조화로운 관계를 유지해왔다. 메드베데프 대통령이 프랑스의 한 신문과의 인터뷰에서 밝혔듯이 이 둘은 효과적인 업무 연대를 유지하고 있다. 심지어 메드베데프는 그들이 '혈액형'도 같다는 사실을 최근에 알게 되었다고 덧붙였다.****

---

* Henry E. Hale, "Regime Cycles: Democracy, Autocracy and Revolution in Post-Soviet Eurasia", *World Politics* 58(2005), pp. 133~165.

** 경찰과 치안부대를 보유한 내무부, 정규군, 법집행 시스템 및 정보기관 등.

*** 옮긴이 주: 2011년 9월 23~24일에 열린 통합러시아당 전당 대회에서 메드베데프가 푸틴을 차기 대통령 후보로 천거하고 푸틴이 이를 수락함으로써 이 문제는 일단락되었다. 이후 푸틴-메드베데프 사이의 탠덤체제는 사실상 의미를 상실했다.

**** Polit.ru(February 25, 2010).

않았다. 대부분의 러시아 시민은 메드베데프가 푸틴의 정책을 기본적으로 유지하고 있다고 믿는다.[2] 그러나 2012년으로 예정된 대통령 선거가 다가옴에 따라 메드베데프와 푸틴 사이의 경쟁이 증대될 가능성이 있으며, 메드베데프가 대통령 선거 출마를 결정한다면 더욱 가능성이 높아진다(〈클로즈업 1-1〉 참조).

러시아 상황의 특수성은 형식적·헌법적 규칙과 실제 권력의 행사를 이끄는 비공식적 관행 사이의 차이에서 비롯된다. 형식적으로 러시아 헌법은 직선제로 선출되는 대통령과 대통령이 지명하고 의회의 신임을 얻어야 하는 총리를 두도록 규정한다. 제5공화국하의 프랑스는 여당 소속의 대통령과 야당 출신 총리가 권한을 배분하는 방식에 합의했으며 이 두 권력이 서로 너무 노골적으로 충돌하지 않는 한 합리적이고 원만하게 공존할 수 있음을 보여주었다. 그러나 러시아는 두 지도자 사이의 권력 분점에 성공한 경험이 없다. 한때 옐친이 말했듯이 "러시아에서는 오직 한 사

---

2) Viktor Khamraev, "U rossiian rastut simpatii k prezidentu", *Kommersant*, June 1, 2010.

람만이 최고 권력자가 될 수 있다". 러시아의 현행 헌법이 발효된 후 대부분의 시기에 대통령은 명백히 지배적인 정치인이었으며 총리는 주로 경제를 관리하고 대통령의 명령을 집행하는 책임을 맡아왔다. 그러나 푸틴은 대통령 재임 기간 중 지지자들에게 정부 부처와 국영기업의 노른자위 자리를 주고, 반대세력을 제거하고, 새로운 정책 구상을 발표하는 등의 고전적인 방식을 동원해 막강한 권력을 축적했다. 2008년까지 튼실한 경제적 성과에 힘입어 그는 매우 높은 지지율을 유지했다. 총리로 자리를 바꿔 정부를 이끄는 역할을 맡았을 때에도 그는 자신의 권력과 인기를 유지했으며, 형식적인 권위의 위계 구조와 상관없이 거의 모든 정책 분야에서 의사결정 과정을 계속 지배했다. 메드베데프도 대통령으로서 상당한 제도적 특권을 갖고 있으며, 자신의 권력기반을 강화하기 위해 이를 사용하고자 했다. 따라서 탠덤체제하의 경우 어느 특정한 이슈 영역에서 과연 누구에게 정책결정의 지배적인 권력이 있는지가 불분명할 때가 많다. 지금까지는 그러한 정책결정 책임의 조정이 원만하게 이루어졌으나, 두 지도자 사이의 공개적인 경쟁이 터져 나오기라도 한다면 정치엘리트들을 분열시키고 체제를 불안정하게 만들 수 있다.

오늘날의 러시아는 형식적으로는 소비에트 국가, 즉 소비에트사회주의공화국연방(소련)의 후계 국가다. 소련은 명목상으로 15개 민족공화국으로 구성된 연방제 국가였으나, 실제로는 공산당이 중앙집권적으로 통치한 국가였다. 그러나 1991년 소련은 구성 민족공화국으로 분해되었고, 15개 공화국 가운데 가장 규모가 컸던 러시아는 국제법적으로 소련의 공식적인 후계국가이자 신생 독립국가로 출범했다. 예컨대 러시아는 소련의 국제연합(UN) 안전보장 이사회 상임이사국 자리를 물려받았다. 소련에서 러시아로의 이행은 여러 가지 면에서 고통스러웠다. 러시아 변방의 몇몇 지역에서는 유혈 인종 충돌이 일어났다. 민주주의와 자본주의를 특징으로 하는 서구식 생활양식으로의 원활한 이행에 대한 러시아 시민의 기대는 무산되었다. 국제무대에서 러시아의 역할은 크게 축소되었다. 또한 러시아는 자신이 한때 통제했던 이웃 국가가 서구의 경제 및 방위 동맹에 참여하는 것을 막지 못했다.

1990년대 러시아 국가의 힘이 약화된 것은 새로운 제도가 확립되기 훨씬 전에 구제도가 급격히 붕괴되어버린 사실에 기인한다. 이렇듯 체제가 붕괴된 이후 국가의 힘이 약화되는 현상은 1,000여 년에 걸친 러시아 역사에서 계속 반복된 패턴이다. 이전에 구체제가 붕괴된 경우는 1917년 러시아 혁명과 그 이후에 일어난 내전이다. 그러나 1980년대 말부터 1990년대에 걸쳐 러시아에서 일어난 체제의 혁명적 변화는 대중매체, 보편적 문자해독률, 높은 교육수준, 민주적 가치에 대한 광범위한 믿음의 시대에 일어났다는 점에서 이전의 경우와는 질적으로 다르다. 따라서 1980년대와 1990년대에 일어난 정치제도상의 변화는 권위주의적이고, 과도하게 관료화되고, 정체된 공산주의체제를 민주적이고 역동적인 체제로 대체하는 데 목적이 있었다. 그러나 옐친 대통령은 재임 중 자신의 권력을 유지하기 위해 국가권력의 상당 부분을 기업인과 지방 정치지도자들에게 떼어주는 대신 그들의 지지를 이끌어내는 거래를 하는 등 수많은 정치적 타협을 해버렸다.

푸틴은 사전에 잘 짜인 각본에 따라 2000년에 순조롭게 옐친으로부터 대통령직을 승계했다. 신임 대통령 푸틴의 정치적 목표는 분명했다. 강한 국가를 건설하는 것이었다. 푸틴도 정확히 이해했듯이 그것은 관료시스템을 최고 통치자에게 복속시키고, 지방의 주지사와 대기업을 제어하고, 의회와 법원을 정책 형성을 위한 충실하고 믿을 만한 수단으로 만들고, 지도자의 의지를 관철시키기 위해 경찰, 정보기관, 군부의 힘을 강화시킬 뿐 아니라 대외적으로 러시아의 힘과 권위를 재건하는 것을 의미했다.

푸틴은 이러한 목표를 상당 부분 달성했다. 푸틴의 재임 기간 8년(2000~2008년) 동안 러시아 경제는 회복되었으며, 국내 정치질서는 예측 가능성과 일관성을 되찾았다. 러시아인은 그 기간에 꾸준한 경제성장이 있었고, 주요 석유가스 수출국으로서 러시아의 국제적 영향력이 증대되었으며, 빈곤과 실업률이 감소하고, 실질소득이 가파르게 상승했다는 점에 만족했다. 이와 동시에 푸틴은 국가권력을 중앙집권화했다. 법원, 의회, 언론, 시민사회 등 잠재적으로 독립적인 권력 중심이 될 만한 부문은 차차 길들였다. 그럼에도 재임 기간을 통틀어 푸틴에 대한 대중의 믿음은 매우 높은 상태로 유지되었다. 푸틴이 총리로 자리를 옮긴 뒤에도 러시아 시민이 그에게 느끼는 안정감과 안전감은 더욱 강화되었다. 2008년 금융위기가 찾아왔을 때도 푸틴의 리더십에 대한 러시아 시민의 신뢰는 흔들리긴 했어도 완전히 무너지지는 않았다. 대통령직을 메드베데프에게 물려주었을 때 푸틴의 권력과 대중적 인기는 절정에 도달해 있었다.

그러나 2008~2009년의 심각한 경제위기가 보여주었듯이 국가권력의 기반은 취약했다. 이는 단지 1990년대에 달성했던 민주주의 성과의 역전만을 의미하지는 않는다. 문제는 국가권력의 경제적·사회적 기반이 그리 견고하지 않다는 데 있었다. 푸틴과 메드베데프는 역대 러시아 통치자들이 국가의 힘을 구축하기 위해 국가 영역 밖의 자유로운 결사체 영역을 축소시켰던 전통적인 러시아 정치의 패턴을 답습하는 정책을 추구해왔다. 이는 기회와 도전에 대한 대응책으로 나온 러시아 통치권자의 정책 아이디어가 사회로부터[아래로부터 자발적인 방식으로] 나온 것이 아니라 국가[위로부터 강제적인]로부터 나왔다는 것을 의미한다. 제정러시아 및 소련 시기에 나타난 바와 같이 과도한 관료적 중앙집권화, 공공정보에 대한 지나친 통제, 잠재적 반대세력에 대한 억압, 후견주의 및 부패 현상의 만연 때문에 국가는 위기상황에 효과적으로 대처하지 못했다. 더구나 오늘날의 러시아는 세입(稅入)의 대부분을 석유 및 가스 수익에 과도하게 의존하기 때문에 국유 천연자원 가격의 급등으로 발생하는 뜻밖의 엄청난 소득으로 인해 지도자들이 국민의 기술과 지식을 증대시키기 위한 투자를 기피하는 국가에서 흔히 나타나는 패턴인 이른바 '자원의 저주(resource curse)'에 취약하다. 따라서 러시아 같은 자원부국은 자원빈국보다 오히려 발전 수준이 떨어지는 경향이 있다. 그러한 국가는 전형적으로 부패가 만연하고, 관료의 책임성이 떨어지며, 인적 자본에 대한 투자가 저조한 경향을 보인다. 따라서 이들은 국제 에너지 가격이 하락할 때 치명적인 금융위기를 겪는다. 마지막으로 러시아는 심각한 인구위기를 지속적으로 겪고 있다. 따라서 이러한 깊은 구조적 딜레마 현상을 볼 때 좀 더 장기적인 관점에서 러시아 정치 및 경제회복의 지속가능성을 위해 원대한 제도적 개혁이 필요하다.

2. 기존 정책이 당면한 난제

메드베데프는 미래에 대한 국민적 낙관주의가 팽배할 무렵 대통령에 취임했다. 러시아가 세계 연료 및 광물자원 수출시장에서 선도적인 역할을 한다는 것은 석유, 가스, 금속, 기타 수출상품의 국제가격이 상승함에 따라 러시아 사회가 여러 부문에서 번영을 누린다는 것을 의미했다. 1999~2008년까지 연간 국민총생산(GNP) 증가율은 7~8%대에 이르렀다. 푸틴 시기에 접어들어 러시아 정부는 학교, 병원, 주택 및 농업 인프라를 재건하기 위한 주요 정책을 실행에 옮겼다. 2000~2008년에 이르는 시기에 실질 임금은 3배나 뛰었고 빈곤과 실업은 감소했다. 각종 여론조사에 따르면 러시아 시민은 오늘날의 이러한 추세에 만족감을 표시했다. 2008

년 경제위기 이전까지 약 60%의 시민은 러시아가 올바른 방향으로 나아가고 있다고 믿었다. 문제가 최악의 상황에 다다랐을 때인 1990년대와 비교해보면 그 무렵인 1999년 초에 실시한 여론조사에서는 6%의 시민만이 러시아가 제대로 돌아가고 있다고 대답했다. 메드베데프 대통령의 직무에 대한 러시아 시민의 만족도는 73%에 달했다.[3)]

러시아 국내외에서 활발히 거론되는 토론거리 가운데 하나는 이러한 러시아의 부흥에 푸틴과 그의 권위주의 통치스타일이 얼마나 기여했는가라는 의문이다. 달리 말해 그가 탁월한 지도자였는지 아니면 단지 행운아에 불과했는지에 대한 의문이다. 그가 유능한 지도자라고 생각하는 많은 사람은 국가가 과도기의 정치적 혼란을 겪은 후 경제성장과 번영으로 과감하게 방향 전환을 하기 위해서는 때로 권위주의 통치가 유일한 방법이라는 가정을 받아들인다. 그들은 중국의 경우를 지적하면서 민주주의는 시장자본주의가 확고하게 자리 잡은 이후 시행해도 늦지 않다고 믿는다. 또한 어떤 이들은 외국의 경험이야 어떻든 간에 러시아는 독재적인 방식으로 통치될 수밖에 없다고 말한다.

한편 '행운'이론은 지도자로서 푸틴의 행위는 러시아의 성공과 별반 관계가 없다고 상정한다. 푸틴의 공적에 대한 회의론자들은 석유 및 천연가스의 수출 비중이 60%를 넘는 국가는 모두 국제유가의 가파른 상승 덕분에 엄청난 불로소득을 올릴 수 있었다고 주장한다. (1999년부터 2008년까지 세계석유시장에서 배럴당 평균 유가는 10달러에서 100달러로 무려 10배나

3) 이것은 예전에는 브치옴(VTsIOM)으로 알려진 러시아의 대표적인 여론조사기관 레바다센터(Levada Center)에서 실시한 여론조사 '올바른/그릇된 방향'의 결과다. 이 내용은 2008년 4월 2일 레바다센터 웹사이트에 게재되었다(http://www.levada.ru/press/2008040201.html). 또한 대통령 지지도에 대한 조사결과는 http://www.levada.ru/press/2008061102.html에 나와 있다.

뛰어올랐다.) 더구나 어떤 분석가들은 1990년대에 단행되었던 시장개혁 덕분에 자본주의의 기회가 활짝 열렸다고 주장한다. 따라서 그들은 2000년대의 러시아는 1990년대에 매우 힘들게 이루었던 시장경제개혁의 과실을 단지 수확하는 데 그쳤을 뿐이라고 주장한다.[4)]

그러나 어느 관점이 옳든 간에 러시아가 국가의 능력과 복원력에 대한 심각한 시험기를 맞이한 것은 사실이다. 실제로 메드베데프는 대통령 취임 직후 푸틴과 함께 두 가지 위기에 직면했다. 첫째는 8월에 남쪽의 인접국인 조지아와 짧은 기간에 걸쳐 치른 전쟁이다.(제9장에서 이 전쟁의 경과와 영향을 좀 더 자세히 설명한다.) 둘째, 2008년 여름 러시아 경제는 글로벌 금융·경제위기의 영향으로 상당한 타격을 받았다. 이는 즉각적이고 심각한 영향을 끼쳤다. 국제유가가 급락해 수년간 흑자를 기록해왔던 러시아 정부의 재정은 순식간에 적자로 돌아섰다. 6개월 만에 주식시장의 가치는 80%나 떨어졌다. 2009년 경제적 산출규모[국내총생산(GDP)]는 거의 8%나 감소했는데, 이는 주요 경제대국 중 가장 큰 하락폭이었다. 정부는 금융위기의 직격탄을 맞은 부실 은행 및 기업에 대한 지원금과 실업수당 및 연금으로 수천억 루블을 쏟아부었다. 그 결과 많은 러시아인이 빈곤상태로 전락하는 것을 면할 수 있었으며, 러시아는 풍부한 외환보유고가 없는 채무국이 겪었던 대규모의 금융 불안 사태를 피할 수 있었다. 그러나 금융위기는 2000년대에 러시아가 누렸던 경제적 호황이 얼마나 취약한 것이었는지를 적나라하게 보여주었다.

푸틴과 메드베데프는 러시아가 원자재 수출에 의존해 경제성장을 도

---

4) Anders Aslund, *Russia's Capitalist Revolution: Why Market Reform Succeeded and Democracy Failed*(Washington D.C.: Peterson Institute for International Economics, 2007).

모하는 것이 매우 위험한 일이라는 것을 되풀이해서 경고한 바 있다. 그 대신 두 지도자는 지속적인 기술혁신과 생산성 향상을 통해 미래의 성장을 이루어내야 한다고 거듭 강조했다. 푸틴은 대통령 퇴임 직전에 행한 연설에서 "오늘날 러시아 경제가 매우 비효율적이라는 점이 주된 문제"라고 선언했다. 푸틴에 따르면 "러시아의 노동생산성은 극히 낮다. 우리는 주요 선진국과 비슷한 수준의 노동비용을 지출하지만 그 대가로 얻는 소득은 선진국의 몇 분의 일밖에 되지 않는다. 이러한 상황은 세계적으로 경쟁이 심화되고 숙련 노동력과 에너지 비용이 상승하는 조건하에서는 갑절로 위험하다."[5] 비슷한 맥락에서 메드베데프는 2009년 발표한 유명한 논문에서 천연자원 채취에 의존하는 러시아 경제는 "원시적"이라고 지적하고, "고질적인 부패 현상, 우리 자신의 문제를 해결하는 데 국가에, 외국에, '전능한' 독트린에, 우리 자신을 제외한 사람들이나 그 무엇에 의존하는 관행"을 비판했다. 또한 그는 "대다수 우리 기업의 노동생산성과 에너지 효율성은 부끄러울 정도로 낮다"라고 지적했으며 대부분의 기업 소유주, 관리자들, 국가관료들이 이러한 현상을 별로 걱정하지 않는다는 사실이 진정한 비극이라고 덧붙였다.[6]

러시아 지도자들은 러시아가 당면한 문제의 심각성을 인식하기는 했지만 문제 해결의 방해물을 돌파할 능력이 없었다. 특히 세 가지가 걸림돌로 작용했다. 첫째, 국가관료들은 자신의 권력을 제한하는 개혁에 저항했다. 둘째, 러시아의 광대한 영토는 중요한 개혁을 위해 광범위하고 공통적인 이익에 바탕을 둔 사회의 여러 세력을 규합하는 데 불리한 요소로

5) 2008년 2월 8일 국가회의(State Council)에서 행한 푸틴의 연설이다. 러시아 대통령 웹사이트 참조(http://president.kremlin.ru/text/appears/2008/02/159528.shtml).

6) President Dmitrii Medvedev, "Rossiia, vpered!." 이 글은 2009년 9월 10일 대통령 웹사이트에 게재되었다(http://kremlin.ru).

작용했다. 셋째, 대부분 기후가 혹독한 원격지에 위치해 있는 거대 국유기업에 자원을 집중시키는 소련식 발전 모델의 잔재다. 그러한 구태의연한 기업들을 세계시장에서 생존력이 강하고 경쟁력 있는 자본주의 기업으로 전환시키기는 불가능하다. 종합해보면 이러한 요소가 현대화 및 민주화의 방해요소로 작용한다는 것이다.

3. 푸틴 요소

대통령으로서 푸틴의 성공은 행운 요인과 전략 요인 모두에 기인한다. 푸틴이 대통령에 취임할 당시의 러시아가 새로운 리더십을 맞이할 준비가 되어 있었다는 것은 확실하다. 그의 대통령 승계는 사실 극적인 과정이었다. 그의 전임자 옐친은 1991년부터 대통령직을 맡았다. 1999년 12월 31일 옐친은 전국에 중계된 텔레비전 방송에 출연해 그날 자정을 기해 대통령직에서 사임하겠다고 발표했다. 옐친의 임기는 2000년 6월까지였으나, 그는 자신의 후계자인 푸틴이 새천년 벽두에 권력을 넘겨받을 수 있도록 하기 위해 조기 사임하기로 결심했던 것이다. 푸틴은 옐친 밑에서 총리를 지내면서 그의 두터운 신임을 얻었지만 국내외에서는 별로 알려지지 않은 인물이었다. 헌법에 따르면 대통령의 궐위 이후 3개월 이내에 선거를 치르도록 되어 있는데, 그러한 조건하에서 푸틴은 대통령 권한대행의 매우 유리한 위치에 있었다. 푸틴이 대통령 권한대행으로 제일 처음 시행한 조치는 옐친과 옐친 가족에게 형사소추를 면제해주는 사면권을 부여한 것이다. 여기서 푸틴의 대통령직 승계 과정은 불법은 아니었으나 명백한 협상의 산물이었음을 알 수 있다. 옐친은 자신의 퇴임 후 안전을 보장 받는 조건으로 푸틴에게 대통령직을 인계했던 것이다.

▎그림 1-1 _ 푸틴과 메드베데프의 지지율(2000~2009년)

자료: Levada Center(여러 시점의 조사자료 종합).

푸틴은 2000년 3월 실시된 대통령 선거에서 자력으로 당선되었고, 그 후 그는 대통령의 권한을 강력하게 행사했다. 높은 대중적 지지를 바탕으로 푸틴은 국가의 힘을 재중앙집권화하기 위해 꾸준한 노력을 기울였다. 그는 이른바 **올리가르히**(oligarchs)[7]의 권력을 공격했다. 당시 올리가르히는 주요 천연자원, 제조업, 금융, 미디어 기업을 소유하고 정부에 대한 과도한 영향력을 행사하던 소수의 거부들이었는데, 푸틴은 이들 중 특히 정치적 야망을 가진 두 명의 갑부를 기소함으로써 기선을 제압하고자 했다. 푸틴은 지역행정부의 수장인 **주지사**의 독립적인 권력기반을 체계적으로

7) 옮긴이 주: 러시아의 체제전환 과정에서 등장한 독점자본가 개개인을 지칭할 때에는 단수인 올리가르흐(олигарх)로 표시하고, 그들을 집합적으로 언급할 때에는 올리가르히(олигархи)로 표현한다. 때에 따라서는 복수로 표현할 때에도 '올리가르흐들'이라고 표기할 수 있는데, 이때에는 자본가 '집단'이라는 의미보다는 '개인'의 뉘앙스가 더 많이 포함된다.

약화시켰다. 푸틴은 집권하자마자 연방관구(federal districts)를 설치하고 각 관구마다 대통령 전권대표를 파견해 주지사들을 감시, 견제하도록 했고, 연방 법률 위반 시 그들을 해임할 수 있는 권한을 확보했으며, 주지사의 연방 상원의원 겸직 특권을 박탈했다. 그 대신 푸틴은 자신과 함께 일한 경험이 있는 인사들을 정부와 대통령 행정실의 책임 있는 지위에 대거 배치시켰다.

푸틴은 대통령에 당선된 이래 줄곧 매우 높은 대중적 지지를 받았으며, 그러한 추세는 그가 총리로 자리를 옮긴 이후에도 지속되었다. 더구나 그의 높은 인기는 메드베데프의 지지율이 동반 상승 하는 데에도 기여했다(〈그림 1-1〉 참조). 이러한 높은 지지율 덕분에 푸틴은 그의 목표를 달성하기 위한 정책을 선택하는 데 상당한 재량권을 갖게 되었다. 그는 세계정치무대에서 소련의 붕괴와 함께 상실되었던 러시아의 주요 강대국 지위를 되찾겠다는 목표를 갖고 있었다. 경제 부문의 경우 특히 석유, 가스 등 국가에 전략적으로 중요한 부문은 국가 소유 또는 국가 통제를 유지하는 동시에 외국인을 포함한 실질적인 사적 소유권과 투자를 허용하는 모델을 채택함으로써 지속적인 고도성장을 달성하기 위해 노력했다. 정치 부문의 경우 기본적으로 민주제도의 틀을 보존했지만, 한편으로는 정치무대에서의 경쟁을 꾸준히 제거해나갔다. 선거는 실시되었지만 그 결과는 미리 정해져 있었다. 시민사회는 제한된 범위 내에서만 허용되었고, 개인의 권리 또한 국가의 권능과 충돌하지 않는 범위 내에서만 인정되었다. 푸틴은 러시아를 국제경제체제로 편입시키고자 노력하는 동시에 다른 한편으로는 확대된 국가 주권의 개념을 추구했다. 푸틴에게 강한 국가란 아래로의 시민에 대한 책임성이 아니라 위로의 중앙정부에 대한 책임성을 강조하는, 대통령부터 각 연방주체(subjects of the federation) 및 지방자치단체의 대표에 이르기까지 견고하게 연결된 행정적 권위체의 사슬을 의미했다. 푸틴은 러시아가 유럽과 유럽문명의 일부를 형성한다는 사실을 인정했지만 민주주의의 가치는 국가 주권의 가치에 종속되는 것으로 간주했다. 그의 정치 철학은 국가의 능력과 주권은 행정부 권위의 집권화를 필요로 한다는 전제에 입각해 있는 것으로 보인다.

푸틴은 자신이 세운 목표를 모두 완수하지는 못했다. 예를 들면 관료제도개혁, 군방개혁, 경제개혁 등 몇몇 야심찬 개혁 프로그램을 설정했지만 그 실행 과정에서 강력한 기득권 세력의 방해에 부딪혀 제대로 실현하지 못했다. 푸틴은 경쟁자들을 위협하거나 제거하고 관료체제 내에서 기강을 유지하기 위해 이른바 '힘의 부서'에 의존했다. 그러다 보니 합의를 도출할 수 있는 좀 더 순수한 정치적 메커니즘은 약화되었고, 중앙정부가 관료를 감시하고 통제하기 더 어려워졌다. 푸틴 집권기 거버넌스의 질(quality of governance)은 실질적인 진전을 별로 이루지 못했다. 여러 가지 정황상 오히려 푸틴 통치기에 부패의 규모는 더욱 커졌다. 그러한 부패 현상은 석유 수출로 벌어들이는 엄청난 외화로 한층 증폭되었음이 확실하다. 푸틴은 자신의 권위주의 통치체제가 효과적으로 작동하도록 하는 것보다는 중앙정부의 권력에 대한 민주적 견제와 균형을 약화시키는 데 더 큰 성공을 거두었다.

지난 20년간 일어난 러시아의 체제 전환을 살펴보는 것은 정치 변동에 영향을 끼치는 요인이 무엇인가를 분석할 수 있는 독특한 기회다. 장기적이고 서서히 일어나는 사회변화는 정치생활의 새로운 패턴을 만들어내는 환경의 단기적인 변화 국면과 어떻게 결합될 수 있을까? 뒤에서 계속 살펴보겠지만 소련체제는 수십 년에 걸친 소비에트 통치에서 시간이 갈수록 그 효과가 더욱 강력하게 나타났던 사회적 현대화 프로그램을 추구했다. 그러한 현대화 프로그램은 결국 소련체제가 수용하지 못한 사회변화에 대한 압력을 스스로 만들어냈던 것이다. 도시화, 대중교육, 산업화 같은 변화는 소련 시기보다 자신의 요구를 좀 더 적극적으로 주장하고, 자기를 표현하는 데 익숙한 사회를 만들어낸 것이다. 1980년대 후반 미하일 고르바초프(Mikhail Gorbachev)가 표현과 집회결사의 자유를 허용했을 때 소련 시민은 자신의 요구를 표출하고 집단행동을 조직하기 위한 폭발적인 에너지를 발산시켰다.[8] 정치는 좀 더 자유롭고, 좀 더 개방적이며 더욱 경쟁적인 것으로 변모했다. 고르바초프와 옐친 같은 지도자는 자신의 목표를 실현시켜줄 수 있는 새로운 정치제도를 창출해내기 위해 노력했다. 그들은 종종 자신의 행동이 가져올 결과를 오판했다. 그러나 이것은 1980년대 말과 1990년대 초 그들을 둘러싼 급격한 변화와 높은 불확실성에 비춰볼 때 그리 놀라운 일이 아니다. 예컨대 1980년대 소련공산당의 중앙당 지도부는 각 구성 공화국의 종족, 민족집단의 힘을 심각하게 과소평가했다. 따라서 소련 시민에게 좀 더 큰 정치적 자유를 부여했을 때 그 자유가 초래한 새로운 변혁의 '효소'는 구성 공화국의 독립을 요구하는 민족주의 운동이 부풀어 오르도록 작용했다.

체제 전환을 이해하는 데 또 다른 중요한 이슈는 경제적 자유화와 정치적 자유화의 관계다. 생산재 — 공장, 은행, 토지 등 부를 창출하는 재산 — 를 국가가 독점하는 것은 국가의 통치자들이 외부의 통제와 견제를 받지 않고 임의대로 자원을 처분할 수 있다는 것을 의미한다. 카를 마르크스(Karl Marx)와 블라디미르 레닌(Vladimir Lenin)은 사유재산 제도는 [공산주의 실현을 위해] 재산을 몰수하려는 정부에 대항해 그들의 재산권을 보호하려는 독립적인 재산 소유자(유산자) 계급과 연관되기 때문에 공산주의 건설에 유해한 존재라고 설파했다. 그러므로 러시아에서 민주주의와 자유를 위해 싸우는 개혁주의자들은 사유재산권, 법의 지배, 시장경제에 대한 요

8) 제2장에서 고르바초프와 그의 개혁에 대해 좀 더 자세히 다룬다.

구를 정치영역에서의 민주적 제권리에 대한 요구와 불가분의 관계에 있는 것으로 간주했다. 공산주의자들은 러시아에서 사유재산과 시장경제가 부활하는 것을 막기 위해 격렬하게 싸웠다. 그들은 국가재산을 사유화하면 거대한 부와 권력이 소수의 개인에게 집중된다고 주장했는데, 그것은 사실 맞는 말이다. 그러나 공산주의자들은 사유화가 그들의 정치권력에 대한 지배권도 박탈할 것이라는 점은 경시했다.

공산정권하에서는 당국이 부와 권력을 독점하므로 새로운 정치운동을 뒷받침할 자율적인 사회집단은 존재할 수 없었다. 공산주의체제의 가장 두드러진 특징 가운데 하나는 국가가 모든 사회조직을 시민생활에 더 많은 영향을 끼칠 수 있는 수단으로 변환시키려 노력했다는 점을 들 수 있다. 노조, 청년조직, 취미집단, 전문직 연합회, 대중매체, 종교단체, 교육기관, 예술 분야는 체제를 위한 대중 동원의 수단으로 취급되었다. 러시아가 온전한 민주주의를 수립하는 데 장애가 되는 요소 중 시민사회 — 가족과 친구의 범위를 넘어 공통의 이익을 통해 사람들을 연결시키는 조직화된 사회적 결사체 영역 — 의 취약성이 가장 두드러진다.[9] 이러한 취약성은 포스트소비에트 시기 러시아의 정치발전을 지속적으로 저해해왔다.

러시아의 체제 전환은 단순히 학술적인 관심의 대상으로만 머물지 않는다. 세계 각국의 정책결정자들은 러시아의 경험으로부터 자국의 발전 전략을 위한 교훈을 얻어왔다. 일부 분석가들은 1990년대 러시아가 기록했던 형편없는 경제적 성과는 이행기 국가에 경제개혁에 대한 조언과 원

9) 래리 다이아몬드(Larry Diamond)는 시민사회를 "조직화된 사회생활의 영역으로서 개방되고, 자발적·자생적이며 최소한 부분적으로 자조적이며, 국가로부터 독립적이면서도 법질서와 일련의 공통규칙의 제약을 받는 영역"이라고 정의한다. 시민사회는 따라서 "공공 영역에서 다양한 목적을 위해 집단적으로 행동하는 시민을 포함한다". Larry Diamond, *Developing Democracy*(1999), p. 221.

조를 제공했던 국제통화기금(IMF)과 서방 정부의 전략이 초래한 파괴적인 결과로 간주한다. 비판적 분석가들은 이들 서방의 기관이 개방적인 시장경제와 재정 긴축을 권고하는 대신 국가의 경제 운용 능력을 향상시키기 위해 노력했어야 한다고 주장한다.[10] 러시아와 중국의 경제개혁은 대조적인 모델로 서로 비교되곤 한다. 일부 비평가들은 고르바초프가 경제 개방 전에 정치 시스템을 먼저 민주화시키는 실수를 저질렀다고 주장한다. 정치적 통제를 약화시킴으로써 민족주의, 부패, 내전, 궁극적으로 국가의 붕괴까지 초래했던 행정 구조의 해체 현상 등이 봇물처럼 터져 나왔고, 이러한 혼돈 속에서 경제상황의 개선이 이루어질 리 없었다는 것이다.[11] 한편, 다른 논평가들은 옐친 시기 러시아 지도부가 새로운 시장지향적 제도가 제자리를 잡기도 전에 경제 통제권을 포기해버렸다고 주장한다. 그 결과 참담할 정도로 산업생산량이 감소하는 한편, 국가경제 능력의 상당 부분이 상실되었으며, 물물교환, 부패, 지하경제활동이 번성하고, 소수의 비양심적인 재벌이 가장 많은 이윤을 내는 자원 분야를 독차지해버렸다. 이와 대조적으로 중국은 공산주의적 정치 통제 시스템을 유지

---

10) 이러한 방식을 주장했던 비평가로 전 세계은행(World Bank) 수석 경제학자인 조지프 스티글리츠(Joseph Stiglitz)가 있다. Joseph Stiglitz, *Globalization and Its Discontents*(New York: Norton, 2002). 특히 "chapter 2, Who Lost Russia"를 참조하라. 그와 비슷한 논조를 갖고 있는 저작으로는 Stephen F. Cohen, *Failed Crusade: America and the Tragedy of Post-Communist Russia*(New York: W. W. Norton, 2001); Peter Reddaway and Dmitri Glinski, *The Tragedy of Russia's Reforms: Market Bolshevism against Democracy*(Washington, D.C.: The United States Institute of Peace, 2001) 등이 있다.

11) 예를 들면 다음과 같은 저작이 있다. Minxin Pei, *From Reform to Revolution: the Demise of Communism in China and the Soviet Union*(Cambridge: Harvard University Press, 1994).

하면서도 외국인 투자를 장려하고, 기업가정신을 앙양하는 동시에 농업 분야의 이윤창출 활동을 고무시켰다. 그 결과 중국은 정치 질서의 혼란을 겪지 않고, 오랜 기간 동안 엄청난 고도성장을 구가할 수 있었다.[12]

제7장에서 살펴보겠지만 경제개혁에 내재적으로 어떠한 결함이 있었는지는 차치하고라도 실제 개혁 프로그램은 정치세력 간 타협의 형태로 변형된 채 실행되었다.[13] 다른 포스트공산주의 국가도 비슷한 경제개혁을 실시했지만 러시아보다 훨씬 더 나은 성과를 거두었다. 이렇듯 러시아의 경제개혁이 문제점을 드러낸 것은 경제개혁을 착수한 초기 조건과 포스트공산주의로 나아가는 과정에서 러시아가 취한 경로에 일정 부분 이유가 있다. 우리는 러시아 지도자들이 직면한 정책적 선택이 중국 지도자들이 갖고 있던 조건과는 달랐다는 점을 유념해야 한다.

러시아의 정치적 변화는 국제안보에도 영향을 끼쳤다. 러시아는 국제법적으로 소련의 승계국가일 뿐 아니라, 실제로 소련으로부터 엄청난 규모의 군사 무기와 핵심적으로 중요한 지정학적 위치를 상속받았다. 러시아의 군사력은 1980년대 이래 심각한 쇠퇴를 경험했으나 아직도 약 5,200기의 핵무기가 실전 배치(또 다른 8,800기의 핵무기는 예비 저장되어 있거나 폐기될 예정) 되어 있어 여전히 세계 2대 핵 초강대국으로 남아 있다.[14] 국제안보에서 이러한 비축 핵무기보다 더 염려스러운 것은 러시아

---

12) Barry Naughton, *Growing out of the Plan: Chinese Economic Reform, 1978~1993*(Cambridge: Harvard University Press, 1995); Joseph Stiglitz, *Globalization and Its Discontents*(New York: Norton, 2002), pp. 133~165.

13) Rudiger Ahrend and William Tompson, “Fifteen Years of Economic Reform in Russia: What has been achieved? What Remains to be Done?”, OECD: Economics Department Working Papers, No. 430(Paris, may 13, 2005), pp. 6~8.

14) George Perkovich and James M. Acton, “Abolishing Nuclear Weapons”, Adelphi Papers, 48:396(2008), pp. 18~19. 이 책의 필자들의 추정으로는 미국이 보유한 핵

가 핵무기 및 생화학무기의 생산자로서의 역사적 전통을 갖고 있다는 사실이다. 여전히 러시아의 많은 공장과 실험실은 대량살상무기를 생산하는 데 필요한 연료와 재료 공급 능력을 갖추고 있다. 핵물질 및 생화학물질에 대한 구소련 지역의 느슨한 통제 시스템은 대량살상무기의 확산을 방지하려는 국제사회의 노력에 걸림돌이 될 수 있다.[15] 과거 소련은 생화학 및 핵무기 관련 전문가 집단을 구축했으며, 오늘날 그러한 전문가들이 전문기술을 급진적인 국가나 테러집단에 기꺼이 팔아넘길 가능성에 대한 우려가 있다.

미국과 러시아에 각각 비축되어 있는 대량살상무기 및 그와 연관된 실험실, 공장, 원료, 전문기술 등은 냉전 시기 수십 년에 걸친 양국 간 경쟁이 남긴 유산이다. 1940년대 후반부터 1980년대 후반까지 미국과 서유럽 민주주의 국가는 유럽, 아시아, 중동 및 세계 여타 지역에 대한 영향력을 놓고 소련과 투쟁을 벌였다. 미국은 조약을 통해 유럽과 그 밖의 다른 지역의 안보를 지키는 약속을 했으며, 그 약속을 뒷받침하기 위해 핵전쟁 위협도 불사했다. 이에 대응해 소련은 국가이익에 위협이 되는 어떠한 군사적 도발도 방어할 수 있을 만큼 핵무기 및 생화학무기를 비축함으로써 미국의 움직임에 반격을 가했다.[16] 물론, 소련체제는 막강한 군사력을

탄두 중 실전에 사용가능한 것은 5,400기에 이른다(그 가운데 1,260기의 핵탄두는 예비상태에 있다).

15) Graham Allison, "How to Stop Nuclear Terror," *Foreign Affairs,* 83:1(January/February 2004), pp. 64~75.

16) 예를 들면 1972년 생물학적 무기의 전면 금지 조약에 서명했음에도 소련은 천연두, 탄저병, 흑사병 등 다수의 생물학적 무기의 연구, 생산을 위한 대규모 프로젝트를 추진했다. 이 프로그램을 위해 소련은 약 6만 명의 인원을 고용한 것으로 알려졌다. 소련의 생물학적 무기 프로그램에 관여했던 전직 소련 고위 과학자 — 그는 현재 미국에 살고 있음 — 는 그의 경험을 담은 회고록을 집필했다. Ken Alibek and

구축했지만, 그것이 궁극적으로 붕괴를 막지는 못했다. 실제로 군비 지출에 대한 끝없는 욕구 때문에 소련의 경제는 군사 부문을 제외한 거의 모든 부문에서 서구에 크게 뒤떨어졌다.

초강대국 간 냉전적 갈등이 일어난 것은 러시아가 세계 전역에서 국제자본주의와(자유민주적인) '부르주아' 정부를 전복시키기 위한 국제 공산주의 운동을 지원했던 20세기 전반의 혁명적인 목적에 기인한다. 공산주의자들이 정권을 장악한 1917년부터 그들은 근본적으로 서방세계에 적대적인 입장을 보였다. 대부분의 공산주의 통치기(1917~1991년) 동안 소련의 지배자들은 서방세계에 대한 공세적이고 팽창주의적인 정책과 유연하고 실용적인 정책을 번갈아 구사했다. 그들은 '평화공존론'을 추구했으나 급진적 사회주의 운동을 지원함으로써 영향력 확대를 위해 [서방세계와] 경쟁했으며, 서방의 근본적인 민주주의와 자본주의적 가치에 대항해 투쟁했다. 관찰자들에 따르면 소련은 대외 관계에서 강온 양면전략을 동시에 추진했다.[17] 다시 말해, 소련 정부는 자본주의 세계의 강대국들과 안정적인 외교적·경제적 관계를 추구하는 한편, 서방의 영향력을 희생시켜 글로벌 차원에서 자신의 영향력을 증대시키기 위해 사회주의 및 혁명세력과 정치적·군사적 동맹 네트워크를 구축했다. 이에 대응해 미국도 소련의 팽창을 저지하기 위해 전 세계에 걸쳐 동맹체제와 조약관계를 구축하고, 개발도상국에 경제 원조를 제공했으며, 공산주의가 확산되지 못하도록 자국의 영향력을 발휘했다. 민주적이고 시장경제 지향적인 서방국가와 소련이 이끌던 사회주의 진영 사이의 적대감은 제2차 세계대전

Stephen Handelman, *Biohazard*(New York: Delta, 2000).

17) 소련체제 초기부터 1970년대 초반까지 소련의 외교정책을 다룬 권위 있는 연구로는 Adam Ulam, *Expansion and Coexistence: Soviet Foreign Policy, 1917~1973*, 2nd ed(New York: Praeger, 1974)이 있다.

직후부터 고르바초프의 역사적인 개혁 조치가 취해질 때까지 세계정치의 양극체제를 만들어냈다.[18)]

미국과 소련 두 초강대국의 전략적 경쟁은 양국의 정치적·군사적 관계를 형성했다. 양국은 전쟁의 가능성을 대비하는 데 엄청난 노력을 기울였으며 그들 사이에 전면적인 핵전쟁이 일어나면 누가 먼저 전쟁을 시작했든, 각자에게 파멸적인 결과를 초래할 것이 뻔하기 때문에 결코 핵전쟁을 해서는 안 된다는 것을 인정했다. 그러나 양국은 그러한 끔찍한 핵전쟁 위협은 과도하거나 도발적인 위험을 피하도록 하는 효과가 있다는 것을 인식했다. 양국은 이 기간에 파괴력, 정확성, 공격으로부터의 안정성, 이동성 등 핵무기의 질을 강조하면서 자국의 핵무기를 지속적으로 개선시켰다.

러시아와 미국은 획기적인 핵무기 감축이 바람직하다는 점에 동의해 이와 관련된 일련의 협정을 도출하기 위한 협상을 계속해왔다. 1991년

---

18) 제2차 세계대전은 1945년에 종료되었으며, 미국 및 동맹국과 소련 및 동맹국 간 전후 기간에 형성되었던 적대감은 1947~1948년 무렵 시작되었다. 소련의 마지막 지도자 고르바초프는 1985년 3월 소련공산당(CPSU)의 총서기로 권력을 장악했다. 1990년 고르바초프는 소련의 대통령직을 신설해 스스로 그 자리를 맡았고, 1991년 12월 대통령직을 사임했다. 1991년 12월 31일 법적인 실체로서의 소련은 공식적으로 해체되었다. 소련체제가 탄생했던 1917년 볼셰비키 혁명 이래 소련을 통치했던 지도자들과 그 통치기간은 다음과 같다.

① 블라디미르 레닌(Vladimir Lenin, 1917~1924)
② 이오시프 스탈린(Iosif Stalin, 1924~1953)
③ 니키타 흐루쇼프(Nikita Khrushchyov, 1953~1964)
④ 레오니트 브레즈네프(Leonid Brezhnev, 1964~1982)
⑤ 유리 안드로포프(Yurii Andropov, 1982~1984)
⑥ 콘스탄틴 체르넨코(Konstantin Chernenko, 1984~1985)
⑦ 미하일 고르바초프(Mikhail Gorbachёv, 1985~1991)

(아버지)부시 대통령과 옐친 대통령은 핵무기를 각각 6,000기로 줄이는 '전략핵무기 감축협정(START)'에 서명했다. 이어서 양국은 핵무기를 더 줄이기 위한 START-II에도 합의했다. 하지만 2002년 (아들) 부시대통령이 탄도탄 요격 미사일(ABM) 금지 협정을 파기하겠다고 선언한 뒤 러시아 정부도 START-II를 더 이상 준수하지 않을 것임을 선언했다. 2002년 5월 부시 대통령과 푸틴 대통령은 전략공격무기 감축협정(SORT)에 서명했다. 이 조약에 따라 러시아와 미국은 각각 서명 시점을 기준으로 10년 내에 1,700기에서 2,200기 정도의 핵무기만 남기고 실전 배치되는 핵무기의 약 2/3를 감축해야 한다.[19] 한편, 오바마 대통령과 메드베데프 대통령은 2010년 4월 양측의 핵무기 수를 더 제한하는 '새로운 전략핵무기 감축협정(a new START)'에 서명했다. 이 조약은 양국의 최대 핵탄두 보유 수를 1,550기로 제한하고, 각국이 보유할 수 있는 실전배치 또는 예비 미사일과 폭격기의 수에 대한 추가 제한을 규정한 것이다.[20]

냉전 시기에 미국과 소련은 자본주의적 민주주의와 마르크스-레닌주의적 사회주의 사이에서 치열한 이념 경쟁을 벌였다. 각국은 서로 자신의 정치제도, 경제제도를 모범으로 제시했으며, 국제적으로 자신의 힘을 방어하고 확장시키기 위해 각자의 이념을 이용했다. 소련의 이념적 독트린은 사회주의체제는 자본가의 노동자 착취를 철폐할 뿐 아니라 자국의 생산 잠재력을 구축할 수 있는 지도자에게 생산자원에 대한 통제력을 집중시키기 때문에 자본주의보다 생래적으로 우월하다고 주장했다. 소련의

19) 그러나 이 조약은 모든 무기의 폐기를 요구하지는 않는다. 이 조약은 무기를 무기고에 저장해 보관할 수 있는 가능성은 열어두었는데, 무기고에 보관되는 무기는 도난당하거나 다시 실전에 배치될 수 있는 위험성이 있다.

20) 좀 더 상세한 조약 내용은 군비 통제협회(Arms Control Association)가 작성한 요약문을 참조하라(http://www.armscontrol.org/factgsheets/NewSTART).

이념적 독트린에 따르면 자본주의와 달리 사회주의는 명백한 목표를 갖고 있으며, 이에 따라 언젠가 사회는 모든 재산과 권력을 공동으로 소유하고 만인이 평등한 공산주의의 발전 단계로 나아간다는 것이다. 소비에트 러시아 초기에 많은 소련 시민은 물론 소련에 동정적인 외국의 관찰자들은 소련체제가 진정으로 자본주의 모델을 대체할 경제발전 및 사회정의의 대안적 모델을 제공한다고 믿었다. 그러나 시간이 지남에 따라 사회주의 모델은 스스로 지속 가능한 경제성장이나, 기술적 진보, 또는 정치적 자유를 가져올 수 없다는 것을 보여주었다. 소련의 대중은 공산주의의 밝은 미래가 도래할 것이라는 믿음을 상실했다. 공산주의체제가 붕괴되었을 때 그 붕괴가 신속하게 일어났다는 사실은 공산당의 지배에 대한 대중의 지지가 얼마나 취약했는가를 여실히 보여준다.

그러나 소련 진영과 미국 진영 사이에 치열한 이념적 대결이 사라졌음에도 러시아가 서방이 구축해놓은 정치적·경제적 구조에 스스로를 통합시키는 노력을 하는 대신 서방의 영향력에 균형을 맞추려고 애를 쓴다면 새로운 형태의 냉전이 일어날 가능성이 다분하다.[21] 만약 러시아의 체제가 민주적이고 개방된 체제로 변한다면 러시아와 서방이 정치적 투쟁이나 군비경쟁에 몰두하는 대신 대량살상무기와 테러리즘의 확산에 대항해 서로 협력할 수 있을 것이다. 러시아가 경제적으로 강건하고 정치적으로 민주적인 체제가 된다면 이는 러시아와 국경을 접하는 여러 지역 — 동유럽, 중동, 동북아 및 서남아시아 지역 — 을 안정화시킬 수 있는 요소로 작용할 것이다.

---

21) James M. Goldgeier and Michael McFaul, "Russians as Joiners: Realist and Liberal Conceptions of Postcommunist Europe", Michael McFaul and Kathryn Stoner-Weiss(eds.), *After the Collapse of Communism: Comparative Lessons of Transition*(Cambridge: Cambridge University Press, 2004), pp. 232~256.

4. 변화의 네 가지 영역

지난 20년간 국가와 체제의 네 가지 기본적인 영역인 국가 구조, 정치 제도, 경제체제 및 민족에서 일어난 변화를 좀 더 자세히 살펴보자.

1) 국가 구조: 소련에서 러시아 연방까지

1992년 1월 1일부로 소련은 역사 속으로 사라졌다. 400여 년간 러시아 국가권력의 심장부였던 모스크바 크렘린에서 낫과 망치가 그려져 있는 소련의 붉은 깃발이 나부끼는 모습을 더 이상 볼 수 없게 된 것이다. 이를 대신해 흰색 - 푸른색 - 붉은색 3색으로 이루어진 러시아 국기가 펄럭이게 되었다. 소련의 공산주의는 종식되었고, 새로운 주권국가인 러시아가 구소련 시기 영토의 3/4과 인구의 절반을 차지하던 러시아소비에트연방사회주의공화국(RSFSR 또는 러시아 공화국)의 영토에 대한 통제권을 확보했다. 오늘날 RSFSR은 '러시아 연방' 또는 '러시아'라고 불린다.

소련과 포스트공산주의 시기 러시아의 관계는 어느 날 갑자기 새로운 국가의 시민이 된 사람들은 물론이고 외부의 관찰자에게도 당혹스러운 주제다. 오늘날까지 많은 사람은 '러시아'와 '소련'은 서로 이름을 바꿔 부를 수 있는 같은 국가라고 생각한다. 이는 러시아가 소련에서 정치적으로나 문화적으로 지배적인 위치를 차지했던 것을 생각하면 이해할 만한 심리적 편의기제(mental shortcut)다. 그러나 러시아는 공식적으로 소련연방을 구성하는 명목적으로는 평등한, 15개 공화국 가운데 하나에 불과하다. 각 공화국은 종족적·민족적(ethnic-national) 정체성을 갖고 있었으나 소련 자체는 종족적 또는 민족적 연합으로 존재한 것이 아니라 단지 이념적인 결합체[마르크스-레닌주의]로 유지되었다.

러시아와 다른 공화국 정부들이 더 이상 소련 중앙정부의 권위를 인정하지 않음으로써 소련은 붕괴되었다. 소련의 개혁지향적인 지도자였던 고르바초프는 소련의 단결을 유지할 수 있는 새로운 제도적 틀을 찾기 위해 고심했지만 러시아 공화국의 옐친 대통령의 책략에 제압당했고, 결정적으로 다른 공화국 인민의 자치에 대한 강력한 열망 표출로 좌절되었다. 1990년 6월 12일 새로 선출된 러시아 공화국 의회인 러시아 인민대표자회의는 소련에서 러시아 공화국의 주권을 선언하는 성명서를 승인했다. 이 성명서는 러시아가 소련의 법률 가운데 그들이 따르기로 동의한 법률만 준수할 것이라고 선언했다. 1년 뒤인 1991년 6월 12일 옐친이 러시아 역사상 처음으로 치러진 대통령 선거에서 초대 러시아 대통령으로 선출되었다. 이때만 해도 소련이 러시아 공화국의 독자적 행보의 결과로 궁극적으로 해체될 것이라고 예측한 사람은 아마도 그리 많지 않았을 것이다. 게다가 공산당이 더 이상 국가를 통치할 수 없게 된 것 또한 중대한 사건이었다. 수십 년간 익숙하게 존재해왔던 국가 소유의 계획경제는 모순된 경향으로 대체되었다. 국유기업의 생산력은 하락한 반면, 가끔 부패한 측면도 드러나지만 전반적으로 활력 있는 사기업의 기업가정신이 확산되었고, 불평등과 빈곤이 급격하게 증대했다. 소련체제는 와해되고 있었다. 새로운 체제가 제대로 형성되지 못한 상태에서 소련체제가 해체되고 있다는 것에 이견의 여지가 없었다.

최종적인 붕괴는 1991년 일어났다. 1991년 8월 연방정부 관료조직(군부, KGB, 국가 경제부처 등) 내의 지도자급 인사들은 고르바초프를 연금하고 소련의 옛 제도를 회복시키려는 필사의 시도를 했다. 그러나 그들의 쿠데타 시도는 군부와 보안군의 핵심세력이 그들의 명령을 거부함으로써 3일째 되는 날 실패로 끝이 났다. 그 이후 1991년 가을 소비에트 국가권력의 붕괴는 가속화되었다. 구성 공화국은 하나씩 독립을 선포했다. 이윽고 연방정부는 권위를 행사할 수 없게 되었다. 재무부는 세금을 거두어들일 수 없었고, 군부는 병사를 징집할 수 없었으며, 지역 간, 공화국 간 교역 네트워크는 붕괴되었다. 세입이 감소함에 따라 중앙정부는 실제 가치를 담보하지 못하는 화폐를 점점 더 많이 찍어냈다. 경제는 점점 더 혼란 속으로 빨려 들어갔고, 러시아 공화국 영토 내에서 운영되었던 연방정부의 관료체제는 러시아 정부에 인수되었으며, 다른 공화국의 관료조직도 비슷한 운명에 처했다.

1991년 10월, 옐친은 러시아 정부가 공산주의에서 시장경제로의 시장 지향적 개혁을 추진할 것이며 이러한 개혁의 노력은 결코 되돌릴 수 없을 것이라고 선언했다. 1991년 12월 1일 우크라이나에서는 국가의 독립에 관한 국민투표가 실시되었다. 우크라이나 독립안이 90%의 찬성으로 통과되자 소련 전역의 정치인들은 연방의 붕괴가 불가피하다는 것을 인식했고, 이에 따라 그들은 공화국 간 최소한의 일정한 형식적인 연대관계를 유지할 방안을 모색했다. 러시아, 우크라이나, 벨로러시아(현재는 벨라루스) 등 슬라브계 3개국 지도자들은 12월 8일 벨로러시아의 수도인 민스크에서 회동해 소련이 해체되었음을 선언했다. 그 대신 그들은 이 3개국 사이의 경제적·전략적 관계를 조정하기 위해 '독립국가연합(CIS)'이라는 새로운 조직을 결성하기로 합의했다. 이로부터 13일 뒤 CIS는 조지아와 리투아니아, 라트비아, 에스토니아 등 발트 3개국을 제외한 모든 구소련 공화국을 포함하는 조직으로 확대되었다. 비록 2008년 탈퇴하긴 했지만 1993년에는 조지아도 CIS에 합류했다. 제9장에서 다루겠지만 CIS는 회원국의 정치적·경제적 결정을 조정하기 위한 효과적인 메커니즘으로 발전하지 못했고, 그러한 조정 기능은 회원국 간 형성된 좀 더 구체적인 기능적 하위 집단이 수행했다.

소련 국가체제를 해체시키는 방안은 처음에는 러시아 공화국에서 광범위한 지지를 받았고, 이어서 다른 소련 공화국에서 더 많은 지지를 얻었다. 그러나 러시아 공화국에서 실시한 여론 조사에 나타났듯이 얼마 되지 않아 대중은 그들의 조국인 소련의 상실에 대해 광범위하고 공공연한 후회의 감정을 표출했다. 이미 1993년 말 무렵 절대다수의 러시아 시민은 소련의 붕괴가 그들에게 해로운 일이었다고 비난했다.[22] 2001년 무렵에는 러시아 시민 가운데 약 3/4이 소련 해체에 대해 유감스럽다는 반응을 보였다.[23] 그러나 여론은 점차 바뀌어갔다. 러시아의 독립이 잘 된 일이라고 생각하는 시민은 1998년 27%에서 러시아가 독립을 선언한지 18년이 경과한 시점인 2008년 6월에는 61%로 증가했으며, 그것이 잘못된 일이라고 생각하는 응답자의 비율은 같은 기간 57%에서 17%로 감소했다. 경제적 상황이 호전되고 세대교체가 이루어졌다는 사실이 소련의 해체를 받아들이는 태도에 주된 변화를 초래한 요인으로 작용했던 것이다.[24]

2) 체제 변화

소련이 구성 공화국들로 분해됨에 따라 러시아도 자신의 정치제도를 개조하는 혁명적인 과제에 착수했다. 1985년 3월 소련공산당 서기장에 오른 고르바초프는 공산주의체제의 민주화를 위한 첫 번째 조치를 취했다. 고르바초프가 처음부터 소련을 해체시키기 위한 목적으로 개혁에 착수한 것은 아니지만 그는 소련체제의 정치제도 및 경제제도에서 급진적

---

22) Jerry F. Hough, "The Russian Election of 1993: Public Attitudes Toward Economic Reform and Democratization," *Post-Soviet Affairs*, 10:1(January-March 1994), p. 13.

23) 2001년 3월부터 실시한 여론조사 결과. *RFE/RL, Newsline*(March 16, 2001).

24) 2008년 6월 레바다센터에서 실시한 여론조사 결과. *Nezavisimaya gazeta*, June 11, 2008.

이고도 광범위한 변화를 추진했다. 연이어 이 변화는 지역 지도자들로부터 더 많은 요구를 불러 일으켰고, 여러 공화국의 다양한 사회 영역으로부터 기존 체제에 대한 저항을 이끌어냈다. 러시아 공화국에서는 옐친과 다른 정치지도자들이 자유민주주의, 시장경제, 러시아의 국가 주권을 주창함으로써 권력의 주도권을 놓고 고르바초프와 연방정부에 성공적으로 도전했다. 소련이 붕괴된 이후에도 옐친 대통령과 그의 정부는 시장지향적 경제개혁을 계속 밀어붙였다. 그 과정에서 옐친은 1993년 의회 해산 시 극적으로 나타났듯이 때때로 비민주적인 방법에 의존하기도 했다.

푸틴과 메드베데프 통치기에 접어들어 정치적 자유가 상당히 후퇴했다. 독립적인 미디어 기구는 친정부 성향의 소유주들이 장악했고, 정당은 엄격하게 통제되었으며, 비정부기구(NGO)는 정부 당국의 밀착 감시를 당했다. 비록 정치활동의 범위가 1990년대보다는 좁아졌다 하더라도 러시아가 고르바초프 등장 이전의 소련보다는 더 자유로운 상태에 머물게 된 것은 사실이다.

(1) 개인의 자유

공산정권이 강요했던 개인의 정치적 자유에 대한 장애물은 대부분 제거되었다. 대중을 세뇌시키고 공적 담론에서 이데올로기적인 규율을 강요하기 위해 만들어졌던 공산당의 강압적인 메커니즘이 사라짐과 동시에 '반소비에트'적인 발언에 대해 비밀경찰에 밀고하던 정치적 정보 제공자(첩자) 네트워크도 와해되었다. 점차 등록 절차가 까다롭게 바뀌긴 했지만 시민들은 이제 새로운 정당과 정치적 결사체를 조직할 수 있게 되었다. 또한 자유롭게 종교활동을 할 수 있었다.[25] 그러나 중앙정부 또는 지

25) 그러나 러시아 정부는 역사가 오래 되지 않은 몇몇 종교 분파의 활동은 제한했다.

방 당국의 간섭에 대항해 자신의 권리를 지킬 수 있는 시민의 능력은 아직 미약했다. 법원은 대체로 시민과 중앙정부 또는 지방정부 사이의 분쟁에서 시민의 권리를 옹호하는 판결을 내리기를 꺼려했다. 정권에 직접 도전하는 정당과 정치 결사체는 억압을 받았다. 예컨대, 그러한 조직의 집회 허가 요청은 거절되기도 했고, 그 지도자들은 날조된 혐의로 체포되거나 정당 또는 단체의 등록이 거부되기도 했다.

그러나 시민단체의 사유라는 측면에서 현재의 러시아 정치체제와 공산주의체제에는 상당한 차이가 존재한다. 소련 시기에는 공공조직이 공산당에 의해 감시받고 통제되었으며, 체제하에 설정된 정치적 목표를 위해 봉사해야 했다. '스탈린 시기'(1928~1953)에는 노조와 청년동맹 등 주요 공공조직이 사회와 정부를 연결해주는 '전달벨트'로 간주되었다. '전달벨트' 조직은 정부의 후원하에 조직화된 집단행동의 출구 역할을 했으며, 모든 조직활동이 체제의 이익을 위해 수행될 수 있도록 담보하는 역할을 했다. 고르바초프 시기에는 정치개혁의 결과 수많은 신생 독립 사회조직이 우후죽순 생겨났다. 일부 조직은 노골적으로 정치적 목적을 지향했고, 또 다른 조직은 문화적인 부업 또는 취미활동과 관련된 관심사를 갖고 있었다.[26] 공산정권 퇴장 이후 이러한 조직 가운데 상당수는 사라졌다.

그러나 시간이 경과함에 따라 좀 더 안정적인 부류의 이익집단이 발달하기 시작했다. 그 가운데는 지역, 집단농장과 국영농장, 국유기업, 사유

---

26) Jim Butterfield and Marcia Weigle, "Unofficial Social Groups and Regime Response in the Soviet Union", in Judith B. Sedaitis and Jim Butterfield(eds.), *Perestroika from Below: Social Movements in the Soviet Union*(boulder: West view, 1992), pp. 175~195; Marcia A. *Weigle, Russia's Liberal Project: State- Society Relations in the Trasition from Communism*(University Park, PA: Pennsylvania State University, 2000).

비즈니스를 경영하는 기업가, 사유 농장주, 은행가, 산업노동자의 이익을 대변하는 조직이 포함되었다. 이 책의 제6장에서는 이 결사체들의 활동을 좀 더 자세하게 다룬다. 여기서는 만약 그러한 결사체들이 소련체제하에서 공산당의 지도와 통제를 벗어난 활동을 했을 경우 반소비에트적인 행동으로 비판받았겠지만, 이제는 정부 당국에 직접적으로 도전하지 않는 한 그 활동이 허용된다는 사실 정도만 알아두는 것으로 족하다.[27)]

소련 시기 공산주의체제와 비교한 오늘날의 러시아체제의 세 번째 차이점은 선거가 규칙적이고 자유롭게 실시된다는 것이다. 1989년 소련 인민대표자를 선출하는 첫 번째 경쟁선거 이후 2008년 3월의 대통령 선거에 이르기까지 러시아 시민은 14번 치러진 전국적 규모의 선거에서 무려 14차례나 투표권을 행사할 수 있었다. 그 자세한 내용은 다음과 같다.

- 1989년 3월 소련 인민대표자회의 총선
- 1990년 3월 러시아 공화국 의회 총선 및 지방의회 선거
- 1991년 3월 연방 유지 여부 및 러시아 대통령제 도입 여부에 관한 국민투표
- 1991년 6월 러시아 공화국 대통령 선거
- 1993년 4월 옐친 대통령과 정부에 대한 신임 국민투표
- 1993년 12월 헌법 개정안에 대한 국민투표 및 새로운 의회 구성을 위한 총선
- 1995년 12월 국가두마[연방하원(State Duma)] 의원 선거

---

27) 1960년대 동유럽에서 헝가리 공산당의 개혁파들은 이러한 구분을 다음과 같이 범주화하곤 했다. 즉, 스탈린 시기에는 "우리 편에 서 있지 않는 자는 우리의 적이다"라는 분위기였다면 오늘날[1960년대]에는 "우리의 반대편에 서 있지 않는 한 그는 우리 편이다"라는 것이다.

- 1996년 6월 대통령 선거
- 1999년 12월 국가두마 의원 선거
- 2000년 3월 대통령 선거
- 2003년 12월 국가두마 의원 선거
- 2004년 3월 대통령 선거
- 2007년 12월 국가두마 의원 선거
- 2008년 3월 대통령 선거

이 전국 규모의 선거 외에도 연방주체 및 지방 수준에서 행정수반 및 의회 구성원을 선출하는 선거가 많이 실시되었다. 그러나 특히 푸틴이 집권한 이래 후보에 대한 불평등하고 불공정한 언론 보도, 후보 등록자격에 대한 법원의 편파 판결, 개표 부정 및 기타 부정행위 등을 통해 권력 당국자가 선거 과정을 조작하는 일이 잦아졌다.[28] 2007~2008년의 의회선거 및 대통령 선거 결과는 출발 때부터 이미 결정되어 있는 것과 다름없었다. 그러나 선거 과정이 상당히 조작되었음에도 투표자들과 정치지도자들은 선거를 선출직 공직자들에게 정당성을 부여하는 중요한 수단으로

---

28) 선거구별 선거결과에 대한 기발한 수학적 계산에 입각해 세 명의 정치학자들은 선거 부정의 범위를 평가했다. 이들에 따르면 1990년대에는 산발적·개별적이었던 당국의 선거부정행위가 최근에는 광범위하게 자행되어왔다. Mikhail Myagkov, Peter C. Ordeshook, and Dmitri Shakin, *The Forensics of Electoral Fraud: Russia and Ukraine*(Cambridge: Cambridge University Press, 2009) 참조. 또한 앤드류 윌슨(Andrew Wilson)은 『가상정치(Virtual Politics)』에서 러시아와 우크라이나에서의 그러한 부정행위의 광범위한 방식을 묘사하면서 양국에서의 선거조작행위가 너무나 광범위하게 이루어진 나머지 선거 자체를 완전한 속임수(sham)라고 볼 수밖에 없다고 주장한다. Andrew Wilson, *Virtual Politics: Faking Democracy in the Post-Soviet World*(New Haven, CT: Yale University Press, 2005) 참조.

여긴다. 러시아는 권위주의 정권이 집권세력에 심각한 도전이 제기되지 않는 범위 내에서 경쟁이라는 겉포장을 제공해주는 선거를 실시하는, 이른바 '선거 권위주의'의 한 사례가 되었다.[29] 현재 전국적 규모의 선거는 권력 당국이 전국적인 선거에서는 물론 지방선거에서도 여소야대의 상황하에서 심각한 도전에 직면했던 1990년대와는 다르다.

(2) 권위주의적 경향

푸틴이 집권한 이래 러시아 정치체제의 민주주의적 요소는 약화된 반면, 권위주의적 요소는 강화되었다. 이러한 경향을 촉진시킨 주요 요인 가운데 하나는 대통령에게 권력이 지나치게 집중되어 있는 권력 구조다. 역설적이게도 이러한 구조는 개혁에 대한 저항을 극복하기에 충분한 권력을 지닌 강력한 대통령제를 수립하려고 애썼던 1989~1991년 시기 민주화운동의 유산에서 비롯된다. 1993년 국민투표에 의해 인준되었던 새로운 헌법은 대통령직에 대한 옐친 대통령의 개념을 구체화한 것이었다. 신헌법하에서 대통령은 정부를 구성하고 통솔하며, 러시아 전역의 행정 책임자들을 지명할 뿐 아니라, 법률에 상응하는 효력을 갖는 대통령 포고령을 공표하고, 군 통수권을 발휘하는 등 광범위한 권력을 행사한다. 대통령은 대외정책과 국가안보정책을 직접 감독한다. 옐친 대통령, 푸틴 대통령, 메드베데프 대통령은 대통령의 권력을 광범위하게 해석했다. 대통령은 국군의 최고 사령관이라는 헌법 조항을 빌미로 사회질서를 유지하기 위해서라면 그들은 의회의 승인 없이도 군부에 명령을 내릴 수 있는 권리를 주장했다.

---

29) Andreas Schedler(ed.), *Electoral Authoritarianism: The Dynamics of Unfree Competition*(Boulder, CO: Lynne Rienner, 2006).

1994년 12월과 1999년 9월 두 차례에 걸쳐 옐친 대통령은 군 병력과 보안군(security forces)을 동원해 러시아 연방 내 인종적 고립지역(enclave)인 체첸의 독립을 위해 투쟁하던 분리주의 반군 병력을 패퇴시킬 것을 명령했다. 두 번 모두 대통령은 의회의 승인을 얻지 않고 군대를 동원했던 것이다. 1994~1996년과 1999~2000년 이루어진 연방군의 작전은 수도 그로즈니와 공화국 내 많은 도시와 마을을 대대적으로 파괴했다. 이 전쟁으로 수만 명이 죽고, 수십만 명의 난민이 체첸을 떠났으며, 또 다른 수십만 명은 살던 집을 잃었다. 상당수의 국회의원이 헌법소원을 제기해 체첸전쟁에 관한 옐친 대통령의 포고령 발동에 도전했으나 헌법재판소는 체첸 지역에서의 전쟁을 명령한 옐친 대통령의 조치는 국가안보에 대한 위협을 다루는 데 필요한 합헌적인 행위라고 판결했다. 옐친은 때때로 대통령의 권력을 위헌적으로 사용했다. 1993년 9월 옐친은 즉각 의회를 해산하고, 그해 12월 새로운 의회 구성을 위한 총선을 실시하는 것을 골자로 하는 대통령 포고령을 공포했다. 상당수의 강경파 의원들이 이에 반대해 의회 건물에 바리케이드를 설치했고, 옐친은 군대를 동원해 의회 건물에 포격을 가했다. 옐친 시기 텔레비전 방송요원들은 선거기간 중 친크렘린 후보들을 지지하는 보도를 하도록 압력을 받았다. 예컨대 1999년 12월 총선에서 국영매체는 친크렘린 후보들을 위해 편파 보도를 했다.[30] 푸틴은 독립적인 방송사들을 국유화해 조직 개편을 단행함으로써 언론 자유를 더욱 옥죄었다.[31]

30) Sarah Oates, "Television, Voters and the Development of the 'Broadcast Party'", in Vicki L. Hesli and William M. Reisinger(eds.), *The 1999-2000 Elections in Russia: Their Impact and Legacy*(New York: Cambridge University Press, 2003), pp. 29~50; 또한 1999년 총선 시 언론매체의 편파성에 대한 보고서는 유럽미디어연구소(European Institute for the Media) 웹사이트를 참조하라(www.eim.de).

정치권력이 대통령과 그의 감독하에 있는 정부에 집중되는 현상은 더욱 강화되었는데, 이는 행정부에 대한 견제가 제대로 되지 않아 나타난 현상이다. 행정부 자체의 비밀주의 관행과 행정부가 일상적인 업무를 수행하는 과정에서 사용하는 많은 정보와 자료를 통제한다는 사실 때문에 의회, 대중매체, 이익집단 등 대통령과 정부의 실정을 감시하는 제도는 제대로 시행되기 어려웠다. 예를 들어, 러시아 정부는 반정부 성향이 있는 방송사 및 신문사의 면허를 취소할 수도 있었다. 대통령 행정실은 입법부와 사법부의 독립을 견제할 수 있는 광범위한 물질적인 자원과 행정적 수단을 지니고 있다.

따라서 푸틴은 자신에 대한 헌법적 제한 규정을 노골적으로 위반하거나 선거나 민주적 제도를 폐지하지 않고서도 사실상 이를 무력화할 수 있었다. 푸틴은 대통령에게 부여된 행정부에 대한 광범위한 권력을 이용해 한편으로는 형식적인 헌법적 절차를 준수하면서도 자신에게 도전이 될 만한 모든 독립적 정치권위의 원천을 무력화시키고 주변화시켰다. 또한 대통령 포고령에 의존하기보다는 의회의 입법 과정을 밟아 자신의 정책 프로그램을 실행해나갔다. 그러나 내용을 뜯어보면 상하 양원에서 절대다수 의석을 확보하기 위해 선거 과정을 통제함으로써 그가 제안한 정책안은 확실하게 입법화될 수 있었다. 이러한 패턴은 메드베데프 대통령 시기에 와서도 지속되었다.

푸틴과 옐친은 민주적 절차를 존중하는 정도에서 상당한 차이를 나타냈다. 옐친은 대통령의 권한을 변덕스럽고 충동적으로 사용했으나 자신의 권력에 대한 일정한 한계를 인정했다. 그는 언론의 비판을 억누르지

---

31) Sarah Oates, "The Neo-Soviet Model of the Media", *Europe-Asia Studies*, 59:8 (2007), pp. 1279~1297.

않았고 자신에 대한 정치적 반대를 허용했다.[32] 여소야대의 상황에 처하자 옐친은 입법을 추진하는 데 야당과의 타협을 마다하지 않았다. 그러나 옐친은 자신의 지지기반 유지를 위해 소수의 강력한 금융·미디어·산업 엘리트 그룹에 대한 의존도를 높여갔다. 비슷한 방식으로 옐친은 지방의 정치엘리트들이 아무런 제재도 받지 않고 연방정부 당국을 무시하도록 내버려두었다. 그들과 손잡고 타협하는 것이 그들과 맞서 싸우는 것보다 훨씬 더 비용이 적게 드는 일이었기 때문이다. 이와는 대조적으로 푸틴은 1990년대에 중앙정부가 상실했던 권위를 되찾는 데 집중했다. 그 과정에서 소련 붕괴 이후 소련 시민이 새로 획득했던 정치적 자유의 일부를 제한했다. 조금 단순하게 말하자면 푸틴은 행정부에 국가권력을 집중시킴으로써(군대조직에서 '명령의 사슬'과 유사한 '수직적 권력'을 강화시킴으로써), 그리고 행정부 전체를 장악함으로써 국가를 강화시켰다고 할 수 있다. 의회, 정당, 연방주체정부, 대중매체, 시민사회 등 여타의 정치권력 중심축(centers)의 자율성을 축소시킴으로써 푸틴은 국가권력 강화라는 목표를 달성할 수 있었던 것이다.

옐친 시기 국가능력의 상실은 지나치게 중앙집권화된 정치체제의 위험성을 알려주는 실례다. 즉, 대통령이 자신의 권력을 제대로 발휘하지 못하면 권력은 이 기관, 저 기관으로 떠돌아다닌다. 2000년대의 대통령직은 정반대의 위험성을 보여준다. 푸틴은 집권 후 옐친 시기에 가속화되었던 정치적 통제와 책임의 와해현상을 되돌려야 하는 과제와 맞닥뜨렸다. 푸틴과 메드베데프가 법의 지배를 존중하는 정치제제를 되풀이해서 주장하긴 했지만, 그들 역시 권위주의적 통치방식에 의존했다. 푸틴은 2004년 의회에 보낸 메시지에서 "자유로운 시민들로 구성된 자유사회를

---

32) Timothy J. Colton, *Yeltsin: A Life*(New York: Basic Books, 2008), pp.453~454.

창출해내는 것은 우리의 가장 중요한 책무다"라고 주장했지만 동시에 그의 정책에서 의미 있는 변화를 유발하는 어떠한 시도에 관해서는 "되돌릴 수 없는 결과를 초래할 수 있으며, 그러한 결과는 절대적으로 배제되어야 한다"라고 경고함으로써 다소 모순된 비전을 보였다.[33)]

3) 경제적 전환

국가 구조와 정치체제에서의 변화만큼 중요한 또 다른 변화는 국유제도에 입각한 중앙계획경제에서 시장경제에 근접한 경제제체로의 이행이다. 시장경제하에서는 생산자원의 사적 소유권은 법적인 보장을 받으며, 생산과 소비에 관한 결정은 생산자와 소비자가 내린다. 또한 경쟁적 환경에서 진행되는 그들 사이의 상호작용을 통해 개인과 조직의 수많은 경제적 행위의 조정이 이루어진다. 러시아가 이러한 단계에 도달하려면 한참 멀었다. 아니, 그러한 시장경제적인 상태에 완벽하게 도달한 국가는 존재하지 않는다고 하는 것이 맞겠다. 비록 경제의 상당 부분을 국가가 소유하고 통제하긴 하지만 자본주의적·시장경제적인 체제가 옛 계획경제를 거의 대체했다. 1992년 러시아의 경제개혁 — 화폐 공급을 줄이고 국가 공공지출을 급격히 삭감하면서 세금을 올리는 등의 안정화 프로그램 — 은 '충격요법(shock therapy)'이라고 불렸다. 러시아판 충격요법은 거칠고 혹독했으나 사실은 완벽하게 실행되지 못하고 흐지부지된 적도 많았다. 정책결정자들에게 충격요법은 경제행위자들의 행태를 빠르게, 나아가 되돌릴 수 없게 바꿀 수 있는 유일한 수단이었을지 모르지만, 이는 원치 않았던 많은 부작용을 낳았다.[34)] 제7장에서 이러한 경제개혁의 내용과 그 결과를

---

33) 2004년 5월 26일 웹사이트(polit.ru)에 발표된 문서에서 인용.

좀 더 자세히 살펴볼 것이다.

비록 그 과정은 고통스러웠지만 1990년대의 경제개혁은 경제 구조에서 상당히 중요한 변화를 유발했다. 그 가운데 하나는 은행, 주식 거래, 재산권 등과 같은 초보적인 시장경제체제를 창출해낸 것이다. 다른 변화는 주요 도시에서 물품과 서비스의 부족 사태를 대부분 해소했다는 사실이다. 기본적인 소비재에 대한 대중의 요구가 충족되었고, 전국적으로 국내산 제품과 수입식품 및 기타 제품이 광범위하게 보급되었다.

경제안정화는 러시아 경제개혁의 한 영역을 차지했을 뿐이다. 다른 영역은 국유기업의 사유화와 새로운 독립적인 사기업의 창출을 통해 생산 자원의 사적 소유를 인정한 것이었다.[35] 1999년 무렵 고용 규모 면에서 민간 소유 부문은 국유 부분을 능가할 정도로 성장했다.[36] 그러나 그 성과는 모호했다. 시장의 힘은 과거보다 훨씬 더 큰 역할을 하게 되었다. 그러나 공장과 농장 자산의 통제권은 여전히 과거에 이들 자산에 대한 지배권을 행사하던 매니저와 관리들의 수중에 있었다. 구체제하에서 권력을 갖고 있던 많은 지배엘리트는 새로운 체제하에서도 변함없이 부와 권력

---

34) 러시아의 경제 전환과 그 결과에 대한 연구에 대해서는 다음을 참고하라. Andrei Shleifer and Daniel Treisman, *Without a Map: Political Tactics and Economic Reform in Russia*(Cambridge: MIT Press, 2000); Thane Gustafson, *Capitalism Russian-Style*(Cambridge: Cambridge University Press, 1999); Anders Aslund, *Russia's Capitalist Revolution: Why Market Reform Succeeded and Democracy Failed*(Washington, D.C.: Peterson Institute for International Economics, 2007).

35) 경제개혁에 대한 중요한 연구로는 Shleifer and Treisman, *Without a Map: Political Tactics and Economic Reform in Russia*를 보라. 하버드 대학교 경제학 교수인 안드레이 슐라이퍼(Andrei Shleifer)는 러시아 정부에 개혁에 대한 조언을 제공했다.

36) 나머지는 합작회사 또는 공공기관에서 일하거나 기타 공기업과 사기업의 성격이 결합된 형태의 기업에서 일했다. *Rossiiskii statisticheskii ezhegodnik*(1999), p. 114 참조. 이 간행물은 러시아의 국가통계위원회가 출판하는 공식적인 통계연감이다.

을 누리는 지위를 차지한 것이다. 사유화는 대부분의 산업에서 비록 미약하게 나타나긴 했지만 대체로 민간 기업의 경제적 성과를 증진시켰다.

4) 정체성의 문제: 제정러시아—소련—러시아 연방

러시아의 국가 구조, 정치제도 및 경제제도가 해체되고 재건설되는 과정에서 러시아인은 엄청난 불확실성을 느꼈다. 그에 못지않게 민족정체성이 혼돈에 빠진 것 또한 불안 요소가 되었다. 비록 오늘날의 러시아 연방이 1,000년의 국가 전통을 직접 계승했다고 하더라도 오늘날 존재하는 국가의 정치적 형태나 국경선 등은 과거와 다르다. 15세기 말부터 20세기 초에 이르기까지 러시아 국가체제는 주변의 영토와 민족을 복속시켜 통치하던 제국의 왕조로 구성되어 있었다. 따라서 러시아 정치사는 서방 국가가 밟아왔던 경로와는 다르게 전개되었다.[37] 서유럽에서는 지배자 간 전쟁과 조약을 통해 결정된 영토 내에서의 사회적 공동체로 민족이 형성되었다. 이와는 대조적으로 러시아는 광대한 영토를 아우를 뿐 아니라 러시아 권력 당국과의 관계, 생활양식, 종교 등의 측면에서 본질적으로 다른 유럽과 아시아의 다양한 민족을 포함하는 영토적 제국을 국가가 창출해냈다. 러시아의 국민의식은 종족(ethnicity)에 기반을 둔 것이 아니라 강력한 제국에 대한 정체성에 기반을 두었다. 러시아의 역사는 포스트공산주의 시기에 전례가 될 만한 국민국가(nation-state) 모델을 결여했다.

---

37) Roman Szporluk, "The Imperial Legacy and the Soviet Nationalists", in Lubomyr Hajda and Mark Beissinger(eds.), *The Nationalities Factor in Soviet Politics and Society*(Boulder: Westview, 1990), pp. 1~23; Roman Szporluk, "Dilemmas of Russian Nationalism", in Rachel Denber(ed.), *The Soviet Nationality Reader: The Disintegration in Context*(Boulder: Westview, 1992), pp. 509~543.

소련 시기 러시아는 공산당이 지배하는 민족공화국 연방 중 핵심 공화국으로서 다민족 국가인 소련의 다른 민족의 '큰 형님'으로 간주되었다. 러시아는 소련이 러시아어를 공용어로 사용하도록 하고, 그들의 정치문화를 받아들이도록 했다. 그러나 그 과정에서 러시아 공화국은 스스로 독자적인 국민국가로서의 지위를 포기했다. 요컨대, 소련은 문화적인 면에서 부분적으로 러시아의 전통을 받아들였으면서도 스스로는 더 상위에 위치하는 정치적 조직이라고 주장하는 새로운 형태의 제국이었다. 시간이 지나면서 많은 러시아인은 민족적 실체로서 러시아는 연방 내에서 구성단위로서의 조건(terms) 때문에 부당한 처우를 받았다(shortchanged)고 느꼈다.

소련의 해체 이후 러시아인은 러시아 연방이라고 불리게 된 새로운 국가에 또 다시 별도의 장치를 마련할 필요를 느꼈다. 대부분의 러시아 역사에서 그러했듯이 포스트공산주의 시기 러시아 지도자들은 새로운 독립국가의 정체성을 종족(인종)적 원칙에 두지 않았다. 이는 부분적으로 인구의 20% 정도는 비러시아 민족이라는 실용적인 고려에서 비롯되었음이 분명하다. 하지만 그러한 관행은 러시아를 국민국가라기보다 수백 년 동안 소수민족과 러시아 민족이 공존해온 다민족국가로 규정하는 역사적 전통을 반영한 결과이기도 하다. 일반적으로 러시아의 지도자들은 국가를 가장 규모가 큰 종족 공동체가 각자 독자적인 영토적 단위를 갖는 다민족 연방으로 간주했다. 새로운 러시아에 대한 충성심을 배양하기 위해 지도자들은 전쟁, 산업, 과학, 기술, 예술 등의 영역에서 거둔 역사적인 업적을 강조했다. 그러나 그들은 포스트소비에트 시기의 새로운 러시아를 공산주의 시기와 차르 시기의 러시아와 확실하게 구분했다. 새로운 러시아의 지도자들은 러시아 시민이 다민족 국가 내에서 각자가 특정한 종족 공동체에 속한다는 느낌을 갖도록 하는 것을 포함하는, 동심원적인 정체

성의 구조를 만들고자 했다.[38)]

돌이켜보건대 소련이 그 구성 공화국으로 쪼개진 것은 소련이라는 국가의 성격에 따른 논리적 귀결이었던 것으로 보인다. 그러나 1991년까지 대부분의 분석가들은 소련의 붕괴를 예측하지 못했다. 그리고 아직도 일부 전문가들은 소련의 붕괴는 피할 수도 있었다고 본다. 공산당 지도자들은 종족 또는 언어적 특성에 따른 민족 간 차이를 없애는 대신, 소비에트식 사회주의 생활방식에 바탕을 둔 새로운 소비에트 민족정체성을 건설하려는 장기적인 목표에 충실했기 때문이다. 그러나 실용적인 이유로 소련 지도자들은 소련 국가체제의 조화를 위해서 영토적으로 나누어진 민족집단의 문화적 권리를 보존시켜줄 필요가 있다는 점을 인식했다. 따라서 그들은 상대적으로 큰 민족집단에는 영토적으로 구분된 정치제도를 부여해 전통 언어와 문화를 유지할 수 있도록 했다.

대부분 소련의 소수민족은 이전 시기에 제정러시아가 정복한 영토에 살던 동일한 민족집단이었다. 하지만 다민족적 공산 국가와 제정러시아는 전혀 다르다고 본 공산정권은 전체 영토에 걸쳐 경제적 소유권과 행정에 공통의 사회주의 모델을 강압적으로 적용했다. 소련의 공식 이데올로기는 장기적으로 볼 때 민족적 차이는 공통의 소비에트 민족정체성에 포섭될 것이라고 주장했지만, 1980년대 후반 15개 공화국의 지도자들은 각 공화국의 자율성 확대를 요구했으며, 민족 독립을 추구하는 대중운동은 점차 강력해졌다. 이러한 추세는 포스트소비에트 러시아에서 좀 더 확연히 나타났다. 많은 사람은 소련 국가 구조를 경직되고, 착취적인 정치적

---

38) Valery Tishkov and Martha Brill Olcott, "From Ethnos to Demos: The Quest for Russia's Identity", in Anders Aslund and Martha Brill Olcott(eds.), *Russsia after Communism*(Washington, D.C.: Caarnegie Endowment for International Peace, 1999), pp. 61~90.

장치와 너무 깊숙이 연관된 것으로 인식했기 때문에 민족주의적 보수파들과 민주 개혁파 모두 러시아가 소련의 정치적 억압 구조를 벗어나야만 러시아가 발전할 수 있다는 데 의견을 같이했다.

많은 러시아인은 러시아 국가가 가치, 목표, 정당성 등을 토대로 한 임무를 수행해야 한다고 믿는다. 그들은 차르 시기의 정치적 질서를 진정한 기독교 신앙의 수호자로 인식한 것과 소련체제가 스스로를 사회주의의 전 세계적 확산을 위한 혁명 투쟁의 기지로 간주했다는 사실을 유사한 예로 인용한다. 1996년 대통령 선거에서 재선된 직후 옐친 대통령은 '새로운 국가이념'의 정립이 필요하다는 입장을 밝혔다. 옐친은 러시아사의 이전 시기는 군주제, 전체주의, 또는 페레스트로이카(perestroika) 등과 같은 시기에 따라 지배적인 정치이념으로 특징지어진다고 지적했으며, 따라서 새로운 러시아에는 새로운 국가이념이 필요하다고 선언했다. 그러나 옐친이 1년간 국가를 통합할 수 있는 정치이념을 찾아내는 임무를 맡겼던 국가이념연구팀은 활동한 지 1년이 지난 뒤 그 임무를 성공적으로 완수하지 못했다고 보고했다. 당시 옐친의 보좌관 중 한 명은 새로운 정치상황으로 야기되는 광범위한 현실적 모순을 모두 포괄하는 하나의 독트린을 만들어내는 것은 아마도 불가능한 일이었을 것이라고 말한다. 어쩌면 끊임없이 국가이념을 탐색하는 것이야말로 러시아의 이념(Russian idea)일지 모른다.

5. 러시아 정치의 선택과 변화

최근 수년간 러시아에서는 소련의 붕괴, 공산당의 해체, 시장자본주의로의 변화, 민족정체성 자체의 변화 등 엄청난 변화가 일어났다. 그러한 변화는 러시아 시민에게 어떠한 영향을 끼쳤을까. 또한 그것은 러시아에서 실제 권력 배분의 양상을 어떻게 바꾸어 놓았을까.

지난 10년간의 사회적 격변은 1917년 소비에트 정권의 수립에 맞먹는, 과거와의 혁명적인 단절과도 같다.[39] 확실히 권력의 극단적인 집중, 전제적 지도자와 정부의 이중적 집행부, 법제도의 무능력, 부패 현상의 만연, 공언된 정책목표를 달성할 능력도 없는 중앙집권화된 국가기구의 증가 현상, 공안 경찰의 권력과 자율권, 경제에 대한 국가의 광범위한 통제 등 정치생활에서의 구태가 다시 나타났다. 이러한 현상을 목도하면서 우리는 1990년대 사회적 무질서 이후 러시아가 역사를 통틀어 변하지 않는 러시아적 정치패턴으로 복귀했다는 성급한 결론을 내릴 수도 있을 것이다.[40] 많은 러시아인은 오늘날 러시아에서 벌어지는 일견 민주적 혁명으로 보이는 정치 변동은 사실 탐욕스럽고 권력에 굶주린 엘리트들이 나라의 재산과 권력에 대한 통제 지분을 얻기 위한 사기요 환상이라고 말한다. 비슷한 맥락에서 일부 관찰자들은 권위주의와 제국주의의 한 형태가 다른 형태로 대체된 것에 불과하다고 지적한다.

---

39) 정치학자 마이클 맥폴(Michael McFaul)은 소련 붕괴 이후의 러시아체제의 전환을 평화로운 혁명으로 간주해야 한다고 주장했다. Michael McFaul, *Russia's Unfinished Revolution: Political Change from Gorbachev to Putin*(Ithaca, NY: Cornell University Press, 2001) 참조. 맥폴은 나중에 오바마 대통령의 러시아 문제 수석 보좌관이 되었다.

40) Gerald M. Easter, "The Russian State in the Time of Putin", *Post-Soviet Affairs*, 24:3(2008), pp. 199~230.

그러나 과거와의 연속성을 과장하는 것은 정치체계에서의 중요한 변화를 간과하는 것만큼이나 잘못된 것이다. 옛 공산당이 독점적 권력 — 특히 이데올로기에 대한 전면적인 통제를 포함하는 — 을 행사했던 메커니즘이 붕괴된 것은 정치 과정이 좀 더 개방적으로 변화되었음을 의미한다. 정치적 이해관계의 다원적인 양상은 이제 막후의 관료정치의 영역으로부터 정책에 대한 영향력을 둘러싼 이익집단과 정당 간의 좀 더 공개적인 경쟁으로 바뀌었다. 개인적 권리는 과거보다 더 잘 보호된다. 러시아와 외부세계 사이의 접촉은 크게 확대되었다. 또한 번성하는 사적 경제 부분이 존재한다. 전체적으로 국가정체성, 정치제도 및 경제체제의 이러한 변화가 합쳐져서 거대한 전환을 만들어낸 것이다. 과거 공산혁명을 수행하고 소련체제를 건설하는 데 수반되었던 폭력의 수준을 생각한다면, 소련체제로부터의 체제 전환이 보여준 평화적인 성격은 실로 놀라운 일이다.

체제 전환이 평화적으로 진행되긴 했으나 그것은 심각한 국가능력 약화를 초래했다. 소련 시기에 위세를 부리다가 포스트소비에트 시기까지 살아남은 권력 엘리트 집단이 체제 전환의 시기에 자신의 사적인 이익을 얻기 위해 전환기의 새로운 환경을 이용할 수 있는 방법을 찾았기 때문에 그러한 현상이 일어난 것이다. 그들이 만들어낸 정치체제는 새로운 민주제도를 권위주의적으로 퇴행하기 쉽게 했다.[41] 엘리트와 제도가 서로 적응하는 것이야말로 공산주의에서 민주주의로 넘어가는 과도기 갈등보다 더 심각한 사회적 갈등이 발생하는 것을 막을 수 있는 유일한 길이었다.

---

41) Lilia Shevtsova, *Russia-Lost in Transition: The Yeltsin and Putin Legacies*(Washington, DC: Carnegie Endowment for International Peace, 2007).

6. 이 책에서 다룰 것들

러시아의 체제 전환을 살펴봄으로써 체제의 변화와 국가능력 사이의 관계를 규명할 수 있다. 이 책에서는 러시아의 정치적 전환이 궁극적으로 민주적 국가로 귀결될 것이라고 가정하지는 않는다. 오히려 러시아 정치의 미래는 열려 있다. 역사는 수십 년 또는 그보다 더 오랫동안 일부 민주적 제도의 요소와 강력한 권위주의 요소가 공존하는 그 중간지대 어느 곳엔가 특정 정치체제가 위치해 있을 수 있음을 알려준다. 따라서 우리의 의문은 러시아 정치체제의 발전에 전반적인 방향성이 존재하는가다.

이 책의 나머지 부분에서 우리는 러시아 정치체제의 과정과 제도를 자세히 탐구할 것이다. 제2장과 제3장은 소련체제가 붕괴되고 새로운 정치질서가 형성되어온 지난 20년간의 러시아 정치사를 개관한다. 제2장에서는 공산당이 지배하는 체제하에서 권력이 어떻게 발휘되었는가를 보여줌으로써 소련 시기의 통치 과정과 구조를 자세하게 분석한다. 그 다음으로 고르바초프의 개혁과 목적에 관해, 나아가 그가 정치제체를 재조직하기 위해 진전시켰던 일련의 제도적 틀에 관해 논의한다. 이 장에서는 그러한 개혁조치로 고르바초프가 정치발전 통제력을 상실하는, 원치 않은 결과가 초래되었음을 보여준다. 1991년 소련이 붕괴되자 구소련은 옛 공화국 내의 새로 독립한 후속 정권에 의해 승계되었다. 그러나 러시아 공화국은 이미 스스로 주요 개혁조치에 착수했다. 그러한 개혁조치는 1993년의 정치위기를 거치면서, 그리고 오늘날에도 유효한 '신헌법'을 채택함으로써 절정에 이르렀다. 제3장에서는 현대 러시아 정치체제의 제도와 과정을 살펴보고 그 발전 경향을 분석하며, 푸틴 대통령이 행정부의 권위를 중앙집권화함으로써 러시아 국가권력을 재건설하려는 목표를 어느 정도 달성했는가에 대해 평가해볼 것이다.

제4장에서는 대중의 정치 참여를 살펴본다. 소련 시기 이래 정치 참여의 성격은 크게 변화했다. 구체제에서는 정치 참여가 대체로 의례적이고, 행정적으로 조직화되고, 통제되었다. 선거 때의 높은 투표율과 정치적 무관심, 그리고 정부에 대한 불신이 동시에 존재하는 것이 오늘날 정치 참여의 두드러진 양상 가운데 하나다. 소련 시기 막바지에 펼쳐진 페레스트로이카 시기에 갑작스럽게 생겨났던 '비공식집단' 가운데 일부는 정당과 이익집단으로 발전했으며, 일부는 사라졌고, 나머지는 살아남았다.

제4장의 후반부에서는 엘리트의 충원에 대해 다룬다. 어느 정치체제이든 대중의 정치 참여는 엘리트 충원 과정과 밀접하게 연관되어 있다. 다시 말해 선거, 조직 차원의 행동, 정책결정자에 대한 영향력 행사 등을 통해 몇몇 선택된 사람이 정치에 관여한다. 또한 그들 중 일부는 전업 정치인이 된다. 이와 관련해 상당히 흥미를 끄는 주제는 러시아의 옛 정치엘리트 그룹과 오늘날의 정치엘리트 사이에 어떠한 관계가 있는가일 것이다. 도대체 옛 공산엘리트들에게는 어떠한 일들이 일어났는가? 오늘날의 엘리트들에게는 어떠한 연원(淵源)이 있는가? 그리고 대기업과 정치엘리트 사이의 관계는 어떠한가?

제5장은 러시아인이 갖고 있는 가치관과 믿음에 대한 여론조사 결과를 평가한다. 이 장에서는 러시아 시민은 민주적 권리와 자유를 매우 귀중하게 생각하지만 동시에 국가가 기본적인 정치질서를 제공해주길 기대한다는 사실을 밝힌다. 다수의 시민이 옛 공산주의체제를 호의적으로 평가하지만 구체제로 돌아가자고 주장하는 사람은 그리 많지 않다. 새로운 사회질서를 반영하는 제도에 대한 신뢰는 높지 않지만, 푸틴에 대한 신뢰는 매우 높게 나타난다. 대부분의 러시아인은 새로운 포스트소비에트 정치체제가 정치 안정을 가져다줄 수 있는 제도라고 인정한다. 그러나 러시아 시민은 대부분의 제도에 관해 미심쩍은 생각을 갖고 있으며, 그러한 제도

운영에 거의 영향력을 끼치지 못하다고 느낀다.

제6장에서는 러시아 시민이 이익집단과 정당을 통해 자신의 정치적 요구와 이해관계를 표출하는 방식을 다룬다. 지난 20년간 사회적 변화가 상이한 사회집단 사이에 힘과 이익의 균형을 어떻게 변화시켰는지를 살펴보기 위해 산업 매니저, 여성단체, 노동조직 및 정교회 등 다양한 행위자 범주를 살펴본다.

제6장의 후반부에서는 지배적인 권위주의 정당인 통합러시아당에 특히 초점을 맞춰 러시아의 정당체제를 분석한다. 정당은 다양한 사회집단의 이해관계를 정치 과정에 얼마나 잘 반영시키는가? 점차 독점적인 지위를 쌓아가고 있는 통합러시아당을 보고 있노라면 러시아의 정치체제가 소련 시기 국가를 지배하던 공산당의 아류로 변질되어가는 것이 아닌지, 또한 이들이 과연 향후 수년간 권력을 유지할 수 있을지 등에 대한 의문을 갖게 된다.

제7장은 경제 개조를 다룬다. 이 장에서는 1990년대 초반 '충격요법'식 경제개혁, 사유화 프로그램, 1990년대의 경제침체, 2000년대의 경기회복, 2008~2009년의 경제위기 등에 관해 논의한다. 또한 경제변화가 시민의 삶에 끼치는 영향도 다룬다. 특히, 러시아 경제의 성과와 국제적 지위 유지에서 석유 및 천연가스 수출이 어느 정도의 비중을 차지하는지를 살펴볼 것이다. 러시아의 풍부한 에너지 자원은 경제발전 및 정치발전의 관점에서 볼 때 '자원의 저주'를 의미하는가?

제8장에서는 사법체제와 법집행기관에 대해 살펴본다. 이 장에서는 두 가지 수준에서 법과 법제도의 문제를 논의한다. 첫째는 시민은 물론 국가 관료들이 확실하게 법의 지배를 받도록 하는 것이다. 둘째는 사법기관이 효과적으로 헌법과 법규를 집행할 수 있도록 하는 문제다. 여기서는 주요 사법기관과 이 기관이 수행해온 개혁을 살펴본다. 특히 관심을 두고 살펴

볼 것은 다른 정부기관의 행위에 대한 사법적 심사 메커니즘으로서의 헌법재판소의 등장이다. 이 장에서는 또한 조직범죄, 광범위한 부패 현상, 정치인의 사법체제 왜곡 등 법의 지배를 확립하는 데 걸림돌이 되는 요소들을 살펴본다.

마지막 장인 제9장에서는 러시아와 국제사회 사이의 변화하는 관계에 대해 개관한다. 이 장에서는 러시아가 소련 지역에서의 영향력을 증대시키기 위해 기울이는 노력은 민주적이고 선진화된 세계로의 통합을 모색하려는 모스크바의 목표와 모순된다는 점을 강조한다. 또한 '파이프라인 정치'를 포함한 대외 관계에서 러시아가 지닌 자산과 부채를 살펴본다.

제2장

소련체제의 성격과 그 종언

오늘날의 러시아 정치제도는 고르바초프가 소련체제 개혁에 착수했던 1980년대 후반부터 시작된 정치적 격변의 산물이다. 고르바초프의 개혁은 궁극적으로 소련의 해체를 야기했고, 이는 그 이후 러시아에서 국가의 통치방식을 둘러싼 경쟁을 촉발시켰다. 이러한 러시아 내부의 투쟁은 1993년 새로운 헌법이 발효됨으로써 잦아들었다. 새로운 헌법을 채택함으로써 국가권력을 어떻게 조직할 것인가라는 문제는 해결했지만, 새로운 헌법에는 옐친의 정치적 의도와 목적이 강하게 각인되었다. 특히 강력한 대통령제에는 국가정책을 추진할 수 있는 최고의 권력을 장악한 대통령을 희망했던 옐친의 비전이 담겨 있었다. 마찬가지로 러시아에서 공산주의의 유산을 제거하고자 했던 옐친의 전략적인 필요에 따라 의회의 형태, 헌법재판소 및 연방제의 성격이 형성되었다. 수많은 전문가와 지도자가 헌법 초안 작성에 참여했지만, 대부분의 주요 사항은 옐친이 최종적으로 결정했다.[1] 그 이후 푸틴이 권좌에 올라 대통령의 포괄적인 권력을 더욱 강화하고 다른 중요한 조항은 유명무실하게 만드는 한편, 대통령의 임기를 4년에서 6년으로 연장하고 국가두마 의원의 임기를 4년에서 5년으로 연장하는 개헌을 단행함으로써 헌법의 일부 내용을 더욱 강화했다.

좀 더 장기적인 관점에서 보면 오늘날의 러시아 정치질서는 1,000년에 걸친 러시아 국가의 역사를 통해 만들어졌다. 소련 이전 시기와 소련 시기 러시아의 지도자들은 광활하고, 춥고, 인구밀도가 희박한 러시아 영토에 중앙정부의 통제력을 침투시킬 수 있는 수단을 창출하기 위해 노력했다. 따라서 오늘날의 헌정질서에 내재해 있는 기본적인 요소를 살펴보기 전에 그 역사적 기원을 먼저 알아둘 필요가 있다. 이 장에서는 공산주의자들이 집권하기 이전의 러시아 정치체제를 간략히 정리한 다음, 소련체제의 성격과 그 붕괴 과정을 서술하고자 한다.

1. 역사적 유산

1) 차르체제

러시아 국가는 그 기원을 9세기 키예프(오늘날 우크라이나의 수도) 주변에서 형성된 공국에 둔다. 거의 1,000년 동안 러시아 국가는 전제국가였다. 다시 말해 국가는 세습군주가 지배했고, 군주의 권력은 헌법의 제한을 받지 않았다. 1900년대가 되어서야 러시아의 차르는 입법부를 선거를 통해 구성하는 헌법 규정을 허용했다. 그나마 차르는 얼마 되지 않아 입

---

1) Michael McFaul, *Russia's Unfinished Revolution: Political Change from Gorbachev to Putin*(Ithaca, NY: Cornell University Press, 2001).

법부를 해산하고, 헌법을 자의적으로 개정해버렸다. 전제정치 외에도 절대주의(Absolutism), 가산제(Patrimonialism), 정교(Orthodox Christianity) 등을 러시아 국가성의 역사적 유산으로 들 수 있다. 절대주의는 차르가 자신의 영역에 거주하는 백성에게 절대적인 권력을 휘두르고자 했다는 것을 의미한다. 가산제란 지배자가 자신의 지배 영역을 각각 분명한 권리와 이해관계가 있는 개인과 집단으로 구성된 정치공동체로 간주하기보다는 자신이 소유하는 재산으로 취급하는 것을 의미한다. 이러한 권력의 개념은 오늘날까지 계속적으로 러시아 정치에 영향을 끼친다.

차르 국가의 가산제적 특징과 소련 시기와 포스트소비에트 시기까지 남아 있던 가산제적 잔재는 러시아 국가가 발흥했던 물리적인 환경이 끼친 영향과 밀접하게 연관된다. 역사학자 리처드 파이프스(Richard Pipes)가 분석했듯이, 농업을 기반으로 하는 러시아 경제의 생산성이 매우 저조하지만 않았더라도 러시아는 집권적이고 동원적인 정치공동체 대신 분권화된 정치공동체로 발전할 수 있었을 것이다. 혹독한 기후와 낮은 생산성을 지닌 토양으로 말미암아 러시아인은 이미 경작하던 땅의 소출을 늘리기 위해 노력하기보다는 자꾸 새로운 땅을 찾아 나서는 경향을 보인 것이다.[2] 경제적 생산비용이 높고, 러시아를 인접 민족과 분리할 방어 가능한 자연적 국경이 없기 때문에 외적의 침공에 대비한 방위비용도 높았다는 사실과 그러한 역사적 패턴은 러시아에서 경제발전과 군사력 증강을 위해 국가 주도의 자원 동원이 필요했다는 것을 의미했다.[3] 더구나 러시아 국가의 역사에서 반복적으로 나타나는 전쟁과 경제발전을 위한 인적자원

---

2) Richard Pipes, *Russia under the Old Regime*(New York: Scribner's, 1974), p. 19.

3) Allen C. Lynch, *How Russia Is Not Rules: Reflections on Russian Political Development*(Cambridge: Cambridge University Press, 2006), pp. 42~43.

및 천연자원에 대한 동원 드라이브는 대부분의 서구사회보다 훨씬 더 무자비하게 진행되었다. 그것은 러시아 국가가 다스려야 했던 광대한 영토, 혹독하고 만만찮은 기후, 여러 유럽 및 아시아 문명과 제국이 맞부딪히는 경계지대에 위치한 지리적 입지 등에 기인한다. 시간이 지남에 따라 이러한 압력은 러시아 사회를 통치하는 데 통치자들의 절대권력에 대한 의존도를 강화시켰고, 정치이념이 극단적이고 교조적인 형태를 띠도록 고무시켰다. 이러한 역사적인 유산은 왜 러시아인들이 국가권력에 그토록 높은 가치를 부여하는지, 그리고 국가권력을 축적하고 유지하기 위한 그들의 노력이 왜 그토록 어려웠는지를 설명하는 데 도움을 준다.

마지막으로 차르 시기의 러시아 국가는 러시아판 동방정교회(Eastern Orthodox Christian Church)와 동일시되었다. 동방정교가 지배적인 종교전통이었던 다른 국가와 마찬가지로 러시아에서는 정교회가 스스로를 국교로 간주하고 국가와 긴밀한 연계를 맺었다. 전통적으로 러시아 정교회는 국가가 교회를 국가교회로 존중해줄 것을 기대하는 한편, 그 대가로 세속적인 분야에서 신도들에게 국가에 복종과 충성할 것을 가르쳐왔다. 그러한 정교회의 입장은 국가가 교회를 국가권력에 복속시키고 박해를 가했던 시기에도 변함이 없었다. 이러한 유산은 공산주의 붕괴 이후의 러시아 통치자들에게도 영향을 끼쳐, 그들은 스스로 러시아 정교회의 유산과 연관이 있는 것처럼 보이도록 시도했다. 그뿐 아니라 많은 러시아 시민은 본능적으로 국가를 좀 더 높은 영적 소명을 갖는 존재와 동일시한다.

절대주의, 가산제, 정교는 러시아 정치문화에서 반복적으로 나타나는 긴장관계로 작용했다. 이 외의 다른 요소도 러시아 정치문화에서 중요한 요소로 작용했다. 러시아 역사상 통치자들은 때때로 경제와 사회의 근대화를 위한 노력을 기울이기도 했다. 이러한 경우, 러시아는 다른 강대국에 대해 경쟁력을 갖추기 위해 서구식 기술, 국가조직 및 교육제도를 도입했다. 1682~1725년간 재위한 표트르 대제(Peter the Great)와 1762~1796년간 재위한 예카테리나 여제(Ekaterina II) 등 근대화를 추구한 군주들은 러시아를 서구의 수준에 근접시킴으로써 러시아 사회에 강력한 영향을 끼쳤다. 근린 국가의 정복과 합병을 통한 지속적인 영토 팽창과 그 변경 지역에 대한 항시적인 방어의 필요성 때문에 러시아의 군사력과 경제적 잠재력을 건설해나가야 하는 군주의 책무는 더욱 중요했다. 광대한 영토를 통치해야 하는 필요성 때문에 사회를 통제하고 동원해야 하는 국가의 역할은 더욱 확대되었다. 17세기 말 무렵 러시아는 영토적으로 세계 최대의 국가였다. 그러나 역사상 대부분의 시기에 걸쳐 러시아 국가의 영토 장악력은 제국적인 팽창에 미치지 못했다.

유럽의 주요 강대국과 비교해 러시아의 경제제도는 20세기에 접어들어서까지도 후진적인 상태를 면하지 못했다. 특히 19세기 러시아의 발전 궤도는 근대적인 산업사회를 지향했다. 1917년 차르체제가 무너질 무렵 비록 몇몇 대도시에 집중되긴 했으나 러시아에도 대규모의 공업 부문이 존재했다. 하지만 러시아의 중산층의 수는 궁핍한 삶을 영위하던 광범위한 농민집단과 급진화된 공업 노동자 계급보다 훨씬 적었다. 따라서 평화적인 민주주의 이행을 위한 사회 기반이 매우 취약했던 나머지 1917년 공산주의자들의 집권을 막지 못했다.

1,000년의 차르 시기는 모순적인 유산을 남겼다. 차르는 전통, 제국, 신권(divine right)에 호소함으로써 그들의 절대권력을 정당화하려고 했다. 그들은 법을 권위의 원천으로 간주하기보다는 지배의 수단으로 취급했다. 지배자가 피지배자에게 책임을 져야 한다거나, 주권은 인민의 집단적인 의지에 깃들어 있다는 원칙은 러시아의 국가 전통에서는 낯선 개념이다. 러시아 역사를 통틀어 국가와 사회의 관계에서의 간격은 유럽보다도 훨씬 컸다. 지배자와 피지배자는 서로를 불신하고 의심했다. 그러한

간격은 나폴레옹 전쟁이나 제2차 세계대전 등의 국가적 위기 시에 때때로 좁혀지곤 했다. 러시아는 국가와 인민 사이의 단결이 공고하다는 것을 보여주기 위해 그러한 전쟁의 승리를 기념했다. 그러나 러시아의 정치전통은 도덕적인 순수성에 대한 희구와 박해 받는 민중에 대한 동정뿐 아니라, 평등, 단결, 공동체에 대한 염원도 포함했다. 러시아의 전통에는 조국의 위대함과 그 인민의 인내심에 대한 깊은 자부심이 흐른다.

2. 고르바초프 이전의 소련체제

1917년 10월 러시아 공산주의자들의 지도자 레닌은 수개월 전 스스로 차르체제를 대체했던 허약한 내각책임제적 정부를 전복시키고 집권했다.[4] 1917~1991년에 러시아는 정치권력에서 독점권을 가졌던 공산당이 통치했다(〈클로즈업 2-1〉 참조.) 원래 공산당은 차르 국가를 전복시키려는 목적을 가진 혁명운동이었다. 그러나 실제로 공산당의 야망은 그보다 훨씬 컸다. 공산주의자들의 장기적인 목표는 전 세계에서 자본주의를 타도해 세계 전체를 사회주의체제로 만드는 것이었다. 마침내 공산주의 운동은 러시아, 동유럽, 아시아의 상당 부분, 쿠바 등을 포함한 세계 여타 지역에 산재한 몇몇 국가에서 성공을 거두었다. 그러나 전 세계적인 공산혁명은 실현되지 않았고, 러시아 공산주의자들은 러시아 내부에서 소비에트 국가의 권력을 구축하는 데 에너지를 집중했다. 그들은 경제력과 군사력

4) 공산혁명이 감행되었던 날짜는 그 당시에 통용되던 율리우스력을 기준으로 10월 25일이었지만, 소련 정부가 서방에서 널리 통용되는 그레고리력을 채택한 이후부터는 11월 7일을 혁명기념일로 기렸다는 점을 기억하라. 마찬가지로 차르체제가 붕괴된 시점은 구력으로는 2월이었지만 신력으로는 3월에 해당한다.

☞ 클로즈업 2-1 _ 사회주의, 공산주의, 마르크스주의, 레닌주의

사회주의와 공산주의 같은 용어는 혼동하기 쉽다. 이 용어들은 각자 원하는 방향으로 그 의미를 규정짓고 싶어 하는 이념적 비전을 강하게 지닌 사람들이 매우 다양한 방식으로 사용해왔기 때문이다. 그러나 각 용어에는 일관되고 핵심적인 의미가 존재하며, 그러한 구분을 인식하는 것이 이를 제대로 이해하는 데 도움이 된다.

먼저 사회주의는 광범위한 의미를 지닌다. 일반적으로 사회주의는 한 사회의 일부 또는 모든 생산수단 — 즉 토지, 공장, 천연자원, 은행 등 더 많은 부를 창출하는 데 사용될 수 있는 부의 형태 — 에 대한 사적 재산권의 철폐를 의미한다. 그 대신 사회 전체 또는 국가와 같은 사회의 특정 대리 기관이 그 부의 소유자가 되며, 그들이 사회의 빈곤, 착취, 불평등을 철폐할 뿐 아니라 사회의 생산 잠재력을 한 차원 높게 발전시키기 위해 자원 통제력을 사용하게 되어 있다. 사회주의자 사이에는 생산재의 국가 소유를 어느 정도로 허용할 것인지를 두고 의견이 엇갈린다. 어떤 이들은 국가가 천연자원과 기본적인 산업 부문만 소유해야 한다고 주장하는 반면, 다른 이들은 좀 더 큰 집단적 목표를 위해 국가는 일부 자유를 억압해야 한다고 주장한다. 일부 사람들은 당장 행동에 옮기는 것을 옹호하고 또 다른 부류의 사람들은 사회주의로의 점진적인 변화를 선호한다. 20세기에 접어들어 대부분의 선진 공업국가에서 채택한 민주주의체제는 '사회민주주의' 프로그램을 채택했다. 사회민주주의는 국가가 사적 재산을 철폐하지 않고, 다만 기회의 평등을 촉진하고 조세, 공공지출, 규제정책을 통해 기본적인 사회보장을 제공하는 체제다. 한편, 시장경제가 갖는 동기유인체계(인센티브)는 경제성장과 국가 경쟁력을 촉진한다. 사회민주당은 많은 유럽 국가에서 영향력을 발휘한다.

공산주의는 좀 더 구체적인 의미를 지닌다. 이 용어는 경제제도를 지칭하기도 하고 정치체제를 의미하기도 한다. 경제제도로서의 공산주의는 생산수단 분야에서 사적재산권 제도가 없는 사회를 의미한다. 대부분의 공산주의자는 공산주의의 궁극적인 목표는 사유재산제도뿐 아니라 궁극적으로 국가 자체를 철폐하는 것이라는 견해를 갖고 있다. 국가는 자본가로부터 사회의 부를 빼앗아 그것에 대한 소유권과 통제권을 갖되 그러한 국가 통제가 점차적으로 스스로 조직되고 스스로 관리되는 공동체적 생활 – 모든 구성원이 공동으로 소유하고 생산과 소비에도 공동으로 참여하는 사회 – 로 이행되어야 한다고 주장한다. 그러나 지금껏 어떠한 대규모의 사회도 소규모의 공동체와 똑같은 방식[공동 소유, 공동 생산, 공동 소비의 방식]으로 운영된 적이 없다. 소규모의 공동체조차 대개는 오래 가지 못했다. 따라서 공산주의자들은 자본주의(시장경제와 사적 재산권을 포함하는 체제)를 철폐해야 한다는 점에서는 언제나 사회주의자들이었다. 그러나 사회주의자들이라고 해서 모두 공산주의자는 아니다. 사회주의자 모두가 사유재산을 폐지하고, 정치적 민주주의 제도를 철폐하는 것을 원하는 것은 아니기 때문이다. 정치적 의미로 보면 공산주의는 공산당 – 공산주의 독트린에 충실한 정당을 뜻함 – 이 권력을 장악하는 체제를 일컫는다. 사실, 국가권력기구를 해체하기 위해 심각한 조치를 취한 공산당은 지금껏 하나도 없었다. 반대로 공산주의체제는 항상 개인에 대한 국가의 권력을 확대하는 경향이 있다. 공산 국가는 생산수단의 일부 또는 전체에 대한 소유권과 통제권을 가질 뿐 아니라 시민의 공적·사적 생활에 다양한 형태, 다양한 정도로 개입하며, 정치적 반대자들을 억압하고, 때로는 사회 전체를 준군사조직화하기도 한다. 20세기 일부 공산주의체제는 극도로 폭력적이고 잔인한 독재체제로 전락했다. 공산주의체제는 언젠가 개인은 공동체와 같은 생활을 영위하고, 국가도 먼 장래에는 '사라질 것이다'라는 비전을 선전했지만, 실제로는 사회를 통제하기 위해 권력을 구축해야 한다는 점을 강조했다. 그리하여 실존했던 공산주의체제는 국가와 그들의 원칙, 그들의 목표에 대한 절대적인 충성을 요구했다. 통치형태로서의 거의 모든 공산주의체제는 붕괴되었다. 이 책을 쓰고 있는 2010년을 기준으로 북한과 쿠바 정도가 아직 공산주의체제로 남아 있다. 중국과 베트남은 자본주의와 공산당의 정치적 독점을 결합한 형태를 유지한다. 그러나 진지한 분석가 중 정치체제의 한 형태인 공산주의에 미래가 있다고 믿는 사람은 없다. 마르크스주의는 마르크스와 프리드리히 엥겔스(Friedrich Engels)가

발전시킨 공산주의의 한 형태다. 그들에 따르면 노동자계급이 자본가로부터 생산수단 통제권을 빼앗아 사회주의를 건설하기 위해 이를 사용할 때 자본주의의 종말이 오고, 마침내 공산주의가 도래한다는 것이다. 따라서 마르크스주의자들은 공산주의자들이다. 레닌주의는 레닌이 개발한 마르크스주의의 일종이다. 레닌은 사회주의를 위한 모든 경제적 조건이 충족되기 전이라도 정치혁명이 필요하다는 점을 강조했다. 그리고 특히 그는 '노동자 계급의 이름으로' 공산당은 사회에 대해 철권 독재를 실시해야 한다는 점을 강력히 주장했다. 대부분의 소련 시기에 모든 시민에게 가르쳤던 공식 독트린은 '마르크스주의-레닌주의'였다. 소련의 공식 독트린은 마르크스와 엥겔스가 창안하고, 레닌과 그의 후계자들이 계승 발전시킨 사상체계로 간주되었기 때문이다. 그러나 시간이 지나면서 소련의 공식 독트린은 경직되고, 공동화되고, 형식화되고, 교조적으로 변질되었다. 따라서 그것은 자본주의가 소련체제보다 훨씬 더 역동적이었다는 엄연한 20세기의 현실을 목도했던 소련의 지도자들에게는 더 이상 적실성을 가질 수 없었던 것이다.

을 구축하려는 강력한 정책을 계급전쟁이란 용어로 표현했으며, 도덕적인 단결과 충성을 자본주의 세계에 대항하는 투쟁으로 묘사했다.

러시아의 공산주의자들에게 사회주의는 생산수단의 사적소유가 없는 사회 — 즉 국가가 모든 주요한 경제적 자산을 통제하고 소유하는 동시에 정치권력이 노동자들의 이해관계를 위해 사용되는 사회 — 를 의미했다. 레닌은 러시아 공산당을 창당했고, 혁명 이후에는 소비에트 러시아 정부의 수장을 지냈다.[5] 레닌의 '전위정당'으로서 공산당 모델에 입각한 소련체제의

---

5) 레닌은 러시아 마르크스주의 운동의 한 정파를 이끄는 우두머리였다. 레닌이 이끌었던 정파는 러시아에서의 사회주의는 혁명가들이 국가권력을 장악하고, 이를 근대적이고, 산업적이며, 러시아의 사회주의 경제기반을 건설하는 데 사용함은 물론 외국

권력은 노동자와 농민이 자신의 목소리를 낼 수 있는 선출된 회의체인 소비에트와 그들을 통솔하는 공산당으로 나뉘었다. 공산주의자들은 소비에트를 대중이 국가에 참여하는 유용한 채널로 간주했지만 소비에트는 잘 조직화되고 좀 더 엄한 규율을 갖춘 공산당의 통제하에 있어야 한다는 점을 분명히 했다. 영도적인 비전의 담지자로서의 공산당은 소비에트와 그 집행기관을 직접 지도하도록 되어 있었지만, 조직상으로는 소비에트와 분리되어 있었다.[6]

레닌의 후계자 스탈린(1879~1953)은 레닌 통치 모델의 제도적인 기반을 다졌을 뿐 아니라 레닌주의가 가진 독재적인 성격을 극단적 형태로 실현한 인물이다. 스탈린은 처형, 의도된 기근, 비인간적 환경하에서의 강제노동, 강제이주 등을 통해 수백만 명의 소련 시민을 희생시킴으로써 다

에서도 유사한 혁명을 일으킬 때 비로소 가능하다고 주장했다. 이러한 주장을 펼쳤던 정파는 나중에 독자적인 정당으로 발전했는데, 이들이 바로 볼셰비키(후에 공산당으로 개칭)다. 이 정파는 나중에 러시아 공산당으로 개칭되었다가 궁극적으로 소련공산당으로 불리게 되었다. 레닌과 그의 볼셰비키 동료들은 1917년 10월 노동자와 농민의 이름으로 국가권력을 장악한 이후 그들의 계획을 실천에 옮겼고, 국가사회주의의 원칙에 따라 정부를 수립했다. 볼셰비키의 실질적인 지도자로서, 그리고 나중에는 소비에트 러시아 정부의 수장으로서 레닌은 새로운 소련체제의 기본적인 통치제도를 수립했다. 소련 시기 내내 소련 시민은 레닌을 이념적 독트린에 오류가 있을 수 없는 지도력의 원천으로 떠받들도록 교육받았고, 그의 가르침은 부호화되고, 체계화되었으며, 소련 내에서 마르크스 이론의 정통이론으로 숭상되었다. 그리하여 일련의 레닌 이론은 정통 마르크스 이론과 결합해 '마르크스주의-레닌주의'이란 명칭을 얻었다. 소련 및 전체 공산주의 세계에서 마르크스-레닌주의는 일종의 도그마(dogma)가 되었다.

6) 소련체제에 대한 중요한 역사적 분석을 수행한 업적 두 편을 소개하면 다음과 같다. Sheila Fitzpatrick, *The Russian Revolution: 1917-1932*(New York: Oxford University Press, 1984); Mary AcAuley, *Soviet Politics: 1917-1991*(New York: Oxford University Press, 1992).

양한 범주의 인민에 대규모 테러를 저질렀다.7) 그리하여 최소한 2,500만 명의 소련 시민이 처형되거나, 강제수용소로 보내져 정치적 박해를 받았다. 스탈린체제는 국가권력을 팽창시켰고, 제2차 세계대전으로 2,600만 명이 목숨을 잃는 엄청난 대가를 치르고 나서야 독일의 침공으로부터 국가권력을 지켜냈다. 스탈린체제는 강제적 공업화와 농업의 집산화라는 벼락치기 프로그램을 강행했다. 스탈린 집권기에 소련 국가가 전국 방방곡곡에, 그리고 사회생활의 모든 영역에 통치력을 침투시킬 수 있는 능력을 확대시켰다는 의미에서 그는 국가 건설자라고 할 수 있다. 스탈린 치하에서 공장, 광산, 발전소, 고속도로, 운하 및 철도노선, 그리고 수많은 학교, 병원 및 문화와 과학 조직이 만들어졌으며, 모든 도시가 건설되고 모스크바도 개조되었으며, 방대한 국가의 경찰력과 군대의 위계조직이 구축되었다. 동시에 절대권력을 휘두르려는 스탈린의 욕구를 반영해 소련 사회는 정보제공자들의 네트워크에 의해 침투되었고, 수백만 명의 시민은 '반소련적' 행위를 한 혐의로 체포되었다. 그러나 국가가 그러한 테러를 자행했음에도 수많은 시민이 스스로 사회주의의 밝은 미래를 건설한다고 믿음으로써 소련 문화의 기저에는 심대한 자부심과 희망의 기운이 서려 있었다.

스탈린은 국가 건설자였지만 취약한 제도를 남겼다. 스탈린 시기에는 정책결정이 제도화되기보다는 정치적 권위가 공포, 의심, 스탈린에 대한 존경심, 각급 관리가 모든 결정을 스탈린 한 사람을 기준으로 내리는 경향 등에 의존했기 때문이다. 스탈린의 권력은 역사상 그 어느 지도자보다

---

7) 스탈린 행동을 주로 심리학적인 측면에서 설명한 권위 있는 전기로는 다음을 참조하라. Roberts C. Tucker, *Stalin as Revolutionary, 1879-1928: A Study in History and Personality*(New York: Norton, 1973); Robert C. Tucker, *Stalin in Power: The Revolution from Above, 1928-1941*(New York: Norton, 1990).

도 절대적이었다고 할 수 있다. 그는 모든 분야에서 국가의 우선순위를 정했으며, 그가 원하는 모든 분야의 이슈 — 예컨대 특정 영화나 연극의 공개 혹은 금지 여부를 결정하고, 새로운 소련 국가의 가사를 편집하는 문제 등에 이르기까지 — 에 개입했다. 그의 선전 시스템은 그에게 유사 종교적인 찬사를 바치도록 만들었다. 나중에 흐루쇼프(1894~1971)는 이를 '개인에 대한 우상화'라고 했다. 스탈린은 체포, 총살시킬 대상인 '인민의 적'에 관한 목록을 직접 재가했다. 그의 편집광적인 경향은 소련 시민의 공적인 생활에 스며들어 있던 공포와 불신의 분위기를 더욱 강화시켰다. 더구나 스탈린의 개인적인 독재정치는 '작은 스탈린'이 자신의 조직 내에서 철권을 휘두른 수많은 하위 조직에서 되풀이되었다. 국가 내부에서 지배자에 대한 견제장치는 존재하지 않았고, 비밀경찰은 최고지도자를 제외하고는 그 어느 누구의 통제도 받지 않았다. 1953년 스탈린이 사망했을 당시 다른 지도자로 권력을 이양하는 그 어떠한 규칙도 존재하지 않았고 최고지도자, 공산당, 국가 사이에 분명한 권한의 구분도 없었다.

따라서 흐루쇼프부터 시작해 스탈린의 후계자들은 국가를 통치하기 위한 새롭고 좀 더 제도화된 틀을 만드는 문제와 씨름했다. 스탈린 같은 절대적인 권력을 장악하지 못했던 후임자들은 자신의 권력을 양보하지 않으면서도 공포정치에 덜 의존하고, 대중의 지지를 얻기 위한 정책에 더 많이 의존하는 체제를 만들 필요성에 공감했다.[8] 그들은 공산당이 국가 권력의 중핵이 되는 '레닌'의 전통으로 돌아가기 위해 소련체제가 개인의 권력에 의존하는 정도를 줄이고 규칙의 지배를 받도록 하기 위해 노력했

---

8) 흐루쇼프에 대해서는 다음을 보라. William Taubman, *Khrushchev: The Man and his Era*(New York: Norton, 2003); William J. Tompson, *Khrushchev: A Political Life*(New York: Saint Martin's Press, 1995).

다. 또한 스탈린의 후임자들은 권력의 집단적인 행사에도 합의했다. 그들은 대중에 대한 공포정치를 종식시키고, 대중의 생활수준을 어느 정도 향상시키긴 했으나 생산수단에 대한 국가 소유와 국가와 사회를 위한 정치적 방향성의 원천으로서의 공산당의 역할이라는 레닌주의의 교의는 포기하지 않았다. 흐루쇼프와 그의 후임자 브레즈네프(1906~1982) 체제하에서 공산당이 통치하는 국가의 규칙과 구조는 확고하게 규정되어 있었으며, 개별 지도자의 변덕에 따라 흔들리지 않았다.

이른바 공산당의 '지도적인 역할'에 관한 이론은 소련체제의 구조를 이해하기 위한 열쇠다. 그 이론의 요체는 공산당이 정부를 통제하지만 정부를 대체하지는 않는다는 것이다. 당은 목표를 설정하고, 갈등을 해결하고, 정치사회화, 엘리트 충원 및 정책 집행 등을 포함하는 기본적인 정치과정 전반을 감시하는 기능을 수행한다. 그러나 당은 경제의 관리, 치안, 학교, 공장, 텔레비전 방송국의 운영 등 정부의 실제적 기능을 '찬탈'하지 않는다. 소비에트 모델은 발전 단계가 낮은 사회에서 국가권력을 구축하기 위한 전략이다. 소비에트 모델은 대중의 참여와 지도자 충원의 기회를 창출하며, 평범한 노동자에게 정부에 참여할 기회를 제공하기도 한다. 소비에트 모델은 한편으로는 엄청난 야만성과 낭비적인 방법을 은폐하면서, 다른 한편으로는 소련 시민과 외부 세계에 그들이 민주적인 색채를 띤 것처럼 보이도록 만들기도 한다. 시간이 지남에 따라 소비에트 모델은 새로운 종류의 정치적 필요성에 효과적으로 대응할 수 있는 능력이 없음을 드러냈다. 그 내부에 존재하는 강력한 관료조직의 이기주의와 극단적 보수주의 때문에 그 어떠한 의미 있는 제도적 변화까지 봉쇄되었기 때문이다.

소비에트 모델은 연방주의적 요소를 포함했다. 형식적으로 국가는 15개의 주권을 가진 민족 공화국으로 구성되어 있었으나, 이들 공화국에 대한 집권화된 정치 통제는 모든 정부와 사회조직 구석구석까지 뻗쳐 있던 공산당의 위계적 명령체계 사슬로 보장되어 있었다. 소련 시민은 소비에트 독트린이 천명하고, 학교에서 가르치고 언론에서 끊임없이 되풀이하던 '허구'의 세계와 일상적인 '현실'의 세계 사이에서 그때그때 처신을 바꾸는 법을 배웠다. 여기서 허구[9]라는 것은 소련 공산주의의 빛나는 이념, 시민이 국가의 주인이라고 일컬어지는 명목상의 민주적인 정치제도, 소련 사회가 정의롭고 풍요로운 생활을 향해 나아가는 과정 등에 관한 것이었다. 그런데 현실[10]은 생활수준의 정체현상, 공적인 생활에서의 끊임없는 비리와 위선, 대다수 인민의 보잘 것 없는 생활수준과 자신의 정치적 지위 덕에 특권적 삶을 영위하는 엘리트들의 생활수준 사이의 엄청난 격차 등을 반영하는 것이었다.

'소비에트'란 용어는 회의체를 뜻하고, 소련식 정부모델은 소비에트들이 모여서 형성된 체제를 중심으로 운영되었다. 이들 소비에트들은 선거로 구성되는 조직인데, 민주적인 자치정부의 원칙을 상징했다. 마을, 소읍, 군, 주 등을 포함해 위로는 소련 최고회의에 이르기까지 전국의 모든 행정단위에 설치되어 있었다. 이론적으로 소련 내에서는 소비에트가 국가권력을 행사하도록 되어 있었으나, 소비에트에는 정책결정상의 실권이 없었다는 것이 만인에게 알려진 사실이었다. 예컨대 소련 최고회의는 정부의 공식 보고를 듣고 지도부가 제안한 의안을 통과시키기 위해 각각 며칠간의 회기로 1년에 두 차례 회의를 소집했다. 실제로는 당과 정부의 집행기관이 모든 주요 결정을 내리면서도 소비에트는 다만 대의제 민주주의의 외양을 만들어내는 기능을 했다는 사실은 누구나 다 알고 있었다.

---

9) 옮긴이 강조.

10) 옮긴이 강조.

직업, 성, 연령, 민족집단, 당원의 지위에 따른 인구비례로 정해진 쿼터를 보장하기 위해 공산당이 소비에트의 후보자를 선출한다는 점에서 소비에트가 대중을 '대표'했다는 언명은 선언적인 의미에 불과하다. 이러한 제도적 장치 때문에 소련체제에서는 소련 시민의 특정 그룹 중 상당 비율이 선거로 뽑힌 대표(의원)로 활동했다고 선전할 수 있었던 것이다. 그러나 보통 한 직책에 한 명의 후보자만 출마했기 때문에 투표자들은 주어진 후보자에 대한 찬반 의사만 표시할 수 있었다. 소련에서의 선거는 공직자들에게 자신의 행동을 책임지게 만드는 제도가 아니라 거의 모든 투표자가 참여함으로써 국민의 단결을 과시하는 기회를 제공하는 거대한 국가적 행사로 간주되었다.

형식적으로는 소비에트 대의원이 관할 구역에서 정부를 운영할 집행부 관리들을 선출함으로써 각 소비에트의 집행부가 각 소비에트에 책임을 지도록 했다. 하지만 실제로 그들은 공산당 지도부가 내린 선택을 단순히 추인해주는 역할에 머물렀다. 그럼에도 집행부 관리들은 실질적인 관료적 권력을 갖고 있었으며, 말단 행정조직부터 모스크바에 이르기까지 일련의 행정부 명령체계를 형성했다. 한편, 공산당은 정부 집행부서의 과업을 감독하고 지도했지만 집행부서의 권한을 '찬탈'하지는 않았다. 최상위 수준인 각 공화국과 연방 중앙정부에는 최고회의가 설치되어 있어 입법권한을 행사했다. 집행권력은 각료회의(내각)가 갖고 있었다. 소련 내각은 형식적으로는 서구민주주의 의원내각제의 내각에 해당했다. 소련 전체에서 집행권의 총책임을 맡았던 각료회의 의장(총리)은 사실상 막강한 권력을 가지고 있었지만 소련공산당의 최고지도자만큼 강력하지는 않았다.

소련의 연방제도는 소수민족, 특히 러시아 영토의 변방에 위치해 오랫동안 국가성이나 민족 독립의 전통을 지녀왔던 소수민족에 상징적인 권리를 부여해주는 수단으로 이용되었다. 그리하여 미국이나 독일의 연방제와 달리, 소련이 취한 헌법의 형태는 중앙정부의 권력에 도전하지 않으면서도 다양한 민족이 그들의 민족문화를 유지할 수 있는 수단을 부여하기 위한 목표와 관련되어 있었다. 소련 연방제하에서는 명목상 주권을 갖는 15개의 공화국이 연방의 구성단위로 간주되었다. 각 공화국은 특정 소수민족에 정치적 대표성을 표출할 수 있는 일정한 공식적 기회를 부여했다. 15개 공화국 각각의 권력 구조는 대부분 연방정부의 구조를 그대로 본뜬 형태로 설치, 운영되었다. 물론 군대와 화폐의 공급은 전적으로 중앙정부의 기능에 속했다.

소련의 국가권력이 너무 중앙정부에 집중된 나머지 국가의 연방 구조는 사실상 형식적인 것에 불과했다. 그러나 국가권력을 종족의 거주 영역을 바탕으로 조직해 각 단위에 국가성의 특징을 부여한 소위 연방제도는 소련 정치발전에서 누적적인 효과를 발휘했다. '민족적' 교육체계, 문화제도 및 언론의 발전은 15개 공화국 전체에서, 심지어는 소련 시기 이전에는 민족정체성의 형성이 미약했던 지역에서까지 민족정체성을 강화시켰다. 동시에 모스크바 중앙정부로 정치 및 경제 권력이 집중되면서 각 공화국 지도자들은 중앙정부에 실질적인 자율권을 요구할 수 없었다. 시간이 지남에 따라 공화국에 거주하는 토착민들은 소련의 이념과 직접적으로 배치되지 않는 한 민족문화를 보존할 수 있는 권리를 포함해 그들이 누리는 특정한 권리를 당연시하게 되었다. 민족이 정체성을 보존하기 위해 어느 정도로 권리를 주장할 수 있을지에 대한 비공식적인 규칙과 이해가 안정적으로 유지됨으로써 공화국의 지도자들과 시민은 자신의 공화국 영토와 제도를 '그들의 것', 다시 말해 그 민족이 집단적으로 소유하는 것으로 여기는 경향을 보였다. 수십 년에 걸친 소비에트의 지배 시기에 꾸준하게 향상된 시민의 교육수준과 더불어 암묵적이지만 강력한 민족의식

은 각 공화국의 토착민 사이에서 종족적 자각이 성장하는 데 기여했다.[11)]

이렇듯 소련 국가체제는 형식적으로는 연방제였으나 사실상 단일제 국가였다. 정치학자들은 연방제를 특정 국가의 구성 지역이 헌법의 규정을 위반하지 않는 한 정치적으로 자율적·독립적인 위치에서 정책을 수립할 수 있는 권력 영역을 1개 이상 소유하고 이를 헌법으로 보장하는 한편, 연방 중앙정부도 1개 이상의 영역 — 전형적으로 국가안보와 통화정책 — 에서 자율성을 갖는 체제로 정의한다.[12)] 소련에서는 특정한 시점에 어느 정도로 공화국에 자율권을 부여할지 결정함으로써 중앙정부(공산당 지도부와 정부의 집행부)가 각 공화국의 정치적·경제적·문화적 삶에 대한 궁극적인 통제권을 가졌다. 각 관할 단위는 명령원칙의 연결고리를 충실히 지키면서 그것이 위치해 있는 상위의 행정관할 당국에 종속되어 있는 행정단위로 취급되었다. 연방 중앙정부는 토지, 천연자원, 산업, 인적자원 등 전국의 주요 생산자원을 통제했던 반면, 지방의 연방구성 단위는 자신의 관할 구역 내에서 비중이 낮은 자산만 관리할 수 있는 권한을 받았을 뿐이다. 공화국의 경제발전에 대한 전략적 결정은 중앙정부가 내렸다. 지배적인 중심부 국가가 자신의 이익을 위해 주변부 식민지의 경제를 발전시

---

11) Ronald Grigor Suny, *The Revenge of the Past: Nationalism, Revolution, and the Collapse of the Soviet Union*(Stanford, CA: Stanford University Press, 1993). 공동의 다민족적 소비에트 국가 내에서 종족적·민족적 정체성을 형성하기 위해 시행되었던 소련의 초기정책에 대해서는 다음을 참고하라. Terry Martin, *The Affirmative Action Empire: Nations and Nationalism in the Soviet Union, 1923~1939*(Ithaca, NY: Cornell University Press, 2001).

12) William H. Riker, *Federalism: Origin, Operation, Significance*(Boston: Little, Brown & Co., 1964); Mikhail Filippov, Peter C. Ordeshook, and Olga Shevtsova, *Designing Federalism: A Theory of Self-Sustainable Federal Institutions*(Cambridge: Cambridge University Press, 2004).

켰다는 점에서 그러한 양상은 식민지적 제국주의와 닮았다. 그러나 소련의 국가체제는 통치했던 모든 것을 시민의 생활에 스며들게 했으며, 그것을 단일의 정치적·경제적 제도의 틀로 통합시켰다. 소련이 그토록 광활하고 다양한 속성을 포괄하는 국가를 다스리기 위한 통제 시스템을 건설하고 유지했다는 사실은 동시대의 수많은 실패한 국가와 비교해 대단한 성과라고 할 만하다. 그러나 따지고 보면 소련의 정치체제는 시민의 기본 정치적·경제적 권리를 인정하지 않음으로써 국가에 대한 통제를 유지할 수 있었던 것이다.

소련 국가 내에서 러시아 공화국의 위치는 예외적이었다. 러시아인이 소련체제를 지배했다는 사실이 러시아 공화국이 그러한 현실에서 이득을 얻었다는 것을 의미하지는 않았다. 러시아 공화국은 15개 공화국 가운데 인구수나 영토의 크기 면에서 독보적으로 월등했으며, 러시아어와 러시아 문화가 소련 전체를 지배했다. 그러나 러시아 공화국 자체는 다른 공화국이 보유한 공화국 수준의 공산당 지부, KGB, 노동조합, 학술원 등과 같은 미약하나마 국가성을 나타낼 수 있는 국가기관조차 갖추지 못했다. 물론 그 이유는 만약 러시아 공화국이 그러한 국가기관의 공화국 지부를 보유했더라면 연방 중앙정부의 권력을 위협할 수도 있었기 때문이다. 연방 전체 차원의 당과 국가기관이 러시아 공화국 수준의 당과 국가기관의 역할을 겸했다. 러시아가 준제국을 통치하기 위해 소련 국가를 이용한 것이라고 할 수 있다.

제국의 통치는 값비싼 대가를 요구한다. 소련 내에서는 러시아 공화국이 정치적으로 연방을 지배했지만, 공화국 간 무역수지는 러시아 공화국에 불리한 상황이었다. 러시아 공화국이 제공하는 에너지와 기타 공산품 가격이 낮게 책정되었기 때문에 러시아 공화국은 결과적으로 다른 공화국의 발전을 위해 보조금을 지불한 셈이었다. 1991년 무렵 러시아 공화국은 여타 공화국에 공화국 총생산의 10%에 해당하는 금액을 암묵적인 무역 보조금 형태로 지불했다.13) 다른 공화국의 경제발전 또한 중앙정부가 수립한 계획에 입각해 추진되어야 했다. 이러한 중앙계획과 통제된 가격 시스템 때문에 도대체 누가 누구를 착취하는지를 판단할 수 없었다. 그런데 각 공화국의 인민은 연방 중앙정부가 그들의 공화국을 착취한다고 믿었다.14) 한편, 민족적 구분에 입각한 연방제로 인해 공화국 차원의 공산당과 국가 지도자들은 정치조직을 구축하고 그들의 정치적 통제력을 확대할 수 있었다. 많은 구성 공화국의 지도자들은 국가 자원에 대해 더 많은 통제력을 획득하는 데 특별한 관심을 기울였다. 그런데 그들이 추구했던 통제력은 더 효과적인 방법으로 더 많이 생산하기 위해 사용되기보다 자신의 지지자들에게 더 많은 혜택을 분배하는 데 사용되는 경향이 있었다. 따라서 구성 공화국 정치지도자들이 경제적 관리체계를 분권화해야 한다고 주장했을 때 그들이 실제로 원했던 것은 좀 더 생산적으로 국가 자원을 사용하는 것보다는 연방 중앙정부의 관료들이 갖고 있는 경제적 통제권을 구성 공화국 관료들의 통제권으로 이전시킴으로써 국가 자원에 대한 그들 스스로의 통제력을 강화시키는 것을 의미하는 경우가 더 많았다. 이 점에서 분권화는 민주적이지도, 시장지향적이지도 않았다. 공화국 지도자들은 그들의 관할 구역에 거주하는 소수민족이 발전하려면 더 많은 자율권이 필요하다는 이유를 들어 더 많은 경제적 자율권을 요구하면서 막후에서 벌어지는 관료적 협상 때 종족 카드(ethnic card)를 자주 사용했다.15)

---

13) Anders Åsland, *How Russia Became a Market Economy*(Washington, D.C.: Brookings Institution, 1995), p. 108.

14) Stephen White, Graeme Gill, and Darrell Slider, *The Politics of Transition: Shaping a Post-Soviet Future*(Cambridge: Cambridge University Press, 1993), p. 85.

이 점은 [페레스트로이카 시기에] 소련 중앙정부와 러시아 공화국 간 벌어진 투쟁을 이해하는 단서다. 분권화에 대한 요구에 대해 각 공화국 수준에서 민주세력과 국가관료들이 합의를 이룬 것도 비슷한 맥락에서 이해할 수 있다. 민주화 운동가들은 [분권화를 통해] 시민의 정치적 권리에 대한 공산당과 중앙정부의 통제를 깨트리고자 한 반면, 각 공화국의 관리들은 자신의 관할 공화국에 존재하는 소련 국가의 자산에 대한 통제 지분을 보유하고 싶어 했다. 공화국의 관리들과 민주화 운동가들에게는 중앙정부를 약화시키려는 공통의 명분이 있었다. 따라서 소련의 해체를 초래했던 1989~1991년 주권을 놓고 벌였던 투쟁은 상당 부분 연방 수준의 엘리트와 관할 구역 내에서 자율권을 얻고자 했던 공화국 정치세력 간 국가자원 통제력을 둘러싸고 벌였던 경쟁과 다르지 않다. 러시아 공화국에 관한 한 이러한 전략은 러시아 공화국 지도자들이 러시아 영토에 대한 주권을 획득하면서, 다른 한편으로는 여타 공화국에 대한 권력을 포기해야 했음을 의미한다.

결국, 소련체제하에서는 국가가 생산수단 — 토지, 천연자원, 공장 및 농장, 기타 다양한 형태의 재산 등 — 을 소유, 통제했기 때문에 국가 주권을 획득하기 위한 투쟁에는 경제적인 요인이 강하게 작용했다. 구체제하에서는 국가의 거대한 부에 대한 통제권을 획득하기 위한 권력 투쟁이 벌어졌다. 소련체제하에서는 정치권력과 경제권력이 밀접하게 상호 연관되어 있었다. 그러한 정치권력과 경제권력의 관계는 소련체제와 자유민주주의 국가 — 비록 국가가 경제적 지분을 상당히 차지하는 국가라고 하더라도 —

---

15) 공화국의 민족 동원에 대해서는 Mark R. Beissinger, *Nationalist Mobilization and the Collapse of the Soviet State*(Cambridge: Cambridge University Press, 2002)를 참조.

사이의 차이를 이해하는 데 핵심적인 열쇠가 된다. 유럽의 가장 강력한 사회민주주의적인 국가조차도 소련식 국가사회주의와는 확연하게 구별된다. 생산재에 대한 사적 소유권이 존재하는 사회와는 대조적으로 소련 체제에서의 개인의 권력, 위광(prestige) 및 부는 정치적 위계 구조에서 그 사람이 어느 위치에 속해 있는가에 달려 있었다. 생산재는 세습을 통해 다른 사람에게 상속될 수 없었다.[16] 이렇듯 생산자원에 대한 국가 소유권 제도는 정치적·사회적 지위가 동일한 원천으로부터 도출된다는 것을 의미했다. 그리하여 모든 승진과 기회가 공산당에 집중되어 있었기 때문에 가장 강력한 지도자들도 당료의 지지에 의존했다. 체제 내에서 권력과 특권의 지위에 오른 사람들을 일컫는 소위 '신계급(new class)'은 자신의 이익을 보호하기 위해 공산당을 이용하려고 했으나 확고한 정치적 권리나 대중의 지지가 결여되어 있었으므로 그들의 지위는 불안했다. 그러한 불안을 해소하기 위해 신계급에 속하는 엘리트들은 자신의 지위에 대한 정치적 도전을 방지할 수 있는 정치적 선전과 억압을 즐겨 사용했다.[17]

계획경제에서 생산물의 증가는 항구적인 과제였다. 기업의 책임자들은 목표량을 달성해야 한다는 압박을 심하게 느꼈으나 한편으로 당국은 산출 목표를 달성하는 수단에 관해서는 이들에게 상당한 재량권을 부여했다. 이를테면 기업의 책임자는 정부의 계획부서에서 책정한 생산품의 목표 수량을 달성하기 위해 품질을 떨어뜨리는 수법 등의 편법을 동원하

16) 돈을 포함한 자신의 '개인적인' 재산을 상속인에게 물려줄 수는 있었으나 다른 형태의 부(富)나 소득을 창출하는 데 사용될 수 있는 재산[생산재 또는 생산수단]을 물려주는 것은 금지되었다.

17) 유고슬라비아의 반체제 인사였던 밀로반 질라스(Milovan Djilas)는 계급 없는 사회를 지향한다는 공산주의 사회에서 어떻게 지배계급이 있을 수 있는가를 설명하기 위해 '신계급'에 관한 유명한 이론을 제시했다.

고는 했다. 국영기업의 매니저들은 혁신이나 현대화를 위해 노력해야 할 동기가 별로 없었다. 새로운 기술 도입 시도가 실패할 위험성이 생산성 향상에 따르는 잠재적 편익보다 훨씬 컸기 때문이다. 요컨대 기업의 매니저들이 직면한 인센티브 구조는 유연성, 적응능력, 기업가정신, 혁신 따위와는 배치되는 것이었다. 따라서 시간의 경과와 함께 경제성장은 점차 정체되어갔고, 소련은 글로벌 시장에서 경쟁력을 갖추지 못하게 되었다. 소련은 광물자원, 원유, 목재 및 기타 품목 같은 천연자원에 의존해 수출하고 외화를 획득했다. 그러나 소련은 1960년대에 접어들어 농업 부문에서 만성적인 생산 감소를 기록했고, 방위산업을 제외한 제조업 부문 제품의 질은 형편없이 조악한 상태였다.

스탈린의 급속한 산업화 전략으로 국가가 인민에게 제공해야 할 비경제적인 혜택의 책임을 기업에 전가하는 또 하나의 중요한 국가사회주의의 특징이 나타났다. 공개 시장에서는 구할 수 없었던 주택, 보육, 음식, 채소, 자동차 같은 희귀 내구재에 대한 보조, 휴가비 보조 등을 포함한 재화와 서비스가 기업을 통해 종업원에게 분배되었다. 소련 시민은 현금을 지불하지 않고도 사회적 재화와 서비스에서 많은 혜택을 얻을 수 있었다. 1970년대 후반에 접어들어서는 소련 경제가 심각한 불황에 빠져 여러 도시에서 식품 배급제를 도입하지 않을 수 없어짐에 따라 재화와 서비스를 제공하는 통로로서의 기업의 정치적 역할이 더욱 중요해졌다. 주택, 식품 및 일상적인 서비스 공급이 수요에 비해 턱없이 부족해지면서 기업 매니저의 국가에 대한 영향력이 더욱 커졌다. 노동자들과 매니저들은 서로의 필요에 따라 긴밀하게 결속되었다. 매니저들은 정해진 생산목표를 달성하기에 충분한 노동력을 필요로 했고, 노동자들은 기업소(企業所)를 벗어나서는 얻을 수 없는 다양한 사회적 혜택을 얻기 위해 국영기업 내에서 일자리를 확보하려고 했다. 이러한 상호 필요성이 양자 간 상호의존이라는 견고한 결속을 만들어냈다. 일부 분석가들은 이를 묵시적인 '사회계약(social contract)'이라고 표현했다. 그러한 사회계약에 따라 소련체제는 노동자들에게 직업의 안정성, 사회적 혜택, 상대적으로 평등한 급여 등의 당근을 제공해야 했으며, 그 대가로 노동자들은 체제에 순응하고 이를 지지해야 했다.[18)]

이러한 사회계약은 노조의 기능을 약화시켰다. 소비에트 모델에서는 노동조합이(산별노조가 아닌) 전체 경제 부문에 걸쳐 조직되었으므로 한 기업의 매니저들은 엔지니어, 작업대에 앉아 일하는 노동자(bench worker), 카페테리아 종업원 등과 동일한 노동조합의 구성원이었다. 노동자들과 매니저들은 직장에서 제공하는 각종 사회적 혜택을 위해 국가에 공통적으로 의존해야 하는 입장이었으므로, 그들은 자신의 기업이 흑자를 내고 높은 생산성을 유지하든 적자를 내면서 사회적 자원을 낭비하든 상관없이 국가가 주문과 대금 지급을 원활하게 하도록 국가에 공동으로 압박을 가해야 할 동기를 갖고 있었다. 소련 경제는 기업가정신이나 혁신을 위한 동기를 만들어주지 못한 것과 마찬가지로 적자 기업에 대한 구조조정이나 폐업의 기회를 오히려 가로막았다. 사실, 가격체제가 수요 공급의 원칙보다 정치적 기준에 따라 정해졌기 때문에 특정 기업이 적자를 내는지 또는 흑자를 내는지 거의 알 길이 없었다. 실제로 일부 기업은 당초 배정 받은 원료의 가치에도 미치지 못하는 제품을 생산함으로써 오히려 [부가가치를 생성하는 것이 아니라] 경제 전체의 가치를 떨어뜨렸다. 소련 경제가 생산성을 향상시킬 수도 있었던 혁신의 기회를 오히려 질식시킴으로써 비효율성

---

18) Linda Cook, *The Soviet Social Contract and Why It Failed: Welfare Policy and Workers' Polities from Brezhnev to Yeltsin*(Cambridge: Harvard University Press, 1993).

이 초래한 엄청난 비용이 해마다 늘어났다.

더구나 될 수 있으면 원료를 많이 확보하려는 기업의 행태에 대한 금융 및 재정상의 통제가 느슨했기 때문에 과도한 수요, 물자 부족, 억압된 물가상승이라는 만성적인 현상이 나타났다.[19] 기업은 효율성을 높이지 못하거나 혁신에 실패해도 아무런 제재를 받지 않았다. 기업은 허위보고를 하거나 불리한 정보를 감춤으로써 어느 정도 자신의 업적에 대한 사실을 은닉할 수 있었다. 생산성 향상에 대한 중앙정부로부터의 행정적인 요구는 충분하지 않았다. 국영기업의 매니저에게는 위험을 무릅쓸 어떠한 동기도 없었기 때문이다. 중앙정부는 자신의 이해관계를 보호해달라는 강력한 산업엘리트 및 지방 관료의 압력에 끊임없이 노출되어 있었다. 그 결과 소련체제는 타성과 쇠퇴에 빠졌다. 해마다 국가에서 정한 계획목표치는 전년도의 실적에 비해 점진적이고 미미한 변화를 반영하는 데 그쳤다. 개혁을 위한 어떠한 시도도 취약한 중앙정부의 권력과 정책을 집행하는 관료들의 저항 때문에 성공하지 못했다. 정부 부처, 지역 관료, 기업소 사장 및 노동자 사이에 매우 강력한 이익연합이 형성되어 그들 사이에는 현상 유지를 지속시키고자 하는 공통된 잠재적(latent) 관심이 생겨났다. 현상 유지 상태가 깨지고 변화가 일어나면 그들에게 커다란 위협이 될 수 있었기 때문이다.(그들이 집단적으로 조직화하지 않고 다만 현상 유지를 지속시키기 위해 협력적인 행동을 했기 때문에 그것은 '잠재적'인 관심이었다.) 1980년대 초반 무렵 경제는 거의 성장을 멈췄다. 소련 경제가 제로성장에 빠졌다는 것은 소련이 미국과 군비경쟁을 벌이는 상황에서 경제 전체가 더욱 무거운 부담을 안게 되었다는 것을 의미했다. 고르바초프가 집권했을

19) Janos Kornai, *The Socialist System: The Political Economy of Communism* (Princeton: Princeton University Press, 1992).

무렵 GDP에서 국방비가 차지하는 비중이 25%에 달했으며, 그 비중은 계속 높아졌다.[20] 높은 군비 지출에서 비롯된 극심한 경제적 부담은 고르바초프가 급진개혁 프로그램을 추진한 추동력 가운데 하나였다.

1960년대에서 1980년대에 이르기까지 소련의 경제침체가 계속되자 이는 사회적 기대를 충족시켜야 하는 체제의 능력에 더욱 부담이 되었다. 이는 또한 관리직과 전문직 분야의 일자리가 줄어들었음을 의미했다. 그러나 전문 분야 학위를 소지한 대학의 졸업생들은 계속 늘어났고, 점점 더 많은 사람이 그들의 교육수준에 훨씬 못 미치는 직업을 가졌다. 이러한 경향은 육체노동자뿐 아니라 전문직 계층에도 영향을 끼쳤다. 많은 러시아 시민이 자신의 능력보다 낮은 급여를 받으면서 스스로 저평가된다고 여겼다. 글라스노스트(glasnost) 초기에 표출된 많은 불만은 직업적인 자율권이 부족하다는 것과 공산당 내 행정요원을 포함한 관리직 및 전문직에 종사하던 사람들이 존중받지 못한다는 데 집중되었다. 이러한 문제점은 부분적으로 브레즈네프의 평등화 정책에 따른 결과였다. 브레즈네프 시기 평등화 정책은 상응하는 노동 구조의 재편[전문직과 관리직의 증설 및 체계화와 이들에 대한 합당한 처우 등] 없이 사회적 위계 구조의 하층에 속하는 시민의 교육수준과 임금수준을 향상시켰다는 점에서 문제점을 내포했다. 그 결과 상당한 규모의 노동자들은 그들이 가진 교육수준과 능력에 비해 턱없이 낮은 수준의 직업을 차지할 수밖에 없었다.

경제적 침체 현상은 정치엘리트들이 누리던 여러 특권에 대한 대중의 분노를 촉발시켰다. 때때로 민족주의적 형태를 띤 대중적 소외감의 축적은 1980년대 말 사회적 저항이 폭발적으로 터져 나온 배경을 이해하는 데 결정적으로 중요한 요소다. 그러한 대중의 소외감은 환경 문제의 악화,

---

20) 같은 책.

지배계급인 노멘클라투라(nomenklatura)의 무관심과 기생적 행태에 대한 인식, 물자 부족에 대한 분노, 소련의 각 지역과 공화국이 저 멀리 떨어져 있는 관료화된 모스크바 중앙정부에 의해 경제적으로 착취당한다는 믿음 등 그 밖의 다른 이슈로부터도 비롯되었다.

소비에트가 구성요소 역할을 하고, 민족(종족)적 연방제의 원칙이 적용되고, 경제권력이 집중화된 형태로 존재했다는 것 외에도 공산당이 정치적인 지배력을 발휘했다는 것이 소련체제를 규정하는 네 번째 특징이라고 할 수 있다. 레닌의 통치 원칙은 공산당의 조직 구조가 연방정부, 공화국정부, 지방자치단체 등 각급 정부에 대한 중앙정부의 통제력을 극대화할 수 있도록 담보했다. 원래 공산당원이라는 자격 자체가 특권이며 의무라는 것을 강조하고, 정치적 충성도와 사회적 출신 배경에 대한 엄격한 심사를 통과한 자만 당원으로 받아들이는 노력을 하면서 상당히 작은 규모를 유지했다. 당원 수가 절정기에 달했을 때조차 공산당원의 규모는 전체 성인인구의 약 9%에 해당하는 약 2,000만 명 선에 머물렀다.[21] 전문직종의 당원비율이 상대적으로 높았으며, 일반적으로 교육수준이 높은 사회계층에서 당원비율이 좀 더 높았다. 정치 및 행정 분야에서 고위 직책을 맡은 사람들에게는 공산당원 자격이 거의 필수요건이 되었다. 실제로 고위직을 꿈꾸는 사람들에게 공산당원 자격은 유용한 것이 아니라 필수조건이었다.

공산당의 조직은 자신이 지도하고 통제하는 정부의 조직에 대응하도록 병렬적으로 구성되어 있었다. 지구, 시·군, 지역 등의 모든 관할 구역

---

21) 공산당에 관해서는 다음을 보라. Ronald J. Hill and Peter Frank, *The Soviet Communist Party*, 3rd ed(Boston: Allen & Unwin, 1986); Graeme J. Gill, *The Collapse of a Single Party System: The Disintegration of the CPSU*(Cambridge: Cambridge University Press, 1994).

에서 공산당은 전임 조직을 갖고 있었다. 예를 들어 각 시에는 자체의 통치 위원회, '뷰로(bureau)'라고 불리는 더 강력한 내부 조직체, 전임 직원을 갖추고 공업, 농업, 이념 및 인사 문제를 다루는 일련의 부서조직, 그러한 전임 직원을 감독하는 비서들을 포괄하는 시 공산당 조직이 존재했다. 시 당조직의 제1서기는 그 도시에서 가장 강력한 권력을 가진 공직자였지만 해당 도시 집행부의 수장은 아니었다. 집행부의 우두머리 자리는 시 소비에트 집행위원회 의장이 맡았다. 당 제1서기는 시 소비에트 집행위원회 의장과 긴밀한 협력관계를 유지했지만 당조직의 수장이 지위상으로는 더 우월한 위치를 차지했다. 당의 지침과 권고는 시 집행부 관리들에게 강제력을 발휘했지만 같은 이유로 시정부가 모스크바 중앙정부의 도움을 필요로 할 때에는 당이 소련 최고위층에 대한 직접적인 접근 채널을 대표했다.

최상층부에서 정책을 결정하는 최종 권력은 소련공산당 정치국(Politburo)에 부여되어 있었다. 정치국은 소련에서 가장 막강한 권력을 가진 소수의 지도자들로 구성되어 있었는데, 주례 회의에서 모든 분야의 중요 정책에 관한 결정을 내렸다. 공산당 중앙위원회 산하의 막강한 서기국(Secretariat)이 정치국을 지원했다. 서기국은 모든 하급 당조직과 연결되어 있는 당중앙 본부를 운영했다. 이곳 서기국을 통해 공산당은 국가 전체뿐 아니라 전 세계의 정치 및 경제상황을 감시했으며, 어떤 문제를 제기할 필요가 있는지를 결정하고 정치국을 위해 정책 대안을 만들었다. 여기서 공산당은 수천 명의 최고위 공직자들의 정치적 경력을 관리했고, 이념노선을 결정했으며, 그것은 선전기관과 언론기관을 통해 전국적으로 전파되고 더욱 큰 힘을 발휘했다. 또한 소련공산당 서기국은 방대한 정부 관료조직, 군부, 경찰, 법집행 시스템, KGB, 공화국과 지역의 정부들을 감독했다. '공산당은 소련 사회를 영도하고 지도하는 세력이며 모든 국가 및 공공기관으로 구성되는 정치체제의 중핵이다'라는 취지로 1977년 소련 헌법이 묘사한 소련공산당의 정치적 역할은 상당히 정확했다.[22] 공산당의 세 가지 가장 중요한 권한은 정책결정, 관료 충원, 국가의 이념적 독트린에 대한 감시기능이었다. 정치체제 내의 각급 수준에서 모든 중요한 정책에 대한 결정은 공산당이 내렸다. 모든 책임 있는 관리는 공산당의 승인하에 선출되었다. 또한 언론, 예술, 교육 또는 공공 영역에서 논의되었던 이념은 모두 공산당의 이념 감시 담당자의 승인을 받고, 그들의 기준을 충족시켜야 했다.

공산당의 권력이 압도적이긴 했지만, 그것은 관료적 현상 유지주의(immobilism)로 훼손되었다. 이러한 문제는 정치체제의 복잡성 증대, 사회적 통합력의 상실, 고령화되어가던 지도자들의 체제 경영능력 감퇴로 인해 1970년대와 1980년대에 접어들어 더욱 심각해졌다. 스탈린 시기에는 언제 체포될지 모른다는 정치엘리트들의 공포감 때문에 중앙정부의 권력이 강화되었지만, 그러한 정치적 공포감이 사라지면서 그들은 무능하거나 심지어 범죄적인 행동을 한다고 하더라도 처벌받지 않는다는 확신을 가졌다. 정보 흐름의 왜곡, 그들만의 의제(정치적 이익)를 갖고 있는 하급 관리들의 중앙정부 지시사항에 대한 암묵적인 저항과 현상 유지를 지향하는 관성력 등을 통해 위계 구조가 있는 조직에서의 과도한 집권화가 통제력의 약화를 야기한다는 것은 확실히 어디서든 진리로 통한다.[23] 1985년 고르바초프가 소련공산당 서기장으로 선출될 무렵 소련의 정치체제는 그 상층부가 너무 비대해져 있었고, 대중의 요구에 제대로 대응하

---

22) 이 부분은 Robert Sharlet, *The New Soviet Constitution of 1977: Analysis and Text* (Brunswick, OH: King's Court Communications, 1978), p. 78에 수록된 소련 헌법 제6조에서 따왔다.

23) Anthony Downs, *Inside Bureaucracy*(Boston: Little-Brown, 1967).

지 못했으며, 활력도 떨어져 있었다.[24)]

구체제는 안정된 것처럼 보였으나 사실 취약했다. 소련의 정치인들은 비록 중요한 직책을 맡았다 하더라도 정치적 직책을 갖고 있는 엘리트들이 정치권력을 행사하는 방식을 지배하는 정치체제의 경우와 달리 권력을 차지하기 위해 끊임없이 투쟁해야 했다. 소련 정치가 겉으로는 단결과 합의를 이루는 것같이 보였으나 실상 막후에서는 정치지도자 간 지속적인 권력 투쟁이 벌어졌다. 물론, 이러한 투쟁이 비공식적으로 일어나다 보니 소련 지도자들은 이러한 권력 투쟁 게임에서 지지세력을 확보하기 위한 행동을 공공연하게 펼칠 일은 없었다. 그럼에도 공적 기록을 살펴보면 소련공산당 최고위층 정치지도자 사이에 형성된 정치적 연합과 그들 사이에 이루어진 약속 등을 파악할 수도 있다. 권력 장악을 노리던 경쟁자들은 그들이 정책 문제들을 해결할 능력이 있음을 보여주는 방식으로 권력을 공고화했다. 정책에서 성공을 거두면 지지자들을 동원함으로써 자신의 힘을 강화하여 정적을 제거할 수 있었고, 반대로 정책에서 실패를 하면 다른 관리들[소련공산당 중앙위원을 비롯한 고위 당 간부와 정부의 고위 관료]이 자신에게 지지를 보낼 동기가 약화되었던 것이다.[25)] 엘리트 간 경쟁은 선거를 통해 이루어지지는 않았다. 대중의 선호가 선거를 통해 당국의 정책적 선택으로 연결되지 않았기 때문이다. 그럼에도 엘리트 사이에는 실질적인 경쟁이 존재했으며, 그 경쟁에는 많은 것이 걸려 있었다. 이러한 경쟁은 다른 복잡한 위계 구조에서 벌어지는 관료정치 게임과 유사하지만 규칙에 대한 합의가 약하고 위험요소가 높다는 점에서 다르다.

---

24) Philip G. Roeder, *Red Sunset: The Failure of Soviet Politics*(Princeton: Princeton University Press, 1993).

25) George W. Breslauer, *Khrushchev and Brezhnev as Leaders: Building Authority in Soviet Politics*(Boston: Allen & Unwin, 1982).

정치게임에서 실패할 경우 잘해야 강제은퇴나 불명예 퇴진을 맞이해야 했고, 스탈린 시기처럼 최악의 경우 체포되어 강제수용소로 끌려갔다.

소련 시기에는 언제 어떻게 한 지도자에서 다른 지도자로 권력 이양이 이루어지는가에 대한 합의된 메커니즘이 없었기 때문에 정치적 승계는 때때로 치열한 권력 투쟁을 촉발했다. 일단 어떤 지도자가 정상에 올라 소련공산당 서기장의 위치를 차지하면 그는 평생 그 자리를 지키기 위해 권력을 사용하려 했다. 흐루쇼프는 1964년 정치적 음모로 권좌에서 쫓겨났다. 공산당 지도자의 위치에서 축출된 후 그는 대중의 시야에서 사라진 채 연금을 받으며 여생을 보내야 했다.[26] 그 음모의 주동자였던 브레즈네프는 자신의 권력을 신속히 공고화했다. 1982년 11월 사망하기까지 건강이 눈에 띄게 악화되어가고 있었음에도 그는 자신의 권력을 지탱해줄 지지기반을 구축했다. 브레즈네프는 흐루쇼프가 실각한 이유를 너무나 잘 파악하고 있었다. 그가 18년간 권좌를 지킬 수 있었던 비결은 그 당시 체제를 지배하던 중앙정부 및 지방정부의 권력 중심 간 균형을 뒤흔들 수 있는 정치개혁을 시도하지 않았다는 점이다. 브레즈네프 집권기에는 정치엘리트의 교체가 상대적으로 적은 편이었으며, 정책 혁신은 더욱 드물었다. 정치체제가 점점 더 정치개혁 및 경제개혁의 필요성에 부응하지 못하자 결과적으로 정책 표류현상이 나타났으며 정부의 성과는 더욱 악화된 한편, 공산당 지도부는 점차 고령화되는 현상이 나타났다.

브레즈네프의 사망 이후 공산당 서기장직은 KGB 의장과 소련공산당 중앙위원회(Central Committee) 서기를 역임한 안드로포프(1914~1984)가

---

26) 그는 자신의 자서전을 구술해 녹음하도록 했는데, 그 테이프가 서방으로 유출되어 출판되었다. 두 권 모두 스트로브 탤벗(Strobe Talbott)이 번역, 편집했다. Strobe Talbott, *Khrushchev Remembers*(Boston: Little-Brown, 1970); Strobe Talbott, *Khrushchev Remembers: The Last Testament*(Boston: Little-Brown, 1974).

승계했다. 안드로포프는 집권 초기 국가경제의 침체를 역전시키기 위한 정책 프로그램을 출범시켰으나 얼마 되지 않아 그가 중병에 걸려 병상에서 통치해야 하는 신세가 되었다는 사실이 알려졌다. 1984년 2월 그는 사망했고, 서기장직은 다시 체르넨코(1911~1985)가 물려받았다. 체르넨코는 브레즈네프의 충실한 측근 가운데 하나로 옛 브레즈네프 정치조직에서 활동하던 구성원들과 연대함으로써 권력을 장악할 수 있었다. 이는 안드로포프가 착수했던 제한적인 개혁조치들을 중지시키고 브레즈네프 시기에 존재했던 정책 표류와 보수주의적 경향으로 되돌아감을 의미했다. 그러나 체르넨코 역시 중병을 앓은 끝에 1985년 3월 세상을 떠났다. 이 시점에 공산당의 원로 지도자들은 최고 통치자들의 잇따른 사망에 따른 빈번한 권력승계에서 야기된 취약성과 불안감을 우려했고, 좀 더 젊고, 활력 있고, 개방적인 사고를 지닌 인물을 새로운 지도자감으로 주목했는데, 그 결과 1931년생, 당시 54세로 공산당 정치국원 가운데 최연소였던 고르바초프가 지도자로 선임되었다. 그는 소련체제가 서기장에게 부여한 권력 수단을 신속하게 장악했으며, 그 자신의 권력기반을 강화하고 경제개혁 프로그램을 실행하기 위한 발걸음을 내디뎠다.

1) 고르바초프, 권좌에 오르다

고르바초프에 대한 미스터리 가운데 하나는 어떻게 해서 그처럼 급진적인 개혁적 지도자가 구체제하에서 권력의 정상에 도달했는가다. 이에 대한 대답 가운데 하나는 고르바초프가 체제를 자유화시키고자 했던 집단뿐 아니라 국가와 사회의 기강과 도덕의 해이현상에 경각심을 가졌던 보수파에게도 매력적으로 보였다는 사실에서 찾을 수 있다. 보수파는 사회주의를 강화하는 데 유용한 범위에서라면 어느 정도 행정적 개혁은 받아들일 수 있었다. 그들과 당 조직 내의 개혁 지지세력 및 인텔리겐치아는 고르바초프 같은 야심만만하고 유능한 정치지도자의 자연스러운 지지 기반이 되었다. 동시에 공산당 내부에서 고르바초프가 얼마나 급진적인지를 알아차린 사람들은 거의 없었고, 그를 제거하고자 했을 때는 이미 늦었다. 그의 젊음, 자신감, 지적 능력, 서방세계에 대한 경험, 개인적 본능 등 모든 것이 일종의 사회민주주의를 향해 소련체제의 근본적인 변화를 이끌어내려던 그의 노력에 동력을 제공했다. 소련공산당 서기장이 되기 직전 고르바초프와 나중에 외무장관이 될 예두아르트 셰바르드나제(Eduard Schevardnadze)[27]는 크리미아 해변에 위치한 리조트의 해변을 거닐면서 이야기를 나누었다. 그 대화에 대한 그들의 회고에 따르면 두 지도자는 "모든 것이 부패"했으며 "우리는 이런 식으로는 더 이상 살 수 없다"라는 데 의견을 같이 했다.[28] 그 시점에서 고르바초프는 소련체제에 심각한 기능장애가 발생했다는 것을 알았지만 의도했던 변화가 어떤 모델이 될지, 그러한 변화를 가져오기 위해 어떤 수단을 강구해야 할지에 대해서는 분명한 해법을 갖고 있지 않았다. 고르바초프에게는 엄청난 확신, 에너지, 야망, 변화에 대한 열망이 있었다. 그러나 과연 그가 궁극적으로 개혁이 어떠한 결과를 가져올지 알았더라면 그것을 착수했을까?

고르바초프의 괄목할 만한 출세는 1970년대 후반에 시작되었다. 1978년 그는 공산당 중앙위원회의 서기로 임명되었다. 이어 1979년에는 정치국 후보위원으로, 1980년에는 정위원으로 승진했다. 1985년 3월 체르넨코가 사망하자마자 고르바초프는 공산당 서기장으로 지명되었다. 그는

---

27) 소련 해체 이후 조지아의 대통령이 됨.

28) Archie Brown, *The Gorbachev Factor*(New York: Oxford University Press, 1996), p. 81.

개혁정책의 시행을 위해 광범위한 지지기반을 구축할 필요가 있었다. 고르바초프는 본격적인 개혁이 수반하는 위험성을 감수하지 않으려는 그의 동료들의 보수적인 태도를 극복하기 위해 엘리트 사이에서 소련이 당면한 위기상황을 인식시킬 필요가 있었다.

정치지도자와 대중의 좀 더 개방적인 관계를 의미하는 글라스노스트의 필요성을 강조하면서 고르바초프는 공산당이 효과적인 정치조직인지 여부는 국부를 증대시키고 민중의 생활을 향상시길 수 있는지 어부에 달려 있다고 역설했다. 그는 시장관계, 경제정책에서의 실용주의와 정부의 비밀주의를 완화시킬 필요성과 같은 주제를 부각시킴으로써 스스로 개혁의 선봉장으로 자리매김하고자 했다.[29] 또한 공산당은 글라스노스트, 현대화, 경제발전의 집약화에 대한 새로운 지도자의 호소를 자체의 선전기구를 통해 전국의 관리와 시민들에게 확산시키는 방법으로 여태껏 소련 공산당이 취한 노선과 다소 다른 메시지를 던졌다. 고르바초프는 소련체제를 개혁시키기 위한 자신의 프로그램을 재건축이라는 뜻의 '페레스트로이카'라고 불렀다. 고르바초프의 페레스트로이카는 소련의 국가와 경제체제의 근본적인 토대는 그대로 두고 전체적인 구조를 개조하는 것을 의미했다.

고르바초프는 고위 공직자들을 임명할 수 있는 서기장의 권한을 이용함으로써 자신의 권력을 공고화하기 위해 신속히 움직였다. 처음에는 매우 신중하게, 나중에는 단호하게 조치를 취하면서 그는 자신에 대한 반대세력을 제거하는 한편, 지지자들을 중용했다. 고르바초프는 브레즈네프 시기의 노쇠한 간부들의 권력을 박탈했을 뿐 아니라 공산당 전체의 권력을 다른 곳으로[다시 말해 행정부로] 이전시켰다. 그는 또한 새로운 국내정

---

29) 같은 책.

책과 대외정책 노선을 설정하기 위해 공산당의 국가정책에 대한 통제권을 활용했다. 경제 분야에서 서기장은 외국인 투자 활성화와 자본의 유입을 통한 경제성장 및 기술적 진보의 '가속화'를 주장했다. 또한 그는 국영기업 매니저들의 혁신을 가로막았던 숨 막힐 정도의 관료적 통제를 완화하겠다고 약속했다. 고르바초프는 선거와 공공적 토론을 실질적이고 의미 있게 만듦으로써 소련의 정치생활에서 고갈되어 있던(desiccated) 민주적인 정치형태에 생기를 불어넣을 것을 요구했다. 대외정책에서 그는 유럽과 아시아에 대한 새롭고, 활발한 외교를 추구하는 한편, 일련의 군축 제안을 내놓았으며, 서방과는 좀 더 많은 유연성을 발휘할 것이라고 약속했다.

고르바초프는 정책 개혁을 요구했을 뿐 아니라 정치제도 및 경제제도를 근본적으로 변화시켰다. 그는 수십 년 만에 처음으로 지방 소비에트 대의원 선출을 위한 경쟁선거를 도입하는 개혁을 추진했다.[30] 또한 그는 원료 할당과 생산계획을 설정해 기업에 대한 통제력을 행사하던 산업부처의 아성을 무너뜨리는 「기업법(Law on Enterprises)」 제정을 지원했다. 그는 국가 부문의 비효율성이 남긴 경제의 많은 틈새를 메울 개인 기업 및 협동조합의 활동을 장려하기 위해 사적이고 시장지향적인 기업을 합법화했다. 그는 공산당의 권력을 포함한 국가권력이 법에 종속되도록 '법이 지배하는 국가(pravovoe gosudarstvo)'를 주창했고, 막 형성되기 시작한 비공식적 사회 및 정치조직의 급성장을 기꺼이 받아들였다. 또한 군비 통제 영역에서 미국에 통 큰 양보를 함으로써 역사상 최초로 특정 부류의 핵미사일 전체를 폐기하기로 규정한 조약을 이끌어내기도 했다.

---

30) Stephen White, "Reforming the Electoral System", *Journal of Communist Studies*, 4:4(1988), pp. 1~17.

1988년 고르바초프는 전국 당원 대표들이 참석한 가운데 열린 특별 당 대회에서 좀 더 획기적인 변화를 제안했다. 전국에 텔레비전으로 생중계된 연설에서 그는 민주적이지만 여전히 사회주의를 유지한 새로운 정치체제 비전을 제시했다. 새로운 정치개혁안에 따르면 공개적이고 경쟁적인 선출 과정을 통해 뽑힌 대의원들로 구성된 입법부는 소련의 주요 정책 결정권을 행사하도록 되어 있었다. 최고회의는 진정한 의회로서 정책을 토론하고, 정부관리들을 감시하며, 법률안을 채택 또는 거부하는 권력을 행사할 수 있었다. 나아가 정치개혁은 사법부를 공산당의 통제로부터 분리시키는 한편, 사법부의 최고위 기구가 의회에서 제정한 법률이 헌법에 합치되는지 여부를 판단하도록 했다. 이 특별 당 대회는 텔레비전으로 중계되었으며, 소련 최고위층 지도자 간 공개 토론의 모습을 최초로 대중에게 공개했다. 서기장으로서 권위주의적인 권력을 행사함으로써 고르바초프는 최고회의를 통해 자신의 제안을 신속히 집행했다. 1989~1990년에 지방과 중앙의 의회격인 소비에트 선거가 실시되었고, 대의원이 선출되고, 새로운 의회가 구성됨에 따라 1988년 당 대회에서 제시된 고르바초프의 비전이 실현되었다. 1989년 여름 약 50만 명의 광부가 파업에 돌입했을 때 고르바초프는 그들의 요구를 이해한다고 선언하기도 했다.

고르바초프가 추진한 급진적 개혁의 진정성은 1989년 동유럽에서 일어난 극적인 체제 변화를 통해 확인되었다. 소비에트 블록을 형성하던 동유럽의 공산주의체제가 붕괴되고 무혈 시민혁명(루마니아는 집권 공산엘리트의 추방으로 광범위한 유혈사태가 발생한 유일한 국가였다)을 통해 다당제 의회주의체제로 바뀌었다. 그 과정에서 소련은 한 발 비켜서 있으면서 동유럽의 시민혁명을 지지했다![31] 동유럽에서 하루아침에 공산정권이 퇴

31) 실제 현장 관찰에 입각한 보고서로는 다음을 참고. Timothy Garton Ash, *The Magic*

출되었다는 것은 제2차 세계대전 이후 스탈린이 동유럽 국가에 공산주의를 강요한 이래 발전해왔던 소련권 공산당 간 연대의 정교한 구조, 경찰 조직의 협조체제, 경제와 무역거래, 군사적 동맹관계 등이 사라졌다는 것을 의미한다. 분단된 독일은 통일이 허용되었으며 처음에는 내켜 하지 않았던 소련 지도자들도 통일 독일이 북대서양조약기구(NATO)에 가입하는 것을 허용했다. 한편, 소련 내부에서도 공산당은 대중의 광범위한 저항에 봉착했으며, 공산당의 권위는 결정적으로 상실되었다. 이러한 상황에서 고르바초프는 공산당이 '당의 지도적 역할'을 포기하도록 하는 한편, 사적 재산권과 자유시장의 정당성을 받아들이도록 종용했다. 실질적 권력은 이제 공산당에서 선출된 권력[의회]과 행정부로 이전되었다. 권력 이전 현상은 무엇보다도 1990년 3월 고르바초프가 새로 도입한 대통령직을 통해 확인되었다. 소련을 구성하던 민족 공화국의 새로 선출된 정부는 하나씩 소련 내에서 그들의 주권을 선언했다. 나아가 발트 연안의 3개 구성 공화국은 소련에서 함께 탈퇴할 의사가 있음을 선언했다. 소련 국내외에서 공산당의 지배는 붕괴되고 있었다.

Lantern(New York: Random House, 1990). 이 보고서는 매우 가치 있는 일차적인 설명일 뿐 아니라 1989년 동유럽에서 일어났던 정치혁명에 대한 탁월한 정치적 분석이기도 하다. 이 시기에 대한 철저한 분석으로는 다음을 참고. Gale Stoke, *The Walls Came Tumbling Down: The Collapse of Communism in Eastern Europe*(New York: Oxford University Press, 1993).

3. 이행 시기의 정치제도: 소련의 붕괴

고르바초프는 자신의 경제개혁 프로그램에 대한 공산당 간부 및 국가 관료의 저항을 극복하지 못하자 민주적 선거와 대의제를 위한 통로를 개방함으로써 더욱 급진적인 개혁을 추진하지 않을 수 없었다. 그러나 그는 너무 멀리 나아가지 않으려고 조심했다. 소비에트의 민주화를 위한 그의 계획은 분명히 레닌주의에 근거를 두었을 뿐 아니라 최상층부에 위치해 있던 자신의 권력을 강화하는 수단으로도 작용했다. 1988년 정치개혁안을 도입할 무렵만 하더라도 고르바초프는 다당제 시스템을 도입하려는 움직임에 반대하는 입장을 분명히 했다. 그는 제한된 범위 내에서 의회의 역할을 증대시키는 것을 글라스노스트의 연장으로 보았으나 주요 정책결정권은 여전히 공산당 리더십하에 있어야 한다는 점을 확실히 하고자 했다. 고르바초프 서기장은 새로운 의회 구조를 이용해 공산당의 당료들을 견제하고자 했다. 그리하여 그는 공산 당료들에게 자신의 개혁 프로그램을 이행하도록 압력을 행사하는 한편, 새롭게 선출된 소비에트 대의원들이 자신의 권력 범주를 벗어나지 못하도록 하는 효과를 노렸다. 고르바초프의 개혁정책에는 직접적이고 전략적인 목적이 있었다. 고르바초프는 좀 더 민주적인 시민의 참여를 위해 소련체제를 개방하려고 했지만 자신이 원했던 개혁의 지지기반을 확대하기 위해 새로운 동원 채널을 확보하고자 했다. 고르바초프는 자유주의적 개혁의 지지자들이 영향력을 획득할 수 있는 새로운 정치영역을 구축하면 관료들이 페레스트로이카를 위해 일하도록 압력을 가할 수 있을 것이라고 계산했던 것이다. 그러나 고르바초프는 미디어를 통한 글라스노스트, 경쟁적 선거, 민주화된 소비에트 등 정치 참여의 새로운 영역을 만들어냄으로써 다양하고 광범위한 정치적 경향 — 급진적 민주주의자, 강경한 공산주의 보수파, 민족주의 운동세력 등 — 이 주도권을 잡는 것을 허용했던 것이다. 이들 가운데 다수는 고르바초프가 구상했던 계획과는 완전히 다른 목적을 갖고 있었다.

돌이켜 보면 고르바초프가 다수의 구성 공화국에서 나타났던 민족주권과 독립에 대한 요구라는 원심력적 경향을 평가 절하했음이 확실하다. 정치생활의 자유화 덕분에 자율적 정치운동이 당시 고르바초프가 허용할 수 있었던 범주를 훌쩍 뛰어 넘는 정도의 변화를 이끌어낼 수 있었다. 이에 따라 고르바초프는 소련공산당 서기장직과 소련 최고회의 의장직만으로는 충분한 권력을 행사할 수 없다는 결론을 내렸다. 당초 고르바초프는 연방정부의 대통령직을 신설하는 아이디어에 반대하는 입장이었다. 그러나 그는 생각을 바꿔 1990년 초 행정부를 통솔하기 위해 대통령직이 필요하다고 선언했다. 이에 따라 그는 1990년 3월 인민대표자회의를 통해 대통령직을 설치하기 위한 헌법 개정을 강행했다. 그는 대통령직 신설을 위한 개헌과 함께 복수정당 간 경쟁을 허용하는 효과가 있는 개헌도 동시에 추진했다. 이러한 두 가지 정치개혁이 공산당의 권력을 위협했음은 말할 필요도 없다. 이제 고르바초프는 서기장이 아닌 대통령의 권한으로 정책을 설정하고 관료들을 통솔했다. 공산당의 관점에서 더욱 어려워진 점은 공산당 간부들이 이제는 경쟁 선거를 통해 대중의 지지를 얻어야 한다는 것이었다.

또 다시 고르바초프의 개혁은 분명히 그가 원치 않았던 결과를 가져왔다. 그는 소련 대통령으로 손쉽게 선출되었지만, 그것은 국민의 직접 선거가 아니라 인민대표자회의의 간접 선거 방식을 통한 선출이었던 것이다(아마도 직접 선거를 실시했더라면 패배했을지도 모른다). 정치와 사회에서 오랫동안 통용되어왔던 공산당의 '지도적 역할' 규정을 폐지함으로써 반정부 운동세력은 공산당에 위임되어 있던 통치권에 도전할 수 있었다. 따라서 1990년 15개 공화국의 최고회의 선거 및 전국의 지역 및 도시에서 실시된 소비에트 선거는 정치운동세력 및 정당 간 경쟁을 촉발시켰다. 러시아 공화국에서는 '민주러시아(Democraric Russia)'라는 깃발 아래 민주개혁파 정치세력 연합이 각 소비에트에서 그들의 후보를 당선시켜 간부회의를 형성하려고 노력했다. 1990년 선거에서 '민주러시아' 운동연합은 모스크바와 레닌그라드(1년 뒤 이 도시의 이름은 상트페테르부르크라는 옛날 명칭으로 변경됨) 소비에트의 과반수 의석을 차지했다. 그리고 러시아 공화국 인민대표자회의 선거에서 새로 선출된 의원의 40%가 '민주러시아' 정파의 구성원으로 채워졌다(물론 나중에 밝혀진 바와 같이 이들 대의원 가운데 상당수는 '민주러시아' 정파의 급진개혁 프로그램에 대해 단지 형식적이고 기회주의적인 태도를 나타냈다.) 새로 구성된 러시아 의회에서 거의 같은 숫자의 대의원들은 각각 러시아 공산당의 보수주의, 반 개혁주의, 친사회주의 이념을 갖고 있었다. 선거운동 과정에서 각성된 민주주의에 대한 열망과 민족적 자의식의 영향하에 옐친은 러시아 의회에서 근소한 차이로 러시아 공화국 최고회의 의장으로 선출되었다. 러시아 공화국 국가수반으로서 옐친은 정치적 지존의 자리를 놓고 고르바초프에 도전할 수 있는 지위에 도달한 것이다.[32] 러시아 공화국의 정치발전 양상은 전년도 소련에

---

32) 1989년과 1990년의 선거와 그 결과로 형성된 새로운 대의기관에 대해서는 다음을 참고하라. Yitzhak M. Brudny, "The Dynamics of 'Democratic Russia', 1990~1993", *Post-Soviet Affairs*, 9:2(1993), pp. 141~170; Giuletto Chiesa, with Douglas Yaylor Northdop, *Transition to Democracy: Political Change in the Soviet Union, 1987~1991*(Hanover and London: Dartmouth College; University Press of New England, 1993); Robert T. Huber and Donald R. Kelley(eds.), *Perestroika-Era Politics: The New Soviet Legislature and Gorbachev's Political Reforms*(Armonik: M. E. Sharpe, 1991); Brendan Kierna, *The End of Soviet Politics: Elections, Legislatures and the Demise of the Communist Party*(Boulder: Westview, 1993); Michael E. Urban, *More Power to the Soviets: The Democratic Revolution in the USSR*(Aldershot, England and Brookfield, Vermont: Edward Elgar, 1990); Thomas

서 일어났던 정치적 사건들과 유사하게 전개되었다. 1년 전의 고르바초프와 마찬가지로 옐친도 1991년에 러시아 공화국 대통령직을 새로 도입했다. 고르바초프와 달리 옐친은 이 문제를 국민투표에 회부했는데, 그는 고르바초프에 도전하는 방식으로 이러한 과정을 밟았던 것이다. 1991년 3월 고르바초프가 소련 국민이 소련 존속을 원하는가에 대한 국민투표를 실시했을 때 옐친은 러시아 공화국 내에서 배포될 국민투표 용지에 하나의 질문을 더 추가했다. 그것은 바로 러시아 공화국에서 대통령직을 도입할 것인지의 여부를 묻는 질문이었다. 두 안건 — 소련의 존속 여부와 러시아 공화국 대통령직 신설 문제 — 은 큰 표차로 가결되었다. 러시아 공화국 투표자의 71%가 소련 존속을 지지했으며, 70%의 투표자는 러시아 공화국 대통령제의 신설을 찬성했다. 그러나 러시아 공화국 대통령제의 신설에 대한 러시아 공화국 투표자들의 높은 지지율은 소련 중앙권력을 방어하기 위해 전국적인 지지를 얻고자 했던 고르바초프의 희망에 상당한 타격을 가했다.

더구나 옐친은 자신의 권력과 국민의 자유라는 명분을 시장지향적 경제개혁과 연계시켰다. 1990년 봄 옐친은 국유화와 계획경제라는 구체제를 해체시키고 사적 기업을 허용해주는 방식의 급진적이고 비타협적인 경제 전환 프로그램을 지지했다. 옐친의 경제 보좌관 사이에서 논의되던 경제개혁 전략은 폴란드에서 도입한 안정화 프로그램과 공통점이 많았다. 첫째, 중앙정부는 수요를 맞추기 위해 가격 인상을 허용하고 생산자 스스로 자신의 생산목표를 결정하도록 함으로써 경제에 대한 행정적 통제권의 상당 부분을 포기하도록 되어 있었다. 둘째, 정부는 국유재산을

F. Remington(ed.), *Parliaments in Transition: New Legislative Politics in Eastern Europe and the Former USSR*(Boulder: Westview Press, 1994).

사유화하고 공산주의로 다시 돌아갈 수 없을 정도로 광범위한 재산 소유자를 창출하기 위해 전폭적인 노력을 기울일 예정이었다. 러시아 공화국의 경제개혁 프로그램은 15개 공화국이 각각 자신의 관할구역 내에 존재하는 재산에 대한 배타적인 통제권을 허용하도록 했다. 이러한 규정은 옐친의 개혁 프로그램이 공화국에 유리하게 작용한 요인이 되었으나 소련 중앙정부가 경제를 규제하기 위해 남겨두었던 마지막 통제권마저 제거해 버리는 결과를 초래했다. 처음에는 고르바초프도 그러한 급진개혁을 심사숙고했으나 정치국, 군부, 정부, KGB 내 보수파의 압력으로 이를 거부한 것은 전혀 놀라운 일이 아니었다. 또한 고르바초프와 경쟁을 벌이던 옐친이 고르바초프가 거부했던 바로 그 급진개혁을 받아들인 것도 충분히 예상할 수 있는 결과였다.

1990년에서 1991년으로 넘어가는 겨울에 고르바초프와 옐친 사이에는 치열한 정치적 투쟁이 벌어졌다. 고르바초프는 옐친을 패퇴시키기 위한 정치 공작을 벌이면서, 한편으로는 중앙정부에서 자신의 권력을 유지하기 위해 안간힘을 썼다. 1991년 4월경 옐친은 러시아 의회 내에서 보수파 세력을 물리쳤고, 고르바초프는 옐친을 몰아내는 데 실패했다. 이제 고르바초프는 소련 내에서 러시아 공화국의 주권적 지위를 인정하지 않을 수 없었다. 그리하여 고르바초프는 옐친과 러시아 공화국의 지도부는 물론 여타 공화국 지도자들이 받아들일 수 있을 만한 조건을 담은 새로운 연방 또는 국가연합을 구축하고자 했다. 새로운 소련 헌법의 틀을 짜기 위해 고르바초프는 공화국 지도자들과 협상을 시작했다. 그러나 고르바초프는 공화국 지도자들보다 약자의 입장에서 이러한 협상을 진행했다. 다시 말해 그는 소련 중앙정부 내 보수적 관료의 지지를 얻지 못했으며, 급진적 개혁세력은 고르바초프에 대한 지지를 철회하고 옐친과 독립 러시아 공화국 노선을 지지했다.

그럼에도 고르바초프는 1991년 4월 소련의 15개 공화국 가운데 러시아를 비롯한 9개 공화국과 신연방조약의 주요 내용에서 합의를 이루었다. 이 조약이 최종적으로 체결되었더라면 연방 중앙정부와 구성 공화국 사이에 새로운 힘의 균형을 맞출 수도 있었을 것이다. 구체적으로 신연방조약에 따르면 중앙정부는 국방 및 안보 문제, 기타 조정기능에 대한 책임을 지도록 되어 있었다. 각 구성 공화국은 경제정책을 결정할 수 있는 권한과 관할구역 내의 생산재를 통제할 수 있는 권한을 부여받았다. 또한 신연방조약은 중앙정부가 보유하던 대부분의 관료기구와 그 기능을 공화국으로 이관하도록 규정했다. 고르바초프는 소련 내 관료조직에 기반을 두었던 반대세력의 힘을 또 다시 과소평가한 것이다. 1991년 8월 19일 고르바초프의 러닝메이트인 부통령을 비롯해 총리, 국방장관, KGB 총수 및 기타 고위 관리들은 신연방조약 조인식을 막기 위한 '국가비상사태위원회'를 결성해 행동에 돌입했다. 이른바 '8월의 쿠데타사건'을 통해 권력 장악에 나섰던 것이다. 그들은 크리미아반도에서 휴가를 즐기던 고르바초프를 가택 연금시키는 한편, 흔들리던 소련 정부의 권력을 복원시키려고 했다. 그러나 쿠데타 주동자들은 심각한 실수를 저질렀다. 그들은 대중의 광범위한 지지를 기대하고 거사를 벌였으나, 실제로 모스크바와 레닌그라드의 민심은 그들에게서 등을 돌렸다. 수천 명의 시민이 러시아 공화국 의회가 위치해 있던 '화이트 하우스'를 방어하기 위해 몰려들었다. 쿠데타의 주역은 자신에게 반기를 든 옐친을 체포하는 데 실패했으며, 고르바초프는 대통령직을 유지한 채 모스크바로 돌아왔지만 그의 권력은 치명적으로 약화되었다. 러시아 공화국 권력 당국은 물론 소련 중앙정부조차 그의 지시를 대수롭지 않게 생각했다. 1991년 가을 러시아 공화국 정부는 소련 정부, 내각을 하나씩 접수해나갔다. 1991년 11월 옐친 러시아 공화국 대통령은 소련공산당을 공식적으로 불법화하는 대통령 포고령을 선포했다. 이윽고 1991년 12월 9일 러시아, 우크라이나, 벨로러시아 공화국 지도자들이 회동해 소련은 해체되고 CIS가 그 자리를 대신할 것임을 선언했다. 이로써 고르바초프는 통치할 국가가 없는 대통령이 된 것이다. 1991년 12월 25일 그는 소련 대통령직을 사임했고 그 권한은 옐친에게 이양되었다.

그의 천적 옐친이 8년 뒤 그랬던 것처럼 고르바초프는 전국에 방영된 텔레비전 방송을 통해 자신의 사임을 발표했다. 그의 연설에서는 비통함과 자기 합리화가 교차했다. 비록 자신의 개혁이 소련의 해체라는 결과를 가져왔으나, 가능한 한 오랫동안 권력에 집착하고 자신의 자리를 지켰더라면 — 브레즈네프의 경우를 암시하듯 — 그것은 잘못된 길이었을 것이라는 점을 주장함으로써 체제를 개혁해야 했던 필요성을 설명했다. 고르바초프는 대대적인 개혁 외에는 다른 대안이 없었다는 점을 강조하면서 다음과 같이 언급했다.

> 부분적인 개혁 시도 — 실제로 여러 사례가 있었지만 — 는 모두 실패로 끝났습니다. 우리는 미래에 대한 비전을 상실했습니다. 더 이상 과거처럼 살아가는 것은 불가능해졌습니다. 필요한 것은 급진적인 변화였습니다. 그것이 바로 제가 여러 해 동안 권좌를 향유하기 위해 공산당 서기장 자리를 이용하지 않은 것을 결코 후회한 적도 후회하지도 않는 이유입니다. 나는 권력에 집착해 아무것도 하지 않는 것은 무책임할 뿐 아니라 부도덕한 행위라고 생각합니다. 그렇게 큰 규모로, 그것도 우리나라와 같은 환경에서 그렇게 광범위한 개혁을 추진하는 것은 매우 어렵고도 위험한 일임을 잘 알고 있었습니다. [하지만] 나는 오늘 이 순간에도 1985년 봄에 시작된 민주적 개혁의 역사적 정당성을 확신합니다.[33]

고르바초프의 명성은 그의 조국보다 서방에서 훨씬 더 높았다. 그는 광범위한 개혁조치를 취함으로써 소련 정치체제의 마비상태를 극복하려고 했다. 그런데 그의 개혁은 공산당의 지배, 생산재의 국가 소유, 집권적인 연방국가의 핵심 특성을 유지한 채 시장지향적인 경제와 민주적인 정치체제를 위한 부분적인 조치를 취하는 내용에 불과했다. 그의 개혁으로 봇물 터지듯 터져 나온 요구는 정치지도자들이 민주화, 분권화, 시장자본주의에 대한 더욱 광범위하고 근본적인 요구를 밀어붙이도록 만들었다. 그러한 주장은 마침내 1991년 쿠데타 시도라는 형태의 역효과를 불러일으켰으며, 그것은 나아가 소련의 모든 공화국 — 심지어는 러시아 공화국에서조차 — 의 독립운동 물결을 야기했다. 소련 자체가 붕괴함에 따라 소련의 각 구성 공화국은 명목상으로는 독립적인 주권국가가 되었다. 그러한 신생국가의 지도자들은 정당성 있는 통치를 위한 새로운 제도적인 기반을 마련하고, 소련의 제도적인 유산을 새로운 과제에 적응시켜야 하는 도전에 직면했다. 러시아 공화국에서는 옛 공산주의 질서를 지키려는 세력과 서구지향적인 민주주의와 자본주의체제를 옹호하는 세력 간 투쟁이 점차 격화되어갔다.

---

33) "Gorbachev Resigns as USSR President", FBIS-SOV-91-248, December 26, 1991, pp. 20~21.

제3장

러시아의 헌정질서

1. 전환기의 러시아 공화국

제2장에서 우리는 소련체제가 권력이 중심부에서 주변으로 작용하는 한편, 상위 수준의 정치제도들이 하위 수준에서도 똑같이 반복되는 매우 집권화된 정치질서를 형성했음을 살펴보았다. 15개 공화국 각각은 정치조직 형태에서 소련 중앙정부의 축소판이었다고 할 수 있다. 각 공화국에는 자체 최고회의, 내각을 보유한 정부(심지어 외무부까지 포함!), KGB 및 소련공산당 공화국 지부가 있었다. 통일되고 중앙계획하에 운영되는 경제 및 정치 이데올로기는 체제를 단단하게 응집시켰다. 각 공화국에서는 대표 민족의 언어를 학교에서 가르치도록 허용했으나 러시아어가 전국 공용어로 통용되었으며, 정치, 과학, 외교 및 안보 등의 영역에서 공식 언어의 역할을 했다.

러시아 공화국은 소련의 핵심적인 공화국으로서 소련 전체 인구의 절반과 소련 전체 영토의 75%를 차지했다. 러시아 공화국에는 소련공산당의 공화국 지부가 없었지만 공화국 수준의 최고회의와 집행부가 존재했다. 고르바초프가 정치개혁의 일환으로 연방 수준에서 인민대표자회의와 최고회의로 구성된 이원적 의회 구조를 도입했을 때 러시아 공화국도 같은 수순을 밟아 1년 뒤 그 자체의 인민대표자회의와 최고회의를 신설했다. 이러한 제도들은 급진적 민주주의운동의 정치적 바탕이 되었으며, 옐친에게 정치적 도약대를 제공했다. 1990년에서 1993년에 이르는 기간에 옐친은 직선제 대통령직 도입을 위해 러시아 공화국 의회에서 지지세력을 구축하고, 대통령 선거에 출마해 당선된 뒤 급진경제개혁을 통해 고르바초프의 정치적 권위에 대항함으로써 러시아에서 지배적인 위치를 차지하기 위해 고르바초프에게 도전했다. 1991년 말 소련이 해체되었을 때 이러한 러시아 공화국 행정부와 입법부 기구가 주권 국가의 최고 권력기관이 되었다.

옐친은 직접 선거로 당선된 대통령직의 정치적 정당성을 획득한다면 러시아 공화국의 행정 관료를 다룰 때 고르바초프보다 월등한 정치적 이점을 갖출 것이라는 점을 잘 이해하고 있었다. 따라서 옐친은 1991년 6월 러시아 대통령으로 당선되자 고르바초프가 공화국에 대해 연방정부의 권력을 행사하려고 할 때마다 그를 물리칠 수 있었던 것이다.

그러나 옐친의 정치적 전략에도 약점은 있었다. 1991년 6월 대통령 선거에 출마했을 때 그는 최고회의 의장직을 맡아 입법부의 수장 자리에 있었다. 그뿐 아니라 러시아 공화국의 국가권력이 입법부와 행정부로 나뉘어 있지 않고 오직 입법부에만 집중되어 있었기 때문에 국가원수의 자리도 겸했다. 그러나 직선제를 통해 러시아 공화국 대통령에 선출되자마자 그는 대통령직을 맡기 위해 최고회의 의장직을 그만두었다. 이에 최고회의 부의장이던 루슬란 하스불라토프(Ruslan Khasbulatov)가 의장직을 승계했다. 이 시점에 이르러 옐친은 더 이상 러시아 의회를 장악할 수 없었다. 그후 2년간 하스불라토프와 러시아 입법부는 옐친과 그의 정책에 대한 지지자에서 격렬한 반대자로 바뀌었다. 옐친은 [이러한 상황을 돌파하기 위해] 대통령 포고령을 발동해 의회를 해산하고, 반대세력은 그에 대항해 무장 봉기를 일으켰으며, 옐친이 이에 대한 진압을 시도함으로써 갈등은 1993년 가을 유혈 충돌 형태로 절정에 다다랐다. 옐친은 의회가 대통령에게 막강한 권한을 부여하는 새로운 헌법을 채택해야 한다고 주장했다. 1991년 8월부터 1993년 10월에 이르는 시기에 옐친의 동지들과 적대세력 사이에 점차 가열되었던 정치적 대결 양상은 내전과 다름없는 상황을 야기했다.

1) 1990~1993년: 헌법 개정을 둘러싼 갈등이 깊어지다

1991년 가을 소련정부가 권력을 상실함에 따라 물품 부족현상이 만연해졌고, 물가는 상승했다. 심지어 일부 지방 당국은 자신의 관할 영역으로부터의 식품 반출을 막기 위해 도로 차단시설을 설치하기도 했다. 세금 징수 실적은 급감했다. 국가 권위가 붕괴될 수도 있는 실제적 위험성을 들어 옐친은 러시아의 경제위기에 대처하기 위해 러시아 의회가 대통령에게 비상대권(非常大權)을 부여해줄 것을 요구했다. 옐친은 오직 생산과 가격의 국가 통제를 폐지하는 결정적인 프로그램을 통해서만 경제활동을 다시 회복시킬 수 있다고 확신한다는 점을 분명히 했다. 1991년 가을 옐친은 의회로부터 대통령 포고령을 통해 급진적 경제개혁을 시행할 수 있는 권한을 부여받았다. 의회는 각 지역 행정부의 수장을 직선제 대신 대통령이 임명할 수 있도록 해달라는 옐친의 요구도 승인했다. 그런 다음 옐친은 스스로 총리서리직을 맡아 결정적인 경제적 전환을 확실히 실행할 준비가 된 일단의 젊고 서구적인 정향을 지닌 지도자들이 이끄는 정부를 구성했다. 그러한 급진경제개혁을 기획하고 실행할 책임을 맡은 이는 부총리 예고르 가이다르(Yegor Gaidar)였다.

'충격요법'이라고 널리 지칭되는 급진개혁 프로그램을 내세워 정부는 수입과 지출의 균형을 유지하는 한편, 시장수요로 가격과 재화의 공급이 결정되도록 함으로써 경제안정을 도모할 수 있는 여러 가지 급진 조치를 동시다발적으로 수행했다. 정부는 경제개혁하에 대부분의 상품 및 서비스 가격을 가변적으로 만드는 한편, 세금을 인상하고 공업과 건설업 부문에서의 공적 지출을 대폭 삭감했다. 많은 국영기업이 국가로부터의 명령이나 재정지원 없이 운영되어야 하는 상황이 되자 이러한 정책은 광범위한 어려움을 야기했다. 그러한 프로그램을 시행한 목적은 생산 기업이 (소련 시기에 널리 퍼져 있었던 관습인) 만성적인 원료 낭비 대신 합리적인 결정을 내릴 수 있도록 러시아 경제에서 내재적인 인플레이션 압력을 제거하는 데 있었다. 개혁가들은 중앙계획 당국 대신 시장이 가격과 생산량 등을 결정하도록 함으로써 효율성을 높이면 보상을 받고 낭비하면 손해를 보게 하는 방식으로 러시아 경제에서 인센티브 구조를 창출하려고 했다. 급진개혁을 주도한 인사들에 따르면 만성적인 인플레이션의 원인을 제거하는 것은 여타 모든 개혁을 위한 전제조건이다. 초인플레이션은 민주주의와 경제발전을 무너뜨릴 수 있다. 정부는 국가 예산을 안정시켜야만 경제개혁을 진전시킬 수 있다. 통제할 수 없을 정도의 인플레이션 때문에 금융시스템이 붕괴된 다른 국가의 경우에서 알 수 있듯이 물가안정화야말로 생산 부문에 투자할 수 있는 여건을 만드는 것이라고 국민을 설득할 어렵고도 핵심적인 조치다. 1990년 1월 폴란드에서도 유사한 형태의 개혁 프로그램이 실시되었는데, 그 결과는 대체로 긍정적이었다.

급진적인 경제안정화는 많은 이해관계에 영향을 끼치고 적어도 단기적으로는 사회에 엄청난 고통을 초래한다. 축소되었던 국가 보조금에 의존하던 집단을 포함해 특히 큰 타격을 입은 집단은 정치 과정을 통해 그들의 불만을 표출하는 경향을 보인다. 러시아의 경우 급진개혁은 엄청난 고난을 초래했고, 각각 강력한 이해관계의 연합을 대표하는 대통령과 의회 사이의 격심한 충돌로 이어졌다. 각 진영은 자신이 러시아의 진정한 이익을 대변한다고 주장했다. 이러한 논쟁에서 대통령은 자유주의적 개혁의 명분을 지지했고, 의회는 국가사회주의로의 복귀를 요구했다.

개혁 프로그램은 1992년 1월 2일부로 발효되었다. 개혁 조치가 취해진 직후 가격이 폭등하고 정부 지출이 삭감되는 한편, 새로운 항목의 세금이 부과됨으로써 러시아 시민은 곧장 개혁의 결과를 피부로 느끼게 되었다. 심각한 신용경색은 많은 기업을 파산에 이르게 했고, 장기적인 경기침체를 유발했다. 많은 정치인은 재빨리 이 개혁 프로그램과 거리를 두기 시작했다. 심지어 옐친 정부의 부통령이었던 알렉산드르 루츠코이(Alexander Rutskoi)조차 정부의 급진개혁 프로그램을 "경제적 대량학살"이라고 비난했다.[1] 1992년 내내 옐친과 가이다르의 급진개혁 정책에 대한 반대는 점점 강력해지고 완고해졌다. 점차 옐친 및 개혁주의자들과 급진개혁에 반대하는 세력 사이의 정치적 대결은 입법부와 행정부 등 2개 국가기관에 집중되어 전개되었다. 옐친 대통령은 자신의 개혁 프로그램을 실행하는 데 헌법이 허용하는 대통령의 권한을 확대 행사했다. 러시아 인민대표자회의와 최고회의의 의원들은 대통령의 권력을 강화할 수 있는 새로운 헌법 채택을 거부했다. 또한 그들은 옐친 스스로 총리를 계속 맡는 것을 허용하지 않았으며, 가이다르를 총리직에 임명하려는 옐친의 제안도 거부

1) Celestine Bohlen, "Yeltsin Deputy Calls Reforms 'Economic Genocide'", *New York Times*, February 9, 1992.

했다. 그들은 정부의 급진개혁에 대한 수정을 요구했으며, 국영기업의 파산을 막기 위해 의회의 관할 아래에 있던 러시아 중앙은행으로 하여금 화폐를 신규 발행하도록 했다. 중앙은행의 화폐 발행은 정부가 추진하려던 금융긴축체제를 망가뜨렸다. 1992년 3/4분기에 접어들어 화폐 공급은 3배나 급증했고, 그해 물가상승률은 2,300%에 달했다(〈표 7-1〉을 보라). 1992년 내내 옐친은 정부와 정부정책에 대한 통제력을 두고 의회와 투쟁을 벌였다.

1993년 봄 옐친은 의회의 기능을 정지시키고 특별 비상통치체제를 선언하겠다고 위협했으나, 그후 후퇴하고 말았다. 인민대표자회의가 곧바로 소집되어 옐친에 대한 탄핵 표결이 실시되었다. 탄핵안은 근소한 차이로 통과되지 않았다. 옐친은 자신에게 강력한 대통령 권한을 부여하는 새로운 헌법안을 결정하기 위한 대규모 회의를 소집함으로써 역공을 가했다. 러시아 의회에서의 표결 기준을 낮춰 대통령 탄핵을 좀 더 손쉽게 할 수 있는 새로운 법을 채택하기 위해 의원들이 소집되기 직전인 9월 21일, 옐친은 의회 해산을 선언하고, 12월에 새로운 의회를 구성하기 위한 국회의원 총선거를 실시할 것을 요구했다. 이에 옐친의 부통령이었던 루츠코이와 최고회의 의장 하스불라토프를 비롯한 옐친의 정적들은 '화이트 하우스'라고 알려진 의회 건물 안에 바리케이드를 설치하고 농성에 들어갔다. 그들은 옐친의 대통령 포고령에 굴복하지 않고, 오히려 임시회의를 개최해 루츠코이를 대통령으로 선언했다. 그 이후 옐친은 의사당 전기 공급을 차단했고, 열흘 뒤 의회의 옐친 반대자들은 그들에게 동조하는 민병대들과 합세해 모스크바 시장 집무실이 입주해 있던 의회의 옆 건물을 공격했다. 그 이후 그들은 트럭을 몰아 돌진하고, 사무실을 부수고, 경찰과 총격전을 벌이는 등 러시아의 주요 전국 채널 텔레비전 방송 시설이 위치해 있던 텔레비전 방송탑[오스탄키노 탑] 접수를 시도했다. 그들이 그러한 행동이 전국적인 반옐친 항쟁을 촉발시키거나 군부를 그들 편으로 끌어들일 수 있을 것이라는 희망을 가졌던 것이 확실하다. 마침내 군부는 옐친을 지지하기로 결정하고 반란을 진압했다. 루츠코이, 하스불라토프 및 기타 반란 지도자들은 체포되었다. 군부는 심지어 '화이트 하우스'에 포격을 가함으로써 건물 안에 있던 확인되지 않은 수의 사람들을 희생시키기까지 했다.

그 사건 직후 발표된 후속 포고령에서 옐친은 모든 지방 소비에트를 해체함과 동시에 새로운 지방 대표기구(의회)들을 조직할 것을 요구했다. 또한 그는 연방주체 의회도 해체할 것을 명령하고 그가 내린 새로운 지침에 따라 새로운 연방주체 의회의 설치와 연방주체 의회 선거를 실시할 것을 지시했다. 옐친은 사실상 소비에트 권력체제를 종식시켰다. 1993년 6월 옐친은 자신이 소집한 개헌회의에서 이러한 이슈에 대한 견해를 분명히 천명한 바 있는데, 즉, 소비에트 권력체제는 입법부와 행정부를 분리하지 않았으므로 본질적으로 비민주적이었다고 선언한 것이다. 따라서 옐친은 소비에트를 대신해 지방과 지역 수준의 작은 심의기구(의회)와 연방의회(Federal Assembly)라고 불리는 러시아 전체를 대표하는 전국 의회를 설치할 것을 주장했다.

의회에 대한 옐친의 계획은 1993년 12월 국민투표를 위해 그가 내놓은 헌법 초안에 구체화되어 있었다. 이 초안에 따르면 연방의회는 원(院) 2개로 구성된다. 상원인 연방회의(Federation Council)는 89개 지역과 공화국(연방주체)에 똑같은 대표권을 부여하도록 했다.[2] 많은 여타 의회제도와

---

2) 러시아 연방이 1993년 헌법을 채택할 당시에는 89개의 연방주체가 있었다. 작은 연방주체를 큰 연방주체에 흡수시키는 통폐합 결과 2008년 가을 기준 연방주체는 모두 83개가 되었다.

마찬가지로 상원은 인구비례에 의해 구성되는 하원에 비해 그 권한이 상대적으로 약했다. 하원인 국가두마는 러시아에서 완전히 새로운 제도로 탄생했다. 국가두마는 모두 450석이었다. 그 가운데 절반의 의석은 정당명부 투표에서 각 정당이 얻은 득표에 비례해 채워졌다.[3] 나머지 225석은 전통적인 소선거구제(single-member district)의 방식으로 선출되도록 되어 있었다. 따라서 1993년 12월 각 투표자는 모두 네 번 투표했다. 두 장의 투표지는 자신의 지역구를 대표할 연방회의(상원) 의원후보자들을 위해, 한 장은 자신의 지역구를 대표할 국가두마 의원후보자를 위해, 나머지 한 장은 정당명부 투표를 위해 사용되었다.[4]

1993년 12월 12일에 치러진 국민투표에서 옐친의 헌법은 가결되었다. 공식 통계에 의하면 투표율은 54.8%였고, 그 가운데 신헌법을 찬성한 투표자는 전체의 58.4%였다.[5] 그리하여 신헌법의 효력이 발생했다. 〈그림

---

3) 그러나 각 정당은 의석을 얻기 위해 선거 이전에 등록을 마쳐야 하고, 선거에서 5% 이상의 득표를 해야 했다. 225개 비례대표(PR) 의석에 대해서는 전체 러시아 연방이 단일 선거구로 간주되었다. 각 정당이 배분받을 비례대표 의석 비율을 결정하기 위해 정당별로 얻은 표가 합산되고 각 정당별 총 득표수는 선거의 총 유효 투표수로 나누도록 되어 있었다. 어떤 정당들은 어떤 후보자가 실제 의석을 차지할 것인지를 결정하기 위해 그들의 명부를 지역별 하위 리스트로 세분화하기도 했다. 나중에 살펴보겠지만 이러한 규칙의 일부가 푸틴 시기에 접어들어 변경되었다.

4) 새로운 의회와 그 구성에 대해서는 다음을 보라. Thomas F. Remington, *The Russian Parliament: Institutional Evolution in a Transitional Regime, 1989-1999*(New Haven: Yale University Press, 2001).

5) 어느 러시아 분석팀은 개표에서 심각한 부정이 자행되었다고 주장했다. 여러 지역에서 보고한 부정행위와 그에 대한 통계적 모델링 기법을 종합해 그들은 실제 투표율이 고작 46%에 머물렀고, 따라서 헌법안은 결국 통과되지 못한 것이었다고 주장했다. 또한 그들은 국가두마 의원 선거 결과가 광범위하게 조작되었다고 주장했다. 이러한 주장이 파장을 일으켰지만 정파에 상관없이 거의 모든 정치엘리트는 국민투표 또는 국가두마 의원 선거의 타당성에 도전하지 않기로 묵시적인 합의를 했다.

▌그림 3-1 _ 러시아의 헌정 구조

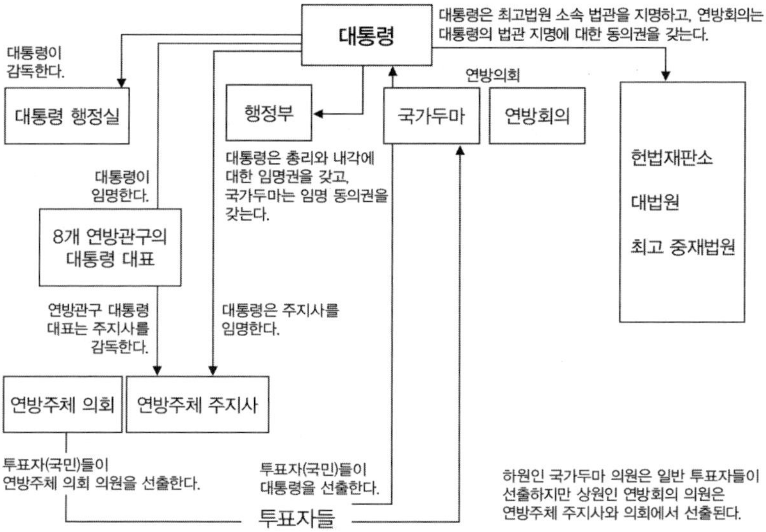

3-1〉은 현행 헌법의 주요 구조를 개관한 것이다.

2) 1993년 헌법과 대통령제

새로운 헌법은 지배적인 대통령제를 확립하기 위해 만들어졌다. 옐친은 이러한 헌법적 모델을 '대통령제 공화국'이라고 불렀다. 우리는 러시아의 헌정 모델을 '대통령-의회' 시스템이라고 부를 수 있을 것이다. 이러한 체제에서는 대통령과 총리(공식적으로는 '정부 수장'으로 지칭됨)가 존재한다. 대통령은 총리와 다른 각료들을 임명하지만 내각은 통치하기 위해 의회의 신임도 얻어야 한다.[6] 러시아에서 대통령은 여러 구체적인 헌법의

---

6) Matthew S. Shugart and John M. Carey, *Presidents and Assemblies: Constitutional*

제약을 받기는 하지만, 포고령을 통해 입법활동을 하고 의회를 해산할 수 있는 권한을 가졌다. 대통령의 포고령은 현행법을 위반해서는 안 되며 이는 의회에서 통과된 법률로 대체될 수 있다. 대통령은 총리를 지명한 다음 의회의 인준을 받아 임명한다. 국가두마는 대통령의 총리 지명을 거부할 수 있으나, 3회 연속 인준을 거부할 경우 대통령은 의회를 해산시키고 새로운 총선을 실시할 수 있다. 유사한 방식으로 국가두마는 정부에 대한 불신임 투표를 행사할 수 있다. 대통령은 의회의 첫 불신임 투표를 무시할 수 있지만 만약 의회가 두 번째로 정부에 대한 불신임을 의결할 경우 대통령은 정부를 해산하거나 의회를 해산해야 한다. 대통령의 의회 해산권과 새로운 총선 실시권은 헌법의 제약을 받는다. 다시 말해 총선이 실시된 후 1년 이내의 경우, 대통령 탄핵 소추가 발의된 경우, 대통령이 러시아 전역에 비상사태를 선포한 경우, 대통령의 임기가 6개월 이내에 만료되는 경우 대통령이 의회를 해산할 수 없도록 되어 있다.[7] 대통령은 의회가 통과시킨 법률에 대해 거부권을 행사할 수 있다. 의회는 대통령의 그러한 거부권을 재가결하기 위해 상하 양원에서 각각 투표자 2/3 이상의 찬성을 얻어야 한다. 따라서 비록 새로운 헌법이 대통령에게 의회보다 더 강력한 권한을 부여하긴 했지만, 그렇다고 완전히 자유롭게 결정할 수 있

Design and Electoral Dynamics(New York: Cambridge University Press, 1992), "chapter 2 Defining Regimes with Elected Presidents", pp. 18~27을 참조할 것.

7) 총선 실시 이후 1년 이내에 국가두마를 해산하지 못하도록 한 제한 규정은 정부의 불신임 과정에는 적용되지만, 대통령의 총리 지명에 대한 인준 과정에는 적용되지 않는다. 따라서 의회가 3개월 안에 정부 불신임안을 두 번이나 가결시키거나 정부 신임안을 부결시키고 마지막 국가두마 의원 선거 이후 1년이 경과하지 않았을 경우, 대통령은 국가두마를 해산시킬 수 없다. 한편, 국가두마가 대통령이 지명한 총리 후보를 세 번 연속 거부할 경우 대통령은 그러한 제한 규정에 상관없이 의회를 해산시킬 수 있다.

는 권한을 부여하지는 않았다.

더구나 대통령은 의회를 거치지 않고 곧바로 국민에게 자신의 직권으로 어떠한 이슈를 국민투표에 회부하거나, 그 이슈를 의회에서 논의하는 것을 막을 권한을 갖고 있지 않다. 시민의 발의로 제안된 개헌안은 200만 명 이상의 서명을 받을 경우에만 전 국민을 대상으로 한 국민투표에 부쳐질 수 있다.

1993년 헌법에 따르면 대통령은 국민의 직접 선거로 선출된다. 프랑스 대통령 선거와 마찬가지로 첫 번째 투표에서 후보자 가운데 과반 득표자가 없으면 가장 많은 득표를 한 후보자 두 명을 두고 두 번째 투표, 즉 결선 투표가 실시된다. 헌법상 대통령의 임기는 4년으로 한정되며 중임까지 허용된다. 그러나 2008년 11월 의회에서 행한 국정연설에서 메드베데프 대통령은 대통령의 임기를 6년으로, 국가두마 의원 임기를 5년으로 각각 연장하는 개헌안을 제안했다. 개헌안은 상하 양원에서 각각 2/3 이상의 찬성으로 가결된 다음 연방주체 의회 가운데 2/3 이상의 승인을 얻어야 통과된다. 그런데 국가두마와 연방회의는 이 개헌안을 통과시키기 위해 매우 신속하게 움직였고, 곧바로 연방주체 의회로 개헌안이 송부되어 압도적인 지지를 받으며 통과되었다. 개헌에 필요한 절차와 회의의 규모 등을 고려한다면 개헌안이 통과된 속도는 가히 놀라울 정도였다. 대통령은 11월 11일 개헌안을 국가두마에 제출했는데, 이는 열흘 내에 거의 토론 없이 통과되었고, 연방회의는 이를 11월 26일에 통과시켰고, 12월 16일 무렵에는 연방주체 의회의 2/3 이상이 개헌안을 가결시켰다. 이로써 개헌에 필요한 모든 조건이 충족되었다. 개헌 과정에서 사실상 공개적인 토론이 거의 없었으며, 개헌안에 대한 공공연한 반대는 더더군다나 적었다. 야당은 헌법 규정 변경에 반대했지만 대부분의 러시아 시민은 심각한 경제위기와 불안의 시기에는 대통령의 권한을 강화하는 것이 일리가 있

다는 주장에 공감했다.[8)]

헌법은 대통령을 '국가원수'이자 '헌법의 수호자'로 지칭한다. 대통령은 "국가권력기관 사이에 협력이 유지되고 그 기능이 잘 조정되도록 보장"해야 하는 임무가 있다(헌법 제80조 1-2항). 그러나 대통령은 행정부 수반의 자격을 갖지는 않는다. 대통령의 총리 지명은 의회의 동의를 얻어야 하지만 부총리와 장관은 의회의 승인 없이 임명할 수 있으며 그러한 결정은 총리의 '제청에 따라' 이루어져야 한다.

적어도 형식적으로는 러시아 대통령의 각료 지명권은 프랑스의 경우와 같다. 이에 대한 두 나라 헌법규정의 내용도 동일하다.[9)] 그러나 옐친과 푸틴은 실제로 자신의 뜻에 따라 자유롭게 각료를 임명했으며, 총리와 다른 각료를 임면하는 과정을 직접 통제했다. 한편 러시아 헌법은 대통령과 의회의 관계에서 프랑스 헌법과는 다른 성격을 지니고 있다. 강력하고 인기 있는 대통령은 총리에게 단지 정부조직을 관리하고 특정 정책대안을 마련하는 책임을 지는 집행자의 역할을 부여한 채 자신은 모든 영역에서 정책결정 과정을 지배한다. 그러나 약한 대통령은 프랑스의 '동거정부' 시기와 마찬가지로 의회 다수당의 지지를 받는 총리를 임명해야 하는 경우도 있다. 오늘날[메드베데프 집권 시기] 푸틴은 대통령 권력을 잠식하면서까지 자신의 권한을 확대하고 있다. 이러한 현상은 미래의 선례가 될 수 있다.

---

8) 레바다센터가 실시한 여론조사에 따르면 60%의 응답자는 대통령직의 임기를 6년으로 연장하는 개헌안에 찬성한 반면, 단지 26%의 응답자만 반대했다. 그러나 65%의 응답자는 대통령 선거 조기 실시에 반대하는 입장을 보였다. Polit.ru, November 20, 2008; December 17, 2008.

9) 프랑스 헌법 제8조는 "총리의 제청에 따라 대통령은 정부의 여타 각료를 임명하고 해임한다"라고 규정한다.

러시아의 반대통령제(semi-presidential system)와 프랑스의 반대통령제 사이의 주된 차이점은 러시아의 내각은 의회의 다수당에 의해 구성되지 않는다는 점이다. 대통령은 상이한 관료 및 개인적 파벌 사이의 경쟁적인 이해관계의 균형을 맞추기 위해 그들 간 상대적인 힘에 대한 계산에 바탕을 두고 내각을 구성한다. 제도적 권위의 취약성은 다른 권력중심에 대해 대통령이 지닌 힘의 우위로 상쇄된다. 예컨대 푸틴은 대통령으로서 광범위한 비공식적 권력 — 언론, 안보 및 정보기관, 자신이 임명한 다수의 자문기관 등을 포함 — 을 행사함으로써 헌법이 규정한 공식적인 권력 구조와 제도에 구애받지 않고 러시아를 통치했다.

대통령은 광범위한 공식적·비공식적 권력을 보유한다.[10] 대통령은 '대통령 행정실'이라고 불리는 참모조직을 통해 그의 권력을 행사한다. 대통령 행정실은 매우 방대한 조직이다. 예를 들어 프랑스 대통령은 40~50명 정도의 참모를 두는데, 미국 대통령은 400여 명의 백악관 참모와 1,300명 가량의 '대통령실(Executive Office of the President)' 직원을 거느린다. 러시아의 대통령 행정실에는 무려 2,000명 정도의 직원이 있는데, 기회가 있을 때마다 대통령이 이 조직의 규모를 줄이려는 노력을 하는 것 같지만 실제로 그 규모는 계속 늘어났다. 이 조직은 공보실, 다른 국가조직 및 지방정부와의 연락을 위한 부서, 입법 과정과 사법기관을 감독하는 부서, 대통령 행정실 관할 재산(아파트 건물, 사무 빌딩, 호텔, 휴양 리조트 시설 및 기타 시설), 심지어 의회건물 자체에 대한 소유 및 관리를 담당하는 부서 등 다수의 행정단위로 구성되어 있다.

대통령 행정실은 어느 정도 정부 부처와 중첩된다. 대통령 행정실의 어

---

10) Vladimir Gel'man, "The Unrule of Law in the Making: The Politics of Informal Institution Building in Russia", *Europe-Asia Studies*, 56:7(2004), pp. 1021~1040.

떤 부서는 연방주체정부들이 연방정부의 정책을 확실하게 집행하도록 하는 임무를 맡고 있다. '권력부처', 달리 말하면 안보 관련 정부기관은 총리를 거치지 않고 대통령에게 직접 보고하도록 되어 있다. 외교부, FSB, 국방부, 내무부 등이 바로 그러한 권력부처에 속한다. 그 밖에도 대통령의 지시를 받으면서 예산 지원을 받는 광범위한 공식적·반공식적인 위원회와 행정기관이 존재한다.

대통령은 안보회의를 직접 지휘, 감독한다. 이 안보회의는 상임 서기, 권력부처 및 기타 안보 관련 기관의 수장, 총리, 좀 더 최근에는 대통령이 지역에 대한 통제력을 강화하기 위해 파견된 연방관구의 대통령 전권대표 등으로 구성된다. 대통령은 여타의 공직자들을 안보회의의 구성원으로 임명할 수 있다. 안보회의의 권한은 광범위하고도 은밀하게 작동한다. 푸틴 대통령은 정책 주도권을 행사하기 위해 때때로 안보회의를 활용했으며 FSB와 군부의 장성들을 안보회의의 고위급 참모로 기용했다.[11] 안보회의의 권리와 의무에 대한 입법조치가 이루어지지 않았기 때문에 안보회의의 구조, 역할 그리고 특정 시점에서의 권력은 대통령의 재량에 달려 있다.[12]

옐친과 푸틴은 대통령이 직접 책임을 지는 새로운 조직을 창설하기도 하고 이들을 해체하기도 했다. 예를 들어 2000년에 푸틴은 연방주체정부의 수장을 구성원으로 하는 **국가회의**를 설치했는데, 이는 러시아 상원인 연방회의의 구성원과 유사하다. 제6장에서 살펴보겠지만 5년 뒤 그는 공**공심의원**(Public Chamber)을 창설했다. 국가회의와 공공심의원은 의회의

---

11) Ilia Bulavinov and Elena Tregubova, "Druz'ia, prekrasen nash Sovbez!", *Kommersant Vlast'*, June 13, 2000, pp.14~17.

12) 러시아 헌법 83조에 따르면 대통령은 안보회의를 조직하고 이를 통솔한다. 하지만 안보회의의 권한과 임무는 법률에 의해 따로 규정하도록 되어 있다.

심의 및 대표기능의 일부와 중복되어 의회의 역할을 약화시켰다. 이러한 조직의 예는 옐친과 푸틴 통치하에서 대통령이 임시변통적인 방식으로 새로운 조직을 만들었다가 폐지하곤 했던 경향을 설명해준다. 임시변통으로 — 대통령의 정치적 목적을 달성하기 위해 — 만들어진 이 기구들은 정책자문과 여론의 반응을 전달하려는 목적뿐 아니라 정치적으로 의회와 같은 헌법기관에 대한 대항수단으로 활용되었다. 이들 기관은 대통령이 정치체세에서 항상 지배적인 직책이라는 것을 확실하게 해줄 뿐 아니라 여타 헌법기관의 권위를 약화시키는 기능도 한다.

푸틴 시기 대통령 행정실은 연방 행정부의 범위를 훨씬 뛰어 넘어 정치과정을 형성하고 그것을 인도하는 역할을 확대했다. 대통령 행정실 참모들은 의회, 법원, 대기업, 언론, 정당 및 주요 이익집단과의 관계를 관리한다. 푸틴이 러시아의 전통적 권위주의 스타일 통치를 어느 정도로 부활시켰는지를 알려주는 좋은 지표는 러시아에서의 모든 정치적 행동 — 정당의 설립이나 노동자의 시위 등 — 은 대통령 행정실의 사전 심의를 받은 후에야 허용되는 비공식적 통치방식이다.

공식적인 권한 외에도 대통령이 사용할 수 있는 상징적인 권력 자원도 존재한다. 대통령 집무실은 크렘린에 위치해 있다. 크렘린 — 원래의 의미는 성채 또는 요새 — 은 16세기 이반 뇌제(Ivan the Terrible)라고 불린 이반 4세(Ivan IV)의 통치기에 러시아 국가의 상징적인 장소였다. 이곳은 표트르 대제가 18세기 초 발트해 연안에 건설했던 새로운 도시 상트페테르부르크로 천도하기 전까지 러시아 국가권력의 중심이었다. 1918년 볼셰비키 정부가 수도를 다시 모스크바로 옮겼고, 크렘린은 또 다시 소비에트 국가의 물리적·상징적인 중심이 되었다. 오늘날의 대통령도 국가권력의 역사적 지속성을 강조하기 위해 의도적으로 과거의 통치자들과 자신을 동일시한다.

옐친이 했던 것보다 훨씬 더 강하게 푸틴은 정부기관의 사무실에 자신의 초상화를 걸도록 하고 언론이 대통령에 대해 호의적으로 보도하도록 신호를 보내는 등의 방법을 통해 자신에 대한 숭배 작업을 조용하게 진행했다. 오늘날[메드베데프가 집권한 2010년경] 푸틴의 초상화는 메드베데프의 초상화로 대체되었지만 푸틴 개인의 리더십을 고양시키기 위한 작업은 계속되고 있다.13) 옛 제정러시아 시절 차르로부터 지방귀족에 이르기까지 백성의 청원을 들어주던 오랜 전통에 따라 대통령의 참모들은 시민들로부터 연간 50만 통이 넘는 편지를 받았다. 푸틴은 정기적으로 시민과의 대화시간을 갖는다. 이 시간에 그는 전화, 이메일, 휴대전화의 문자 등을 통해 제출된 질문이나 러시아 전역의 방송사 스튜디오에서 생방송으로 시민이 직접 던지는 질문에 대답한다. (물론, 질문은 사전에 심의를 거쳐 선택되기 때문에 푸틴은 자세하고도 풍부한 정보에 입각한 답변을 할 수 있다.) 이러한 관행은 푸틴이 총리가 된 이후에도 계속되었다. 푸틴의 참모들은 푸틴이 직설적이고, 단호하며 권위 있는 지도자라는 이미지를 제고시킨다. 그들은 푸틴이 팔씨름을 하거나 무술대회에 참석하는 장면을 종종 텔레비전 화면으로 보여줌으로써 푸틴이 젊고, 활력 있고, 책임감 있는 지도자라는 공식적인 메시지를 강화시킨다. 총리가 된 이후에도 푸틴은 메드베데프와 언론의 관심을 공유했다. 메드베데프는 대통령으로서 국정 전반에서 주요 방향을 밝히는 등 최고지도자로서의 전통적인 역할을 이어갔다. 그는 또한 자신의 아이디어와 이미지를 고양시키기 위해 대통령의 비디오 블로그와 트위터 같은 온라인 매체를 활용한다.14)

---

13) 설명문이 없는 한 러시아 만화에 총리 푸틴이 벽에 메드베데프의 초상화가 걸려 있는 집무실 책상에 앉아 있는 모습이 묘사되어 있는데, 그 초상화에는 푸틴의 초상화가 걸려 있는 집무실에 앉아 있는 메드베데프가 그려져 있다.

14) 메드베데프의 블로그 사이트는 http://blog.kremlin.ru/다.[대통령에서 퇴임한 후

국가권력의 개인화는 대통령직에 국한되지 않는다. 포스트공산주의 시기 러시아 국가에서 연방주체정부와 정당 같은 많은 조직은 그 수장의 개인적인 특성과 밀접하게 연관된다. 각 기관의 지도자가 지닌 개인적인 선호에 따라 그 직책의 권리와 책임의 성격이 정해진다. 제도의 운영에 대한 규칙은 제대로 정립되지 않고 유동적이다. 국가행정체제를 개혁하려는 푸틴과 메드베데프의 노력에도 관료체제는 여전히 비효율적이고 부정부패가 많을 뿐 아니라 정치 공작에 흔들리는 경우가 빈번하다. 정치체제의 수준[말단 지방자치단체부터 연방정부 수준까지]을 막론하고 행정부의 수장은 연방 대통령과 유사하게 공식적·비공식적 권력에 의존해 사법기관과 입법기관 등 다른 국가기관을 압도한다.

점차적으로 러시아 당국은 소련체제하에서 사용되었던 통치 형태와 관행을 채택해왔다. 정치학자 제럴드 이스터(Gerald Easter)는 현재의 러시아 권력 당국이 소련과 소련 이전의 제정러시아식 통치 패턴을 답습해 오늘날 사용하는 자원의 범주 네 가지를 제시한다. 첫째, 정치적 통제를 강요하기 위해 비밀경찰에 의존하는 관습이다. 둘째, 기업가에게 법적인 강제력이 뒷받침되는 재산권 제도를 인정하는 대신 언제든지 국가가 몰수할 수 있는 제한적인 자원의 사용권만을 부여하는 관행이다. 셋째, 지도자 개인의 의지와 성격에 의존하는 개인적이고 가부장적인 행정 스타일이다. 넷째, 국가권력에 대한 숭배 문화를 구축하는 관행이다.[15] 국가권력의 조직 면에서 푸틴과 메드베데프 통치 시기와 소련 시기 사이에는 강한 유사성이 있다. 예를 들어, 오늘날 러시아 대통령과 소련공산당 서

---

http://blog.da-medvedev.ru/로 변경되었다.]

15) Gerald Easter, "The Russian State in the TIme of Putin", *Post-Soviet Affairs*, 24:3 (2008), pp. 199~230.

기장의 역할이 유사하다. 대통령의 행정실은 소련공산당 중앙위원회의 정치조직과 닮았다.[16] 행정실의 영향력이 광대한 정치체제에서의 조정 역할은 옛 공산당 서기국에 필적한다. 실제로 현재의 대통령 행정실은 한때 옛 공산당 서기국이 위치했던 크렘린 인근 구광장(Old Square)의 같은 사무실을 사용한다. 효과적인 의회 견제와 감시, 활발한 언론 취재, 정치적으로 독립된 사법부, 혹은 합리적이고 법적인 기반을 갖춘 관료적 권위 등과 같은 통제메커니즘을 결여한 채 러시아의 통치자들은 계속 팽창하는 국가관료체제를 통제하기 위해 오로지 위로부터의 직접적인 정치적 감독에 의존한다.[17] 집권화가 비효율적인 방법이긴 하지만 국가관료체제를 관리하기 위해서는 어떤 대통령도 그가 국가에 행사할 수 있는 엄청난 공식적 또는 헌법의 테두리를 벗어난 비공식적인 권력을 포기하려 하지 않는다.

대통령의 권한이 너무 광범위하기 때문에 많은 분석가는 러시아체제를 '초대통령제(superpresidential system)'라고 부른다.[18] 티머시 콜튼(Timothy

---

16) 유진 허스키(Eugene Huskey)는 옐친 대통령 집권 시기인 1990년대에 존재했던 이러한 패턴에 주목했다. 소비에트식 통치방법의 부활은 푸틴 시기에 접어들어 더욱 두드러졌다. Eugene Huskey, *Presidential Power in Russia*(Armonk, NY: M.E. Sharpe, 1999), p. 59.

17) 현재 러시아 관료체제에 몸담고 있는 공무원의 규모는 약 100만 명으로 추산된다. 이는 소련의 해체 시점과 비교해 두 배나 되는 규모다. Polit.ru, November 21, 2002. 그러나 이 가운데 약 1/3만이 연방 수준의 국가기관에서 일한다. 나머지는 연방주체 및 지방자치단체 수준의 기관에 소속되어 있다. 서구 민주주의 국가들의 기준에서 보면 러시아 행정부의 규모는 상대적으로 작은 편이다. 이에 대해서는 William Tompson, "The Political Implications of Russia's Resource-Based Economy", *Post-Soviet Affairs*, 21:4(2005), pp. 335~359를 참조할 것.

18) Steven M. Fish, *Democracy Derailed in Russia: The Failure of Open Politics* (Cambridge: Cambridge University Press, 2005). 포스트공산주의 24개국 대통령

Colton)과 신디 스캐치(Cindy Skach)가 러시아 대통령에게 부여된 구체적인 권한을 계산해본 결과 프랑스 대통령보다 두 배나 많은 권한을 갖는 것으로 나타났다.[19] 초대통령제에는 많은 위험이 도사리고 있다. 첫째, 체제의 운영이 대통령 개인에 따라 좌우될 수 있는데, 대통령직을 맡기에 자질이 적합하지 않거나 후에 부적합해지는 경우도 있다는 것이다. 둘째, 대통령과 의회 모두 선거를 통해 상호 경합할 수 있는 권한을 위임받은 기관이기 때문에 갈등을 일으키기 쉽다. 셋째, 행정부는 대통령과 의회 모두를 위해 일해야 하기 때문에 애매한 위치에 있다.[20] 지나치게 강력한 대통령직은 정당 간 활발한 경쟁체제의 발전을 약화시키기 쉽다. 강력한 대통령은 자신의 직접 통제에서 벗어나 있는 제도에 정치적 권위를 부여하는 것을 꺼려하기 때문이다. 비교적 관점에서 보면 대통령의 권한이 강할수록 정당의 기능과 역할은 약화되는 경향이 있다.[21] 물론 옐친과 푸틴이 이미 보여주었듯이 러시아 대통령은 정치체제에 내재한 공식적인 견제와 균형

의 권한을 조사한 티머시 프라이(Timothy Frye)의 연구결과에 의하면 러시아 대통령이 가장 광범위하고 강력한 공식적, 잔여(residual) 권한을 갖고 있다. 프라이에 따르면 공식적 권한이란 헌법 또는 법률에 의해 그 행사 방법과 내용이 규정됨으로써 공식적으로 부여되는 권위하에 행사되는 권한을 말한다. 우수리 권한이란 법률이 일일이 규정하지 않는 상황하에서 권력을 행사하는 권리를 말한다. Timothy Frye, "A Politics of Institutional Choice: Post-Communist Presidencies", *Comparative Political Studies*, 30:5(October 1997), pp. 523~552 참조.

19) Timothy J. Colton and Cindy Skach, "The Russian Predicament", *Journal of Democracy*, 16:3(July 2005), p. 119.

20) Stephen White, "Russia: Presidential Leadership under Yeltsin", in Ray Taras(ed.), *Postcommunist Presidents*(Cambridge: Cambridge University Press, 1997), pp. 57~61.

21) Matthew Soberg Shugart, "The Inverse Relationship Between Party Strength and Executive Strength: A Theory of Politicians' Constitutional Choices", *British Journal of Political Science*, 28(1998), pp. 1~29.

시스템을 희생시키는 대신 비공식적이고 '초헌법적(meta-constitutional)' 권한의 사용을 더욱 확대시킬 가능성이 있다.

초대통령제의 또 다른 약점에도 주목해야 한다. 정책을 수립하고 집행할 때 대통령의 권력에 지나치게 의존하는 체제에서는 광범위한 조정, 설득, 대중의 지지가 필요한 거대한 정책 목표를 달성하는 데 대통령의 권력이 적합하지 않을 수도 있다. 강력한 권력을 가진 대통령조차도 방대한 정책 이슈 영역에 걸쳐 국가관료조직을 변화시키기 위해 자신이 실제로 동원할 수 있는 자원이 얼마나 제한되어 있는지 금방 알게 된다. 초대통령제에서 정작 문제가 되는 것은 대통령의 권력이 너무 강하다는 사실이 아니라 그것이 오히려 너무 취약하다는 점이다.

3) 정부

'정부'는 행정부 내 상층 지도부를 일컫는다. 정부는 국가정책 — 특히 경제 및 사회 분야 — 의 주요 노선을 결정하고 그 집행을 감독하는 책임을 맡는다.(대통령은 외교정책 및 국가안보정책의 수립과 집행을 감독한다.) 러시아의 정부는 서구의 의원내각제의 내각(cabinet)에 상응한다. 러시아체제에서 정부는 주로 대통령에 대해 책임을 지고 명목상으로만 의회에 대해 책임을 진다.

대통령과 총리 모두에게 주요 역할을 부여하는 체제에서 성공적인 업적을 이루기 위해서는 둘 사이에 건설적인 업무관계가 형성되어야 한다. 그러한 협력관계는 대통령에 대한 총리의 명백한 종속적 지위를 통해 형성되고 대통령과 총리가 서로 수용할 수 있는 분업관계를 만들어낼 수도 있다. 러시아에서는 대통령과 총리의 여러 가지 상이한 관계를 찾아볼 수 있다. 예컨대 옐친 대통령과 빅토르 체르노미르딘(Viktor Chernomyrdin)

총리 사이에는 무려 5년간 아주 조화로운 업무관계가 지속되었다. 1992년 12월 총리에 임명되어 1998년 3월 해임되었던 체르노미르딘은 정부의 수반으로서 비교적 오랜 기간 재직했다.[22] 옐친 시기에 봉직했던 그의

22) 옐친 대통령은 1992년 12월 러시아 천연가스 독점 조직을 오랫동안 운영한 경험이 있는 체르노미르딘을 총리로 임명했다. 그러나 경제 난국이 심화됨에 따라 옐친은 1988년 3월 체르노미르딘을 전격 해임하고, 젊은 개혁 성향의 지도자 세르게이 키리옌코(Sergei Kirienko)를 총리직에 지명했다. 옐친 대통령으로부터 강한 압박을 받은 의회는 두 차례의 거부 끝에 세 번째 임명동의안을 승인했다. 키리옌코 내각은 1998년 8월의 금융위기를 막을 수 없었다. 이에 옐친은 키리옌코를 해임하고 체르노미르딘을 다시 총리에 지명했다. 이번에는 의회가 대통령의 행동에 크게 분노해 임명동의안을 무산시켜버렸다. 의회는 대통령이 제출한 총리 임명동의안을 두 차례나 거부했다. 다시 한 번 러시아에서 헌정의 위기가 감돌았다. 그러나 이번에는 옐친이 굴복했다. 체르노미르딘 임명동의안을 의회에 세 번째로 제출하는 대신 옐친 대통령은 외무장관이던 예브게니 프리마코프(Evgeni Primakov)를 총리직에 임명하고자 했다. 외교관 및 정보요원으로서 오랜 경력을 갖고 있던 프리마코프는 의회 내의 친옐친 세력뿐 아니라 반옐친 세력과도 좋은 관계를 유지하고 있었던 것이다. 그에 대한 임명동의안은 신속하게 통과되었고 정치위기는 일단 해소되었다. 그러나 프리마코프는 총리직을 오래 유지하지 못했다. 프리마코프의 인기가 나날이 높아지면서 그의 정치적인 영향력이 강화되고 있다고 의심한 옐친 대통령은 그를 취임 9개월 만에 해임했다. 그 이후 옐친은 FSB 의장과 내무부 장관을 지냈던 세르게이 스테파신(Sergei Stepashin)을 새로운 총리로 임명했다. 그러나 스테파신의 재임 기간은 프리마코프보다 더 짧았다. 옐친은 갑작스럽게 스테파신 내각을 해산하고 푸틴을 새로운 총리 후보로 지명했다(〈클로즈업 1-1〉 참조). 국가두마는 근소한 차이로 푸틴 총리 임명동의안을 가결시켰고, 취임한 지 얼마 되지 않아 푸틴이 여론의 지지를 이끌어냄으로써 옐친은 그를 능력 있고 신뢰할 만한 인물이라고 평가했다. 푸틴과 가까운 정치세력이 1999년 12월 국가두마 의원 선거에서 승리한 뒤 옐친은 푸틴을 대통령 직무대행으로 만들어 이듬해 그가 대통령 선거에서 자력으로 승리하는 데 유리한 조건을 제공해주기 위해 대통령직에서 사임했다. 푸틴은 2000년 3월 실시된 대통령 선거에서 낙승한 다음 미하일 카샤노프(Mikhail Kasyanov)를 총리로 임명했다. 2004년 대통령 선거 직전에 푸틴은 카샤노프를 총리직에서 해임하는 동시에 내각을 해산시켰다. 그 대신 푸틴은 미하일 프랏코프(Mikhail Fradkov)를 새로운 총리로 지명했다. 2007년 9월 푸틴은 프랏코프를 또 다른 무명 인사인 빅토르

후임자들은 그리 길게 재임하지 못했다. 대통령과 총리의 관계는 유동적이다. 옐친 대통령이 병에 걸려 일상적인 의사결정을 내리지 못하는 상황에서 총리는 정부를 운영하는 데 상당한 정도의 자율성을 발휘했다. 그러나 푸틴 대통령 체제하에서는 대통령이 정책 방향을 설정하는 데 주된 역할을 수행했으며, 총리는 정책 수립 단계에 주도적으로 관여하기보다는 대통령이 결정한 정책의 집행을 감독하는 역할을 주로 수행했다. 메드베데프 대통령과 푸틴 총리 사이에는 또 다른 형태의 관계가 만들어지고 있었다. 메드베데프는 푸틴만큼의 정치적 자원과 대중적 인기는 없었지만 단순한 명목상의 지도자 이상이었으며, 푸틴은 총리로서 독자적인 입장에서 주요 정책노선을 결정했다.[23] 다른 이중권력체제에서도 관찰되듯이 대통령은 자신의 정책실패에 핑계를 대기 위해 정부를 희생양으로 삼고, 성공은 자신의 공으로 돌린다. 그러나 푸틴이 총리로 재임하는 동안 메드베데프는 그러한 방법을 더 이상 쓸 수 없었다.

러시아의 정치체제가 대통령에게 기울어져 있는 양상을 나타내는 지

줍코프(Viktor Zubkov)로 교체했다. 2008년 3월 대통령 선거에서 승리한 메드베데프는 푸틴을 총리로 지명했다.

23) 메드베데프 대통령과 푸틴 총리 사이의 진정한 관계에 대한 추측이 끊임없이 난무했다. 아마도 양자 간에 실제적인 권력배분 양상이 처음으로 드러난 것은 2008년 8월의 조지아 전쟁에서였다. 전쟁이 발발했을 때 메드베데프는 휴가 중이었고, 푸틴은 베이징 올림픽에 참석했다. 급거 귀국해 전쟁이 발생했던 지역의 북쪽에 위치한 블라디캅카스(Vladikavkaz) 마을에서 러시아군 사령관들과 회합을 갖고 있는 푸틴의 모습이 텔레비전을 통해 방송되었다. 통상적으로 총리는 군사작전에 대한 지휘권한이 없다. 따라서 이러한 이미지는 시민에게 푸틴이 총리로서 체첸 반군을 다게스탄에서 추방시키기 위한 군사작전을 지휘했던 1999년 8~9월의 기간을 상기시키려는 의도하에 만들어졌을 가능성이 있다. 옐친 대통령은 육체적으로 쇠약하고 정치적으로는 레임덕 상태에 있었던 관계로 푸틴의 단호한 행동은 그의 인기를 높이는 계기가 되었다.

표 가운데 하나로 정부의 구성이 의회 내에서의 정당별 의석 분포에 의해 직접적으로 좌우되지 않는다는 사실을 들 수 있다. 국가두마 내의 정당 분포와 정부의 정치적 균형 사이에는 거의 관계가 없음은 물론이다. 국가두마에서 지배적인 위치를 차지하는 데도 여당인 통합러시아당은 정부 내에서 거의 존재감이 없다. 그 대신 대부분의 정부 구성원은 여당 출신이 아니라 오랜 경력을 지닌 관리자들이거나 행정 전문가들이다. 일반적으로 정부의 구성은 개인적인 충성도, 전문성과 능력, 주요 관료계파 사이의 상대적인 힘의 분포 등을 고려해 어떻게 균형을 맞춰야 할지에 대한 대통령의 고려를 반영한다. 따라서 푸틴을 총리로 기용한 것은 여태까지의 러시아 정치관행이 깨진 것을 의미한다. 푸틴은 러시아 정치체제에서 아직도 강력한 영향력을 가진 인물일 뿐 아니라 명목상으로 통합러시아당의 당수이기도 하다.[24]

국가행정조직이 비효율적이고, 부패하고, 책임을 지지 않으려는 성향이 있다는 것은 널리 알려진 사실이다. 최고위 지도자들은 그러한 현상을 개혁하려고 했지만 성공하지 못했다. 2004년의 행정부 구조조정에 따라 정부 부처의 수는 16개로 축소되었다.[25] 주된 목적은 특정한 정부의 기능과 경제 분야를 책임지는 정부 부처와 국가위원회의 숫자를 줄이고, 그 대신 나머지 정부 부처에 전문화된 국가기관과 행정 서비스 기구를 감독할 수 있는 좀 더 광범위한 권한을 부여함으로써 정부조직을 단순화하고 합리화하는 것이었다. 정부조직의 군살을 빼는 데 개혁의 목적이 있었음에도 연방 수준 행정기관의 전체 수는 57개에서 72개로 늘어났다.[26]

---

24) 푸틴이 통합러시아당의 지도자이긴 했으나, 정당의 정식 당원은 아니다! 러시아의 체제는 아직도 정당이 책임을 지는 정부와는 상당한 거리를 둔다.

25) 옮긴이 주: 푸틴 3기에 들어 '극동개발부' 등을 신설해 2014년 3월 기준 모두 21개의 연방정부 부처가 있다.

더구나 실제 통제와 책임체계는 혼란스러운 상태였다. 정부 부처들이 관련 국가기관과 행정 서비스 기구에 대한 통제력을 과연 얼마나 갖고 있었는지는 불분명했으며, 새로운 행정체계가 수십 년간 효과적인 관리와 조정을 가로막았던 업무의 중복, 불필요한 조직의 존재, 행정기관 사이의 경쟁 등을 제거할 수 있으리라고 기대한 사람은 드물었다.

메드베데프 대통령은 국가 행정조직의 질을 향상시키기 위해 추가로 두 가지를 시도했다. 하나는 모든 공직자가 해마다 수입과 재산 내역을 공개하도록 의무화하는 것과 같은 조치를 통해 공직자의 부패를 척결하려는 공공연한 캠페인을 벌인 것이다. (공직자의 부패 현상에 대해서는 제8장에서 좀 더 자세히 다룰 것이다.) 다른 하나는 국가기관의 고위직에 채용될 수 있는 유망한 젊은 인력풀을 파악하려는 시도였다. 사실 푸틴과 메드베데프는 소련 시기의 노멘클라투라 시스템(nomenklatura system)을 점진적으로 재도입했다. 노멘클라투라 시스템하에서 소련공산당은 국가와 사회의 지도자급에 속하는 지위의 인력을 충원하기 위해 가용한 인적자원이 정교하게 작성된 명부와 특정 직위를 임명하는 데 공산당의 승인이 필요한 직책의 목록을 관리했다.

4) 의회

의회 — 연방의회 — 가 권력 면에서 대통령보다 열등한 것은 명백한 사실이지만 옐친 시기처럼 의회가 대통령을 성공적으로 견제할 때도 있었

---

26) Konstantin Smirnov, "Vse pravitel'stvo: ekonomicheskii blok", *Vlast*, June 28, 2004, pp. 63~78; World Bank, "Russian Economic Report", No.8, June 2004, http://www.worldbank, org.ru에서 검색.

다. 2000년대에 접어들어 의회의 독립성은 점차 줄어들어 사실상 대통령의 발의를 단지 통과시켜주는 역할만 할 정도로 축소되었다. 그럼에도 의회는 몇 가지 이유로 정치체제에서 중심적인 요소로 간주된다. 그 하나는 정당과 정치인이 국가두마의 의석을 얻기 위해 치열하게 경쟁을 벌인다는 사실이다. 그러한 선거 과정은 정당 및 정치인들에게 자신과 투표자들의 이익을 실현시키기 위해 관료들에게 로비를 벌일 수 있는 기회를 제공한다. 또 다른 이유로는 의회가 공적인 토론을 벌이는 장소의 역할을 수행한다는 점을 들 수 있다. 비록 실제 입법을 위한 그들의 영향력이 제한적이라 하더라도 여당과 야당은 현안이 되는 이슈에 대한 그들의 입장을 천명할 수 있다. 더구나 이익집단은(특히 정부가 특정 이슈에 대해 상이한 목소리를 내는 집단으로 분열되어 있을 때) 법안의 세부내용을 만들어내기 위해 치열하게 활동한다. 마지막으로 대통령은 의회가 법안을 통과시킴으로써 발생하는 법률적인 정통성을 높게 평가한다는 점이다. 이것이 바로 대통령이 자신의 정책을 단순히 포고령을 통해 공표하지 않고, 굳이 법안을 의회에 제출해 그 법안이 입법 과정을 통해 법률로 다듬어지도록 인도하는 수고를 마다하지 않는 이유다.

(1) 국가두마

국가두마는 상원인 연방회의 관할하에 있는 특정 범주를 제외하고 입법 과정을 진행할 헌법적인 관한을 갖고 있다. 국가두마에서 법안이 통과되는 즉시 그 법안은 연방회의로 송부된다. 만약 상원이 그 법안을 거부하면 그것은 다시 국가두마로 환송되고 의회의 의원들로 구성된 위원회가 상하 양원의 이견을 조정하는 역할을 담당한다.

법안이 의회를 통과하면 서명을 받기 위해 대통령에게 송부된다. 만약 대통령이 서명을 거부하면 그 법안은 대통령의 반대 사유와 함께 다시 국가두마로 환송된다. 만약 의회가 대통령의 수정제의를 받아들일 경우 단순 과반수의 투표로 가결되지만, 대통령이 거부한 법안을 재가결하려면 투표자 2/3 이상의 찬성을 얻어야 한다. 그 다음으로 연방회의 또한 대통령의 수정안을 확정하려면 단순 과반수의 찬성이 필요하지만, 대통령의 거부권을 재가결하기 위해서는 마찬가지로 투표자 2/3 이상의 찬성표가 있어야 한다. 옐친 대통령 재임 시에는 국가두마가 이따금 대통령의 법률안 거부를 재가결했으며, 어떤 경우 상원인 연방회의의 반대를 재가결하기도 했다. 또한 대통령이 거부한 법안을 대통령의 수정안을 받아들여 다시 통과시킨 경우도 있다. 비록 옐친 시기처럼 대통령과 의회가 특정 정책을 놓고 이견을 보일 경우에도 양측은 심각한 헌정 상의 위기를 초래할 수 있는 갈등이 불거지는 것은 피하려고 했다. 옐친 시기에는 의회에서 통과된 법률안의 약 75% 정도가 대통령의 서명을 거쳐 법률로 확정된 바 있다.

푸틴 대통령 시기에 들어와서 의회와 대통령의 관계는 훨씬 가까워졌다. 의회는 대통령이나 정부가 제출한 거의 모든 안건을 지지했다.(의회는 행정부를 지지해주는 대가로 때때로 작은 양보를 얻어내기도 했다.) 2003년과 2007년 총선에서 친대통령 정당인 통합러시아당이 압승을 거둔 이후 국가두마 내의 대통령 지지세력은 압도적인 다수를 차지하게 되었고, 모든 야당세력을 무력화시켰다. 대통령의 법률안 거부권 행사 횟수는 거의 제로에 가깝게 떨어졌다. 국가두마와 연방회의는 사실상 대통령이 제출한 모든 법안을 통과시키는 반면, 대통령이 지지하지 않는 것은 거의 입법화하지 않는다.

국가두마의 두드러진 특징은 그 조직이 당파의 분포상황에 따라 정해진다는 사실이다. 2007년 국가두마 의원 선거 때부터 선거법 개혁이 적용됨에 따라 모든 의석은 정당명부에 바탕을 둔 비례대표 방식으로 배분된다. 최소 7% 이상의 득표를 한 각 정당은 선출된 의원들로 구성된 국가두마 원내 교섭단체를 구성할 자격을 부여받는다.[27] 교섭단체는 의원들에게 중요하다. 우선 각 교섭단체는 사무요원, 사무실, 의사 진행권한 등을 부여받는다. 더 나아가 교섭단체는 상하 양원에서 각각 상임위원회위원장을 포함한 의회지도부의 직책을 배분받을 수 있다. 교섭단체 정당은 국가두마를 그들의 입법 프로젝트를 과시하는 통로로 이용하고, 정당지도자에게 전국적인 정책포럼의 기회를 제공하며, 정당활동을 위한 매우 중요한 조직적인 지원을 해줄 뿐 아니라 지지자들(투표자들)에게 서비스를 제공하는 역할도 한다.[28]

두마회의(Council of the Duma)는 국가두마의 운영위원회에 해당한다.

---

27) 2007년 이전까지는 국가두마 의석의 절반은 각 지역구당 한 명씩 투표자의 직접투표로 뽑는 소선거구제로 채워졌고, 나머지 절반은 정당명부에 입각한 비례대표제로 선출되었다. 각 정당이 정당명부별 비례대표제로부터 의석을 배분받기 위해서는 정당별 비례대표 투표에서 최소한 5% 이상의 득표를 해야 했다. 선거법 개정 이전, 이후에 상관없이 러시아 정당은 전국 후보자 명부를 지역별로 나누어 지역 후보자 명부를 작성할 수도 있지만, 연방 전체를 단일 선거구로 간주해서 전국적 후보자 명부를 제출한다. 예를 들어, 어떤 정당이 비례대표 투표에서 1/3의 득표를 했다고 가정하자. 그 정당은 국가두마 총 의석 450석 가운데 150석을 얻게 된다. 그러면 그 정당은 각 지역에서 어느 정도의 정당별 비례대표 득표율을 기록했는지를 따져서 그 비율대로 지역별 세부 후보자 명부로부터 국가두마 의원 당선자를 정한다. 만약 모스크바 시 지역에서 전체 비례대표 득표수의 10%를 얻었다면 모스크바 시 후보자 명부 가운데 상위 15번 후보자까지 국가두마 의원으로 당선된다. 정당별 후보자 명부는 '폐쇄적'이다. 다시 말해 투표자들이 직접적으로 후보자들의 면면과 순위 결정에 관여할 기회가 없다는 것이다. 따라서 비례대표 후보자의 순서를 결정하는 데 정당 대표의 영향력은 막강하다. 그러한 영향력을 바탕으로 당 대표들은 당원을 통제할 수 있는 것이다.

28) 최근의 변화된 규칙에 따르면 정당명부 투표에서 5~7%의 득표를 한 정당은 1~2개의 의석을 배정받아 정규 교섭단체와 똑같은 권한을 부여받는 '소교섭단체(micro-factions)'를 구성할 수 있다.

두마회의는 입법 안건과 절차에 대한 중요한 결정을 내린다. 2004년 이전까지는 두마회의가 각 정파 또는 규모와 상관없이 의원그룹의 지도자들로 구성되어 있었다. 그러나 통합러시아당이 하원을 지배하기 시작한 이래 국가두마의 구조와 규칙이 크게 변화해 다수자 중심주의의 형태가 되었다. 이제 통합러시아당의 정파가 11석 가운데 8석을 차지함으로써 두마회의를 지배하고 있다.

국가두마는 또한 상임위원회를 운영한다. 각 의원은 1개의 상임위원회의 구성원이 된다. 법률안이 1차 독회(reading)에서 통과되면 상임위원회는 제출된 수정안을 검토한다. 일반적으로 상임위원회는 직접 법률안을 제출, 상정하지는 않는다. 대부분의 법률안은 정부가 제출하기 때문이다. 그러나 상임위원회의 청문회와 토론 과정은 주요 공공 정책 이슈에 대한 전문가들의 의견을 표출할 수 있는 중요한 통로 역할을 하며, 상임위원회의 심의는 국가두마 본회의에서 표결에 부쳐지기 이전에 특정 법안의 중요한 세부내용에 대한 논점을 해결하는 경우가 많다.

법안은 보통 세 차례의 독회를 거친다. 1차 독회에서 국가두마는 특정 법안의 기본 개념과 취지의 승인 여부를 결정한다. 1차 독회에서 기본 개념에 대한 동의가 이루어지면 그 법안은 상임위원회에 다시 회부되고 상임위원회는 의원들이 제기한 수정의견을 취합하고 평가한다. 상임위원회는 2차 독회를 위해 수정안을 본회의로 보내는데, 본회의에서는 어느 수정안을 채택하고 어느 수정안을 거부할 것인지를 결정한다. 그 이후 하원은 본회의에서 이 법안 전체의 승인 여부를 결정한 다음 다시 해당 상임위원회에 보내 최종적인 법률안 편집과 윤문을 하게 한다. 그 이후 국가두마는 3차 독회를 열어 법률안을 최종 확정하고 이를 연방회의로 송부한다.

2003년 12월 총선에서 친푸틴 정당인 통합러시아당은 2/3 이상의 의석을 얻어 압도적인 다수당이 되었다. 2007년 12월 국가두마 의원 선거 이후 통합러시아당은 더욱 큰 격차로 여타 정당을 압도했다. 2008년 이후 통합러시아당은 국가두마 총 의석 450석 가운데 315석이나 차지하게 되었다. 통합러시아당은 강력한 단결력과 기강으로 투표에 임하기 때문에 대통령은 항상 국가두마의 입법 과정에서 다수파의 지위를 견지할 수 있었다. 다른 정파들은 입법심의의 결과는 말할 것도 없고 입법의제에 대한 영향력을 발휘할 기회조차 거의 갖지 못했다.

2000년대 정치 과정에서 입법부의 역할을 약화시킨 것은 푸틴의 집권화 전략의 일부였다. 예를 들어 2004년 베슬란 테러사건(〈클로즈업 3-1〉 참조) 이후 푸틴은 의회를 통해 수직적으로나 수평적으로 집권화를 강화시키는 일련의 정치개혁을 밀어붙였다. 첫째, 주지사를 직선제로 뽑는 대신 이제 연방 대통령이 주지사 후보를 지명해 해당 주 의회에서 인준을 받도록 했다. 둘째, 국가두마 의원 선거에서 소선거구제 방식의 직접 투표에 의한 의원 선출방식을 폐지했다. 그 대신 450명 전체 의원을 정당명부별 비례대표제 선거로 선출하기로 했다.[29] 셋째, 푸틴은 법안이 국가두마에 공식적으로 제출되기 전에 그것을 선별하고 심사하기 위한 새로운 '공공심의원'을 설치하도록 요구했다. 종합해볼 때 이러한 변화 때문에

29) 옮긴이 주: 2014년 2월 국가두마는 푸틴 대통령이 제출한 새로운 국가두마 의원 선출방식을 규정한 선거법 개정안을 통과시켰다. 이 개정안에 따르면 전체 450명의 국가두마 의원 가운데 절반인 225명은 비례대표제로, 나머지 225명은 지역구의 소선구제 투표방식으로 선출된다. 국가두마 의원 선거에 참여한 정당 가운데 5% 이상의 지지율을 기록한 정당은 비례대표제에 따른 의석을 득표 비율에 따라 배정받는다. 정당명부별 비례대표제 방식의 선거에 참여할 수 있는 정당은 지난 번 선거에서 전국구 의원명단에 포함된 후보들이 3% 이상의 지지를 얻었거나 지방의회에 한 명 이상의 의원을 확보하고 있는 정당으로 국한된다. 이 조건을 만족하지 못하는 정당은 전국적으로 20만 명 이상의 지지 서명을 받아야 한다.

지방에서 독립적인 권력기반을 발전시킬 수 있는 의회 구성원의 능력이 심각하게 축소되었다. 지방의 지역구가 없는 상황에서 의원들은 전국정당의 지도자들과의 연계에 의존할 수밖에 없었다. 이는 자신의 지역 출신 국가두마 의원들에게 발휘할 수 있는 주지사들의 영향력 수단이 약화되었다는 것을 의미한다.

이러한 정치개혁은 또한 푸틴체제하에서 독립적인 정치적 주도권의 원천을 억압하는 경향을 더욱 강화시켰다. 이러한 개혁으로 연방주체정부 및 연방의회는 대통령의 의지를 실행하기 위한 수단으로 전락했다. 이러한 정치개혁은 푸틴이 집권한 이래 강화된 권위주의의 추세를 잘 보여준다. 그러나 이러한 정치개혁이 러시아 사회의 모든 다원주의적 요소를 제거하지는 않는다. 정당이 점점 더 많은 장애물의 방해를 받긴 하지만 여전히 정당도 지역 및 연방 수준의 선거에서 대표권을 갖기 위해 지속적인 경쟁을 벌인다. 장기적 관점에서 러시아의 정치적 다원주의가 활성화될 수 있는지에 대한 전망은 사회 내에서 물질적·조직적인 자원이 서서히 축적될 것인지 여부, 사회집단과 이해관계 당사자 사이에서 정치적 자각과 함께 조직력이 커질 것인지 여부, 정당과 사회적 결사체 사이의 연계가 형성될 것인지 여부에 달려 있다.

(2) 연방회의

러시아 상원은 연방회의라고 불린다. 헌법상 상원은 몇 가지 중요한 임무를 갖고 있다. 우선, 대통령이 지명한 연방 대법원과 헌법재판소 같은 최고 법원 판사 후보자를 인준한다. 상원은 계엄령 또는 국가비상사태에 관한 대통령 포고령과 러시아 영토의 경계를 변경하는 조치를 승인하는 권한을 갖는다. 세금, 예산, 재정정책, 관세, 선전포고와 관련된 입법은 반드시 상원이 다루도록 되어 있다. 옐친 체제하에서 연방회의는 대통령이 제출한 헌법재판소 판사 지명자뿐 아니라 회계감사원장 후보자 인준안을 부결시키는 등 여러 가지 사안에서 대통령의 의지에 도전한 바 있다.[30] 그러나 푸틴은 상원 또한 행정부의 통제하에 두었다.

상원이 배타적인 권한을 갖고 있지 않은 일반적인 입법 영역에서는 상원이 거부한 법률안이라도 2/3 이상의 찬성투표로 국가두마가 재가결할 수 있다. 이러한 경우 대통령은 하원을 지지해 그 법률안에 서명함으로써 효력을 발생시키거나 상원의 입장을 존중해 그 법안을 거부할 수 있다.

연방회의는 미국과 마찬가지로 각 연방단위가 상원의원 두 명씩을 보유하도록 한다는 점에서 연방주의를 실현하는 수단으로 설치되었다. 헌법에 따르면 상원의원은 각 연방주체의 집행부와 의회에서 각각 선출되도록 되어 있다. 미국처럼 불균등한 인구를 가진 연방주체로부터 균등한 숫자의 대표를 선출한다는 사실은 인구 규모가 작은 — 러시아에서는 주로 종족적·민족적 단위로 이루어진 — 연방주체가 인구가 많은 연방주체에 비해 과대표(overrepresented)되는 것을 의미한다. 첫 연방회의 의원들은 1993년 12월 주민의 직접선거로 선출되었으나, 1995년에 통과된 법률에 따라 1996년부터 각 구성 연방주체의 집행부와 입법부의 수장이 각각 자동적으로 연방 상원의원직을 갖게 되었다.

2000년 푸틴 대통령은 연방주체정부에 대한 연방정부의 권력을 강화하기 위해 추진된 정치개혁의 일부로 이러한 연방 상원의원 선출 절차를 변경했다. 새로운 절차에 따르면 각 지역의 행정부 수장은 연방 상원의원으로 일할 전임 대표를 지명하도록 했고 각 연방 구성 주체의 의회는 다

30) 회계감사원장은 회계감사 업무를 감독하는 바, 미국의 정부 검찰과 어느 정도 유사한 사법체계의 한 부분이지만 훨씬 더 광범위한 권한을 갖는다. 자세한 내용은 제8장을 참조할 것.

른 한 명의 상원의원을 지명했다. 비록 연방회의 의원이 연방주체의 집행부와 의회에 의해 선임되었지만, 정치적으로는 크렘린의 통제를 받았다는 사실이 얼마 지나지 않아 명백하게 드러났다.[31]

새로운 의원 선출 절차와 구성을 갖춘 연방회의는 대통령과 정부를 일관되게 지지했으며, 연방주체의 이익에 직접적으로 반하는 법안을 포함해 정부와 대통령이 제안한 거의 모든 법안을 통과시켰다. 상원의원은 의원으로서의 특권(형사소추를 사면 받는 권한 포함)이 그들이 대표하는 지역의 이익을 위한 로비활동에 유용하다는 것을 알고 있었다. 동시에 많은 의원과 다른 정치분석가들은 상원의원을 직선제로 선출해야 한다고 주장해왔지만 이러한 주장은 각 연방주체의 집행부와 의회로부터 두 명의 상원의원이 선출되어야 한다는 헌법 규정과 합치되기 어렵다.[32] 메드베데프 대통령은 2011년부터 상원의 모든 구성원들은 연방회의 의원으로 지명되기 이전에 먼저 지방 또는 연방주체 의회 의원으로 선출되도록 규정한 정치개혁을 추진함으로써 이러한 문제를 해결하려고 했다.

5) 행정부-입법부 관계

옐친 시기 대통령과 의회 사이에는 격심한 대립이 야기되는 경우가 많았다. 1993년과 1995년 각각 총선으로 구성된 국가두마는 옐친 대통령과

---

31) Thomas F. Remington, "Majorities Without Mandates: The Federation Council Since 2000", *Europe-Asia Studies*, 55:5(July 2003), pp. 667~691.

32) 상원 의원 선거 법안이 의회에 제출되는 마지막 순간에 옐친 대통령이 추가한 각 연방주체가 선발한 두 명의 의원은 각각 집행부와 입법부를 대표해야 한다는 규정은 — 이는 많은 혼란과 경직성을 야기하는데 — 그의 측근들이 미처 만류할 새도 없이 공표되었던 것이다.

그의 정부가 벌인 정책에 적대적인 공산당과 다른 좌파 정파에 의해 지배되었다. 이러한 현상은 특히 경제정책에서 두드러지게 나타났다. 연방관계에 관한 이슈 등 다른 사안에 대해서는 — 때때로 의원들이 자기 출신 지역의 특권을 보호하고자 하는 상원의 반대를 무릅쓰고 — 대통령과 의회 사이에 자주 합의가 이루어지기도 했다. 옐친 대통령은 국가두마로부터의 정치적 압력에 대응해 정부 각료들을 교체하곤 했다.33)

1999년 총선 결과 진성부 정파가 다수당을 차지했다. 푸틴 대통령과 그의 정부는 중도계열 정파연합 네 개를 포괄함으로써 입법활동의 주도권 장악에 필요한 국가두마 원내의 믿을 만한 지지기반을 구축하려고 노력했다. 2003년과 2007년 총선 이후 대통령의 지지기반은 더욱 확대되었고 통합러시아당은 국가두마 원내에서 더욱 큰 격차로 절대 다수당의 위치를 굳혔다. 따라서 대통령은 하원에서 자신에 대한 지지를 호소하기 위해 국가두마 정파와 협상을 벌이는 데 필요한 노력을 줄일 수 있었다. 일반적으로 말하자면 크렘린 측이 여당 의원을 필요로 하는 것보다 친대통령 성향의 국가두마 의원이 크렘린의 지원을 더 필요로 하는 경향을 보인다. 예컨대 국가두마 의원은 재선을 겨냥한 선거운동을 위해 대통령 행정실의 지원을 필요로 한다. 이러한 경향은 소선거구제가 폐지됨으로써 — 그 대신 모든 의석을 정당명부별 비례대표제로 선출하는 방식으로 전환됨 — 더욱 강화되었다[2014년부터 지역구 선거가 부활되었다. 각주 29 참조]. 모든 의원은 정당별 후보자 명부에서 좋은 자리[상위 순번]를 얻기 위해 정당 지도자들의 지지를 필요로 하기 때문이다. 그 다음으로 정당은 7% 득표율의

33) Edward Morgan-Jones and Petra Schleiter, "Governmental Change in a President-Parliament Regime: The Case of Russia 1994-2003", *Post-Soviet Affairs*, 20:2 (April-June 2004), pp. 132~163.

문턱[2014년부터 5%로 낮아졌음]을 넘기 위해 크렘린의 도움을 필요로 한다.(예를 들면 크렘린은 특정 정당의 선거운동에 대한 언론 보도에 큰 영향을 끼칠 수 있다.) 따라서 가까운 장래에도 정치체제에서 권력의 균형은 의회가 [크렘린에 비해] 계속 열세에 놓일 것이다.

(1) 초대통령제와 권력 분립

러시아 헌법 제10조는 다음과 같이 선언한다.

> 러시아 연방에서 국가권력은 행정권력, 입법권력, 사법권력 사이의 분립에 근거해서 행사된다. 입법기관, 행정기관, 사법기관은 각각 독립적으로 존재한다.

옐친 시기에는 행정부, 입법부, 사법부 사이에 권력 분립이 실제로 존재했다. 옐친 대통령에 대한 실질적이고 잘 조직화된 반대가 허용되었을 뿐 아니라 옐친 스스로 자신이 제정한 헌법 조항을 준수하려고 했기 때문이다.[34] 그러나 푸틴 통치기에 접어들어 권력 분립이 거의 지켜지지 않았다. 푸틴은 의회의 역할을 단지 의전적인 것으로 국한하면서 별반 영향력이 없는 조직으로 만들어버렸으며 사법부를 행정부의 통제하에 두었다. 공식적인 권력이 대통령직에 집중되도록 한 헌법 규정 덕택에 대통령은 비공식적이고 초헌법적인 권력 수단을 사용해 다른 기관이 대통령의 권위에 도전할 수 있는 능력을 아예 박탈해버릴 수 있다. 일단 당선되고 나면 대통령은 정부를 지배하고 법원, 주지사, 언론 및 재계 지도자들에

---

34) Herbert J. Ellison, *Boris Yeltsin and Russia's Democratic Transformation*(Seattle: University of Washington Press, 2006).

게 자신의 정책을 지지하도록 압박을 가할 수 있다. 이러한 측면에서 볼 때 러시아의 대통령제는 정치학자 기예르모 오도넬(Guillermo O'Donnell)이 "위임 민주주의(delegative democracy)"라고 부른 패턴과 어느 정도 유사하다.[35] 라틴 아메리카에서 흔히 볼 수 있는 그러한 체제에서는 대통령이 일단 당선되면 마치 자신이 그 나라에서 유일한 권력의 원천인 것처럼 통치하려 한다는 것이다. 대통령은 경찰과 군대, 그리고 자신의 후견 세력을 통제할 수 있는 권한을 바탕으로 너무나 많은 실제 권력을 행사할 수 있기 때문에 헌법에 규정되어 있는 형식상의 권력 분립을 사실상 무시하면서 통치할 수 있다. 그러한 체제하에서는 국회의원들이 투표자들을 대표하거나 그들의 이익을 대변하는 입법활동을 하지 않고, 행정부 실세들과 서로 호의를 주고받으면서 자신의 가족과 친구들의 뒤를 봐주기 위해 지위를 이용할 수 있다는 것이다. 판사들은 강력한 국가관료의 뜻에 따라 판결을 내림으로써 자신의 안전을 도모하는 행태를 나타내는 경향이 있다. 주요 일간지의 편집 책임자들은 당국에 불리한 기사들을 제외시켜버린다. 이익단체의 지도자들은 특정한 정책적 입장에 대해[권력자에 맞서서] 자신의 지지자들을 동원하기보다는 관리들의 비위를 맞춰 호의를 얻으려 한다. 야당 지도자들은 정치의 중심무대에서 한 발 비켜나 조연의 역할을 받아들일 줄 알게 된다.

푸틴 시기에 접어들어 이러한 '공동화된 민주주의'의 양상은 좀 더 분명하게 드러났다. 자신에 대한 헌법적 제한을 노골적으로 위반하지 않고 선거나 기타 민주적인 제도들을 폐지하지 않으면서도 푸틴은 헌법에 규정된 자신의 권력 제한을 사실상 무시했던 것이다. 행정부를 통할하는 광

---

35) Guillermo O'Donnell, "Delegative Democracy", *Journal of Democracy*, 5:1(1994), pp. 55~69.

범위한 대통령의 권력을 사용함으로써 푸틴은 형식적인 헌법적 절차를 준수하면서도 대부분의 독립적인 정치집단을 무력화시키고, 주변화시켰다. 그러나 상하 양원에서 절대다수의 지지세력을 확보하기 위해 선거 과정에 대한 통제력을 발휘함으로써 푸틴은 자신이 설정한 의제에 대한 의회의 인준을 확보할 수 있었다.[36)]

푸틴과 메드베데프 시기 대통령의 권력은 옐친 통치 시기와 뚜렷한 대조를 이룬다. 옐친은 대통령의 권력을 변덕스럽고 충동적으로 사용했으나 헌법상 규정되어 있던 대통령 권한의 제한을 존중했다. 그는 언론의 자유를 억압하지 않았고 정치적 반대를 허용했다. 여소야대의 국회를 맞이해 옐친은 법 제정을 위해 그의 정적과도 기꺼이 타협했다. 그러나 옐친은 지지기반을 유지하기 위해 강력한 금융-언론-산업자본가들(올리가르히)에게 점차 의존했다. 그 과정에서 그는 이들 소수 독점자본가들이 정책에 영향력을 끼치는 것을 허용했다. 마찬가지로 옐친은 지역의 수장들이 연방정부 당국을 농락해도 처벌하지 않고 그들을 용인했다. 그들과 타협하는 것이 그들에 맞서는 것보다 훨씬 안전하다고 생각했기 때문이다.

옐친 집권기에 국가능력이 상실된 것은 과잉 집권화된 정치체제의 위험성을 잘 보여준다. 그러한 체제하에서 대통령이 자신의 권력을 효과적으로 사용하지 못한다면 그의 권력은 다른 권력 중심으로 표류한다. 푸틴의 대통령직은 그 반대의 위험성을 보여준다. 푸틴이 취임했을 때 그는 옐친 대통령 시기에 일어난 정치적 통제력의 붕괴를 역전시켜야 하는 과제를 안고 있었다. 푸틴은 여러 차례 법의 지배에 대한 존중에 기반을 둔

---

36) 푸틴을 포스트소비에트 러시아 정치의 맥락에 놓고 푸틴과 그의 정책을 해석하는 방식에 대해서는 Richard Sakwa, *Putin: Russia's Choice*, 2nd ed(London: Routledge, 2007) 참조.

정치체제가 필요하다고 강조했으나 그는 점차 권위주의적인 통치로 회귀했다. 일부 분석가들은 그의 통치 모델을 '관리 민주주의(managed democracy)' — 다시 말해 형식적인 민주주의의 틀은 유지하고 있으나 모든 정치 과정이 대통령에 의해 철저하게 통제되는 정치형태 — 라고 불렀다.[37] 푸틴과 메드베데프가 민주주의가 이상적이라는 수사를 늘어놓긴 했지만 최고지도자의 권력을 제한하는 것은 일절 배제하는 방식으로 민주주의를 재정의했다는 것은 분명해 보인다.

2. 연방제적 차원

다수의 러시아인은 소련의 해체가 러시아 연방의 해체로 귀결될 것이라고 우려했으며 많은 이들은 아직도 그러한 두려움을 갖고 있다.[38] 그

---

37) 할리 볼저(Harley Balzer)는 "관리 다원주의(managed pluralism)"가 푸틴의 체제를 잘 설명해준다고 주장한다. 볼저에 따르면 자신에게 직접적으로 반대하지 않는다면 푸틴은 일정한 범위 내에서 정치적·사회적 이익을 허용해준다는 것이다. 사회에 대해 유일한 이념적 독트린을 강요하거나 외부 세계로부터 경제를 고립시키는 대신 국가와 경제, 시민사회, 종교, 기타 사회 결사체 사이의 협조적인 관계를 설정하기를 원한다는 것이다. 푸틴이 이해하는 바와 같이 그러한 사회집단의 역할은 정치적 반대세력을 지지하는 것이 아니라 대통령의 사회 관리를 돕는 데 있다는 것이다. Harley Balzer, "Managed Pluralism: Vladimir Putin's Emerging Regime", *Post-Soviet Affairs*, 19:3(2003), pp. 189~227.

38) Daniel S. Treisman, *After the Deluge: Regional Crises and Political Consolidation in Russia*(Ann Arbor, MI: University of Michigan Press, 1999) 참조. 이 책에서 저자는 옐친이 공산주의가 무너질 무렵 소련, 유고슬라비아, 체코슬로바키아 등의 국가체제가 붕괴된 것과 같은 운명을 피하고 러시아 연방의 해체를 막기 위해 당근과 채찍 정책을 의도적으로 결합해 사용했다고 주장한다.

러나 1991년 이래 체첸 지역에서 벌어진 두 차례의 내전을 제외하면 체제 전환기 러시아 정국의 전개 경로는 소련을 붕괴시킨 것과 유사한 민족적·영토적인 노선을 따라 촉발되는 국가 해체를 초래하진 않았다. 고르바초프 시기의 소련처럼 옐친 정부는 국가에 대한 중앙정부의 통제력을 상실할 수 있는 위험성과 강력한 반대세력을 무릅쓰고 근본적인 경제개혁을 실시해야 하는 위험성이라는 이중의 위기에 직면했다. 소련체제의 질서가 붕괴됨으로써 지방에서 중앙정부의 정책을 관철시킬 수 있는 힘이 약화되었을 뿐 아니라 지방정부가 연방법을 준수하도록 장려할 수 있는 유인수단도 제한되었다. 고르바초프와 옐친은 1990~1991년에 서로 경쟁을 펼치는 과정에서 연방주체정부에 다소 방만한 자율권을 부여했기 때문에 러시아는 최고 권력으로서의 중앙정부의 권위를 회복하기 쉽지 않았다. 옐친 시기 내내 연방주체 권력 당국은 중앙정부와 각자의 권력 범위를 놓고 투쟁을 벌였다. 이러한 현상은 특히 러시아에서 특권적·헌법적 지위를 향유하던 종족·민족적 기반을 가진 연방주체(ethnic-national territories)에서 두드러지게 나타났다. 연방정부는 여러 번이나 소수민족 중심의 공화국에 자신의 관할 구역에서 거두어들인 세금을 중앙정부에 송부하지 않을 권리까지 양보했다. 그러나 푸틴이 집권한 이래 중앙정부는 지역에 대한 통제력을 다시 회복했다.[39)]

---

39) 연방주체정부와 중앙정부-연방주체정부 관계를 다룬 연구업적이 많다. Kathryn Stoner-Weiss, *Local Heroes: The Political Economy of Russian Regional Governance*(Princeton: Princeton University Press, 1997); Cameron Ross, *Federalism and Democratisation in Russia*(Manchester and New York: Manchester University Press, 2002); Peter Kirkow, *Russia's Provinces: Authoritarian Transformation versus Local Autonomy?*(New York: St. Martin's Press, 1998); Cameron Ross and Andrian Campbell(eds.), *Federalism and Local Politics in Russia*(London and New York: Routlege, 2009).

☞ 클로즈업 3-1 _ 북캅카스의 안보 위협

흑해와 카스피해 사이에 놓여 있는 북캅카스 지역은 종교적인 전통상 이슬람교가 압도적이다. 이 지역에는 산악부족 문화 전통의 영향을 많이 받은 일단의 종족 중심 공화국이 존재하며, 빈곤, 실업, 사회적 불만이 팽배해 있다. 포스트소비에트 시기 러시아는 이들 지역에 기반을 둔 집단으로부터 여러 차례의 안보 위협을 경험했다. 그 가운데서 가장 심각한 문제는 분리 독립운동이 테러 전술을 사용하는 급신적 이슬람 운동으로 바뀌었던 체첸에서 일어났다. 최근 체첸 지역의 질서가 어느 정도 회복됨에 따라 폭력 — 연방정부 시설에 대한 무장 공격과 자살 폭탄테러 등 — 은 이 지역의 다른 공화국으로 확산되었다.

러시아에 대한 체첸의 저항운동은 오랜 역사를 갖고 있다. 체첸인들은 19세기 러시아 제국 군대에 의해 정복되었지만, 그때부터 러시아 제국과 이후 소련의 지배에 계속 저항해왔다. 1944년 체첸인은 모조리 스탈린에 의해 카자흐스탄으로 강제이주 당했다. 소련에 대한 충성도가 낮은 체첸 민족이 독일인에게 협력할 것이라는 의심 때문이었다. 전쟁이 끝난 후 체첸인은 고향으로 돌아갈 수 있었지만 그동안 그들은 엄청난 고난을 겪었으며, 모스크바에 대한 그들의 불만은 마음속 깊이 새겨졌다. 1991년 소련이 해체되던 상황에서 체첸의 지도자는 러시아로부터의 독립을 선언했다. 옐친은 체첸의 독립 선언은 무효라고 하면서 인정하지 않았지만, 그렇다고 무력을 사용해 그들의 독립 선언을 철회시키지는 않았다. 그러나 1994년 12월, 막후교섭과 은밀한 군사 개입을 통해 체첸에서 연방정부의 행정력을 복원시키려는 노력이 실패한 이후 러시아는 중화기를 동원해 체첸 지역에 대한 대규모 군사 공격을 단행했다. 러시아 연방군과 체첸 게릴라 세력 사이의 전투는 거의 2년간 계속되었으며, 이 내전은 러시아 영토 내에서 체첸인의 대규모 인질사태와 여러 차례 불발된 휴전 선언이 이루어진 끝에 중단되었다. 수만 명의 민간인이 내전 중 고향을 떠났다. 마침내 1996년 10월 양측 모두가 갈 때까지 간 다음, 체첸 당국과 연방정부는 연방군의 철수를 허용하고, 체첸에 사실상 자치권을 부여하는 협정에 서명했다.*

하지만 그 협정은 단지 전투를 일시적으로 정지시키는 효과를 발생시키는 데 그쳤다. 체첸 정부는 기본적인 시민적·정치적 질서도 유지할 수 없었다. 체첸 영토 내에서는 준군사세력이 아무런 제재도 받지 않고 활동했다. 몸값을 요구하는 인질사태와 마약 밀거래가 성행했다. 1999년 여름 무장 게릴라 세력 — 아마도 급진적 국제 이슬람 조직으로부터 지원을 받는 — 이 체첸 국경을 넘어 이웃 공화국인 다게스탄으로 진입해 여러 마을을 장악하려고 시도했는데, 그들은 이를 북캅카스 지역 전체를 해방시키기 위한 투쟁의 시작이라고 불렀다. 연방군은 이들을 체첸으로 격퇴시켰다. 그 직후 러시아 여러 도시의 아파트에서 폭탄이 터지는 사고가 발생했다. 연방 당국은 즉각 체첸 테러분자들이 이 폭파사건을 일으킨 장본인이라고 발표하고, 모든 반군 단체를 섬멸하기 위한 새로운 육상 군사작전을 시작했다. 그러나 도시와 반군 근거지로 의심되는 장소에 대한 대대적인 공습, 연방군의 개입도 반군의 활동을 완전히 제거하지는 못했고, 치고 빠지는 게릴라식 습격과 연방군대에 돌진하는 차량 자살 폭탄테러 등을 곁들인 연방 당국에 대한 체첸인들의 적대적인 행위는 지속되었다. 연방군은 러시아 주민을 안심시키기 위해 테러 용의자들을 제거한다는 명분으로 대대적인 민간인 검거를 실시함과 동시에 반군에 부역한 자들을 색출하기 위해 신문과 고문을 자행했다. 연방군대가 채택했던 혹독한 전술은 전 세계적인 비판을 불러일으켰다. 연방정부가 체첸 지역의 재건을 위해 예산을 배정했지만 거의 전액을 삭감 당했다. 체첸인은 계속 비참한 생활을 했으며 그들 중 다수는 체첸 바깥의 너저분한 난민촌에서 생활했다. 러시아 언론의 체첸 관련 뉴스 보도는 정부의 엄격한 검열을 받았기 때문에 대부분의 러시아 시민은 체첸전쟁에 상당히 왜곡된 인식을 갖고 있었다.

1990년대에 접어들어 체첸의 저항이 분리 독립에서 급진적인 이슬람주의의 어젠다로 바뀌면서 저항운동은 여러 차례에 걸쳐 상당히 주목을 끄는 작전을 수행했던 테러주의자 지도자들의 통제하에 들어갔다. 예를 들면 체첸 테러분자들은 1995년 6월 부덴놉스크(Budennovsk) 마을의 산부인과 병동을 장악해 약 1,000명을 인질로 잡았다. 1996년 6월에는 최소한

1,000명을 볼모로 잡아 키즐랴르(Kizlyar) 마을의 또 다른 병원을 장악했다. 1999년 9월에는 러시아의 여러 도시에서 아파트 폭탄 테러가 발생해 300여 명이 사망했는데, 많은 사람은 이 사건 역시 체첸 테러분자들이 일으킨 것이라고 믿었다. 2002년 10월에는 일단의 테러분자들이 모스크바의 한 극장을 장악했다.(41명의 테러범 전원과 약 129명의 인질이 테러범을 제압하기 위해 러시아 특수부대가 극장건물 안으로 신경가스를 주입한 뒤 감행한 작전 과정에서 사망했다.) 2003년 7월 모스크바의 록콘서트장에서 두 명의 여성 자살폭탄테러범이 15명의 관객을 살해했다. 그 다음 달에도 군 병원에서 자살폭탄테러범에 의해 최소한 50명이 사망했다. 2003년 12월에는 통근 열차에서 자살폭탄테러가 발생해 46명이 죽었다. 모스크바 지하철에서도 자살폭탄테러가 일어나 39명이 사망했다. 2004년 6월에는 체첸과 이웃한 잉구세티야의 수도에 위치한 경찰본부 건물 공격으로 최소 92명이 희생당했다. 2004년 8월에는 모스크바 공항을 이륙한 민간 항공기 두 대가 두 명의 여성 자살폭탄테러범이 터트린 폭탄 때문에 추락했다. 같은 달 모스크바의 한 주요 시장 외곽에서 또 다른 자살폭탄테러가 발생해 10명이 사망했다. 2010년 3월에는 두 명의 여성 자살폭탄테러범이 모스크바 시내의 지하철에서 폭탄을 터트려 약 40명이 사망했다.

이러한 테러사건 가운데 가장 충격적이었던 것은 2004년 9월 1일 북오세티야의 베슬란 마을에 위치한 한 초등학교를 일단의 테러분자들이 점거한 사건이다. 러시아 남부와 캅카스의 지도(25쪽 〈지도 2〉)를 살펴보면 알 수 있듯이 북오세티야는 북캅카스의 잉구세티야와 카바르디노 발카리야(Kabardino-Balkaria) 사이에 위치해 있다. 9월 1일은 러시아 전역에서 새 학기가 시작되는 첫날이기 때문에 특별한 의미가 있다. 이날은 보통 부모와 함께 아이들이 선생님께 드릴 꽃을 들고 등교한다. 샤밀 바사예프(Shamil Basaev)에 의해 조직된 약 32명의 중무장한 테러범들은 초등학교를 급습해 거기에 있던 학부모, 교사 및 학생을 인질로 삼으려고 9월 1일을 선택했다. 테러범들은 인질들을 학교 체육관으로 몰아넣고는 인질 구출작전을 막기 위해 체육관 내부를 폭발물로 채웠다. 인질을 구출하기 위한 협상시도는 실패했다. 테러분자들은 심지어 음식과 물조차 학교에 반입하지 못하도록 했다. 테러분자들의 요구사항에 대한 보도는 다양했다. 어떤 보도에 따르면 그들은 그해 여름 먼저 체포된 동지들을 석방하라는 요구를 했다는 것이다. 다른 보도에 따르면 테러범들은 체첸에서 러시아 연방군을 철수하라는 주장을 했다는 것이다.

점거 3일 뒤, 무엇인가에 의해 학교 내부에 설치되어 있던 폭탄 가운데 하나가 터졌다. 그 결과 체육관의 지붕이 붕괴되었다. 많은 어린이와 어른이 대피하기 위해 몰려나갔다. 이때 연방정부의 진압 부대가 달아나는 인질을 구출하고 테러범들을 사살하기 위해 학교를 급습했다. 이 과정에서 테러범들이 설치해놓은 여러 개의 폭탄이 터졌다. 결국 약 350명의 인질과 대부분의 테러범, 그리고 확인되지 않은 숫자의 연방정부 진압군이 사망했다.

러시아 언론은 이 사건을 상세히 보도했다. 베슬란의 비극은 미국의 9·11 테러와 맞먹을 정도로 러시아의 국민의식에 엄청난 영향을 끼쳤다. 이전에도 체첸 테러분자들과 연관된 여러 차례의 테러가 있었지만 이렇게 많은 숫자의 무고한 민간인이 희생된 적은 없었기 때문이다. 많은 러시아 시민은 테러주의자들이 학교를 점거하도록 허용하고, 결국 파멸적인 결과를 초래하는 것을 막지 못한 것은 경찰 내에 널리 퍼져 있는 부패 때문이라고 비난했다. 의회의 조사위원회는 보안군이 작성한 사건경과 보고서를 대체로 지지했으나 '베슬란의 어머니'라는 시민단체는 사실을 은폐했다는 이유로 이 보고서를 인정하지 않았다.

위기에 대한 반응으로서 푸틴은 국가안보, 특히 북캅카스의 안보를 강화하고 연방경찰, 보안부서, 군사기관의 활동역량을 효과적으로 강화하기 위한 일련의 조치를 취해야 한다고 주장했다. 푸틴은 개인의 개성을 강하게 드러내면서 이슬람적 요소가 가미된 권위주의적 정치체제를 확립한 체첸 대통령 람잔 카디로프(Ramzan Kadyrov)에게 자유 재량권을 부여함으로써 이곳의 질서를 확보하려고 열심히 노력했다. 비록 그의 접근방법이 잔인한 것이었지만 푸틴은 수도 그로즈니를 재건하고 반란을 진압하는 데 성공했다. 그러나 체첸이 점차 안정됨에 따라 대중의 불안과 불만의 폭발, 간헐적인 테러와 폭력행위는 잉구세티야 등 이웃 지역에서 점차 빈번하게 일어났다. 전체적으로 이 지역은 계속 러시아의 불안의 원천이 되고 있다.**

---

* 체첸전쟁에 대해서는 다음을 보라. John B. Dunlop, *Russia Confronts Chechnya: Roots of a Separatist Conflict* (Cambridge University Press, 1998); Carlotta Gall and Thomas de Waal, *Chechnya: Calamity in the Caucasus*(New York: New York University Press, 1998); Anatol Lieven, *Chechnya: Tombstone of Russian Power*(New Haven, CT:Yale University Press, 1998); Matthew Evangelista, *The Chechen Wars: Will Russia Go the Way of the Soviet Union?*(Washington, DC: Brookings Institution, 2002). 사려 깊은 러시아의 시각을 담은 저작으로는 다음을 보라. Dmitri V, Trenin and Aleksei V. Malashenko with Anatol Lieven, *Russia's Restless Frontier: The Chechnya Factor in Post-Soviet Russia*(Washington, DC: Carnegie Endowment for International Peace, 2004).

** 북캅카스 지역에서 지속되는 갈등에 대한 유용한 개관에 대해서는 다음을 참고하라. Charles King and Rajan Menon, "Russia's Invisible Civil War: The Kremlin's Crisis in the Caucasus", *Foreign Affairs* 89:4(July/August 2010), pp. 20~34.

중앙-지방 사이의 극단적인 투쟁의 사례는 체첸의 내전에서 찾아볼 수 있다. 체첸의 지도자들은 1991년부터 독립을 선포했으며 연방정부는 이에 대응해 1994년과 1999년 대규모의 연방군을 투입시킴으로써 내전이 격화되었다(〈클로즈업 3-1〉 참조). 그럼에도 지금까지 밝혀졌듯이 체첸은 국가의 단결을 유지하기 위해 무력에 의존한 유일한 사례다. 소련 정부와 달리 지역으로부터의 원심력적인 압력이 있었음에도 러시아의 국가는 보존되었다. 러시아와 소련을 구분 지을 수 있는 몇 가지 특징을 알면 그러한 상이한 결과를 설명하는 데 도움이 된다.

하나는 인구학적 요소다. 소련의 인구는 인종적으로 러시아 공화국보다 더 다양했다. 소련 인구의 절반은 인종적으로 러시아인이었고, 나머지 절반은 다양한 양상의 소수민족집단으로 구성되어 있었으나 러시아 공화국 인구의 80%는 러시아인이다. 따라서 러시아 공화국의 소수인종은 전체 인구에서 아주 작은 비율을 차지할 따름이다. 더구나 소련 인구는 인종적으로 단일한 민족구성체가 아니었으나 러시아의 민족문화는 다른 민족집단이 러시아 문화에 동화되도록 장려(때로는 강요)해온 역사가 있다. 마지막으로 소련 시기 민족 공화국은 모두 국가의 변방에 위치함으로써 다른 나라와 국경을 접하고 있었다. 그러나 러시아 공화국에서 소수민족 중심의 지역단위는 주로 러시아 내부에 위치해 있었기 때문에 외부 세계와의 접촉이 비교적 덜 빈번했다.[40]

두 번째 요소는 러시아의 내부 행정조직과 연관이 있다. 러시아에서는 단지 약 17%의 인구만이 민족적 연고지로 지정된 영역에 거주한다.[41] 이와 대조적으로 소련 시기에는 모든 영토가 특정 민족 중심으로 편성된 공화국에 포함되어 있었다. 이를 테면 러시아 공화국은 전체 소련 영토의 3/4과 인구의 절반을 차지했다. 소비에트 국가 시절, 대부분의 민족주의 집단은 수세기에 걸쳐 그들의 민족 명칭을 쓰고 있던 공화국 영토에서 살고 있었기 때문에 그 공화국의 영토를 '고향'으로 간주할 수 있는 일정한 이유가 있었다. 대부분의 경우 이들 민족은 그들만의 민족역사가 있었으며, 소비에트 러시아 국가에 복속당한 상태였다. 소련과 마찬가지로 러시아 공화국도 형식적으로는 연방체제로 간주되었으며, 내부적으로 종족·민족적 하부조직이 있었다. 대부분은 인종적으로 러시아인으로 구성된

---

40) Ian Bremmer and Ray Taras(eds.), *New States, New Politics: Building the Post-Soviet Nations*(Cambridge: Cambridge University Press, 1997).

41) 이러한 연고지 영역 가운데 일부는 물리적으로 매우 넓은 공간을 차지한다는 점을 주목하라. 예컨대 사하(Sakha), 즉 옛 야쿠티아(Yakutia) 하나만 해도 전체 러시아 영토의 약 17%를 차지한다. 종족 기반 공화국 및 기타 지역을 모두 합친 영역이 러시아 전체 영토의 절반을 약간 웃도는 공간을 보유한다.

순수한 행정적인 하부조직이다. 과거 러시아 내부의 종족·민족적 하부조직은 그 크기와 지위를 기준으로 자치 공화국, 자치주, 민족 구역 등으로 나뉘었다. 오늘날 이전의 모든 자치 공화국은 단순히 '공화국'으로 불린다. 많은 경우 토착 종족집단은 그 행정구역 내 인구 가운데 소수만을 포함한다. 1991년 이래 러시아의 연방 구성단위 가운데 일부의 지위와 명칭이 바뀌었다. 어떤 경우 소련 이전의 옛 이름을 회복하기 위해, 그리고 또 다른 경우 러시아 연방 내에서 자신의 법적 지위가 변경된 결과로 인해 그 명칭을 바꾼 것이다.

2010년 현재 러시아에는 모두 83개의 영토 단위가 있다. 이러한 단위는 러시아 연방 헌법 용어로 '연방주체'라고 한다. 이 가운데 공화국은 21개, 영토라는 뜻의 크라이(Krai)는 10개, 자치구(autonomous okrug)는 4개(그 가운데 1개를 제외한 나머지는 특정 연방주체 영토 내에 포함되어 있음), 자치주는 1개, 연방특별시는 2개, 오블라스트(Oblast)는 45개를 헤아린다(24쪽 〈지도 1〉 참조). 공화국, 자치구, 1개의 자치주는 일정한 영역 내에 거주하는 특정 소수민족을 포함한 주민에게 특별한 정치적 의미를 부여하기 위해 만들어졌다. 자치구는 좀 더 큰 영토적 단위에 포섭되어 있다. 하지만 자치구는 공화국, 유일한 자치주[유대인 자치주], 오블라스트, 크라이, 연방특별시인 모스크바 및 상트페테르부르크와 함께 연방의 구성 요소로 대접받는다. 한편, 공화국은 다른 연방주체 범주에는 없는 특권을 물려받았다. 공화국은 연방 헌법에 위배되지 않는 범위 내에서 자신의 헌법을 제정할 수 있다. 또한 공화국은 국기와 같은 국가 상징물을 보유할 수 있다. 이에 비해 오블라스트와 크라이는 어떠한 헌법적인 특권도 없는 단순한 행정적 구획의 성격을 갖는다. 따라서 오블라스트 및 크라이와 공화국 사이에 지속적인 경쟁관계가 형성되어 있는 현상은 그리 놀라운 일이 아니다. 오블라스트와 크라이의 지도자들은 연방법은 무시하고 연방정부로부터 보조금 같은 혜택은 받을 수 있도록 한 공화국의 특권에 불만을 제기한다.

푸틴이 대통령으로서 추구했던 집권화 조치 가운데 하나는 상대적으로 규모가 작은 소수민족 기반의 연방주체를 주위의 큰 영토 단위에 흡수시키는 것이었다. 이들 소규모 연방주체 가운데 6개는 공식적으로 연방주체로서의 지위를 잃고 주변의 대규모 연방주체에 통합되었다. 대부분의 소수민족 기반의 소규모 연방주체들은 경제적으로 궁핍한 상황에 처해 있어 주민은 주변의 대규모 연방주체의 일부분이 되면 생활수준이 나아질 것이라는 기대 아래 통합을 승인했다.[42] 물론 이들 소규모 연방단위들이 통합하면 이전에 연방주체로서 누렸던 연방정부로부터의 피후견권과 정치적인 발언권 등은 줄어든다.[43]

그러나 공화국은 그들의 특권을 기어이 지키려 했다. 1990~1993년에 모든 공화국은 주권 선언을 했고, 체첸과 타타르스탄 등 2개 공화국은 러시아로부터 완전한 또는 부분적인 독립 선언까지 했다. 볼가 강 유역에 위치한 타타르스탄은 석유가 풍부하고 산업이 크게 발전한 지역이다. 마침내 러시아와 타타르스탄은 양측 모두에 만족스러운 특별 조약을 맺었고, 그 이후 타타르스탄에서는 분리주의 운동이 점차 줄어들었다. 이 조약은 나중에 1994~1998년 연방 행정부와 45개 연방주체 집행부 간 서명한 후속 쌍무조약의 전례가 되었다. 이 조약은 연방정부와 지역정부의 권리와 의무를 규정했으며, 어떤 경우 개별 지역에 세금을 면제하고, 관할

---

42) Julia Kusznir, "Russian Territorial Reform: A Centralist Project that Could End Up Fostering Decentralization?", *Russian Analytical Digest*, 43:17(June 2008), http://www.res.ethz.ch/analysis/rad

43) J. Paul Goode, "The Push for Regional Enlargement in Putin's Russia", *Post-Soviet Affairs*, 20:3(July-September 2004), pp. 219~257.

구역 내 천연자원 개발로 더 많은 수입을 취할 수 있거나 러시아 연방군에 병사를 동원해야 하는 의무를 면제하는 특권을 부여했다. 2000년대에 접어들어 지역 권력에 대해 중앙정부의 권력을 강화시키려는 집권화정책에 따라 거의 모든 쌍무조약이 철회 또는 만료되었다.

공화국은 그들의 결정이 연방법에 저촉되지 않는 한 자신의 국가권력 형태를 결정할 수 있는 헌법적인 권한을 보유한다. 대부분의 공화국은 대통령제를 채택했다. 많은 경우 공화국 대통령은 민족의 단결과 토착민족성을 반영하는 문화적 자율성을 보호해야 한다는 요구 등의 명분을 무기로 개인적인 권력기반을 구축했다. 때때로 공화국 수장들은 이러한 권력을 사용함으로써 주민의 정치적·경제적 권리에 대한 요구를 무력화시켰다. 1990년대에는 공화국에서 중앙정부의 연방 법률 집행능력이 다른 연방주체에 비해 약했기 때문에 모스크바 연방정부는 공화국을 다루는 데 당근과 채찍을 결합하는 전략에 의존했다. 푸틴 대통령은 오래된 공화국 대통령들의 직책을 유지시켜주는 대신 그들의 특권을 점차 줄여나감으로써 소수민족 공화국의 자율성을 축소시키는 정책을 조심스럽게 추진했다. 메드베데프 대통령은 여러 명의 공화국 대통령들을 경질했지만 외부인을 후임자로 영입하기보다는 그 지역 출신의 경험 많은 인사들을 충원했다.

소련체제하에서는 연방제가 거의 형식적인 것에 불과했다. 이 시기의 연방제는 상징적인 목적만 있었을 뿐 소련의 지역(연방 단위)에 실질적인 자율권을 부여하지 않았던 것이다. 1990년대에 접어들어서는 연방단위들이 좀 더 많은 자율권을 요구하는 등 중앙과 지역의 권력 당국 사이에서 연방의 의미에 대한 해석을 두고 투쟁이 벌어졌다. 1993년 헌법은 연방주체들이 배타적인 관할권을 갖고 있는 영역에 대해 분명한 규정을 두지 않음으로써 그러한 투쟁은 한층 복잡한 양상을 띠게 되었다. 그 대신 헌법은 연방정부가 배타적인 권한을 갖고 있는 영역 — 국방과 통화(通貨) 체제 등 — 을 규정한 다음 천연자원의 사용에 대한 규제 등 연방정부와 지역정부가 공동 책임을 갖고 있는 영역을 열거한다. 따라서 헌법은 이 경우 연방정부와 지역정부 사이에 어떻게 권한이 배분되어야 하는가에 대해서는 후속법률에 위임하고 있는 것이다. 그러나 러시아의 신헌법은 상원인 연방회의에 각 지역에서 동일하게 의원 두 명씩을 선출하도록 함으로써 연방제도의 실질화에 어느 정도 진전을 이루었다. 1990년대에 연방회의는 지역의 특권을 지켜냄으로써 중앙정부와 지방정부 사이의 관계에서 긴장을 어느 정도 완화시키는 효과를 보았다.

푸틴 대통령은 러시아 연방에서 중앙정부로 권력을 집중시키는 작업을 자신의 정책에서 최우선 순위에 두었다. 그가 대통령으로서 취한 첫 조치 가운데에는 중앙-지방 관계가 균일성을 갖도록 하는 것과 연방주체 정부가 연방법을 준수하도록 하는 것이 포함되었다. 이러한 조치는 지역 지도자들에게 권력을 나눠주고 공산주의자들이 중심이 된 야권과의 투쟁을 위해 자신의 지지세력을 규합하는 방편으로 지역 지도자들과 쌍무조약을 맺음으로써 그들을 달래려고 한 옐친의 전략을 뒤집은 것이다. 푸틴의 상원 개혁은 이러한 목적을 염두에 둔 조치였다. 지역의 수장(주지사 및 공화국 대통령)들과 지역 의회 의장들이 겸직하던 상원의원직을 박탈함으로써 푸틴은 그들의 정치적 위상을 명백히 강등시키려고 했다.[44] 푸틴이 의회에서 통과시키려고 했던 또 다른 법률은 지역 수장이 연방 헌법과 연방 법률에 따라 활동하기를 거부한다는 판단을 법원이 내렸을 경우 대

44) 여기서는 모든 연방주체의 집행부 수장 — 그것이 크라이 또는 오블라스트의 지사이든 소수민족 중심의 공화국의 대통령이든 — 을 공통적으로 지사(governor)로 지칭한다.

통령에게 현직 주지사를 면직시킬 권한을 부여하는 것이었다. 지역 수장들이 이러한 변화에 반기를 든 것은 말할 것도 없었다. 그러나 국가두마는 원래의 법안에 약간의 수정을 가해 상원인 연방회의의 거부권을 재가결시켰고, 그 법안은 대통령의 서명을 거쳐 발효되었다.

지역에 대한 통제력을 재집권화하기 위해 푸틴이 취한 가장 극적인 조치 가운데 하나는 2000년 5월 13일 내린 대통령 포고령이었다. 그는 이 대통령령을 통해 7개의 새로운 '연방관구'를 설치하고, 각 관구에 대통령 전권대표를 파견해 해당 관할 구역의 연방주체정부의 행위와 그들의 연방법령 준수 여부를 감독하도록 했다. 새로운 연방관구를 설치한 목적은 지역 소재 연방정부 기구에 대한 연방정부의 통제력을 강화하는 데 있었다. 실제로 과거에는 지역 소재 연방정부의 조직이 사실상 강력한 연방주체정부 수장의 영향 아래에 놓이는 일이 빈번했다. 새로운 연방관구제도는 연방의 재정수입이 연방주체정부의 재원으로 전용되는 것을 막고, 지방 이해관계 당사자들과 편안한 관계를 유지하던 연방 법집행 기구의 활동을 조정하고 감독하기 위해 설치되었다. 푸틴이 임명한 연방관구의 대통령 전권대표 일곱 명 가운데 다섯 명이 군부, 보안경찰 또는 내무부 출신이라는 사실은 새로운 연방관구 제도는 정치적 방식이 아닌 군대식 지배 구조에 더 많이 의존하고 있음을 부각시켰다. 푸틴이 취한 개혁조치를 비판하는 인사들은 푸틴의 연방개혁이 권위주의적이고 과도하게 집권화된 통치 시스템을 만들어내는 방향으로 나아간다고 불만을 토로했다. 푸틴을 옹호하는 사람들은 많은 연방주체가 독재적인 봉건영지화되었기 때문에 이들을 다시 중앙정부의 통제하에 귀속시키는 것이 필요하다고 주장한다. 그런데 실제로 대통령 전권대표의 영향력은 미미했다. 지역 법령을 연방법과 합치시키려는 그들의 노력과 연방주체정부에 대한 중앙정부의 감독기능을 강화하려는 시도는 성공적이었지만 한편으로는 연방주체

정부의 활동을 좀 더 효율적이고 투명하게 만들려고 한 노력은 그리 성공적이지 못했다. 또한 연방정부 부처는 지역에 소재한 지부들을 감독하게 된 연방관구의 대통령 전권대표들과 자주 충돌했다.[45] 메드베데프 대통령은 북캅카스 지역의 사회적·경제적 문제 해결에 초점을 맞추기 위해 새로운 제8의 연방관구를 만들어냈지만, 이 시기에 들어와서도 대통령 전권대표의 역할은 제한된 채 머물러 있었다.

현재 러시아 연방주체의 집행부는 입법부보다 훨씬 더 강력하다.[46] 연방주체 의회는 권력이 미미하고 거의 지역 집행부에 의해 지배된다. 대부분의 의원은 연방주체 의회에서 비상임직으로 근무한다. 연방주체 의회 의원의 출신을 보면 사실상 지역 집행부 관리들이 가장 큰 범주를 차지하는 경우가 빈번하다. 지역 및 지자체 수준에서 집행부와 입법부 사이의 권력 분립은 거의 이루어지지 않았고, 지역 의회, 이익단체, 언론은 지역의 주지사 견제기능을 거의 수행하지 못했다. 대부분의 지역에서 주지사는 연방주체 의회를 지배하고 지역 언론을 통제했다. 보통 주지사에 대한 유일한 견제 요소는 관할지역 소재 연방기구의 활동을 감독하고 조정하는 역할을 하는, 연방관구에 파견되어 있는 대통령 전권대표들과 지역 내 고용과 자원의 상당 부분을 통제하는 주요 대기업들이다. 일부 지역에서

---

45) 각 연방관구에 파견된 대통령 전권대표의 활동에 대해서는 다음 자료를 참조할 것. Peter Reddaway and Robert W. Orttung(eds.), *The Dynamics of Russia Politics: Putin's Reform of Federal-Regional Relations*(Lanham, MD: Rowman & Littlefield, 2004).

46) 이에 대해서는 Ross, *Federalism and Democratisation*; Vladimir Gel'man, Sergei Ryzhenkov, and Michael Brie(eds.), *Making and Breaking Dmocratic Transitions: The Comparative Politics of Russia's Regions*(Lanham, MD: Rowman & Littlefield, 2003)을 보라. 또한 Mary McAuley, *Russia's Politics of Uncertainty*(Cambridge: Cambridge University Press, 1997)도 참조.

는 주지사와 연방주체 수도의 시장들이 권력 투쟁을 벌이기도 하지만, 대개 세금 통제력을 기반으로 한 주지사가 시장보다 우위에 있다.[47)]

2004년 새로운 법률이 통과될 때까지만 하더라도 지역의 행정부 수장은 주민의 직접선거를 통해 선출되었다. 그러나 베슬란 테러사건 이후 푸틴은 주지사의 직접선거제를 폐지하는 입법을 추진했다. 새로운 선출방식에 따르면 대통령이 주지사 후보를 지명해 주의회로 보내면 주의회는 대통령의 지명을 인준한다. 많은 러시아 시민은 이러한 정치개혁을 지지했다. 그들은 지방의 선거제도가 부패와 선거부정으로 신뢰를 잃었으며, 선거는 대중의 여론에 좌우되기보다는 부유한 지배계급의 내부자들의 영향을 더 많이 받는다고 믿었기 때문이다. 대통령 행정실은 크렘린에 우호적인 인물을 당선시키기 위해 주지사 선거에 주기적으로 개입했다. 투표자들은 다른 정책 대안을 선택할 실질적인 기회를 거의 갖지 못했다. 정당 친밀도 또는 정당과의 연계 등은 주지사들의 행태와 별 상관관계가 없었다.[48)] 정당 연계성보다 더 중요한 것은 주지사와 강력한 금융-산업 자본가와의 연관성이었다. 금융-산업 자본가들은 때때로 선거 과정을 조작하고 선거의 승자를 통제하기도 했다. 주지사들을 임명함으로써 푸틴은 연방주체정부가 지방의 이해관계 당사자들에 의존하는 구조를 타파하고자 했다.

---

47) Darrell Slider, "Governors versus Mayors: The Regional Dimension of Russian Local Government", in Alfred B. Evans, Jr. and Vladimir Gel'man(eds.), *The Politics of Local Government in Russia*(Lanham, MD: Rowman & Littlefield, 2004), pp. 145~168.

48) Kathryn Stoner-Weiss, "The Limited Reach of Russia's Party System: Under institutionalization of Dual Transitions", *Politics and Society*, 29:3(September 2001), pp. 385~414.

푸틴체제하에서 중앙정부는 공화국들로 하여금 그들의 관할지역에 대한 주권 선언을 철회하도록 강요했다. 여러 공화국들은 그들 관할 구역 내 천연자원에 대한 주권적 통제권 — 사실상 소유권을 의미 — 을 갖는다고 선언했다. 연방 검찰은 연방주체정부에 그러한 규정과 함께 연방 법률과 충돌하는 여타 수천 건의 법령도 개정할 것을 요구했다. 또한 헌법재판소는 다수의 민족공화국의 헌법이 명시한 주권에 대한 요구를 기각했다. 어떠한 연방주체정부도 더 이상 어느 법령의 영역에서든 — 설령 그것이 연방의 관할권이 아니라 하더라도 — '주권'이 있다고 감히 선언할 수 없게 되었다.

연방주체정부의 층위 아래에는 자치정부의 권한이 있는 통합 지방자치단체가 존재한다. 현행 법률하에서 지방자치단체의 권한은 도시와 농촌의 자치구(districts)와 같은 훨씬 더 큰 규모의 단위와 소규모의 촌락(settlements)으로 확대 적용되었다. 그 결과 지방자치 단위의 수는 2만 4,000여 개로 증가했다. 원칙적으로 지방자치단체는 주택, 공공사업[가스, 수도, 전기, 전화 등], 사회적 서비스에 이르기까지 상당한 정도의 정책 자율성을 갖는다. 연방정부의 부담을 덜기 위해 그러한 서비스를 제공해야 하는 책임이 지방정부 기능으로 이관되었다. 그러나 앞으로 점차 도입될 새로운 법령에 따르면 지방자치단체는 고정된 독립 수입원을 갖지 못한다. 지방자치단체는 주민에게 교육, 보건, 사회적 서비스를 제공할 책임을 점차 더 많이 떠안게 되자 연방주체정부에 대부분의 재정수입을 의존하게 되었다. 연방주체정부로서는 지방자치단체가 의미 있는 권한을 행사하도록 내버려두지 않는다. 모스크바와 상트페테르부르크는 그들 스스로 공화국 및 지역과 마찬가지로 연방주체의 범주에 들기 때문에 예외적인 경우다. 다른 시에는 모스크바와 상트페테르부르크가 보유한 정도의 자율성과 권한이 없으며, 그들의 상급 행정단위인 연방주체정부와

권한 배분을 놓고 협상을 벌여야 한다.[49)]

체첸과 같은 비극적인 케이스도 있지만 러시아가 소련과 흡사한 과정으로 해체될 것이라는 두려움은 과장된 것으로 드러났다. 비록 소수민족 중심의 공화국에서 종족적·민족적 동원의 물결이 일어나긴 했지만 그러한 분리주의로 러시아가 해체될 뻔한 상황까지 가지는 않았던 것이다. 러시아의 상이한 인구 구성과 특별대우를 해줄 것인지 여부를 둘러싸고 일부 민족 공화국과 기꺼이 협상을 벌이고자 했던 옐친의 행보 덕분에 원심력이 강했던 순간에도 국가로서 러시아의 완전성은 보전될 수 있었다. 푸틴의 통치하에서는 한층 강해진 경제, 푸틴이 단행한 제도 변화, 그의 권력을 집행하기 위해 보안기구 조직을 동원했던 행동 등 때문에 다시 중앙집권화의 방향으로 힘의 균형추가 이동했다. 메드베데프가 푸틴의 집권화 정책을 지속시켰는데도 러시아의 방대한 국토 규모와 희박한 인구밀도 등 때문에 전국적으로 국가의 권력을 통제하고 감시하는 데 필요한 자원이 부족했다. 중앙정부는 연방주체 수장들과 지속적으로 묵시적인 합의를 유지했다. 그러한 합의하에 중앙정부는 연방주체 수장들이 중앙정부에 충성과 안정을 제공하는 대가로 연방주체정부에 그 지역을 통치하는 데 필요하다고 생각하는 수준에서 상당한 자율성을 부여한다. 따라서 다수의 연방주체정부 당국은 공산주의가 몰락하기 전후와 유사한 정도의 자의적인 권력을 행사한다. 연방제도가 성공하기 위해서는 연방주체정부가 주장하는 중앙정부로부터의 좀 더 많은 자율권과 전국적으로 공통의 법적 기준을 관철시킬 수 있는 연방정부의 권력이 균형을 이루어야 한다. 다른 연방제 국가와 마찬가지로 러시아도 분권화와 집권화 국면 사이

---

49) Alfred Evans, Jr. and Vladimir Gel'man(eds.), *The Politics of Local Government in Russia*(Lanham, MD: Rowman & Littlefield, 2004).

에서 균형추가 그네를 탔다. 그러나 러시아에는 다양한 영토 단위를 통합하고 갈등을 다른 영역으로 분산시켜주는 정당과 이익집단 같은 조정기구가 충분하지 않다.[50)]

---

50) Mikhail Filippov, Peter C. Ordeshook, and Olga Shvetsova, *Designing Federalism: A Theory of Self-Sustainable Federal Institutions*(Cambridge: Cambridge University Press, 2004). 특히 pp. 301~315를 보라.

제4장

정치 참여와 정치적 충원

1. 정치 참여와 사회적 자본

공산주의체제의 지도자들은 시민이 시민적 참여—비경쟁적인 선거에서의 투표, 청년집단, 노조 및 기타 사회적 결사체에서 대중의 구성원 자격 유지 등—를 하고 있다는 것을 의례적으로나마 보여주기 위한 노력을 꾸준하게 펼친다. 그러나 그러한 참여는 단지 형식적인 것에 불과하다. 그것은 시민의 요구를 수렴하지도 못하고 시민에게 지도자를 교체할 수 있는 권한을 부여하지도 못한다. 일부 권위주의체제는 시민에게 그들의 선택으로 통치자가 권력을 부여받았다는 환상을 심어주기 위해 정당, 선거 및 의회 등과 같은 민주적인 형태를 유지한다. 그러한 체제—때로는 '선거민주주의' 또는 '경쟁적 권위주의체제'로 지칭됨—는 선거가 반드시 통치자에게 권력을 부여하거나 그들이 대중에 대한 정치적 책임성(accountability)을 갖도록 하지 않는다.[1] 일부 학자는 명목상으로는 정치 참여가 민주주의의 형태를 띠면서도 동시에 정치적 경쟁과 정치적 책임성에 대해서는 권위주의적 통제가 이루어지는 경향이 현대 세계에서 광범위하게 확산되는 현상을 고찰한다.[2]

자유민주주의체제하에서 시민은 정치 참여를 통해 정부의 정책에 영향을 끼칠 수 있으며, 정치지도자들은 시민의 정치 참여로 정책 결과에 책임을 질 수밖에 없다. 민주적 참여의 형식은 직접적인 정치적 행위와 간접적인 형식을 모두 포함한다. 직접적인 형식으로는 투표, 정당활동, 대의명분을 내세운 단체의 조직활동, 시위, 블로그 활동 등이 있으며 간접적인 유형으로는 시민사회집단, 교회, 자발적 결사체의 회원으로 활동하는 형태가 있다. 이들 두 유형의 정치 참여 여하에 따라 정부의 활동내용이 달라질 수 있다. 시민사회집단에 참여함으로써 대중은 공적인 사안에 대해 학습할 수 있고, 그들의 견해를 표출하는 동시에 다른 사람과 공유할 수 있으며, 그들의 선호에 대해 서로 소통할 수 있다. 그들은 집단적으로 정책에 영향력을 행사할 수 있다. 더구나 직간접적인 정치행위를 통해 활동가들은 정치지도자의 지위로 성장할 수도 있다. 나아가 때때로 그들은 스스로 공직에 출마하기도 한다. 물론 민주주의 사회에서는 시민이 법적으로 평등해도 개인이 소유한 자원, 기회, 동기가 상이한 만큼 참여 정도에서 개인마다 차별성을 보인다. 어느 사회든 부유하고 교육수준이 높은 시민은 그렇지 않은 사람보다 공적 생활에서 월등히 활발한 참여 양

---

1) 권위주의체제의 그러한 특성에 대해서는 다음을 참고하라. Steve Levitsky and Lucan A. Way, "Elections Without Democracy: The Rise of Competitive Authoritarianism", *Journal of Democracy*, 13:2(2002), pp. 52~65.

2) Fareed Zakaria, *The Future of Freedom: Illiberal Democracy at Home and Abroad*(New York: Norton, 2004); Andreas Schedler(ed.), *Electoral Authoritarianism* (Boulder, CO: Lynne Rienner, 2006).

상을 보이지만 일부 사회에서는 그러한 편차가 더욱 높게 나타난다.[3)]

정치학자에 따르면 한 사회의 정치 참여 양상은 두 가지 요인으로 이해 구조화된다고 한다. 그 하나는 시간, 돈, 공적 활동의 기술[대중 설득 기술 등] 등의 자원이 시민에게 어떻게 배분되는지에 달려 있다는 것이다. 다른 하나는 정치체제가 활발한 정치 참여의 제도적인 통로를 제공하는 방식과 관련된다.[4)] 민주주의 사회에서 정책결정자들이 권력이 세고, 부유하고, 사회적 조직력이 뛰어난 사적 집단에 그렇지 못한 집단보다 더 관심을 기울이는 경향은 정당이나 선거가 투표자들을 투표소로 동원할 수 있는 능력을 통해 어느 정도 상쇄될 수 있다.

민주주의 사회에서 정당과 선거는 부와 특권을 누리는 기득권 세력에 속하지 않지만 정치적인 관심과 동기가 높은 사람에게 정치에 참여할 수 있는 통로를 제공한다.[5)] 정당과 공동체, 노조, 종교집단 등의 시민 결사체는 시민에게 공적 생활의 기술 — 대중 앞에 서서 특정 이슈에 대해 행동하도록 설득할 수 있는 능력과 같은 — 을 습득할 수 있는 기회를 제공해준다. 미국에서는 교회와 기타 종교조직이 특히 수입이나 교육에 상관없이 시민의 공적 생활기술 습득의 중요한 장으로서의 역할을 담당해왔다.[6)] 로

---

3) Sydney Verba, Norman H. Nie, and Jae-on Kim, *Participation and Political Equality: A Seven-Nation Comparison*(Cambridge: Cambridge University Press, 1978); Arend Lijpahart, "Unequal Participation: Democracy's Unresolved Dilemma", *American Political Science Review*, 91(1997), pp. 1~14.

4) Sydney Verba, Kay Lehman Schlozman, and Henry E. Brady, *Voice and Equality: Civic Voluntarism in American Politics*(Cambridge, MA: Harvard University Press, 1995). 이 책은 시간, 돈, 공적 활동의 기술 등이 미국에서의 정치 참여 패턴에 영향을 끼치는 방식에 대해 자세히 분석한다.

5) Joel D. Aberbach, Robert D. Putnam, and Bert A. Rockman, *Bureaucrats and Politicians in Western Democracies*(Cambridge, MA: Harvard University Press, 1981).

터리클럽, 여성투표자연맹, 농민공제조합(Grange) 등 수많은 지방 지회로 구성된 전국적인 대규모 결사체조직도 마찬가지의 역할을 한다.[7] 정치적으로 적실성 있는 시민적 참여는 선거운동이나 투표 행위 등 직접적인 정치활동에의 관여만을 의미하지는 않는다. 시민적 생활[정치에 관심을 두고 결사체나 정치적 활동에 직간접적으로 관여하는 활동]의 특징이 민주주의의 질에 영향을 끼친다고 주장하는 학자가 점점 더 많아지고 있다.[8]

1) 사회적 자본의 중요성

알렉시 드 토크빌(Alexis de Toqueville)이 활동했던 시기 이래 강력한 자발적 결사체 연결망은 민주주의의 중요한 요소로 간주되어왔다. 정치학자 로버트 퍼트넘(Robert Putnam)은 왜 그러한 자발적 결사체가 민주주의에서 중요한 요소인지에 대한 영향력 있는 이론적 설명을 제시했다. 즉, 공정하고, 정직하며, 시민의 요구에 잘 반응하는 정부는 공공재(public

---

6) Sydney Verba, Kay Lehman Schlozman, and Henry E. Brady, *Voice and Equality: Civic Voluntarism in American Politics*(Cambridge, MA: Harvard University Press, 1995), pp. 313~333; Brady, Henry, Sidney Verba, and Kay Lehman Schlozman, "Beyond SES: A Resource Model of Political Participation", *American Political Science Review*, 89:2(1995), pp. 271~294.

7) Theda Skocpol, *Diminished Democracy: From Membership to Management in American Civic Life*(Norman, OK: Universit of Oklahoma Press, 2003); Tehda Skocpol, "Advocates Without Members: The Recent Transformation of American Civic Life", in Theda Skocpol and Morris P. Fiorina(eds.), *Civic Engagement in American Democracy*(Washington, DC: Brookings Institution Press, 1999), pp. 461~509; Douglas Rae, *City*(Yale University Press, 2003).

8) Robert D. Putnam, *Bowling Alone: The Collapse and Revival of American Community*(New York: Simon & Schuster, 2000).

good)라고 주장했다.[9] 만인은 공공재의 혜택을 획득하는 데 관심이 있지만, 그러한 공공재를 제공하기 위해 많은 시간과 노력을 기꺼이 바치려고 하는 이는 드물다. 이러한 딜레마에 봉착할 경우 사람들은 스스로 노력하기보다는 특정 이슈에 대한 정보를 제공하고, 정치에 참여하고, 공직에 출마하며, 공직자들이 권한을 남용하지 못하도록 그들의 행동을 감시하는 데 드는 비용을 다른 사람이 부담하게 하려는 강한 동기를 갖는다. 만약 모든 사람이 정치에 참여한다면 정부가 시민의 요구를 잘 반영하는 활동을 하는 데 드는 비용을 특정인이 더 많이 부담하지 않아도 된다. 그리고 혜택 면에서도 정부에 대한 영향력을 발휘하는 데 어느 특정 개인이 훨씬 많은 영향력을 발휘하지 않게 될 것이다. 따라서 다른 공공재의 경우와 마찬가지로 좋은 정부를 제공하는 것 또한 집단행동의 문제를 내포한다. 만약 만인이 협력한다면 만인이 혜택을 볼 수 있다. 그러나 다른 사람의 노력에 편승한다면[굳이 협력하지 않더라도] 각자는 개인적으로 혜택을 볼 수 있다.

퍼트넘은 특정 사회 혹은 공동체에서 협력의 정도는 상이하다고 주장한다. 어떤 사회에서는 설령 자기 자신은 공공의 이익을 위해 기꺼이 협력하고 싶지만 다른 사람은 타인의 이익을 희생시키면서까지 — 예컨대, 탈세를 한다든지, 시민적 의무를 회피한다든지, 자신이 원하는 바를 얻기 위해

---

9) 사적 재화에 반대되는 공공재란 비경합성(nonrivalous)을 지닌다. 다시 말해, 사람들이 그것을 소비한다고 해도 그 양이 줄어들지 않는 특성을 갖는 것이 공공재다. 공공재는 한 사람이 그것을 누려도 다른 사람들이 그것을 누릴 기회가 줄어들지 않는다는 특성이 있다. 또한 공공재는 비배타성(nonexcludable)이라는 특성을 갖는다. 즉, 어느 특정 개인이 다른 사람이 그것을 사용하는 것을 막을 수 없는 것이 공공재의 또 다른 특성이다. 따라서 공공재는 그것을 만들어낸 사람이라 할지라도 다른 사람이 그것을 사용하는 것을 측정하거나 계량할 수 없기 때문에 전형적으로 사람들이 다른 사람의 노력에 편승('무임승차')하게 하는 경향이 있다.

관리에게 뇌물을 바치는 등의 행위를 함으로써 — 오직 자신의 이익만을 좇는 행동을 한다고 확신하는 사람이 많다. 아무도 사기를 당하지 않으려고 하기 때문에 모든 사람은 먼저 속임수라는 유혹을 받는다. 공동선을 위해 집단 활동에 참여할 만큼 기꺼이 서로를 믿을 수 있도록 시민을 이끌어주는 것은 무엇일까. 퍼트넘은 이러한 사회의 특징적인 장점을 '사회적 자본(social capital)'이라고 부른다. 사회적 자본은 시민이 다양한 종류의 협력을 위해 노력하도록 장려하는 연대의 연결망을 의미한다. 이것은 반드시 정치적인 성격을 지닐 필요는 없다. 퍼트넘에 따르면 특정 사회에서 얼마나 많은 사람이 이런저런 사회적 결사체 — 교회 성가대, 조류관찰 동호회, 소프트볼리그, 사친회(P.T.A) 등 — 에 소속되어 있는지 살펴보면 그 정부의 수준을 알 수 있다.[10] 특정 커뮤니티에서 어떠한 관계를 맺고 있는 사람은 같은 집단의 구성원 가운데 일부를 알고 있을 가능성이 높을 때 스스로의 행동에 따라 자신의 명성이 형성된다는 것을 알고 있다는 사실이 사회적 자본의 핵심이다. 각자가 관련을 맺고 있는 지인그룹이 좀 더 큰 사회적 연대 연결망의 일부라는 사실이 사회적 관계에서 신뢰와 협력을 장려하는 경향을 강화시킨다.

따라서 사회적 자본은 사람이 서로에게 기대하는 일정한 행위에 대한 일련의 상호 이해에 근거한다. 또한 이러한 사회적 자본은 사람들이 빈번하게 타인을 만나는 경우뿐 아니라 친구와 가족을 만날 때 형성되는 실제의 사회관계 연결망을 통해 강화된다. 그러한 사회적 관계의 연결조직이 조밀할수록 사회구성원이 공적 영역에서 공공선을 위해 협력할 수 있는

---

10) Robert D. Putnam, with Robert Leonardi, et al., *Making Democracy Work: Civic Traditions in Modern Italy*(Princeton, NJ: Princeton University Press, 1993); Putnam, *Bowling Alone: The Collapse and Revival of American Community*.

가능성은 더 높아진다. 이러한 현상은 정치와 경제에 공통적으로 적용된다. 분명한 것은 사회적 자본이 두터운 사회에서는 신뢰, 협력성, 사회적 자본의 결여 때문에 정부가 책임성을 유지하고 경제발전을 위해 기회를 활용하도록 하는 시민의 능력이 방해받는 사회보다 정부의 수준과 경제적 기회의 확산정도가 훨씬 크다는 것이다.[11]

사회적 자본의 수준이 낮고, 그만큼 정부의 수준도 열악한 사회는 상호 보강적인 기대가 갖는 안정성의 결과로 오랜 기간 지속될 수 있다. 사회적 자본이 약한 사회의 시민은 최소한 나은 방향으로는 아무것도 변하지 않을 것이라고 예상해 리처드 로즈(Richard Rose)가 말하는 "저수준 균형 상태의 덫"에 빠진다. 이러한 상태에서 사람들은 정부의 수준에 좌절하고 용기를 잃어 좀 더 나은 환경을 위한 요구사항을 낮춘다. 그 결과 좋은 정부와 경제발전의 공급(supply)은 낮은 상태에 머문다.[12]

> 정부의 실제 행위에 맞춰 대중의 기대를 낮추면 저수준 균형상태의 덫에 빠진다. 시민은 프랑스인이 말하는 '반시민성(incivisme; 영어로는 incivility)' — 즉 시민을 내팽개치는 정부를 선호하고 상황을 개선하기 위해 서로 협력하지 않는 입장과 태도 — 을 받아들인다. 정치 어젠다에 개혁이 포함되어 있지 않고 대중과 정치엘리트 모두 완전히 비민주적인 대안보다

---

11) 퍼트넘과 다른 학자가 지적했듯이 사회적 자본은 집단을 단합시키기도 하고, 분열시키기도 한다. 소수민족이나 소수파 종교분파의 구성원은 상호 간에 긴밀한 연대를 유지하지만, 이러한 내적 응집력은 그들을 여타 사회집단과 통합시키기보다 나머지 사회로부터 고립시키는 역할을 할 수도 있다. 가장 극단적인 경우 분열적인 사회적 자본은 극단주의, 불관용, 배타적인 행위 등을 낳을 수 있다.

12) Richard Rose, William Mishler, and Christian Haepfer, *Democracy and Its Alternatives: Understanding Post-Communist Societies*(Baltimore: Johns Hopkins University Press, 1998), p. 14.

는 비교적 덜 나쁜 대안으로서 불완전한 민주주의를 용인하는 한 그러한 선택은 오히려 안정적일 수 있다.

그러한 경우 대중은 공공질서를 제공하는 가혹한 중앙정부 형태의 '강한 권력'을 선호할 수 있다. 그들은 사회가 그러한 공공질서를 가져다주지 않는다고 판단하기 때문이다. 그들은 오직 권위주의 국가만이 무정부 상태를 방지할 수 있다고 확신하면서 민주화가 정부를 강력하고 부유한 기득권 세력의 압력에 취약하게 만든다고 믿는다. 신뢰의 정도가 낮고 사회적 자본의 정도가 낮을수록 대중은 자치 정부의 수평적인 제도를 통해 훌륭한 공공정책을 위해 일하기보다 자신의 지도자와 후견인과의 수직적인 관계를 통해 사적인 이익을 추구할 가능성이 많다.

2) '이중적 러시아'의 문제

퍼트넘은 이탈리아의 경우를 사례로 삼아 사회적 자본이 효과적인 민주주의를 위해 중요하다는 이론을 발전시켰지만, 이는 러시아 및 여타 많은 사회의 경우에도 강력한 통찰력을 제공해준다. 국가와 사회 사이에 사회적 거리와 정치적 소외가 존재한다는 것은 실제로 오랫동안 지속되어 온 러시아 정치의 양상이다. 국가는 사회적 관계의 구성조직에 거의 통합되지 못한 채 오히려 사회 위에 군림하면서 필요한 자원을 착취하면서도 상호성에 입각한 연대감이나 그에 대한 의무감 등을 발전시키지는 못했다. 로버트 터커(Robert C. Tucker)는 그의 유명한 논문에서 이러한 문제를 "이중적 러시아(dual Russia)의 이미지"라고 명명했다. 그는 러시아 국가의 전통적인 특성을 설파한 러시아의 자유주의 정치인이자 역사가인 파벨 밀류코프(Pavel Miliukov)의 말을 다음과 같이 인용한다.[13]

[러시아에서는 전통적으로] 국가가 자신의 필요에 따라 인민의 충성심을 쟁취한 국외자였다. 인민은 그들 스스로 국가에 동화(동일시)되고, 그것의 일부로 느끼고, 국가 전체를 위해 책임지는 것을 달가워하지 않았다. 러시아는 국가 당국과는 별개로 느끼고 생활을 영위해왔다.

국가와 사회의 그러한 간극은 오늘날에도 러시아인의 태도와 행동에 상당 부분 남아 있다. 대중의 투표참여율은 높지만 다른 형태의 대중적 정치 참여는 매우 저조하다. 여론조사 결과를 보면 대부분의 러시아인은 정치 참여가 별로 효과가 없다고 생각하고, 정부가 그들의 이익을 위해 봉사한다고 믿는 러시아인은 드물다는 것을 알 수 있다.[14]

1980년대 말 무렵 러시아에서 정치 참여는 잠시 급증하는 추세를 보이다가 1990년대에는 장기간 침체양상을 나타냈다. 그러나 현재 러시아에는 광범위한 이해관계와 주의주장을 반영하는 수만 개의 사회적 결사체가 존재한다. 현재 러시아 시민의 공적 생활 참여는 북미나 유럽과 비교하면 저조하지만 러시아 역사상 대부분의 시기와 비교하면 높은 편이다. 비록 소련 시기에는 국가가 지원하는 정치조직에 대한 대중의 참여 수준

---

13) 이 부분은 다음의 저작에서 인용했음. Robert C. Tucker, "The Image of Dual Russia", in Robert C. Tucker(ed.), *The Soviet Political Mind: Stalinism and Post-Stalin Change*, rev. ed.(New York: W. W. Norton & Co., 1971), p. 122. 밀류코프는 차르 통치 말기의 정치지도자로서 볼셰비키 혁명 이후 [프랑스로] 망명했다.

14) 정치학자인 마크 하워드(Marc Morje Howard)의 연구에 따르면 러시아뿐 아니라 대부분의 포스트공산주의 국가에서 정치 참여는 저조하다. 연령, 소득, 교육 등 공적 생활에의 참여와 연관되는 다른 요소들을 통제하더라도 전체 포스트공산주의 지역의 시민은 기존 민주사회는 말할 것도 없고 다른 포스트권위주의 사회의 시민보다 훨씬 정치에 무관심한 정도가 높다. Marc Morje Howard, *The Weakness of Civil Society in Post-Communist Europe*(Cambridge: Cambridge University Press, 2003).

은 엄청나게 높았지만 자발적인 결사체에 관한 한 오늘날 러시아 시민의 참여가 소련 시기보다 더 높다.

소련 시기 당국은 체제가 후원하는 형태의 대중 참여를 독려하는 데 비상한 노력을 기울였다. 예컨대, 그들은 단일후보가 나서는 소비에트 대의원 선거에서 매우 높은 투표율을 유지하는 데 큰 비중을 두었다. 소련체제에 대한 선전선동의 필요성에 맞춰 대중 참여의 모양새가 강조되고 이용되었다. 다시 말해 소련 당국은 대중의 참여를 통해 국가는 인민의 집단의지를 관철시키는 도구라고 선전했던 것이다. 그러나 소련 시기 대부분의 대중 참여는 명목적인 것에 그쳤다. 만약 조직의 구성원이 되지 않으려면 오히려 더 많은 노력을 기울여야 했기 때문에 소련 시민은 대중조직에 참여했다. 오늘날 시민조직의 구성원으로 활동하는 러시아 시민은 소수인데, 이는 소련 시기에 국가 후원 결사체에 강제적으로 가입해야 했던 과거의 경험에서 나오는 회피 심리에서 비롯된 측면도 있다.[15)]

비록 러시아인 스스로는 그들에게 정치 참여를 통해 정부에 영향력을 끼칠 수 있는 능력이 있다는 점에 회의적이지만, 그들이 선거를 중요하게 생각한다는 것은 확실히 입증되었다. 현재 러시아에는 약 25만 개의 NGO가 존재하며, 그들 가운데 다수는 시민적·사회적 이슈에 관여한다. 그리고 확실한 것은 대부분의 러시아인이 가족, 친구, 친지와 밀도 높은 연결망을 갖는다는 것이다. 그러나 이러한 연결망은 시민적 결사체와는 강한 연계를 맺지 않는다. 더 나아가 이러한 연결망은 종종 반민주적인

---

15) 하워드는 러시아와 동독에서 시민조직 가입 여부를 결정하는 데 특히 세 가지 요인 — 구체제가 자행한 강제동원 성격에 대한 혐오감, 가족과 우정 등의 연대감이 지속되는 현상, 체제 전환 결과에 대한 실망감 등 — 이 작용하고 있음을 발견했다. Marc Morje Howard, *The Weakness of Civil Society in Post-Communist Europe*(Cambridge: Cambridge University Press, 2003), pp. 105~145.

행동패턴을 강화하기도 한다. 가족, 친구 및 친지 사이의 긴밀한 연결망의 지속은 시민생활의 좀 더 광범위한 연계망의 발전과 반비례 관계에 있는 듯하다.[16)]

러시아 시민을 대상으로 한 설문조사 결과는 정치 참여를 활발하게 하는 시민의 비율이 낮다는 것을 보여준다. 2007년 가을 실시한 한 설문조사 결과를 보면 러시아 성인인구 가운데 단지 7.7%만 시민단체에 소속되어 있으면서 자원봉사 활동을 하는 것으로 나타났다. 이들 활동가들은 평균 2개의 시민단체에 관여하며, 일부 활동가는 무려 10개나 되는 시민단체에서 활동하는 것으로 나타났다.[17)] 이러한 양상을 미국과 비교해보자. 비록 수십 년간 시민의 사회참여가 쇠퇴기를 거쳤지만 1990년대 들어 미국 시민의 약 70%는 1개 이상의 자발적 사회결사체에 소속되어 있었고, 그 가운데 절반 정도는 스스로를 적극적인 참여자로 생각했다.[18)] 확실히 미국은 시민의 자발적 결사체 참여 정도에서 세계적으로 두드러진 위치를 차지하고 있음을 알 수 있다. 반면 러시아 시민의 자발적 결사체 참여도는 눈에 띄게 낮다.

---

16) 하워드의 연구에 따르면 (비록 러시아보다 동독에서 그 정도가 더 심하게 나타났지만) "공산주의체제하에서 발전했던 활발한 사적 연결망이 오히려 오늘날 조직의 구성원 활동에 대한 저해요소 또는 그에 대한 대안으로 작용한다"라는 것이다 (같은 책, p.109). 가족, 친구 및 친지 사이의 밀접한 연결망은 체제 전환 과정에서 발생한 사람들의 어려움을 경감시켜주는 역할을 하므로 이러한 전통적인 연결망 현상에 별다른 변화는 관찰되지 않는다. 이러한 현상은 동독보다 러시아에서 더 두드러진다.

17) I. Mersiianova, "Sotsial'naia baz rossiiskogo grazhdanskogo obshchestva", in E. S. Petrenko(ed.), *Grazhdanskoe obshchestvo sovremennoi Rossii. Sotsiologicheskie zarisovki s natury*(Moscow: Institute Fonda "Obshchestvennoe mnenie", 2008), pp. 127~150.

18) Putnam, *Bowling Alone: The Collpase and Revival of American Community*, p. 59.

그렇다고 그런 현상이 러시아 시민이 심리적으로 공적인 생활과 절연되어 있다는 것을 의미하는 것은 아니다. 설문조사에 따르면 러시아 성인 인구의 절반이 전국 일간지를 '정기적으로' 또는 '가끔씩' 읽고, 거의 모든 시민이 전국 채널의 텔레비전을 '정기적으로'(81%) 또는 '가끔씩'(14%) 시청한다. 69%의 응답자들은 지방 일간지를 정기적으로 또는 가끔씩 읽는다. 64%의 응답자들은 국가의 주요 현안에 관해 친구들과 규칙적으로 또는 이따금씩 토론을 하고, 48%의 응답자는 사람들이 그들에게 국가의 현안이 무엇인지를 질문한다고 한다. 그 비슷한 비율의 응답자들은 자신이 살고 있는 시의 현안을 친구들과 토론한다.[19] 더구나 러시아인은 투표를 시민적인 의무로 생각한다. 2007년 국가두마 의원 선거 전날 실시된 여론조사에 따르면 러시아 투표자의 2/3는 러시아에서 민주적인 선거가 매우 중요하다고 응답했고, 투표를 하겠다고 답한 응답자 가운데 약 40%는 시민적 의무감 때문에 투표를 한다고 대답했다.[20] 러시아인은 전국 규모의 선거에서 높은 투표율을 보이는데, 이는 사실상 미국보다 높다.[21]

그러나 점차 러시아의 선거는 투표자들에게 경쟁적인 정책노선에 대한 실질적인 선택권을 주는 대신 투표자들로 하여금 미리 정해진 결과를

---

19) Richard Rose, "Getting Things Done with Social Capital: New Russian Barometer VII", Paper no. 303 Studies in Public Policy(Glasgow, UK: Centre for the Study of Public Policy, University of Stathclyde, 1998), pp. 32~33.

20) Brian Whitmore, "RFE/RL Poll Finds Russians Skeptical About Elections, Hopeful for future", *RFE/RL Newsline*, November 16, 2007.

21) 미국 대통령 선거의 투표율(투표권을 가진 사람 가운데 투표한 사람의 비율)은 2000년 54.2%를 차지했으며, 이는 2004년 60.1%, 2008년 61.6%로 상승했다. 의회 선거의 투표율은 이보다 훨씬 낮다. 러시아의 공식 투표율을 보면 1991년에서 2008년까지 대통령 선거의 투표율 평균은 69.5%였고, 1993년에서 2007년까지 국가두마 의원 선거의 평균 투표율은 58.9%에 머물렀다.

확인하도록 하는 절차를 관리하는 것에 불과했던 소련체제하의 선거와 그 양상이 닮아갔다. 당국은 마치 높은 투표율이 체제에 대한 높은 지지율의 상징인 것으로 간주하기 때문에 되도록 많은 투표자가 실제로 투표하도록 하기 위해 공을 들인다. 소련 시기에 공산당은 공적인 생활에 참여할 수 있도록 허용된 유일한 정당이었다. 그러나 오늘날 러시아 당국은 최소한 명목상으로는 경쟁적인 선거의 성격을 유지하면서 통합러시아당 이외의 다른 정당도 선거에 참여할 수 있도록 보장한다. 그러나 대부분의 야당은 수명이 짧다. 다수의 러시아 시민은 선거가 체제에 대한 충성을 의례적으로 보여주는 행사에 불과하며, 선거는 지도자나 정책을 선택하는 과정이 아니라는 점을 인정한다.

소련체제하의 정치 참여와 현재 러시아 정치체제하의 정치 참여의 또 다른 유사점은 정치학자들이 '특수화된 계약'이라고 부르는 현상이 돋보인다는 점이다. 개별 러시아 시민은 특정 문제에 봉착하면 권력의 위계구조에서 상층부에 있는 영향력 있는 인사들에게 도움을 요청하는 경향이 있었다. 그들은 공산당 및 정부의 관리, 신문사의 편집자, 의회 의원, 직장의 매니저 또는 기타 영향력 있는 인사들을 찾았다. 그들은 소련공산당 서기장이나 우주비행사에게 편지를 썼다. 공산당과 정부 부서는 접수된 애로사항이나 서신에 답변하고 분석하는 메커니즘을 잘 발달시켰다.

오늘날에도 러시아 관리는 시민과 국가 사이에 이러한 개별화되고 특수한 계약을 계속해서 장려한다. 예를 들면 통합러시아당은 '푸틴 접수처'라는 사무실을 설립했는데, 이는 시민이 문제를 해결해달라고 요청하기 위해 방문하는 일선 민원창구에 해당한다. 그러한 사무실은 고위 당국자들이 해결해야 하는 시민의 고충과 문제점이 무엇인지에 대한 정보원 역할을 한다. 관리의 관점에서 보면 질문, 민원사항, 정책 아이디어 등의 형태로 특수화된 계약을 통해 들어오는 정보의 흐름은 소중하다. 첫째, 이는 대중의 정책에 대한 만족도 또는 불만족도에 대한 대략적인 지식을 제공해주는 한편 지방의 지도자들이 얼마나 효과적으로 관할지역을 관리하는지를 관찰할 수 있게 해줄 뿐 아니라, 그들 스스로 대중의 민원사항에 얼마나 관심을 갖고 잘 대응하는가를 점검할 수 있는 기회를 제공해준다. 둘째, 이러한 관행은 투명하고 공정한 선거 및 정당 경쟁체제에서 나타나는 것과 같은 집합적인 형태의 대중적 압력에 대한 대안의 역할을 하기도 한다.

참여와 충원은 서로 밀접한 관련이 있는 과정이기 때문에 구체제의 참여시스템이 붕괴되면서 구체제의 충원시스템도 붕괴되었다는 사실은 놀라운 일이 아니다. 엘리트의 충원이란 특정 개인에게 영향력과 책임을 동시에 지는 위치에 접근할 수 있는 기회가 되는 경력에 접어드는 과정을 지칭한다. 교육기관, 자발적 결사체, 공무원 시험, 정당활동 및 선거 등이 관리와 지도자에 대한 사회적 수요를 충족하는 수단이다. 소련체제하에서는 대중의 참여를 위한 공식적인 통로가 관리를 양성하고 그들을 책임 있는 지위로 배치하는 방법과 밀접하게 관련되어 있었다. 옛 공산주의체제하의 참여 및 엘리트 충원체계는 아직 경쟁적이고 민주적인 참여와 충원시스템으로 대체되지 못했다. 그 대신 러시아 권력 당국은 대통령의 통제하에 미래의 지도자들을 발굴하고 육성할 수 있는 새로운 행정 구조를 구축하기 위해 노력한다.

2. 소련체제하 참여와 충원

1) 대중적 참여의 통로

소련체제에서 대부분의 일반 시민의 회원제 조직 참여는 주로 형식적인 성격을 벗어나지 못했다. 그러한 참여는 의무적으로 집회에 참석하고 월 회비를 납부하는 대가로 이들 조직이 분배하는 혜택을 얻는 등의 활동을 포함했다. 노조가 사회보험기금을 관리하고 휴가를 보조해주는 한 직업을 가진 시민은 사실상 누구나 노조에 소속되어 있었다. 청소년단체는 정치적 세뇌활동과 더불어 여가활동의 기회를 제공했으며, 거의 모든 청소년은 자신의 연령대에 맞는 청소년단체에 소속되어 있었다. 수백만 명의 소련 시민은 자발적 공공결사체의 회원이었다. 그러나 대부분의 시민에게 그러한 조직의 회원자격은 거의 명목적인 것에 불과했다. 대중조직은 정치적 신뢰감과 함께 정력적인 활동을 통해 정치적 경력을 쌓으려는 데 관심이 많은 이들이 공산당 인사 담당 간부의 눈에 들게 함으로써 경력의 사다리에서 핵심적인 단계로 작용했다. 그러한 정치 신인을 발굴한 공산당 인사 담당 간부는 그들이 정치교육을 받고, 자발적으로 과업을 완수하도록 하고, 직업의 기회를 갖도록 함으로써 승진의 사다리를 밟아 올라갈 수 있도록 보장해주었다.

대의기관이면서 입법기관의 기능을 담당했던 소비에트, 다시 말해 선출된 회의체는 대중적 참여의 좋은 사례였다. 선출된 대의원은 지역구민의 다양한 개인적 문제 해결을 도와주는 역할을 하도록 되어 있었으나, 공산당의 지침을 받지 않고는 그들의 관할구역에서 어떠한 정책결정도 할 수 없었다. 소읍, 마을, 농촌의 행정구역, 시, 주, 소수민족 자치주 및 공화국 등 국가의 모든 하위 행정구역에는 각급 행정단위에 상응하는 소비에트가 설치되어 있었다. [소련 구성 공화국과 자치공화국 수준에서, 그리고 소련정부 자체 수준에서 선출된 회의체는 최고회의(Supreme Soviet)라고 불렸다.] 소비에트는 상당히 방대한 조직이었다. 1987년에는 전국의 5만 2,000개 소비에트에서 230만 명의 대의원이 선출되었다. 대의원직은 전임직(full-time)이 아니었으며, 매 분기 또는 1년에 한 번씩 하루 또는 이틀간의 회기로 회의를 열어 집행부의 보고를 청취하고 제안된 예산과 정책계획안에 대해 승인하는 활동을 했다. 소비에트는 정책결정이나 심의를 하는 기관이 아니라 대의원과 시민이 각급 행정기관에서 설정한 정책과 행정적 우선순위 등에 익숙해지고, 대의원이 체제의 안녕에 책임감을 갖도록 하며, 국가의 민주적 성격을 홍보하는 수단으로 기능했다. 여성, 육체노동자, 청년, 비당원, 좀 더 권력이 센 기관에서는 현저하게 대표성이 떨어지는 분야와 계층의 참여율이 높다는 것을 확실하게 보여주기 위해 소련 당국이 신경을 썼다는 측면에서 마지막 기능 — 민주주의를 시행한다는 홍보 기능 — 이 특히 두드러졌다. 이러한 목적을 위해 공산당은 선출된 대의원이 바람직한 사회계층 분포를 이루도록 하기 위해 출마할 후보를 결정하는 방식으로 후보 지명 과정의 결과를 통제하는 쿼터제를 채택했다.[22] 일반적으로 공산당은 정치적으로 믿을 만하고 사회적으로 존경받는 각계각층의 지도적 인사들로서 사회적 역할 모델이 될 수 있는 시민을 후보로 선택하려고 했다. 저명인사는 사실상 모두 각급 소비에트의 대의원으로 선출되었던 것이다.

대의원으로서 봉사하는 것 말고도 소련 시민은 다른 방식으로 지방정

22) 이러한 과정에 대해서는 스티븐 화이트(Stephen White) 교수가 쓴 다음의 책을 보라. Stephen White, *Gorbachev and After*(Cambridge: Cambridge University Press, 1991), pp. 27~29.

부와 행정기관 근무에 동원되었다. 다수의 소련 시민은 지방 소비에트 상임위원회의 자원봉사자로 활동하면서 주택, 교육, 유통, 식음료 조달, 공공 오락시설 및 공동체 생활에 필요한 여타 영역에서 지방정부의 업적을 감독하는 일을 맡았다. 다른 시민은 입주자위원회와 근린자조집단에 가입해서 활동했다. 이들 집단이 전적으로 형식적인 것만은 아니었다. 그러한 집단은 흔히 공공정신이 투철한 시민에게 공동체를 위해 봉사할 수 있는 기회를 제공하기도 했다.[23)]

(1) 사회조직에 대한 공산당의 통제

시민의 집단행동을 위한 소수의 공인된 통로는 시간이 경과할수록 대중의 민원사항에 대한 억압 강화 정책에 때문에 유명무실해졌다. 대중 참여의 겉모습과 권력의 실제 모습 사이의 간격은 더 확대되어갔다. 국가의 승인하에 결성된 새로운 공공조직은 공공이익의 자율적인 표현이라기보다 국가권력의 한 부문으로 급성장했다.[24)] 헌법상의 정교분리 선언이 있었음에도 러시아 정교회조차 준공적기관으로 기능했다. KGB는 신자들

---

23) Theodore H. Friedgut, *Political Participation in the USSR*(Princeton: Princeton University Press, 1979); L. G. Churchward, "Public Participation in the USSR," in Everett M. Jacobs(ed.), *Soviet Local Politics and Government*(London: Allen & Unwin, 1983), pp. 38~39; Jeffrey W. Hahn, *Soviet Grassroots: Citizen Participation in Local Soviet Government*(Princeton: Princeton University Press, 1988).

24) '조국 협회(Rodina Society)'에 대해서는 다음을 보라. John B. Dunlop, *The Faces of Contemporary Russian Nationalism*(Princeton: Princeton University Press, 1983), p. 38. 또한 같은 주제에 대해 소련 언론인 아나톨리 아그라놉스키(Anatolii Agranovskii)의 다음 유작을 보라. Anatolii Agranovskii, "Sokrashchenie apparata", *Izvestiia*, May 13, 1984. 이 글은 '조국 협회'와 여타 명목상의 공공조직이 관료화되는 현상을 논의한다.

을 감시하고 교회의 사회적·정치적 활동이 체제의 목적과 부합하는 방향으로 이루어지도록 지도하기 위해 교회 내에서 활동하던 거대한 정보원 및 공작원 조직망을 갖고 있었다.[25] 공산당은 조직화된 사회집단에 대한 사실상의 '허가권'을 갖고 있었으며, 그러한 권한을 통해 조직의 지도자를 선출하는 과정과 그러한 조직의 활동 방향성에 대한 통제권을 확보하고 있었다.[26] 명목상으로 '공공(public)'[27] 조직은 사실상 국가가 설정한 목표를 수행하도록 되어 있었기 때문에 소련 시기에는 국가와 시민사회 사이의 경계선이 분명하지 않았다. 그러나 사회조직이 공산당에 의해 매우 철저하게 통제되었다는 바로 그 이유 때문에 그러한 사회조직은 자율적인 집단행동과 일반화된 사회적 신뢰라는 형태의 유용한 사회적 자본을 육성하지 못했다. 소련체제가 종식될 때까지 사람들은 민주주의 사회와 비교해서 정보와 혜택의 교환을 위해 가족 및 친구로 이루어진 개인적인 연결망에 훨씬 더 많이 의존했으며, 공공 영역에서의 자발적인 참여 의존도는 훨씬 약했다.[28] 소련 시민은 신뢰할 수 있는 가족과 친구 등 밀접한

25) 교회의 정치적 양상에 대해서는 다음을 보라. John Dunlop, "The Russian Orthodox Church as an 'Empire Saving' Institution", in Michael Bourdeaux(ed.), *The Politics of Religion in Russia and the New States of Eurasia*(Armonk, NY: M. E. Sharpe, 1995), pp. 15~40; Dmitry V. Pospeilovsky, "The Russian Orthodox Church in the Postcommunist CIS", in Michael Bourdeaux(ed.), *The Politics of Religion in Russia and the New States of Eurasia*(Armonk, NY: M. E. Sharpe, 1995), pp. 41~74.

26) John H. Miller, "The Communist Party: Trends and Problems", in Archie Brown and Michael Kaser(eds.), *Soviet Policy for the 1980s*(Bloomington: Indiana University Press, 1982), p. 2.

27) obshchestvennye: 글자 그대로의 의미는 '비국가적'.

28) 소련의 사회학자들은 심한 정치적인 제약을 받으며 연구를 했으나 사회적 소통과 여론의 형성이 어떻게 이루어지는지에 대해서는 어느 정도 분석할 수 있었다. 주요 연구 논문 한 편을 보면 절대 다수의 소련 시민이 국영 텔레비전 방송을 시청하고

관계를 맺고 있는 사람들과 정보와 의견을 교환했다. 그러한 관계 연결망은 관료화된 소련체제에 대처하기 위해 필요하긴 했으나 그것은 인민과 국가가 하나라는 기본적인 이데올로기적 전제와 자원에 대한 집권화된 통제체제를 훼손했다.[29)]

(2) 반체제 활동과 인텔리겐치아

소련 시기에 일부 시민은 당국이 허용하는 참여의 범위를 벗어난 활동을 함으로써 억압받는 위험을 무릅썼다. 소련 당국은 공식적인 독트린에서 벗어난 노골적인 반체제 활동을 범법행위로 취급했다. 1960년대 중반부터 소규모의 다양한 비공식적 사회조직은 소련 당국에 소련 헌법이 부여하는 시민적·정치적 권리를 준수하도록 압력을 가했다. 그러나 당국은 그러한 조직의 특정한 행동이 허용된 범위를 넘어서면 언제나 그러한 요구를 묵살했다.[30)] 공공적 표현에서 허용된 범위를 넘어서는 인사 — 흔히 반체제 인사 또는 반대자들이라고 지칭함 — 는 핍박을 당하고, 체포되거나

국영 신문을 읽었지만, 절반 이상의 시민은 여전히 기본 정보의 수집과 여론의 형성에서 친지, 가족, 직장 동료와의 대화에 크게 의존했다. 고르바초프가 글라스노스트를 도입하기 전까지만 해도 상대적으로 대중매체를 신뢰하지 않았기 때문에 개별 시민은 정보를 획득하고 여론을 형성하는 데 그들이 신뢰하는 사람과의 접촉에 크게 의존했던 것이다. Thomas Remington, "The Mass Media and Public Communication in the USSR", *Journal of Politics*, 43:3(August 1981), p. 804.

29) 이 점에 대한 논거는 다음 문헌에 포괄적으로 제시되어 있다. Alena V. Ledeneva, *Russia's Economy of Favours: Blat, Networking and Information Exchange* (Cambridge: Cambridge University Press, 1998), p. 103 및 이 책의 다른 부분.

30) 그러한 운동에 대한 포괄적인 역사적 서술은 다음을 보라. Ludmilla Alexeyeva, *Soviet Dissent: Contemporary Movements for National-Religious, and Human Rights* (Middletown, CT: Wesleyan University Press, 1987). Frederick C. Barghoorn, *Detente and the Democratic Movement in the USSR*(New York: Free Press, 1976).

또는 심지어 정신병동에 감금되기도 했으며, 소수는 외국으로의 이민을 강요당했다. 더 많은 시민 — 특히 문화와 학문에 종사하는 인텔리겐치아들 — 은 체포될 것을 우려해 감히 행동을 취하지는 않았지만 그들끼리는 서로 비슷한 민주적 가치를 공유했다. 이들 중 다수는 극장, 실험실, 연구소, 대학, 대중매체 및 전문 직업 관련 조직에서 일하면서 상호 신뢰에 바탕을 둔 강력한 연대감을 형성했다. 그들 가운데 일부는 훗날 고르바초프 시기에 꽃피울 민주적·민족주의적·종교적 권리를 위한 운동을 이끌었다.

일부 저명한 반체제 또는 체제내적인 인텔리겐치아들은 1980년대 후반과 1990년대 새로운 정치운동의 지도자 또는 상징이 되었다. 그러한 인사 가운데에는 민주적 반체제 인사 중 가장 유명한 안드레이 사하로프(Andrei Sakharov)가 있다. 소련 수소폭탄의 아버지라고 알려진 사하로프는 뛰어난 핵물리학자였는데, 1960년대에 들어 인권과 민주적 개혁에 대한 대표적인 옹호자로 변신했다. 그는 소련의 아프가니스탄 침공에 반대해 국내 유형[모스크바에서 동쪽으로 450km 떨어진 고르키(현재의 니즈니노브고르드) 시에 가택 연금 당함]에 처해졌다가 1986년 고르바초프의 석방조치에 의해 모스크바로 귀환했다. 얼마 되지 않아 그는 1989년도에 새롭게 확대되고 민주화된 소련 의회의 의원 선거 과정에서 진행되었던 민주화 운동의 도덕적인 지도자가 되었다. 하지만 그의 의회정치 참여는 그리 오래 가지 못했다. 사하로프는 1989년 12월 68세를 일기로 세상을 떠났다. 세상을 떠나기 직전 그는 고르바초프 시기에 확립된 새로운 정치적인 장에서 민주화 운동 집단이 효과적으로 활동하기 위해서는 '체제내적인 반대자(loyal opposition)'가 되는 것을 배워야 한다고 소련 의회 총선에서 당선된 민주적 대의원 집단에 경고했다.

또 다른 저명한 반체제 인사로 소련의 작가였던 알렉산드르 솔제니친(Alexander Solzhenitsyn)이 있다. 스탈린 시기에 투옥된 적이 있는 솔제니친은 1950년대 후반과 1960년대 초반 단편을 썼으며, 같은 시기에 소련 강제수용소 체제에 관한 기념비적인 연구를 수행했는데, 이 작품은 나중에 『수용소군도(GULAG Archipelago)』로 널리 알려졌다.[31)]

항상 체제 내에 머물러 있다가 1989년 정치에 입문했던 비(非)반체제 학자 출신의 또 다른 인텔리겐치아는 아나톨리 솝차크(Anatolii Sobchak)였다. 솝차크는 푸틴이 학생으로 있던 레닌그라드 국립대학교의 법학 교수였다. 솝차크는 민주운동에 합류해 1990년 레닌그라드 시 소비에트 대의원 선거에서 당선되었고 이어 레닌그라드 시장이 되었다. 솝차크가 시장이 된 후 푸틴은 그 밑에서 부시장으로 일했다. 2000년에 사망한 솝차크는 포스트소비에트 러시아 정치지도자 가운데 첫 세대에 속한다는 특징이 있는 인물이었다. 그 당시 정치에 입문했던 다수의 인텔리겐치아는 그들이 일했던 대학이나 연구소에서 민주적 이념을 형성했으며, 고르바초프 시기에 새로이 개혁된 소비에트 대의원 선거에서 그들을 지지한 친지, 동료로 구성된 광범위한 네트워크를 갖고 있었다. 비록 그들이 국가로서의 소련을 포기하는 것에 대해서는 양면적인 생각을 갖고 있었지만, 자유민주주의와 개방적·시장지향적인 경제 등과 같은 이념에 대한 믿음은 새로운 러시아가 소련체제의 유산에서 벗어나길 바라는 희망과 연관되는 경우가 많았다. 민족주의와 민주적 가치의 유사한 융합은 1989~1991년에 다른 여러 공화국의 인텔리겐치아들이 이끈 정치운동에서 전형적으로 관찰할 수 있는 현상이었다.

---

31) 'GULAG'는 강제노동 수용소의 운영을 책임지는 '수용소 행정본부(Main Administration of Camps)'의 공식적인 약어다. 총 세 권으로 된 솔제니친의 이 책은 1973년부터 서방에서 간행되었으나 러시아에서는 공산주의가 무너진 이후인 1990년대에야 발간되었다. 이 책은 레닌과 스탈린 시기에 자행되었던 공포정치와 억압정치에 대한 일반인의 이해에 엄청난 영향을 끼쳤다.

그러나 비록 소련체제하에서 허용되던 공공 결사체 형태가 지식인, 예술인, 인종집단 및 기타 집단 사이에서 집단행동을 가능하게 하는 역량을 어느 정도 양성시키기는 했으나 소련 시기 대부분의 시민적 결사체는 국가권력의 연장으로 기능했다. 소련의 정치체제가 해체될 무렵 대부분의 사유재산 형태는 폐지되고, 반대세력은 억압당했으며, 사회조직에 대한 국가 통제가 확산됨으로써 비국가 영역은 거의 진공상태가 되었다. 이러한 진공상태는 민족적 구분과 차이를 넘어서는 계급과 다른 사회적인 균열 구조를 파괴했기 때문에 그러한 비국가 영역의 침체는 급진정치, 특히 급진적 인종주의/민족주의가 창궐할 수 있는 기회를 제공했다.[32] 그러한 정치활동 가운데 가장 흔한 유형으로는 각 공화국의 민족 독립을 향한 돌진을 들 수 있다.

2) 구체제에서의 참여와 충원: 겸임 이사회

소련체제하에서의 대중 참여와 엘리트 충원 사이의 긴밀한 연관에 대한 고찰은 1980년대 후반과 1990년대 초반에 나타난 폭발적인 성격의 정치활동과 그러한 정치활동을 주도하는 새로운 종류의 엘리트가 갑작스럽게 나타난 현상을 이해하는 데 도움이 된다. 소련 시기에는 공개적이고 경쟁적인 이익단체와 정당체계의 부재로 국가가 공산당-국가관료체제의 틀을 벗어나 갈등을 해소하고, 대중의 요구를 집약하고, 그것을 표출할 수 있는 제도적인 수단이 없었다. 구체제의 리더십은 관료적이고 권위주

---

32) Zbigniew Brzezinski, "Post-Communist Nationalism", *Foreign Affairs*, Winter 1989/ 1990, pp. 1~2. 소련 말기의 민족주의적 동원에 대해서는 다음을 참고하라. Mark R. Beissinger, *Nationalist Mobilization and the Collapse of the Soviet State* (Cambridge: Cambridge University Press, 2002).

의적인 환경에서 활동하는 데 익숙해져 있었으나 구체제에서 경력을 쌓았던 대부분의 관리는 새로운 경쟁적인 정치영역에서 생존할 준비가 되어 있지 않았다.

공산정권이 대중 참여를 그렇게 강조한 이유 가운데 하나는 그것이 엘리트의 충원에 직접적으로 기여했기 때문이다.[33] 사회조직 내 수많은 집행부는 대중 참여를 이끄는 지도자와 활동가의 산실이었다. 이들 집행부의 지도자들은 다시 다른 사회조직 집행부의 구성원이 되었다. 이런 식으로 공산당은 각급 수준에서 공산당위원회를 구성했다. 그리하여 관할지역 공산당의 고위 전임 당료뿐 아니라 사회조직 및 각급 정부의 수장이 공산당원으로 채워졌다. 공산당은 당원의 연결망이 지역의 조직화된 제도로 확산되는 허브 역할을 하고, 위계조직상의 각급 공산당위원회는 특정 관할구역 내의 핵심적인 정부 및 사회지도자들을 한데 묶음으로써 엘리트의 수평적 통합을 달성하기 위한 수단이었다. 동시에 그러한 채널은 명목상의 선거를 통해 상위조직 집행부에 하위조직의 수장을 선출, 파견함으로써 엘리트의 수직적 통합을 위한 도구로서의 기능도 수행했다. 예를 들어 가장 중요한 지역 당위원회의 제1서기들은 소련공산당 중앙위원회의 위원이기도 했다. 이러한 메커니즘은 다양한 속성으로 이루어진 광대한 나라에서 정치적 통합을 유지하는 데 기여했다.

각급 조직에 중복 소속시킴으로써 엘리트를 통합하려고 한 소련공산당체제의 시도는 소련체제의 상이한 엘리트 그룹 구성원 간 연대를 강화하는 데 도움이 되었으며, 정치체제 전반에 걸쳐 공산당의 중앙집권적 통제와 조정을 원활하게 했다. 비록 실제로 행정기관에 실질적인 권한을 부

---

33) Bohdan Harasymiw, *Political Elite Recruitment in the Soviet Union*(New York: St. Martin's Press, 1984) 참조.

여하긴 했지만 소련체제는 옛 볼셰비키 모델인 '민주집중제'와 '소비에트 민주주의'의 요소도 유지하고 있었다. 이러한 요소는 소비에트 대의원 선거와 소련공산당 내부의 선거제도에 내재되어 있었다. 각급 공산당의 당원은 자신이 속한 당의 집행기관을 감독하는 차상위 공산당의 집행부에 파견될 대표들을 뽑기 위해 투표했다. 이들 집행부는 조직의 사다리 위에 존재하던 각급 공산당의 당 위원회뿐 아니라 공산당 위계 구조의 정점에 위치해 있던 소련공산당 중앙위원회도 포함했다. 그러나 소비에트 대의원 선거와 마찬가지로 공산당 내부의 투표는 경쟁을 결여했으며, 투표 행위는 순전히 의례적인 행위에 불과했다. 마찬가지로 이렇게 '민주적으로 선출된' 당위원회의 권위는 만인에게 형식적인 것으로 인식되었다. 이는 소련의 전체적인 시스템은 민주적이고 대표성을 갖추었다는 공산당의 주장에 대한 립서비스(입에 발린 찬사)로 이용되었다. 공산당이 당원들에게 민주적으로 책임을 질 만큼 실제로 민주적이어야 한다고 주장하는 것은 꿈도 꾸지 못할 일이었다.[34)]

오늘날 많은 실패 국가(failed states)[35)]와 비교하면 소련체제는 고도의 조직역량을 보유했다. 소련은 엘리트 충원 과정, 정책결정자 간 조정, 국가의 기본 제도를 숙지할 수 있는 기회를 부여하는 일상적인 정치 과정의

---

34) 같은 맥락에서 스탈린은 한때 1936년 헌법에 준해 각 공화국은 소련에서 탈퇴할 권리가 있다는 취지로 언급하는 것처럼 보였다. 그러나 그는 어떠한 공화국도 그러한 권리를 실제로 사용할 수 있는 권한을 보유하고 있지 않다고 말함으로써 공화국의 연방 탈퇴 가능성을 부인했다.

35) 옮긴이 주: 국가의 기본적인 기능을 수행하는 데 필요한 역량을 갖추지 못한 국가를 일컫는다. 그러한 기본적인 역량에는 국민의 안위를 보장해주는 국가안보, 사회질서를 유지해주는 치안력, 세금의 수취와 군 병력의 징집 등 자원을 동원할 수 있는 능력, 국민에게 복지와 교육 등 필요한 서비스를 제공해줄 수 있는 행정능력 등이 포함된다.

대중 참여 등 정교한 절차를 보유했다. 이러한 체제는 중앙의 정책결정자들이 그들의 목표와 정책적 선호를 하위 행정 단위의 엘리트와 소통할 수 있도록 해주었으며 국가 전체에 대한 정치적 리더십을 제공해주었다. 그러나 선진화된 정치체제와 비교해 소련의 국가체제는 심각한 결함을 나타냈다. 소련의 국가체제는 관리들이 중앙권력 당국 혹은 일반 시민에게 책임을 지도록 하는 데에는 별로 좋은 성과를 내지 못했다. 소련체제는 관리를 선출하는 데 자기지명(self-nominating) 및 폐쇄적인 절차에 의존함으로써 부패, 정실주의 및 무능과 같은 병리적 현상에 취약했던 것이다. 아마도 소련체제가 지녔던 가장 치명적인 약점은 체제가 경직되고 정체된 나머지 강력하고 뿌리 깊게 박힌 정치적 기득권을 흔들지 않고서는 경제를 현대화시킬 수 없었다는 사실이다. 궁극적으로 소련의 국가체제는 더 나은 성과와 좀 더 높은 국제경쟁력을 갖춰야 한다는 압력에 스스로 적응할 능력을 갖지 못했던 것이다.

3) 결론: 구체제에서의 참여와 충원

구체제하의 엘리트 충원과 국가가 후원하는 대중의 정치 참여 패턴을 검토해보면 세 가지 결론을 도출할 수 있다. 첫째, 시민의 참여가 높다는 것은 볼셰비키 혁명 과정에서 생성되어 줄곧 시민의 공적인 태도와 행위에 대한 포괄적인 통제를 추구했던 정치체제의 동원 본능이 반영되었다는 것을 의미한다. 비록 이러한 참여의 형태가 의례적이고 형식적인 것으로 변모했다고 할지라도 그것은 사회를 통제하려는 소련체제의 거대한 노력을 입증하는 것이었다. 둘째, 그러한 형식적이고 의례적인 것에 그친 참여형태는 공산주의의 붕괴 이후 민주적 체제를 건설하는 데 기초가 될 수 있는 사회적 자본을 만들어내는 데 별로 기여하지 못했다. 대부분의 시민은 의견교환과 소통의 경우 가족, 친구 및 직장동료 등과의 네트워크에, 국가 당국을 상대하는 문제의 경우 거주지 내 공무원과의 직접 대면에 크게 의존했다. 이러한 현상은 앞에서 살펴보았듯이 좀 더 광범위한 시민적 참여에 걸림돌로 작용하는 경향을 나타냈다. 소련 시기에는 민주사회를 촉진하는 기초가 되는 자발적이고 중첩되는 사회조직의 연결망 대신 상호 연결된 국가의 위계조직이 지배적이었다. 그 결과 관리들은 그들의 관할 시민이 아니라 자신의 상관에 봉사하는 행태를 나타냈으며, 정치엘리트와 일반 시민 사이에는 커다란 간격이 존재했다.

마지막으로 이러한 일반화된 경향에 일부 예외적인 현상도 존재했다. 일부 예술 관련 조직, 연구소, 대학 및 기타 기관은 스탈린 사후 오랜 기간에 걸쳐 일반화된 신뢰와 사회적 협력망을 발전시켰다. 고르바초프가 마침내 공적인 소통과 정치적 행동을 자유화시켰을 때 그러한 기관에 속한 지식인은 새로운 형태의 집단행동에 불을 지폈다. 일부 공화국에서 이러한 운동은 공화국의 민족적 독립을 쟁취하는 데 목적을 두었다. 러시아 공화국 내 여러 도시에서 이러한 집단은 민주적 개혁을 위한 정치운동을 선도했으며, 1989년과 1991년 선거에서 경합을 벌인 새로운 민주연합세력 및 정당의 중핵이 되었다. 지식인은 일부 급진적인 지배 엘리트 인사들과의 연합을 통해 민주화를 위한 대중의 압력을 동원했다. 그리하여 그러한 활동은 엘리트 권력과 특권을 종식시키라는 대중의 요구를 좀 더 번영되고 개방적이며 '문명화된' 생활방식에 대한 염원과 연계시켰다. 그러나 이러한 열망은 얼마 가지 않아 체제 전환의 결과에 대한 환멸로 이어지고 말았다.

3. 정치 참여의 성쇠

1) 불만의 동원

루이 16세(Louis XVI) 시기 프랑스의 부분적인 개혁은 대중의 불만에서 비롯된 혁명에 대한 압력을 누그러뜨리는 데 실패했을 뿐 아니라 실제로 혁명을 자극시켰을지도 모른다는 사실에 대한 유명한 논평에서 토크빌은 "나쁜 정부에 가장 위험한 순간은 스스로를 개혁하기 시작할 때다"라고 말했다. 오늘날 권위주의 정권이 선거를 치르거나 반정부 집단을 합법화함으로써 대중의 불만을 누그러뜨리려는 노력을 해왔지만 결과적으로 대중의 급진개혁과 근본적인 변화에 대한 욕구가 그들이 예상했던 것보다 훨씬 강하게 나타난 사례는 얼마든지 있다. 대규모의 대중적 압력에 직면해 지도부가 기꺼이 재야세력에 권력을 평화적으로 양보할 준비가 되어 있다면 민주적 체제 이행이 일어날 수 있다. 그러한 평화적인 체제 이행이 일어나기 위해서는 구체제와 그 지지자들(군부와 보안군 등) 및 대중의 지지를 받는 저항세력 모두 비폭력적인 권력 이양을 약속해야 한다. 동유럽 대부분의 지역에서 체제 이행은 평화적으로 일어났으며, 그 결과 새로운 민주주의 정권이 탄생했다.

소련에서는 동유럽과 같은 완전한 민주화 이행이 일어나지 않았다. 고르바초프의 민주개혁이 가져온 개방에 대응해 대중의 참여와 엘리트의 충원을 위한 새로운 채널이 짧은 시간에 급속도로 널리 생겨났지만 전국적으로 활동하는 조직은 드물었다. 대부분의 신생 조직은 특정 도시 또는 특정 공화국에 집중되어 있었다. 그 가운데 일부는 노골적으로 정치적인 성격을 띠지는 않은 채 록뮤직그룹, 보디빌딩 및 무술클럽, 느슨한 평화주의자연합, 히피집단, 종교적 신비주의 집단, 문화 및 환경보존운동 등의 형태를 띠고 있었다. 그러나 비록 명시적으로 정치적인 목적을 표방하지 않았던 조직도 상당수는 암묵적으로 정치적인 성격을 지니고 있었다. 그들은 이념과 인사에 대한 공산당의 통제에 도전했기 때문이다. 따라서 시간이 지남에 따라 정치적 의견 표출의 기회가 생겨났고, 점점 더 많은 사회집단이 정치세계로 들어갔다. 이렇게 비공식집단이 정치화되는 과정은 소련사회가 민주화 논쟁의 소용돌이에 들어가는 1988~ 1989년에 절정에 도달했다.[36] 다수의 러시아 비공식집단은 옐친과 민주주의의 지지자가 되었다. 그들은 그것이 공산당이 소련사회에 행사하던 어리석은 통제를 패퇴시킬 수 있는 유일한 방법이라고 생각했던 것이다.

여러 공화국에서 1988~1989년에 인민전선(popular front)의 형태를 띤 조직화된 정치활동이 전개되었다. 전형적으로 인민전선은 민족적인 본거지에 대한 더 많은 자치권 획득에 목표를 둔 민주적 성격의 광범위한 대중운동이었다. 또 다른 중요한 자발적인 집단행동의 형태는 파업이었다. 대체로 산업 노동자의 파업은 점차 열악해지는 주거환경 및 근무조건에 대한 불만, 직장과 지역의 자치권 요구, 지배 엘리트의 권력과 특권에 대한 분노 등으로 촉발되었다. 그러나 파업은 1988년 발트 공화국 및 캅카스 산맥 남부지역을 필두로 많은 지역에서 민족적·인종적 저항의 수단이 되었다.[37] 가장 규모가 컸던 노동자의 집단행동으로는 절정기에 30만~40만 명이 참여했던 1989년의 탄광 노동자 파업이 있다. 일반적으로 민족주의는 노동운동보다 더 많은 파업을 이끌어낸다. 1989년 파업이나

---

36) Vladimir Brovkin, "Revolution from Below: Informal Political Associations in Russia, 1988~1989", *Soviet Studies*, 42:2(April 1990), p. 234.

37) Peter Rutland, "Labor Unrest and Movemetns in 1989 and 1990," in A. Hewett and Victor H. Winston(eds.), *Milestones in Glasnost and Perestroika: Politics and People*(Washington, DC: The Brookings Institution, 1991), p. 290.

저항운동으로 손실을 본 작업 일을 계산한 결과에 따르면 경제적인 이유로 촉발된 저항운동보다 민족문제와 연관되어 발생한 사회운동으로 잃은 시간이 훨씬 더 많았다.[38] 갑자기 폭발적으로 생겨난 민족주의 전선, 파업 및 기타 정치운동은 대중의 정치 참여를 위한 수단으로만 머물지 않았다. 이러한 현상은 풀뿌리 수준의 지도자들이 정치에 입문하고 문화 및 과학계 지식인들이 이 부문의 요구를 취합해 전략을 세우는 기회를 제공하기도 했다. 1989년 고르바초프가 제안했던 공개경쟁을 보장하는 선거는 많은 신진 활동가들이 선거정치에 뛰어들게 했으며 엘리트 충원을 위한 새로운 경로를 열어주었다.

고르바초프 집권 후반기 대부분의 대중적 정치 참여에서 관찰되었던 자발적인 성격은 차후 러시아 정치 전개에 커다란 영향을 끼쳤다. 적절한 생활수준의 보장, 관료들의 특권 종식, 민족문화의 자율성 부여, 그리고 기타 광범위한 대중의 불만 해소 등에 대한 요구가 지닌 폭발성 때문에 소련 당국이 대중의 저항운동을 폭력으로 진압하기는 매우 부담스러워졌다. 그러므로 그러한 요구는 파업의 권리에 대한 인정, 야당의 합법화, 궁극적으로 소련의 해체 등과 같은 급진적인 변화를 야기했다. 소련체제는 스스로 통제하고 지도했던 경우를 제외하고 모든 형태의 조직화된 참여를 억압했기 때문에 페레스트로이카 시기 대중의 저항을 전파시켜줄 수 있는 독립적인 결사체는 거의 존재하지 않았다. 중유럽과는 대조적으로 소련사회는 민주적 변화를 요구하는 대중의 압력을 동원하고 관리하는 책임을 수행하는 시민적 결사체의 연결망을 결여하고 있었다. 소련의 경우 1989~1991년에 폭발적으로 터져 나왔던 대중의 반정부 저항운동이

---

38) Elizabeth Teague, "Soviet Workers Find a Voice", *Report on the USSR,* Radio Liberty 302/90, July 13, 1990, pp. 13~17.

1991년 이후 급속도로 위축되었다. 그러나 이 시기의 대중적 참여운동은 두어 가지 지속성 있는 제도적 변화를 가져왔다. 그것은 첫째, 규칙적인 민주적 선거를 확립한 일이며, 둘째, 다수의 정당과 이익집단이 발전할 수 있는 토대를 형성한 것이다. 정치 참여와 정치엘리트 형성과의 관계를 알아보기 전에 다음 절에서 선거를 통한 참여에 대해 논의할 것이다. 그리고 제5장에서는 러시아인의 정치에 대한 태도와 가치에 대해 살펴볼 것이다.

2) 선거를 통한 참여

(1) 옐친과 선거정치

정치 참여로의 대중 동원은 민중주의, 민주주의, 민족주의 등의 다양한 요구를 전달하는 새로운 조직과 새로운 리더십을 창출하는 효과를 발휘했다. 이는 많은 지방에서 옛 공산당 및 정부의 집행부 책임자가 더 이상 그들이 통제할 수 없는 다원화된 환경에 스스로 적응하지 않을 수 없도록 했다. 그들 가운데 일부는 퇴출되었으나 대부분은 자신의 권력을 유지할 수 있었으며 또 다른 부류는 개혁의 선두주자로 떠올랐다. 후자의 대표적인 예는 옐친이었다(〈클로즈업 4-1〉 참조).

☞ 클로즈업 4-1 _ 옐친: 러시아 초대 대통령

옐친은 러시아의 초대 대통령이자 소련으로부터 러시아 공화국의 독립을 이끌어내는 데 주도적인 역할을 한 인물이다. 지도자로서 옐친은 공산주의 시기로부터 포스트공산주의 시기로의 격렬한 변화 과정에서 존재한 모든 모순을 구체화시켰다. 그는 민주주의에 대한 급진적인 행보를 취하는 동시에 자신의 권력을 공고화할 수 있는 부호와 강력한 이익집단과의 기회주의적인 동맹을 맺어 민주주의 투사 이미지로부터 후퇴하기도 했다. 본능적으로 정치 전략이 뛰어났던 옐친은 쉽게 의기소침해지고 폭음을 하고 수동적인 행동을 보이기도 했다. 심각한 심장질환 때문에 대통령 임기 중 상당 기간 건강이 좋지 않았던 그는 정적과 싸울 때에는 엄청난 에너지를 동원했다. 러시아의 체제 이행 기간에 대부분의 획기적인 변화뿐 아니라 치명적인 타협 또한 그가 내린 결정으로 이루어졌다.

옐친은 우랄산맥 인근 산업 중심지에서 공산당 지도자로서의 경력을 쌓았다. 1931년 태어난 그는 1955년 우랄공과대학을 졸업해 토목공학 학사를 취득했으며, 졸업 후 오랫동안 건설 분야에서 일했다. 1976~1985년까지 옐친은 스베르들롭스크 오블라스트 지역공산당 제1서기로 활동했다. 그는 자신의 기준을 충족시키지 못하는 부하에 대해서는 인내하지 못하고 퉁명스럽게 대했지만, 관할지역의 복지 향상을 위해 헌신한 추진력 강하고 오만한 지도자였다.

1986년 초 그는 모스크바 시 공산당 조직의 제1서기가 되었으나, 1987년 11월 고르바초프에 대항하는 발언을 함으로써 그 직책에서 해임되었다. 옐친은 스스로를 공산당 지도부에 의해 희생된 인물로 부각시킴으로써 주목할 만한 정치적 재기를 이루었다. 1989년 실시된 인민대표자회의 선거 때 옐친은 광역 모스크바지구에서 거의 90%의 득표율로 당선되었다. 이듬해 그는 러시아 공화국 의회 선거에서 80%가 넘는 득표율로 당선되었다. 이어 1990년 6월 그는 러시아 공화국 의회 의장으로 선출되었다. 그리고 1991년 마침내 옐친은 57%의 득표율로 러시아 공화국 대통령에 당선되었다. 그리하여 그는 3년 연달아 세 번의 주요 정치적 경쟁에서 모두 승리했다. 1996년 대통령 선거에서 공산당 후보에게 줄곧 뒤지던 옐친은 극적으로 재선에 성공했다.

대외정책 분야에서 러시아가 체첸에서 치른 잔인한 전쟁, NATO 팽창 문제, 보스니아와 코소보에서 미군의 세르비아 공격, 부패한 관리의 IMF 차관과 신용대출 횡령 등과 같은 이슈에 대한 정책상 이견이 점점 더 심각해졌음에도 옐친은 미국과 좋은 관계를 유지하는 것에 매우 높은 비중을 두었다. 옐친은 강대국과의 관계에서 러시아가 서방 국가와 동등한 파트너 자격으로 협력해야 한다는 점을 매우 중요하게 인식했으며, 장래에 러시아 경제가 부활하는 데 서방의 투자와 대서방 무역이 얼마나 중요한지를 잘 알고 있었다. 많은 민간인 희생자를 낸 체첸 반군과의 전투방식과 그것이 초래한 대규모 난민 때문에 옐친 정부는 전 세계적인 비난을 유발했다. 그러나 1996년 평화적인 분쟁 종식의 필요성을 받아들이고 체첸 반군 지도부에 연방군 철수를 제안함으로써 체첸 반군 지도부와 휴전협정을 성사시킨 이도 옐친이었다.*

옐친이 보낸 공직생활의 마지막 몇 해는 꽤 오랜 기간 질병과 그가 지명한 총리의 인준을 둘러싸고 국회와 힘겹게 벌인 줄다리기로 점철되었다. 그의 가족과 그를 둘러싼 측근 그룹 — 흔히 '옐친 패밀리'로 불림 — 은 소수의 강력한 국가관리와 금융재벌의 이익을 대변해 그에게 터무니없이 강력한 영향력을 발휘했다. 이러한 상황하에서 옐친은 퇴임 이후 그의 신변 안전 보장과 그의 정치적 유산을 지켜줄 수 있는 후계자를 물색하는 데 몰두했는데, 1999년 무렵 드디어 그러한 의도에 딱 들어맞는 후계자로 푸틴을 낙점했다. 1999년 국가두마 의원 선거에서 급조한 친크렘린 정당인 단결당(Unity)이 성공을 거두자 옐친은 푸틴에게 대통령 선거에서 유리한 고지를 점령할 수 있는 기회를 주기 위해 임기 만료를 6개월 앞두고 조기 사임하기로 결정했다. 대통령에서 사임한 직후 옐친은 시민의 위치로 돌아갔으며, 그 이후 대중의 시야에서 사라졌다.

옐친은 2007년 4월 23일 심장마비로 사망했다. 모스크바 구세주 성당에서 거행된 그의 장례식에는 러시아와 세계의 저명인사들이 참석했다. 푸틴 대통령은 조사에서 다음과 같이 옐친을 칭송했다.

"본인 스스로 [소련체제의 질곡에서 벗어나] 자유로운 존재가 되어 수백만 명의 사람을 지도하며, 조국을 일깨워 진정한 역사적 변화로 이끌고, 그리하여 세계를 변화시킬 수 있는 재능과 기회는 극소수 몇 명에게만 주어진다. 옐친이 바로 그러한 위업을 달성했다. 그는 조국 인민의 선택과 그 자신의 양심을 외면하지 않았고, 결코 포기하지 않았으며, 그것을 배신하지도 않았다. 그러한 그의 성품은 우리 곁에 머물러 있을 것이다. 그것은 러시아 시민의 열망과 이상 속에, 그리고 우리의 성공과 성취 속에 살아 있을 것이다."

---

* 1990년대 미·러관계에 대한 직접적인 경험에 입각한 설명에 대해서는 다음을 보라. Strobe Talbott, *The Russia Hand*(New York: Random House, 2002). 탤벗은 클린턴 행정부의 러시아 정책 담당 고위 보좌관이었으며, 이 책에서 그는 옐친과의 회동에 대한 흥미 있는 일차적 설명을 제공한다. 옐친에 대한 상세한 전기에 대해서는 Colton, *Yeltsin: A Life*를 보라. 조지 브레슬라워(George Breslauer)는 다음의 책에서 고르바초프와 옐친의 리더십 스타일에 대해 체계적인 비교를 하고 있다. George Breslauer, *Gorbachev and Yeltsin as Leaders*(Cambridge: Cambridge University Press, 2002).

(2) 급진 민주적 포퓰리즘

1989년의 전 연방 인민대표자회의 선거와 1990년의 공화국 및 지방 소비에트 선거는 소련체제의 특징적 현상이라 할 수 있는 강제적 정치 참여에서 경쟁적 선거를 기반으로 하는 새로운 정치로의 전환을 명료하게 보여준다. 고르바초프는 1989년과 1990년의 선거가 글라스노스트로 촉발된 대중의 정치 참여 물결을 타고 소련의 기본적인 정책 노선을 지속적으로 설정해나갈 수 있도록 해주는 한편, 자신에게 대항하는 보수파 정적의 힘을 약화시킬 수 있는 건설적인 수단이 될 것으로 생각했다. 그러나 실제 선거는 대중의 정치운동을 활성화시키고, 수많은 추종자를 거느리는 정치지도자들을 배출함으로써 그가 생각했던 것보다 훨씬 심대한 영향을 끼쳤다. 비록 1989년, 1990년, 1991년의 선거가 대부분 경쟁적인 정당 중심으로 치러지지는 않았으나, 후보들이 서로 경쟁하는 정치적인 이념 — 자유민주주의, 강경 노선의 공산주의, 종족적 민족주의 — 을 중심으로 이합집산을 이루어 정당 간 경합과 유사한 경쟁의 틀이 형성되었다.

1989~1990년에 실시된 선거는 민중주의적 색채가 강하게 배어 있었다. 선거운동은 기득권세력에 반대하는 인물과 그 명분에 초점이 맞춰져 있었다. 많은 경우 이 시기의 선거는 경합하는 정책 프로그램 사이의 선택이 아니라 체제 자체에 대한 국민투표의 성격을 지니고 있었다. 1989년 소련 인민대표자회의 선거는 옛 공산당과 정부엘리트에 대한 대중의 불만을 반영한 선거였는데, 이 선거에서 실제로 예상 밖의 극적인 결과가 나왔다. 수십 명의 공산당과 정부 관리들이 패배한 반면 300~400명에 달하는 자유민주주의자들이 당선되었다. 특히 중앙아시아 지역을 포함한 일부 공화국에서는 터줏대감 노릇을 하던 정치엘리트들이 과거와 비슷한 양상으로 여전히 정치적 통제권을 확고하게 장악할 수 있었다. 1990년 선거에서도 유사한 양상이 연출되었다. 국가관료 출신 후보들은 잘 조직된 반체제운동세력과의 맞대결을 피함으로써 대부분 승리를 거둘 수 있었다. 특히 대도시 지역에서는 새로운 정치운동세력이 공화국 및 지방의회에 민주적인 성향을 지닌 후보들을 당선시키는 데 성공했다.

(3) 민주주의와 '형식적 대의제'의 종언

새롭고 개방적인 선거의 결과는 선출된 의원들의 사회적 구성에서 구체제와는 확연하게 차이가 났다. 첫째, 투표자들은 구 공산주의체제가 내세우던 사회적 '토크니즘' — 옛 공산주의체제하에서 전 사회계층을 대변하는 것처럼 보이도록 하기 위해 다양한 계층, 인종, 연령에서 연방의회 의원을 뽑아 구색을 맞춘 선거 등 선전용으로 명목상 내세우는 특정 정책 — 을 대체로 거부했다. 이러한 현상은 새롭게 선출된 의원 가운데 집단농장 농업노동자, 일반 노동자, 여성의 수가 급감했다는 사실에서 알 수 있다. 둘째, 이러한 초기 선거에서 정당의 역할이 미미했다는 사실이다. 이념적 정체성을 공유하는 광범위한 정치적 연합이 결성되긴 했지만, 그것은 충성도 높은 지지자들을 동원해낼 수 있는 조직에 기반을 두기보다는 비슷한 이념적인 성향에 바탕을 둔 느슨하고 비공식적인 운동과 다름없었다. 1993년 총선 및 1995년 총선에 이르러서야 투표자들은 정당에 대한 실질적인 선택권을 갖게 되었다. 정당은 다양한 투표자 계층의 상이한 이해관계를 국가의 정책결정 과정으로 연결시키기 시작했다. 그러나 그러한 활동은 부분적으로 이루어졌을 뿐 아니라 그 과정 또한 더뎠다. 2000년 무렵에 이르러 통합러시아당이 선거의 모든 측면을 지배하면서 전국적인 경쟁적 정당체계의 형성은 오히려 퇴행했다.

초기 선거에서는 투표자들이 기존의 기득권을 갖고 있던 정치인들을 솎아냄에 따라 지식인, 과학자, 전문직 종사자 등 이른바 '신망 있는' 엘리트들이 새롭게 선출된 공직자의 상당 부분을 차지했다.[39] 후보자의 과거 정치경력은 투표자의 눈에는 자산은커녕 부채로 비춰졌다. 그러나 그 이후의 선거는 1989~1990년에 나타났던 기성 정치질서에 대한 반감이 오히려 부작용을 낳은 사례다. 이는 체제 변화의 결과에 대해 대부분의 시민이 느꼈던 깊은 실망감 때문이었다. '민주주의자'라는 말 자체는 흔히 '이른바'라는 수식어가 붙은 채 냉소적인 명칭으로 전락했다. 1989~1991년에 정치에 입문했던 지식인은 직업 정치인으로 변신했거나 정치판을

39) Gerhard Loewenberg, "The New Political Leadership of Central Europe: The Example of the New Hungarian National Assembly", in Thomas F. Remington (ed.), *Parliaments in Transition: The New Legislative Politics in the Former USSR and Eastern Europe*(Boulder: Westview Press, 1994), pp. 29~53.

떠났다.

초기의 민주주의적 민중주의 물결에 대한 환멸은 선거에서의 투표율 저하로 귀결되었다. 1989년 새롭게 설립된 소련의 전국 인민대표자회의 대의원 선거의 총 투표율은 90%에 이르렀다. 1990년 러시아 공화국 인민대표자회의 대의원 선거의 총 투표율은 76%였다. 그리고 1991년에 실시된 러시아 대통령 선거에서는 74%의 투표율을 기록했다. 1993년 4월 옐친 대통령과 그의 정부에 대한 신임을 묻는 국민투표는 69%의 투표율을 기록했다.

옐친은 강제로 의회를 해산한 후 스스로 대통령 포고령을 통해 제도적 틀을 새로 짤 의회의 총선거를 1993년 말 실시했다. 이때의 투표율은 더욱 하락했다. 투표율 하락을 예상했던 옐친은 의회의 의원을 뽑는 선거에서 각 지역구의 투표율이 25%를 넘을 경우 그 선거결과는 유효하며 가장 많은 득표를 한 후보자가 의원으로 선출되도록 하는 대통령 포고령을 발표했다. 그러나 개헌안에 대한 국민투표를 통과시키기 위해 옐친은 총 투표자의 절반 이상이 투표에 참여하고 투표자의 과반수를 획득할 경우 개헌이 확정되도록 하는 대통령 포고령도 발표했다. 옐친 대통령과 그의 행정부는 개헌안을 통과시키기 위해 많은 노력을 기울였다. 옐친 대통령은 연방정부기관의 지방 책임자에게 50% 이상의 투표율을 달성하고 개헌안에 대한 과반수의 찬성을 확보하는 것에 총력을 기울이도록 압박했다. 마침내 정부는 54.8%의 투표자들이 투표에 참여했고, 그중 58.4%가 찬성표를 던져 개헌안이 통과되었다고 선언했다. 그러나 이러한 공식 통계는 실제 투표율보다 과장되었다. 권위 있는 연구팀의 평가에 따르면 실제 투표율은 약 46% 정도였다. 이 수치는 사실상 개헌안이 부결되었음을 뜻한다.[40] 선거관리위원회의 관리들은 이러한 추산을 강력히 부인하지만[41] 선거 참여율이 급격히 감소하는 경향은 모든 관련 당사자에게 많은 시민

표 4-1 _ 러시아 대통령 및 의회선거의 투표율(공식 집계)

선거		투표율(%)
1991년 대통령 선거		74.7
1993년 국가두마 의원 선거		54.8
1995년 국가두마 의원 선거		64.8
1996년 대통령 선거	1차 투표	69.8
	2차 투표	68.9
1999년 국가두마 의원 선거		60.4
2000년 대통령 선거		68.8
2003년 국가두마 의원 선거		55.7
2004년 대통령 선거		64.4
2007년 국가두마 의원 선거*		63.0
2008년 대통령 선거*		69.8

* 분석가들은 당국이 2007~2008년에 실시된 선거의 투표율 공식집계 수치를 상당히 부풀렸다고 간주한다.

이 투표가 더 이상 의미 있는 노력이 아니라고 간주한다는 경고를 뜻했다. 1990년대에 접어들어 많은 지역 및 지방 선거에서의 투표율은 더욱

---

40) V. Vyzhutovich, "Tsentrizbirkom prevrashchaetsiia v politicheskoe vedomstvo (The Central Electoral Ccmmission is Turning into a Political Agency)"[이를 번역하면 '중앙선거관리위원회는 정치기관으로 변질되다'가 된다], *Izvestiia*, May 4, 1994. 연구자가 내세우는 주장의 타당성을 필자가 평가할 수는 없지만, 1993년 12월 총선에 참가했던 투표자의 수는 1993년 4월 국민투표에 참여했던 수보다 114만 명이나 적었다는 중앙선거관리위원회의 보고는 눈여겨볼 만하다. 이렇게 낮아진 투표율 자체도 물론 다수의 투표자가 선거에 참가했다고 선언하기에는 충분한 수치였다. 그렇지만 4월과 12월 사이에 어떻게 100만 명이 넘는 투표자들이 사라졌는가에 대한 문제는 설명되지 않는다. 더구나 중앙선거관리위원회는 당선자 명부만 발표한 채 선거구별로 나온 선거결과의 세부내역은 공개하기를 거부했다. 따라서 중앙선거관리위원회의 결론에 대한 독립적인 검증은 이루어지지 못했다. 이에 대해서는 다음 문헌을 참조. Vera Tolz and Julia Wishnevsky, "Election Queries Make Russians Doubt Democratic Process", *RFE/RL Research Report*, 3:13(April 1, 1994), p. 3.

41) Iu. Vedeneev and V. I. Lysenko, "Vybory-93: Uroki i al'ternativy", *Nezavisimaia gazeta*, June 28, 1994.

낮아졌다.

그러나 적어도 전국적인 선거에서의 투표율은 1990년대 중반에 접어들어 다시 오르기 시작했다. 아마도 각 정당이 그들의 지도자들을 지지하도록 투표자들을 동원한 결과, 1995년 12월 국가두마 의원 선거의 투표율이 65%를 기록함으로써 1996년 2차에 걸친 대통령 선거의 투표율을 훨씬 상회했다. 〈표 4-1〉은 1991년부터 2008년까지 의회 및 대통령 선거에서의 선거 참여 현황을 보여준다.[42)]

정당이 집중적인 텔레비전 뉴스 — 심각하게 편파적이기도 했던 — 및 광고를 포함한 활발한 선거운동을 펼침으로써 투표자 스스로 그러한 선거가 그들의 이해관계와 매우 밀접하게 연관되어 있음을 이해하도록 하는 데 영향을 끼쳤을 가능성이 있다.[43)] 분명한 것은 투표자들이 민주정치에 아무리 실망했을지라도 그들은 선거 과정에 대한 참여와 조국의 장래 사이에 밀접한 연관이 있다는 것을 알고 있다는 점이다.

투표자와 정당 사이의 연계가 약하다는 사실은 많지는 않지만 의미 있는 비율의 투표자들이 투표용지의 '모두에 다 반대'라는 칸을 선택했거나

---

42) 1993년, 1995년, 1999년의 국가두마 의원 선거는 낮의 길이가 가장 짧고 날씨가 추운 12월에 열렸다는 것을 상기할 필요가 있다. 1991년 러시아 공화국 대통령 선거는 6월 12일에 열렸고, 1차 투표에서 끝이 났다. 1996년 대통령 선거에서는 1차 투표에서 어느 후보도 과반의 득표를 하지 못해 두 번의 투표가 실시되었다. 1차 투표 및 2차 투표는 각각 6월 16일과 7월 3일에 실시되었다. 2000년 대통령 선거 당시 푸틴이 1차 투표에서 압도적인 득표를 했기 때문에 2차 투표를 치를 필요가 없었다. 2000년 대통령 선거는 옐친이 조기 사임함으로써 사임한 이후 3개월 이내에 선거가 실시되어야 하는 규정에 따라 6월이 아니라 3월에 열렸다.

43) 1995년과 1999년의 의회선거에서의 대중매체의 역할에 대해서는 다음을 참조. Sarah Oates, "Vying for Votes on a Crowded Campaign Trail", *Transition*, 2 (1996), pp. 26~29; Sarah Oates, "The 1999 Russian Duma Elections", *Problems of Post-Communism*, 47:3(May/June 2000), pp. 3~14.

표 4-2 _ 러시아 선거에서 '모두에 반대'표와 무효표

(단위: %)

선거		'모두에 반대'의 비율	무효표의 비율
1993년 국가두마 의원 선거		4.36	3.10
1995년 국가두마 의원 선거		2.8	1.9
1996년 대통령 선거	1차 투표	1.5	1.4
	2차 투표	4.8	0.7
1999년 국가두마 의원 선거(정당별)		3.3	1.29
2000년 대통령 선거		1.99	0.94
2003년 국가두마 의원 선거(정당별)		4.77	1.56
2004년 대통령 선거		3.45	0.83
2007년 국가두마 의원 선거		-	1.1
2008년 대통령 선거		-	1.35

'무효표'가 되도록 처리했다는 점이다(〈표 4-2〉 참조). 2006년 여름 러시아 연방정부가 투표용지에서 '모두에 반대'라는 칸을 삭제하는 법률을 채택했다는 사실은 푸틴 정권이 투표자들이 정부에 대한 반대를 표출할 수 있는 기회를 가능한 한 억제하려고 노력했다는 점을 여실히 보여주는 사례라고 할 것이다. 당국은 '모두에 반대'라는 선택지를 폐지함으로써 1980년대 후반 형성되었던 반체제적이고 민중주의적인 투표행태의 마지막 잔재를 제거한 것이다.[44]

(4) 민주적 포퓰리즘의 역효과

1990년대 선거에서의 투표율 저하 외에도 급진 민주주의적 기대에 대한 시민의 환멸을 가져왔던 것은 민주적 후보자와 정당의 부정적인 파급효과였다. 이러한 경향은 옐친의 정적들의 영향력을 강화시켰다. 옐친은

44) 한 여론조사 결과에 따르면 다수의 러시아시민은 '선거에서 모두에 반대'라는 선택지를 폐지하는 것에 반대했으며, 응답자의 30% 이상은 선거 때 이러한 제도를 통해 자신의 의사를 표출한 적이 있다고 한다. *RFE/RL Newsline*, 10:121, July 3, 2006, http://www.rferl.org/newsline/ 참조.

매번 대중에게 지지를 호소하는 능력을 통해 정치적 성공을 일구어냈다. 그는 1996년 대통령에 재선될 당시 공산당이 집권할 것이라는 대중의 공포심에 호소했다. 그러나 1990년대 말 무렵 '민주주의자'라는 용어는 옐친 시기의 갖가지 과도한 행위 — 광범위한 부패 현상, 매사 돈이 개입되는 타락현상(venality), 많은 정치인이 보여준 냉소주의, 정치권과 유착된 재벌에 대한 국유재산의 분배, 공공질서와 도덕성의 약화 등 — 와 연관됨으로써 극심한 불신을 받았다. 민주주의의 약속에 대한 환멸은 대중이 공적인 정치 참여를 기피하고 개인적인 일상생활과 좀 더 직접적으로 연관되는 일에 몰두하는 현상을 초래하는 커다란 원인으로 작용했다.

따라서 1980년대 후반부터 1990년대 후반에 이르는 시기에 러시아에서의 정치 참여는 많은 변화를 겪었던 것이다. 페레스트로이카는 '강요된 참여'라는 기존의 틀을 뒤흔들었다. 이 시기에 이르면 공산주의 이념이 의례적인 수준에서 여전히 찬양되었지만 당국의 허가를 받지 않은 활동이 어느 정도 저류를 형성했고 시민과 국가 사이에 수많은 미시적이고 국지적인(parochial) 접촉이 이루어졌다. 페레스트로이카 초기에 고르바초프의 개혁은 새로운 형태의 정치적 참여라는 거대한 물결이 일어나도록 고무시켰다. 이러한 새로운 정치 참여 활동의 물결은 당대의 민주적 정치지도자들을 권력의 세계로 진입시켰다. 그러한 정치지도자 가운데 일부는 기성 정치권과 거리를 둔 지식인이었으며 다른 부류는 야망 있는 젊은 정치인들로 구성되어 있었다. 옐친과 같은 소수의 지도자들은 처음에는 구체제하의 고위 관리로 출발했다가 나중에 변화의 주도자가 되었다. 그 후 시민은 지방선거와 전국적인 선거에서 투표를 할 수 있는 많은 기회를 가졌지만, 이러한 대중의 정치 참여 물결은 지나가고 수많은 비공식적 조직도 사라졌다. 그러한 변화가 남긴 공백에는 개혁정책이 내건 약속에 대한 대중의 환멸과 선거에서의 투표를 제외한 대중의 정치 참여에 대한 광범위한 포기현상이 자리 잡았다.

그러나 공적인 생활에의 참여가 1980년대 후반과 1990년대 초반의 절정기와 비교해 현저하게 낮기는 하지만 오늘날의 정치 참여는 자발적이라는 특징이 있다. 투표 행위는 여전히 시민이 정당과 후보에 대한 자신의 선호를 표출할 수 있는 기회가 되고, 사회적 결사체에 대한 참여 — 비록 그것이 서구보다는 덜 광범위하게 이루어지긴 하지만 — 는 많은 시민에게 좀 더 광범위한 공동체의 공적 생활에 참여할 기회를 제공해준다. 제6장에서 살펴보겠지만 이러한 참여는 직접적으로 정치적인 성격을 띠기보다는 사회적·문화적 관심사와 연관되어 있는 경향이 더 강하다. 그러나 전국적으로 볼 때 1980년대 및 1990년대에 걸친 사회적 격변으로 국가의 직접적인 통제에서 벗어난 작지만 지속성 강한 시민적 생활(civic life)의 핵심요소가 생겨났다.

그러나 시민적 생활에서 이러한 매우 제한된 범위의 참여는 서구사회와 비교할 때 러시아 민중이 권력 당국으로부터 정치적으로 소외되어 있다는 상당히 오래된 패턴을 답습한다. 이러한 패턴은 대중을 다양한 형태의 국가 지원 활동 경로 내에 몰아넣어 궁극적으로 대중을 정치 과정에서 배제시키려고 한 소련체제의 줄기찬 노력으로 강화되었다. 그런데 그러한 현상은 1980년대 후반 비공식적이고 반체제적인 참여의 폭발 현상에 이어 1990년대에는 그러한 참여의 퇴조로 이어졌다. 정부에 대한 시민의 기대치는 낮았고, 이에 대응하듯 정부의 실적 또한 나빠지면서 이른바 '저수준 균형상태의 덫'을 초래했다. 이러한 상황에서는 좋은 정부에 대한 시민의 수요가 낮고 실제로 정부의 행정 서비스 공급도 열악하다.[45]

---

45) Richard Rose, William Mishler, and Neil Munro, *Russia Transformed: Developing Popular Support for a New Regime*(Cambridge: Cambridge University Press, 2006).

시민이 공적인 활동에서 소외되는 현상은 1991년 이래 러시아에서 발생한 경제적 변화의 결과로 가파르게 증대해온 높은 수준의 소득 및 부의 불평등 현상 때문에 더욱 강화되었다. 많은 러시아인은 신흥 부자들과 시민 간에 생겨난 생활수준의 극적인 차이가 공동체 의식을 약화시켰다고 느낀다.[46] 경제적 자원이 불평등하게 분포되어 있는 대부분의 다른 사회가 그러하듯 정치체제는 그러한 불평등을 완화시키기보다 심화시키는 데 일조하는 경향이 있다.[47] 대부분의 국가에서 볼 수 있듯이 소득과 교육수준이 높은 사람들이 정치에 좀 더 적극적인 경향을 나타낸다.[48] 그러나 투표는 대체로 정치적 결사체에의 가입 또는 정치적 캠페인에의 참여 등과 같은 다른 형태의 참여와는 구별되는 유형을 반영한다. 투표는 다른 형태의 정치활동보다 노력을 많이 하지 않아도 가능하기 때문에 사회에서 상대적으로 빈곤한 계층이나 거동이 불편한 사람들도 쉽게 참여할 수 있는 정치 참여의 유형이다. 따라서 민주주의 사회에서 교육과 소득 수준이 낮은 시민들의 정치 참여 정도는 정당과 이익집단들이 이들을 투표장으로 향할 수 있도록 동원할 수 있는지의 성공 여부에 달려 있다. 경쟁적 정당체계가 갖춰진다면 이는 다른 정치 참여 형태에 편파적인 영향을 끼칠 수 있는 불평등의 효과를 어느 정도 상쇄시킬 수 있다. 그러나 러시아와 같은 권위주의체제에서 선거에의 참여는 부와 권력의 분배에 관한 기

---

46) Marc Morje Howard, *The Weakness of Civil Society in Post-Communist Europe* (Cambridge: Cambridge University Press, 2003), pp. 130~136.

47) Carles Boix, *Democracy and Redistribution*(Cambridge: Cambridge University Press, 2003).

48) Sidney Verba, Norman H. Nie, and Jae-on Kim, *Participation and Political Equality: A Seven-Nation Comparison*(Cambridge, Cambridge University Press, 1978); Samuel H. Barnes and Max Kaase(eds.), *Political Action: Mass Participation in Five Western Democracies*(Beverly Hills, CA: Sage Publications, 1979).

존 패턴을 재생산한다.

4. 엘리트의 적응과 교체

1) 정치적 충원, 기존의 패턴과 새로운 양상

오늘날 엘리트 충원이 어떻게 작동하는가를 이해하기 위해서는 소련체제로 다시 돌아가 살펴보아야 한다. 오늘날 엘리트 구조의 많은 부분이 소련체제하에서 형성된 것이기 때문이다. 고르바초프 이전 정치엘리트 선발 방법은 소비에트 정치체제의 다른 특성과 마찬가지로 공산당이 조심스럽게 통제했다. 중요한 행정적 책임을 수행하거나 대중의 여론과 태도 형성에 영향을 끼칠 수 있는 직책에 대한 충원은 모두 공산당의 승인을 필요로 했다. 소련 시기 리더십 지위에 필요한 인원을 충원하고, 교육하고, 임명하기 위한 체계를 노멘클라투라 시스템이라고 불렀다. 또한 노멘클라투라 명부에 있는 직책에 낙점된 사람은 비공식적으로 '노멘클라투라' 계급으로 불렸다. 많은 소련 시민은 그들을 소련사회의 지배계급이라고 간주했다.

노멘클라투라 계급의 구성원은 일정한 특권 ― 하위직책에 속한 사람은 상대적으로 적은 특권을, 고위직책에 있던 사람은 상대적으로 많은 특권을 누렸다 ― 을 누렸다. 스탈린 사후 대부분의 시기에 그들의 신분은 상대적으로 안정을 보장받았다. 이들은 심각한 무능력이 판명되거나 무거운 비리를 저지른 경우에만 특권적 지위를 완전히 박탈당했다. 다른 기관으로 전근 가는 경우 정치적 승진을 위한 징검다리로 여긴 반면, 노조와 같은 일부 조직은 나이가 많거나 능력이 떨어지는 관리들을 위한 '은퇴자 집합소'로 간주되었다. 예를 들어 많은 관리는 정부의 직책이나 경제적 관리직에 재진입하기 전에 공산당 자체의 상임직책에 근무하면서 이곳저곳의 직책을 두루 섭렵하기도 했다.

비록 그것이 효율적으로 이루어지지는 않았지만 공산당은 하위직 관리들이 그들의 행동에 책임을 지게 하기 위해 노멘클라투라 시스템을 활용했다. 그 효과 가운데 하나는 노멘클라투라 시스템이 '후견-피후견' 관계의 구조를 만들어냈다는 점이다. 지도자들은 부하의 행정적 능력보다도 당내 권력 투쟁 시 그가 자신에게 어느 정도의 충성심을 바칠 것인가에 더 큰 관심을 보이는 경우가 많았다. 인적 연결망은 엘리트 간 응집력과 조정능력을 높이는 데 틀림없이 기여했으며, 따라서 정치적 후원의 관행이 빈번하게 연관되어 있던 부패 현상이 자원을 재분배하고 중앙계획경제가 지닌 경직성을 완화시키는 데 도움을 준 것과 같은 방식으로 정치체제 안정화에 일조했다. 그러나 이러한 융통성은 정치체제 전체가 치르지 않으면 안 되는 매우 큰 대가를 수반했다. 간부의 사적인 이익 추구에 의한 공산당의 정책과 원칙의 침식, 보편적으로 존재했던 그들의 무능과 평범함, 부패 현상에 대한 면책 등은 모두 체제의 기반을 부식시켰다. 결국 브레즈네프 시기의 정치엘리트들은 권력의 철옹성을 쌓은 채 1960년대, 1970년대, 1980년대를 거치면서 점차 고령화됨에 따라 하위 엘리트 집단의 상향적 사회 유동성의 기회는 거의 사라졌다. 권력의 공유 범위를 넓혀가기를 원했던 하위 엘리트 집단의 열망이 좌절된 현상은 소련의 붕괴가 일어난 무시할 수 없는 하나의 원인이 되었던 것이다.[49]

---

49) Boris Golovachev, Larias Kosova, and Liudmila Khakhulina, "'Novaia' rossiiskia elita: starye igroki na novom pole?", *Segodnia*, February 14(1996).

(1) 엘리트 충원 양상의 변화

1980년대와 1990년대에 일어났던 민주화 개혁은 엘리트 충원에서 두 가지 중요한 변화를 야기했다. 첫째, 옛 노멘클라투라 시스템이 사회에 대한 공산당의 통제 시스템의 붕괴와 함께 와해되었다. 둘째, 비록 옛 지배엘리트에 속하는 대부분의 구성원이 새로운 환경에 적응하고 다양한 공직에 계속 머물러 있었다 하더라도 새로운 비공식 조직이 계속 생겨나는 추세, 시민의 직접선거, 기업가정신 등으로 인해 새로운 인물이 엘리트의 지위로 편입되었다. 따라서 현대 러시아 정치엘리트는 원래 노멘클라투라 시스템하에서 충원되어 그 이후에도 계속 고위직에 머물러 있었던 일부 인사들, 선거와 사업 등 새로운 통로를 통해 정치에 입문한 사람들, 점차 더 큰 비중을 차지하는 소련체제 해체 이후 충원되었던 인사들로 구성되었다. 많은 경우 구체제의 엘리트들은 새로운 조건에 성공적으로 적응했으며, 그들의 경험과 인맥을 이용해 스스로 다른 고위직을 획득했다. 일부 공직자들은 지방의회 선거를 통해 또는 개인 기업의 경영 경험을 쌓은 뒤 정치에 입문했다. 일부 인사들은 군부 또는 보안군 조직으로부터 충원되었다. 전체적으로 볼 때 혁명적이고 전면적인 엘리트의 교체보다는 점진적이고 단계적인 구성원의 변화가 일어났다.

1990년대 중반 러시아 여론조사 기관인 레바다센터는 러시아의 정치 및 사회엘리트에 대한 설문조사를 실시한 바 있다.[50] 이 기관은 1988년 당시 고위급 노멘클라투라 직책을 맡은 사람들 가운데 1,000여 명의 표본을 1993년 정계, 과학계, 문화계 및 경제계에서 지도적 위치에 있는 비슷한 숫자의 표본과 비교했다. 그 결과 1993년 표본의 대다수가 1988년 노멘클라투라 지위에 있던 사람들 또는 예비 노멘클라투라 그룹 ― 중요한

50) 같은 글.

기관의 수장이 아닌 2인자 — 에 있던 사람인 것으로 나타났다. 엘리트 지위에 오른 사람 가운데 행정경험이 전혀 없었던 사람들의 비중은 16%에 불과했다. 이와 유사하게 옛 노멘클라투라 계급 출신 가운데 57%는 국가 또는 경제계의 행정직에 계속 머무를 수 있었다. 또한 18%는 최고위직은 아니지만 상대적으로 높은 직책을 차지하고 있었다. 엘리트 그룹에 잔류할 수 없었던 사람들의 대부분은 60세 이상의 고령자였다. 분명한 것은 옛 엘리트들은 여전히 권력과 영향력을 가진 직책을 유지할 수 있었다는 사실이다.

민주화 개혁을 통해 교체된 엘리트의 비율보다 적응을 통해 살아남은 옛 엘리트의 비율이 더 높았다. 놀랍게도 대부분의 소련 시기 엘리트들은 퇴출되지 않았다. 바로 이 점이 러시아에서 공산주의로부터의 평화적인 이행이 가능했던 이유다.[51] 소련의 붕괴 당시 리더십과 행정적 경험이 있는 대부분의 인사를 포함한 옛 노멘클라투라 계급이 1991년 이후 정치적·관료적 공직자들을 선출하는 주요 풀(Pool)이 될 수밖에 없었던 점은 너무나 명백하다.

정치세계의 다른 분야와 마찬가지로 이전의 노멘클라투라 시스템 요소를 포함한 소련 시기 엘리트 충원의 제도적 장치도 체제 변화 이후 복구되었다. 공산주의체제하에서 공산당은 미래의 정치지도자들을 훈련시키기 위한 학교를 운영했는데, 그곳에서는 유망한 관리들에게 관리능력에 대한 교육과 정치적 세뇌교육이 실시되었다. 오늘날 대부분의 그러한 학교들은 대통령 행정실의 감독하에 공무원을 양성하는 기능을 수행한다. 푸틴은 유능하고 정치적으로도 믿을 만한 간부가 국가관료 직책뿐 아

---

51) Olga V. Kryshtanovskaia, "Has-Beens: Trends of Downward Mobility of the Russian Elite", *Russian Social Science Review*, 46:2(2005), pp. 4~51.

니라 주요 기업의 관리직을 맡을 수 있도록 하기 위해 '간부 예비군'을 발굴하고, 교육하고, 승진시키는 시스템을 출범시켰다.[52]

메드베데프는 또한 '간부 예비군' 시스템 설립을 자신의 행정부가 수행할 사업의 우선순위에 두었다. 메드베데프는 좋은 자질을 갖춘 간부가 부족한 것이 문제라고 언급했다. 그는 2008년 7월 텔레비전 연설에서 "매번 우리는 지방의 고위직에 충원할 인사들을 발굴하는 데 애를 먹는다"라고 말했다. 그는 "공직에 인력을 배치하는 결정은 종종 개인적 충성심의 원칙에 따라 이루어지거나 심지어 더욱 곤란한 경우는 돈 거래를 통해 관직을 매매하는 등 비공식적인 친분관계를 통해 이루어진다"라고 실토했다.[53] 메드베데프는 가장 우수한 자질을 갖춘 인력을 '대통령 예비후보'로 편성하는 것을 포함해 유능한 전문가들을 수록한 데이터베이스를 만들도록 지시했다. 그 이후 크렘린은 특수 훈련을 받고 경력 상담을 받게 될 1,000명의 인사('황금의 1,000명')로 구성된 '간부 예비군'을 편성해 정기적으로 발표해왔다. 메드베데프는 지역의 주지사들로 하여금 젊고 유망한 관리들로 구성된 '간부 예비군'을 편성하도록 촉구했다. 그러나 분석가들은 이러한 노력이 아직까지 전통적이고 개인적인 공직자 충원 방식의 변화를 이끌어내지는 못했다고 본다. 그러한 시도는 소련 시기 노멘클라투라 시스템의 요소를 차용해 관료 충원에서 능력주의 시스템을 구축하려는 대통령의 의지를 반영하지만 공직자를 충원하고 승진시키는 현행 절차를 대체할 실질적인 노력은 없었다.

---

52) Eugene Huskey, "Nomenklatura Lite?: The Cadres Reserve (Kadrovyi rezerv) in Russian Public Administration", *NCEER Working Paper*, October 24, 2003, Washington, D.C., National Council for Eurasian and East European Research.

53) 2008년 7월 24일 열린 한 회의에서 인용함[이타르타스(ITAR-TASS) 번역, 세계 뉴스망(World New Connection), 문서번호: 200807241477.1_0542018c80932b33].

따라서 소련 시기와 오늘날의 엘리트 충원방식에는 어느 정도 차이가 있다. 소련 시기에는 노멘클라투라 시스템을 통해 정부, 교육, 과학, 문화, 경제 관리, 사법부, 법집행기관, 미디어 등 삶의 모든 영역에서 권력부서나 책임 있는 직책에 대한 임명을 공산당이 확고하게 통제했다. 따라서 모든 관리는 상이한 직군으로 구성되지만 결국 단일한 정치엘리트를 이루도록 되어 있으며, 그들이 차지한 직책은 궁극적으로 공산당에 대한 정치적 충성과 유용성에 기반을 두었다. 그러나 오늘날에는 포스트소비에트 사회가 상당한 정도로 다원주의화되었음을 반영하는 다면적인 엘리트(정치, 경제, 과학, 문화 엘리트 등)가 존재한다. 둘째, 오늘날의 정치엘리트 충원에는 더 많은 채널이 존재한다. 이들 가운데 다수는 연방 및 지역의 행정기관 출신이다. 특히 푸틴은 자신의 행정부 요직에 경찰(정규 경찰뿐 아니라 정보기관 포함)과 군부 출신을 대거 기용했다.[54] 그러나 다른 저명한 정치인들은 지방선거 또는 전국적인 선거를 통해서나 성공적인 기업을 일구어 출세의 사다리를 올라갔다. 그러나 전체적으로 오늘날에는 1990년대보다 엘리트의 인적 교체가 훨씬 적다고 볼 수 있다.[55] 정당 사이의 계속적인 경쟁과 능력주의 위주의 공무원 충원방식 등이 결여된 상태에서 포스트소비에트 시기에 형성된 새로운 정치엘리트가 아성을 쌓으면서 소련체제가 한창일 때와 같이 후견-피후견식의 연줄이 활개를 쳤다.

소련체제가 붕괴된 이래 가장 주목할 만한 변화 가운데 하나는 새로운 비즈니스 계급의 형성이다. 확실한 것은 이들 가운데 다수가 소련의 노멘클라투라 출신이라는 것이다. 옛 관료들은 그들의 정치적 인맥을 이용해

---

54) Olga Kryshtanovskaya and Stephen White, "Putin's Militocracy", *Post-Soviet Affairs*, 19:4(2003), pp. 289~306.

55) Kryshtanovskaia, "Hans-Beens", pp. 47~50.

돈을 벌 수 있는 방법을 찾아냈다. 이미 1988년과 1989년에 공산청년동맹인 콤소몰(Komsomol)의 관리들은 조직의 자산을 현금화할 수 있는 가능성을 인식했으며 비디오방, 은행, 디스코클럽, 여행사, 출판사 등 사업성이 있어 보이는 조직의 자산을 매각하기 시작했다.[56] 그들은 내부 접촉, 사업 인허가 취득, 사무실 공간, 인맥을 통해 손쉽게 배타적인 계약을 따내는 특권 등을 통해 이득을 보았다.

그러나 새로운 비즈니스를 시작한 사람들 가운데 다수의 다른 부류는 국가기관 외의 다른 통로를 통해 출세의 길을 밟았다. 1980년대 후반 합법적인 또는 준합법적인 상업 활동의 기회가 열려 사실상 많은 사람이 새로운 비즈니스를 시작했다. 1세대 새로운 비즈니스 엘리트 가운데 압도적으로 높은 비율을 차지한 사람들은 대학과 연구소 근무 경력이 있던 젊은 과학자나 수학자 출신이었다.[57] 새로운 상업 부문이 빠른 속도로 성장했다. 1992년 말 무렵 등록된 사기업은 약 1만 개를 헤아렸는데, 약 1,600만 명의 근로자들이 이들 사기업에서 일하고 있었다.[58] 그러나 그 이후 사기업의 증가는 거의 이루어지지 않았다.

경제엘리트 가운데 상당수는 고위직 국가관료, 국회의원과 친밀한 관계를 유지하거나 공모관계를 형성하는 경우도 많았다. 정치지도자들과 경제엘리트 사이에 상호의존의 밀접한 관계가 형성되어 이러한 패턴이 지방과 연방주체 수준에서도 분명하게 드러났다. 기업은 인가증, 허가증, 계약, 세금 감면, 기타 정부로부터의 혜택을 필요로 하는 반면, 정치인은 선거운동 기부금, 정치적 지지, 유리한 언론 보도, 기타 기업이 제공할 수

---

56) Steven L. Solnick, *Stealing the State: Control and Collapse in Soviet Institutions* (Cambridge, MA: Harvard University Press, 1998), pp. 112~124.

57) I. M. Bunin, *Biznesmeny Rossii: 40 istorii uspekha*(Moscow: OKO, 1994), p. 386.

58) 같은 책, p. 366.

있는 혜택을 원한다. 1990년대에는 많은 경제 엘리트와 정치지도자 사이에 형성되어 있던 밀접하고 공모적인 내부자적 관계라는 분위기가 광범위한 부패 현상과 올리가르히의 성장으로 이어졌다. 그러다가 푸틴 시기에 접어들어 국가가 대기업에 대한 지배력을 다시 회복했다. 이제 대기업은 계속 성공을 거두기 위해 국가의 정치적 배려에 의존한다. 옐친 시기에는 기업이 그들의 이권을 위해 — 예컨대 약탈 국가나 자의적인 정책으로부터 스스로를 보호하는 등 — 국가권력을 '포획'하는 일이 잦았다. 다른 경우를 보면 기업에 대한 특권적 대우로부터 생기는 이권을 나누기 위해 정치인과 경제엘리트가 '공모'했다.[59] 그러나 푸틴이 집권한 이후부터 최상층부 경제엘리트들은 국가를 상대하는 데 더 이상 우위에 설 수 없게 되었으며, 오히려 점차 국가에 대해 종속적인 역할을 받아들이지 않을 수 없었다.[60] 예컨대, 푸틴은 다수의 측근을 러시아 최대 기업의 최고 경영진 자리에 임명했다.[61] 러시아 당국은 [이러한 측근을 국영기업에 배치함으

---

59) Joel S. Hellman, Geraint Jones, and Daniel Kaufmann, "*Seize the State, Seize the Day": State Capture, Corruption, and Influence in Transition*(Washington, DC: World Bank Injstitute, 2000).

60) Harley Balzer, "Managed Pluralism: Vladimir Putin's Emerging Regime", *Post-Soviet Affairs*, 19:3(2003), pp. 189~227.

61) 몇몇 예를 들어보자. 메드베데프는 대통령이 되기 전에 제1부총리직을 맡으면서 동시에 러시아의 가스독점회사인 가스프롬의 이사회 의장직을 겸직했다. 푸틴 대통령 밑에서 대통령 행정실 부실장을 역임하고 현재 푸틴 총리 밑에서 부총리를 맡고 있는 이고르 세친(Igor Sechin)은 국영 석유회사인 로스네프트의 이사회 의장직을 맡고 있다. 대통령 수석 정치전략가이면서 대통령 행정실 부실장을 맡고 있는 블라디슬라프 수르코프(Vladislav Surkov)는 송유관 장비를 생산하는 트란스네프테프로둑트사의 이사회 의장 자리를 차지했다. 푸틴 총리 밑에서 제1부총리 자리를 맡았던 이고르 슈발로프(Igor Shuvalov)는 국영철도 독점기업 이사회의 이사직을 겸하고 있다. 이들 관리 가운데 다수는 정보, 보안 관련 업무를 맡았던 경력이 있다. Marshall I. Goldman, *Petrostate: Putin, Power, and the New Russia*(New

로써] 이들의 국가에 대한 충성도와 국영기업의 감독, 관리 간 이해관계의 충돌로 야기되는 문제를 대수롭지 않게 여기지만 실상은 그와 정반대다. 즉, 그들은 기업의 활동에서 국가 이익을 보호하기 위해 신뢰할 만한 고위 국가 공직자들이 필요하다고 본다. 더구나 올리가르히의 권력을 억압하기는커녕 푸틴은 자신이나 측근과 가까운 다수의 재벌의 활동을 장려했다. 그러나 1990년대와 달리 오늘날의 재벌은 정부 당국과 충돌을 피하기 위해 노력한다.

메드베데프 대통령은 공공연하게 공직자들이 자신의 사적·물질적 이익보다 공적인 이익을 앞세워야 한다고 주장해왔다. 그는 공직자들이 국가의 녹을 먹는 동안 사적인 부문에서 직책을 갖는 것을 금지해야 한다고 주장해왔다. 메드베데프는 또한 정부의 관리를 지냈던 사람이 공직을 그만둔 지 2년 이내에 자신이 맡고 있던 직무와 연관이 있는 업무를 담당하는 기업의 직책을 맡을 수 없도록 했다. 이러한 조치를 실행하는 일은 쉽지 않겠지만 그러한 규범을 설정하는 것 자체가 정부-기업 사이의 유착을 없애려는 노력의 한 단계다. 이러한 조치들이 단순한 립서비스 이상이라는 것을 확고히 하기 위해서는 엄청난 집행 노력이 필요하다. 지금까지는 메드베데프 정부의 그러한 조치가 실제로 부패를 감소시켰다거나 국가 행정의 질을 향상시켰다는 증거는 별로 없다.

다른 측면에서는 구체제의 요소가 부활했지만 정치체제의 다른 분야와 마찬가지로 공산주의의 붕괴 이후 엘리트의 충원 부분에서도 부분적으로 상당한 변화가 일어났다. 정치적으로 충직한 간부를 양성하기 위한 광범위한 구체제가 종식되면서 1990년대의 엘리트 충원패턴에서 주요한 변화가 일어난 것은 확실하다. 정부와 기업 사이에 상당한 편차가 있기는

York: Oxford University Press, 2008), p. 193 참조.

하지만 오늘날의 정치엘리트들은 그 기원에서 다양성을 보인다. 국가와 사회의 모든 영역에 보낼 엘리트를 선발하는 과정을 통제할 단일 통합시스템은 더 이상 존재하지 않지만, 오늘날의 러시아 정치체제는 행정부가 국가 보직을 위한 엘리트 충원 과정에 대한 통제권을 재확립하려고 한다. 이러한 노력이 있었음에도 후견-피후견 네트워크, 편협한 관료적 이기주의, 부패 현상 등의 전통적 관행이 만연하다. 정당 간 경쟁이 억압되고 사회 구성원의 정치세계 동원을 억제하는 관행 등이 존재한다는 것은 정당과 이익집단으로부터의 정치엘리트 충원이 거의 이루어지지 않았음을 의미한다.

(2) 요약

이 장에서 우리는 1980년대 말과 1990년대 초 일어난 정치적인 동원의 물결 — 그 가운데 상당 부분은 급진 민주주의적·민중주의적·민족주의적인 목적으로 추동되었음 — 이후 오늘날의 러시아를 특징짓는 정치적 무관심이라는 패턴이 존재하고 있음을 살펴보았다. 그러한 정치 참여의 물결은 썰물처럼 빠져나가고 그 공백에는 정부에 대한 불신과 광범위한 환멸이 자리 잡았다. 동시에 설문조사를 통해 일관되게 확인한 사실은 러시아인은 투표할(또는 투표하지 않을) 자유, 종교의 자유, 정치체제를 비판할 자유 등을 포함해 민주적 자유의 가치를 높게 평가한다는 것이다. 전국 규모의 선거에서의 투표율은 비교적 높은 편이나 여타 영역에서의 공적인 활동은 저조한 편이다.

또한 비록 소련체제가 내세웠던 공적인 활동에서의 대중 참여의 모습 — 적어도 표면적으로는 — 과는 매우 다르게 보이지만 현재 시민이 국가로부터 느끼는 소외감은 일부 분석가들이 '이중적 러시아'의 이미지라고 부르는 옛 러시아의 정치활동 모델을 닮아 있음을 고찰했다. 소련 시기에는 모든 시민이 노조에 가입되어 있었고 청년활동 참여가 보편적인 현상이었으며, 투표율이 매우 높았던 관행은 의회 의원을 선출하는 비경쟁적인 선거에서 거의 모든 시민을 투표소로 향하게 만들었다. 또한 약 200만 명의 소련 시민이 각급 의회의 비상임직 의원으로 활동했으며, 국가가 이끌던 대규모 공공단체의 회원 규모는 어마어마했다.

그러나 소련 시기 실제 정치 참여의 정도는 제시된 공식 수치보다 훨씬 낮았으며, 공공단체는 좋은 정부를 제공할 부담을 짊어지는 데 시민이 협력할 수 있도록 도와주는 풍부하고 유용한 사회적 자본을 형성하지 못했다. 오늘날 러시아에서의 정치 참여는 자발적으로 이루어진다. 그러나 러시아 시민의 공적 활동 또는 직접적인 정치 활동에 대한 참여는 매우 저조해서 서구사회에 비해 사회적 자본이 낮은 편이다. 표현과 결사의 권리 같은 정치적 권리는 공공재를 창출하기 위한 시민 간 협력 관행과 결합되지 못했다. 사회 내의 소득과 부의 심각한 불평등은 공공 기관에 대한 불신과 그에 대한 소외감을 더욱 강화시킨다. 그러나 제6장에서 살펴보겠지만 자율적인 시민 참여의 형태는 소련 시기보다 더 다양하다.

그리고 엘리트의 충원 패턴 역시 구체제와 비교해 일부 상이한 점과 더불어 연속성도 보여준다. 소련 시기에 공산당은 공직자를 선발하고, 훈련시키고, 임명하는 일련의 과정을 엄격하게 규제했다. 그러한 과정에서 공산당은 정치엘리트들이 당에 충성을 다하고 종속되도록 하기 위해 노멘클라투라 시스템을 이용했다. 책임 있는 관리들이 국가 또는 사회의 어떠한 영역에서 활동하든지간에 그들의 직책과 미래의 경력은 오직 공산당의 호의에 달려 있었다. 노멘클라투라 시스템으로 선발된 관리들은 공산당, 청년동맹, 노조 등과 같은 대중조직의 위계 구조를 통해 등장했다. 따라서 대중의 참여에 대한 공산당의 통제가 붕괴되었다는 것은 오늘날 엘리트의 출신 배경이 훨씬 다양해졌다는 것을 의미한다. 어떤 엘리트들은 선거를 통해 정치에 입문하고, 일부는 기업 경영의 경력이 있고, 또 다른 일부는 군부 또는 보안 및 정보기관에서 일한 배경이 있다. 엘리트 가운데 가장 많은 비중을 차지하는 사람들은 국가관료조직의 위계 구조에서 일한 이들이다. 당국은 최고위 공직자를 임명하는 데 능력주의에 기반을 둔 충원시스템을 확립하기 위해 일정한 노력을 기울였으나 그러한 노력은 아직까지 정치엘리트의 특징에 어떠한 가시적인 영향도 주지 못했다.

제5장

정치문화와 여론

현대 러시아의 정치문화는 여러 영향의 산물인데, 일부는 러시아 국가성의 유구하고 파란만장한 역사를 통해 축적된 것이고, 다른 일부는 소련 체제가 종식된 이래 정치적·경제적 제도의 변화를 반영하는 것이다. 민중의 가치와 신념은 전쟁, 혁명, 체제변동으로 형성되고 거듭 재형성되어 왔다. 러시아는 국가정체성 자체 — 국민국가(nation-state), 제국, 공산주의 공화국, 십자군 국가 또는 민주주의 중 무엇을 러시아의 정체성으로 선택해야 하는지 — 에 관해 치열한 경쟁을 벌여왔고, 이제 문제 해결의 가닥을 잡기 시작했다. 많은 러시아 시민은 자신의 조국이 국가제도와 목적을 규정할 수 있는 국가이념을 필요로 한다고 믿는다. 그러한 제도와 국가목적의 기반을 일부는 아직도 공산주의에서 찾고 일부는 러시아 정교의 전통에서 찾는다. 오늘날 러시아 지도자들은 새로운 지도적 이념을 공표하려고 노력하지는 않았지만 마르크스-레닌주의의 이데올로기를 애국주의와 국가에 대한 긍지로 대체하려는 시도를 해왔다.[1] 러시아인은 그들이 접촉해왔던 완전히 서구적이지도, 아시아적이지도 않은 이웃 문명의 여러 요소를 부단히 흡수함으로써 형성된 문화적 전통에 속한다는 것을 깊이 인식하고 있다.[2) 메드베데프 대통령은 러시아가 유럽문명의 일부이지만 유럽적 가치와 제도들을 오로지 러시아식으로 발전시켜야 한다는 점을 반복적으로 주장했다.

역사적으로 러시아의 정치문화는 네 가지 요소로 형성되어왔다. 첫째, 러시아의 지리적인 위치, 기후, 영토의 광대함이다. 둘째, 전제적이고 가부장적인 통치의 전통이다. 셋째, 정교회 기독교의 전통이다. 넷째, 간헐적으로 반복되어온 국가 주도의 근대화 노력이다. 정치 공동체로서의 러

---

1) 러시아의 대중매체에서 노출되고 있는 비도덕성 만연 현상에 불만을 제기하는 대학 교수들에게 연설하는 자리에서 푸틴 총리는 국가는 더 이상 소련 시기처럼 언론 매체에 명령을 내릴 수 없다고 말했다. 그 대신 푸틴은 마치 제정러시아 시기의 러시아 정교나 소련 시기의 공산주의와 유사하게 이제는 애국주의 ― '좋은 의미에서' ― 가 국민 통합을 위한 보편적인 원칙이 되어야 한다고 말했다. 그는 "국민은 애국주의를 평가절하하는 습성이 있으며, 애국주의 자체가 탈이념화되고 특수한 의미를 갖고 있음을 이해하지 못한다. 애국주의는 사회 구성원에게 지혜롭게 잘 의식화되어야 한다"라고 덧붙였다. 이에 대한 자세한 설명은 다음을 참고하라. Alexandra Samarina, "Goszakaz na patriotov", *Nezavisimaia gazeta*, October 8, 2008.

2) 러시아 국가정체성의 역사에 대해서는 광범위한 문헌이 존재한다. 최근에 발표된 저작에 대해서는 다음을 참고하라. Marlene Laruelle, *In the Name of the Nation: Nationalism and Politics in Contemporary Russia*(New York: Palgrave Macmillan, 2009). 국가정체성에 대한 사조의 한 흐름은 러시아가 유럽과 아시아의 교차지역에 위치한다는 사실을 강조하는데, 그러한 교차점에서는 유럽과 아시아 문명 및 민족이 혼합되는 양상을 나타낸다는 것이다. 이 부류에 속하는 분석가들은 러시아의 이러한 '유라시아적' 특성은 정치 및 사회제도에 영향을 끼친다고 주장한다. 자세한 내용은 다음을 참조. Mark Bassin, "Russia Between Europe and Asia: The Ideological Construction of Geographical Space", *Slavic Review*, 50:1(1991), pp. 1~17; Marlene Laruelle, *Russian Eurasianism: An Ideology of Empire*(Washington, DC; Baltimore, MD: Woodrow Wilson Center; Johns Hopkins University Press, 2008).

시아 발전의 이러한 요소는 민중의 가치와 신념뿐 아니라 통치자와 피치자 사이의 상호 기대에도 영향을 끼쳤다.

러시아 국가는 17세기 말 무렵 모스크바 공국 간 통합 및 집권화와 남부 및 동부로의 영역 확장을 통해 영토 개념으로 세계 최대 국가가 되었다. 방어와 영토팽창을 위한 전쟁은 국가와 인민의 관계를 형성하는 방식에 강력한 영향을 끼쳤다. 빈약한 생산 경제 자원과 작은 인구 규모에 비해 너무나 광대한 영토를 통치해야 하는 과제는 국가가 동원할 수 있는 자원과 실제로 필요로 하는 물질적 기반 사이에 항상 긴장관계를 초래했다. 그 결과 역사적으로 국가는 민중으로부터 인적자원과 물질적인 자원을 수취해내는 능력을 창출해야 하는 과제를 수행하기 위한 목적에 맞게 조직되었다.[3]

러시아의 발전에서 눈에 띄는 특징은 특정 지역에서 주민의 정착 패턴이 다른 사회보다 월등히 계획적으로 진행되었다는 점이다. 러시아와 소련의 지도자들은 영토 확장을 통해 새로운 토지를 획득하고, 이를 기존 영토로 흡수시키며, 러시아 국경을 좀 더 안전하게 유지하고, 엄청난 천연자원 자산을 활용하고자 노력했다. 이에 따라 이들은 석탄, 석유, 천연가스, 금, 다이아몬드, 수력자원 등과 같은 천연자원을 활용하고, 영토 경계선을 방어하기 위해 외지고 거주하기 어려운 변방지역에 대도시를 건설하기도 했다. 앨런 린치(Allen Lynch)의 말처럼 지리적 특성 때문에 러시아는 세계의 다른 국가와 비교해 안보 비용과 생산 비용이 매우 높은 나라일 수밖에 없다. 소련 시기에는 국가가 행정적으로 가격을 책정하고, 계획 메커니즘을 통해 모든 자원을 분배했기 때문에 당시의 지도자들은

---

3) Allen C. Lynch, *How Russia Is Not Ruled: Reflections on Russian Political Development*(Cambridge: Cambridge University Press, 2005).

그러한 비용이 문제가 되지 않는 것처럼 행동했다. 비용이 문제인 것은 물론이고, 궁극적으로 체제를 유지하는 엄청난 비용은 체제의 능력을 초과했다. 오늘날 러시아는 과거의 실패한 사회주의 실험의 유산을 극복하고 국제경제로 스스로를 통합해나가야 하는 만큼 국방과 사회발전에 지리적인 환경이 끼치는 비용을 더 이상 무시할 수 없는 입장이다.[4] 그러나 국가가 물려받은 인적자원, 군사 부문, 경제적 자산에 쏟아부은 막대한 투자 때문에 러시아에서는 다른 경제권과 비교해 경제적인 자원을 재분배하는 데 국가가 훨씬 더 큰 역할을 할 수밖에 없다.[5]

지배에 관한 전제적이고 가산제(家産制)적인 정치적 유산도 중요하다. 유럽의 국가들에 비해 러시아의 국가는 더 절대주의적이었고 집권화되었으며, 그 사회는 자기표현과 사회조직을 위한 독립적인 자원 측면에서 상대적으로 취약했다. 러시아는 계몽주의시대를 겪지 않았다. 시민적 권리와 인권의 원칙은 서구사회에 널리 확산된 지 한참 지나서야 러시아의 지식인 문화에 스며들었다. 20세기의 문턱에 들어설 무렵 러시아 인구의 80%는 문맹 농민이었다. 서유럽에 비해 러시아의 도시 유산자(有産者) 집단의 성장은 제한적이었으며 그 속도도 더뎠다. 19세기 무렵 러시아인 가운데 자유민주주의 이념을 추종하는 사람들은 극소수였다. 특히 노동자와 농민 사이에 혁명적 사회주의를 지향하는 급진적 이념이 널리 퍼져 있

---

4) 이 주제에 대한 통찰력 있는 분석은 다음을 참조. Fiona Hill and Clifford Gaddy, *The Siberian Curse: How Communist Planners Left Russian Out in the Cold*(Washington, DC: Brookings Institution Press, 2003). 저자들은 특히 러시아의 추운 기후 요소를 강조하지만 러시아처럼 광대한 국가의 경제발전을 위한 적합한 모델을 모색하는 데 전반적인 문제는 다차원적인 도전이라는 점을 지적한다.

5) Allen C. Lynch, *How Russia Is Not Ruled: Reflections on Russian Political Development*(Cambridge: Cambridge University Press, 2005), pp. 236~238.

었다. 국가의 전복에 초점을 두는 혁명적 이념의 대두는 '이중적 러시아'의 오랜 전통을 반영했다. 수많은 러시아인에게 국가란 젊은이들을 군대에 징집하고, 농노제도를 강요하고, 지배층 멋대로 법을 집행하도록 만들고, 정치적 반대자들을 유배지에 보내거나 강제노동을 시키는 등 이질적이고 강압적으로 참견하는 존재였다. 수세기에 걸쳐 차르는 국가의 권력과 영광에 대한 열망의 상징으로 존재했다. 차리즘(tsarism)은 또한 러시아 정치문화에 스며들어 있던 가산제적 통치패턴의 핵심을 보여주었다. 가산제하에서 통치자는 그의 통치 영역을 주권과 이익을 갖춘 공동체라기보다 사유재산으로 간주한다. 가산제적 통치자는 피치자를 책임져야 하는 대상으로 보기보다 마치 지주가 자신의 토지를 취급하듯이 대한다. 다시 말해 지주는 경우에 따라 자신의 토지를 개발하기도 하고 방치하기도 하지만, 결코 그것을 스스로 독립적인 권리를 향유하는 존재로 보거나 자신의 통제권 밖에 있는 존재로 간주하지 않는다는 것이다. 어떤 차르는 국가의 힘을 팽창시키려고 했고 다른 차르는 통치를 합리화하려고 했지만 20세기에 접어들기까지는 아무도 헌법을 도입하려고 하지 않았다. 관료제는 비밀스럽게 운영되었고, 부패로 둘러싸여 있었으며, 변화를 거부했다. 제정러시아 시기와 소련 시기에는 인민이 뽑은 대표자들이나 사법부의 통제권을 행사하는 제도가 없었다. 제정러시아 시기에 국가관료는 인민이 아니라 자신의 상급자, 궁극적으로 차르에게 책임을 져야 했다.

그 대신 차르는 오직 신에게만 복종하는 존재로 간주되었다. 귀족, 평민 할 것 없이 인민은 차르의 절대적인 권력에 복종해야 했다. 상이한 계급과 신분에 속하는 모든 인민은 국가에 대한 봉사의무에 똑같이 얽매여 있었기 때문에 차르는 모든 인민으로부터 등거리를 유지하려고 애썼다. 러시아 제국 역사의 마지막 시점에 이르기까지 국가 외부에 존재하는 공공 영역이나 민족이라는 개념은 아예 존재하지 않았다. 강력한 국가는 강력한 시민사회를 전제로 한다는 관념은 1980년대 말과 1990년대 이전까지는 러시아 정치문화에서 찾아보기 어려웠다. 1905년 혁명 이후 차르가 마침내 헌법을 제정했을 때조차도 러시아 국가는 입헌군주제로 발전하지 못했다. 얼마 지나지 않아 거대한 군 병력을 동원하고 유지할 수 있는 러시아의 능력에 극복할 수 없는 부담을 안겨준 제1차 세계대전은 1917년 일어난 두 차례의 혁명을 통해 차리즘을 파탄시켰다. 먼저, 차르는 퇴위하고 단명으로 끝날 임시정부로 대체되었다. 6개월 뒤 임시정부는 10월 혁명에서 볼셰비키에 의해 밀려났다.

오늘날에도 가산제와 절대주의의 유산은 시민단체가 조직에 필요한 많은 자원 — 사무실 공간, 통신 인프라 및 언론 등 대중에 대한 접근 수단 등 — 을 국가에 의존하는 패턴에 여전히 반영되어 있다. 심지어 러시아 사회에서 가장 효과적으로 조직되어 있는 대기업조차도 국가의 후원을 벗어나서는 운영이 불가능하다. 노동집단, 전문직, 대중매체, 종교집단도 모두 국가에 조직상의 지원을 기대한다. 비록 러시아 국가가 늘 사회로부터 여러 가지 방법을 통해 권력을 찬탈하는 존재로 간주되는 것이 상례화되어 있다고 하더라도 자신의 집단행동의 딜레마를 해결하기 위해 국가에 의존하는 것은 러시아 사회 자신이다.

가산제 외에도 러시아의 문화적인 전통 가운데 특징적인 것은 국가와 교회 사이에 긴밀한 동맹이 형성되어 있었다는 점이다. 루시라고 불린 키예프공국(러시아 역사가들에 의해 공식적으로 현재 러시아의 전신으로 간주됨) 시대의 블라디미르 대공(Grand Prince Vladimir)은 988년 동방정교로 개종해 세례를 받았다고 전해진다. 비잔틴 또는 기독교의 동방 분파를 선택함으로써 블라디미르는 비잔틴 제국과 무역 및 정치적 관계를 맺었다. 로마 가톨릭과 개신교가 서유럽의 법적·정치적 전통을 형성해왔듯이 동방 정교의 영향력은 러시아 정치문화에 강하게 스며들어 있다. 동방 정교는 민족 교회를 통해 조직화되었고, 이는 특정 민족 공동체의 정신적 지주로 간주되며 세속적으로 각 민족 교회는 국가 당국에 순응하는 태도를 보인다. 종교적인 원리에서 동방 정교는 불변의 신앙 형태에 충성하는 것을 높게 평가하며, 새로운 의식과 관념을 배격한다. 정교의 원리는 죄로 가득한 속세와 천국의 차이를 강조한다.

일부 학자들은 정교의 정신적인 유산에 민주적 가치의 요소가 있다고 본다. 그러한 요소 가운데는 사회조직과 교회당국 사이의 갈등과 분리가 아닌 유기적 조화의 사상뿐 아니라 사회적 평등과 공동체에 대한 교회의 전통적인 관심이 포함된다. 그들은 오늘날의 러시아도 이러한 요소들을 발견해내고 그것을 러시아 민주주의의 새롭고 독특한 모델로 통합시킬 수 있다고 믿는다.[6)]그러나 다른 학자들은 러시아의 역사는 중세 초엽에 발전되어 인민주권 원칙의 기반이 된 것과 같은 자연법 또는 자연권의 전통을 결여하고 있다고 지적한다. 그 대신 러시아 정교 사상은 전제정치에서의 무제한적인 권력과 국가권력의 불가분성의 원리를 더욱 강화시켰다.[7)] 확실히 러시아 정교의 전통에는 자유민주주의 정치원리를 배양시킬 수 있는 여지가 별로 없다. 러시아 정교회의 관리자들은 가끔 '천당에는 왕국이 있고, 지옥에는 민주주의가 있다'라고 얘기하곤 한다.[8)]

---

6) 이에 대한 연구의 예는 다음과 같다. Nicolai N. Petro, *Crafting Democracy: How Novgorod Has Coped with Rapid Social Change*(Ithca, NY: Cornell Unversity Press, 2004); Nikolas K. Gvosdev, " 'Managed Pluralism' and Civil Religion in Post-Soviet Russia", in Christopher Marsh and Niklas K. Gvosdev(eds.), *Civil Society and the Search for Justice in Russia*(Lanham, MD: Lexington Books, 2002), pp. 75~78.

7) James W. Warhola, "Revisiting the Russian 'Constrained Autocracy': 'Absolutism' and Natural Rights Theories in Russia and the West", in Christopher Marsh and Nikolas K. Gvosdev(eds.), *Civil Society and the Search for Justice in Russia* (Lanham, MD: Lexington Books, 2002), pp. 19~40.

러시아에서 정교 신앙은 집단주의와 공동체 조화의 가치를 강화시켰을 뿐 아니라 서구의 개인주의와 물질주의에 반대했다. 16세기 일부 작가들은 러시아를 '제3의 로마'로 선포하기에 이르렀다. 그들은 이전의 기독교 권력의 두 본거지였던 로마와 콘스탄티노플이 붕괴됨에 따라 모스크바가 이제 세상을 구원할 메시지의 원천이 될 운명에 처했다고 주장했다. 19세기의 유명한 러시아 작가 표도르 도스토옙스키(Fedor Dostoevsky) 또한 러시아의 메시아적 사명이라는 유사한 관념을 지니고 있었으며, 이러한 사상은 역사발전의 보편적인 힘이라고 선언되었던 러시아 공산주의의 메시아적인 이념에서 되풀이되었다.

러시아 정교의 전통은 국가와 사회의 조직 패턴에도 영향을 끼쳤다. 비잔틴제국의 황제들은 우주를 위계적으로 질서가 잡힌 세계로 간주했으며, 자신의 제국을 이러한 우주의 불완전한 복제판으로 간주했다. 제국의 등급 위계 구조에는 황제가 전지전능한 신과 동격으로 자리매김했으며, 황제 다음으로 명예와 영광을 지닌 이들은 궁정귀족 등으로 이어져 궁극적으로 사회의 가장 밑바닥 계층까지 포함된다고 보았다. 모든 조직상의 관계에서 등급과 지위의 위계 구조를 따지는 사고방식은 국가관리가 관료체제 내에서 차지하는 각자의 관등에 따라 누리는 특권과 면밀하게 조직화된 각종 권한의 형태로 오늘날 러시아에서도 여전히 지배적인 패턴으로 남아 있다. 이러한 사고와 인식의 유형은 개별 시민의 독립성과 평등을 전제로 하는 [서구식의] 사고방식과 상당히 다르다.

오늘날 러시아 정치발전의 방향을 형성하는 네 번째 요소는 반복적으로 나타나는 국가 주도형 근대화 패턴이다. 러시아 역사에서 반복되듯이 전제적 지배자들은 효율성과 생산성을 높이기 위한 기술·조직상의 변화

---

8) *Nezavisimaia gazeta*, November 27(2008).

를 사회에 강요했는데, 일반적으로 그 효과는 상당히 불균등하게 나타났다. 표트르 대제와 예카테리나 여제는 국제 환경에서 러시아의 생산성과 경쟁력을 높이기 위해 유럽의 산업기술 일부를 받아들이도록 독려했다. 실제로 19세기 말엽에는 러시아도 산업화에 박차를 가했다. 제1차 세계대전이 시작될 무렵 러시아는 제철, 석유, 면화 및 기타 공산품 생산에서 세계적으로 가장 앞선 국가 가운데 하나였으며, 철도망 총연장에서는 미국에 이어 세계 2위를 기록했다.[9] 그러나 근대화는 서로 다른 지역과 계층에 상이한 영향을 끼쳤다. 그 결과 계층 간 생활수준의 불평등은 더욱 심화되었으며, 사회 엘리트와 대중 사이의 가치와 믿음의 간격은 더욱 커졌다.

소련체제를 세웠던 인물은 도시화된 공업경제, 포괄적인 교육시스템, 강력한 과학기술 인프라를 창출함으로써 근대성을 동반한 사회주의를 모색해 러시아 사회를 개조하려고 했다. 소련 지도자들은 중앙아시아에서의 여성이 얼굴을 가리는 풍습 등 현대적 가치에 반하는 러시아 각지의 문화적 전통을 억압했으며, 세속주의와 양성평등 같은 소비에트적 가치를 강요했다.[10] 그들은 근대화를 국가 건설의 핵심적인 요소로 간주했다. 소련 지도자들은 러시아가 장기 목표를 달성할 수 있고, 전선에서 적을 무찌르며, 냉전 시 이념적 라이벌을 제압할 수 있는 국가가 되기 위해서는 역동적인 공업경제를 갖추어야 한다고 보았다. 그러나 1980년대 초반에 이르러 산업발전을 위한 소련식 모델은 더 이상의 발전 여력을 스스

9) George Vernadsky, *A History of Russia*(New Haven, CT: Yale University Press, 1961), p. 244.

10) 중앙아시아의 여성 베일 착용 풍습에 대한 반대 캠페인에 대해서는 다음을 보라. Douglas Northdrop, *Veiled Empire: Gender and Power in Stalinist Central Asia* (Ithaca, NY: Cornell University Press, 2003).

로 소진시켜버렸다. 요소 생산성은 감소했으며 소련 경제는 지속적인 기술발전을 장려하는 데 필요한 인적·물적 자원을 결여했다. 소련 시기의 경제는 자원의 낭비가 예사롭게 일어남에 따라 고비용 구조에 그 효용성이 바닥을 드러내던 근대화의 틀 안에 꼼짝 없이 갇혀 있었다.

소련 시기의 이러한 발전 정체현상의 유산은 다시 포스트소비에트 시기의 정책 의제를 형성했다. 푸틴 대통령과 메드베데프 대통령은 대중의 생활수준을 향상시키고, 세계무대에서 러시아의 강대국 위치를 회복시키기 위해 경제성장을 다시 촉진시키는 것을 최우선 과제로 설정했다. 그러나 이전의 지도자들과 마찬가지로 푸틴과 메드베데프는 사회에 대한 국가의 통제력을 위협하지 않는 형태의 현대화를 추진했다.

지리적 특성, 가산제, 동방정교 및 국가 주도의 근대화 등과 같은 요소는 지속적으로 러시아 정치문화를 형성했다. 현대 러시아인은 그들의 독특한 정치문화를 깊이 인식하지만 이러한 정치문화가 러시아의 미래에 어떠한 의미가 있는가에 대해서는 서로 견해가 다르다. 이 장에서 우리는 러시아 시민의 국가에 대한 정향이나 국가에서 그들이 처한 위치에 관한 태도와 가치의 일정한 속성을 탐구해보고자 한다. 우리는 러시아 정치문화의 지속적이고 일정한 특징과 그러한 정치문화에 끼치는 단기적·장기적인 영향력은 무엇인지 알아보고자 한다. 또한 정치적 가치와 믿음이 사회집단, 나이, 교육수준, 성별, 인종에 따라 어떻게 다른지에 관해서도 고찰해보고자 한다. 우선, 러시아 정치문화를 좀 더 자세히 살펴보기 전에 정치문화란 무엇이고, 왜 그것을 공부해야 하는가에 대해 살펴보자.

1. 정치문화의 개념

정치학자들에 따르면 정치문화란 특정 사회의 시민이 정치에 대해 지니는 가치, 신념, 감정의 분포 양상을 말한다. 가치는 옳고 그름과 선악에 대한 견해를 말한다. 신념이란 현상에 대한 인식과 관념이다. 감정의 범주에는 특정한 정치환경 내에 존재하는 대상에 대한 긍지심, 수치심, 욕망, 분노 또는 원한 등이 포함된다. 정치문화란 특정 사회 구성원들이 정치체제와 그 속에서의 자신의 역할에 표출하는 가치, 신념 및 감정의 총체다.[11)]

정치문화라는 주제는 정치학 일반과 러시아학, 소련학에서 활발한 논쟁의 소재가 되어왔다.[12)] 정치문화 개념의 주된 쟁점은 정치문화가 정치체제의 구조와 제도에 어떻게 연관되는가 하는 문제다. 정치문화는 결코 정적인 개념이 아니다. 정치체제는 이따금 극적인 변화를 경험하기도 하고 단절적인 변화를 겪기도 하는 반면, 문화는 서서히 그러나 점차적으로 변화한다. 그러므로 만약 정치문화가 정치체제의 작동 방식에 직접적으로 영향을 끼친다면 현재 우리가 관찰하는 엄청난 체제 변화의 단면을 설

---

11) Gabriel A. Almond and Sidney Verba, *The Civic Culture: Political Attitudes and Democracy in Five Nations*(Boston: Little-Brown, 1965).

12) Gabriel A. Almond and Sidney Verba(eds.), *The Civic Culture Revisited*(Boston: Little-Brown, 1980); Stephen White, *Political Culture and Soviet Politics*(London: Macmillan, 1979); Frederic J. Fleron, Jr., "Post-Soviet Political Culture in Russia: An Assessment of Recent Empirical Investigation", *Europe-Asia Studies*, 48:2(1996), pp. 225~260; Harry Eckstein, Frederic J. Fleron, Erik P. Hoffmann, and William M. Reisinger(eds.), *Can Democracy Take Root in Russia?: Explorations in State-Society Relations*(Lanham, MD: Rowman & Litlefield, 1998); James Alexander, *Political Culture in Post-Communist Russia*(New York: Macmillan, 2000).

명할 수 없을 것이다. 이전에 정치문화가 상당히 보수적이고 권위주의적이었던 국가 가운데 일부는 중대한 헌정질서의 변환을 겪은 이후 활기차고 성공적인 민주적 정치체제를 유지할 수 있었다. 민주적 정치문화를 갖고 있던 일부 국가는 한때 권위주의 정치체제를 경험하기도 했다. 특정 시점에서 사회 내의 정치에 대한 가치와 신념의 분포가 정부의 형태에 어떠한 영향을 끼치는가에 대해서는 인과관계의 경로로 설명하기 어렵다. 마찬가지로 특정한 정치적·사회적 제도가 어떤 국가의 정치문화의 성격을 변화시킬 수 있을 것이라고 기대해서는 안 된다. 만약 그렇다면 우리는 왜 많은 국가가 국민의 환심을 사기 위해 그토록 많은 자원과 노력을 쏟아붓고도 성공하지 못하는가를 제대로 설명할 수 없다. 정치문화가 가변적이라고 해도 쉽사리 변하는 것은 아니다. 한 국가의 제도와 정치문화는 오랜 시간에 걸쳐 상호작용하고 서로가 서로를 (재)형성시키기도 한다. 정치문화와 제도가 상호 보강의 관계를 지니고 있는 정치체제에서는 대규모의 급작스러운 변동과 혼란 없이 변화가 일어날 수 있을 것이라고 기대할 수 있다. 그러나 제도와 문화가 서로 정합성을 갖고 있지 않는 경우 갑작스럽고 단절적인 정치체제의 변화가 일어날 가능성이 더 높다.

정치문화 구성요소의 국가별 상이성은 시간이 지나도 크게 변하지 않는 안정성을 보이지만 그렇다고 해서 정태적(static)인 것은 아니다. 정치학자인 로널드 잉글하트(Ronald Inglehart)에 따르면 "문화는 상수가 아니다. 그것은 사회가 환경에 적응하는 하나의 시스템이다. 환경 자체가 가변적이라면 장기적인 관점에서 문화 역시 변화하게 되어 있다."[13] 그는 특정 국가의 정치문화가 정치적·경제적 업적에도 영향을 끼친다는 것을

13) Ronald Inglehart, *Culture Shift in Advanced Industrial Society*(Princeton: Princeton University Press, 1990), p. 55.

증거로 제시한다. 또한 특정 국가의 정치적·경제적 업적이 반대로 그 나라의 정치문화에도 피드백 효과를 끼친다는 것이다. 예를 들면 민주주의가 잘되는 국가에서는 그러한 민주주의적인 국정운영 방식이 대중에게 민주주의가 다른 형태의 정치체제보다 더 효과적으로 작동할 수 있다는 믿음을 준다. 대중이 다른 정치체제가 더 잘 작동될 수 있다고 믿지 않기 때문에 어떤 국가는 오랜 기간 동안 정부에 대한 불신과 정부의 보잘 것 없는 업적의 악순환에 빠진다.

그러나 정치문화는 진화할 수 있으며 때로는 상당히 변화하기도 한다. 한 세대에서 다른 세대로 이어짐에 따라 사회의 가치와 신념에서 깊고도 지속력 있는 변화가 일어날 수 있다. 10대 말과 20대 초의 젊은이들은 그들이 처한 정치적·경제적 환경에서 그들의 가치 형성에 영향을 끼치는 요소에 특히 취약하다. 그러한 연령대에 있는 사람들은 평생 그들의 정치관 및 사회관을 지속적으로 형성할 정향에 집착하는 경향을 보인다. 우리는 이러한 현상에 대한 증거를 러시아에서 찾아볼 수 있다.

정치학자들은 한 국가의 정치문화가 그 나라의 정치체제의 발전에 직간접적으로 영향을 끼친다고 본다. 첫 번째는 그러한 영향이 작동하는 직접적인 경로를 꼽을 수 있다. 이는 선거 때 행하는 투표를 포함한 시민의 정치적 행위에 대해 그들의 신념과 가치가 영향력을 발휘하는 방식으로 나타난다. 두 번째는 정치환경에 대한 시민의 관계에 대한 일상적인 습관, 기대, 가치 등이 갖는 간접적인 영향을 들 수 있다. 앞 장에서 살펴보았듯이 가족, 친구 등과 같은 가장 가까운 집단 외의 환경에서도 시민이 상호 신뢰의 연대를 유지하고 협력을 이룰 수 있는 능력을 갖출수록 그들은 정부를 정직하고 공정하고 책임성 있게 만드는 방법 등과 같은 집단행동의 딜레마를 훨씬 더 잘 해결할 수 있다. 따라서 정치생활에 정치문화가 영향을 끼치는 직접적인 또는 간접적인 경로는 앞 장에서 논의되었던 정치 참여의 방식과 궤를 같이한다. 다시 말해 정치 참여는 투표 행위와 선거운동 등 정치영역에 대한 직접적인 관여의 형태로 이루어지든지 또는 일반적으로 시민이 공적 생활에 관여하는 좀 더 간접적인 방식으로 이루어진다.

투표와 같은 행위를 통해서 이루어지는 정치체제에 대한 정치문화의 직접적인 영향력은 시장경제에서 볼 수 있는 소비자, 생산자의 관계와 유사하다. 추상적인 수준에서 본다면 소비자의 수요는 공급자로 하여금 경쟁력 있는 가격대에 상품과 서비스의 바람직한 배합을 결정하도록 안내하는 역할을 수행한다. 그러나 실제 세계에서는 개별 소비자가 경제에 실질적인 통제력을 행사하기는 불가능하다. 소비자가 무엇을 필요로 하고 무엇을 원하는지에 대한 정보가 생산자에게 잘 알려져 있지 않고, 생산자가 제공하는 상품의 품질과 수량 등에 대한 소비자의 지식이 완전하지 않기 때문이다. 완전한 시장경제에서 집합체로서의 소비자는 주권이 있다. 하지만 개별적인 소비자는 생산된 결과물과 재화의 가격 책정에 의미 있는 영향력을 끼치지 않는다. 수요와 공급을 맞추는 일은 오랜 시간을 두고 가격과 수량 사이에 이루어지는 가설적인 균형점 — 현실에서는 발생하지 않는 — 에 접근하는 복잡한 과정이다. 그러나 주어진 특정 시점에서 경제 행위자들이 원하는 바와 실제로 경제가 제공해주는 것 사이에는 항상 간극이 존재하기 마련이다.

경제적 수요와 공급의 관계에 정치문화-정치제도의 관계를 비유하는 것은 어느 정도까지는 유용하다. 중앙계획경제보다 시장경제가 재화에 대한 수요와 공급의 균형을 더 효과적으로 맞추듯이 민주주의는 시민이 원하는 바와 정치인이 제공하는 것 사이의 조화를 독재체제보다 더 잘 이룰 수 있다. 민주주의에서는 투표자의 선호가 어떻게 분포되어 있느냐에 따라 후보와 정당이 득표를 위해 경쟁하는 방식이 달라진다. 길게 보면 시민의 가치와 기대가 변화함에 따라 지도자는 투표자 요구의 변화에 상응하는 새로운 정책을 내놓으며, 이를 통해 정책 수요 공급의 균형이 맞춰진다.

그러나 실물경제에서 수요 공급의 조화에 많은 장애 요인이 존재하듯이 실제의 정치체제에도 시민이 원하는 제도 및 정책과 정치지도자들이 실제로 운영하는 제도와 정책 사이에 간극이 존재한다. 어떤 사회에서는 시민이 정부가 정직하고 공정하며 효율적인 행정 서비스나 효과적인 공공질서를 제공해줄 것이라든지 또는 법원이 정의를 구현해줄 것이라는 기대를 아예 포기한다. 정치 개선을 위해 투쟁을 시도하는 소수의 용감한 인사조차 그들의 대의에 동참하도록 동료 시민을 선동하는 데 실패할 경우 실망한 나머지 더 이상 노력하지 않을 수도 있다. 좋은 정부에 대한 요구가 그리 강하지 않을 때 통치자들은 이를 공급하려는 노력을 하지 않고, 그 대신 국가를 사적 약탈의 원천으로 취급한다. 그러한 상황은 오랜 기간에 걸쳐 변함없는 상태로 유지될 수 있다. 극단적인 경우 중앙정부가 아예 사라져버리고 정부는 군벌과 조직범죄집단으로 대체되기도 한다.

투표와 기타 정치적 행위에 대한 정치적 가치와 신념의 영향이 선거 때 정치지도자들이 어떠한 공약을 제시할지를 유도하는 데 중요하게 작용한다. 하지만 아마도 정치문화가 정치체제에 영향을 끼치는 간접적인 경로는 더욱 중요할 것이다. 일상적인 상호작용을 통해 사회의 구성원은 정부에 대한 스스로의 기대를 포함해 서로의 가치와 기대를 형성한다. 정부 운영 방식에 영향을 주는 행동 패턴은 이러한 관계의 통로를 통해 형성되는데, 그 가운데 상당수는 비정부 영역에 속한다. 사회 구성원이 서로를 불신하는 정치문화에서 공동선을 위해 서로 결합하는 것은 얼간이를 속여 먹는 게임(sucker's game)이라고 우려한다. 사람들은 스스로를 돌보지 않으면 다른 사람이 필시 자신을 이용할 것이라고 생각하기 때문에 집단행동에 나서려고 하지 않는다. 집단행동에 나서는 데 드는 비용은 즉각적이고 직접적인 데 비해 그것이 가져다주는 혜택은 멀고도 불확실하기 때문이다. 그래서 사람들은 집단적 노력에 기여하지 않은 채 그에 편승하려는 경향을 보인다. 좋은 정부는 공직자들을 정직하고 책임성 있고, 효과적으로 만들려는 시민의 집단적인 노력을 요구하기 때문에 가족과 친구집단을 벗어난 외부인에 대한 불신의 정서로 가득한 사회는 합리적으로 통치되기 어렵다. 시민이 사적인 이익을 위해 공익을 훼손하는 사회에서는 정부가 억압적 통치를 하기 쉽고 부패하기 쉬운 경향을 보인다. 따라서 정치문화를 탐구할 때 정부에 대한 시민의 가치와 신념뿐 아니라 사회생활에 대한 그들의 기대 전반에 대해서도 살펴보아야 한다.

2. 포스트소비에트 시기의 러시아 정치문화

러시아 정치문화의 동학을 다루기 위해 수많은 여론조사가 실시되었다. 다수의 여론조사 결과는 몇 가지 점에서 일치한다. 여론조사자들은 응답자들이 자유민주주의와 연관된 원칙 — 정치적 자유 및 개인의 권리에 대한 가치, 야당과 재야세력의 권리, 대중매체의 독립성, 경쟁적 선거 등에 대한 지지 등 — 에 대해서는 매우 높은 지지율을 나타내고 있음을 발견했다.[14)]

---

14) James L. Gibson and Raymond M. Duch, "Emerging Democratic Values in Soviet Political Culture", in Arthur H. Miller, William M. Reisinger, and Vicki L. Hesli(eds.), *Public Opinion and Regime Change*(Boulder, CO: Westview, 1993), pp. 69~94; William M. Reisinger, Arthur H. Miller, and Vicki L. Hesli, "Political Values in Russia, Ukraine and Lithuania: Sources and Implications for Democracy", *British Journal of Political Science*, 24(1994), pp. 183~223; Jeffrey W. Hahn,

2005년에 실시된 한 여론조사에 따르면 66%의 응답자들은 "러시아는 민주주의를 필요로 한다"라는 점에 동의했으나, 45%의 응답자들은 "러시아가 필요로 하는 민주주의의 종류는 러시아적인 특수성에 맞는 완전히 특별한 종류의 민주주의다"라는 점에 의견을 같이했다.[15] 2007년 후반에 실시된 여론조사에 따르면 러시아인의 2/3 정도는 러시아가 정치적 반대집단을 필요로 한다고 믿는다.[16] 비슷한 비율의 러시아 시민은 다당제(multiparty system)가 필요하다고 생각한다.[17] 2007년 국가두마 의원 선거 직전 실시된 여론조사에 따르면 러시아인 가운데 거의 2/3는 러시아에서 실시되는 선거가 자유롭고 공정하지 않다고 생각했지만 과반수의 응답자는 선거 덕분에 삶이 나아질 것이라고 믿었다.[18] 국가의 정책결정에 스스로 어느 정도의 영향력을 끼칠 수 있다고 보는가라는 질문에 대해 응답자들의 83%는 부정적으로 응답했다.[19] 그러나 투표자들의 2/3는 민주적 선거가 최소한 어느 정도는 국가에 중요한 역할을 한다고 답했다. 정치학자 제임스 깁슨(James Gibson)은 1990년대에 실시된 다수의 러시아 여론조사 결과들로부터 세 개의 결론을 도출했다. 첫째, 러시아 시민은

"Continuity and Change in Russian Political Culture", *British Journal of Political Science*, 21:4(1991), pp. 393~421.

15) 2005년 6월 레바다센터가 시행한 설문조사에서 인용함. 이 자료는 웹사이트에도 게시되었다(http://www.levada.ru/press/2005070410.html 참조). 레바다센터는 러시아에서 독립 여론조사 기업으로 명망이 높다.

16) 레바다센터의 설문조사에서 인용. *RFE/RL Newsline*, November 9, 2007 참조.

17) 같은 글, November 13(2007).

18) Brian Whitmore, "RFE/RL Poll Finds Russians Skeptical About Elections, Hopeful for Future", *RFE/RL Newsline*, November 16(2007).

19) L. D. Gudkov, B. V. Dubin, and Yu. A. Levada, *Problema 'elity' v segodniashnei Rossii: Razmyshleniia nad relzul'tatami sotsiologicheskogo issledovaniia*(Moscow: Fond Liberal'naia missiia, 2007), p. 136.

민주적 제도와 절차가 스스로의 권리라고 간주되는 한 그러한 요소에 상당히 광범위한 지지를 보낸다. 둘째, 인기가 별로 없는 소수자에게 권리를 부여하는 것에는 상대적으로 낮은 지지를 보인다. 셋째, 현대문명의 영향력에 가장 많이 노출된 사람들 — 상대적으로 젊은 사람들, 교육수준이 높은 사람들, 대도시 거주자들 — 이 민주적 가치를 지지할 확률이 가장 높은 부류다.[20]

그러나 러시아인의 민주적 권리에 대한 지지는 자유가 자신의 생활수준을 향상시켜줄 수 있다는 전제하에서만 유용하다는 실용주의적인 인식 때문에 다소 약화되는 경향을 보인다. 러시아인은 다른 국가의 시민과 비교해서 정치질서와 안정을 위해 민주적 권리를 포기하려는 성향이 더 강하다. 2005년에 실시된 설문조사를 보면 거의 절반에 이르는 응답자가 만약 러시아가 '페레스트로이카' 이전의 상태로 지속되었더라면 그들의 삶이 더 나아졌을 것이라고 대답했다.[21] 가치의 위계 구조 관점에서 언론의 자유보다 사회 안정을 더 중요시하는 시민의 비중은 러시아가 여타 국가보다 훨씬 높다. "당신 생각에 언론자유 또는 사회 안정 가운데 무엇이 더 중요한가"라는 질문에 47%의 러시아인은 사회 안정을 중요시한다고 대답했으며(다른 국가의 조사에서는 평균 40%), 39%의 응답자만 언론자유가 더 중요하다(세계평균 56%)고 답했다.[22] 절대 다수의 러시아인은 민주

---

20) James L. Gibson, "The Resilience of Support for Democratic Institutions and Processes in the Nascent Russian and Ukrainian Democracies", in Vladimir Tismaneanu(ed.), *Political Culture and Civil Society in Russia and New States of Eurasia*(Armonk, NY: M. E. Sharpe, 1995), p. 57.

21) 레바다센터에서 실시한 설문조사에서 인용(http://www.levada.ru/press/ 2005031100.html).

22) 영국의 BBC 방송사가 조사한 설문조사에 따름. 이 조사는 미국, 영국, 독일, 러시아, 인도, 케냐, 브라질, 베네수엘라, 이집트, 멕시코, 나이지리아, 싱가포르, 아랍에

주의와 강한 국가가 양립할 수 있다고 믿는다.[23] 민주주의와 강한 국가라는 두 개념이 모두 소중하고 원칙적으로 서로 양립할 수 있다는 — 그러나 만약 이 두 가치가 서로 충돌한다면 오히려 강한 국가를 더 중시해야 한다는 — 이러한 믿음은 실제로 50%의 러시아인이 스탈린을 러시아 역사에서 긍정적인 인물로 간주하는 반면, 36%의 시민만 그를 부정적으로 생각한다는 사실을 설명하는 데 도움이 된다.[24]

민주주의는 개별 시민에게 물질적인 혜택을 줄 수 있는 능력의 정도에 따라 판단되기도 한다. "어떠한 자유가 당신에게 개인적으로 가장 중요한가"를 조사한 최근의 여론조사 결과에 따르면 과반수의 응답자가 "질병에 걸렸거나 실직했을 때 또는 빈곤에 빠졌을 때 국가의 보호를 받을 수 있는 자유"와 "내가 원하는 바를 구입할 수 있는 자유"를 가장 중요한 자유로 꼽았으며, 투표를 통해 서로 경쟁하는 정당 가운데 지지 정당을 선택할 수 있는 자유 또는 정치적 시위에 참여하는 자유가 중요하다고 답한 비율은 각각 13%와 10%에 불과했다.[25] 46%의 응답자는 직업선택의 자유가 개인적으로 중요하다고 대답한 반면, 단지 30%의 응답자만 종교의 자유가 개인적으로 중요하다고 답했으며 38%의 시민은 부동산, 자동차

미리트, 남아프리카공화국 등 14개국에서 실시되었다. Polit.ru, December 10, 2007 참조.

23) Timothy J. Colton and Michael McFaul, *Popular Choice and Managed Democracy: The Russian Elections of 1999 and 2000*(Washington, DC: Brookings Institution, 2003), p. 222.

24) 이 통계는 2005년 VTsIOM이 실시한 여론조사에 근거한다(*RFE/RL, Newsline*, March 7, 2005) 참조. 스탈린을 긍정적으로 평가하는 응답자들은 최고령층과 최연소층에서 가장 많이 발견된다.

25) Levada.ru, May 26, 2010(http://www.levada.ru/press/2010052618.html, 검색일: 2010.5.30.).

그림 5-1 _ 다양한 자유에 대한 선호도 측정: 귀하에게 개인적으로 특히 중요한 자유는 무엇입니까?(복수 응답 가능)

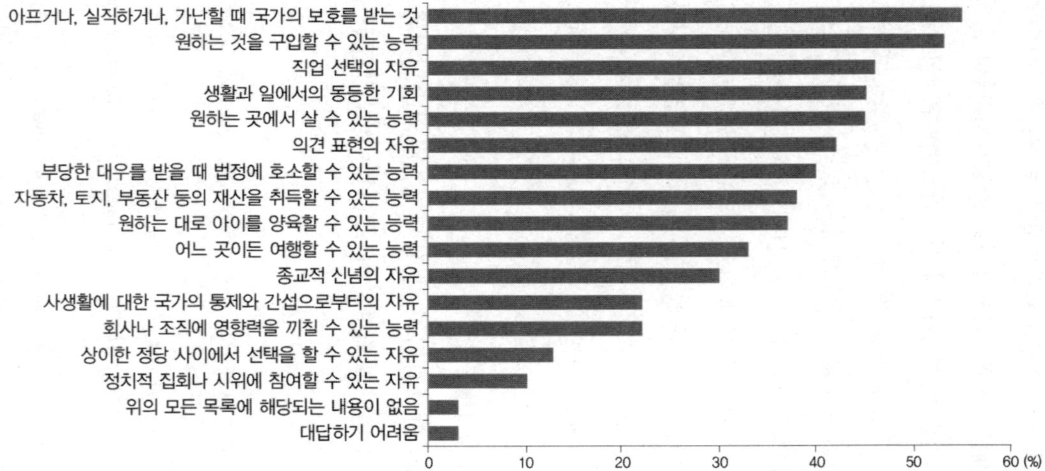

주) 응답자들은 자신에게 개인적으로 중요한 정도에 따라 여러 종류의 자유에 순서를 매기도록 요청받았다. 특정 자유가 중요하다고 지목한 응답자들의 수에 바탕을 두고 위와 같은 자유의 선호도가 선출되었다.

자료: Levada Center(http://www.levada.ru/press/2010052618.html, 검색일: 2010.12.01).

같은 재산을 취득할 자유를 중요한 덕목으로 꼽았다(〈그림 5-1〉 참조).

이러한 실용적 민주주의관을 이해하면 많은 러시아 시민이 푸틴은 민주주의를 강화하고, 메드베데프가 이를 계승했다고 칭송하는 이유를 설명하는 데 도움이 된다. 러시아 시민은 '자유'와 '질서'가 필연적으로 적대적인 관계를 갖는다고 보지 않고, 자유는 오직 질서가 확립된 사회에서만 가능하다고 인식한다. 이와 유사하게 사회의 번영을 보장하고 개별 시민에게 물질적인 혜택을 부여해야 하는 책임이 국가에 있다고 보는 가치에 대해 러시아 시민이 지속적으로 높은 지지를 보낸 사실은 그리 놀라운 일이 아니다.[26] 여러 국가를 대상으로 한 어떤 설문조사에 따르면 러시아인의 약 40%는 계획경제를 선호한다.[27] 서유럽이나 미국과 비교해볼 때 러시아인은 여전히 국가가 정의로운 도덕과 사회질서를 제공해야 할 책임이 있다고 생각한다. 이때 '정의'란 사회적 여건으로서의 법 앞의 평등이 아니라 결과로서의 사회적 평등으로 이해된다.[28] 이러한 패턴은 러시아 정치문화에서 국가와 사회에 대한 전통적인 관념의 영향력을 반영한다. 러시아 정치문화에서 집단주의와 국가주의라는 오래된 패턴은 아직도 강력하게 남아 있다. 수많은 여론조사 결과는 러시아 사회 구성원들이 국가가 사회의 번영에 상응하는 개인의 경제적·정치적 자유를 보장하는

---

26) James R. Millar and Sharon L. Wolchik, "Introduction: The Social Legacies and the Aftermath of Communism", in James R. Millar and Sharon L. Wolchik(eds.), *The Social Legacy of Communism*(Washington, DC and Cambridge: Woodrow Wilson Press and Cambridge University Press, 1994), p. 16.

27) 유럽부흥개발은행(EBRD)이 지원한 여론조사 결과에 의거함. *RFE/RL Newsline*, November 9, 2007에서 재인용.

28) Marcia A. Weigle, *Russia's Liberal Project: State-Society Relations in the Transition from Communism*(University Park, PA: Pennsylvania State University Press, 2000), pp. 432~441.

한편, 사회구성원을 위한 기본적인 평등, 통합, 안전의 확보 등의 책임을 져야 한다는 관념을 광범위하게 지지하고 있음을 입증한다.

푸틴과 메드베데프는 민주주의가 소중하지만, 공공의 질서는 취약하고 외부 세계는 위협적이라는 관념을 강화한다. 따라서 국가는 내부와 외부로부터의 위협을 막아낼 수 있을 만큼 충분히 강력해야 한다는 것이다. 특히 푸틴은 러시아가 서구의 모델을 기계적으로 답습하는 대신 자신에 맞는 형태의 민주주의를 창출해야 한다고 강조해왔다. 이는 푸틴과 그의 측근이 러시아의 미래 비전으로 삼고 있는 '주권 민주주의'를 설명하기 위해 이따금씩 사용하는 수사법에 내포되어 있는 논리이기도 하다. 크렘린의 전략가 수르코프에게 이러한 개념을 창출하고 유포시킬 책임이 있다. 그는 소련이 해체되었을 무렵 러시아는 아직 민주주의를 받아들일 준비가 되지 않았었다고 주장한다. 그 결과 극소수 몇 명의 과두재벌(올리가르히)이 국가를 희생시켜 스스로의 부를 축적할 수 있었다는 것이다. 수르코프는 국가는 국내적으로 — 올리가르히로부터 권력을 재탈환함으로써 — 그리고 국제적으로 — 미국의 지배에 대항해 투쟁을 벌임으로써 — 주권을 회복해야 한다고 주장한다. 그런 연후에 러시아는 고유한 형태의 민주주의를 건설할 수 있다는 것이다. 다시 말해, 러시아는 세계 국가 공동체의 일원이면서도 다른 구성원에 의존하지 않는다. 따라서 국가는 강력하고 자의식 있는 중간계급, 유능하고 정직한 관료체제, 효과적인 군부, 생산성이 높고 번영하는 경제를 구축하는 데 주도적인 역할을 맡아야 한다. 수르코프는 이것이 가능하기 위해서는 제도혁명당(PRI)[29]이 멕시코를 수십년간 통치하고 자민당이 일본을 지배했듯이 통합러시아당이 최소한 15~20년간 러시아를 통치해야 한다고 주장했다.[30]

---

29) 옮긴이 주: 1929년부터 멕시코를 지배했던 패권적 정당.

국가는 스스로의 미래를 위해 사회적 기반을 만들어내야 한다는 수르코프의 주장은 국가 주도의 현대화라는 러시아의 역사적 패턴을 반영한다. 많은 러시아 시민이 묵시적으로 이러한 생각을 받아들인다는 사실은 다수의 러시아인이 푸틴과 메드베데프를 민주주의와 연관시키는 이유를 설명하는 데 도움이 된다. 50% 이상(약 55%)의 러시아인은 2004년 푸틴의 재선 이후 러시아가 민주주의로 발전할 수 있을 것이라고 보았다. 2000년에 실시했던 같은 조사에서는 35%의 응답자만 러시아의 민주주의 발전 가능성에 긍정적으로 답했다. 마찬가지로 2008년 3월 대통령 선거 무렵 실시된 설문조사에서는 절대 다수의 러시아 시민이 새로 선출된 메드베데프 대통령이 '민주주의를 강화하는' 정책을 추진할 것이라고 보았다.[31] 분명한 것은 다수 러시아인의 마음속에 대통령의 자질과 권력은 국가의 정치적 질서와 결부되어 있으며, 나아가 이는 민주주의와도 연관된다는 생각이 자리 잡고 있다는 것이다.

---

30) 2006년 2월 22일 수르코프가 통합러시아당 활동가 그룹 회의에 참석해 행한 연설문을 보라. 러시아어 연설문은 통합러시아당 웹사이트에서 찾아볼 수 있다(http://www.edinros.ru/news.thml?id=111148, 검색일: 2006.03.13.) 참조. 수르코프의 정치적 견해, 영향력, 경력 등에 관한 개요에 대해서는 다음을 참조. Gregory L. White and Alan Cullison, "Putin's Pitchman: Inside Kremlin as it Tightens Its Grip: Ex-Aide to Tycoons", *Wall Street Journal*, December 19, 2006; Gregory L. White and Alan Cullison, "Domestic Adviser Surkov Hails Concentration of Power as 'Sovereign Democracy'; 'There'll Be No Uprisings Here' ", *Wall Street Journal,* December 19, 2006.

31) VTsIOM이 실시한 조사에 바탕을 둠(*RFE/RL Newsline*, March 14, 2008 재인용).

3. 소련의 정치사회화

현대 러시아인의 가치와 신념이 어떻게 형성되는가를 이해하기 위해 구체제하에서 정치사회화가 어떻게 이루어졌는가를 간략히 살펴보자. 소련체제는 대중이 체제에 충성하도록 교화하기 위해 많은 노력을 기울였다. 공식적인 정치사회화 시스템은 소련사회의 교육 및 소통에 관련된 사실상 모든 영역 — 학교와 청소년 활동, 예술, 대중문화, 직장의 집단 활동, 주거지역, 부업 등 — 에 적용되었다. 가능한 한 마르크스-레닌주의 독트린과 상충되는 영향력을 끼치는 요소는 억제되었으며, 당국의 공식적인 수사법은 공산당의 지도적 역할의 원칙, 사회주의의 우월성, 소비에트 조국에 대한 헌신, 공산당의 국내외 정책의 정당함 등을 끊임없이 확인하고 강조했다. 소련의 체제는 대중매체를 정치사회화와 대중 동원의 핵심적인 수단으로 보았기 때문에 소련 사회에서 복수의 인쇄매체 조직과 방송사들이 운영되도록 했다.[32)]

정치사회화의 길잡이 역할을 했던 마르크스-레닌주의라는 독트린은 마르크스와 엥겔스의 사상에 근거를 두고 레닌과 소련공산당 지도자들이 재해석하고 응용한 것이다. 권력을 장악했던 새로운 지도부마다 전임자들이 공표했던 개념을 폐기하고, 자신의 정치적 이익에 맞도록 마르크스-레닌주의 사상을 재해석했다. 마르크스-레닌주의 독트린은 자본주의와

---

32) 소련 사회에서의 텔레비전의 영향력에 대해서는 다음을 보라. Ellen Mickiewicz, *Split Signals: Television and Politics in the Soviet Union*(New York and Oxford: Oxford University Press, 1988); 선전과 매스커뮤니케이션에 대한 좀 더 일반적인 설명은 Stephen White, *Political Culture and Soviet Politics*(London: Macmillan, 1979); Thomas F. Remington, *The Truth of Authority: Ideology and Communication in the Soviet Union*(Pittsburgh: University of Pittsburgh Press, 1988) 참조.

사회주의는 양립할 수 없다는 사상 등 몇몇 핵심 이슈를 제외한 다른 부분에서는 융통성을 지녔다고 할 수 있다. 그리고 그것은 그때그때 공산당 지도부의 선호와 결정을 정당화하기 위해 주기적으로 수정되었다. 이념적 독트린과 정치적 권위는 항상 밀접한 연관을 맺었다. 권력과 이념은 서로에게 정당성을 부여하기 때문이다. 이념은 심각한 도전이 없는 한 소비에트 국가권력의 원천이었다. 그러나 국가가 이념에 의존함으로써 이념의 경직성과 교조주의가 초래되었다. 소통에 대한 철저한 통제는 사회에 영향을 끼치는 경향에 대한 진지한 토론과 혁신을 질식시켰다. 통치자들은 체제의 실상에 어두웠으며 점차 무용지물이 되어가는 통치모델에 갇혔다.

공산당이 사회의 각계각층에 정치적 충성을 요구했다는 것은 마르크스-레닌주의 외의 다른 이념이 공적으로 유포될 수 없었다는 것을 의미했다. 소련 지도자들은 사회주의와 자본주의라는 세계 양대 이념은 공존할 수 있으며 외교, 교역, 문화적·과학적 교류 등의 영역에서는 협력도 가능하다는 점을 인정했다. 그러나 그들은 본질적인 측면에서는 이 두 이념이 궁극적으로 양립할 수 없으며 생래적으로 우월한 사회주의가 궁극적으로 승리할 것이라는 점도 인정했다. 소련의 지도자들 — 특히 보수적인 지도자들 — 은 사회주의와 자본주의 사이의 투쟁은 자본주의 세계체제와 사회주의 세계체제라는 두 이념이 수렴되는 방향으로 귀결될 수 있고, 또 그렇게 되어야 한다는 생각에 단호한 반대의 입장을 나타냈다. 소련 지도자들은 사회주의 이념이 약화되면 그것은 불가피하게 부르주아 이념의 강화로 이어질 것이라는 취지로 레닌의 이념을 즐겨 인용했다. 따라서 국가 홍보 시스템에는 두 가지 목표가 있었다. 첫째, 그것은 소련 시민에게 공산당 독트린의 정당성을 설득시키는 것이었다. 둘째, 적대적인 이념이 번지지 않도록 하는 것이었다.

공산주의 이념을 방어하고 유포시키기 위한 정교한 장치는 다음과 같은 특징을 포함한다.

가족 체제는 각 가정에서 자녀를 양육할 때 공산주의 도덕을 철저히 습득하고 공산당과 지도부에 확고한 충성을 바치고, 노동에 대한 긍정적인 태도를 갖는 한편, 사회주의 미래에 대해 확신하면서 종교와 같은 적대적인 세계관에 대해서는 용납하지 않도록 가르쳐야 한다고 부모들을 설득하고자 했다. 그러나 가족은 자유민주주의적 가치, 민족정신, 그리고 종교적 신념을 전파하는 가장 중요한 도구였다. 가족은 공산당의 통제에 가장 영향을 덜 받는 집단이고, 공식 이념과는 배치되는 가치체계를 보호하고자 하는 경향이 있었기 때문이다.

학교 학교 교육은 교과과정(역사, 사회과목, 문학 및 기타 과목이 정치 독트린을 강화시켰음)과 청년조직(이러한 조직이 학내 일정과 방과 후 활동을 조직했음)을 통해 정치사회화에 공헌했다.

청년조직 소련체제는 정치교육과 현장학습, 동호회, 봉사활동, 여름캠프 및 스터디그룹 등의 조직화된 활동을 결합하는, 각 연령대에 맞는 다양한 유소년 및 유소년/청년조직을 가동했다. 조직화된 청년 활동체계는 연령에 따른 세 개의 세부 그룹으로 나뉘었다. 구체적으로 9세까지는 옥토브리스트(Octobrists), 10~14세는 파이어니어(Pioneers), 15~28세는 콤소몰에 속해 있었다. 각 그룹은 유희, 여가활동, 각 연령 수준에 맞는 정치교육을 겸한 기본적인 정치사회화 등의 활동을 했다. 20대까지 콤소몰의 활동적인 회원으로 남아 있던 사람들 가운데 다수는 콤소몰 회원으로서의 좋은 성적을 바탕으로 바로 공산당 입당 허가를 받았다.

대중매체 공식적으로 방송과 인쇄매체는 필요한 정보를 전달하고 근로를 장려하고 문제점을 비판하는 한편, 독자의 편지라는 형태로 대중의 피드백을 받는 일 등의 역할 외에도 정치사회화의 도구로 봉사했다. 그래서 언론은 체제의 비효율성을 고치기 위한 캠페인과 더불어 시민의 의식을 형성해야 하는 소명이 있었다. 모든 대중매체 조직은 선전부 및 각 하위 당 위원회에 대한 이데올로기 감사 책임을 맡고 있었던 유사 부서를 통한 공산당의 이념적인 통제하에 있었다.

성인에 대한 정치교육 공산당은 직장 내 집담회 및 각계각층 — 노동자, 관리자, 정치인, 행정관리 등 — 의 정치 학습조직을 사찰했다. 공산당이 운영하던 학교는 지방당 요원에게 정책 및 당 강령에 대한 최신의 지시를 내렸으며, 심지어 과학적 공산주의 이론 등과 같은 주제의 대학원 학위를 수여하기도 했다.

소련의 정치사회화 기구의 활동 범위는 광대했으나 그렇다고 해서 시민에게 행사할 수 있는 통제권 모두를 소유하지도, 주장하지도 않았다. 스탈린 독재정치의 암울했던 시기에도 사생활 영역은 살아남아 가족과 친구 관계의 연결망을 통해 그 형태를 만들었다. 마찬가지로 여러 세대에 걸쳐 소련의 학교 생도들이 습득하고 존경하도록 교육 받았던 혁명 이전 시기의 문학과 예술의 위대한 고전 작품을 통해 러시아와 서양의 휴머니즘의 유산도 살아남았다. 소련 시기를 통틀어 지식인, 예술가, 교사들은 100여 개가 넘는 상이한 문화적 유산과 민족 언어를 보존해왔다. 소련체제는 강력한 과학기술 능력을 보유해야 한다는 필요성 때문에 어느 정도 외부의 영향력 개방을 허용했다. 즉, 비록 엄격하게 통제되고 검증된 형태지만 과학과 문화 영역에서 인적 교류와 사상의 교류가 이루어짐으로써 세계의 다양한 영향 요소가 소련에 드나드는 채널을 개방한 것이다. 1970년대와 1980년대 무렵 체제 자체의 이념적 기구가 점차 화석화되고 부적합해지면서 이러한 내적·외적 문화의 영향 요소는 소련 정치문화와 여론을 형성하는 데 더욱 중요한 비중을 차지했다.

우리가 기억해야 할 두 번째 중요한 사항은 체제가 계도했던 신념, 가치와 실제 시민과 관리들이 행동했던 것에 차이가 존재했고, 이러한 차이는 소련체제가 내세우는 홍보와 선전의 신뢰성을 약화시키는 경향을 나타냈다는 것이다. 만인은 공식 석상에서 레닌과 현직 공산당 서기장을 인용하고, 공산당의 가르침에 경의를 표하는 것이 적절한 행동이며, 그러한 범위 내에서 의례적인 말과 제스처를 사용해야 한다는 것을 알고 있었다. 회합에서 실시하는 투표는 만장일치가 되어야 했고, 시민은 의무적으로 투표소에 가서 투표를 하거나 공식적인 행사를 축하하기 위해 그 모임에 참석해야 했다. 그러나 이러한 형태와 의무의 준수는 시민의 일상생활에 거의 영향을 끼치지 않았다. 그러한 의례적인 행사와 그것을 따르는 행위 등은 사회적 상호작용의 형태에서 어느 정도의 안정성과 예측 가능성을 가져다주었는데, 그것은 수십 년 전에 일어났던 혁명, 전쟁, 테러를 겪었던 민중에게 위안이 되었을지도 모른다. 이러한 의례적 행위는 당국이 시민이 허용된 패턴에서 일탈하는지 여부를 관찰할 수 있도록 하기도 한다.

그러나 공적 영역 전체에서 지속적으로 나타났던 전통적인 체제에의 충성심을 실제로 믿었던 사람은 별로 없었다. 마르크스-레닌주의의 교의에 대한 의례적인 준수라는 현상의 이면에는 매우 다양했던 소련의 정치문화가 존재했다. 예를 들어 소련 내의 소수민족으로 구성된 여러 공화국에서 민족 독립의 꿈은 살아 있었다. 젊은이는 서구 대중문화의 최신 흐름을 좇았다. 종교 공동체는 그들의 전통적인 믿음을 굳건히 지켜왔으며 지식인들은 인도주의적 가치를 보존했다. 당국이 공식적으로 계도했던 바와 실제로 벌어졌던 일 사이의 현격한 격차와 더불어 정치사회화 노력의 비능률성은 실제의 소련 정치문화가 국내외의 영향력 요소로 형성되었음을 의미했다.

따라서 1960년대와 1970년대 들어 국가는 점차 대중의 관심 밖으로 멀어지던 마르크스-레닌주의의 교의를 교육시키려고 상당한 노력을 기울인 반면 예술, 과학, 전문직, 심지어 당과 국가가 운영하던 정책연구소에서 일하던 지식인은 소련의 공식적 이념의 많은 교의(敎義)를 포기했다. 그 대신 사회민주주의와 자유민주주의 사상, 인종적 민족주의, 세속적인 인본주의 등의 요소가 득세를 했다. 어떤 사상가들은 노골적으로 소련의 이념적 독트린을 거부했으며 자신의 저작물 또는 당국이 금지하고 탄압한 저자들의 작품을 은밀히 친지들과 공유하기도 했다.[33] 또 다른 이들은 반대의 수위를 누그러뜨린 채 체제 내에 머물러 있으면서도 매우 친밀한 친구들과 동료 집단 내에서 자신의 이단적인 견해를 토론하기도 했다.

고르바초프가 집권할 무렵 고위직에 있던 인사를 비롯한 많은 지식인은 개인적으로 서로 경합하는 사회주의와 자본주의 진영 사이의 국제적인 '계급투쟁'에 관한 케케묵은 이론이 소련의 발전을 막다른 골목으로 몰아간다고 믿었다. 이들은 소련이 경제적·정치적 힘을 다시 회복하는 유일한 길은 인권과 자유라는 보편적 가치를 채택하고 인류 전체가 당면한 도전에 대한 해결책을 모색하는 데 동참하는 것이라고 보았다. 이것은 러시아의 민족정체성 개념 자체의 중대한 변화를 의미했다. 서구와의 이념적 대결을 통해 러시아가 정의된다고 보는 대신, 심지어는 러시아가 서구와 협력해야 한다고 주장함으로써 상당수의 지식인 그룹은 러시아가 자유주의적인 국제사회의 일원이 되어야 한다고 믿었다.[34] 이를 통해 러시

---

33) 소련 반체제 인사에 대한 포괄적인 분석은 다음을 참조. Ludmilla Alexeeyeva, *Soviet Dissent: Contemporary Movements for National, Religious, and Human Rights* (Middletown, CT: Wesleyan University Press, 1987); Frederick C. Barghoorn, *Detente and the Democratic Movement in USSR*(New York: Free Press, 1976).

아와 세계를 바꾼 급진적 신사고를 기꺼이 받아들이고자 했던 고르바초프의 철학적인 기반이 마련되었다.35)

왜 공산당은 별 소득이 없었음에도 대중에 대한 정치적 세뇌교육 프로그램을 계속 가동시켰나? 여러 가지 이유가 제시되어왔다. 하나는 '관성'이다. 정치적 통제와 이념을 담당하는 공산당 부서는 접촉한 대중과 충원한 당 활동가의 수를 증가시키는 등 자신의 활동성과를 계량적으로 보여줌으로써 자신의 존재를 정당화할 수 있었던 것이다. 다른 하나는 '공포'라는 단어로 설명할 수 있다. 공산당 지도부는 이념이란 제로섬 게임이라는 전제에 따라 행동했다. 다시 말해 만약 사회주의가 약화된다면 적대적인 반대 이념이 사회주의를 대체한다는 것이다. 그러나 공산당의 이념적인 노력이 별로 효과가 없었기 때문에 오히려 마르크스-레닌주의에 적대적인 사상과 가치가 확산되는 것을 막기 위한 투쟁을 벌이는 데 도움이 되었다. 결국 사회에 대한 이념적인 통제가 공산당에 중요했던 이유는 그러한 통제가 반체제 운동의 형성을 억제했기 때문이다. 고르바초프 이전에는 그 어떤 지도자도 이데올로기에 대한 공산당의 독점을 결코 포기하려 들지 않았다. 심지어 고르바초프조차 취임 초기에는 체제를 해체하는 대신 공산당의 선전 프로그램을 새로 짜고 그 활동방향을 재조정하기 위해 공산당 서기장직의 전통적인 권력을 행사했다.

글라스노스트라는 슬로건 아래 좀 더 자유로운 토론의 요소를 도입하

---

34) Robert D, English, *Russia and the Idea of the West: Gorbachev, Intellectuals, and the End of the Cold War*(New York: Columbia University Press, 2000), pp. 5~8.

35) 고르바초프는 스스로 그의 개혁 프로그램이 비단 러시아뿐 아니라 세계 전체의 독트린으로 적용될 수 있다고 설명했다. 그의 이러한 주장은 1987년에 발간된 그의 책에서 살펴볼 수 있다. Mikhail Gorbachev, *Perestroika: New Thinking for Our Country and the World*(New York: Harper & Row, 1987).

고 소련 경제를 개혁하고자 했던 고르바초프의 노력은 처음에는 '공산주의 훈육'의 내용이나 형식에 거의 영향을 끼치지 못했다. 그러나 글라스노스트 운동은 점차 힘을 발휘하기 시작했다.[36] 마르크스-레닌주의에 대한 거부감이 얼마나 널리 퍼져 있는지를 대중에게 폭로함으로써 글라스노스트는 마침내 공산당의 사회화 프로그램 자체에 상당한 피드백 효과를 낳았다. 1989년 12월에 약 2,700명의 소련 시민을 대상으로 실시한 여론조사에 따르면 48%의 응답자가 종교의 신봉자라고 답한 반면 단지 6%만이 마르크스-레닌주의가 국가의 여러 문제를 해결해줄 수 있다고 응답했다.[37] 1989년에 실시한 다른 설문조사에 따르면 응답자의 61%가 사유재산을 합법화하는 원칙에 찬성했으며, 11%만이 반대 입장을 나타냈다.[38] 1989년과 1990년에 걸쳐 소련 시민이 공산주의 이데올로기를 빠른 속도로 강력하게 거부했다는 또 다른 많은 증거가 있다. 옐친이 공산당 활동 금지조치를 선포한 1991년 9월 이전에 이미 무려 전체 공산당원의 약 10%에 이르는 200만 명의 당원이 탈당했다. 공산당 내의 급진파들은 스스로 공산당을 탈당해 새로운 대안 정당을 창당하겠다고 위협했다.

동시에 고르바초프와 공산당 지도부가 취한 정책적 입장은 점차 비정통적으로 변모해갔으며, 마침내 1990년경에 이르면 정통적인 옛 마르크

---

36) Thomas Remington, "A Socialist Pluralism of Opinions: Glasnost' and Policy-Making under Gorbachev", *Russian Review*, 48(1989), pp. 271~304.

37) Yu. A. Levada et al., "Homo Sovieticus: A Rough Sketch", *Moscow News*, 11 (1990), p. 11.

38) Tatiana Zaslavskaia, "Vesti dialog s liud'mi", *Narodnyi deputat*, 2(1990), pp. 25~27. 자슬라브스카야는 고르바초프 이전과 초기 고르바초프 시기에 가장 중요한 개혁 이론가 가운데 하나로 간주되었던 저명한 사회학자였다. 러시아 학술원의 회원이자 인민대표자회의의 의원이기도 했던 자슬라브스카야는 소련 전역을 대상으로 한 여론조사를 담당할 새로운 연구소를 설립하기도 했다.

스-레닌주의의 요소는 거의 남아 있지 않았다. 자본주의와 사회주의 간 국제 계급투쟁에 관한 이론은 이제 폐기되었고 고르바초프는 국내개혁 프로그램을 일러 '사회적 시장경제'로의 이행이라고 말했다. 1990년 경제 정책의 기본 지침으로 채택한 한 문건에서 고르바초프는 "시장경제로의 전환 외의 다른 대안은 없다. 전 세계의 경험이 시장경제의 활력과 효과를 입증했다"라고 말했다.[39] 이 문건은 마르크스-레닌주의가 실패했음을 자인하는 것이다. 소련공산당은 그동안 이러한 시장경제 원칙의 모든 핵심적인 요소를 포기해왔으며, 이제 공산당은 소련의 이념적 영역에서 통치력을 상실했다. 공산당 지도부와 일반 대중 가운데 오직 소수의 인원만이 공산주의 이데올로기를 지키고자 했다. 이제 공산주의를 대신해 민주주의와 반민주주의 이념이 대두하게 되었다.

4. 민주적 가치에 대한 지지

1989년에서 1990년 무렵부터 설문조사 전문가들이 객관적이고 과학적으로 설계된 여론조사를 실시할 수 있게 됨에 따라 그들은 러시아 시민의 민주적 권리에 대한 지지도가 놀랄 만큼 높은 수준이라는 사실을 보고

---

39) 이 문건은 「국가경제의 안정화를 위한 주요 방향과 시장경제로의 이행(Main Directions for the Stabilization of the National Economy and the Transition to a Market Economy)」이란 명칭으로 발표되었다. British Broadcasting System Summary of World Broadcasts(BBC SWB), SU/0900, October 20, 1990, p. C/1에서 재인용. 이 정책 성명은 1990년 10월 19일 소련 최고회의에서 국가경제의 기본방침으로 채택되었다. 이것은 정책 실행을 위한 행동 플랜이라기보다 정책의 원칙과 목표를 천명한 것이라는 데 중요한 의미가 있다.

했다. 예를 들어 1990년 깁슨과 미국 및 소련의 전문가로 구성된 조사팀은 자유민주주의와 연관된 중요한 가치에 대한 지지도를 확인하기 위해 모스크바 오블라스트—즉 모스크바 주변 지역—에 사는 504명의 주민을 대상으로 설문조사를 실시했다. 그들은 소련 시민이 자유민주주의 가치를 강력하게 지지한다는 것을 발견했다. 예를 들어 표현의 자유와 같은 이슈에 관한 설문에서 소련의 응답자들은 서유럽 국가의 시민과 비슷한 정도로 민주적인 가치를 지지했다. 구체적으로 77%의 모스크바 오블라스트 응답자들과 78%의 서유럽 국가 응답자들이 각각 민주적 가치에 대한 지지 의사를 나타냈다. 어떠한 특정한 권리가 항상 지켜져야 한다는 것에 동의하는 비율을 측정한 결과 소련 시민은 서유럽 국가의 시민과 여러 항목에 걸쳐 유사한 의견을 나타냈다.

이 밖에 깁슨과 동료 연구자들은 나이와 성별(여성인지의 여부)이 권리의식과 부정적인 상관관계에 있는 만큼 반대로 교육이 권리의식과 긍정적인 상관관계에 있다는 것을 발견했다. 이는 민주적 가치를 지지할 개연성에 대한 의미 있는 예측을 가능하게 해주는 유일한 인구학적 요소다. 다른 조건이 동일하다면 응답자의 교육수준이 높을수록, 응답자가 젊을수록 민주적 권리를 지지할 가능성이 높다. 전체적으로 볼 때 교육수준과 나이 변수를 통제했을 때에도 여성은 남성보다 개인의 권리에 대한 지지도가 상대적으로 약간 낮았다.

그러나 러시아인들은 얼마 지나지 않아 희망했던 민주주의의 혜택을 실현시켜줄 새로운 국가 정치제도의 능력에 대한 신뢰를 잃었다. 러시아의 여론조사회사는 러시아인이 다양한 기관을 얼마나 신뢰하는가에 대한 설문조사를 계속 실시해왔다. 러시아인은 선출직으로 운영되는 기관보다는 교회나 군대 등 비선출직으로 구성되어 있는 기관을 더 신뢰하는 일관된 경향을 보였다. 그들은 다른 기관보다 푸틴에게 더 높은 신뢰감을 나타냈으며, 정당과 의회 같은 선거와 관련된 기관에 대한 신뢰도가 가장 낮았다.[40] 〈표 5-1〉은 2001년과 2007년에 실시된 여론조사 결과를 비교한 것이다. 〈표 5-1〉에서 알 수 있듯이 푸틴에 대한 대중의 신뢰도는 상당히 높아졌지만 대부분의 다른 기관에 대한 신뢰는 거의 변하지 않았다. 푸틴에 대한 지지도와 다른 선출기관에 대한 신뢰도의 차이는 현저했다. 대부분의 권력기관에 대한 대중의 회의가 깊이 뿌리내리고 있음이 분명해 보인다.[41]

대부분의 경우 러시아인은 국가로부터 소외감을 느낀다. 정치활동에 참여하는 것에 흥미를 갖는 사람은 드물다. 34%는 절대적으로 원하지 않으며, 28%는 참여하는 것보다 참여하지 않기를 바라는 입장을 보인다. 정치 과정에 영향력을 행사할 수 있다고 생각하는 러시아 시민은 더욱 드물다. 응답자의 3%만이 "절대적으로 영향력이 있다"라고 답했으며, 7%의 응답자는 "어느 정도 영향력이 있는 편이다"라는 반응을 보였다. 무려 84%의 응답자들이 정치 과정에 어떠한 영향력도 갖고 있지 않다고 응답했다. 그리고 그들은 공공의 활동에 관여하는 사람들에게 회의와 의혹의 시선을 보낸다. 단지 13%의 시민만 대부분의 공적인 운동과 발의는 밑바닥의 평범한 시민에 의해 조직된다고 믿는다. 절반 이상의 응답자들은 그러한 현상이 정부나 재야 세력에 의해 동원된 것으로 믿는다.[42] 국가와 다른 시민에 대한 이러한 불신은 혁신과 기업가정신을 장려하고자 하는 집중적인 노력에의 동참을 독려하려는 국가 지도부의 노력에 걸림돌이

---

40) 2007년 4월 9일 발표된 레바다센터 조사결과 참조. 2007년 3월 1~18일에 실시된 이 조사는 2,107명의 성인을 대상으로 했다(http://www.levada.ru/press2007040901.html 참조).

41) 각주 40 여론조사 결과 참고.

42) 레바다센터가 실시한 설문조사에 의거함. Polit.ru, June 25, 2010에서 재인용.

표 5-1 _ 2001년과 2007년의 제도에 대한 신뢰도: "해당 기관을 어느 정도로 신뢰 또는 불신하는가?"

(단위: %)

설문 대상	전적으로 신뢰함		부분적으로 신뢰함		전적으로 신뢰하지 않음	
	2001년	2007년	2001년	2007년	2001년	2007년
러시아 대통령	52	64	31	23	7	7
교회, 종교조직	41	42	21	17	12	12
군대	33	31	31	30	18	20
출판사, 라디오, 텔레비전	28	27	43	35	18	14
국가 보안기관	22	24	32	27	19	18
러시아 연방정부	21	19	41	40	22	26
러시아 연방주체정부	21	18	36	35	27	33
법원	13	17	34	28	26	27
검찰	13	17	34	28	26	27
지방자치단체	20	16	36	31	31	41
국가두마	10	13	41	41	35	33
연방회의	12	12	36	37	21	22
경찰	12	12	36	35	38	38
노조	14	9	25	21	31	28
정당	7	7	28	27	36	36

자료: Levada Center.

된다. 메드베데프 대통령의 현대화 프로그램에 대한 의견을 묻는 설문에서 16%의 응답자는 국가로부터 자원을 절취하려는 또 다른 시도일 뿐이라고 생각했고, 17%의 응답자는 알맹이가 없는 말잔치에 불과한 것으로 간주했다. 단지 11%의 응답자만이 현대화 프로그램이 자유시장경제의 법치국가(law-governed state)[43]를 실현시킬 것으로 기대했다.[44]

전반적으로 로즈와 그의 동료는 오늘날의 러시아는 "불완전한 민주주의를 운명이거니 생각하고 받아들이는" 양상을 보인다고 결론 내린다. 다

43) 러시아어로 'pravovoe gosudarstvo'.

44) Vera Kholmogorova, "Reformy bez podderzhki", *Vedomosti*, March 5, 2010.

시 말해 그들이 현 체제를 받아들이는 것은 그들의 삶이 1990년대와 2000년대의 변화에 어떠한 영향을 받아왔는가에 대한 실용주의적 견해와 그들이 생각하기에 미래에 일어날 수 있을 것으로 예상되는 변화에 그 근거를 둔다는 것이다. 그들은 현재의 정치체제를 인정하는 경향을 보이며 다수의 러시아 시민은 공산주의로의 회귀, 의회의 활동 중지, 혹독한 독재정권의 수립, 군부통치 등과 같은 다른 대안을 거부한다. 그들은 현재의 정치체제가 변화할 가능성은 별로 없다고 생각하지만 푸틴이 국가의 경제상황을 호전시키는 데 기여했다고 생각해 그를 신뢰한다. 따라서 그들이 현 체제를 신뢰하는 이유는 정부가 할 수 있는 것이 무엇인가라는 관점에서 러시아 정부가 실제로 이룬 업적을 긍정적으로 평가하기 때문이다. 그들은 부패와 국가의 무능에 대해 매우 비판적이지만, 그들 스스로 의미 있는 변화를 위해 할 수 있는 일은 거의 없다고 생각한다. 그 부분적인 이유로는 보통 사람들에게 진정한 정치적 영향력을 부여해주는 의회와 정당을 광범위하게 불신하기 때문이라는 것이다. 따라서 러시아 시민은 현 체제를 이상적이라고 생각하지는 않지만 가능한 다른 많은 대안보다는 훨씬 더 바람직하다고 생각한다.45)

---

45) Richard Rose, William Mishler, and Neil Munro, *Russia Transformed: Developing Popular Support for a New Regime*(Cambridge: Cambridge University Press, 2006); Richard Rose and Neil Munro, *Elections without Order: Russia's Challenge to Vladimir Putin*(Cambridge: Cambridge University Press, 2002); Richard Rose, Neil Munro, and William Mishler, "Resigned Acceptance of an Incomplete Democracy: Russia's Political Equilibrium", *Post-Soviet Affairs*, 20:3(2004), pp. 195~218.

5. 소련 시기 러시아 정치문화에 끼친 영향

장기적·단기적인 영향력이 러시아의 정치문화에 효력을 발휘한다. 개인의 교육 기회, 지리적, 경력상의 유동성, 경제적인 생산성 등의 향상을 포함하는 근대화는 러시아 정치문화에 중요한 영향을 끼쳐왔다. 실제로 소련 정치체제가 붕괴된 가장 중요한 원인 가운데 하나는 대중에 대한 교육과 정보 제공을 위해 소련체제가 엄청난 노력을 기울인 결과 1917년 볼셰비키 혁명 당시보다도 훨씬 높은 교육수준이 달성되었고, 그와 동시에 정치에 대한 정보를 많이 갖게 된 시민이 제기한 요구를 체제가 충족시켜 줄 수 있는 능력을 갖추지 못했기 때문이다. 1980년대 말 무렵 15세 이상의 소련 시민 가운데 60% 이상이 중등교육을 수료했으며, 고등교육기관에서 학위를 받은 사람의 비율은 10%가 넘었다.[46] 수많은 연구를 통해 입증되었듯이 교육은 소련 시민이 좀 더 비판적이고 까다로운 사회 및 정치관을 갖도록 해주었다.[47] 더구나 교육은 민주적 원칙에 대한 지지와 밀접하게 연관되어 있다. 교육수준이 높은 사람일수록 자유민주주의적 가치와 원칙을 지지할 가능성이 높다.[48] 결과적으로 오랜 시간에 걸쳐

---

46) 미국 인구통계국에 따르면 2005년 현재 25세 이상의 미국 시민 가운데 85%가 고등학교를 졸업했고, 28%는 대학을 수료했다(http://www.census.gov/Press-Release/www/releases/archives/education/007660.html 참조, 검색일: 2007.01.28.).

47) Brian Silver, "Political Beliefs of the Soviet Citizen," in James R. Millar(ed.), *Politics, Work, and Daily Life in the USSR*(Cambridge: Cambridge University Press, 1987), p.127.

48) Gibson and Duch, "Emerging Democratic Vlaues", p. 86; William M. Reisinger, Arthur H. Miller, Vicki L. Hesli, and Kristen Hill Maher, "Political Values in Russia, Ukraine and Lithuania: Sources and Implications for Democracy", *British Journal of Political Science*, 24(1994), pp. 216~218; Jeffrey W. Hahn, "Continuity

러시아 사회에서 중등교육과 고등교육을 받은 사람이 늘어남에 따라 민주주의 원칙에 대한 지지 수준도 높아졌다.

소련 정부의 직업 선택 범위의 개방과 산업화 드라이브 정책에 따른 지리적 유동성의 결과 사회의 도시화가 빠른 속도로 진행되었다. 오래된 농촌사회의 정서와 습관은 더딘 속도로 탈피되어갔지만, 러시아 사회는 상대적으로 짧은 시간에 압도적으로 도회적인 성격으로 바뀌었다. 1970년대 말 무렵 러시아 인구의 2/3 이상은 도시 거주자였으며, 2008년 시점으로 러시아 인구의 73%는 도시거주자로 분류되었다. 그러나 1950년대 말 무렵까지만 해도 러시아의 절반은 도시화되었지만, 나머지 절반은 농촌사회로 남아 있었다. 1950년부터 1980년 사이에 소련의 도시인구는 약 1억 명 증가했는데, 이 가운데 대부분은 농촌으로부터 삶의 터전을 옮긴 이주민이었다. 여러 측면에서 도시화는 소련의 산업화의 필요성에 따라 추진되었으며, 많은 소련의 도시는 주요 생산기업에 종사하는 노동자를 위한 '실제보다 좋게 보이는' 거대한 숙소와 다름없었다. 그러나 도시 생활은 사람 사이의 새로운 교류형태, 새로운 사회적 정체성, 궁극적으로는 새로운 정부에 대한 열망과 기대를 야기했다.

1) 세대교체

교육수준의 향상과 도시화의 영향력은 특히 중요한 것으로 간주되어 왔다. 소련 및 러시아 시민 가운데 각각의 신세대는 자신의 부모 세대보

---

and Change in Russian Political Culture", in Frederic J. Fleron, Jr., and Erik P. Hoffmann(eds.), *Post-Communist Studies and Political Science: Methodology and Empirical Theory in Sovietology*(Boulder: Westview Press, 1993), pp. 319~322.

다 더 많은 교육을 받았고, 도시 거주 비율도 높았기 때문이다. 정치학자 도나 베어리(Donna Bahry)는 여론이 어떻게 변화하는가를 살펴보기 위해 상이한 시점에서 시행한 조사를 비교 분석해 정치문화의 변화를 유발하는 가장 중요한 요소는 **정치적 세대교체**(turnover of political generation)라는 것을 밝혔다.[49] 브레즈네프 시기와 고르바초프 시기에 실시된 조사에서 세대 간 격차가 상당히 벌어져 있는 것으로 나타났다. 노년층은 집단농장과 같은 소련 시스템의 일부 제도와 관습에 대해 비판적인 입장이었지만 국가사회주의와 관련된 정치적·경제적 가치에는 어느 정도 수용하는 경향이 더 강했다. 소련 사회의 생활여건에 대해 좀 더 비판적이고, 정치적·경제적 통제 완화를 지지하던 청년층은 달랐다. 따라서 베어리는 나이(생애주기 효과)가 아닌, 세대가 여론의 변화에 영향을 끼친다는 것을 밝혔다. 다시 말해, "제2차 세계대전 이후, 특히 1950년 이후 태어난 이들은 그들보다 나이가 많은 사람과는 근본적으로 가치관이 다르다."[50]

---

49) Donna Bahry, "Society Transformed?: Rethinking the Social Roots of Perestroika", *Slavic Review*, 52:3(Autunm, 1993), pp. 512~554 참조. 베어리는 서로 다른 시점에 실시된 세 개의 설문조사 자료를 분석한다. 첫 번째 조사는 제2차 세계대전 이후 유럽에 정착한 이주민을 대상으로 한 하버드 프로젝트(Harvard Project)로 1920년대, 1930년대, 1940년대 초반에 형성된 정치적 태도를 반영한 것이다. 두 번째 조사는 망명자(emigre)를 대상으로 1970년대 미국에서 실시된 조사로부터 획득한 'SIP 자료'이고, 세 번째 조사는 타임-미러(Time-Mirror)사가 1991년에 실시했던 여론조사다. 이 조사를 통해 베어리는 상이한 시점이지만 동일한 세대에 속하는 사람들에게 비슷한 주제에 관한 설문조사를 실시함으로써 각 설문조사 간 차이점을 비교할 수 있었다. 반면에 필자는 서로 다른 세대를 대상으로 한 설문조사들을 비교함으로써 유사한 설문에 대한 세대 간 차이와 연속성을 파악할 수 있었다. 초기의 조사부터 후기의 조사까지 살펴본 결과 베어리는 공통적으로 전쟁 이전 세대는 비록 1970년대와 1980년대에 나이가 상당히 들었지만 그들의 응답에 나타난 가치에는 일관성이 있음을 발견했다.

50) Donna Bahry, "Society Transformed?: Rethinking the Social Roots of Perestroika",

세대교체는 지속된다. 오늘날의 20대는 유례없는 개인의 자유와 번영의 기회를 가져왔지만 동시에 체제 전환의 실제 결과에 광범위한 실망감과 심지어 냉소주의도 가져왔던, 격렬한 역사의 소용돌이가 휘몰아치던 시대에 태어났다. 체제 전환의 결과로 생활수준의 향상이 신속하게 이루어질 것이라는 기대가 실현되지 않자 세상을 단순히 '우리' 아니면 '그들'이라는 이분법으로 파악하는 젊은이 사이에서 민족주의와 외국인 혐오주의가 유행했다.[51] 더 많은 젊은이는 그러한 이념은 신경 쓰지 않고, 오로지 돈 버는 것과 그럭저럭 살아가는 일상사에만 몰두했다. 현재 20대인 젊은이는 소련 시기에 대한 개인적인 기억은 거의 없으며, 소련이 붕괴된 이후 나타났던 범죄, 부패, 불평등, 물질주의 등의 폭발적인 증가 현상을 직접 목격하며 자랐다. 그들은 또한 글로벌 청년문화의 취향과 열망을 공유할 수 있는 기회, 디지털 통신의 확산, 통상과 금융의 세계로 입문할 수 있는 새로운 자유 등의 혜택을 누릴 수 있었다.

2000년대 중반에 접어들어 러시아 당국은 세르비아, 조지아 및 우크라이나의 '색깔혁명'(〈클로즈업 9-1〉 참조)에서 발생했던 바와 같이 통제하기 힘든 반정부 청년운동이 조직될 수 있다는 가능성을 점차 우려했다. 각국의 에피소드에서 볼 수 있듯이 청년집단이 주도했던 대중의 저항운동을 통해 선거결과를 조작하고자 했던 부패에 연루된 권위주의적인 지도자들이 축출되었다. 러시아에서 크렘린은 '색깔혁명'을 방지하기 위해 길거리에서 반체제 시위자들과 싸울 준비가 되어 있는 친정부적 청년조직 — 예

---

p. 544.

51) ≪워싱턴 포스트≫의 기자인 피터 베이커(Peter Baker)와 수전 글래서(Susan Glasser)는 이들 집단을 생생하게 묘사한다. Peter Baker and Susan Glasser, *Kremlin Rising: Vladimir Putin's Russia and the End of Revolution*(New York: Scribner, 2005), "Chapter 3, Time of the Patriots" 참조.

컨대 축구 팬클럽에서 회원을 충원하는 등의 방식을 통해 — 을 만들어냈다. 이러한 체제 옹호 집단은 전투적이면서 반서구적, 민족주의적 수사법을 사용했으며, 푸틴에 대한 충성을 공공연하게 밝혔다. 이들 조직 중 최대 집단은 '우리 것'이라는 의미의 나쉬(Nashi)라는 조직이었는데, 이 조직은 수천 명의 추종자를 대상으로 중부 러시아에 위치한 셀리게르호(Lake Seliger)에서 해마다 여름캠프를 개최해왔다. 참가자들은 그곳에서 군대 스타일의 훈련도 받고, 정치 현안에 대한 세미나를 열기도 했다. 첫 3년간(2005~2007년)의 집회에서 그들이 보여준 메시지의 성격은 사뭇 전투적이고 외국인 혐오적이었다. '나쉬' 집회의 강사들은 서방이 외부로부터 러시아 전복을 시도하는 한편, 올리가르히, 자유주의자, 기타 '파시스트적' 분자들이 안으로부터 러시아를 전복시키려고 하기 때문에 애국 청년은 안팎으로부터의 적에 대항해 필요하면 무력을 사용해서라도 국가를 방어해야 한다고 경고했다.[52)]

그러나 2007년 국가두마 의원 선거 이후 크렘린은 혁명의 위협은 분명히 지나갔다고 판단하고 나쉬에 대한 지지를 철회하기 시작했다(실제로 나쉬 지도자 가운데 세 명은 국가두마 의원으로 진출했음). 그 대신 당국은 그들이 부추겨 키웠던 청년조직의 규모를 축소시키고 비정치화시켰다. 2008년과 2009년 셀리게르호에서 실시된 나쉬의 여름캠프는 혁신과 기업가정신을 홍보하는 데 주력했다. 2010년 여름캠프 조직자들은 '여섯 개의 주제(모듈)로 구성된 집중적인 교육포럼'을 진행하기 위해 러시아 청년들과 함께 이 캠프에 참여할 1,000명의 외국인 학생을 충원함으로써 여름캠프 프로그램의 국제화를 시도했다. 그것은 '국제정치, 비즈니스와 혁

---

52) Claire Bigg, "Here Comes the Sun for Putin's Patriotic youth", *RFE/RL Russian Political Weekly*, July 26, 2005.

신, 미디어, 시민사회, 예술과 디자인, 지속가능한 발전' 등이다.[53] 군화를 신고 육체적 훈련을 받으며 반서방 구호를 외치는 스타일의 여름캠프 방식은 사라졌다. 나쉬는 스스로 공격적인 성향을 줄였다. 크렘린이 그렇게 쉽사리 나쉬와 같은 청년운동을 만들었다가 손을 뗀 과정을 살펴보면 청년운동의 뿌리가 얼마나 얕았는지를 알 수 있다.

2) 현대 러시아에서의 정치사회화

소련체제는 학교의 교과과정, 대중매체, 대중문화, 정치 교육, 시민의 가치와 태도가 형성되는 거의 모든 채널을 통제함으로써 정치에 대한 세뇌교육과 선전에 엄청난 노력을 쏟아부었다. 그에 비해 오늘날 정치사회화의 형식과 내용은 상당히 크게 변화했다. 집권당이 모든 형태의 사회화를 포괄적으로 통제하던 관행은 사라졌다. 시민은 훨씬 더 광범위한 종류의 갖가지 가치와 신념 사이에서 선택할 수 있었다. 국가는 애국주의, 국가정체성, 체제에 대한 충성과 관련된 최소한의 메시지를 확산시키기 위해 대중매체와 교육제도를 활용했다. 노동계급의 국제적 연대와 계급투쟁에 관한 소련의 독트린 대신 오늘날의 학교 교과서는 러시아 민족의 유산에 대한 사랑과 국가 주권의 중요성을 강조한다. 공산주의 시기에는 봉건제하의 귀족이나 자본제하의 부르주아에 대한 보통 사람의 투쟁의 영웅으로 숭상되었던 역사적인 영웅이 지금은 러시아 민족문화의 위대한

---

53) 러시아 청년국의 책임자인 바실리 야케멘코(Vassili Yakemenko)가 외국의 교육기관에 팩스로 보낸 2010년 3월 22일자 편지 내용에 근거함. 초청을 받아들이겠다고 응답한 외국 학생 가운데 다수는 제때 비자를 받지 못해 참석할 수 없었다. Yulia Taranova, "Russian Bureaucracy Stymies Pro-Kremlin Youth Retreat", *New York Times*, July 5, 2010.

대표자로 추앙된다.[54] 애국주의에 대한 교육은 국가로서의 러시아뿐 아니라 민족으로서의 러시아에 대한 충성심을 고양시키는 데 그 목적이 있다. 새로운 포스트소비에트 국가의 경계 내에서 민족 공동체 의식을 창출하려는 러시아의 관점에서 본다면 이는 논리적인 현상이다.

국가에 대한 애국적인 충성심을 고양시키는 작업은 확실히 포스트소비에트 시기의 민주적인 정치질서뿐 아니라 소련 이전 시기와 소련 시기의 체제와 관련된 정체성까지 교육시키는 것을 의미하기 때문에 러시아의 역사 교과서가 전달하는 메시지는 다소 자기 모순적인 양상을 보인다. 과거의 체제와 역사상 시대는 두 가지 일반적인 기준에 따라 평가되는 경향이 있다. 다시 말해 그러한 과거의 체제와 시대가 국가권력을 강화하는 쪽으로 기여했는지, 경제를 일으키는 쪽으로 기여했는지 등에 따라 평가되는 경향이 있다는 것이다. 예를 들어, 옐친 정부는 공산주의체제를 붕괴시키고 시장경제의 기초를 닦았다는 점에서 긍정적으로 평가되지만 국가권력을 약화시켰다는 점에서는 비난 받는다. 브레즈네프 정권은 국가와 경제의 침체를 초래했기 때문에 비판 받는다.[55]

---

54) Elena Lisovskaya and Vyacheslav Karpov, "New Ideologies in Postcommunist Russian Textbooks", *Comprehensive Education Review*, 43:4(1999), pp. 522~532.

55) 크렘린이 고등학교 역사 수업시간에 사용하도록 강력히 추천한 역사 교과서는 당국이 취한 현재의 이념적 입장을 제시한다. 이 교과서는 고르바초프가 민주적 자유와 시장개혁을 도입한 것에 대해서는 긍정적으로 서술하지만 소련의 국가 체제가 붕괴하도록 내버려둔 것은 비판한다. 마찬가지로 이 역사 교과서에서 옐친은 공산주의의 퇴출을 되돌릴 수 없게 만들었다는 점에서 찬사를 받지만 국가의 통합을 약화시켰다는 점에서는 비판 받는다. 2000년대는 '주권 민주주의'의 시대로 불리지만 국가의 권위를 재구축하고, 국제무대에서 러시아의 위상을 바로 세웠으며 시장경제와 러시아의 세계 경제로의 통합이 공고화된 점에서 긍정적인 평가를 받는다. 이 책의 전체 주제는 혹독한 기후, 광대한 영토, 1,000년 이상의 전통을 자랑하는 국가 중심의 발전과정 등의 관점에서 볼 때 러시아는 집권화된 국가의 형태로 귀결될 수

스탈린 시기는 정치 교육에서 가장 논쟁적이고 민감한 주제다. 스탈린은 국가의 힘과 능력을 증대시키고, 제2차 세계대전 당시 국가를 지켜냈다는 점에서 긍정적인 평가를 받는다. 동시에 현 체제는 스탈린 치하에서 자행된 엄청난 규모의 테러와 억압은 공식적으로 비판하는 입장이다. 2007년 10월 스탈린 희생자를 추모하는 한 종교집회에서 당시 대통령이던 푸틴은 스탈린 시기의 테러는 "우리나라의 특별한 비극"이라고 말했다.[56] 더 나아가 그는 솔제니친이 서거한 후 그의 작품을 각급 학교의 역사와 문화 과목에 편입시키도록 교육부에 지시했다. 교육부는 교사들에게 관련 훈령을 내렸다. 교육부의 비망록에 따르면 "이러한 작업에 주의를 기울인다면 전체주의 국가에서 일어난 개인의 비극적인 운명과 조국의 현재와 미래에 대한 지도자와 민중의 책임이란 주제를 제기할 수 있다"라는 것이다.[57] 연방 교육전문위원회 소속 한 위원은 다음과 같이 논평했다.

> 교과과정에 솔제니친의 작품을 추가한 결과 학교 생도들은 일종의 정신분열증적 현상을 겪었다. 다시 말해 학생들은 『수용소군도』를 읽는 한편, 역사 선생님들은 학생들에게 스탈린이 유능한 관리자였다고 말하는 상황이 발생하는 것이다. 작가로서의 솔제니친은 역사 교과서 저자보다 훨씬 더 영향력이 강했기 때문에 아마도 학생들의 뇌리에 오래 기억되는 것은 스탈린의 억압정책에 대한 솔제니친의 평가일 것이다.[58]

밖에 없는 '견고한 힘을 필요로 한다'라는 것이다. 자세한 내용은 다음을 참조하라. A. V. Filippov, *Noveishaia istoriia Rossii, 1945-2006 gg.: Kniga dlia uchitelia* (Moscow: Prosveshchenie, 2007).

56) *REF/RL Newsline*, October 31, 2007.

57) Polit.ru, September 10, 2008.

58) Ul'iana Makhkamova, "Shkol'naia shzofreniia", *Nezavisimaia gazeta*, September

현대의 정치문화 역시 최소한 소련 공화국 가운데 일부끼리라도 통합을 회복하려는 욕망에 대한 강력한 저류를 반영한다. 러시아의 텔레비전 방송은 러시아인이 소련 공화국을 지칭할 때 쓰는 명칭인 '근외지역(near abroad)'의 활동에 상당한 관심을 기울인다. 러시아인은 수십 년에 걸친 공통의 사회, 경제, 문화 및 정치 경험으로 인해 다른 소련 공화국들과 깊은 유대감을 느낀다. 러시아의 장래는 서유럽과의 유대에 달려 있는가 아니면 CIS와의 통합에 달려 있는가라는 질문을 담은 설문조사에서 러시아인의 2/3는 CIS와의 유대가 중요하다고 답했다. 응답자의 1/3만이 서유럽과의 유대가 더 중요하다는 입장을 보였다.[59] 2007년에 실시된 여론조사에 따르면 푸틴 대통령과 메드베데프 대통령의 선언이 있었음에도 71%의 러시아 시민은 스스로를 유럽인이라고 간주하지 않는다.[60]

당국은 공산주의 독트린을 확고한 윤리적 기반으로 대체할 뿐 아니라 체제의 정치적 정당성 강화를 위해 러시아 정교회를 정치사회화의 동맹자로 삼고자 한다. 교회는 사회에 애국적 충성심, 국가에 대한 자긍심, 윤리적인 행동이 러시아 사회에 스며들게 하는 데 도움을 준다. 조직상으로 교회는 그 영향력을 확대하고, 러시아 국가교회로서의 전통적인 지위를 보호하고, 다른 기독교 종파가 러시아 사회에서 정교회 신자들을 개종시키지 못하도록 노력하는 과정에서 국가와 연대를 맺음으로써 혜택을 받

8, 2008.

59) Richard Rose, *Understanding Post-Communist Transformation: A Bottoms-Up Approach*(New York: Rougedge, 2009), p. 187. 응답을 세부적으로 나누어 분석하면 다음과 같다. 20%는 절대적으로 CIS가 더 중요하다고 보며, 46%는 유럽보다 CIS가 상대적으로 더 중요하다고 보며, 6%는 절대적으로 서유럽이 더 중요하다고 보며, 28%는 CIS보다 유럽이 상대적으로 더 중요하다고 간주한다. 설문조사는 2008년 레바다센터에서 실시했다.

60) Levada Center, February 15, 2007(http://www.levada.ru./press/2007021501.html).

는다. 그런데 학교에서는 러시아 정교를 윤리 강의의 기초로 삼아야 하는가에 대한 논쟁이 지속되었다. 예를 들면 2010년 봄 19개 지역에서 새로운 과목이 교과과정에 도입되었다. 4학년과 5학년 학생 전원은 '종교 문화와 윤리의 기초'라는 과목을 수강해야 한다. 학생의 가정은 정교, 이슬람교, 불교, 유대교, 여타 세계 종교, 또는 세속적인 윤리 중 어떠한 대상을 다루는 교과서인가에 따라 정해지는 6개의 상이한 과목 분반 가운데 하나를 선택할 수 있다. 교육부에 따르면 단연 가장 많은 신청이 몰린 곳은 세속 윤리를 다루는 교과서를 사용하는 과목이었으며, 단지 20%의 가정만이 러시아 정교 관련 과목을 신청했다. 그러나 정교회는 정부의 통계에 이의를 제기한다.[61] 많은 지식인은 교육과 사회정책에 대한 정교회의 영향력이 증대되는 현상은 국가와 종교의 분리를 명시한 헌법의 원칙을 위협하는 것이라고 우려한다. 그러나 종교적 신심 여부를 떠나 많은 사람은 러시아가 전 지구적 자본주의체제에 노출됨에 따라 사회에서 물질주의와 소비주의의 급증과 도덕성 쇠퇴현상이 나타난 것을 개탄한다. 그들은 역사적으로 국가와 오랜 동반자 관계인 정교회가 러시아 사회에서 전통적으로 계승된 도덕적 가치를 회복시켜줄 수 있는 힘이라고 간주한다.

현 체제는 사회 전반에 포괄적인 이념을 강요하기 위해서라기보다 반정부 운동이 일어나는 것을 방지하기 위해 광범위한 언론 통제를 실시해왔다.[62] 언론 통제는 차별적으로 이루어졌다. 중앙 텔레비전 프로그램은

---

61) "Shkol'niki Rossii predpochli izuchat' svetskuiu etiku", *Vedomosti*, February 24, 2010; Polit.ru, March 26, 2010.

62) Sarah Oates, "Television, Voters, and The Development of the 'Broadcast Party' ", in Vicki L. Hesli and William M. Reisinger(eds.), *The 1999-2000 Elections in Russia: Their Impact and Legacy*(Cambridge: Cambridge University Press, 2003), pp. 29~50; Oates, "Framing Fear: Findings from a Study of Election News and Terrosit

크렘린의 입장에 충실한 세계관을 보여주는 반면, 접하는 인원이 훨씬 적은 인쇄매체는 상당히 넓은 스펙트럼의 견해와 정보를 제시해준다. 미디어를 통틀어 현 체제의 언론 통제 양식은 세 가지로 나뉜다. 첫째, 기자와 편집자는 당국이 즐겨 쓰는 다양한 당근과 채찍 정책의 영향을 받는다. 정부에 우호적인 언론인은 당국에 쉽게 접근할 수 있는 특권이 있다. 반면 비리 등을 파헤치는 보도를 하는 독립적인 기자와 편집자는 괴롭힘과 협박에 시달린다.[63]

둘째, 당국은 사실상 정치적 통제의 책임을 미디어 자산을 보유하는 기업에 위임함으로써 간접적인 방식으로 언론을 통제한다. 대부분의 민간

Threat in Russia", *Europe-Asia Studies*, 58:2(2006), pp. 281~290; Oates, "Media, Cvil Society, and The Failure of the Fourth Estate in Russia", in Alfred B. Evans, Jr., Laura A. Henry, and Lisa McIntosh Sundstrom(eds.), *Russian Civil Society: A Critical Assessment*(Armonk, NY: M. E. Sharpe, 2006), pp. 57~62. 시청자들이 뉴스 내용을 어떻게 해석하는가에 대한 분석은 다음을 참조할 것. Ellen Mickiewicz, *Television, Power, and the Public in Russia*(Cambridge: Cambridge University Press, 2008).

63) 많은 기자가 살해되었다. 예를 들면 거의 마지막으로 남아 있던 독립적인 전국지 가운데 한 신문사의 기자였던 안나 폴리트콥스카야(Anna Politkovskaya)는 2006년 10월 7일 자신의 아파트에서 살해되었다. 체첸에서 연방과 지역 군대가 자행한 대규모 인권 유린을 보도한 결과 그녀는 수많은 살해 협박을 받았다. 폴리트콥스카야는 소련 붕괴 이후 42번째로 희생된 언론인이다. 공공심의원의 언론분과 위원장 겸 일간지 ≪모스콥스키 콤소몰레츠(Moskovskii Komsomolets)≫의 편집장인 파벨 구세프(Pavel Gusev)는 2007년 러시아는 이라크 다음으로 세계에서 언론인에게 가장 위험한 국가라고 선언했다(*RFE/RL Newline*, October 10, 2006; April 2, 2007). 일부 논평가들은 폴리트콥스카야의 살해사건 배후로 카디로프를 지목했다. 그녀는 이미 카디로프의 통치 비리를 폭로하는 많은 기사를 썼을 뿐 아니라 살해될 당시 그녀는 카디로프가 관할하는 감옥에서 자행되던 고문에 대한 기사를 쓰고 있었기 때문이다. 다른 기자들과 인권운동가의 경우와 마찬가지로 이 사건은 아직도 해결되지 못했다. 그녀의 살해 용의자 세 명이 체포되었지만 모두 방면되었다. 감사원은 새로운 수사를 명령했다.

미디어 공급 시설은 당국과 긴밀한 관계를 맺고 있는 기업체 소유다. 예컨대 거대 천연가스 독점업체인 가스프롬은 다수의 미디어 기업을 소유했다. 당국은 언론사 소유자 스스로 자신의 방송사 또는 신문사가 편집의 독립성을 어느 정도 가져야 하는지를 결정하는 데 주된 역할을 하도록 한다. 민간 석유기업인 루코일(Lukoil)은 전국 라디오 방송국 네트워크에 뉴스 콘텐츠를 제공해주는 미디어 조직 러시아 뉴스 서비스(Russian News Service: RNS)를 소유한 복수의 업체 가운데 하나다. 2007년 4월 RNS의 소유주들은 새로운 매니저를 영입했는데, 그들은 소속 기자들에게 새로운 노선을 제시했다. 그들에 따르면 이를 통해 최소한 방송 콘텐츠의 절반은 반드시 '긍정적'인 내용이 되어야 한다는 것이다. 이는 국가의 순조로운 발전에 대한 보도는 강조하고 폭력, 빈곤, 좋지 않은 기후, 기타 침울한 내용에 대한 보도는 억제하겠다는 것을 의미했다. 더구나 새 매니저들은 미국을 적으로 취급하고 야권 지도자들에 대한 보도를 하지 말 것을 요구했다.[64] 여러 명의 RNS 소속 기자들이 이에 항의해서 사표를 냈다.

마지막으로 크렘린은 편집자들에게 직접적으로 편집 지시를 내린다. 정치전략 담당 대통령 보좌관인 수르코프는 편집지침을 내리기 위해 주요 언론사의 편집자들과 매주 만난다는 보도가 있었다. 예컨대, 크렘린은 언론에 노출시켜서는 안 되는 야권 지도자들의 명단을 방송사 책임자들에게 통보했다는 것이다.[65] 체스 전 세계챔피언으로서 노골적인 정부 비판 인사가 된 가리 카스파로프(Garry Kasparov)도 보도금지 명단에 포함되어 있다. 마찬가지로 대중매체는 특정 사건을 어떻게 보도해야 하는가

---

64) Andrew E. Kramer, "50% Good News is the Bad News in Russian Radio", *online edition of The New York Times*, April 12, 2008(http://www.nytimes.com/2007/04/22/world/europe/22russia.html?_r=1&oref=slogin&pagewanted=print).

65) *RFE/RL Newsline*, February 12, 2008.

에 대한 지침을 받는다. 2008년 가을 글로벌 금융위기가 터졌을 때 러시아 금융시장은 겁에 질린 투자자들의 대규모 주식매도가 일어나 주식거래가 반복해서 중단되는 사태를 경험했다. 이때 주요 텔레비전 방송의 저녁 뉴스는 러시아가 '세계 위기로부터 약간의 영향'을 받는다고 보도하는 데 그쳤으며, 러시아 시장의 실제 상황은 보도하지 않았다.[66] 나중에서야 러시아 언론은 위기의 전모를 보도하기 시작했다.

그리하여 비록 소련 시기처럼 공식적인 검열기관은 없지만 대부분의 기자는 당국의 심기를 건드리는 행동을 피하려고 한다. 더구나 지방에서도 당국이 언론 통제를 위해 유사한 방식을 사용한다. 지방 정치 당국의 압력에 대한 지방 언론의 취약성은 중앙정부로부터 받는 압력에 대한 중앙 언론의 취약성보다 훨씬 크다.[67]

이와 동시에 인터넷은 직접적·정치적 통제로부터 상대적으로 자유롭다. 주기적으로 당국은 인터넷 서비스 공급자들과 웹사이트 호스트들에게 '극단주의적인 자료'를 유포시키는 등 인터넷을 부적절하게 이용할 경우 기소될 수 있다고 경고한다. 정부와 국가두마는 인터넷을 규제하기 위해 정기적으로 입법안을 마련하는 노력을 한다. 제출된 법안에 따르면 인터넷 서비스 공급자들은 법집행기관이 요구할 경우 의무적으로 사용자 정보를 당국에 제출해야 한다.[68]

---

66) Polit.ru, October 10, 2008.

67) 켈리 맥먼(Kelly McMann)은 러시아의 일부 지역 당국이 반정부 집단이 대중에게 노출되는 것을 막는 한편, 정부에 비우호적인 폭로성 기사가 실리지 않도록 하기 위해 독립적인 신문과 방송을 어떻게 억압하는가를 규명해왔다. Kelly McMann, *Economic Autonomy and Democracy: Hybrid Regimes in Russia and Kyrgyzstan*(Cambridge: Cambridge University Press, 2006).

68) 인터넷 서비스 공급자는 그들이 제공하는 사이트 가운데 어느 곳이든 그 콘텐츠에 법적으로 책임을 져야 한다. 공급자는 극단주의 경향의 콘텐츠를 포함하는 사이트

서유럽이나 북미 수준에는 한참 못 미치지만 러시아의 인터넷 사용은 늘어나는 추세다. 러시아 시민 가운데 약 1/3이 인터넷을 사용하는데, 특히 대도시 거주민과 젊은 층 사용자 비율이 높다.[69] 러시아의 블로그는 약 500만 개 정도 되는데, 그 가운데 약 1만 1,000개 정도가 공적인 이슈에 대해 활발한 논평을 하며, 때로는 특정 사건에서 온라인을 통한 대중 동원을 독려하기도 한다.[70] 그러나 대부분의 러시아 시민은 중앙 텔레비전 채널을 통해 뉴스를 접하며 인터넷을 사용하는 네티즌의 대다수는 사회적인 네트워킹 목적으로 온라인 매체를 활용한다.[71] 인터넷 기반 뉴스 제공 기관이 누리는 상대적인 자유 덕분에 소수의 인터넷 뉴스 사이트의 방문자는 비교적 편견이 덜한 뉴스를 접할 수 있는 것이다. 한편, 대다수의 시민이 접하는 뉴스와 여론의 주된 전달 매체는 여전히 당국과 친정부

의 접근을 막아야 한다. Nikita Kostenko, Anastasiia Gloitsyna, and Anton Osipov, "Za vse otvetia provaidery", *Vedomosti.ru*, October 1, 2008. 러시아의 인터넷 정책에 대해서는 다음을 참조할 것. Marcus Alexander, "The Internet and Democratization: The Development of Russian Internet Policy", *Demokratizatsiya*, 12(2004), pp. 607~627; Anton Troianovski, *Playing by new rules: Soft power and the fight for Russian Cyberspace*(Cambridge, MA, Harvard University, Senior thesis, 2008); Anton Troianovski and Peter Finn, "Kremlin Seeks to Extent Its Reach in Cyberspace", *Washington Post*, October 28, 2007, http://www.washingtonpost.com/wp-dyn/content/article/2007/10/27/AR200710 2701384_pf.html

69) Polit.ru, April 20, 2010.

70) Bruce Elting, Karina Alexanyan, John Kelly, et al. *Public Discourse in the Russian Blogosphere: Mapping RuNet Politics and Mobilization*(Cambridge, MA, Berkman Center for Internet and Society at Harvard University, Report number 2010-11, October 19, 2010).

71) 새로운 여론조사에 따르면 인터넷 사용자 가운데 14%만이 온라인 뉴스를 정기적으로 확인하는 반면 3/4은 사회적 네트워킹 사이트를 드나들었다. "Poll Finds No New Internet Users This Year", *Moscow Times*, September 18, 2009.

적인 대기업의 통제하에 놓여 있다.

6. 러시아의 문화적 다양성

1980년대 말과 1990년대 초 정치활동의 자유가 허용되면서 러시아의 민족 공화국과 자치 구역에 거주하던 소수민족 사이에서 종족적·민족적 자각이 밀물처럼 터져 나왔다. 타타르스탄 공화국, 바쉬코르토스탄 공화국, 체첸 공화국, 우드무르티야 공화국, 투바 공화국 및 기타 지역을 포함해 러시아의 다양한 지역에서 문화센터, 토착어 회복운동, 정치적 결사체들이 폭발적으로 증가했다.[72] 대체로 포스트소비에트 러시아는 분리 독립을 추구하는 과정에서 중앙정부와의 충돌로 비극을 겪은 체첸 지역을 예외로 한다면 소수민족집단의 문화적 표현과 자치에 대한 요구사항을 시민적 민족주의(civic nationalism)와 러시아 애국주의의 틀 안에 무난하게 적응시켰다. '러시아인을 위한 러시아'를 부르짖는 극우민족주의적인 정치인이 존재하지만, 대부분의 시민은 러시아는 역사적으로도 그랬거니와 앞으로도 계속 수백 년 동안 상이한 민족이 공존해왔던 다민족 국가로 남아 있을 것이라고 인정한다. 많은 러시아인에게 러시아의 인종적 다양성은 사실상 자부심의 원천이다.

제3장에서 논의했듯이 러시아는 소련체제의 제도적 하위단위로서의 속성을 계승했다. 그러한 제도하에 개별 소수민족에게 특정한 행정적 관

---

72) 러시아 연방에서의 종종적·민족적 동원에 대한 연구로는 다음을 참고하라. Dmitry P. Gorenburg, *Minority Ethnic Mobilization in the Russian Federation*(Cambridge: Cambridge University Press, 2003).

할구역이 할당되었다. 소수민족 가운데 규모가 큰 민족에는 공화국의 지위가 부여되었다. 일부 인구 규모가 비교적 작은 소수민족의 경우 자치구역의 지위가 부여되었다. 대부분의 소수민족은 별도의 자치영토를 부여받지 못하고 다만 인구센서스 또는 다른 시민 등록제도 등에서 특정 민족으로 분류되어 기재되는 수준으로 인정받았다. 또한 소수민족의 문화적 자율권을 보호하는 것이 러시아 정부의 공식적인 정책이다. 특정 소수민족에게 일정한 행정구역을 할당해 국가의 영토를 구획함으로써 정치적 도전이 일어날 수 있다. 그런데 이러한 측면은 전체 인구의 80%가 러시아 민족으로 구성되어 있으며 대부분의 공화국과 자치구에서도 러시아 민족이 가장 큰 민족집단이라는 사실 덕분에 다소 완화될 수 있다. 자신이 최대의 인종집단이 아닌 곳(연방주체)에서도 러시아 민족은 대개 꽤 규모가 큰 축에 속하는 인종집단이다.

러시아는 100여 개의 공식적으로 인정되는 민족으로 구성되어 있는데, 그중 일부는 수천 명을 넘지 않는 규모다. 이들 소수민족은 여러 개의 상이한 민족-언어집단을 대표한다. 그 가운데는 피노-우그릭(Finno-Ugric)집단[코미(Komi), 우드무르트(Udmurt), 마리(Mari), 모르드빈(Mordvin) 민족 등이 포함됨]이 있는데, 이 집단은 핀족(Finns), 에스토니아인, 헝가리인 등과 문화적·민족적 유산을 공유한다. 타타르족(Tatar), 야쿠트족(Yakut), 바시키르족(Bashkir), 추바시족(Chuvash)과 같은 터키계 민족과 북캅카스에 거주하는 체첸, 잉구쉬(Ingush), 체르케스(Cherkess) 및 다수의 다른 민족집단이 속해 있는 캅카스 집단이 있다. 그 밖에도 시베리아 남부지역에 거주하는 소수민족과 먼 북부지방 및 극동지방에 거주하는 토착민족을 포함한 시베리아(Siberian) 집단도 있다.

문화적으로 비러시아민족은 매우 다양하다. 많은 소수민족에서 종교는 각 민족의 종족·민족적 정체성을 규정해주는 특성을 갖는다. 다수의 민족집단은 종교적인 전통상 이슬람으로 분류된다. 타타르와 바시키르 등과 같이 볼가 강변을 따라 북부지역에 사는 이슬람은 다른 민족과 마찬가지로 종교의 부흥이 그들의 민족적 차별성에 대한 자각을 강화시키지만 종교적 풍습에서는 그리 전투적이지 않은 성향을 나타낸다. 상당히 많은 민족집단(특히 시베리아 지역의 소수민족)에는 샤머니즘 풍습이 있으며,[73] 다른 일부 민족집단은 러시아 정교로 개종했다. 아울러 칼미크(Kalmyk)와 부랴티아(Buryatia) 등 2개 민족은 불교를 신봉해왔다. 유대인도 독자적인 민족집단으로 간주되었으며, 유대교는 실제로 러시아에서 4개의 전통적인 종교 가운데 하나로 인정된다. 종교와 민족적 정체성 사이의 밀접한 관련을 들여다보면 러시아 종교법이 소련 시기 훨씬 이전부터 러시아에서 신봉되던 4대 '전통종교(러시아 정교, 이슬람, 불교 및 유대교)'를 인정하고 그에 대한 보호정책을 펼치는 이유를 알 수 있다. 다음 장에서 우리는 이 법과 이 법에 깔려 있는 개념에 대해 논의할 것이다.

민족의식의 부활은 1990년대 분리주의 운동에 불을 지폈으나 이러한 움직임은 대부분 가라앉았다. 예를 들어 타타르스탄의 경우 러시아 전체 인구의 3.7%를 차지하는 러시아 최대의 소수민족인데, 약 550만 명을 헤아리는 타타르 민족집단이 1990년대 초 주권을 주장하고 심지어 독립을 요구하기까지 했다. 타타르인은 한때 러시아의 상당 부분을 정복했었던 칭기즈칸에서 그들의 뿌리를 찾는다. 민족주의 운동은 러시아화를 끝내고 키릴문자에서 라틴문자로 전환해야 한다고 주장하기도 했다. 오랫동

---

73) 샤머니즘은 샤먼의 역할에 집중되어 있는 일련의 종교적 관습을 일컫는다. 여기서 샤먼이란 현 세계와 눈에 보이지 않는 초자연의 힘과 정신 사이를 이어주는 매개자 역할을 하는 사람이다. 이에 대해서는 다음을 참조하라. "Introduction to Russia and Eurasia", *Encyclopedia of World Cultures*, Volume VI, Russia and Eurasia/China(Boston, MA: G. K. Hall & Co., 1994), p. xxxi.

안 타타르스탄 공화국의 대통령을 지냈던 민티메르 샤이미예프(Mintimir Shaimiev)는 옐친 대통령과 1994년 타타르스탄 당국이 연방정부에 대한 타타르스탄의 '특별한 관계'를 허용하고, 주권에 대한 상호 인정의 내용을 담은 법률로 해석되기도 하는 조약을 맺었다. 이 조약은 1999년에 연장되었으며, 푸틴이 개별 연방주체와의 그러한 쌍무조약을 달가워하지 않았음에도 2005년 다시 갱신되었다. 푸틴은 또한 2005년에 임기 만료된 샤이미예프를 타타르스탄 대통령으로 다시 지명했다. 따라서 거의 모든 부문에서 1990년대 러시아의 분권화 현상을 역전시키고자 했던 푸틴이 중앙정부에 대한 충성심과 타타르 종족의 민족주의 요구 사이에서 균형을 맞추는 데 보여준 샤이미예프의 독특한 능력을 고려해 그를 다시 임명한 것은 현명한 결단이었다. 2010년 샤이미예프는 네 번째 임기가 끝날 때쯤 다섯 번째 임기에 도전하지 않겠다고 선언함으로써 20년 이상 타타르스탄을 지배했던 지역의 보스는 현직에서 물러났다. 예전에 총리를 지냈던 그의 후임 대통령은 샤이미예프를 대통령 특별고문으로 임명하고 타타르스탄 크렘린 내에 그의 사무실을 마련해주었다.

타타르스탄 민족주의의 부활은 공화국 내에서 이슬람교가 부활함으로써 더욱 강화되었다. 샤이미예프가 제정한 주요 공공 법령 가운데 하나는 타타르스탄의 수도 카잔의 크렘린에 최대의 모스크 — 러시아 전국에서 최대 규모의 모스크 — 를 건립하는 것이었다. 2005년에 거행되었던 개관식에서 샤이미예프는 모스크와 정교회 성당이 카잔 시의 중심지에 나란히 서 있다는 사실은 타타르스탄이 지닌 다인종적인 성격을 상징하는 것이라고 말했다. 지방 관리에 따르면 샤이미예프는 모스크와 정교회 성당의 예배에 모두 참석하려고 애썼다고 한다. 샤이미예프는 일정 수준의 종족·민족적 정치의식과 이슬람의 종교활동을 허용 — 사실상 장려 — 하는 한편, 러시아 연방정부의 입장에서 볼 때 그러한 이슈를 안전한 수준과 영역으로 유지했다. 그 대신 그는 종족·민족주의 운동과 이슬람의 종교운동의 존재를 모스크바에 대한 묵시적인 협박카드 — 다시 말해, 지나친 집권화는 통제 불능의 상태로 상승 작용할 수 있는 민족주의 또는 종교적인 역류현상으로 발전할 수도 있다는 경고 — 로 활용하는 능력을 발휘했다.

타타르스탄은 러시아 연방을 다문화적인 연방국가로 보전하는 데 협조하는 것을 조건으로 문화적 자율권과 좀 더 많은 경제적 권리지분에 대한 요구를 연방정부로부터 관철시켰다는 점에서 러시아의 여러 민족 공화국 가운데서도 독특한 케이스에 속한다. 심지어 푸틴 집권 시기에도 중앙정부는 러시아의 인종적·문화적 다양성이 지닌 정치적 의미를 다루는 데 사실상 상당한 정도의 융통성을 보였다. 옐친에서 푸틴까지 이어지는 시기에 중앙정부는 체첸을 제외한 모든 공화국에서 문화적·정치적 자치 요구를 수용하는 동시에 가장 비타협적인 분리주의자들을 제외한 모든 연방주체에 통할 만큼 위협을 가함으로써 필요한 강온 혼합정책을 적절히 활용할 수 있는 방법을 알고 있었다. 그러나 푸틴과 메드베데프 시기에는 옐친 시기보다 소수민족을 활용할 수 있는 여지가 훨씬 적었다.[74]

현대 러시아 정치문화는 근대화의 영향 등 장기적이고 점진적인 추진력뿐 아니라 1990년대 초 일어났던 급작스러운 체제 변동 같은 좀 더 직접적인 사건의 영향도 받아왔다. 근대화, 도시화, 세대교체 등을 통해 러시아인은 점차 공산주의 치하에서보다 더 자유롭고 물질적으로 더 풍요로운 생활을 갈구했다. 그러나 소련 시기에 구축된 사회 안전망의 붕괴, 극단적인 부와 빈곤을 초래한 혼란스러운 사유화, 시장화 과정에 대한 실

---

74) Peter Reddaway and Robert W. Orttung(eds.), *The Dynamics of Russian Politics: Putin's Reform of Federal-Regional Relations*(Lanham, MD: Rowman & Littlefield, 2004).

망감 때문에 다수의 러시아인은 사회질서를 위해 국가가 강력한 통제력을 발휘해야 한다고 인정했다. 러시아인은 체제 변동의 결과에 대해 10년에 걸쳐 깊은 환멸감을 겪은 뒤 1999년 이후의 경제 회복세와 더불어 상당히 개인화되고 집권화된 푸틴체제를 맞이함으로써 체제에 대한 신뢰감을 회복했다. 그러나 러시아인은 러시아 사회의 질서와 예측가능성을 보존시켜주는 푸틴과 메드베데프에 대해서는 지지하는 경향을 보여도, 다른 정치제도는 불신하며 그러한 정치제도에 영향을 끼칠 수 있는 스스로의 능력을 믿지도 않는다.

러시아의 지도부는 포괄적인 이념적 독트린을 사회에 강요하지 않는 대신 국가에 대한 애국적 충성심과 국가적 자존심 등의 가치를 장려하는 데 집중했다. 푸틴과 메드베데프는 러시아가 글로벌 경제에서 경쟁력을 갖추려면 경제와 사회제도를 현대화해야 하며, 원자재 수출에 의존하는 구조를 극복해야 한다고 강조했다. 그러나 현대화 의제는 정치제도의 보수성, 관료의 타성, 변화에 대한 사람들의 회의 등과 충돌한다. 러시아 사회의 비활성화와 시민사회의 취약성 때문에 시민은 부패한 관료와 기업인의 권력을 제어할 수 있는 지도자를 선호하는 경향을 보이지만 이 때문에 지도자는 장기적인 관점에서 접근해 깊숙이 뿌리박힌 기득권 세력을 제압할 수 있는 새로운 구상에 대한 지지기반을 구축하는 것이 쉽지 않다. 러시아처럼 광대하고 다양성을 갖고 있는 나라에서 정치적 통제력을 확보하는 일은 국가 지도자에게는 매우 커다란 도전이며, 권위주의적 통치와 근대화를 수반하는 변화에 대한 추동력을 확보하는 데 국가 의존이라는 역사적 패턴을 강화시킨다. 이러한 정치문화에서 사람들은 민주적 권리에 대한 가치를 실용적으로 바라본다. 그들은 자유가 부와 안전을 확대할 수 있다는 전제하에 그것을 지지하지만 사회적 안정과 질서라는 기본 가치를 더 중시한다.

제6장

이익집단과 정당

1. 이익 표출: 국가주의 대 다원주의

러시아의 체제변동은 시민의 이해관계와 그 조직 방식에 강력한 영향을 끼쳤다. 다시 말해 그것은 이익집단의 수요 측면과 공급 측면 모두에 영향을 끼쳤다는 말이다. 분권화, 시장개혁, 사유화, 이념적 자유화, 외부세계에 대한 러시아의 개방정책 등은 인민의 필요성과 욕구를 재형성시켰다. 동시에 시민은 정치적 자유화를 통해 공통의 이익을 지키는 데 스스로를 동원할 수 있었다. 러시아 사회에서 이익의 다양성이 증대되고 집회의 자유가 더 커짐에 따라 소련체제에서보다 이익 결사체의 범위가 훨씬 더 광범위해지고 세분화되었다. 과거보다는 훨씬 더 이익 표출이 조직화되었지만 2000년대에 접어들어 이익 표출에 대한 국가 통제가 더욱 엄격해졌고, 그 결과 정치적 표현의 다양성이 제약을 받았다.

제4장에서 보았듯이 정직하고 효과적인 정부를 갖추는 것은 공공재라

고 할 수 있다. 좋은 정부를 만들 때 우리는 집단행동의 딜레마에 봉착하고는 한다. 공공재란 그것을 획득하기 위해 노력을 했는지 여부에 상관없이 아무나 누릴 수 있을 뿐 아니라 사람들이 그것을 사용해도 그 공급이 줄어들지 않는 재화를 말한다. 좋은 정부와 같은 공공재는 어디에서 생겨날 수 있느냐를 설명하기 위해 공급의 측면과 수요의 측면 모두를 살펴야 한다. 주지하듯이 공공재는 항상 적게 공급되는 경향이 있기 때문에 훌륭한 정부의 공급에 대한 설명의 문제가 발생한다.[1] 이러한 문제는 만약 집단행동을 조직함으로써 얻을 수 있는 혜택이 그것을 달성하기 위해 바쳐야 할 노력이라는 비용에 미치지 못한다면 다수의 사회구성원이 누릴 수 있는 공동선을 달성하기 위한 집단행동을 조직하는 비용을 기꺼이 감당하려는 사람들이 드물기 때문에 발생하는 것이다. 집단적 혜택(공동선)을 위해 실제로 조직을 만드는 사람들조차 그러한 과정에서 일정한 사적 이익을 추구하는 경우가 많다. 예컨대 어떤 이들은 정치지도자가 되려는 야심을 품을 수 있다. 그들은 일정한 명분을 위해 집단을 동원하는 수고를 함으로써 지명도를 높일 수 있으며 추종자를 확보할 수 있다.[2]

이러한 조직의 자원이 이미 확보되어 있다면 상대적으로 집단적인 노력을 위해 사람들을 조직하는 것이 수월할 수 있다. 만약 사람들이 조직에 소속이 되어 있거나 이전의 안면을 통해 유대감을 공유하고 있다면 그들을 설득해서 집단적인 노력에 끌어들이기가 상대적으로 용이할 것이다. 만약 조직 활동가들이 아무런 조직의 자원 없이 빈손으로 처음부터

---

1) Mancur Olson, *The Logic of Collective Action: Public Goods and the Theory of Groups*(Cambridge, MA: Cambridge University Press, 1965).

2) Kay Lehman Schlozman, Sidney Verba, and Henry Brady, "Participation is Not a Paradox: The View from American Activists", *British Journal of Political Science*, 25(1995), pp. 1~36.

시작하면서 탄원서에 서명하게 하고 회비를 납부하도록 하거나 또는 시위에 참가하도록 설득하기 위해 개별적으로 사람들을 접촉해야 한다면 대규모의 집단행동을 조직하기 훨씬 더 어렵다. 따라서 체제 전환의 시기에 기존의 조직적 채널을 통해 동원할 수 있는 이익은 그렇지 않은 경우보다 비교적 쉽게 주목 받을 수 있을 것으로 기대된다.

똑같은 논리가 지도자의 정치적인 계산에도 적용된다. 기존 조직을 통제하고 이를 새로운 정치적 지지자 또는 투표자 그룹을 동원하는 수단으로 활용할 수 있는 지도자는 완전히 빈손으로 새 정당을 창당하거나 새로운 운동을 시작해야 하는 지도자보다 더 강력한 영향력을 발휘할 수 있다. 사회의 심대한 변동이 일어날 때조차도 과거에 정치적·조직적인 자원이 형성된 방식은 새로운 체제하에서 이익이 표출되는 방식에 영향을 끼친다. 따라서 과거의 유산이 이익집단의 **공급**에 영향을 끼치는 것이다.

수요의 측면 — 다시 말해, 국민이 정부에게 바라는 바 — 에서 보면 사회적 이해관계는 국가사회주의에서 시장자본주의로의 이행과 같은 중요한 변환의 영향을 강하게 받는다. 러시아의 경우 국가가 모든 사람의 고용주가 되는 옛 국가사회주의가 몰락한 것이 모든 이에게 영향을 끼쳤다. 러시아의 체제 이행 초창기에는 대부분의 국민이 더 궁핍해지고 생활이 더 불안정해진 반면, 소수의 사람은 더욱 부를 쌓았다. 지역별, 계층별 불평등은 급속도로 증대되었다. 공산주의 이데올로기의 붕괴는 다수의 집단이 외국인 혐오주의 형태의 러시아 민족주의를 포함해 극단주의 이데올로기를 만들어내고 옹호하도록 촉진했다. 그러나 대부부의 집단은 생계, 부업, 공통의 필요성 또는 공유된 경험과 관련된 것을 포함하는 공통의 이해관계를 중심으로 결집되었다.

그러므로 이익 표출은 두 가지 요소 모두의 영향을 받는다. 첫째는 대중이 집단행동을 위해 조직을 결성할 수 있는 정도다. 둘째는 정부로부터 무엇을 원하며 무엇을 필요로 하는지 스스로 내리는 판단의 변화 유무다. 대중의 이해관계와 정체성은 정치영역에서 동원의 잠재력을 만들어낸다. 그러나 그러한 잠재력이 실현될 수 있을지 여부는 조직의 자원이 분포되어 있는 양상과 대중의 추종과 지지를 구축하고자 하는 지도자의 전략에 달려 있다. 이 장에서는 체제 변동이 국민의 물질적·사회적 이해관계에 어떻게 영향을 끼치는지를 살펴볼 것이다. 또한 국민의 요구사항을 정책결정자들에게 전달할 수 있는 조직적 통로의 변화에 관해서도 논의할 것이다.

1) 사회주의와 관료정치

이익 표출의 형태는 공산주의 시기의 종언 이후 엄청나게 변화했다. 소련체제에서는 국가가 허용한 경우를 제외하고는 어떤 사람에게도 공개적인 이익 추구를 허용하지 않았다. 소련 당국은 산업별 경제영역에 의해 조직된 노조, 창조적인 예술가 전문협회, 청년, 여성 및 퇴역군인과 같은 특정 영역의 집단 등 다수의 공공 조직의 설립을 장려했다. 그러나 체제는 이러한 조직을 엄격하게 통제하고, 공공 영역에서의 대중의 참여를 지도하는 수단으로 활용했다. 스탈린은 공공 조직을 국가가 사회를 지도하는 '전달벨트'로 정의했다.[3] 공산당은 노멘클라투라 시스템을 통해 이러한 조직에서의 지도자 충원을 면밀하게 통제했다.

그와 동시에 권력과 이권을 위해 막후에서 벌이는 관료들의 머리싸움

---

3) 그레고리 카스자(Gregory J. Kasza)에 따르면 스탈린 시기의 노조, 청년조직과 같은 '행정적으로 지도되는 대중조직'은 20세기 동원체제(mobilizing regimes)의 특징적인 단면 가운데 하나였다. Gregory J. Kasza, *The Conscription Society: Administered Mass Organizations*(New Haven, CT: Yale University Press, 1995).

도 치열했다. 정부기관, 지방정부 및 지도부 계파는 정책과 인사에서 유리한 고지를 차지하기 위해 조용하면서도 활발한 경쟁을 벌였다. 그러한 엘리트 그룹은 대중에게 공개적으로 지지를 호소하지 못했기 때문에 대중은 그들에게 책임을 물을 수 있는 수단이 없었다. 그러나 그들은 전 세계적으로 관료적 권력 투쟁에 능한 자들이 익히 쓰는 방법을 사용했다. 즉, 암묵적인 합종연횡을 결성하고 정보의 흐름을 조작하며, 피후견인에게 이권을 제공하면서 그들을 끌어들이는 것 등이다. 이따금 그들은 소련체제가 반역적이라고 규정한 금서목록에 포함된 문학작품을 몰래 유통시키는 형태로 그들의 요구사항과 사상을 표출하고는 했다.[4]

국가관료는 자신이 속한 조직의 지위와 권력을 강화하기 위해 끊임없이 로비를 했다. 이들 가운데는 경제와 사회를 관리했던 중앙정부 각 산업 분야 부처의 관료기구도 있었고, 공화국과 지역의 지도자도 포함되어 있었다. 관료기구와 최고위급 정책결정자 사이에는 상호의존의 관계가 존재했다. 공산당 지도부는 정책목표를 달성하기 위해 산업 분야의 관료조직과 더불어 지역의 관료기구도 필요로 했다. 그 대신 정부 부처, 국가위원회, 공화국 및 지역의 수장은 그들이 속한 조직의 이익과 개인 경력의 이익을 위해 최고위급 지도자의 후원을 필요로 했다. 공산당 중앙 지도부의 권력이 약화되고, 국가관료에 대한 의존도가 높아짐에 따라 진정으로 체제를 개혁하고자 하는 생각은 더욱 위협적으로 변했다.[5]

공산주의체제에서는 공산당이 이익 표출을 규제하고, 정당 또는 이익

---

4) Frederick C. Barghoorn, "Faction, Sectoral and Subversive Opposition in Soviet Politics", in Robert A. Dahl(ed.), *Regimes and Oppositions*(New Haven, CT: Yale University Press, 1995).

5) Philip G. Roader, *Red Sunset: The Failure of Soviet Politics*(Princeton: Princeton University Press, 1993).

집단이 지지를 호소하기 위해 공개적으로 토론을 하거나 경쟁을 벌이는 일이 없었기 때문에 정책대안을 평가하고 궁극적으로 정책을 결정하는 주된 기관은 공산당일 수밖에 없었다. 스탈린 시기에는 개인농장을 집산화하는 것과 같은 공산당의 정책이 엄청난 강제력을 동반한 상태로 집행되었다. 농업의 집산화는 농민의 살해, 강제이주, 아사 등의 형태로 수백만 명의 희생을 초래했다.[6] 그러나 스탈린 사후에는 정부가 더욱 관료화되고 부패했으며 정책의 일관성이 결여되면서 기득권 세력은 체제가 그들의 이익에 봉사하도록 만드는 데 능숙해졌다. 기존의 권력 분포를 뒤흔들 수 있을 정도로 위협적인 정책대안은 채택되기도 전에 희석되거나 집행되는 과정에서 무뎌지고 왜곡되든지 아니면 잊혀졌다. 역설적으로 외견상 집권화된 정치체제의 최고 정점에 위치하던 정책결정자들은 거대한 관료적 타성을 분쇄할 수 있는 권위를 결여했다. 많은 영역에서 그들은 실제의 현상을 제대로 평가하는 데 필요한 정보조차 갖고 있지 못했다.

이익 표출에서 국가주의 모델은 글라스노스트 때문에 그 효용성을 상실했다. 글라스노스트는 정치적 표현의 폭발적인 증가를 촉발시켰고, 이는 다시 집단이 정치적 요구를 제기하게 했으며, 이들의 선거 참여를 촉진했다. 글라스노스트가 소련사회에 얼마나 심대한 충격을 가했는지 오늘날 제대로 인식하는 것은 쉽지 않다. 글라스노스트는 놀랄 정도의 사실, 사상, 폭로, 재평가, 스캔들, 센세이션 등의 흐름을 가두었던 수문을 급작스럽게 열어젖혔던 것이다. 그러나 만약 고르바초프가 당초에 글라

---

6) Robert Conquest, *The Great Terror: A Reassessment*(New York: Oxford University Press, 1990). 특히 우크라이나와 다른 특정 지역을 강타했던 1932년의 끔찍한 기근은 스탈린과 그의 참모들이 구호물자를 재난 지역에 보내지 못하도록 함으로써 그 자체로 고의적인 정책의 결과였다. 스탈린 정권이 그렇게 한 이유는 이들 지역이 집산화 운동에 저항하지 못하도록 하는 데 있었던 것 같다.

스노스트가 일률적으로 자신의 페레스트로이카 전략에 유리하게 작용할 수 있는 표현의 자유를 기대했더라도 실제로 일시에 분출된 새로운 요구, 불만, 아이디어, 압력의 범위와 집약도를 보고는 틀림없이 경악했을 것이다. 고르바초프는 국민이 자유롭고 공개적으로 얘기하고 쓸 수 있도록 하기 위해 의사소통에 대한 공산당의 통제를 충분히 완화했는데, 만약 도가 지나칠 경우 정치적 표현에 제약을 가할 수 있었던 통제권까지도 포기해 버렸다.

소련체제의 이념과 조직은 서로 매우 긴밀하게 얽혀 있었기 때문에 고르바초프는 표현의 자유에 관한 이념적 허용 범위에 대한 통제를 해제함으로써 공적 조직에 대한 공산당의 전통적인 통제권을 포기했던 것이다. 시민이 마음속 깊이 느끼던 요구와 불만의 목소리를 내게 됨에 따라 다른 일부 시민은 때때로 새로운 비공식 조직을 결성하면서 그들과 똑같은 믿음과 가치, 명분을 공유한다는 것을 확인했다. 따라서 우리가 이미 살펴보았듯이 글라스노스트의 직접적인 결과는 '비공식' — 말하자면 당국의 허가를 받지 않고 통제도 받지 않은 — 공적 결사체에의 참여 물결이 일게 된 것이다. 대중매체에 보도되는 대담한 출판물은 대중이 다른 사람과 공통의 이해관계를 나누고 있다는 것을 인식하게 했으며 독립적인 결사체를 만들기 위해 단결하도록 촉진했다. 당국이 그러한 집단을 제한하거나 금지시키려고 시도했을 때 그들은 오히려 훨씬 더 큰 좌절과 저항을 불러일으켰다. 갖가지 종류의 결사체가 형성되었다. 스탈린의 테러에 희생된 사람들을 추모하는 집단, 차르 통치체제를 복귀시키려는 극단적 민족주의자 집단, 다수의 공화국에서 일어난 민족주의 운동 등이 그것이다. 1986년에 일어난 체르노빌 원자로의 파괴적인 폭발사건은 환경문제에 관한 저항운동의 형성을 촉진시키는 데 엄청난 영향력을 발휘했는데, 그것은 벨라루스와 우크라이나의 민족주의 운동을 촉발시키기도 했다.7)

대규모 정치적 활동의 동원이 이루어짐으로써 민족주의 운동, 독립 노조, 선거 연립 등을 위한 새로운 조직의 배출구가 생겨났다. 이러한 운동의 일부는 포스트소비에트 시기 이익 표출과 결집의 통로로 발전했다.[8)]

2) 민주주의자, '적색분자', '갈색분자'

1980년대 러시아에서 정치적 목표를 지향하는 새로운 조직이 널리 확산됨에 따라 세 가지로 구분되는 이념적 경향이 나타났다. 첫째는 개인주의, 자유민주주의, 시장경제, 법의 지배, 러시아의 발전방향으로서의 서구주의 등에 초점을 맞췄다. 이러한 가치를 추구하는 지지자들은 일반적으로 '민주주의자'로 불린다. 두 번째는 보수주의자로서 대중적 지지는 제한되어 있지만 때로는 터무니없이 극단적인 일련의 정치적 수사법을 구사하는 마르크스주의의 한 분파인 스탈린주의자를 포함한다. 그들은 강력한 지도력, 집권화된 국가권력, 공세적인 대외정책, 집단주의적인 중앙계획경제, 제국주의적인 소련의 보존 등을 지향하며, 그들에게 스탈린은 러시아 역사의 영웅으로 간주된다.

---

7) Jane I. Dawson, *Eco-Nationalism: Anti-Nuclear Activism and National Identity in Russia, Lithuania, and Ukraine*(Durham, NC: Ducke University Press, 1996).

8) 글라스노스트 시기의 비공식 사회조직의 출현에 대해서는 다음을 참조할 것. Judith B. Sedatis and Jim Butterfield(eds.), *Perestroika from Below: Social Movements in the Soviet Union*(Boulder, CO: Westview, 1991); Michael Urban, *The Rebirth of Politics in Russia*(Cambridge: Cambridge University Press, 1997). 고르바초프 시기의 민족주의 운동에 관한 귀중한 평가에 대해서는 "Nationalism and Nation-States: Gorbachev's Dilemmas", in Ronald Grigor Suny(ed.), *The Revenge of the Past: Nationalism, Revolution, and the Collapse of the Soviet Union*(Stanford: Stanford University Press, 1993), chapter 4, pp. 127~160 참조.

세 번째 이념적 흐름은 보수주의적 러시아 및 슬라브 민족주의에 기반을 둔다. 극단주의적 마르크스주의자들과 마찬가지로 민족주의자들은 러시아가 위계적이고 제국주의적인 국가를 보유하기를 원했으며 서구의 정치적·경제적 영향력을 배격했다. 그러나 그들은 마르크스주의가 아니라 정교와 같은 옛 러시아의 문화적 가치가 피폐해진 러시아 사회의 도덕적 뼈대를 구축하는 원천이 되어야 한다고 믿었다. 좀 더 심층적인 철학적 수준에서 보수주의적 민족주의자들은 마르크스주의와 연관되어 있는 합리주의와 유물론마저 배척했다. 그러나 좀 더 실질적인 일상의 정치에서 보수적 민족주의자들과 극단적 마르크스주의자들은 러시아에 대한 서구의 영향력에 대해 혐오감(그리고 반유대주의 등과 같은 다른 형태의 반동적 토착주의)을 갖고 있다는 면에서 공통의 명분을 갖는다. 그리하여 러시아의 민주화 경향에 반대해 '적색' 마르크스-레닌주의자들은 '갈색'의 보수적 민족주의자들과 빈번하게 연대를 맺었다.[9] 정치적 사상과 감정에서 '적색-갈색' 성향의 영향력은 오늘날까지 러시아 정치에 강하게 남아 있다. 따라서 이 장에서 우리는 오늘날 러시아에서의 공산주의와 민족주의 집단에 대해 좀 더 자세히 알아볼 것이다.

3) 다원주의를 향하여

소련체제의 붕괴는 고르바초프의 개혁으로 이미 약화되었던 정치적

---

9) '적색'과 '갈색'이라는 명칭은 러시아의 정치 토론에서 이념적인 성향을 지칭하기 위해 널리 사용된다. 물론 '적색'은 볼셰비키의 상징적 색깔이자 공산주의와 혁명을 상징한다. 그것은 또한 소련 국기의 주된 상징색이다. '갈색'은 1920년대 독일의 아돌프 히틀러(Adolf Hitler)의 초기 추종자들이 입었던 '갈색 셔츠'를 본 따 극단적 민족주의를 대표한다. 따라서 그들은 유사 파시스트 극단적 민족주의자들로 간주된다.

표현에 대한 체제의 이념적 통제에 종지부를 찍는 계기가 되었다. 체제 전환은 광범위한 요구를 표출하는 다양한 새로운 집단이 등장할 수 있는 기회를 만들어냈다. 그러나 이러한 근본적인 정치변동 외에도 1991년 이후의 시기는 그에 못지않게 중요한 다른 변화를 가져왔다. 생산재의 국가독점이 폐지됨에 따라 새로운 계급이익이 등장했다. 그 가운데는 새로운 기업가, 상업은행가, 자작농, 기타 재산권과 통상의 권리를 보호하는 데 관심이 있던 사람들의 이익이 포함되었다. 또 다른 중요한 이익의 범주는 국가로부터의 주문량이 고갈되고 옐친 대통령의 사유화 프로그램이 효력을 발생함에 따라 근본적으로 변화된 환경에 직면한 국유기업 매니저들의 이익이다. 조직화된 노동자도 과거처럼 국유재산의 관리자를 상대하는 것이 아니라 사유화된 기업의 관리자를 상대해야 하는 등의 새로운 상황에 처한 것은 매한가지였다. 노동조합 자체도 경쟁적인 노동조직으로 분열되었고, 농민도 분열되었다. 자영농민은 자영농에 대한 국가의 보조와 법적 보장을 추진하기 위해 협회를 만들어 자신의 이익을 관철하려고 한 반면, 집단농장의 농민은 강력한 협회를 결성하고 자신의 이익을 결집시킬 수 있는 정당까지 창당했다. 한편, 은행, 소비자, 사기당한 투자자, 시정부, 장애인, 병사들의 어머니들, 방위산업체, 가정폭력에 시달리는 주부와 기타 여러 가지 이해관계 등을 대변하는 새로운 결사체가 형성되기 시작했다. 이제 더 이상 국가는 과거 공산주의체제하에서 그랬던 것처럼 조직화된 집단이 국가가 설정한 단일의 정치적 의제에 봉사하도록 요구하지 않았다. 집단은 자유롭게 결성되어 이익의 다양성을 자유롭게 대표하고, 영향력과 자원에의 접근을 위해 서로 경쟁을 벌이고 스스로의 의제를 설정할 수 있게 되었다. 오늘날 러시아에는 약 50만 개의 NGO가 존재하는 것으로 추산된다.[10)]

정치학자들은 이익집단이 정책에 영향을 끼치기 위해 대체로 '내부' 또는 '외부' 전략을 추구한다는 사실을 알아냈다. 말하자면 이익집단은 핵심적인 정책결정자들과 친밀하고 우호적인 관계를 맺는 데 그들의 자원을 집중한다. 아니면 그들은 선거, 시위, 청원서 쓰기 운동과 언론의 주목을 통해 정책결정자들에게 압력을 가할 수 있는 회원의 외연 확대와 대규모 공식 추종자 구축을 위해 노력한다.[11] 내부자 전략의 효용성은 신뢰관계 구축 여부에 달려 있다. 그러한 신뢰관계는 대체로 이익집단의 대표와 정책결정자들이 서로의 비밀을 지키는 것을 전제로 한다. 그러한 속성 때문에 어떤 '내부자' 집단이 강력한지 판단하기 어렵다. 러시아 이익집단의 경우 서로 다른 전략이 다양하게 결합되어 사용되었음을 알 수 있다. 공산주의체제 붕괴 이후 새로운 체제에서도 살아남은 일부 옛 이익입단은 조직의 자산과 과거로부터의 유산에 중점을 두고 국가에 대한 '내부자'적인 접근을 활용한다. 완전히 새롭게 결성된 일부 집단도 입법부와 행정부 당국과 긴밀한 협조관계를 유지한다. 그러나 다른 집단은 대중의 지지와 관심을 불러일으킴으로써 정부에 영향력을 행사하려고 애쓴다. 나머지 집단은 이러한 두 가지 전략을 모두 구사하려고 한다.

사회적 관계구조의 급격한 변동은 신구 조직 모두 확고한 지지기반을 유지하기 쉽지 않다는 것을 의미한다. 일견 영향력 있어 보이던 일부 조직은 빈껍데기에 불과하다는 것이 드러났다. 다른 이익집단은 비록 외형적으로는 조직화되어 있지 않아 보여도 정치적으로 매우 강력한 집단으로 판명되었다. 예전에 응집력이 강했던 조직이 분열된 경우도 있다. 이익의 다변화 현상은 이익집단을 조직하는 사람과 활동가에게 광범위한

---

10) Ul'iana Makhkamova, "Obshchestvennye organizatsii ne bedstvuiut", *Nezavismaia gazeta*, June 18, 2008.

11) Jack L. Walker, Jr., *Mobilizing Interest Groups in America: Patrons, Professions, and Social Movements*(Ann Arbor, MI: University of Michigan Press, 1991), p. 9.

기회를 제공했다.

소련식 이익 표출의 패턴은 국가주의적이었다. 다시 말해, 소련 시기의 국가는 이익집단을 후원하고 통제했다. 1990년대에 접어들어 이익 표출의 지배적인 형태는 복수의 집단이 회원의 확보와 영향력의 증대를 둘러싸고 경쟁을 벌이는 다원주의로 바뀌었다. 2000년대에 들어와서 당국은 권위주의적 조합주의의 요소를 국가와 이익집단 사이의 관계에 도입했다. 권위주의적 조합주의에서는 국가가 공인한 부문과 집단의 대표성을 중앙집권화하려고 한다. 국가는 일부 집단과 협의를 하고 심지어 그들에게 자금을 제공하기도 한다. 이와 동시에 국가는 여타 집단을 무시하거나 억압하는 정책을 구사한다. 푸틴과 메드베데프 정권은 이익집단과 정책결정자 사이의 관계를 규정하는 조건을 설정하려고 했다. 예컨대, NGO가 외국의 도움을 받는 것을 방지하고 정권의 권력 장악에 도전하지 않도록 하기 위해 국가는 다수의 NGO에 재정지원을 했다. 2010년에는 메드베데프 대통령이 10억 루블의 돈을 경쟁에 바탕을 둔 연구용역 프로그램의 형태로 NGO 지원에 사용하도록 지시했다.[12)]

당국이 시민사회를 관리하고 소통 통로를 마련하는 또 다른 방식은 공공심의원이라는 제도다. 공공심의원은 특정한 사회집단이 대표로 참여해 공공업무에 관해 논의하는 조직화된 포럼이다. 정부 당국은 공공심의원에 초대되어 참여하는 결사체를 선택하고 실제로 참여할 대표 선발 과정을 통제한다. 야권 조직은 공개적으로 불이익을 받고 참여의 기회가 억압된다. 따라서 이익집단은 정부에 일정한 영향을 끼치기 위해 당국이 정해놓은 역할의 범주를 받아들일 것인지 아니면 체제에 공개적으로 도전함으로써 초래되는 결과를 받아들이는 위험을 감수해야 할지를 선택해야

---

12) Polit.ru, May 13, 2010.

한다. 대부분의 지역 행정부도 지방의 이익집단과 상의하는 장소로 유사한 형태의 공공심의원을 갖고 있다.

'러시아 산업 및 기업가 동맹(RUIE)', '병사들의 어머니회 연맹', '러시아 독립노조연합(FITUR)' 및 '러시아 정교회' 등의 조직을 좀 더 자세히 들여다보면 현대 러시아에서 이익 표출의 패턴이 어떻게 전개되어 왔는가를 이해하는 데 도움이 될 것이다. 이러한 조직은 이해관계와 조직의 '구식' 및 '신식'의 형태를 모두 포함하며, 광범위한 집단행동 전략을 설명해줄 것이다.

(1) 러시아 산업 및 기업가 동맹

대기업을 대표하는 RUIE는 러시아에서 가장 강력한 이익집단이다. RUIE는 세 가지 특징이 있다. 첫째, 소련 시기에서부터 계승되어온 다른 일부 조직과 마찬가지로 러시아 사회에서 일어난 커다란 변화에 높은 적응력을 발휘했다는 점이다. 둘째, 대기업의 이해관계는 시장경제와 밀접히 결부되어 있지만 기업은 아직도 국가의 지원을 받기 위해 로비를 벌인다. 셋째, 오늘날 러시아 대기업은 다른 이익집단보다 훨씬 강력하지만, 국가는 기업과의 관계에서 아직도 우위에 있다.

사유화는 산업 환경을 급격히 변화시켰다. 대부분 국가 소유였던 산업체는 완전히 또는 부분적으로 사적 소유로 바뀌었다. 그러한 기업의 대표들은 국가사회주의 경제의 인센티브보다는 시장경제의 인센티브에 민감하게 반응하게 되었다. 소련 시기 국유기업의 관리자들은 비용이나 품질에 상관없이 계획량을 달성하도록 지시받았으며, 그들에게 이윤은 그다지 중요한 고려사항이 아니었다.[13] 이제 관리자들은 이윤을 극대화하고

---

13) 모든 가격을 국가가 책정하는 체제에서는 어떠한 경우에도 이익에 관한 의미 있는

자신이 속한 기업의 생산 가치를 증대시킬 충분한 동기를 갖고 있다. 또한 그들은 조세, 연금, 규제, 대외무역, 기타 여러 이슈에 관한 유리한 정책을 관철시키기 위해 서로 협력해 정부에 로비를 펼칠 필요가 있다. 대기업이 이익 표출을 할 수 있는 주된 통로는 RUIE다.

이 조직의 회원 가운데는 옛 국영기업 — 지금은 대부분 사유화 또는 반사유화됨 — 과 소위 올리가르히가 운영하는 금융-산업 거대 기업이 있다.[14] 아르카디 볼스키(Arkadii Vol'skii)는 15년간 RUIE의 초대 회장을 역임했는데, 그는 공산당 중앙위원회의 산업기계건설 부문을 감독하는 분과의 수장을 역임한 공산당 고참 간부였다. 고르바초프 시기에 볼스키는 '과학-산업 동맹'이라고 불린 국영기업 사장협회의 회장을 지냈다.[15] 새로운 조직은 중앙계획경제에 기반을 둔 구체제의 붕괴가 남긴 공백을 상쇄시키기 위해 기업 간 경제적 유대관계를 유지하고자 했다. 1991년 이 조직은 RUIE로 개편되었다. 비록 RUIE가 명시적인 정치목표를 언급하지는 않았

측정방법이 없었다. 실제로 상대적 가격은 수십 년간 중앙계획의 누적적인 효과 때문에 심각하게 왜곡되어 있었다. 경제적 비용을 측정할 수 있는 정확한 수단이 결여되어 있었다는 사실은 러시아 경제가 구조조정에 매우 둔감할 수밖에 없었던 주된 이유 가운데 하나다.

14) 올리가르히에 대해서는 제7장에서 좀 더 상세하게 다룬다.

15) 시민동맹(Civic Union)에 관한 정보는 다음의 저작을 참고하라. Stephen White, Graeme Gill, and Darrell Slider, *The Politics of Transition: Shaping a Post-Soviet Future*, pp. 166~169. 좀 더 자세한 연구는 다음을 참조. Peter Rutland, *Business Elites and Russian Economic Policy*(London: Royal Institute of International Affairs, 1992). 다음 저작도 참고할 것. Michael McFaul, "Russian Centrism and Revolutionary Transitions", *Post-Soviet Affairs*, 9:3(July/September 1993), pp. 196~222; 1993년 총선을 통한 시민동맹의 정치적 운명의 변화에 대해서는 Wendy Slater, "The Diminishing Center of Russian Parliamentary Politics", *RFE/RL Research Report*, 3:17(April 29, 1994) 참조.

지만, 국가산업의 이익 — 대출과 생산 주문을 확보하는 등의 이익 — 을 보호할 뿐 아니라 경제적 난국이 발생할 경우 물자 조달과 거래관계의 차질을 방지하고자 한다.

1990년대에 접어들어 RUIE는 주요 노조연합과 연대를 맺어 두 차례 선거운동에 뛰어들면서 그들과 공동 정당을 창당하고 국가두마 의원 후보자들을 출마시켰다. 두 번 모두 결과는 매우 저조했다. 그러나 RUIE는 대기업을 위한 내부자적인 옹호집단으로서 매우 효과적인 조직이었다. 이 집단은 막후에서 정부와 의회의 정책결정에 대해 영향력 있는 정책 자문을 해왔다. 정부는 그러한 자문을 심각하게 받아들였다. 이 조직에 속한 32만 명의 기업인이 생산하는 부가가치는 러시아 GDP의 60%를 차지했다. RUIE는 100여 개의 지역 및 부문별 지회를 거느렸다.[16)]

푸틴은 이익 표출 과정을 관리하는 전략의 일환으로 모든 대기업을 RUIE 산하로 통합시키는 조치를 취했다.[17)] 2000년 푸틴은 올리가르히가 자유롭고 독자적인 형태로 이익 표출에 관여하기보다는 RUIE에 가입하기를 바란다는 의중을 드러냈다.[18)] (당시 회장이던 볼스키가 "올리가르히의 이해관계는 지나치게 다양해서 독자적인 공공 결사체를 만들기 어려우며 RUIE가 세련된 로비를 하도록 도와줄 수 있을 것"이라고 우회적으로 RUIE의 역할을 강조했다.[19)]) RUIE는 입법안을 작성하는 데 정부 및 의회와 협조할 수 있

---

16) RUIE의 웹사이트에서 가져온 정보(http://www.xn-o1aabe.xn-plai/Default.as px?CatalogId=1054, 검색일: 2010년 7월 14일).

17) 어떤 분석가는 푸틴 정권의 전략을 '관리된 다원주의'라고 부른다. Harley Balzer, "Managed Pluralism: Vladimir Putin's Emerging Regime", *Post-Soviet Affairs*, 19:3 (2003), pp. 189~227.

18) Peter Rutland, "Business and Civil Society in Russia", in Alfred B. Evans, Jr., Laura A. Henry, and Lisa McIntosh Sundstrom(eds.), *Russian Civil Society: A Critical Assessment*(Armonk, NY: M. E. Sharpe, 2006), p. 85.

는 내부 역량을 증대시켰다. 이 조직은 광범위한 이슈 — 토지개혁, 조세법, 연금정책, 파산법, 천연가스 부문, 에너지 및 철도 독점구조 개혁, 증권거래 규제, 러시아의 WTO 가입에 대한 조건 등과 같은 — 에 관한 정책 입장을 개발하는 수많은 전문화된 내부 작업팀을 가동했다. 전문성을 갖추고, 회원의 영향력을 결집시키고, 정부, 의회, 대통령 행정실 등과 우호적인 관계를 유지함으로써 RUIE는 광범위한 이슈 영역에서 정책을 형성하는 데 강력한 영향력을 발휘했다. 개별 기업이 자신의 기업에만 국한된 문제를 해결하기 위해 정부에 로비를 벌이는 것은 분명하다. 그러나 RUIE는 정부와 의회의 고위급 정책결정 과정에의 공인된 참여자다.

RUIE는 정부로 하여금 특정한 방향으로 움직이도록 압력을 가하는 등 여러 가지 정책이슈에 대한 공적 입장을 취한다. 예를 들면, 2009년 9월 RUIE는 메드베데프 대통령에게 공개서한을 보내 정부 당국이 좀 더 많은 혁신을 실제 행동으로 보여달라는 요구에 별로 지지를 보내지 않았다고 항의했다. 이 서한을 통해 재계는 첨단기술 산업 부문을 장려하기 위해 정부가 취할 조치의 세부적인 내용 — 예컨대, 인프라 부문에 전략적인 투자를 하고, 교육제도를 혁신하고, 부패를 줄이고, 감세조치를 하는 등 — 에 대한 정부의 분명한 신호를 기다렸다.[20] RUIE는 정부의 다양한 회의에 참석하는 권리도 획득했다.[21]

동시에 정부 당국은 RUIE의 영향력을 일정 범위 내로 제한시키려고 한다. 예를 들면, 크렘린은 2개의 기업 연합조직을 더 만들도록 유도했다. 그 첫 번째 조직은 전러시아 중소기업협회, 즉 'OPORA'인데, 이는 중소기

---

19) *Segodnia*, October 7, 2000.

20) Mikhail Sergeev, "Biznes priznaetsia v nedoverii k prezidentu", *Nezavisimiaia gazeta*, September 24, 2009.

21) Polit.ru, January 11, 2010.

업의 이익을 대변하는 역할을 수행한다. 두 번째 조직은 정당정치를 활발히 벌이는 '비즈니스 러시아(Business Russia)'다. 푸틴과 메드베데프가 재계 지도자들과 회동할 때 그들은 이들 기업연합조직을 모두 초청하는 일이 잦았는데, 이를 통해 크렘린 당국은 RUIE의 역할이 두드러지긴 하지만 재계의 유일한 목소리는 아니며 당국이 정책결정에 대한 재계의 참여 조건을 결정한다는 신호를 보내는 것이다.

재계를 옹호하는 RUIE의 능력이 갖는 한계는 푸틴이 유코스 석유회사에 대한 전쟁을 선포했을 때 극적으로 부각되었다(〈클로즈업 6-1〉 참조). 2003년 7월 유코스 수뇌부 체포가 시작되었을 때 RUIE는 단지 온건한 수준의 우려를 표현하는 데 그쳤다. 이 조직의 회원들은 푸틴의 심기를 건드리는 것을 두려워한 나머지 유코스의 수장 호도르콥스키를 감히 비호하거나 러시아 최대 석유회사 가운데 하나를 파괴시키기 위해 경찰력을 사용하는 것에 항의할 엄두를 내지 못했다. 그 대신 그들은 납세의무를 다함은 물론 국가가 빈곤을 퇴치하는 것을 돕겠다고 약속했다. 푸틴은 2003년 11월부터 2004년 7월까지 RUIE 및 기타 재계 집단과의 회동을 의도적으로 회피했다. 그 이후로 푸틴은 유코스 문제를 거론하지 않는다는 전제하에 재계 대표들과의 회동에 동의했다. 만약 대기업이 완강한 입장을 취했다면 유코스 사태의 결말은 달라졌을 수 있다. 그러나 정부와 우호적인 관계를 유지하고자 하는 개별 기업의 욕구와 더불어 정부의 보복에 대한 두려움 때문에 기업의 집단행동 역량이 위축되었던 것이다. 그리하여 RUIE는 정부와의 밀고 당기는 싸움을 신중하게 선택하면서 정부가 설정해놓은 한계선 내에서 자신의 이익을 추구하는 것이다.

☞ 클로즈업 6-1 _ 유코스 사태

푸틴 시기에 가장 놀랄 만한 사건 가운데 하나는 강력한 민영 석유회사 유코스를 해체하고 호도르콥스키 회장을 구속한 것이다. 호도르콥스키의 경력은 1980년대 후반에 시작되었다. 이때 그는 모스크바 시정부에서 일하던 젊은 콤소몰 활동가로서 메나텝 은행(Menatep Bank)을 창업하기 위해 콤소몰의 자원과 인맥을 이용했다. 1995년 정부가 '주식담보대출' 계획하에 유코스 석유회사를 사유화했을 때 호도르콥스키와 그의 동료들은 메나텝은행으로부터 금융지원을 받아 할인된 최저 가격으로 그 회사 주식 지분의 80%를 매입할 수 있었다. 당초에는 일부 다른 신흥 거대 기업인과 마찬가지로 호도르콥스키도 회사의 재산을 빼돌림으로써 사익을 최대화하는 데 열중했다. 그러나 얼마 안 가서 그의 기업전략은 회사의 생산능력 증대를 위한 투자로 바뀌었다. 그는 유코스를 러시아에서 가장 역동적인 석유회사로 탈바꿈시켰다. 호도르콥스키는 서구식 기업관행을 받아들이면 유코스의 기업 가치를 높일 수 있다는 것을 알게 되었다. 그는 유코스의 지배 구조 관행을 개혁하고 회사를 해외의 주식시장에 상장시켰다. 호도르콥스키는 회사의 효율성과 투명성을 향상시킴으로써 유코스를 외국인 투자자들에게 더욱 매력적인 기업으로 만들었다. 주가는 상승해 시가총액은 200억 달러에 이르렀으며, 그 가운데 약 80억 달러는 호도르콥스키 회장이 소유했다. 그는 러시아 최고 부자로 등극한 것이다.

한편, 요란한 자선사업을 통해 공적인 이미지를 개선시키려고 했던 초창기 미국의 범죄적인 기업인(Robber Barrons)과 흡사하게 호도르콥스키는 '열린 러시아(Open Russia)' 재단을 설립했으며, 학교, 병원, 과학, 문화교류 프로그램 및 기타 명분 있는 사업에 재정 지원을 하는 등 러시아 국내에서 여러 자선활동 구상을 실천에 옮겼다. 이 회사는 영업활동을 하는 지역 내 근로자에게 주택을 지원하고, 그 가족을 위한 청소년 프로그램을 후원했다. 호도르콥스키는 국제적으로 저명한 인사를 재단에 영입했다. 그는 야블로코, 우파연합 등의 정당에 정치자금을 제공하고, 석유 수출세 인상을 저지하기 위한 로비활동을 성공적으로 벌이는 등 러시아 정치에서도 활발한 활동을 펼쳤다. 비판자들은 그가 의회를 통제하고 싶어 한다고 비난했다. 나아가 그가 대통령직에 도전하길 원한다는 소문도 있었다. 호도르콥스키는 자신의 독립성을 과시했다. 2003년 2월 크렘린에서 있었던 회동에서 호도르콥스키는 국영 석유회사가 민영 석유기업을 인수한 거래를 놓고 푸틴과 설전을 벌였는데, 그는 이 거래가 부패에 연루되어 있다고 직접 불만을 제기했다. 또한 호도르콥스키는 크렘린과 상의도 하지 않고 유코스 주식의 상당 부분을 매각하는 문제에 관해 외국 석유기업과 협상을 시작했다. 2003년 4월 유코스와 또 다른 석유회사인 시브네프치는 합병을 선언했는데, 만약 그것이 성사되었더라면 세계에서 네 번째로 큰 거대 석유기업이 탄생했을 것이다. 2003년 6월 그는 중국과 함께 유코스가 중국의 석유수입 물량 가운데 1/4을 공급할 시베리아-중국 석유파이프라인을 건설하는 협정에 서명했다. 이렇듯 민영 송유관 건설이 이뤄질 수도 있을 것이라는 전망은 석유의 생산자와 소비자 모두를 통제할 수 있도록 한 국가의 송유관 독점체제를 직접적으로 위협했다.

2003년 봄 어느 시점에 푸틴 행정부는 호도르콥스키와 유코스가 너무 강력해져버렸다는 결론을 내렸다. 2003년 7월부터 국가는 유코스를 공중분해해 접수시킬 작전에 착수했다. 유코스와 관련 기업의 최고 경영진은 체포되어 사기, 횡령, 탈세, 심지어 살인혐의 등이 적용되었다. 어떤 건은 1993년까지 거슬러 올라가 당시에 진행되었던 사유화와 관련되어 있었다. 경찰은 회사의 사무실을 수색하고 서류 파일과 컴퓨터 하드 드라이브를 압수했다. 그들은 심지어 '열린 러시아' 재산이 후원하던 고아원의 사무실도 급습했다.

2003년 10월 복면을 한 특공대가 시베리아의 한 공항에 머물던 호도르콥스키의 전용 비행기에서 그를 체포했다. 그는 사기와 탈세로 기소되었다. 국가는 유코스의 범죄행위에 대한 여러 가지 혐의를 적용한 끝에 결국 150억 달러의 세금 추징을 관철시켰다. 국가 당국은 유코스에 대한 사법처리 작전을 진행하면서 세무경찰, 비밀경찰, 감사원, 법원 및 언론기관 등을 출동시켰다. 한 법관이 유코스에게 유리한 판결을 내렸는데, 그 후 그녀는 그 사건에서 손을 떼야만 했다. 이제 정부는 유코스의 자산을 접수하기 위해 움직였다. 2004년 8월에 정부는 유코스의 은행계좌를 동결시켰다. 2004년 12월에는 유코스의 주요 석유 생산 자회사인 유간스크네프테가스사를 몰수해 그 주식지분을 경매에 부쳐 당국이 급조한 기업에 넘겼다가 사흘 뒤 그것을 다시 러시아 유일의 국영 석유기업인 로스네프트에 매각했다.(로스네프트의 이사회의장이던 세친은 상트페테르부르크 출신인 푸틴의 오랜 측근으로 당시 부총리를 맡고 있었다. 그는 러시아 핵심 지도부 내에서 이른바 '실로비키' 그룹의 좌장으로 간주되었다.) 2005년 5월 호도르콥스키는 7년 징역형을 언도받아 시베리아의 교도소에 수감되었다. 그는 아직도 복역 중이다.[호도르콥스키는 2014년 2월 소치 동계올림픽을 앞두고 대외적 이미지 개선을 노린 푸틴 정부에 의해 복역 10년만인 2013년 12월 19일 석방 조치되었다.]

2008년 당국은 호도르콥스키에게 유코스 소유의 생산 기업으로부터 원가에 원유를 매입한 뒤 시장가격으로 해외에 판매함으로써 3억 5,000만 달러에 달하는 자금을 횡령했다는 혐의를 추가로 적용했다. RUIE 회장을 비롯한 많은 관찰자는 그러한 혐의에 회의를 표하면서 호도르콥스키가 첫 번째 재판에서 이미 유죄 판결을 받은 혐의와 똑같은 혐의로 다시 두 번째 재판에 회부되었다는 점을 [말하자면 일사부재리의 원칙에 어긋남을] 지적했다. 호도르콥스키는 두 번째 재판을 어리석은 시도라고 주장하고, 그가 횡령했다고 하는 원유에 대해서는 이미 유코스가 400억 루블의 세금을 납부했다고 지적했다.* 대부분의 분석가는 호도르콥스키에게 적용된 새로운 혐의는 그가 첫 번째 재판 결과 2014년 형기가 끝나자마자 풀려나는 것을 막기 위해 그에게 새로운 선고를 내리려고 취해진 조치라고 결론 내렸다.

정부가 유코스와 호도르콥스키를 공격한 이유에 대해 많은 추론이 제시되었다. 일부는 호도르콥스키가 공개적으로 정당정치에 관여한 것이 대기업의 정치 불개입이라는 푸틴의 방침을 위반했기 때문이라고 지적한다. 다른 설명에 따르면 유코스 사태가 일어난 것은 유코스가 많은 이익을 올릴 수 있는 자원에 대한 통제권 분배를 놓고 관료적 파벌 간 투쟁의 목표가 되었기 때문이라는 것이다. 의심할 여지없이 호도르콥스키의 독자적인 행동은 글로벌이익 증대를 위해 에너지 정책을 활용한다는 차원에서 모든 주요 석유 및 가스기업을 국가의 통제하에 두려는 푸틴의 정책에 도전한 것이다. 호도르콥스키는 분명히 유코스가 공중분해되기에는 너무 큰 기업이라고 생각했지만 당국은 그의 생각이 틀렸음을 증명하고자 했다.

정부의 유코스에 대한 형사소추의 타당성은 불분명하다. 정부가 유코스에 탈세와 세금사기 혐의를 적용한 데 법적인 근거가 있었을 수도 있다. 그러나 러시아 법률에서는 합법적인 절세와 불법적인 탈세가 명확히 구분되지 않기 때문에 국외자들이 판단하기는 쉽지 않다. 유코스는 처벌을 받았고 다른 기업은 무사했다는 사실은 분명히 유코스 사태에 강한 정치적 동기가 숨어 있었다는 것을 시사한다. 다시 말해 유코스 사태는 대기업의 권리는 정부 당국의 호의가 있을 때만 유효하다는 분명한 신호를 보냈다.

유코스 사태**는 푸틴 행정부의 행위에 어떠한 동기가 숨어 있든 정부는 정치적 목적을 위해서라면 법체계까지 기꺼이 조작하려 하고, 러시아에서 다수의 가장 중요한 정치적 경쟁은 공공 정치영역에서 이루어지기보다 국가관료 내부에서 벌어지며, 러시아에서 가장 돈벌이가 잘되는 천연자원 자산의 통제권 재분배 투쟁이 러시아 정치를 견인하는 동력으로 작용하는 현상이 지속될 것이라는 것을 보여준다.

---

* Mansur Mirovalev, "Khodorkovsky Pleads Not Guilty in Court", *Moscow Times*, April 22, 2009.

** William Thompson, "Putting Yukos in Perspective", *Post-Soviet Affairs*, 21:2 (2005), pp. 159~181; Richard Sakwa, *The Quality of Freedom: Khodorkovsky, Putin and the Yukos Affair*(New York: Oxford University Press, 2009).

(2) 병사들의 어머니회 연맹

소련체제는 여러 개의 공식적인 여성 조직을 후원했으나 이들 조직은 주로 공산당의 선전목적에 동원되었다. 페레스트로이카 시기에 접어들어 다수의 여성 조직이 자신의 이익 표출을 위해 급작스럽게 등장했다. 만약 그러한 여성조직이 등장하지 않았다면 여성의 이익은 표출되지 못했을 것이다. 그러한 집단 가운데 하나가 바로 '병사들의 어머니회'였다. 이 조직은 1989년 봄 결성되었는데, 당시 약 300명의 여성이 대학생의 징집 연기 폐지에 항의하기 위해 모스크바에서 행진을 벌였다. 그러한 항의에 대응해 고르바초프는 대학생의 징집 연기제도 복구에 동의했다. 1990년과 1991년에 고르바초프는 병사들의 어머니들이 제기한 다른 요구사항도 들어주었다. 그 요구사항 가운데는 병사들의 비전투 관련 사망사건을 조사하기 위한 기구를 창설하는 것, 사망한 병사의 가족에게 복지혜택을 제공하는 것, 가혹행위의 결과로 탈영한 병사에게 임시 사면조치를 베푸는 것 등이 포함되어 있었다.[22] 이 조직은 그때부터 줄곧 운영되어왔으며 병역문제에 계속 초점을 맞췄다. 이 조직의 구성원 사이에서 한결같이 가장 큰 공감대를 형성한 이슈는 바로 병영 안에서 신병들에게 '신고식'이란 명목으로 행해지는 가혹행위를 종식시켜야 한다는 요구였다. 그러한 가혹행위 때문에 해마다 자살을 비롯한 수많은 사망사건이 일어나고 병사가 상해를 입는 사건이 발생한다는 것이다.[23] 또한 이 조직은 봄,

---

22) Lisa McIntosh Sundstrom, "Soldiers' Rights Groups in Russia: Civil Society Through Russian and Western Eyes", in Alfred B. Evans, Jr., Laura A. Henry, and Lisa McIntosh Sundstrom(eds.), *Russian Civil Society: A Critical Assessment* (Armonk, NY: M. E. Sharpe, 2006), p. 180.

23) 매년 직간접적인 가혹행위로 사망하는 병사의 수에 관한 통계자료는 입수하기 어렵다. 국방부에 따르면 2005년 부적절한 대우로 사망한 군인은 16명에 그쳤다. 그

가을에 있는 젊은이의 군 입대와 관련된 학대행위를 감시하고 젊은이들이 징집을 피할 수 있는 방법에 관한 가족 상담을 실시한다. 이 조직은 상대적으로 분권화되어 있어 작은 규모의 중앙조직을 유지하며 수백 개 마을의 지방 분회와 자원봉사자 수천 명의 연결망으로 운영된다.

1994~1996년, 1999~2000년 체첸에서 대규모 무력충돌이 발발함으로써 병사들의 어머니회 활동이 갑작스럽게 새로운 활기를 띠게 되었다. 이 조직은 가족이 작전 중 실종되었거나 체첸 반군의 포로가 된 병사의 소재를 파악하는 것을 도와주었고, 포로 석방을 위한 교섭을 벌이고 사망한 병사들의 장례를 제대로 치러주기 위한 사절단을 체첸에 파견했으며, 러시아 군이 발표한 것보다 전쟁 상황과 희생자들에 대한 좀 더 자세한 정보를 수집했다. 시간이 지남에 따라 이 조직은 러시아에서 가장 규모가 크고 공신력이 있는 시민단체로 성장했다.[24] 이 운동이 지닌 가장 큰 자

러나 자살한 병사는 276명에 이르렀으며, 1,064명의 병사가 범죄와 사고로 사망했다. Polit.ru, January 27, 2006 참조. 2006년 8월 검찰총장은 그해 들어 17명의 병사가 가혹행위로 사망했으며 100명 이상이 부상당했고, 약 3,500명이 가혹행위를 신고했다고 보고한 바 있다. 2008년 로이터 통신에 인용된 어느 병사들의 어머니회 지도자의 주장에 따르면 '각종 사고와 자살'로 매년 사망하는 병사의 수는 3,500명에 이른다는 것이다. *RFE/RL Newsline*, February 14, 2008. 2009년 공공심의원 공식보고서에 따르면 2008년 한 해 동안 604명의 비전투 관련 사망자들이 발생했으며, 그 가운데 절반은 자살이었다. Polit.ru, January 30, 2009. 이따금 특별히 충격적인 사건이 밝혀져 이를 질타하는 여론이 형성되면서 그것이 군대로 하여금 관련 혐의자들을 체포해 재판을 받게 하도록 압박하기도 한다. 그러나 그러한 병영 내 가혹행위에 대한 공식적·공개적인 비난이 있었음에도 이러한 관행이 여전히 지속되고 있다는 것은 분명하다.

24) http://www.soldiersmothers.spb.org/. 병사들의 어머니회에 대해서는 다음을 참조. Lisa McIntosh Sundstrom, *Funding Civil Society: Foreign Assistance and NGO Development in Russia*(Palo Alto, CA: Stanford University Press, 2006); Valerie Sperling, *Organizing Women in Contemporary Russia: Engendering Transition*

산 가운데 하나는 자식의 이익을 지키려는 어머니들의 목소리에 도덕적인 권위가 있었다는 점이다. 이러한 입장으로 인해 반대세력조차도 병사들의 어머니회의 활동이 비애국적이라거나 권력에 굶주린 행동이라고 비난하지 못했다. 이 조직은 명백하게 군대에 반기를 드는 모양새는 피했으며, 병사들 사이에서 일어나는 가혹행위를 종식시키고자 하는 목적 등에서 군대와 협력할 수 있는 기회를 기꺼이 받아들였다. 예컨대 ≪노바야가제타(Novaia gazeta)≫신문은 병사들의 어머니회와 몇 명의 징집관의 협력하에 하나의 실험을 했다. 병영에서 가혹행위를 당하면 검찰이나 가족에게 전화할 수 있도록 새로 징집되는 신병들에게 휴대전화가 지급되었다. 이러한 방안에 대한 논평을 요구받은 메드베데프 대통령은 다음과 같이 말했다.

> 좋은 생각이다. 군대에서 행해지는 범죄는 무시되기 때문에 위험하다. 실제 범죄 가운데 법원에 접수되는 사건은 물론이거니와 매우 낮은 비율의 사건만 군 검찰이나 수사기관에 송치되기 때문이다.[25]

이러한 실험에 대해 군 지휘관이 메드베데프 대통령보다 덜 적극적일 것이라는 점은 쉽게 짐작할 수 있다.

병사들의 어머니회 연맹은 병사를 학대함으로써 법률을 위반한 사람을 형사소추하기 위한 증거를 수집하는 데 검찰총장실과 협력관계를 유지한다. 또한 이 조직은 병사와 그 가족이 특정한 문제를 해결하는 것을

(Cambridge: Cambridge University Press, 1999), pp. 206~207; *Christian Science Monitor,* February 24, 2000.

25) "Interview with President Medvedev", *Novaia gazeta*, April 15, 2009(http://www.novayagazeta.ru/data/2009/039/01.html).

도와주기도 한다. 따라서 이 조직은 정치활동과 고객에 대한 서비스를 동시에 수행하는 복합적인 기능을 한다. 여타의 많은 러시아 결사체와 달리 병사들의 어머니회 연맹은 어떠한 특별대우나 특권도 추구하지 않으면서 정부로부터 독립적인 단체로 존재해왔다. 이 조직의 상트페테르부르크 지부의 창립자 가운데 한 명인 옐레나 빌렌스카이아(Elena Vilenskaia)는 다음과 같이 말했다.

> 우리는 완전히 다른 종류의 조직을 만들어야 한다는 것을 알고 있었다. 누군가가 조작하는 조직이 아니라 완전히 건설적이며 새로운 조직 말이다. 시작부터 우리는 모든 중앙집권적 구조로부터 스스로를 분리시켰다.[26]

병사들의 어머니회는 그 활동으로 국제적인 인지도를 얻었고, 국제연합 인권위원회, 유럽연합 집행위원회, 국제사면위원회(Amnesty International) 등과 같은 국제기구에 보고서를 제출하기도 했다.[27] 높은 국제 인지도를 가진 이 조직이 체첸전쟁 및 신병에 대한 가혹행위 등 민감한 문제에 관해 당국에 맞설 용기를 내면서 이 조직은 정부와의 갈등 상황을 야기했다.[28] 그러나 현재까지 이 조직은 국내외에서 지니고 있는 권위 덕택에 정부 당

---

26) Annemarie Gielen, "Soldiers' Mothers Challenge Soviet Legacy"에서 인용. 이 자료는 '유라시아의 혁신 및 사회적 행동을 위한 제안(Initiative for Social Action and Renewal in Eurasia)' 웹사이트에서 볼 수 있음. www.isar.org/isar/archive/GT/GT8Gielen.html, July 5, 2002.

27) Sundstrom, "Soldiers' Rights Groups", p. 182.

28) James Richter, "Evaluating Western Assistance to Russian Women's Organizations", in Sarah E. Mendelson and John K. Glenn(eds.), *The Power and Limits of NGOs: A Critical Look at Building Democracy in Eastern Europe and Eurasia*(New York: Columbia University Press, 2002), p. 80.

국의 폐쇄조치를 면하고 있다.

(3) 러시아 독립노조연합

RUIE와 병사들의 어머니회의 경우에서 볼 수 있듯이 구 소련체제하에서는 국가가 후원하는 대중조직은 많았으나 자신의 요구를 표출하고 조직화하기를 원하는 새로운 이익의 관련 당사자들에게 제도적인 자원을 제공할 수 있는 사회적 자본은 취약했다. 그러나 어떤 경우에는 공식적인 대중조직이 포스트소비에트 환경하에서의 이익집단을 위해 중요한 자원이 되는 사회적 연대와 기술을 배양시켜주는 역할을 했다. RUIE의 사례는 소련 시기의 결사체가 바탕이 되어 발전된 조직이 새로운 포스트소비에트 환경에 성공적으로 적응해 러시아의 영향력 있는 결사체가 될 수 있었다는 것을 시사해준다. 이와는 대조적으로 병사들의 어머니회 연맹은 글라스노스트 시기에 비공식 조직으로 결성되었다가 숨 막히는 국가의 간섭으로부터 스스로 거리를 두면서 독자성을 유지해나가는 길을 선택한 조직이다. RUIE는 구체제로부터 이어받은 조직 자원과 접촉망을 활용한 반면 병사들의 어머니회는 국제적인 인지도를 확보하고 전국적으로 지부조직을 연결하기 위해 인터넷을 활용하면서 완전히 새롭게 출발했다. 병사들의 어머니회가 국내외에서 획득한 권위와 필요시 당국과 기꺼이 협력하고 대부분 직접적인 정치적 역할은 피하려는 행태는 조직을 유지하는 데 도움이 되었다.

FITUR은 소련체제하에 존재했던 공식적인 노조연합의 후신이다.[29)]

---

29) 체제 전환의 결과로 일어난 노조의 변화에 대해서는 다음을 보라. Paul Jubicek, *Organized Labor in Postcommunist States: From Solidarity to Infirmity*(Pittsburgh: University of Pittsburgh Press, 2004); Su Davis, *Trade Unions in Russia and Ukraine, 1985~1995*(New York: Palgrave, 2001); Linda J. Cook, *Labor and Libe-*

이 조직은 시대 변화에 적응하면서 살아남았으나 소련의 노조운동으로부터 상당한 조직 자원을 상속받았음에도 조직화된 노동세력을 위한 대변자로서의 역할은 별로 효과적이지 않았다. 소련 시기에는 사실상 모든 고용 노동자가 노조에 의무적으로 소속되어 있었다. 노조의 지부는 주어진 사업장에서 일하는 현장 근무자부터 매니저까지 모든 근로자를 대표했다. 모든 지부와 지역노동조합 조직은 단일 노조연합의 구성원이 되었다. 소련체제가 붕괴함에 따라 일부 회원 조합은 독립적인 지위를 갖게 된 반면 다른 회원조합은 특정한 노동자 집단의 이익을 대변하는 독립체로 등장했다. 그럼에도 구체제하 공식적인 노조의 외피는 그대로 살아남아 FITUR로 불린다. 이 단체가 러시아 최대의 노조연합임은 물론이다. 2010년 현재 이 조직은 러시아 전국 단위 41개 산하 노조 조직을 거느리면서 조합에 가입한 전체 노동자의 95%를 대표한다.[30] 그러나 이러한 수치는 신빙성이 없다. 2008년 실시한 어느 조사에 따르면 고용 노동자 중 15%만 스스로를 노조 회원으로 간주했다. 그런데 절반 이상의 노동자는 그들의 이익을 지켜주는 노조의 회원이 되고 싶다는 의향은 있으나 노조가 실제로 그들을 위해 일을 한다고 말하는 사람은 15% 정도에 불과했다.[31] 대기업을 대표하는 조직과 비교해볼 때 노동운동은 분열되고 취약할 뿐 아니라 집단행동을 위해 노동자를 효과적으로 동원할 능력도 없는 상태다.

FITUR은 소련 시기의 전신 조직으로부터 수천 개의 사무실 건물, 호텔, 휴양소, 병원, 스포츠 시설 및 유소년 캠프장 등 값비싼 부동산을 물려

---

ralization: Trade Unions in the New Russia(New York: The Twentieth Century Fund Press, 1997).

30) 여기에 제시한 수치는 이 단체의 홈페이지를 참고하라(http://www.fnpr.org.ru/n/252/4890.html, 검색일: 2010.11.29).

31) Ol'ga Morozova, "Profsoiuzy ne pomogaiut", *Vedomosti.ru*, July 8, 2008.

받았다. 이러한 부동산 자산은 FITUR 지도자들에게 상당한 수입을 가져다준다. 그 규모는 2001년도 추산으로 연간 약 3억 달러에 달한다.[32] 그러한 수입 덕택에 이 조직은 중앙 운영진을 유지하기 위해 회원들로부터 회비를 징수하지 않아도 된다.[33] 이 조직은 또한 국가 사회보험기금 조성을 위한 노동자의 기부금을 징수할 권한도 물려받았다. 비록 FITUR이 국가 사회보험기금을 징수하고 분배할 권한을 공식적으로 상실하긴 했으나 이 조직은 국가 사회보험기금의 수입과 그에 대한 처분에 관한 상당한 실질 통제권을 아직 보유하고 있다. 이러한 자산과 권리 덕분에 공식적인 노조의 지도자들은 노조원을 영입하기 위한 경쟁에서 다른 노조보다 상당히 우위를 점한다. 예컨대 그들은 다른 노조원이 FITUR 소유 아파트에 입주하는 것을 거절할 수 있다. 그들은 또한 FITUR의 간부가 일반 노동자의 이익보다 조직의 이익을 보호하는 데 더 신경을 쓰도록 독려하는 경향이 있다.[34]

FITUR은 지역 및 지부 소속 회원을 효과적으로 통제하지 못한다. 이 조직은 일반 노동자의 이익을 보호하기 위해 다른 노조와 연대하는 것보다 사용자들과 단체협상을 할 때 노동자를 대표할 수 있는 독점권을 얻기 위해 다른 독립 노조와 경합을 벌이는 데 집중적으로 노력한다.[35] FITUR

---

32) Davis, *Trade Unions in Russia and Ukraine, 1985-1995*, p. 202.

33) Konstantin Savel'ev, "Netrudovye rezervy Mikhail Shmakova", *Nezavisimaia gazeta*, March 12, 2009. 그런데 FITUR(러시아식 표기로는 FNPR)의 자산 보유 현황이나 그러한 자산으로 발생하는 연간 수입의 규모에 대해서는 명확한 설명이 없다.

34) 같은 글, p. 203.

35) FITUR은 2001년 채택된 새로운 노사관계법의 내용에 대해 정부와 파우스트식 거래를 맺었다. 새로운 법률에 따르면 사용자들은 노동자를 해고할 때 더 이상 노조의 동의를 얻을 필요가 없다. 그러나 단체협상은 노동자들이 어느 노조가 자신을 대표해야 하는지에 대한 합의를 이루지 못할 경우 각 사업장 내의 최대 노조와 경

지도부는 정계 실력자들과의 밀접한 후견-피후견식의 관계를 발전시키기 위해 많은 시간을 보낸다. FITUR은 크렘린에 대항하는 어떠한 행동도 배제하기 위해 애쓴다. 예컨대, FITUR은 2008년 10월 시위 참석자들이 오직 '평화적인 슬로건'만 내세울 것이라고 당국에 약속함으로써 전국적인 정치집회를 열기 위한 당국의 양해와 성원을 구했다.[36] 이 조직은 정부와의 우호관계를 깨트리는 것을 우려한 나머지 2008년 하반기의 경제위기 상황에서 실업이 확산되자 해고자 수에 관한 통계수치를 발표하는 것을 거부했다. 모스크바에 거주하는 이 조직의 어느 간부가 언급했듯이 만약 해고자 수치를 공개하면 해당 기업의 주가가 하락하기 때문이라는 것이다![37]

FITUR의 무능은 1990년대 내내 발생했던 노동 및 사회적 조건의 심각한 악화현상에 대한 미적지근한 대처방식에서 극명하게 드러났다. 높은 실업률, 임금체불, 생활수준의 급격한 하락 등이 발생했음에도 이에 대한 항의는 기대보다도 훨씬 낮았다. 1990년대 들어 어느 정도 노동자들의 동원이 있었던 것은 사실이다. 여론조사 결과에 따르면 1990년대 대부분의 시기에는 전체 노동자의 3/4이 적어도 한 번 이상씩 임금을 늦게 수령한 경험이 있었다.[38] 그러나 최근의 한 연구에 따르면 1990년대에 있었던

영진 사이에 이루어져야 한다. 따라서 새로운 노사관계법은 상대적으로 소규모의 독립노조를 희생시켜 FITUR에 혜택을 주는 법률이다.

36) Polit.ru, September 30, 2008.

37) Viktoriia Kruchinina, "Zasekrechennaia bezrabotitsia", *Nezavisimaia gazeta*, December 4, 30, 2008.

38) Richard Rose, *New Russia Barometer VI: After the Presidential Election*(Glasgow: Centre for the Study of Public Policy, University of Stathclyde, Studies in Public Policy No. 272), p. 6; Richard Rose, *Getting Things Done with Social Capital: New Russia Barometer VII*(Glasgow: Centre for the Study of Public Policy,

대부분의 노동자 시위는 임금과 연금을 대신 지불하도록 중앙정부에 압력을 가하기 위한 전략으로 사실상 연방주체정부에 의해 조직되었다. 노동조합은 스스로 파업을 조직할 의향도 능력도 없었으나 주지사들이 그러한 파업을 지원했던 것이다.[39)]

2000년대에 접어들어서는 경기회복 덕택에 임금과 연금은 정시에 지급되었으며 노사관계의 불안정은 빠르게 진정되었다. 그러나 2008년 다시 한 번 경제위기가 닥치자 실업률은 10% 이상 상승했으나 노동자들의 저항운동은 미미했다. 특히 외국인 소유의 사업장 — 러시아 정부는 외국계 기업의 파업에 대해서는 비교적 관대함 — 에서 파업이 있긴 했지만 그 횟수는 얼마 되지 않았다. 2008년을 통틀어 공식적으로 기록된 파업 건수는 네 건에 불과했으며, 2009년에는 한 건만 발생한 것으로 되어 있다.[40)]

1990년대 체제 전환의 어려움과 2000년대 후반의 경기침체를 겪었음에도 노조는 왜 대규모의 파업과 시위를 벌일 수 없었거나 그렇게 하려고 하지 않았던가? 첫 번째 이유는 바로 노동자들이 기업이 제공하는 다양한 사회적 혜택 — 연금 납부, 저렴한 주택 공급, 의료시설 및 영유아 보육 및 탁아 서비스 등 — 을 받으면서 직장에 의존하기 때문이다.[41)] 두 번째 이유는

University of Stathclyde, 1998), p. 15. 1996년도에 실시했던 설문은 다음과 같다. "지난 12개월 가운데 한 번이라도 당신은 임금이나 연금을 늦게 수령한 적이 있습니까?" 이러한 1996년 조사에서 응답자의 78%가 '예'라고 답했으며 21%가 '아니오'라고 답했다. 1998년에 실시한 똑같은 조사에서 75%의 응답자가 한 번이라도 임금체불을 경험했으며 25%는 경험하지 않았다고 답했다.

39) Graeme B. Robertson, "Strikes and Labor Organizations in Hybrid Regimes", *American Political Science Review*, 101:4(2007), pp. 781~798.

40) 비공식 추산에 따르면 2008년에는 실제로 60건의 파업이 있었고, 2009년에는 100건의 파업이 발생했다. Sergei Kulikov and Mikhail Sergeev, "Rossii grozit protest-noe obostrenie", *Nezavisimaia gazeta*, February 18, 2010.

소련식 노조의 구조를 본뜬 FITUR의 조직 구조 때문이다. 육체노동자, 사무원, 기술직, 경영자 등 기업의 모든 구성원이 같은 노조에 속해 있다는 사실은 계급이익을 중심으로 노동자들을 동원한다는 원칙에 배치된다. 세 번째 이유는 다수의 기업이 노동자와 경영자 사이의 단체협상 방식을 사용하는데도 대부분 아직도 개별 노동자의 급료를 보충해주기 위해 다양한 보너스와 근속수당(job coefficient) 등의 인센티브 지급 방식을 사용하기 때문이다. 더구나 그들은 소득세를 줄이기 위해 임금의 상당 부분을 비공식적으로 지급한다. 따라서 이러한 경우 노동자들은 수입이 더 평등하고 투명할 경우보다는 공동이익을 위해 스스로 조직적인 행동을 벌일 동기가 덜하다.

마지막 이유는 FITUR 지도부와 정부 당국 사이의 밀접한 후견-피후견 관계 때문이다. FITUR이 심각한 노동조직 차원의 저항을 하겠다고 정부를 위협한다면 정부는 틀림없이 사회기금의 배분에 대한 FITUR의 참여 권리를 박탈하겠다고 협박할 것이다. 따라서 FITUR은 RUIE와 마찬가지로 독자노선을 고집하기보다는 대체로 정부 당국자와의 유순한 관계를 발전시키길 선호한다. 그러나 이 조직은 노동자를 대변하는 권리를 잃어버리는 것도 두려워한다. 격렬한 파업이 발생할 때면 노동자가 공식적인 노동조합을 통해서는 그들의 불만을 제대로 전달할 수 없다는 사실이 확인되었다. 이처럼 노동자들의 집단적 이해관계를 제대로 대변하지 못하는 FITUR의 딱한 상황에 실망하는 한편 경기후퇴가 노동자들의 소요사태 등 불안을 야기할 가능성에 대해 우려하는 크렘린 당국은 노동자로부터 더 많은 정통성을 확보할 수 있는 대안적 노동조합을 육성하려고 시도

41) Linda J. Cook, *Labor and Liberalization: Trade Unions in the New Russia*(New York: The Twentieth Century Fund Press, 1997), pp. 76~77.

하면서 FITUR에 경쟁구도를 통한 압박을 가해왔다. 그러나 지금까지는 FITUR의 지도부가 개혁에 대한 압박을 수단껏 방해해왔다. 말하자면 FITUR은 러시아 노동자 전체의 이익보다는 이 조직 간부의 이익을 추구하는 데 훨씬 더 능숙하다.

(4) 러시아 정교회

대부분의 러시아인 — 종교적 연관성의 잣대를 어떻게 적용하는가에 따라 다르기는 하겠지만 자그마치 89%의 러시아인 — 은 스스로를 정교회와 동일시한다.[42] 러시아 정교회는 키예프 공국 시절이던 988년 블라디미르 대공의 세례에서 그 기원을 찾을 수 있다. 그 이후 러시아 정교회는 러시아 국가의 역사적인 동반자로 간주되었고, 러시아 사회에서 영적인 지도력을 발휘했으며, 국가 당국을 신성화하는 대신 국가의 보호를 받아왔다. 정교회 스스로 국가 교회로 간주하는 관점은 교회와 국가의 분리를 규정한 헌법정신과는 배치된다.[43]

---

42) 나머지 9~10%는 다른 종교를 신봉한다. 구체적으로 약 8~9%는 이슬람교도, 0.5~0.6%는 불교도, 0.2~0.3%는 유대교도다. *Nezavisimaia gazeta — religii. REF/RL, Newsline*, October 3, 2000에서 재인용. 종교적 연관관계를 어떻게 이해하는가 — 종교적 유산으로 파악할 것인지 아니면 실제 신앙활동을 하는지 — 에 따라 신자들에 대한 추산이 달라질 수 있다. 일부 전문가에 따르면 러시아 이슬람 인구는 무려 14~15%에 달한다는 것이다. 2008년 12월 실시된 다른 설문조사에 따르면 73%가 정교 신자이고 6%는 이슬람교이며 11%는 무교라고 답했고, 약 3%는 신앙을 갖고 있지만 특정 종교적 유관기관에는 소속되지 않는다고 답했다. Polit.ru, December 10, 2008. 전체 인구의 약 30%는 규칙적으로 교회예배 및 다른 교회행사에 참석한다고 응답했다. Stanislav Minin, "Poluvotserkovannye kak nemnogo beremennye", *Nezavisimaia gazeta*, June 2, 2008.

43) 러시아 정교의 역사에 대해 쉽게 읽을 수 있고 공감이 가는 입문서는 다음을 참고하라. Timothy Ware, *The Orthodox Church*(New York: Penguin Books, 1984).

역사적으로 러시아 정교회는 국가와 긴밀한 동맹관계를 맺어왔다. 역사학자 피루스 카젬자데(Firuz Kazemzadeh)의 설명에 따르면 볼셰비키 혁명 전 거의 200년 동안 "러시아 정교회는 정부에 대한 복종을 가르치고, 절대주의를 찬양하며, 영적인 경찰관 역할을 자처하면서 국가기관의 일부인 것처럼 행동했다."[44] 공산정권이 들어선 이후 정교회는 폐쇄되지는 않았으나 때때로 폭력적인 억압을 받기도 하는 등 박해를 받았으며, 당국의 철저한 감시를 받았다. 젊은이들은 교회에 다니지 않도록 교육받았으며 당원과 관리들은 공공연하게 종교활동을 할 경우 자신의 경력이 위험에 처할 가능성이 있음을 알고 있었다. 고위 성직자를 임명할 때는 공산당의 검증과 승인이 필요했으며, 일부 성직자는 KGB 요원이었다. 공식적으로 언급할 때 교회는 늘 국가를 옹호해야 했다. 예컨대 냉전 시기에 교회 간부들은 소련 당국이 벌였던 세계의 '평화와 정의'라는 캠페인에 적극적으로 참여해야 했다. 그러한 캠페인은 항상 '제국주의자'의 세계 정책에 대항했으나 공산주의 진영에 대해서는 그렇지 않았다. 소련의 관리들이 한때 정교회가 사멸할 것으로 예측했지만, 실제로는 그렇게 되지 않았고 다만 교회의 공적인 역할이 심각한 제약을 받았다.

공산주의의 붕괴로 교회는 그 지위와 자유의 상당 부분을 회복했다.[45] 1990년 통과된 법률에 따라 교회는 법인의 권리를 획득했으며, 자신의 재

---

44) Firuz Kazemzadeh, "Reflections on Church and State in Russian History", in John Witte, Jr. and Michael Bourdeaux(eds.), *Proselytism and Orthodoxy in Russia: The New War for Souls*(Maryknoll, NY: Orbis Books, 1999), p. 237.

45) John Dunlop, "The Russian Orthodox Church as an 'Empire-Saving' institution", in Michael Bourdeaux(ed.), *The Politics of Religion in Russia and the New States of Eurasia*(Armonk, NY: M. E. Sharpe, 1995), pp. 41~74; John Garrard and Carol Garrard, *Russian Orthodoxy Resurgent: Faith and Power in the New Russia* (Princeton: Princeton University Press, 2008).

산을 보유하고 계약관계를 체결할 수 있는 권리를 얻었다. 국가가 몰수한 많은 교회당과 수도원이 정교회에 환원되었는데, 많은 경우 수리되지 않은 채로 교회에 환수되었다. 1988년 고르바초프가 행한 러시아 정교회 창건 1,000주년 기념행사를 시작으로 옐친은 교회의 주요 행사에 자주 참석했으며, 모스크바 시장 유리 루시코프(Yuri Luzhkov)는 스탈린이 허물었던 구세주 그리스도 성당을 중건하기 위해 강력한 추진력을 발휘하는 등 수많은 러시아 지도자는 러시아 국민통합, 지속성, 국가성 등의 상징으로 정교회를 포용했다. 비록 1993년 제정된 러시아 헌법이 국가와 교회의 분리를 선언했지만 국가 지도자들은 러시아 정교회가 그들의 행동을 축복해주기를 기대해왔다. 예를 들어 모스크바 총대주교는 옐친, 푸틴, 메드베데프 대통령의 취임식에 참석했다. 2007년 옐친 전 대통령이 서거했을 때에는 푸틴 대통령의 주장에 따라 모스크바의 구세주 그리스도 성당에서 국가 주관으로 정교회 방식의 장례식이 거행되었다.[46]

소련체제의 종식은 러시아와 다른 공화국에서의 종교적인 부활을 초래했다. 젊은이들을 포함한 많은 사람은 그들의 종교적인 유산을 재발견하거나 새로운 종교적 정체성을 찾기 위해 노력했다. 수천 명의 외국인 선교사가 러시아인을 개종시키기 위해 러시아에 왔다. 지하에서 활동하던 다양한 종파와 교파들이 공개적으로 활동을 펼치기 시작했다. 새로운 개신교 교회와 가톨릭 성당들이 건립되었다. 이슬람과 유대교 조직들도 세력을 확장했다. 다양한 비주류 소수 종파들도 추종자들을 확보했다. 러시아 정교회는 이러한 새로운 종교적 활동에 대응해 국가가 나서서 외국 종교들과의 경쟁에서 정교회를 보호해줄 것을 요청했다. 정교회는 러시

46) Colton, *Yeltsin: A Life*, p. 446. 옐친 본인은 종교를 믿지 않았으나 푸틴은 중요한 국가행사를 기리는 데 종교의식의 상징적인 힘을 인식했다.

아에서 오랜 역사를 가진, 그리하여 정교회에 위협이 되지 않는 종교들과 새롭고 낯선 종교 사이에 명확한 구분을 지었다. 정교회는 외국 종교단체의 개종 활동을 적대적인 침입으로 간주해[47] 외국인 선교활동을 금지시키고 러시아 헌법에 보장되어 있는 새로운 종교적 자유를 행사하는 데 국가의 면허를 요구하도록 하는 입법안을 만들도록 대통령과 국회에 압력을 행사했다.

그러한 법률안은 특히 교회의 도덕적 권위와 공공연하게 제휴하기를 원했던 민족주의와 공산주의 계열의 국회의원들에게 인기가 있었다. 1997년에는 정교회가 원했던 사항 가운데 상당 부분을 충족시켜주는 법안을 국가두마가 통과시키고 옐친 대통령이 서명했다. 그 법안은 완곡어법으로 표현해 '양심과 종교 결사체의 자유에 관한 법'으로 불렸다. 그 법안에 따르면 러시아에는 러시아 정교, 이슬람교, 유대교, 불교 등 토착적인 전통종교 네 개가 존재하는데, 여타 종교가 러시아 땅에서 활동을 하기 위해서는 1998년 말까지 국가에 재등록해야 한다. 또한 이 법안은 만약 특정 종교단체가 그 명칭에서 '러시아 전국의(Rossiiskii)'라는 표현을 쓰기를 원한다면 그 단체는 러시아 내에서 50년 이상 활동한 경력이 있어야 하며, 절반 이상의 연방주체 단위에 지부를 두어야 한다고 규정한다. 또는 특정 종교단체가 중앙 조직을 갖고 있다는 것을 증명하고, 3개 이상의 지부를 두면서 러시아에서 15년 이상 활동해왔음을 증명할 경우 등록이 가능하다. 더구나 이 법안은 국가가 종교단체의 등록을 거부할 수 있는 다수의 근거를 열거한다. 외국계 선교단체는 이미 등록된 종교단체의

47) Metropolitan Kirill of Smolensk and Kaliningrad, "Gospel and Culture", in John Witte, Jr. and Michael Bourdeaux(eds.), *Proselytism and Orthodoxy in Russia: The New War for Souls*(Marknoll, NY: Orbis Books, 1999), p. 74.

초청을 받아야만 러시아에서 활동할 수 있었다.[48)]

많은 러시아 국내외의 종교단체는 이 법안에 대해 경각심을 갖게 되었다. 전문가들이 지적했듯이 이 법은 이슬람교, 유대교 또는 불교를 겨냥한 것이 아니라 러시아 정교회가 총대주교가 언급한 것처럼 "파괴적인 전체주의적 종파"[49)]로 간주하는 경쟁자 기독교 집단을 겨냥한 것이었다. 여러 집단이 이 법안의 합헌성에 의문을 제기했다. 1999년 11월 헌법재판소는 이 법안의 주요 조항에 대해 헌법합치를 판결했으나 다른 조항에 대해서는 내용을 완화하도록 판결했다. 헌법재판소는 국가가 외국인 선교단체의 활동을 규제할 수 있으며 인권과 러시아 법률을 위반하는 집단들의 활동을 금지시킬 수 있다고 판결했다. 그러나 헌법재판소는 등록을 위해서는 종교단체의 활동 경력이 15년 이상이 되어야 한다는 조항은 이 법안이 통과되기 이전에 등록된 집단과 중앙조직의 산하에 있는 종교적 회합에 대해서는 적용되지 않는다고 판시했다.[50)] 헌법재판소가 몇 개월 뒤에 내린 판결은 한 걸음 더 나아가 소급적용을 담고 있는 이 법안의 다른 조항들을 무효화시켰다.[51)] 한편, 종교조직의 등록기한은 연장되었으며, 처음에는 등록이 거부되었던 몇몇 종교단체들이 나중에 등록을 마칠 수 있었다.

정교회는 "러시아인은 문화적·정신적·역사적으로 러시아 정교회의 신도들이다"라고 주장한다.[52)] 국가와 종교의 분리라는 서구 기독교의 원칙

---

48) *Segodnia*, June 19, 1997.

49) *RFE/RL, Newsline*, Sepember 22, 1997.

50) 같은 글, November 24, September 22, 1997.

51) 이러한 사례는 예수회 교도들(the Jesuits)이 포함된 케이스에서 찾아볼 수 있다. 이 단체는 1992년 이후부터 존속해왔음에도 2000년 4월 헌법재판소는 예수회 교단의 등록을 허용했다.

과는 대조적으로 러시아 정교는 교회와 국가를 유기적인 민족공동체의 서로 연결된 요소로 간주한다.[53] 정교는 종교적 동일시를 단지 개인 차원에서의 취향이 아닌, 민족성을 나타내는 속성으로 간주한다. 또한 정교는 정교회를 모든 러시아인 — 정교회 신자이든 아니든 — 의 재산으로 여긴다. 따라서 정교회는 서방의 선교단체들이 물질적인 번영을 약속함으로써 러시아인의 영혼을 사려고 한다고 주장하면서 외국인들이 러시아인을 개종시키려는 시도에 적대적이다. 정교회는 각 종교 공동체에 속하는 인종집단 사이의 경계가 존중된다면 이슬람, 유대교, 불교 등 러시아 내의 다른 종교 공동체와의 공존에 우호적인 입장을 보인다. 그러나 정교회는 러시아가 종교적으로 다원적인 사회가 되어야 한다고 믿는 다른 기독교 집단에는 매우 적대적이다. 자유주의 계열이든 공산주의 계열이든 상관없이 정치인들은 그들의 정치적 이익을 위해 정교회에 대한 지지를 호소해왔기 때문에 그들은 교회가 정치에 간섭하는 것을 꺼려왔다. 예를 들어 정교회가 가톨릭에 적대감을 갖고 있기 때문에 교황의 러시아 방문은 실현되지 못했다. 정교회는 공공교육과 문화에 관련된 사안에 영향력을 끼치려고 노력해왔다. 예를 들면 2007년 1월 정교회의 수장인 총대주교 알렉시 2세는 학교에서의 진화론 수업을 비난했다.[54] 정교회는 또한 종교

---

52) *REF/RL Newsline*, February 14, 2002.

53) John Witte, Jr., "Introduction-Soul Wars: The Problem and Promise of Proselytism in Russia", *Emory International Law Review*, 12:1(Winter 1998), p. 38.

54) *RFE/RL Newsline*, January 30, 2007. 세속에 어느 정도까지 양보해야 하는가에 대해서는 정교회 내부에서도 다양한 견해가 있다. 2008년 여름 추코트카와 아나디르 교구의 디오미드 주교가 러시아 정교가 민주주의를 포용하고 세계화를 촉진하며 다른 신앙과의 대화에 동의함으로써 타락상을 보인다고 비난하자 정교회는 그를 분열주의자로 선언했다. 그가 현 정교회 지도자들에 대한 파문을 주장하자 정교회는 그를 주교직에서 축출하고 평수사로 강등해 수도원 배속을 명령했다. *Nezavisimaia gazeta*, November

적 견해와 관습에도 적용되는 공적생활의 최상위 가치이자 근본적인 토대로서의 보편적인 인권 개념은 받아들일 수 없다는 입장이다.[55]

비록 국가는 형식적으로 교회와 국가의 분리라는 헌법적 원칙을 지지하지만 실제로는 공인된 종교 공동체 네 개의 정치적 참여를 장려해왔다. 이러한 상황 덕분에 특히 러시아 정교회는 러시아 사회에 영향력을 발휘할 수 있는 많은 기회를 부여받았다. 예컨대 교육부는 정교회의 고위 주교급 성직자를 교육적 표준에 관한 국가회의의 위원으로 지명했다. 한 텔레비전 채널은 〈교회와 세계(The Church and the World)〉라는 프로그램을 방영했는데, 그 프로그램에서는 현대세계에서 정교회 신자는 어떻게 살아야 하는가라는 문제를 포함한 정교 이슈를 다루었다.[56] 1990년대에 교회는 담배를 면세로 수입해서 러시아 국내에서 되팔 수 있는 면허를 교부받았는데, 교회는 그것을 이용해 많은 이윤이 남는 대규모 사업을 발전시켰다.[57] 정교회는 또한 국가에 로비를 벌여 정교회 신부들을 군대의 군종신부로 채용하도록 해 성공을 거두었다.[58] 그러나 정교회는 학교에서 종교적 지침을 교과목으로 채택하도록 당국을 설득하는 데에는 실패했다. 이미 이전 장에서 언급했듯이 대신 국가는 학교에서 윤리교육에 대한 다양한 접근 — 정교회 기반의 교과과정, 다른 종교 위주의 교과과정 또는 인문주의에 기반한 접근 등 — 가운데 선택할 수 있는 권리를 부모들에게 부여

27, 2008; Polit.ru, September 16, 2008; *Moscow Times*, June 30, 2008.

55) Polit.ru, June 26, 2008.

56) 같은 글, September 4, 2009.

57) Alexandra Odynova, "Orthodox Businessmen Get a Patron Saint", *Moscow Times*, December 11, 2009.

58) Elina Bilevskaia, "RPTs tozhe zaimstis moderniatsiei", *Nezavisimaia gazeta*, April 24, 2010.

하는 방식을 선택했다.

따라서 러시아 정교회는 혁명 이전의 시기와 마찬가지로 국가와 상호 의존 관계를 형성했다. 교회는 국가에 보호와 특권, 사회적 영향력을 요구하는 대신 국가 당국에 대해서는 그들의 행위에 대한 도덕적 지지를 보낸다. 이러한 공생적 관계의 변화 가능성도 감지된다. 변화는 교회가 권력과 지위를 위해 국가에 의존하기보다 오히려 신앙심이 충만한 신도들의 책임감으로부터 힘을 얻어야 한다는 신도들의 주장을 통해 시작될 수 있다.

4) 이해관계의 새로운 영역

앞에서 급격한 사회변화의 결과 시민의 이해관계 자체가 빠르게 변화하는 시기에는 신구 조직 모두 결집된 형태로 유지되기 어렵다는 것을 고찰했다. 어디서든 마찬가지로 작은 조직이 크고 느슨한 조직보다 집단행동을 성사시키기 더 쉽다. 우리는 또한 포스트소비에트 시기에 새로운 자유를 획득한 집단이 지지자들을 충원할 때 경쟁집단을 방해하기 위해 영향력을 발휘해왔다는 행동패턴을 관찰했다. 그러한 사례로 조합에 가입한 노동자를 대표해 배타적 단체협상권을 획득하는 데 새로운 노동관계법을 사용하려고 노력한 FITUR과 경쟁적 종파에 동등한 권한을 주지 않으려고 노력해왔던 러시아 정교회 등을 들 수 있다.

전체적으로 국가주의에서 다원주의로, 그리고 더 최근에는 새로운 형태의 조합주의로 이익 표출 구조상의 변화가 일어나는 추세다. 노동조합과 RUIE 등과 같은 조직의 경우 소련식 모델의 유산이 아직 살아남아 있다. 권위주의의 요소는 이익집단의 정치적 권리를 제한하려는 당국의 노력에서 명백히 나타났으며, 조합주의의 요소는 선발된 소수의 이익집단을 당국에 협조적인 관계로 이끌기 위한 노력에서 두드러지게 나타난다.

그럼에도 현재의 이익 표출체계는 소련 시기보다 훨씬 더 다원주의적이다. 병사들의 어머니회를 포함한 수만 개의 다른 결사체의 경우와 같이 수많은 결사체가 과거 소련 시기에는 조직되지 않았던 이익을 대변했다. 이들 결사체 가운데 관계, 재계, 또는 사회단체 등 특정 범주의 이익을 장려하는 조직이 포함되어 있다. 그 구체적인 범주로는 주지사 협의회, 중소도시 시장협의회, 폐쇄도시 시장협의회, 중소기업 및 기업인 협의회, 맥주 주조산업 등 특정한 산업 부분을 대표하는 결사체, 북부지역과 극동지방의 토착민족 협의회 등과 같이 특정한 범주의 주민 이익을 도모하는 결사체 등을 들 수 있다.

자동차 소유자 운동은 사회적 이익단체 중에서 가장 활동이 활발한 범주 가운데 하나다. 2002년에는 우측 운전대 자동차 소유주의 권리 방어를 위한 공공조직이라는 명칭의 집단이 블라디보스토크에서 등록을 마쳤다. 언론 보도에 따르면 이 집단의 목적은 수입차 — 오른쪽에 운전대가 있는 많은 일본산 자동차가 극동으로부터 수입되었음 — 의 새로운 관세 적용에 반대하는 로비를 하기 위한 것이라고 한다.[59] 러시아 자동차소유자협회라는 단체는 자동차에 대한 재산세를 2배로 인상하는 정부법안에 반대하는 시위를 조직한 바 있다. 그 집회가 있고 나서 며칠만에 통합러시아당은 그 법안을 무효화시킬 것이라고 발표했다.[60] 운전자들은 특히 정부 관리의 운전 특권 남용에 분개했다. 예를 들어 2005년 알타이 크라이의 주지사가 탑승한 자동차가 좌회전을 하던 시민 올레크 셰르비츠키(Oleg Shcherbitskii)의 자동차를 들이받았다. 이 사고로 주지사는 사망했다. 주지사 차량에 양보하지

---

59) Polit.ru, November 28, 2002.

60) 같은 글, September 23, 2009.

않은 혐의로 셰르비츠키는 유죄 판결을 받아 노동교화소(labor colony)에 보내져 4년 강제 노역형에 처해졌다. 전국의 운전자들은 이에 항의해 자신의 자동차에 하얀 리본을 매달고 운행했다. 이러한 공개적인 항의운동의 결과 통합러시아당은 셰르비츠키에 대한 판결을 바꿔 그를 석방할 것을 요구했다. 항소 법원은 하급심의 판결을 번복했다.[61] 그 이후 운전자들의 항의시위는 빈번해졌고 효과적인 결과를 이끌어내는 경우도 잦아졌다. 운전자들이 현재 모스크바에서 벌이고 있는 캠페인은 '푸른 양동이(Blue Buckets)' 운동으로 이는 정부 관료들이 통상적인 교통규칙을 무시하고 달리기 위해 그들의 자동차 지붕 위에 푸른색 경광등을 달 권리를 남용하는 것에 항의하기 위해 조직되었는데, 실제로 그러한 관행은 치명적인 사고를 자주 유발했다. 운전자들은 푸른 경광등을 조롱하기 위해 자신의 차 지붕에 푸른 양동이를 매달고 달렸다. 이에 기분이 상한 국가두마는 푸른 양동이 운동을 규제하는 법안을 통과시켰다.[62] 메드베데프 대통령이 이 법안에 거부권을 행사한 점은 주목할 만하다.

자선사업, 사회적 서비스, 환경, 소비자의 권리, 인권 등의 명분을 지향하는 수천 개의 집단 또한 새롭게 탄생했다. 이 가운데 하나는 '메모리알(Memorial)'인데, 이 집단은 스탈린 억압정책의 희생자를 기리기 위해 고르바초프 시기에 결성된 조직으로 그 이후에도 민주적 자유와 인권을 보호하기 위해 지속적인 활동을 펼쳐왔다.[63] 러시아 시민단체는 예측하기

61) Ellen Barry, "Road Rage at the Kremlin", *New York Times*, November 28, 2009. http://www.nytimes.com/2009/11/29/weekinreview/29barry.html?scp=3&sq=russia&st=cse

62) Alexander Bratersky, "Blue Bucket Protests Draw Duma's Attention", *Moscow Times*, May 4, 2010; Polit.ru, July 9, 2010. 무엇보다도 이 법안은 운전자들이 공적인 행동을 취하기 3일 전 당국에 신고하는 것을 의무화했다.

어렵고 때로는 적대적인 당국의 처사, 사무실 공간 및 다른 물질적인 자원의 부족현상, 잠재적인 회원 및 다른 단체와의 소통장애, 비밀주의와 정보은닉의 관행 등 상당히 어려운 조건하에서 활동해왔다. 경제적·정치적 압력에 직면해 많은 시민단체는 정부로부터 예산 지원을 따내기 위해 애쓴다. 일부 단체는 단순한 영리 추구집단의 도구로 이용되고, 다수의 단체는 띄엄띄엄 활동할 뿐이다. 비록 매우 소수의 시민이 그러한 시민조직의 회원으로 활동하지만 더 많은 사람이 그들의 활동으로 혜택을 받는다. 종합하자면 이들 시민단체는 독립적인 시민활동의 상당 부문을 대표한다고 할 것이다.

일부 지방에서 NGO는 특정한 이슈에 대해 지방 당국과 협조관계를 유지해왔다. 예를 들면, 일부 NGO는 순찰과 구금 관행을 개선하고 가정폭력 사건의 취급에 대한 교육을 하기 위해 법집행 기관과 협력한다.[64] 시베리아의 어떤 NGO는 무료 유방암 검진을 제공했는데, 약 1,000명의 여성이 참여했다. 여성에게 좀 더 나은 보건 서비스를 제공하는 것이 시급한 임무라는 것을 인식한 지방정부는 관할지역 전체를 대상으로 유사한 검진을 실시할 수 있도록 NGO에 예산을 지원했다. 시베리아 시민창의 지원센터라는 한 시베리아 NGO는 정책결정 과정에서의 시민참여 시스템 구축을 위한 좀 더 나은 메커니즘을 개발하기 위해 여러 지방정부와 협력한다. 시민이 중심이 된 여러 단체는 환경보호를 위한 캠페인을 전개하기도 했다. 최근의 예를 하나 들면, 바이칼 호수의 청정 수질을 오염시킬 수 있는 가능성을 줄이기 위해 송유관 노선 계획을 변경해줄 것을 당

---

63) Nanci Adler, *Victims of Soviet Terror: The Story of the Memorial Movement* (Westport, CN: Praeger, 1993).

64) Brian D. Baylor, "Law Enforcement and Civil Society in Russia", *Europe-Asia Studies*, 58:2(2006), pp. 193~213.

국에 요청하는 운동에 참여해 성공적인 결과를 이끌어냈다.[65]

NGO에 대한 당국의 정책은 그들이 국가에 협조적인 태도를 유지하도록 하는 방향으로 이루어졌다. 당국은 NGO에 소련 시기와 같은 광범위한 정치적 통제를 가하지는 않았지만 그렇다고 해서 그들에게 정치적인 자율권도 허용하지 않았다. 푸틴과 메드베데프는 러시아에 활력 있는 시민사회가 필요하다는 것을 거듭 주장했지만, 그들은 러시아 NGO의 영향력을 제한하고 규제하는 방법을 모색해왔다.[66] 2006년 서방의 정보기관이 러시아 NGO에 재정 지원을 한다는 주장이 제기된 후 푸틴은 NGO에 대한 국가 통제를 강화하는 새로운 법안을 지지했다. 새로운 법안으로 NGO의 등록 요건이 강화되었으며, 그들의 활동에 대한 재정적 통제도 확대되었다. 모든 기존 NGO는 재등록을 해야 했다. 새로운 규칙을 준수하는 것 — 예컨대 NGO는 창립멤버 전원의 현 주소와 여권번호를 제출할 의무가 있었음 — 은 부담스러웠다. 게다가 다수의 기존 단체는 신청서가 제대로 작성되지 않았다는 이유로 재등록을 거부당했다. 수천 개의 단체가 이런 식으로 폐쇄되었다. 실질적으로 이 법은 당국에 정치적 이유로 못마땅한 집단의 재등록을 거부할 수 있는 구실을 제공했다.

동시에 정부는 NGO와 협의하고 공조할 수 있는 공식적인 메커니즘을 만들어내려고 노력했다. 2001년 11월 당국은 크렘린 회의궁전 — 과거 소련 시기에는 이곳에서 5년마다 한 번씩 공산당 전당 대회가 열렸다 — 에서 '시민포럼'이라는 대규모 집회를 소집했다. 러시아 전역에서 시민단체를 대표하는 약 5,000명의 대의원이 모였다. 푸틴 대통령과 정부 및 대통령 행

---

65) 시베리아 시민창의 지원센터에 대한 정보는 린데만-코마로바(Lindemman-Komarova)의 도움이 있었다. www.cip.nsk.su 참조.

66) Harley Balzer, "Managed Pluralism: Vladimir Putin's Emerging Regime", *Post-Soviet Affairs*, 19:3(2003).

정실의 고위 관리들 대부분이 이 회의에 참석했다. 이 회의에서 푸틴은 연설을 통해 "시민사회는 정부 관리의 주도로 형성될 수 있는 것이 아니다"라고 주장하면서 시민사회의 원칙을 존중하는 수사법을 구사했으며 시민사회를 국가에 종속시키려는 어떠한 의도도 없다고 공언했다. 오히려 그는 시민사회가 "자유의 정신을 먹고 스스로 자라야 한다"라고 주장했으며 국가와 사회가 상호이익을 위해 협력을 할 수 있는 사례로 인터넷을 들었다.[67] 이 회의는 주제에 따라 다수의 실무회의로 나뉘어 진행되었으며, 이러한 실무회의에서는 시민단체의 회원과 정부가 서명한 결의안을 채택했다. 그러나 노숙 어린이들 문제를 포함해 한두 개의 결의안이 정부의 후속 정책안으로 구체화되기는 했지만, 결국 그러한 결의안을 담은 대부분의 문서는 구체적인 결실을 맺지 못했다.

몇몇 연방 및 지방정부기관은 NGO가 관리들에게 정보와 제언을 제공해주는 자문기구를 설립했다. 예컨대 보건 및 사회발전부는 혈우병, 암, 당뇨병, 복합 경변 및 기타 질병을 앓고 있는 사람을 대표하는 조직들을 비롯한 시민단체를 포괄하는 공공자문기구를 설치했다. 이 기구의 주된 임무는 도움을 필요로 하는 환자들에 대한 의약품 전달에 관련된 문제를 정부에 보고하는 일이다.[68] 이와 유사하게 법무부는 문제들이 유럽인권재판소(ECHR)에 제소되지 않도록 사전에 법집행 기관 및 교정시스템과 협력하는 NGO와 협의한다.[69] 정부 당국과 NGO의 관계가 항상 조화로운 것은 아니지만 국가와 시민사회의 건설적 협력은 선거 감시나 인권 옹

---

67) Polit.ru, November 21, 2001; *RFE/RL, Newsline*, November 26, 2001.

68) Vladimir Frolov, "NGOs Starting to Make an Impact on the State", *Moscow Times*, June 2, 2008.

69) Viktoriia Kruchinina, "V Rossii rastet 'tiuremnoe naselnie", *Nezavisimaia gazeta*, September 25, 2008.

호 등과 같은 정치 분야보다는 사회정책 및 법집행 관련 분야에서 더 쉽게 이루어지는 경향이 있다.

국가가 시민사회와의 관계를 관리하는 또 다른 수단은 공공심의원이다. 제3장에서 살펴보았듯이 공공심의원은 베슬란 테러사건 이후 푸틴의 제안에 따라 설치되었다. 이 기관은 다양한 사회적 결사체들에 좀 더 효과적이고 책임성 있는 정책을 만드는 한편, 정치활동의 공정성을 감독하기 위해 그들의 아이디어와 의견을 전달해 당국의 주목을 끌 수 있는 채널을 제공한다. 다수의 지방과 여러 서방 국가에는 이미 그와 비슷한 자문기관이 존재했다. 공공심의원 설치를 위한 입법안이 2005년 통과되었고, 그 직후 조직이 만들어졌다. 공공심의원은 광범위한 영역 — 대중매체, 재계, 스포츠계, 환경보호운동 집단, 러시아 정교회, 의료계, 법조계, 학계, 청소년 단체 등 — 에서 선출된 126명의 회원으로 구성되었다. 푸틴 대통령은 첫 42인의 위원을 선출했는데, 그들이 다시 42명을 선출했으며 이들 84명이 모여 나머지 42인의 위원을 선출했다. 공공연하게 정부에 반대하는 인사들은 인선에서 배제되었다. 그러나 공공심의원은 다수의 저명한 지식인들과 체스 세계 챔피언을 지낸 아나톨리 카르포프(Anatolii Karpov) 같은 사회 저명인사들을 영입했다.[70)]

비록 공공심의원은 논쟁적인 이슈에 정치적인 편향성을 띠는 자세를 취하지 않도록 유의해왔지만 어떤 문제에 대해서는 특정한 입장을 취하기도 했다. 예를 들어, 공공심의원은 2006년 NGO법안 가운데 상대적으로 더 억압적인 조항을 완화시켜줄 것을 요구했다. 더 중요한 것은 연방주체의 주지사들도 자신의 관할지역에서 공공심의원을 신설하거나 재조

---

70) 연방 공공심의원에 대해서는 다음을 보라. James Richter, "Putin and the Public Chamber", *Post-Soviet Affairs*, 25:1(2009), pp. 39~65.

직하도록 장려했다는 점이다. 지방 시민단체 지도자들의 의견을 청취하고 여론 형성을 돕기 위해 주지사들은 그러한 지방 공공심의원을 통해 그들과 정기적으로 만날 기회를 갖는다.[71] 그러한 회의체에 참여함으로써 일부 지방 NGO는 그들이 대표하는 집단의 이익을 대변하는 데 더 많은 정당성을 부여받는다. 그러한 지방 차원의 공공심의원이 아직 존재하지 않는 지역에서도 연방 공공심의원의 창설은 각 지역에서 유사한 심의원을 만들어 지방 NGO 지도자들을 참여시키도록 주지사들을 고무시켰다. 그리하여 권위주의적 조합주의라는 역설적인 결과가 생겨났다. 다시 말해 공공심의원은 일부 이익집단의 자유는 제약했지만 동시에 다른 집단 — 특히 자신의 지지기반과 관련된 이익을 증대시키기 위해 당국이 설정한 한계의 범위 내에서 활동하려는 이익집단 — 의 자유는 확대시켰다.

일반적으로 당국은 세 가지 갈래의 전략을 추구했다. 노골적으로 반체제적인 집단에 대해서는 억압정책을 실시했다. 또한 다른 집단에 대해서는 당국이 설정한 조건하에서 정부와 협력할 수 있는 채널을 부여했다. 나머지 집단은 좀 더 독자적인 집단으로부터 협력을 이끌어내기 위해 당국이 공작 차원에서 허구적으로 만들어낸 부류다. 그러나 억압받지도, 포섭되지도, 가짜로 만들어지지도 않은 집단이 매우 많다. 인터넷 덕분에 정부의 특정 행위에 항의하기 위해 하룻밤 사이에 사회운동 조직이 급작스럽게 생길 수도 있다. 그러나 집단행동을 제도화하는 것은 훨씬 더 어려울 뿐아니라 정부와의 관계를 어떻게 설정해야 하는가라는 과제를 제기한다.

---

71) 예를 들어 노브고로드 주지사는 그러한 자문기관을 수년간 운영해왔다. Natalia Dinello, "What's So Great About Novgorod-the-Great: Trisectoral Cooperation and Symbolic Management", NCEEER Working Paper(Washington, DC: NCEEER, 2001) 참조.

2. 이익집약과 정당체계: 일당제로의 회귀?

민주적 정치체제에서 정당은 시민의 요구와 집단의 다양한 이익을 정책적 옵션 — 즉 정부를 선택하고 통제할 수 있도록 해주는 정책적 선택지 — 으로 전환시켜주는 메커니즘에서 불가결한 존재다. 소련 시기에는 유일 정당이던 소련공산당이 모든 공적 조직을 지도하려고 했으며, 복잡한 사회의 다양한 이익을 결집시키는 유일한 수단이었다. 공산당의 시대가 종말을 고한 이래 수많은 정당이 등장했지만 안정되고 경쟁적인 정당체계는 형성되지 못했다. 2000년대 들어서 통합러시아당이 계속 러시아 정치를 지배해왔다는 사실은 러시아가 새로운 형태의 일당제로 복귀했다는 점을 시사한다.

이익집약이란 시민 가운데 다양한 집단의 요구를 결집시켜서 정부의 정책 프로그램 대안으로 변환시키는 과정을 말한다. 전형적으로 이러한 이익집약은 정당이 선거에서 투표자의 지지를 얻기 위해 경쟁을 벌이고 국정운영의 책임을 떠맡기 위해 조직을 구축하면서 수행하는 정당활동의 부산물이라고 할 수 있다. 정당은 통치권력의 지분을 획득하기 위해 다수 시민의 이익을 일반화시킴으로써 광범위한 지지를 얻을 것으로 기대되는 정책 프로그램을 제안한다. 비록 대중매체, 의회, 대규모의 이익집단 등 다른 정치적 기관도 이익을 집약하는 기능을 수행하지만 이러한 정치 과정에서 없어서는 안 될 임무를 수행하는 중핵기관은 정당이다. 실제로 대부분의 정치학자는 "현대 민주주의는 정당을 통하지 않고서는 상상하기 어렵다"라는 견해를 공유한다.[72] 이는 경쟁적 정당체계가 투표자들에게

---

72) 이 구절은 다음 자료에서 인용함. Richard Rose, Neil Munro, and Stephen White, *The 1999 Duma Vote: A Floating Party System*(Glasgow: Centre for the Study of

선택과 책임성을 부여하기 때문이다. 선거에서 정당 간 경쟁이 벌어짐으로써 투표자들은 선거 이후에 정부가 취할 수 있는 다양하고 경쟁적인 정책방향을 선택할 수 있으며 공직자들이 스스로의 행위에 책임을 지도록 할 수 있다. 정책대안을 조직하고 권력을 쟁취하기 위해 경쟁하는 정당이 없다면 시민은 정책 형성 과정에 참여할 수 있는 능력을 발휘할 수 없다.[73] 따라서 러시아에서 민주적 제도의 작동 여부를 판단할 수 있는 기준은 얼마나 정당이 이익집약을 잘하는지, 투표자의 선택을 잘 반영하는지, 그리고 얼마나 효과적으로 정치인이 스스로의 행위에 책임을 지도록 하는지다.

1990년대에 생겨난 대부분의 러시아 정당은 그 뿌리가 얕다. 종종 정당은 선거 직전에 급조되었다가 선거 직후 사라져버렸다. 투표자도 정치인도 그러한 정당과 지속적인 유대관계를 발전시키지 못했다. 2000년대에 접어들어 당국은 정당체계의 안정을 꾀하기 위해 노력했으나 결국 그것은 정당에 대한 국가 통제의 강화로 이어졌다. 특히 당국은 친크렘린 정당인 통합러시아당을 지배적인 정당으로 키우는 한편 다른 정당은 철저하게 주변적인 역할에 머물도록 했다.[74] 당국은 이러한 목적을 달성하기 위해 많은 단계를 밟았다. 2001년과 2004년에 각각 통과된 법률안은

Public Policy, University of Strathclyde, 2000), p. 3.

73) E. E. Schattschneider, *The Semi-Soverign People*(New York: Holt, Rinehart and Winston, 1960), pp. 140~141; Robert A. Dahl, *Polyarchy: Participation and Opposition*(New Haven, CT: Yale University Press, 1971)

74) Ora John Reuter and Thomas F. Remington, "Dominant Party Regimes and the Commitment Problem: The Case of United Russia", *Comparative Political Studies*, 42:4(2009), pp. 501~526; Vladimir Gel'man, "From 'Feckless Pluralism' to 'Dominant Power Politics'?: The Transformation of Russia's Party System", *Democratization*, 13:4(2006), pp. 545~561.

정당 등록에 필요한 요건을 강화시켰다. 정당이 법적으로 등록을 마칠 수 있기 위해서는 5만 명 이상의 당원을 확보해야 하고 절반 이상의 지역(연방주체)에 지구당을 설치해야 한다. 더구나 여타 어떤 공공 조직도 아닌 오직 등록을 마친 정당만 선거에 후보를 출마시킬 수 있다. 새로운 정당법이 발효된 결과 많은 정당이 걸러졌다. 2003년에는 40여 개의 정당이 등록되어 있었다. 그러나 2010년경에는 7개의 정당만이 법무부에 등록되어 있었다.[75] 여타 모든 정당은 등록 요건에서 탈락했거나 생존을 위해 다른 정당과 합당했다.

이에 더해 2005년에 통과된 법안은 국가두마 의원 선거에서 소선거구 직선제를 폐지하고 2007년 총선 때부터 450석 전체의 선출방식을 정당명부제로 대체했다. 정당은 후보자를 출마시키고 의석 배분에 필요한 7% 이상의 득표를 올리기 위해 다수의 투표자로부터 추천을 받거나 거액을 기탁금으로 예치시켜야 했다. 이 모든 등록 요건은 군소정당에 더욱 버거운 조건이었다. 까다로운 등록 요건은 연방 및 지방정부에 정당이 선거에 참여할 기회를 거부할 수 있는 법적 재량권을 부여했다. 정부 당국과 우호적인 관계를 유지하는 정당에는 선거에 주기적으로 참여할 수 있는 기회가 주어졌다. 반면에 정부 당국에 반대하는 정당은 자신이 모은 추천서명이 무효화되거나 그들이 내세운 후보자들이 갖가지 행정적인 위반혐의로 후보명부에서 삭제되는 것을 빈번하게 경험했다.

〈표 6-1〉은 2010년 현재 주요 정당의 목록과 그 지지율을 보여준다.[76]

---

75) 등록된 정당을 보면 통합러시아당, 러시아연방공산당(CPRF), 러시아자유민주당(LDPR), 러시아의 애국자 정당, 야블로코, 정의로운 러시아당, 정당한 명분당(Right Cause) 등이다. 이 목록은 러시아 법무부 웹사이트를 참고했다(http://www.minjus t.ru/ru/activity/nko/partii/, 검색일: 2010.7.14.).

76) 이 수치는 레바다센터 조사결과이며, 주어진 정당에 투표할 의향이 있는 투표자의

표 6-1 _ 2010년 현재 정당 지지도

정당	지지율(%)
통합러시아당	65
러시아연방공산당	17
러시아자유민주당	10
정의로운 러시아당	6
야블로코	1
정당한 명분당	1 이하
러시아 애국자당	1 이하

주: 이 결과는 "만약 지금 국가두마 의원 선거가 실시된다면 당신은 어느 정당에 투표할 것인가"라는 질문에 대한 답변의 분포를 나타낸다.
자료: Levada Center(검색일: 2010. 7. 14).

이 표에서 볼 수 있는 바와 같이 통합러시아당은 정당 분포에서 지배적인 위치를 차지한다. 다른 정당은 확실히 주변적인 위치로 밀려났다.

1990년대에 들어서 러시아 정당은 다음 두 가지 전략 가운데 하나를 선택하는 경향을 보였다. 어떤 정당은 특정 이념을 지지했으나, 다른 정당은 뚜렷한 정책적 입장을 취하지 않고 스스로 현상 유지를 지지하는 광범위하고 모호한 정치적 주장을 지닌 존재로 규정했다. 우리가 규정할 수 있을 정도의 이념적 입장이 있는 정당 가운데는 세 개의 주요 이념적 경향성이 발견된다. 민주주의 계열의 정당, 공산주의 계열의 정당, 민족주의 계열의 정당이 그것이다. 민주주의 계열의 정당은 자본주의 경제, 자유민주주의, 서구적 정향을 지지했다. 공산주의 계열의 정당은 국가 주도의 경제체제 및 정치체제를 지지했으며, 민족주의자 계열은 친제국주의적이거나 친인종주의적이면서 민족주의적·반서구적인 정향을 선호했다. 비이념적인 정당은 '중도주의', '단결', '실용주의', '강한 국가' 등과 같은 논쟁의 여지가 없는 가치를 선호하는 잡탕식 주장을 내놓았다. 그러한 정당들은 공직자들을 위한 정치기구 노릇을 하는 일이 잦았으며, 보통 '권

비율을 반영한다.

력당'이라고 불렸다. 통합러시아당은 권력당으로서 독보적인 성공을 이룬 정당이다. 2000년대에 접어들어 통합러시아당이 지배적인 정당으로 부상함으로써 정당체계를 변모시켰다. 그러나 1990년대에 벌어졌던 정당 간 치열한 경쟁의 여운은 오늘날의 선거에도 아직 남아 있다.

이제 이러한 범주를 좀 더 자세히 살펴보자.

1) 정당의 계보

(1) 민주주의 계열 정당

민주주의 계열의 정당은 공산주의의 붕괴가 정치적·시민적 권리와 시장경제를 존중하는 가운데 공개적·다원적인 정치질서를 가져올 것이라는 희망을 품고 있었다. 어떤 정당은 자유방임경제를 선호했으나 다른 정당은 사회민주주의 형태의 체제를 지지했다. 그러나 모든 정당은 러시아가 시민의 정치적·경제적 자유를 보장하고, 사유재산을 보호하며 법의 지배를 강화하면서 정치적·경제적 영역에서 사회주의적·집단주의적 경향을 물리쳐야 한다는 데 의견의 일치를 보인다.

러시아의 민주주의자들은 글라스노스트 시기에 처음으로 동원되었다. 1993년과 1995년 선거에서 패배를 맛본 다음 민주주의 세력의 일부 지도자들은 그들의 가용 자원을 끌어모아 1999년 선거운동을 치르기 위해 '정의로운 세력연합(러시아어 약어로 SPS)'이라는 명칭의 새로운 선거 연합을 조직했다. 그들은 세 명의 젊은 정치지도자들을 정당명부의 최우선 순번에 배치하고, 선거 유세에서 비록 우회적이긴 하지만 푸틴 총리가 그들의 경제정책을 지지한다고 강조했다. 이때에는 그 전략이 주효해 이들이 의회에 입성할 수 있었다. 그러나 2003년과 2007년 선거에서는 당국의 방해와 지지자의 감소로 SPS는 다시 국가두마 의원 선거의 정당명부별 투표에서 5% 문턱을 넘지 못했다. 2008년 가을 그들은 기존 정당을 해산하고 다른 조직 2개와 통합해 친기업적인 새로운 정당인 '정당한 명분당'을 결성하기로 합의했다. 이 정당은 동등한 권한을 가진 지도자 세 명이 이끌었으며 당국과 우호적인 관계를 유지했다. 이에 오랫동안 SPS의 지도자 그룹에서 활동했던 수 명의 인사들은 새로운 정당이 크렘린의 주구(走狗) 노릇을 한다고 비난하면서 사표를 냈다.[77] 여러 모로 새로운 정당 창당은 당국이 주도했으며 신당은 나머지 민주세력으로부터 강경 야당세력을 분리하기 위한 목적으로 추진되었다. 그 뒤에 당국은 강경세력이 배제된 나머지 민주주의 세력을 친정부적인 정당으로 만들려고 했다. 어쨌든 이 정당은 세 지도자 사이의 갈등 때문에 거의 마비되었다.[78]

야블로코는 스스로를 정부에 대한 '민주주의적 반대당'이라고 간주한다. 여러 해 동안 야블로코는 정계의 저명인사인 그리고리 야블린스키(Grigory Yavlinskiy)가 이끌었다. 이 정당은 환경보호, 반부패, 효과적인 지방자치라는 명분을 옹호하는 한편, 사회적 정향의 경제와 친서방 대외정책이라는 일반적인 노선을 지지했다. 야블린스키는 1996년과 2000년 대통령 선거에 후보를 내 각각 7%와 5.8%의 득표를 했으나 2004년과 2008년에는 참여하지 않았다. 야블린스키는 다른 민주정파와 선거연합을 결성하는 데에는 일관되게 반대했는데, 그러한 그의 행보는 민주진영의 지속적인 분열에 기여했다. 야블로코는 지금도 모스크바와 상트페테르부르크에서 소수의 지지세력을 확보하고 있지만, 전국적으로 야블로코

77) Sergei Borisov, "Novyi shans dlia pravykh", *Nezavisimaia gazeta*, October 1, 2008; October 2, 2008.

78) 2010년 봄 세 명의 지도자 가운데 두 명은 단일 지도자가 당을 운영하는 데 합의했지만 단일 지도자 결정은 대통령 행정실에서 해야 했다. Mariia-Luiza Tirmaste, "Nam nuzhen glavnokomanduiushchii i oboz s proviantom," *Kommersant*, April 20, 2010.

의 지지율은 1990년대의 10%대에서 1%대로 떨어졌다. 야블로코는 제1~3대 국가두마에서는 의석을 확보했지만 제4대, 5대 국가두마에서는 당선자를 내지 못했다. 이 정당은 현재 일부 지방의회 및 주의회에서 의석을 갖고 있다.

(2) 공산주의 계열의 정당

러시아연방공산당은 소련공산당의 주요 후계 정당이다. 다른 분파 그룹은 전투적인 스탈린주의 정파다. 러시아연방공산당은 시장경제의 일부 요소를 조심스럽게 수용했으며, 정책 목표를 달성하기 위한 수단으로 더 이상 폭력이나 혁명을 신봉하지 않는다고 선언했다. 이 정당은 옐친 시기에 사유화와 경제개혁을 격렬히 반대했다.[79] 러시아연방공산당은 푸틴 시기의 시장지향적인 정책에 대해서도 계속 반대했다. 러시아연방공산당은 예컨대 러시아에서의 서구의 영향력을 공격함으로써 민족주의적 입장을 취한다. 이 당의 지도자 겐나디 주가노프(Gennady Zyuganov)는 마르크스와 레닌의 가르침이 종교에 적대적인데도 러시아 문화의 정신적이고 종교적인 전통과 화합하려고 애써왔다. 주가노프는 러시아 국가와 러시아 정교 사이의 전통적인 상부상조 관계를 자주 강조했다.

러시아연방공산당은 상당한 조직기반, 선거에서의 뚜렷한 지지세력, 감소하고는 있으나 여전히 많은 당원, 지방당이 운영하는 당 기관지의 조직망, 그리고 아마도 가장 중요하다고 할 수 있는 공산당의 엄격한 기강

---

79) 러시아연방공산당에 대해서는 다음을 참조할 것. Joan Barth Urban and Valerii D. Solovei, *Russia's Communists at the Crossroads*(Boulder: Westview Press, 1997); Richard Sakwa, "Left or RIght? The CPRF and the Problem of Democratic Consolidation in Russia", *Journal of Communist Studies and Transition Politics*, 14:1&2(March/June 1998), pp. 128~158.

이라는 전통 — 이는 소련공산당에서 물려받은 유산 — 등을 지니고 있다. 러시아연방공산당은 이따금 이단자를 출당시키기도 하지만 당이 와해되지 않도록 당 내 이견과 분열을 잘 관리해왔다. 그러나 러시아연방공산당은 분명한 약점도 갖고 있었다. 당 지도자인 주가노프에게는 광범위한 지지를 얻을 수 있을 만한 개인적인 호소력이 없었다. 그렇다고 당 내에서 주가노프만큼 지지를 얻는 인물도 없었다. 러시아연방공산당에 표를 던지는 투표자들은 상대적으로 고령층이며, 당은 소련체제와의 연관성을 내세워 그들의 지지를 호소한다. 러시아연방공산당은 이념적 굴레에 스스로 갇혀 있다. 만약 러시아연방공산당이 이념적 스펙트럼의 중간지대로 이동한다면 현 정부에 대한 분명한 대안정당으로서의 자기정체성을 상실할 것이지만 만약 극단적인 좌파 성향으로 변한다면 주변적인 정당으로 전락할 것이다. 결과적으로 러시아연방공산당은 각종 선거에서 득표율이 계속 감소되어왔으나 새로운 투표자 그룹을 지지세력으로 동원하지 못했다. 공산주의자들은 그들의 이념, 명성 및 조직력 등으로 인해 선거에서의 기본 지지세력을 확보하고는 있지만 그 지지기반은 계속 축소되고 있으며, 새로운 지지세력을 끌어들이는 데도 성공하지 못했다.

(3) 민족주의 계열의 정당

민족주의 계열의 정당에서 두드러진 존재감을 보이는 정당인 블라디미르 지리놉스키(Vladimir Zhirinovsky)의 러시아자유민주당은 몇몇 중요한 측면에서 공산주의 계열의 정당과 다르다. 지리놉스키의 정당은 상처받은 민족적·국가적 자존심에 호소함으로써 공산주의자들보다 민족주의적 테제를 더 강조한다. 지리놉스키는 공격적인 대외정책과 비러시아계 소수민족에 대한 가혹한 대우를 주장한다. 그러나 그의 경제정책은 상당히 모호하다. 그는 정부가 시장경제개혁으로 어려움을 겪어온 러시아인의 고통을 경감해주어야 한다고 주장하는 한편, 구체제의 사회주의 경제체제와는 거리를 두고 공산주의체제를 답습하지 않으면서도 새로운 경제질서를 받아들이지도 않는 '제3의 세력'을 대안으로 제시한다. 마지막으로 지리놉스키는 국내외에 존재하는 러시아의 적에 효과적으로 대처하기 위한 가차 없는 권위주의적 통치방식에 분명한 지지 의사를 보낸다.

지리놉스키는 활력 있고 극적이면서 심지어는 어릿광대 같은 공적인 인물 캐릭터를 형성해왔는데, 그러한 이미지는 러시아 대중에게 텔레비전을 통해 효과적으로 전달되었다. 그는 정부와 공산당원에게 식상함을 느낀 많은 러시아 투표자의 마음을 얻을 수 있었다. 그러나 지리놉스키의 그러한 과장된 수사법에도 러시아자유민주당이 국가두마에서 행한 표결 기록을 보면 크렘린에 매우 우호적이라는 것을 알 수 있다. 지리놉스키가 이끄는 정당은 또한 조직범죄집단 출신을 후보자 명부에 올린 것으로 악명을 떨쳤다.[80] 러시아자유민주당 후보자 명부의 상위 순번을 얻기 위해서는 공천헌금을 납부해야 한다는 소문이 수년간 떠돌았다. 일부 논평가에 따르면 러시아자유민주당은 정당이 아니라 사업체라고 해야 한다는 것이다.

이 밖에 파시스트와 유사한 이념과 조직 모델을 받아들인 작은 규모의 전투적 민족주의 집단도 다수 존재한다. 민족볼셰비키당(NBP)이 그 한 예다. NBP는 극단적 정당이라는 이유로 계속해서 등록을 거부당해왔다. 민족볼셰비키당의 강령은 극단적인 좌파이념과 민족주의 테제를 혼합한 것이다. NBP는 자본주의, 서방국가, 이민자, 크렘린 당국에 반대한다. 이

80) 예를 들어 악명 높은 탐보프 조직범죄집단을 창단했던 깡패 가운데 한 명이 1995년 국가두마 의원 선거에서 러시아자유민주당 후보 명단에 들어 있었다. Vadim Volkov, *Violent Entrepreneurs: The Use of Force in the Making of Russian Capitalism* (Ithaca, NY: Cornell University Press, 2002), pp. 112~113.

집단은 의미 있는 규모의 지지자는 없지만 존재감을 드러내기 위한 이색적인 행동을 벌임으로써 대중의 이목을 끌어왔다. 한때는 크렘린 옆 출입자 관리 정부 사무실을 점거해 '푸틴은 사임하라'라고 쓰인 깃발을 창문 밖으로 펼쳐 보이기도 했다. 또 한 번은 NBP 당원 한 무리가 경찰 복장으로 보건부 청사에 도착해 사무실을 점거하고는 건물을 비울 것을 요구했다. 그 다음으로 그들은 창문 밖으로 푸틴의 초상화를 내던져 버렸다. 또한 그들은 중앙선거관리위원장에게 마요네즈를 뿌리기도 했으며, 그들 스스로 '음식테러'라고 부른 다른 사건도 자행했다.[81] 한편 불법무기 소지 혐의로 4년 징역형을 선고받은 그들의 지도자이자 작가인 에두아르트 리모노프(Eduard Limonov)는 자신의 정당이 정치적 억압의 희생양이라고 항변했다.

다수의 군소 민족주의 그룹은 다양한 이념적 성향을 표출한다. 일부 집단은 러시아가 범유라시아연합을 결성해야 한다고 보는 반면, 다른 집단은 오히려 인종적으로 이질적인 요소를 제거해야 한다고 주장한다. 그런데 그들 사이에서 공통된 민족주의적 프로그램을 규정하지 못하는 것이 민족주의 세력의 통합을 가로막는 중요한 요인으로 작용해왔다. 또 다른 원인으로는 민족주의 집단이 정당 건설에 매진하지 않고 주로 가두시위에 몰두해온 것을 꼽을 수 있다.

(4) 권력당

비록 많은 정당이 스스로를 중도정당이라고 규정해왔지만 그러한 주장은 사실 정당이 책임져야 할 분명한 정책적인 입장을 결여했다는 것을

81) Peter Finn, "Kremlin Not Amused by Life of This Party", *Washington Post*, August 16, 2005.

의미한다. 몇몇 경우 당국과 밀접하게 관련되어 있는 정당이 정치적 안정과 연속성에 대한 책임감을 강화시키기 위해 스스로 중도적 정당으로 규정한다. 확실히 가장 성공적인 '권력당'으로 떠오른 통합러시아당은 스스로를 중도정당이라고 간주한다. 예를 들어 통합러시아당은 드러내놓고 스스로를 '러시아 정치문화를 구현하는 정당', '주권민주주의를 구현하는 정당', '안정의 정당이요 자립적인 국민의 정당'으로 규정한다.[82] 동시에 이 정당은 당 강령의 일정한 방향성도 지니고 있다. 통합러시아당은 세금 감면정책과 규제 철폐정책을 지지함으로써 시장지향적이고 친기업적인 정책을 지지하기 때문에 때로는 스스로를 '중도우파' 정당으로 규정하기도 한다. 그러나 이 정당은 종종 스스로를 '사회적 보수주의' 철학을 지지하는 정당이라고 부르기도 한다. 투표자들은 통합러시아당을 정치이념적 스펙트럼에서 우파적 위치를 차지한다고 인식한다. 즉, 투표자의 3/4은 통합러시아당이 시장개혁을 계속적으로 심화시키고 서방국가를 '우방 또는 동맹'으로 대하려고 한다고 생각한다.[83] 이 정당의 푸틴에 대한 의존은 절대적이다. 푸틴은 당원은 아니지만 이 정당의 당수다[2014년 현재는 메드베데프가 당수직을 맡고 있다]. 통합러시아당의 최고회의 의장을 맡고 있는 보리스 그리즐로프(Boris Gryzlov)의 주장에 따르면 푸틴은 '그가 맡고 있는 직책과 상관없이' 러시아의 '국민적 지도자'라는 것이다.[84]

---

82) 이러한 슬로건은 통합러시아당 웹사이트에서 인용했다(http://www.edinros.ru/news.html, 검색일: 2007. 02.13).

83) Timothy J. Colton and Henry Hale, "The Putin Vote: Presidential Electiontorates in a Hybrid Regime", *Slavic Review*, 68:3(2009), pp. 473~503; Timothy J. Colton and Henry Hale, "Russians and the Putin-Medvedev Tandemocracy: A Survey-Based Portrait of the 2007-2008 Election Season", *Problems of Post-Communism*, 57:2(2010), pp. 3~20.

84) *RFE/RL Newsline*, October 17, 2007.

2007년 국가두마 의원 선거가 치러지기 전 통합러시아당의 지지자 가운데 한 명인 저명한 서커스 기술자 아스콜트 자파시니(Askold Zapashnyi)는 다음과 같이 말한 것으로 알려졌다.

> 우리는 블라디미르 블라디미로비치(푸틴)에게 다시 대통령직을 맡아 달라고 간청해야 한다. 신은 조국에 이토록 위대한 지도자를 해마다 허락하진 않는다. 우리는 우리 자식들이 지도자의 손길이 미치지 않은 채 방치되길 원하지 않는다.[85)]

통합러시아당이 이러한 푸틴 껴안기 전략을 펼치는 것은 모험적이다. 이러한 전략은 푸틴이 강력한 권력을 보유하면서 동시에 높은 지지도를 기록할 때에는 성공적이다. 만약 푸틴이 다시 대통령에 복귀한다면 통합러시아당은 계속해서 푸틴의 정당으로 남아 있을 것이다. 그렇지 않을 경우 이 정당은 새로운 후견인을 크렘린에서 찾아야 할 것이다.

통합러시아당은 정치체계에서 지배적인 위치를 고수하기 위해 여러 가지 수단을 사용한다. 선거철이 되면 통합러시아당은 연방 및 지방 선거관리위원회에 압력을 넣어 인기 높은 야당과 야당지도자들을 실격 처리해 등록하지 못하도록 한다. 이 당은 방송을 지배한다. 예를 들면, 최근 통합러시아당 소속 국가두마 의원 가운데 한 명이 법률문제에 대한 토크쇼의 사회자를 맡았는데, 이는 2011년 실시된 국가두마 의원 선거 캠페인 때 텔레비전으로 방송되는 토론회에서 자신의 소속 정당의 입장을 옹호할 수 있는 위치를 확보하기 위한 움직임으로 받아들여졌다.[86)] 이 정당

---

85) 같은 글.

86) Elena Bilevskaia, “Obrechennye na debaty”, *Nezavisimaia gazeta*, July 14, 2010.

은 국가와 민간 재정후원자들과의 채널을 확보함으로써 선거운동에서 다른 경쟁자보다 훨씬 많은 자금을 사용할 수 있다. 그리고 통합러시아당은 경우에 따라 자신이 원하는 선거결과를 확실히 담보하기 위해 선거결과를 조작하도록 독려하기도 한다.[87] 통합러시아당은 광범위한 지지기반을 갖고 있기 때문에 이러한 노력 가운데 어떤 것은 아예 필요 없어 보이기도 한다.[88] 그러나 다른 권위주의 국가의 지배적 정당같이 통합러시아당은 야당이 여당에 대항해 통합하지 못하도록 하는 한 방편으로 선거에 대한 통제력을 확보하는 데 상당히 많은 공을 들인다.[89]

권력당으로서 통합러시아당의 선구자는 '우리집 러시아'당이었다. 이 정당은 옐친 대통령의 정치보좌관들이 친정부적이고 중도적이면서도 온건개혁 지향의 정치운동을 창출해내기 위해 크렘린의 정치적인 자원을 동원하기로 결정한 1995년, 국가두마 의원 선거가 임박한 시점에 출현했다. 옐친은 당시 총리였던 체르노미르딘이 이 당을 이끌게 했다. 정부의 공식적인 지원과 안정 및 실용주의의 이미지를 강화시킨 데 힘입어 이 정당은 12월 선거의 정당명부 투표에서 10.3%의 득표율을 기록했다. 그러나 '우리집 러시아'는 자신의 분명한 정책 프로그램상의 위치를 설정하지 못했으며, 대부분 공직자 — 특히 대도시 시장, 주지사, 민족공화국 대통령 등 — 연합으로 구성되어 있었다. 이러한 이유로 이 정당은 얼마 되지 않아 '권력당'으로 알려졌다. 그리고 체르노미르딘이 총리직에서 해임된 이후

---

87) Mikhail Myagkov, Peter C. Ordeshook, and Dimitri Shakin, *The Forensics of Election Fraud: Russia and Ukraine*(Cambridge: Cambridge University Press, 2009).

88) Colton and Hale, "The Putin Vote", "Russians and the Putin-Medvedev Tandemocracy."

89) Beatriz Magaloni, *Voting for Autocracy: Hegemonic Party Survival and Its Demise in Mexico*(Cambridge: Cambridge University Press, 2006).

'우리집 러시아'는 스스로 와해되었다. 1999년 12월 국가두마 의원 선거에서 이 정당은 1.2%의 득표율을 기록하는 데 그쳤다. 이후 이 정당은 바로 해산되었다.

1999년 국가두마 의원 선거는 투표자에게 '권력당'이라고 주장할 근거가 있는 정당이 최소한 3개나 포함되어 있는 선택지를 주었다는 점에서 특이한 현상을 보였다. '우리집 러시아'말고도 국가 당국과 밀접한 연계를 맺고 있던 2개의 다른 정치블록도 경쟁에 뛰어 들었다. 조국-전러시아 연합은 강력한 영향력을 갖고 있던 여러 명의 지역 지도자를 영입했는데, 프리마코프 전 총리가 이 당의 후보자 명부 1순위에 올라 있었다. 1999년 선거에서 정작 두드러진 존재감을 보였던 조직은 제3권력당인 '단결당'이었다. 단결당은 어느 모로 보든 베레좁스키와 크렘린의 옐친 대통령 측근의 활발한 도움을 받아 불과 선거 3개월 전에 창립되었다. 이 정당의 비장의 카드는 푸틴이었다. 1999년 8월 9일 총리에 임명된 그는 언젠가 '시민의 한 사람으로서' 단결당에 투표하겠다는 언급을 하면서 새로운 정치운동조직(정당)의 설립을 활발하게 도왔다. 어느 당이 권력당인지 혼란스러워하던 국가관리 — 그들은 지지 정당을 잘못 찍을 경우 낭패를 볼 것을 두려워함 — 에게 특히 푸틴의 인기가 치솟고 있던 상황에서 그러한 그의 행태는 단결당이 올바른 선택이라는 결론을 내리도록 해주었다. 한때 지배적인 위치를 차지하던 조국-전러시아 연합의 지지율은 떨어지고 단결당의 인기는 치솟았다. 11월 2일 4%에 머물던 단결당의 지지율은 11월 29일에는 18%로 급등했고, 단결당은 결국 선거일에 23.3%의 득표율을 기록했다.[90] 단결당이 성공을 거둔 이유는 이 당이 진짜 권력당이 될 것으로 예

90) Olga Shvetsova, "Resolving the Problem of Pre-Election Coordination: The Parliamenary Election as an Elite Presidential 'Primary'", in Vicki Hesli and

측한 주지사들과 다른 엘리트들이 재빨리 이 정당 지지자로 탈바꿈했기 때문이다.

의회 내에서 단결당은 푸틴 대통령이 그의 입법안을 통과시킬 수 있는 수단이 되었다. 단결당 당원은 원내 다른 정파와 연합해 푸틴과 연방정부가 제안한 거의 모든 입법안을 통과시켰다.[91] 단결당은 스스로를 '여당(ruling party)'이라고 부르기를 즐겼지만 실제로는 정부도 대통령도 통제하지 못했다. 그리하여 이 정당은 매우 강력한 대통령이 갖고 있는 의회 부속물과 다름없었다. 푸틴은 활력 있는 정당체계를 구축하는 것에 대해, 그리고 심지어 정당이 대통령 후보를 공천하는 방식으로 바뀌는 것이 바람직하다는 점에 대해 모호하게 언급한 바 있다. 그러나 전임자인 옐친 대통령과 마찬가지로 그는 정당정치의 정쟁에서 초연한 상태로 머물러 있는 것이 더 바람직하다고 판단했다. 그러나 크렘린 측은 단결당이 차기 국회를 확실히 장악할 수 있도록 하기 위해 상당한 자원을 투입했다. 2001년 12월 '조국'(루시코프 시장이 이끌던 정당)과 단결당이 합당해 '통합러시아당'을 창당했다. 크렘린은 연방 및 지역 관리들에게 2003년 국가두마 의원 선거에서 통합러시아당을 지지해주기를 바란다는 신호를 보냈다. 선거결과의 뚜껑을 열어 보니 통합러시아당은 압승을 거두었고 의회에서 절대 다수의 의석을 확보했다. 통합러시아당은 푸틴의 인기와 지속적인 경제성장이라는 조건을 성공적으로 활용했던 것이다.

2006년 좌파계열의 반통합러시아당 세력을 솎아내기 위해 크렘린은 또 다른 권력당을 창당했다. '정의로운 러시아당'이라고 불리는 이 정당의 지

William Reisinger(eds.), *Elections, Parties and the Future of Russia: The 1999-2000 Elections*(Cambridge: Cambridge University Press, 2002).

91) Thomas F. Remington, "Presidential Support in the Russian State Dumma", *Legislative Studies Quarterly*, 31:1(2006), pp. 5~32.

도자는 연방 상원(연방회의)의장을 지낸 세르게이 미로노프(Sergei Mironov)다. 이 정당은 중도좌파적이고 넓게는 사회민주주의적인 정향을 지향한다. 또한 노동자의 임금인상과 빈민층 지원 및 고령자들의 연금 인상의 필요성을 강조한다. 이 정당은 또한 통합러시아당이 정부, 대기업과 너무 밀착되어 있다고 주기적으로 비판하는 한편, '야만적 자본주의'에 맞서 싸우고 천연자원을 국유화하며 모든 러시아 시민에게 무상 및 국가보조 주택, 무상교육 및 무상의료를 제공할 것이라는 공약을 내걸었다. 크렘린은 정의로운 러시아당이 생존하되 세력이 약한 채로 머물러 있기를 원하는 듯하다. 이러한 맥락에서 크렘린 측은 정의로운 러시아당이 지도자들을 영입하고 생존에 필요한 투표자들을 확보하도록 장려하되 통합러시아당의 지배적인 위치를 흔들 수 있을 정도까지는 지원하지 않는 듯하다. 2007년 국가두마 의원 선거에서 이 정당은 7.7%의 득표율을 기록했으며, 2008년 지방선거에서는 대략 7~8%의 득표율을 나타냈다. 정의로운 러시아당은 2008년 대통령 선거에 후보를 내지 않는 대신 메드베데프 후보에 대한 지지를 선언했다.

물론 정의로운 러시아당은 어떤 의미로든 야당이라고 할 수는 없다. 통합러시아당과 정의로운 러시아당의 경쟁은 엘리트의 분열을 야기할 수도 있으며, 그러한 분열이 발생할 경우 통제하기 어려울 정도의 폭발적인 공개 대중 동원을 촉발할 수도 있다.[92] 필시 크렘린 당국은 정의로운 러시아

---

92) 그러한 시나리오는 2000년 세르비아, 2003년 조지아, 2004년 우크라이나에서 각각 발생했던 색깔혁명에서 실제로 일어났다. 이에 대해서는 다음을 보라. Michael McFaul, "Conclusion: The Orange Revolution in a Comparative Perspective", in Anders Aslund and Michael McFaul(eds.), *Revolution in Orange: The Origins of Ukraine's Democratic Breakthrough*(Washington, DC: Carnegie Endowment for International Peace, 2006), pp. 165~195. 특히 오렌지혁명과 그 파급효과에 대해

아당이 통합러시아당의 지배적인 위치에 위협이 될 만큼은 아니지만 공산주의와 민족주의 성향의 표를 흡수할 만큼은 득표하는 것을 허용하는 듯하다. 크렘린 당국은 독립적인 정당들로부터 지지를 이끌어내기 위해 반복적으로 유사한 정당을 만들어냈으며, 정치인들에게 공직을 획득할 수 있는 추가적인 통로를 마련해주는 한편, 정당 간 경쟁을 관리했다. SPS를 대체할 새로운 친기업적 정당을 창당한 것이 그러한 전략에 관한 최근의 사례다.

많은 권위주의체제는 정치인의 정치적 야망을 조정하고, 선거에서의 경쟁 구도를 구축하고, 의회에서 안심할 정도의 다수 의석을 확보하며, 체제에 대한 대중의 충성심을 구축하기 위한 수단으로 지배적인 정당을 활용한다. 그러한 지배적 정당이 있을 경우 권위주의체제는 정당이 없는 경우보다 더 오래 지속되는 경향이 있다.[93] 그러나 전국적인 규모에서 지속적으로 정당을 유지하기 위해 당국은 많은 자원을 투입해야 한다. 당국은 기업인과 지방 지도자와 같은 사회의 다른 강력한 이해당사자들이 지배적 여당에 투자하는 것에 협력하도록 만들어야 한다. 소련의 경우에서 볼 수 있듯이 진정한 여당을 유지하는 것은 민주적 정당 경쟁과는 양립하지 않지만 개인의 독재에 대한 견제 역할도 한다.

서는 제9장의 〈클로즈업 9-1〉을 참조하라.

93) Jason Brownlee, *Authoritarianism in an Age of Democratization*(Cambridge: Cambridge University Press, 2007); Jennifer Gandhi and Adam Przeworski, "Authoritarian Institutions and the Survival of Autocrats", *Comparative Political Studies*, 40:11(2007), pp. 1279~1301; Jennifer Gandhi, *Political Institutions under Dictatorship*(Cambridge: Cambridge University Press, 2008); Beatriz Magaloni, *Voting for Autocracy: Hegemonic Party Survival and Its Demise in Mexico* (Cambridge: Cambridge University Press, 2006).

2) 정당과 선거

1990년대 초 첫 번째 경쟁적 선거가 실시된 이래 정당발전에서 가장 큰 기폭제가 된 것은 국가두마 의원 선거였다. 매번 치러진 국가두마 의원 선거(1993년, 1995년, 1999년, 2003년, 2007년에 각각 실시된 선거)는 정당조직의 활동이 폭발적으로 증가하는 기폭제가 되었다.[94] 반면 대통령 선거(1991년, 1996년, 2000년, 2004년, 2008년에 각각 실시된 선거)는 그와 유사한 효과를 발휘하지 못했다. 러시아의 대통령제는 대통령이 정당에 대한 책임을 오히려 회피하도록 고무시키는 제도이기 때문에 대통령 선거는 각 후보자의 정책 프로그램보다는 후보자 개인의 특성에 관심을 집중시키는 경향을 보였다. 주지사 선거도 마찬가지였다. 다른 요소도 1990년대 정당체계의 발전을 저해했다. 후보자에 대한 대기업의 직접적인 후원, 주지사들이 통제하는 정치조직의 발흥 및 권력당에 대한 지원 또는 개별 주지사 및 시장후보자에 대한 선별적인 후원을 통한 크렘린의 선거 관여 경향 등이 그것이다. 정치학자 헨리 헤일(Henry Hale)은 이러한 현상을 '정당 대체현상(party substitutes)'이라고 불렀다.[95] 1990년대에는 독립적

---

94) 1989년, 1990년 선거를 둘러싼 정치적 경쟁에 대해서는 다음을 참조하라. Bredan Kiernan, *The End of Soviet Politics: Elctions, Legislatures, and the Demise of the Communist Party*(Boulder: Westview Press, 1993); Michael McFaul and Sergei Markov, *The Troubled Birth of Russian Democracy: Parties, Personalities, and Programs*(Stanford: Hoover Institution Press, 1993). 1993년, 1995년, 1999년 각 선거에 대한 설명은 Stephen White, Richard Rose, and Ian McAllister, *How Russia Votes*(Chatham, NJ: Chatham House Publishers, Inc., 1997); Richard Rose and Neil Munro, *Elections Without Order: Russia's Challenge to Vladimir Putin*(Cambridge: Cambridge University Press, 2002) 참조. 2003년 선거와 그것이 정당발전에 끼친 영향에 대해서는 다음을 보라. Henry Hale, *Why Not Parties in Russia? Democracy, Federalism, and the State*(Cambridge: Cambridge University Press, 2006).

정당이 취약했기 때문에 2000년대 푸틴 정권은 단일 지배정당에 다양한 자원을 집중시켰다.

역사적으로 지난 20여 년 동안 대통령 선거보다는 국회의원 선거가 러시아 정당발전에 훨씬 더 많은 기여를 했다. 이러한 현상은 고르바초프가 단행했던 정치개혁의 결과 1989년에 실시된 신생 소련 인민대표자회의의 의원 선거에서 비롯되었다. 이 선거운동은 개혁파들을 의회에 진출시키려고 했던 민주적 활동가들을 동원하는 촉진제가 되었다. 1989년 연방의회 선거에서 뛰었던 활동가들은 1990년 러시아 의회 총선에서도 민주운동세력의 중핵이 되었다. 두 의회 내 당파들은 나중에 발전될 정당의 맹아가 되었다. 1993년 실시된 국가두마 의원 선거는 정당 형성의 또 다른 물결을 이루는 추진력으로 작용했다. 이 선거에서는 13개의 정당이 등록되어 의석 획득을 위한 경합을 벌였다. 2년 뒤인 1995년에 실시된 국가두마 의원 선거에서는 무려 43개의 정당이 경합을 벌였는데, 이때에도 여전히 5% 득표율의 문턱 조항이 적용된 사실을 감안하면 이는 수용될 수 있는 범위를 넘어서는 수치였다. 결국에는 단 4개의 정당만이 5% 득표율 문턱을 통과했다. 이때 원내 진입에 성공한 정당으로는 러시아연방공산당, 지리놉스키의 자유민주당, 체르노미르딘 총리를 중심으로 결성된 우리집 러시아, 야블로코 등이다. 이들 가운데 의석의 약 1/3을 획득한 공산주의자들이 가장 큰 성공을 거두었다. 전체적으로 유효표의 절반이 정당명부 투표에서 의석을 얻지 못한 정당에 던져진 셈이다.

1999년 선거에서 지배적인 이슈는 누가 차기 대통령으로 옐친을 계승할 것인가라는 문제였다. 많은 연방 및 지방 공직자는 자신의 지위를 지키기 위해서 새로운 '권력당'을 위한 선거운동에 동참했다. 푸틴에게 선거

---

95) Henry Hale, *Why Not Parties in Russia? Democracy, Federalism, and the State.*

지지세력의 기반을 마련해주기 위해 일단의 크렘린 막후 전략가들이 그해 8월 결성한 단결당은 보잘 것 없는 위치에서 출발해 12월 총선에서는 무려 23%의 정당명부 투표 득표율을 올렸다. 단결당은 옛 라이벌 정당의 일부를 흡수해서 통합러시아당으로 탈바꿈했고, 크렘린은 2003년 선거에서 이 정당에 가용한 모든 행정적인 지원을 제공했다. 그 덕택에 통합러시아당은 정당명부 투표에서 38%의 득표를 해 국가두마 의석 전체의 2/3를 획득했다. 공산주의자들은 득표율에서 거의 반 토막이 나버렸고 민주주의자들은 더욱 형편없는 성적을 냈다. 정당명부별 투표를 통해 의석을 얻은 민주주의 계열의 정당이 전무해진 것은 처음 있는 일이었다. 선거결과로 자신의 정책과 권력에 심각한 도전이 될 만한 요소를 제거하려던 푸틴의 결심은 더욱 두드러져 보였다. 2007년 여당인 통합러시아당이 거의 2/3의 득표를 함에 따라 야당은 더욱 보잘 것 없는 세력으로 밀려났다. 권력 당국은 그들이 원하는 선거결과를 담보하기 위해 갖가지 일들을 벌였다. 그 가운데는 경쟁 정당의 후보가 아예 등록을 하지 못하게 막아버리거나 텔레비전 출연을 허용하지 않거나 선거유세를 벌이는 것을 방해하는 등이 포함되어 있었다. 또한 지방의 여러 곳에서는 개표 과정에서 노골적인 부정이 일어나기도 했다.[96]

〈표 6-2〉는 1999년, 2003년, 2007년에 각각 실시된 국가두마 의원 선거 결과와 그러한 결과가 어떻게 국가두마 의석으로 변환되었는지를 보여준다.[97]

---

96) Mikhail Myagkov, Peter C. Ordeshook, and Dimitri Shakin, *The Forensics of Election Fraud: Russia and Ukraine*(Cambridge: Cambridge University Press, 2009).

97) 옮긴이 주: 2011년 12월 4일 실시된 제6대 국가두마 총선에서는 권력당인 통합러시아당이 이전 선거보다 77석 줄어든 238석에 그치는 성적을 기록함으로써 사실상 패배했다. 주요 정당의 정당명부 득표율과 의석비율을 보면 통합러시아(49.32%/52.88%),

표 6-2 _ 국가두마 의원선거 결과 및 의석 분포

(단위: %)

정당명	3대 국가두마(2000~2003)		4대 국가두마(2003~2007)		5대 국가두마(2007~2011)	
	정당명부 득표율	의석 비율	정당명부 득표율	의석 비율	정당명부 득표율	의석 비율
단결당 * / 통합러시아당	23.32	18.4	37.4	68	64.3	70
조국-전러시아 연합	13.33	10.2				
러시아공산당	24.29	20.2	12.65	11.56	11.57	13
러시아자유민주당	5.98	3.9	11.49	8	8.14	9
SPS	8.52	7.3	3.97	0	0.96	0
야블로코	5.93	4.8	4.32	0	1.59	0
조국/정의로운 러시아당**			9.04	8.67	7.74	8

* 2001년 조국-전러시아 연합과 합당해 통합러시아당으로 재창당되었다.
** 정의로운 러시아당은 조국당, 연금자당 및 생명당과 합쳐 2006년 창당되었다.

국가두마 의원 선거와 달리 대통령 선거는 정당발전에 그다지 긍정적인 효과를 가져오지 못했다. 대통령 선거에 출마해서 당선된 세 명의 지도자 — 옐친, 푸틴, 메드베데프 — 는 분명히 당적 없이 선거에 출마했다. 법적으로 현직 대통령은 당원이 될 수 없다. 그러나 이러한 법 규정이 있다고 해도 대통령이 마음만 먹으면 현행법을 개정하는 데에는 아무런 장애가 없었다.[98] 세 명의 대통령은 오히려 무소속으로 출마할 경우 더 광범위한 지지를 얻을 수 있을 것이라고 계산했음이 분명하다. 그 대신 그들은 자신의 개인적 자질과 광범위한 국가적 목표에 대한 스스로의 헌신적 태도를 강조했다. 확실히 주요 도전자 가운데 일부가 기존 정당 또는 정치운동조직을 대표한 것은 사실이다. 그 가운데는 공산당, 자유민주당,

---

러시아공산당(19.19%/20.46%), 정의로운 러시아당(13.24%/14.21%), 러시아자유민주당(11.67%/12.45%)이다.

98) Henry Hale, *Why Not Parties in Russia? Democracy, Federalism, and the State.*

야블로코 등의 지도자들이 포함되어 있다.

그러나 옐친은 1991년과 1996년 두 차례의 선거운동에서 공산주의로의 회귀에 대한 분명한 대안으로 자신을 부각시킨 바 있다. 1996년 대통령 선거 당시 옐친은 그의 정치적 명운에서 결정적인 반전을 겪었다. 1996년 초만 해도 옐친의 지지율은 한 자리 숫자에 머물러 있었다.[99] 그러나 선거운동 기간에 보여준 그의 활기, 투표자들에게 내건 헤픈 공약, 압도적인 언론 노출 빈도 등으로 그의 인기는 극적으로 상승했고, 라이벌인 공산당 당수 주가노프를 2차 결선 투표에서 누르고 승리했다. 옐친에게 선거운동 후유증은 컸다. 선거가 끝난 후 얼마 되지 않아 옐친은 큰 심장수술을 받았으며, 그의 두 번째 임기의 대부분을 병치레로 보냈다.

그와 대조적으로 푸틴은 두 차례의 선거를 통해 능력 있고 결단력을 갖춘 지도자라는 명성을 부각시켰다. 2000년 대통령 선거에서 푸틴은 대통령 권한대행의 지위를 활용해 여기 저기 돌아다니면서 득표활동을 하는 모험을 하는 대신 일상적인 대통령 업무를 정상적으로 소화하면서 편안한 선거운동을 펼쳤다. 그는 각급 행정관서 관리들의 지지, 투표자들에게 '대통령'의 이미지를 각인시키는 언론을 통한 선거운동, 그리고 변화는 삶을 더 고달프게 만들 뿐이라는 투표자들의 두려움 등에 의존했다. 그러나 그의 경쟁자들은 약했다. 몇몇 저명한 정치인은 신중한 판단 끝에 출마하지 않았다. 이 선거의 1차 투표에서 이미 푸틴은 확실한 과반수 득표를 했다. 2004년에 치러진 대통령 선거에서 그는 71%의 득표로 압승을 거둬 재선에 성공했다. 크렘린 측의 행정적인 채찍과 당근[러시아어로는 '행정적 자원(administrative resource)'이라고 불림]과 선거 관련 언론 보도에 대한 얼

---

99) Stephen White, Richard Rose, and Ian McAllister, *How Russia Votes*(Chatham, NJ: Chatham House Publishers, Inc., 1997), p. 254.

▌표 6-3 _ 2000년대에 실시된 러시아 대통령 선거 결과

(단위: %)

투표 대상	2000년 득표율	2004년 득표율	2008년 득표율
푸틴	52.94	71.31	-
주가노프(CPRF)	29.21	-	17.72
지리놉스키(LDPR)	2.7	-	9.35
야블린스키(야블로코)	5.8	-	-
니콜라이 하리토노프(Nikolai Kharitonov)(CPRF)	-	13.74	-
메드베데프	-	-	70.28
안드레이 보그다노프(Andrei Bogdanov)(DRP)	-	-	1.3
기타	6.53	10.71	-
모든 후보에 반대 *	1.88	3.45	-

* 이 선택지는 2008년 대통령 선거에서는 적용되지 않았다.

주: 푸틴과 메드베데프는 매 선거에서 큰 폭의 차이로 1차 투표에서 당선되었다.

토당토않은 조작, 푸틴의 실제 인기 등이 모두 합쳐져 결과는 보나마나 뻔했다. 더구나 푸틴의 압승은 푸틴이 통합러시아당을 필요로 하는 것보다 통합러시아당이 그를 더 필요로 한다는 점을 새삼 확인시켜주었다.

2008년 메드베데프의 당선은 두 가지 질문에 대한 대답을 주었다. 첫째, 푸틴은 대통령직을 떠날 것인가? 둘째, 그는 어떤 직책을 맡으면서 계속 권좌에 머물러 있을 것인가? 푸틴의 메드베데프 지지와 크렘린 주도하에 이루어진 대대적인 관권 선거로 선거는 확실하게 계획대로 진행되었다. 공식 집계를 보면 메드베데프의 득표율은 70%였다. 이는 2004년 푸틴의 득표율보다는 조금 낮았지만 다른 세 명의 후보자의 득표를 합친 것보다 2배 이상 더 많은 수치였다.

〈표 6-3〉은 2000년, 2004년 및 2008년 대통령 선거 결과와 후보자의 소속 정당(해당될 경우)을 함께 보여준다.[100]

---

100) 옮긴이 주: 2012년 3월 4일 실시된 대통령 선거에서 블라디미르 푸틴은 63.60%의 득표율로 낙승을 거두면서 4년 만에 크렘린에 재입성했다.

2000년대 중반까지 정당은 커다란 변화를 겪었다. 정치인들은 새로운 정당을 창당하고 선거가 끝나면 당적을 버리는 일을 반복했다. 투표자의 특정 정당에 대한 귀속감은 상대적으로 얕았으며, 정당의 이념적 좌표보다는 지도자들의 개인적인 면모로 정당을 파악했다. 새로운 선거가 실시될 때마다 투표자들은 새로운 정당 가운데서 선택해야 했으며, 이 때문에 투표자들은 특정 정당에 오래 지속될 수 있는 귀속감을 얻을 수 있는 기회를 갖지 못하거나 정당의 과거 업적이나 미래의 기대되는 활동에 대한 판단을 내리기 어려워졌다. 로즈가 얘기하듯이 러시아는 '부유하는 정당체계'를 갖고 있다.[101] 2007~2008년 선거는 이러한 패턴이 이제 종말을 고했음을 시사한다. 러시아의 정당체계는 이제 통합러시아당이라는 내구적·안정적·지배적인 권력당 형태로 자리 잡은 듯하다.

3) 정당의 전략과 정당지지의 사회적 기반

지배적 정당체계의 성립으로 정당이 상이한 사회집단을 대변하는 방식도 변했다. 1990년대에는 특정한 사회집단과 특정 정당 사이에 어느 정도 체계적인 연계가 있었다. 예를 들면 상대적으로 젊고 교육수준이 높은 투표자들은 민주주의 계열의 정당을 지지하는 경향을 보인 반면, 상대적으로 연령이 높고 교육수준이 낮은 사람들은 공산주의 및 민족주의 계열의 정당을 지지했다. 그러나 통합러시아당은 지배적인 위치를 차지하면서 러시아 사회 각계각층에 지지를 호소해왔다. 따라서 투표행태에 대한 영향 요소로의 사회 구조는 그 중요성이 점점 더 떨어진 반면, 투표자들

---

101) Richard Rose and Neil Munro, *Elections without Order: Russia's Challenge to Vladimir Putin*(Cambridge: Cambridge University Press, 2002), pp. 118~119.

표 6-4 _ 통합러시아당을 지지하는 이유

(단위: %)

만약 당신이 통합러시아당을 지지했다면 그 이유는 무엇인가?	응답률
푸틴을 지지하고 싶어서	46
이 정당을 좋아하고 신뢰하기 때문에	32
이 정당을 특별히 좋아하지는 않지만 다른 정당이 더 형편없기 때문에	3
다른 사람들이 이 정당을 지지하기 때문에	2
이 정당을 찍고 싶지는 않지만 지지하도록 강요받았기 때문에	1 이하
기타	1 이하
답변하기 어려움	
만약 당신이 통합러시아당을 지지하지 않았다면 그 이유는 무엇인가?	**응답률**
통합러시아당이 나쁜 정당은 아니지만 내가 찍은 정당이 더 낫기 때문에	16
통합러시아당의 독점주의와 특별한 지위를 별로 좋아하지 않기 때문에	11
이 정당의 이념과 정책을 좋아하지 않기 때문에	9
내가 찍어주지 않아도 통합러시아당은 많은 득표를 할 수 있기 때문에	8
내 지역구 당국의 처사가 마음에 들지 않아 그들을 신뢰하지 않기 때문에	4
푸틴에 대한 불신을 표시하고 싶어서	3
통합러시아당 지도자들을 좋아하지 않기 때문에	2
형편없고 재미없는 광고와 지겨운 선거운동 때문에	1 이하
기타	3
답변하기 어려움	43

설문: 역대 국가두마 의원 선거에 대한 평가 중 어떤 관점이 당신의 견해와 더 가까운가?

① 푸틴에 대한 신임 투표였다.

② 통상적인 의회선거였을 뿐이다.

	응답자 전체	통합러시아당 지지자	CPRF 지지자	LDPR 지지자	정의로운 러시아당 지지자
①에 더 동조	65	74	54	40	66
②에 더 동조	19	14	28	41	20
답변하기 어려움	16	12	18	19	14

주: 통합러시아당에 대한 지지는 응답자의 푸틴에 대한 태도를 강하게 반영한다.

자료: VTsIOM(htp://wciom.ru/index.php?id=268&uid=9406, 검색일: 2008.07.11); press release no.840, December 19, 2007; "Political attitudes and the vote for United Russia"(Survey conducted December 8-9, 2007, N=1600).

의 푸틴과 권력 당국에 대한 태도가 선거결과를 예측하는 가장 중요한 가늠자가 되었다.

〈표 6-4〉는 2007년 12월 국가두마 의원 선거 직후에 실시된 설문조사의 결과를 보여주는 것이다. 이 조사는 투표자들이 통합러시아당을 지지 또는 반대하는 이유를 파악하기 위해 실시되었다. 푸틴의 지지자, 반대자 할 것 없이 투표자들은 통합러시아당을 푸틴 대통령의 정치적 유산이 구체화되어 있는 정당으로 인식했다. 통합러시아당이 향후 직면할 도전은 스스로 단순히 푸틴과 동일시되는 수준을 넘어서는 지지기반을 확립하는 것이다. 이 정당은 시민에게 정책적 혜택을 줄 수 있는 능력에 바탕을 둔 지속성 있는 정당 귀속감을 배양시킬 필요가 있다. 푸틴과 다른 크렘린 관리들이 경고했듯이 통합러시아당은 크렘린이 제공하는 생명 유지 시스템 — 비록 권력 당국이 당장 이를 줄이려고 하지는 않겠지만 — 에 언제까지 의존할 수는 없을 것이다. 2007~2008년에 실시된 선거를 통해 다른 정당은 통합러시아당이 향후 수년간 지배적 정당의 위치를 고수할 가능성이 크다는 새로운 현실을 확인했다. 여타 정당은 전국 단위의 정치에서 작고 주변적인 역할로 전락한 채 연방주체 의회의 의석 확보에 주력했다. 대부분의 정치인은 스스로의 정치적 성공을 위해 권력당인 통합러시아당의 힘을 빌려야 한다는 것을 체득했다.

4) 정당체계의 미래

러시아의 경쟁적인 정당체계 발전이 실패한 이유로 몇 가지 요인을 들 수 있다. 그 가운데에는 강력한 대통령제, 시민사회의 취약성, 체제 전환으로 야기된 이념적 균열의 약화, 당국의 단일 지배 권력당인 통합러시아당의 성공적인 건설 등이 있다. 강력한 대통령제는 선거에서의 성공을 정책적 영향력으로 전환시킬 것이라고 약속할 수 있는 정당의 능력을 약화시킨다. 대통령은 의회의 선거결과와 상관없이 자신의 취향에 따라 정부를 구성할 수 있기 때문이다. 이러한 상황에서 정치인들은 크렘린이 지원하는 행렬에 편승하기를 원한다. 따라서 이러한 조건에서는 지배적인 정당, 군소정당 할 것 없이 시민의 이익을 집약하고 실질적인 정책대안을 수립하는 기능을 발휘할 수 없다. 선거는 현 집권세력에 대한 지지를 과시하는 쇼로 전락해버렸다.

통합러시아당이 푸틴과 메드베데프 시기보다 더 오래 살아남을 수도 있다. 통합러시아당의 운명은 상당 부분 미래 지도자들이 여전히 권위주의식 방식을 사용해 통치를 지속할 것인지 여부에 달려 있다. 만약 지도자들이 권위주의적 통치를 지속한다면 그들은 선거에서 투표자를 동원하고 의회에서 다수 의석을 차지하고, 야심적인 정치인 경력을 관리하기 위해 지배적 정당을 활용하는 것이 편리할 것이라고 여길 것이다. 크렘린 정치전략가인 수르코프는 푸틴-메드베데프 리더십의 장기적인 정치목표가 확실히 실현될 수 있도록 통합러시아당이 향후 10~15년간 러시아 정치를 지배했으면 좋겠다는 견해를 피력했다.[102] 크렘린은 여러 선거를 통해 통합러시아당을 정책과 권력 면에서 지속성을 보장할 수 있는 성공적이고 내구력 있는 권력당으로 만들고자 한다. 이를 위해 러시아 권력당국은 결과가 어떻게 되든 지금까지 즐겨 사용하던 비공식적이고 개인화된 정치관행을 포기하고 통합러시아당에 자율권을 주어야 한다.

---

102) 수르코프는 2006년 2월 7일 통합러시아당 연수원 강연에서 이러한 언급을 했다. 수르코프의 언급은 통합러시아당 웹사이트에서 인용했다(http://www.edinros.ru/news.html?id=111148, 검색일: 2006.03.13). 그는 일본의 자민당과 스웨덴의 사민당은 각각 40년 이상 집권했으며, 그러한 일당 지배는 이상하거나 비민주적인 현상이 아니라고 주장했다.

제7장

러시아의 국가와 시장

1. 이중적 체제 전환

러시아에서 공산주의로부터의 체제 전환은 구체제의 정치체제 및 경제체제 모두에 대한 개혁을 수반했다. 정치개혁과 경제개혁은 서로 긴밀하게 얽혀 있기 때문이다. 공산주의 정치체제는 모든 생산재의 국가 소유를 기반으로 하기 때문에 재산 소유에서 파생되는 계급의 차이를 제거하는 한편, 공산당이 국가를 대신해 경제를 관리하는 것을 허용한다. 1990년대와 2000년대 중국과 러시아의 경제적 성과 사이에 뚜렷한 차이를 목도했던 많은 분석가는 경제가 회복되기도 전에 정치적 통제를 풀고 급진적 경제개혁을 실시했던 러시아의 전략은 부패, 올리가르히의 국유재산 탈취, 극단적 빈부격차 등을 한꺼번에 야기하는 빌미를 제공했다고 본다. 따라서 중국은 물론 여타 국가의 많은 사람은 중국의 국가 발전 모델이 훨씬 낫다고 생각한다. 중국의 경우 공산당이 엄격한 정치 통제를 유지해왔고, 경제에 대한 국가 통제 완화를 상대적으로 완만하게 시행하면서 지속적인 경제성장을 매우 성공적으로 이루어냈다. 〈그림 7-1〉, 〈표 7-1〉, 〈표 7-2〉에서 볼 수 있듯이 중국의 경제적 번영은 지난 10년간 러시아에서 일어났던 극적인 경제시스템의 붕괴와 경기침체 현상과 비교하면 더욱 인상적이다. 〈표 7-1〉은 러시아와 중국의 일인당 소득수준을 구매력에 기반을 둔 실질 소득에 대한 좀 더 정확한 추산인 '구매력 평가'로 환산해서 살펴본 것이다. 이 통계는 평균소득이 훨씬 더 안정적이고 꾸준하게 상승곡선을 그려왔던 중국과는 대조적으로 러시아의 평균소득은 회복기인 2000년대 전까지 급격한 하락을 기록했음을 극명하게 보여준다.

소련 모델이 보여준 형편없는 경제적 성과와 대부분의 시장경제체제에서 나타나는 역동적인 경제성장을 고려한다면 시장경제체제가 사회주의보다 더 높은 경제성장과, 장기적으로 경제를 좀 더 활력 있게 한다는 점을 의심할 사람은 거의 없다. 그러나 러시아의 경우 국가 통제경제에서 시장경제로 이행하는 과정에서 경제침체, 사회복지 구조의 붕괴, 소수 재벌에게 권력과 부가 집중되는 현상이 초래되었다. 따라서 러시아의 경험에 근거해 많은 이들이 경제 자유화는 자본주의의 제도적인 기반이 갖춰지고 난 뒤 실시되어야 하며, 민주화는 재분배를 둘러싼 갈등이 정치질서를 교란하지 않도록 경제성장을 충분히 달성한 후에 이루어져야 한다고 주장한다.[1)]

---

1) 이러한 견해에 대한 생생한 분석에 대해서는 세계은행의 수석 경제분석관을 지낸 스티글리츠의 저작을 참고하라. 스티글리츠는 '워싱턴 컨센서스(Washington consensus)'와 1980년대와 1990년대 이에 바탕을 두고 실시된 급진적인 자유화정책을 공격한다. 그는 특히 러시아의 IMF 정책에 비판적이다. Stiglitz, *Globalization and Its Discontents*; Joseph E. Stiglitz, *Making Globalization Work*(New York: W. W. Norton & Co., 2006).

표 7-1 _ 러시아의 연간 GDP 증가와 가격상승률(1991~2009년)

연도	'91	'92	'93	'94	'95	'96	'97	'98	'99	'00	'01	'02	'03	'04	'05	'06	'07	'08	'09
GDP 증가율	-5	-14.5	-8.7	-12.6	-4.3	-6	0.4	-11.6	3.2	7.6	5	4	7.3	7.1	6.4	7.4	8.1	5.6	-7.9
물가 상승률	138	2323	844	202	131	21.8	11	84.4	36.5	20.2	18.6	15.1	12	11.7	10.9	9	11.9	13.3	8.8

주: GDP는 불변시장가격으로 환산된 증감의 백분율. 물가상승률은 당해연도 12월부터 후년 12월 사이의 소비자 물가지수의 백분율 변화로 환산됨.
자료: 러시아 국가통계청 언론보도(www.gks.ru).

표 7-2 _ 러시아와 중국의 발전 비교

국가	일인당 GDP*	불평등도(%)**	기대수명***	문자해독률(%)****	시장자본화*****	외국직접투자******	인터넷 인구*******
러시아	14,706	44	67.8	99.5	116.4	73	31.9
중국	5,515	47.8	73.1	93.7	189.8	148	22.5

* 2005년 불변가격 구매력 기준 2008년 일인당 GDP(USD)
** 상위 10% 소득자의 소득비율(2005)
*** 2008년 출생자의 기대수명의 년수
**** 15세 이상 인구 가운데 문자해독 가능자 비율
***** 등록기업의 시장자본화(10억 USD)
****** 순유입 외국인 직접투자액(10억 USD)
*******2008년 기준 인구 100명당 인터넷 사용자
자료: World Bank, World Development Indicators.

옛 공산주의 국가와 비교해서 러시아는 성공적인 중유럽 국가보다는 낮지만 대부분의 포스트소비에트 국가보다는 높은 경제성장률을 기록했다. 〈그림 7-2〉는 몇몇 옛 공산주의 국가의 경제성장 수치를 보여준다. 이 통계는 1990년 현재의 경제를 기준점으로 삼아 2008년까지의 경제성장 또는 침체의 추세를 살펴본 것이다. 자본주의 방식으로 경제를 재건하려 했던 국가는 성공적인 경제부흥을 이루었으나, 부분 개혁에 머물렀던 국가는 경제회복이 이루어질 때까지 깊은 침체를 경험했다. 따라서 1990년대 러시아의 개혁이 과도하게 급진적이고 '볼셰비키'식으로 이루어졌기 때문에 성공할 수 없었다고 믿는 사람들과 스스로 성장을 지속할 수 있는 경제적 활력의 돌파력을 가로막는 왜곡된 요소를 제거할 수 있을 만큼 경제개혁이 충분히 추진되지 못했다고 생각하는 사람들 사이에 치열한 논쟁이 존재한다.[2] 푸틴의 집권과 동시에 러시아 경제의 회복이 이루어졌다는 사실만으로는 이러한 논쟁에 결론을 내릴 수 없다. 푸틴의 대통

---

2) 1990년대 러시아의 급진경제개혁에 대해 비판적인 연구로는 다음을 보라. Stephen F. Cohen, *Failed Crusade: America and the Tragedy of Post-Communist Russia* (New York: W. W. Norton, 2001); Peter Reddaway and Dmitri Glinski, *Tragedy of Russia's Reforms: Market Bolshevism Against Democracy*(Washington, DC: U.S. Institute of Peace, 2001); Jerry F. Hough, *The Logic of Economic Reform in Russia* (Washington, DC: Brookings Institution Press, 2001). 개방적·경쟁적인 시장 시스템에 방해가 되는 요소를 제거할 만큼 충분한 급진개혁이 이루어지지 않았다고 평가하는 연구로는 다음을 참조. Anders Aslund, *Building Capitalism: The Transformation of the Former Soviet Bloc*(Cambridge: Cambridge University Press, 2002); Anders Aslund, *Russia's Capitalist Revolution: Why Market Reform Succeeded and Democracy Failed*(Washington, DC: Peterson Institute for International Economics, 2007); Andrei Shleifer and Daniel Treisman, *Without a Map: Political Tactics and Economic Reform in Russia*(Cambridge: MIT Press, 2000). 슐라이퍼와 대니얼 트리즈먼(Daniel Treisman)은 개혁주의자들이 개혁반대파들과 맺었던 타협은 개혁이라는 좀 더 큰 목적에 대한 저항을 약화시키기 위한 의식적인 양보였다고 주장한다.

▌그림 7-1 _ 러시아와 중국의 일인당 GDP 비교(1989~2007년)

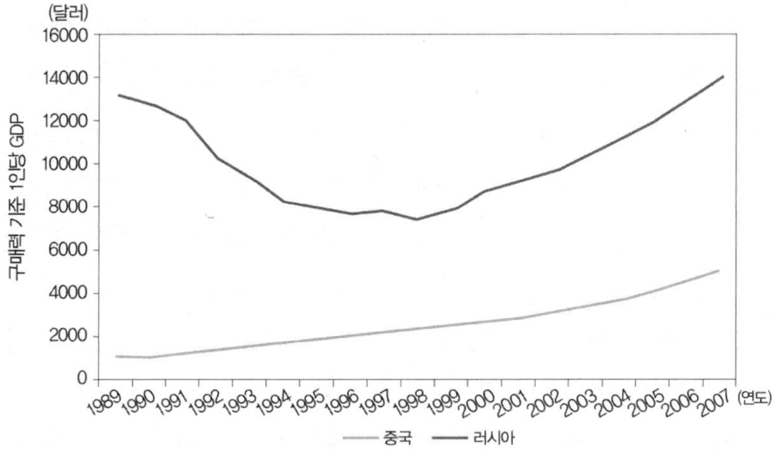

주: 구매력 기준 1인당 GDP는 2005년 달러 표시 불변가격이다.

▌그림 7-2 _ 포스트공산주의 국가의 경제성과 비교(1990~2008년)

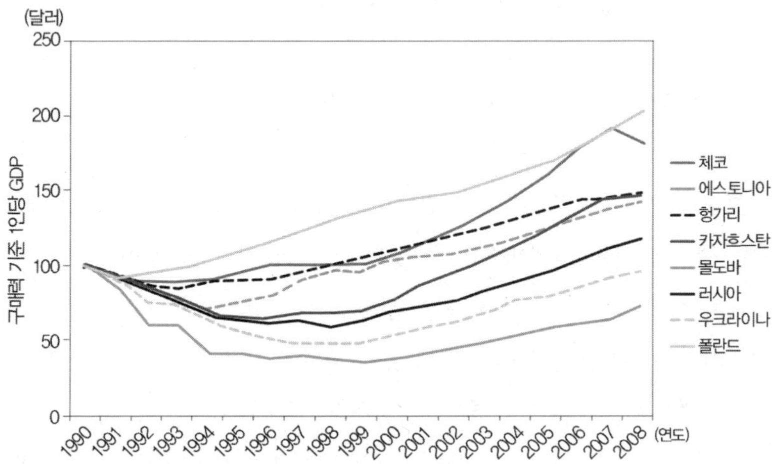

주 1: 1990년의 성과를 100으로 한다.
주 2: 구매력 기준 1인당 GDP는 2005년 달러 표시 불변가격이다.

령 재임 기간에 국제 석유가격이 꾸준히 올랐기 때문에 더욱 그러하다.

확실히, 푸틴이 물려받은 러시아 경제는 성공적인 시장경제에 필수적인 제도적 요소 — 이를테면, 계약을 집행하고 재산권을 보호할 수 있는 법집행 및 사법기관, 자본을 효율적으로 분배할 수 있는 금융시장, 투명한 지배 구조 및 주주의 권리보호, 경제활동 정보에 대한 광범위한 접근, 기업활동의 위험성을 분산시킬 수 있는 보험시장 등 — 를 거의 결여했다. 정당과 의회 같은 대의제적인 정치제도는 경제 분야에서의 공정한 활동을 위한 대중의 요구를 공공정책으로 전환시킬 능력을 결여했다. 많은 러시아인은 1990년대에 시행된 국가재산의 사유화 정책이 소수의 파렴치한 재벌인 올리가르흐가 국가의 부를 약탈하는 것을 허용했다는 사실에 분개한다. 이러한 상황에서 국내외정책의 목표를 수행하는 데 가장 핵심적인 몇몇 산업을 재국유화하는 한편, 나머지 경제 분야에서 시장자본주의를 장려하려는 푸틴의 전략은 광범위한 대중의 지지기반을 확보할 수 있었다.

1) 안정화

오늘날 러시아 경제를 특징짓는 국가 통제와 시장자본주의의 혼합이라는 현상을 이해하기 위해서 우리는 1990년대 초반으로 돌아가 옐친 정부에서 시행되었던 급진개혁을 검토해야 한다. 1990년대 러시아는 거시경제의 안정화와 사유화라는 두 종류의 주요 경제개혁 조치를 추진했다. 러시아에서 안정화 프로그램은 일명 '충격요법'이라고 불렸는데, 이 정책은 급격하고 고통스러운 속성을 지니고 있었으며 정부 정책결정자의 입장에서 이보다 더 나은 대안이 별로 없었던 것이 사실이다. 안정화는 엄청난 인플레이션 — '억압형'이든 '개방형'이든 — 과 심각한 재정적자의 시기를 거친 뒤 사회가 소비하는 규모와 벌어들이는 규모 사이에서 균형을 회복하기 위해 경제 전반에 긴축적 기조를 강제적으로 적용한 조치다. 이는 마치 과다 출혈로 숨질 수 있는 환자에게 응급실에서 수술을 하는 것과 같이 재정위기 상황에서 늘 취하는 조치다. 경제의 경우 통제불능의 인플레이션 — 치솟는 물가, 통화가치의 급락, 정부의 예산수요를 충당할 수 있는 세수의 부족 등 — 이야말로 정신적 외상(트라우마)과도 같다.[3] 안정화에서 중요한 부분은 화폐와 가격 안정화인데, 이를 위해서는 인플레이션의 고질적인 요인이 제거되어야 한다. 이러한 조치는 국가의 공공지출을 급속히 줄이고 세금을 인상하며, 가격통제를 철폐하고 외국 제품이 국내산과 경쟁을 벌일 수 있도록 대외무역 규제를 없애는 것을 의미한다. 이러한 종류의 구조개혁은 최소한 단기적으로 일부 집단 또는 대부분의 국민의 생활수준을 하락시키는 결과를 가져온다. 따라서 생활수준 향상이 실현될 때까지 그러한 개혁은 강력한 정치적 반대자를 만들어낸다. 이 반대자 가운데는 과거 임금과 물가에 대한 국가 통제 시스템, 특혜 경제영역을 보조해주기 위해 지출하던 막대한 국가재정 지출, 해외 산업과의 경쟁으로부터 국내기업을 보호해주던 보호주의 관행, 복지혜택 프로그램 등의 다양한 혜택을 누리던 집단이 포함되어 있다. 안정화 프로그램을 실시한 다수의 국가에서 이러한 집단은 조직력을 자랑하면서 강력한 노조, 국영기업 대표로 구성된 협회, 개혁에 가장 취약한 계층을 주요 지역구민으로 둔 정당을 통해 개혁에 대한 저항의 목소리를 내는 경향을 보인다.

---

3) 인플레이션이 숨겨져 있거나 억압되어 있다는 것은 시장이 인플레이션 압력을 받더라도 정부가 가격통제를 시행함으로써 물가가 지속적으로 오르지 못하게 만드는 상황을 의미한다. 이 경우 숨겨진 인플레이션은 물품의 부족현상과 암시장의 확대라는 형태를 띤다. 인플레이션이 개방되어 있든, 억압되어 있든 그것은 생산활동에 파괴적인 영향을 끼친다. 즉, 이 상황에서는 미래에 가서야 이익을 볼 수 있는 분야에는 아무도 투자를 하려들지 않을 것이다. 그 결과 생산적 투자는 감소할 것이다.

그러나 개혁을 반대하는 자들 가운데 안정화 정책으로 삶이 더 힘들어진 사람만 있는 것은 아니다. 조엘 헬먼(Joel Hellman)은 이 점에 설득력 있는 설명을 제공한다. 즉, 많은 옛 공산주의 국가의 경우 초기 개혁 단계에서 한걸음 더 나아가 경제를 자유경쟁의 장으로 개방하려는 개혁의 심화조치에 반발하는 자는 다름 아닌 초기 개혁에서 이익을 본 '초기의 승자들'이라는 것이다. 이들 가운데는 사유화 조치 덕분에 독점기업에 대한 소유권을 획득한 뒤 그들이 장악한 시장에 대한 경쟁자들의 접근을 차단해버린 매니저도 포함된다. 또 다른 집단으로는 수출입업자 또는 사기업을 운영하는 사람들에게 허가증을 발급해주면서 수수료를 챙기던 국가관리를 들 수 있다. 또 다른 그룹으로는 중앙은행으로부터 국가보조가 포함된 싼 금리의 자금을 대출받아 터무니없이 높은 금리로 기업인에게 융자해주었던 은행가들이었다. 많은 기업인은 자신이 관여하던 국영기업으로부터 생산시설, 원료, 노동력 등을 빼돌려 부업으로 또 다른 기업을 설립했다. 이러한 경우 그들은 국영기업에서 적자를 낸 한편, 부업으로 설립했던 사기업에서 짭짤한 수익을 올렸다. 이와 같이 새롭게 이익을 본 집단은 모두 정책결정자와의 연줄을 통해 개혁의 후퇴나 다음 단계로의 진전 과정에서 생길 수 있는 불이익으로부터 보호받았다. 그리하여 그들은 '지대' — 다시 말해 시장이 충분히 발달했을 경우 그들이 얻을 수 있는 몫을 넘어서는 이익 — 를 단단히 지켜내고자 했다. 헬먼은 이러한 지대 추구(rent-seeking) 집단이 러시아와 같은 옛 공산주의 국가에서 시행된 개혁에 대한 강력한 제동장치의 역할을 담당했다고 주장한다.[4] 그 결과 초기 개혁이 진행된 이후 경제는 더 경쟁적인 상황으로 진전되지 못했다. 말하자

4) Joel S. Hellman, "Winners Take All: The Politics of Partial Reform in Post-communist Transitions", *World Politics*, 50:1(1998), pp. 203~234.

면 초기의 개혁조치로 이득을 본 자들은 개혁의 심화를 저지시켰다.

러시아의 안정화 프로그램은 1991년 가을에 입안되었다. 1991년 8월에 일어난 쿠데타는 급진개혁에 대한 지지세를 확산시켰다. 쿠데타에 대한 반작용으로 러시아 사회 전반과 인민대표자회의에서 옐친과 그의 급진개혁 프로그램에 대한 지지세력이 급속도로 늘어났다. 1991년 10월 28일 의회에서 행한 연설에서 옐친은 대통령 포고령을 통해 급진개혁을 실행할 수 있는 비상대권을 요구했고, 11월 1일 그의 요구는 압도적인 표차로 의회의 승인을 얻었다. 그는 스스로를 총리이자 정부 수반으로 임명하고 학계에서 영입한 젊고 급진적인 성향의 지식인들로 내각을 구성했다. 당시 35세이던 가이다르는 부총리로 임명되어 개혁 프로그램의 전반적인 설계자 역할을 떠맡았다. 옐친 대통령은 대외무역과 경화(hard currency)의 유통에 관한 여러 건의 포고령을 발표했다.[5] 1992년 1월 2일 옐친의 후견하에 신정부는 대부분의 도매가격 및 소매가격에 대한 통제를 철폐하고 정부의 재정 지출을 대폭 줄임으로써 러시아를 시장체제로 이행시키는 데 필요한 주요 조치를 주도적으로 추진했다.

이러한 정책이 시행되자마자 새로운 개혁 프로그램에 대한 반대세력이 형성되기 시작했다. 개혁 프로그램이 시작된 지 2주도 못 되어서 러시아 최고회의 의장이던 하스불라토프는 개혁 프로그램에 강력한 반대의 목소리를 내면서 정부 각료의 사임을 요구했다. 당시 옐친이 정부 수반을 맡고 있었기 때문에 이는 옐친에 대한 직접적인 공격이나 다름없었다. 옐

---

5) '경화'는 미국 달러, 독일 마르크, 일본 엔화, 기타 국가의 화폐 등 세계시장에서 자유롭게 거래되고 각국 정부가 외환으로 보유하는 통화를 일컫는다. 반면, '연화(soft currency)'는 정부가 자국의 통화가치를 설정하고 외국환 시장에 대해 자국화폐의 가치를 방어하는 화폐를 말한다. 따라서 그러한 통화에는 정해진 국제시장 가치가 없다.

친 밑에서 부통령을 맡고 있던 루츠코이는 하스불라토프를 비롯한 의회 내 야권 세력의 편을 들었다. 경제전문가와 정치인은 개혁의 찬성 또는 반대 편에 줄을 섰다. 이런 상황하에서 안정화 프로그램에 대한 공정한 분석은 물론이거니와 그에 대한 기본적인 정보 파악조차 사실상 불가능해졌다. 많은 사람이 충격요법에 대해 비판했지만 막상 그에 대한 대안을 내놓는 이는 별로 없었다. 반대자들은 러시아 시민이 새로운 조건에 적응할 때까지 충분한 시간을 갖도록 개혁의 속도를 늦출 것을 요구했다. 그들은 가이다르 경제팀이 이론가들로서는 유능할지 몰라도 정부를 운영하는 방법에 관해서는 꽉 막힌 사람들이라고 불평했다. 그들은 빈곤층, 고령자 및 생활수단을 잃은 사람들을 위해 이행의 충격을 완화할 수 있는 사회안전망 구축을 요구했다. 이러한 '충격요법'식 급진개혁 프로그램은 '충격(shock)'만 있고 '치료(therapy)'는 없는 프로그램이라는 비판을 받았다.

2) 안정화 정책에 대한 평가

옐친과 그의 경제팀은 왜 그토록 급진적인 개혁 프로그램을 채택했을까? 사실 그들에게는 선택의 여지가 별로 없었다. 그들은 몇몇 바람직하지 않은 대안을 갖고 있었고, 그중 가장 덜 나쁜 방안을 선택한 것이다.[6] 행정적인 경제 통제 및 국가계획 시스템의 붕괴는 이미 상당히 많이 진전된 상태였다. 정부 부처와 지방정부는 이제 더 이상 옛 명령경제체제 형태로 작동되지 않는 상황이었지만 생산자와 소비자의 행동을 유도하고

---

6) Andrei Shleifer and Daniel Treisman, *Without a Map: Political Tactics and Economic Reform in Russia*; William Tompson, "Was Gaidar Really Necessary? Russian 'Shock Therapy' Reconsidered", *Problems of Post-Communism*, 49:4(July/August 2002), pp. 12~21.

가격의 신호에 따라 움직이는 시장경제체제는 아직 제자리를 잡지 못했다. 권력 투쟁의 와중에서 고르바초프, 옐친 및 하스불라토프 등의 지도자는 값어치 있는 자산이나 권리를 넘겨주는 포고령을 남발했는데, 그러한 국가의 경제 통제 수단은 더욱 줄어들었다.[7] 초인플레이션이 터져 나오려고 했으며, 정책결정자들은 국가경제의 수요 및 공급에서 대략적인 균형을 맞출 필요가 있었다.[8] 금융위기가 닥친 다른 국가의 정책결정자들과 마찬가지로 러시아 정부의 정책결정자들은 세금 인상, 공공지출 삭감 및 통화긴축 등이 결합된 긴축정책을 채택했다.[9] 이러한 경제개혁 프로그램은 곧바로 심각하고 장기적인 경기후퇴를 야기했다.

옐친-가이다르 정부, 경제자문위원, 러시아에 차관을 제공한 국제금융기관에 쏟아진 비판 가운데 하나는 여러 해에 걸쳐 많은 비용을 들여 구축했던 위대한 산업플랜트를 그들이 파괴하려고 하는, 이른바 '탈산업화'를 시도한다는 것이었다. 심지어 일부 비판자들은 서방 국가가 러시아에 충격요법식 처방을 따르도록 강제함으로써 러시아를 파괴하려고 했다는 주장까지 했다. 공산주의자들과 민족주의자들의 대중적 인기는 그들이 1992년 가이다르와 정부의 여타 급진적 개혁세력을 사악하고 제국주의적인 서방 국가에 봉사하는 반역적 앞잡이로 묘사함으로써 급상승했다.

그러나 개혁 프로그램의 기저에 있는 원칙 자체에 근본적인 결함이 있

---

7) 예를 들어, 소련의 최종 해체 직전인 1991년 11월, 러시아 내각의 훈령에 따라 러시아 최대 석유기업 루코일이 설립되었다. 말할 필요도 없이 이 기업의 창립은 실질적 소유자 역할을 했던 일단의 매니저들을 벼락부자로 만들었다. Peter Maass, "The Triumph of the Quiet Tycoon", *New York Times Magazine*, August 1, 2004.

8) 경제학자들은 한 달에 50% 이상의 물가상승이 일어날 경우를 초인플레이션 상태로 본다.

9) 폴란드의 안정화 프로그램에 대한 논의는 다음을 참조할 것. Jeffrey Sachs, *Poland's Jump to the Market Economy*(Cambridge, MA: MIT Press, 1993).

었다는 것이 좀 더 널리 퍼져 있었던 관점이었다.[10] 그러한 원칙에 담겨 있던 관점은 종종 '워싱턴 컨센서스'라고 일컬어졌다. 그러한 사고방식은 1980년대와 1990년대에 미국 정부 및 다수의 경제학자가 제시했던 전통적인 정책조언을 대표했기 때문이다. 워싱턴 컨센서스는 인플레이션 압력을 완화하고 고통을 동반하지만 국가경제에 반드시 필요한 만큼 경쟁력 압박을 주입시키기 위한 방책으로 거시경제적 안정화, 사유화, 규제완화 및 무역의 자유화를 강조했다. 이러한 아이디어는 국가의 경제 개입을 가능한 한 빠르고 많이 줄이는 것이었다. 그러한 정책노선을 취하던 이들은 절벽과 절벽 사이의 깊은 틈바구니를 건너기 위해서는 점진적인 방법으로는 불가능하며, 한 번의 점프로 단숨에 넘어야 한다고 주장한다. 만약 개혁의 고통이 연장된다면 개혁에 대한 대항세력의 힘은 더 커진다는 것이다.

가이다르와 그의 경제팀의 철학은 정치적·경제적인 이유로 그러한 급진성을 지니고 있었다. 우선, 경제적으로 그들은 러시아 경제가 소비재 및 서비스 분야에서 항상 자원의 빈곤에 시달리고, 중공업 및 방위산업은 투자의 우선순위를 차지하는 스탈린 시기의 산업시스템에 여전히 맞춰져 있다고 생각한다. 정치적으로 그들은 시장경제로의 움직임을 거스를 수 없도록 하기 위해 최대한 신속하고 단호하게 행동하길 원했다. 1992년 러시아의 안정화 정책을 입안했던 정부의 개혁팀은 행동할 수 있는 기회의 창이 열리는 시간은 잠깐뿐이며 그렇게 하지 않을 경우 시장자본주의에 적대적인 세력 — 공산주의자들과 그들의 지지자들, 강력한 국가관료 및 국영

---

10) 이 점에 대해서는 Joseph Stiglitz, *Globalization and Its Discontents*(New York: Norton, 2002) 참조(특히 "chapter 2 Who Lost Russia?" 참조). 또한 Joseph E. Stiglitz, *Making Globalization Work*(New York: W. W. Norton & Co., 2006) 참조.

기업 매니저들, 국영기업 및 국영농장에 의존하는 노동자들과 농민들 — 이 궐기해 구체제를 복귀시킬 것이라는 전제하에 행동했다. 따라서 개혁주의자들은 실용주의자가 되어야 했다. 그들은 산업 분야 매니저와 지역의 주지사 같은 잠재적 동맹자에게 개혁 성공 시 일정 지분을 보장해줌으로써 양보할 수밖에 없었는데, 그러한 목적을 위해 사유화 프로그램을 이용했다.[11] 문제는 내부자들(다시 말해 '초기의 승자들')이 너무 많은 이득을 취했고, 그들이 더 이상의 개혁을 저지함으로써 고통의 기간을 연장시켰다는 점이다.

정부의 정책이 사실상 의도했던 효과를 가져왔다는 것이 개혁 옹호자나 비판자의 공통적인 생각이다. 개혁 프로그램이 온전하게 실행되지 못했던 것은 사실이다. 더구나 많은 국가관리는 개혁조치를 교묘하게 피해 가는 방법을 알고 있었다. 주요 국영기업의 대표는 정부의 직접적인 통제에서 벗어나 있었던 중앙은행으로부터 속임수를 써서 대출을 받았으며 관련 정부 부처를 설득해 생산을 지속하기 위해 제품을 주문하도록 했다.[12] 기업은 새로운 금융긴축에 대응해 생산라인을 재조정하기보다는

---

11) 개혁주의자들이 직면한 정치적 선택에 대한 훌륭한 설명으로는 Shleifer and Treisman, *Without a Map: Political Tactics and Economic Reform in Russia* 참조. 그 당시 핵심적인 정책결정자 두 명의 회고록에 대해서는 다음을 참조. Anatolii B. Chubais(ed.), *Privatizatsiia po-rossiiski*(Moscow: Vagrius, 1999); Yegor Gaidar, *Days of Defeat and Victory*(Seattle: University of Washington Press, 1999).

12) Joseph R. Blasi, Maya Kroumova, and Douglas Kruse, *Kremlin Capitalism: Privatizing the Russian Economy in Russia*(Cambridge, MA: MIT Press, 2000), p. 42. 그 당시 중앙은행의 고압적인 태도에 대한 훌륭한 설명으로는 다음을 참조. Juliet Johnson, *A Fistful of Rubles: The Rise and Fall of the Russian Banking System*(Ithaca, NY: Cornell University Press, 2000), "chapter 3, The Central Bank of Russia", pp. 64~97.

제품 출고를 강행하고 대금 결제도 받지 않은 채 제품을 공급함으로써 기업 간 지불연체 현상의 증대를 초래했다. 다른 경우, 현금 유동성이 원활하지 않았기 때문에 기업은 다른 기업과 연쇄적이고 정교한 물물교환 구조를 형성했다. 가이다르 정부는 국가관료를 완벽하게 통제하지 못했기 때문에 기업의 매니저들이 반응을 보일 만한 인센티브체제를 구축할 수 없었다. 정부의 정책 신뢰도가 그리 탄탄하지 않았던 것이다. 안정화 프로그램의 효과는 정부가 정책의 일관성을 유지할 수 있을 것이라는 기대에 좌우되는 바, 정부의 화폐 공급 통제력이 온전하게 발휘될 수 없는 상황은 정책의 효과를 왜곡시킬 수밖에 없었다. 더구나 정부는 가격 자유화를 전면적으로 실시하지 않고 에너지와 전기료 통제를 유지했다. 이는 소비자와 생산자를 보호하는 조치였을 수 있으나 그러한 조치는 경제 전반에 걸쳐 심각한 왜곡현상 누적 효과를 초래했다.

가이다르 경제팀은 붕괴 직전의 경제를 물려받았다. 1991년 내내 공산당과 국가관료체제를 통한 전통적인 통제시스템이 약화됨에 따라 주정부 및 지방정부는 지역 간 거래 장벽을 설치하기 시작했다. 일부 지방정부는 일종의 관세를 부과했으며 일부 지방 당국은 관할구역으로부터 상품이 '수출'되는 것을 막기 위해 도로를 봉쇄하기도 했다. 모스크바 및 일부 지방 대도시는 다른 지방의 거주민이 들어와 상대적으로 물자의 재고가 풍부한 자신의 관할구역 내 상점에서 물건을 구입하지 못하도록 하기 위해 신분증제도를 도입했다. 러시아 국내의 도매시장 및 소매시장은 붕괴되고 있었다. 그러한 문제를 해결하기 위해 행정적인 조치 — 계엄령에는 미치지 못하는 — 를 실시했더라도 아마 실패했을 것이다. 그러나 1992년 1월 2일 취해진 급진적인 가격자유화 조치는 생산자와 소매상이 대부분의 상품과 서비스에 시장이 감당할 수 있는 범위 내에서 가격을 책정하도록 함으로써 러시아 내부의 상업 거래상의 전쟁상태를 즉각 종식시켰다. 이

기간에 비록 때로는 살인적일 정도의 엄청난 가격상승이 이루어졌지만 일단 상품의 유통은 회복되었다.

3) 사유화

안정화 조치에 뒤이어 곧바로 그에 못지않게 중요한 또 다른 개혁조치가 취해졌다. 그것은 다름 아닌 국가자산의 사유화였다. 충격요법과 달리 사유화는 당초에 상당한 대중적 인기를 얻었는데, 이는 안정화 정책에 대한 대중의 불만을 어느 정도 상쇄시켜주었다. 사유화란 국유기업의 소유권을 개인 소유자에게로 이전하는 것을 일컫는다. 경제이론에 따르면 정상적인 조건에서 생산재의 사적소유는 국유제 또는 독점의 경우보다 사회 전체적으로 더 높은 효율성을 가져다준다. 경쟁적인 환경에서 자산의 소유자는 자신이 소유한 자산이 수익을 창출할 수 있는 능력을 최대화하려는 동기를 갖고 있기 때문이다. 독점체제하에서는 기업 소유자가 자신의 기업이 비효율적인지 여부를 별로 신경 쓰지 않지만 시장체제하의 기업 소유자는 생산성을 향상시켜 기업의 시장가격을 높이려고 한다. 그러한 이유로 대부분의 경제학자는 경제 전반의 성장과 생산성 향상 촉진을 위해 사회주의에서 시장경제로의 이행의 일부로 국가로부터 사인(私人)에게 국영기업의 소유권을 이전하는 것은 필수적이라고 간주한다. 요컨대, 재산권이 분명하게 설정되면 개별 소유자는 물론이고 전체 사회가 득을 본다는 것이다.

이러한 이론은 일반적으로 유효하다. 그러나 종종 그러하듯이 유효한 이론이 실제 세계에 적용될 때에는 여러 가지 변수가 개입되기 마련이다.

우리는 러시아의 국영기업을 사유화하는 것과 새로운 사기업을 창립하는 것을 구분해야 한다. 사적인 기업인이 수많은 새로운 독립 기업을 창업했지만 대개 그러한 기업은 소규모에 불과했다. 더구나 그러한 기업은 시간이 지나도 실질적으로는 별로 증가하지 않았다. 이에 비해 이전에 국가 소유였던 기업의 운명에는 엄청난 정치적 의미가 있었는데, 절대다수의 러시아 시민의 생계와 그들이 일과 관련해 얻는 광범위한 사회적 혜택이 그러한 국영기업에 결부되어 있었기 때문이다.

더구나 사유화의 추진방법은 매우 정치적인 문제다. 그 가운데 하나의 방법은 모든 시민을 신속하게 자산 보유자로 만들고, 개혁 과정에서 그들에게 일종의 기득권을 부여하는 민주적인 제스처로서 국가자산을 대중에게 단순히 무상 분배하는 것이다. 또 다른 대안은 경매를 실시하는 방식인데, 이를 통해 집단 및 개인은 자산을 구입하기 위해 경쟁적인 경매가를 적어냄으로써 투자 자본으로 사용될 수 있는 실질적인 가치를 창출해 내지만, 이 방식은 국민 가운데 부유하고 부패한 일부 계층이 국가자산에 대한 통제권을 장악하도록 한다. 러시아는 이 두 가지 방식을 결합해서 사용했다. 첫째, 러시아 정부는 모든 시민에게 바우처를 교부했는데, 그들은 그 이후 특별 경매에서 바우처를 사용해 사유화된 기업의 주식 경매에 응찰할 수 있었다. 둘째, 러시아 정부는 국영기업의 사유화를 위해 현금 거래를 통한 경매를 실시했다.

정부가 개인에게 창업할 수 있는 권리를 부여하는 것은 사유화 프로그램을 설계하는 것보다 훨씬 논란의 여지가 적었다. 일찍이 소련 법률은 1986년 초 개인과 가족구성원이 개인 사업을 창업하고 여러 명이 모여서 협동조합의 형태로 사적인 영업체를 꾸릴 수 있도록 개정되었다.[13] 산업 부문으로서의 소기업 분야는 서구사회보다 훨씬 규모가 작았고 또한 최

13) 협동조합의 경우 모든 피고용인은 기업의 공동 소유자이자 이익 지분에 대한 공동의 권리 및 의무를 갖는다.

근 10년에 걸쳐 창업된 소기업의 수는 늘어나지 않았지만 — 100만 개 이상 늘어나지 않았음 — 그 당시 러시아 소기업의 수는 급속히 늘어났다. 미국의 경우 500인 이하의 종업원을 보유한 기업이 미국 전체 노동자 가운데 절반 이상을 고용했다. 러시아에서는 전체 노동자 가운데 종업원 100명 이하의 소기업에서 고용한 노동자의 비중이 고작 16%였다.

국가가 전적으로 또는 부분적으로 소유하는 기업은 규모가 컸던 반면, 개인이 신규로 창업한 기업은 규모가 작은 경향이 있었다. 개인 기업의 약 2/3는 규모가 작은 기업이었다. 상대적으로 규모가 큰 국영기업이 사유화됨으로써 많은 노동자의 삶에 영향을 끼쳤다. 많은 도시가 거대 기업 중심으로 형성되었기 때문에 국영기업의 사유화는 지역 전체에 영향을 끼칠 수 있다. 또한, 주요 산업 또는 천연자원 자산에 대한 사유화가 부의 분배에 상당한 함의를 갖고 있었음은 말할 것도 없다.

이러한 이유 때문에 사유화 프로그램은 매우 심대한 정치적인 행위라고 볼 수 있다. 자본시장이 아직 형성되지 않은 상태에서는 누가 국영기업의 가치를 책정해야 할지 결정해야 한다. 또한 현금 거래를 통해 사유화를 실행할 것인지 정부 발행 바우처를 통해 국영기업의 주식지분이 민간으로 이전되도록 할 것인지 결정해야 한다. 아울러 종업원과 매니저 등 기업 내부자들에게 해당 기업에 대한 통제권을 어느 정도까지 허용해야 할지, 사유화된 기업에 대한 외국인의 매입도 허용할 것인지, 어느 수준의 정부가 어떠한 자산을 사유화할 수 있을 것인지 등도 결정해야 한다. 이러한 이슈에 대한 논란 때문에 공산주의로부터의 이행기에 접어든 국가의 사유화 프로그램이 교착상태에 빠지는 경우가 종종 있었다. 러시아가 내린 사유화 결정은 아직도 열띤 토론과 신랄한 비판의 대상이다.

(1) 바우처 사유화

1991년과 1992년의 첫 번째 사유화 단계에서는 매입자가 국유기업을 사들이기 위해 국가가 발행한 바우처가 아닌 현금을 사용했다. 그러나 현금 사유화는 부유한 인사를 더욱 부유하게 만들고, 이전에 국영기업을 경영했던 관리에게 그 기업의 소유권을 부여해주는 효과를 낳았다. 매니저 등 내부자들이 가장 유망한 기업의 주식을 획득함에 따라 일반 시민은 가장 이익이 많이 남는 기업의 주식을 매입할 기회로부터 배제되었다. 빈민층의 경우 주식을 살 기회가 전혀 없었음은 물론이다. 가능한 한 기업의 소유권을 널리 분산시키려는 의도하에 의회의 법률안은 모든 시민이 사유화된 기업의 주식지분을 매입할 수 있는 특별 은행계좌를 갖도록 했다.

1992년 4월 안정화 프로그램에 대한 반대가 격렬해짐에 따라 옐친은 1992년 4분기부터 실시될 바우처 사유화 프로그램에 관한 대통령 포고령을 선포했다. 이 프로그램에 따라 모든 러시아 시민은 액면가 1만 루블(약 30달러 상당)의 바우처를 교부받았다. 시민은 바우처를 자유롭게 사고 팔 수 있되 바우처는 경매를 통해 사유화된 기업의 주식지분을 획득하는 데 사용하도록 되어 있었다. 경매에서는 바우처 소유자가 기업의 주식을 매입하기 위해 바우처로 입찰하도록 되어 있었다. 시민은 또한 사유화된 기업에 투자하는 뮤추얼펀드의 지분을 획득하기 위해 바우처를 사용하거나 다른 사람과의 현금 거래를 통해 바우처를 매매할 수 있었다. 이 프로그램은 모든 시민이 즉시 국유자산 지분의 소유자가 될 수 있도록 설계되었다. 정치적으로 이 프로그램의 목적은 시민을 주식 소유주로 만들어 시장경제로의 이행 결과에 그들의 이해관계가 걸려 있도록 함으로써 경제개혁 지지층을 구축하려는 데 있었다. 이 프로그램을 구상한 사람들은 비록 바우처 사유화 프로그램 자체는 투자자본을 창출하지 못하지만 의미 있는 재산권 제도를 만들어냄으로써 궁극적으로 생산성 향상을 촉진할 수

있을 것으로 기대했다.[14)]

1992년 10월부터 1억 4,800만 장의 사유화 바우처가 시민에게 배부되었다. 이 프로그램은 바우처 경매를 통한 국영기업의 사유화 방식을 세 가지로 설정했다. 이는 사유화 대상 기업의 근로자들(또는 내부자들)이 어떠한 조건으로 얼마만큼의 주식지분을 획득할 수 있는가라는 문제와 결부되어 있었다. 각 프로그램은 국영기업 내부의 매니저와 근로자 입장에서 소속기업에 대한 통제권을 가져야 한다는 요구와 외부자의 입장에서 주식 취득을 위한 경매에 자유롭게 참여할 수 있는 권리를 가져야 한다는 요구 사이에 균형을 맞추려고 했으며, 각 프로그램은 시민이 무상으로 국영기업의 주식지분을 획득할 수 있도록 하는 목적과 주식이 거래될 수 있는 가치가 있는 자본시장을 생성시켜야 하는 목적을 겸했다. 국가사유화위원회(GKI)에는 사유화 과정을 감독하는 권한이 있었다. 이 강력한 국가기관의 책임자였던 아나톨리 추바이스(Anatoly Chubais)는 모든 진영으로부터 집중 공격의 대상이 되었다. 국가사유화위원회가 국가자산을 너무 헐값으로 팔아넘겼다고 비난하는 사람들로부터 옛 국영기업 매니저들이 궁극적으로 대주주가 되어버리는 사유화의 방식에 반대하는 사람에 이르

---

14) 사유화 프로그램의 목적에 대해서는 러시아 사유화를 입안한 고위 당국자들과 서방의 경제고문들이 수많은 논문을 통해 다룬 바 있다. 이러한 이슈에 대해서는 특히 다음의 저작을 참조하라. Anatoly B. Chubais and Maria Vishnevskaya, "Main Issues of Privatisation in Russia"; Maxim Boycko and Andrei Shleifer, "The Voucher Programme for Russia", both in Anders Aslund and Richard Layard (eds.), *Changing the Economic System in Russia*(New York: St. Martin's Press, 1993), pp. 89~99, pp. 100~111. 사유화 프로그램에 긴밀하게 관여한 세 사람이 집필한 또 다른 저작은 명료한 이론적 논증과 프로그램에 대한 내부자로서의 솔직한 직관을 보여준다. Maxim Boycko Andrei Shleifer, and Robert Vishny, *Privatizing Russia*(Cambridge, MA: MIT Press, 1995).

기까지 다양한 비판이 존재했다. 그러나 옐친의 지지에 힘입어 추바이스는 모든 비판자의 반대를 무릅쓰고 사유화 프로그램을 완수했다.

추바이스의 사유화 팀은 러시아의 방대한 자본재 자산을 강력한 국영기업 대표에게 무상으로 나눠주는 것이 썩 내키지 않았다. 그 대신 소유권을 되도록 많은 시민에게 골고루 분배하는 방식을 원했다. 그러나 정부가 국영기업 대표들에게 일정한 혜택을 주어야 하는 것이 정치적 현실이었다. 단기적으로 볼 때 러시아의 경제적·사회적 안정을 유지하기 위해 사유화 프로그램에 대해 국영기업 대표들의 동의를 얻는 것이 필수적이었다. 국영기업의 경영자들은 또한 러시아에서 가장 강력한 이익집단 가운데 하나를 대표했다. 따라서 정부는 상당한 정도로 '내부자 사유화'의 요소를 허용해주고 말았다. 그러한 내부자 사유화로서 옛 국영기업의 고위 간부는 새로 사유화된 기업의 대주주 자리를 차지한 것이다. 대부분의 기업에서 소유권과 경영권이 경영자 수중으로 떨어졌다.15)

1996년 무렵 약 1만 8,000개의 중기업 및 대기업들이 사유화되었다. 그러한 기업 가운데 대부분은 사유화가 되어도 당장 큰 변화를 시도하기보다는 이전의 운영방식을 그대로 유지했다. 그 이유 가운데 하나는 사유화가 되었어도 생산공장이나 설비를 현대화하기 위한 신규 투자자본이 유입되지 못했다는 것이다. 또 다른 이유는 기업 경영자가 외부자가 자신의 기업을 인수하는 것을 막기 위해 끈덕지게 노력했다는 점이다. 기업 경영자들을 대상으로 기업을 현대화하는 데 필요한 자본을 조달할 수 있는 외부자에게 자신의 주식지분의 대부분을 매각할 용의가 있는가를 묻는 주요 설문조사에서 응답자의 2/3는 그렇게 하지 않겠다고 답했다. 달

15) Pekka Sutela, "Insider Privatization in Russia: Speculations on Systemic Changes", *Europe-Asia Studies*, 46:3(1994), pp. 420~421.

리 말해, 그들은 이익을 많이 내는 기업의 소주주가 되기보다는 영업실적이 저조하더라도 대주주로 남아 있기를 원했다는 것이다.[16] 경영진의 대폭적인 교체가 이루어진 기업은 매우 적었으며, 기업을 좀 더 효율적이고 생산적으로 만들기 위해 구조개혁을 실시한 기업은 더더욱 적었다.

당초에 모든 바우처의 사용 기한은 1993년 12월 31일이었으나 옐친 대통령은 1994년 6월 30일까지로 기한을 연장했다. 추바이스에 따르면 그 당시 1억 4,800만 매의 바우처가 교부되었으나, 실제로 사유화 대상기업의 주식과 교환된 바우처는 1억 4,000만 매로 집계되었다.[17] 약 4,000만 명의 러시아 시민이 주식 소유자가 된 것이다. 약 70%의 중기업과 대기업, 약 80%의 소기업이 사유화되었다. 이렇게 바우처 사유화가 종료되었다. 사유화의 다음 단계는 남아 있던 국영기업의 대부분을 현찰거래를 통한 주식경매의 방식으로 사유화하는 것이었다. 이러한 사유화에는 나중에 논의될 이른바 '주식담보대출(loans-for-shares)'의 방식도 포함되었다. 1996년 무렵 사유화된 기업이 산업 생산고의 약 90% 가량을 차지했으며, 대기업 또는 중기업의 약 2/3 이상이 사유화되었다.[18] 2006년 현재 약 80%의 러시아 기업은 사적 부문에 속하는 바, 이러한 사기업은 전체 러시아 노동력의 절반 이상과 GDP의 약 70%를 차지한다.[19]

---

16) Joseph R. Blasi, Maya Kroumova, and Douglas Kruse, *Kremlin Capitalism: Privatizing the Russian Economy in Russia*(Cambridge, MA: MIT Press, 2000), pp. 179~180. 이 책의 지은이들은 러시아의 사유화 기업에 소속된 경영자들에 대해 주요 연례 설문조사를 실시했다.

17) *Radio Free Europe/Radio Liberty Daily Report*, July 1, 1994.

18) Blasi et al., *Kremlin Capitalism*, p. 50.

19) *Rossiiskii statisticheskii ezhegodnik 2005*(Moscow: Goskomstat Rossii, 2006), p. 148, p. 349; Rudiger Ahrend and William Tompson, "Fifteen Years of Economic Reform in Russia: What Has Been Achieved? What Remains to be Done?",

일단 바우처 사유화 프로그램이 완료된 다음, 정부는 국영기업의 주식 지분을 매각하기 위해 다른 방책에 주목했다. 1995~1996년에 사용되었던 사유화 방식 중 하나는 '주식담보대출'로 불렸다. 이전에도 이미 소유권과 부의 집중이 이루어져왔지만 이 프로그램 덕택에 소수의 야심적인 기업인이 러시아에서 가장 값어치 있는 자산 소유권을 헐값으로 획득할 수 있었다. 이러한 과정을 통해 이른바 '올리가르히'의 등장이 이루어졌다. 올리가르히는 러시아에서 가장 큰 돈벌이가 되는 천연자원, 산업 및 미디어 자산 일부에 대한 통제권과 소유권을 획득하기 위해 1990년대 대부분의 시기에 취약한 상태에 있던 러시아 정부의 정책에 편승했던 소수의 부호를 집합적으로 일컫는 말이다(자세한 설명은 〈클로즈업 7-1〉 참조).

주식담보대출'이 시행된 방식은 러시아 북부에 위치한 거대 금속기업으로 세계 제1위의 니켈 생산업체인 노릴스크 니켈의 사례에서 잘 나타나 있다. 비효율적이고 빚더미에 올라 있던 거대기업 노릴스크 니켈은 잠재적으로는 러시아에서 가장 값어치 나가는 자산 가운데 하나로 간주되었다. 1995년 선거가 임박한 시점에 러시아 정부가 현금을 절실하게 원하던 상황에서 저명한 기업인 블라디미르 포타닌(Vladimir Potanin)은 정부에 거래를 제안했다. 그가 소유한 은행[오넥심 뱅크(Onexim Bank)]이 정부에 대출을 해주는 조건으로 노릴스크 니켈의 주식 지분 51%를[이 지분에 대한 담보를 확보해 추후 경매 형식으로 소유권을 획득함으로써] 소유할 수 있는 권리를 획득했다. 만약 1년 후 정부가 대출받은 돈을 상환하지 못한다면 은행은 담보로 잡고 있는 주식을 즉각 매입할 수 있는 권리를 가질 수 있었다. 그는 또한 전략적 중요성을 갖고 있는 다른 기업에 대해서도 유사한 경매를 실시할 것을 제안했다. 이러한 방식의 사유화는 러시아의 일부 최

OECD Working Paper No. 430, ECO/WKP(2005), p. 23.

☞ 클로즈업 7-1 _ 러시아의 올리가르히

올리가르히란 용어는 러시아에서 가장 큰 수익을 남길 수 있는 산업 및 천연자원 자산에 대한 통제권을 획득하기 위해 러시아 경제의 개방을 성공적으로 이용하고 부와 권력을 소유한 소수의 인물들을 일컫는다.* 정치인들과 쌓은 인맥 덕택에 그들은 포스트공산주의 초기 독점권과 핵심적인 인허가권을 취득할 수 있었다. 그들은 또한 거대한 경제적인 아성을 구축함으로써 정치영역에서도 강력한 영향력을 확보할 수 있었다.

올리가르히가 부상한 것은 옐친의 사유화 정책에 힘입은 바 크지만 사실상 그들은 소련이 붕괴되기 전부터 부를 축적하기 시작했다. 1980년대 말 무렵 경제자원에 대한 중앙집권적인 행정적 통제체제가 붕괴됨에 따라 공산당, KGB 및 콤소몰 등의 기관에서 좋은 보직을 맡았던 관리들은 그들이 가진 권력과 특권을 활용해 막대한 이익을 챙겼다. 일부 인사들은 자신이 속해 있던 조직의 자산을 조용히 빼돌려 해외 은행의 계좌에 입금시키거나 해외 기업에 투자했다.** 다른 이들은 러시아 내에서 은행을 설립해 배타적인 정부 계약과 인·허가권을 따내고 국가보조에 따라 인위적으로 낮은 가격에 금융 여신과 조달물자를 공급받아 높은 시장가격에 이를 되팔기 위해 내부자의 지위를 이용했다. 그리하여 그들은 하루아침에 거대한 부를 획득했다. 이들 새로운 기업인으로서는 옛 공산주의체제에서 넘어온 자본과 인맥에 쉽게 접근할 수 있었던 것이 활동에 큰 도움이 되었다. 일부 논평가들은 신흥 기업인의 이러한 유사 시장적 활동을 '노멘클라투라 자본주의'라고 불렀다. 소련체제가 붕괴되고 옐친 정부가 실질적인 시장경제를 수립하려는 시도를 시작할 무렵 일부 노멘클라투라 자본가들은 이미 강력한 영향을 끼치는 존재로 확고하게 자리매김했다.

금융 및 산업 부문에서의 권력 집중은 미디어 산업으로까지 이어졌다. 가장 대표적인 금융재벌 가운데 하나였던 베레좁스키는 아에로플로트를 포함한 기업과 여러 은행의 대주주로 활동하면서 주요 국영 텔레비전 방송사인 오에르테(ORT)의 주식지분 8%를 획득했으며, 베레좁스키가 소유한 은행 가운데 하나는 ORT의 또 다른 지분 38%를 소유한 은행 컨소시엄의 구성원이었다. 베레좁스키는 직접 ORT 부회장을 맡아 방송 프로그램에 광범위한 영향력을 끼쳤다. 베레좁스키와 이러한 금융, 산업, 에너지, 무선통신 및 매스미디어 제국을 통제하면서 거대한 부와 엄청난 인맥을 갖고 있던 거부들은 '올리가르히'로 알려졌다. 옐친과 그의 측근은 '주식담보대출' 프로그램을 통해 올리가르흐들이 옐친의 재선을 돕는 대가로 러시아에서 가장 알짜배기 자산을 헐값으로 챙길 수 있는 황금 같은 기회를 제공했다. 옐친의 지지율이 바닥을 치던 1996년 3월 올리가르히는 옐친의 재선을 확실히 하기 위해 힘을 합치기로 합의했다. 옐친의 재선을 위해 어느 정도의 돈을 쏟아부었는지는 아직도 논란의 대상이다. 어떤 이들는 액수 자체는 별로 크지 않았다고 주장한다. 하지만 올리가르흐들이 소유한 언론사들이 옐친의 재선에 대한 정당성을 홍보했다는 점에는 의문의 여지가 없다. 러시아의 대중매체는 1996년의 대통령 선거가 옐친과 전체주의로의 회귀 사이에서 러시아인이 내려야 하는 러시아의 운명적 선택이라고 묘사했다. 그러한 미디어의 대통령 선거 관련 보도는 옐친의 전략에 직접적으로 기여했으며 궁극적으로 그의 승리를 도왔던 것이다.

일부 논평가들은 올리가르히를 옐친 행정부를 조정함으로써 러시아를 통제하려고 권모술수를 부리는 결사체로 간주했다. 1996년 10월 은행과 기업을 거느린 7인의 올리가르흐 그룹이 러시아 전체 경제의 절반을 통제할 뿐 아니라 상당한 정치권력도 휘두르고 있다고 선언한 베레좁스키는 솔직하다 못해 다소 거만하기까지 했다. 하지만 베레좁스키는 집단으로서의 올리가르히의 응집력을 과대평가했다. 옐친의 재선 이후 올리가르히의 단결은 깨지고, 그들이 이권을 두고 서로 분쟁을 벌이기 시작했기 때문이다. 나아가 1998년 발생했던 금융위기는 모든 올리가르흐들에게 타격을 줬으며 심지어 몇몇은 완전히 파산했다. 그들의 영향력은 옐친 대통령 집권기의 독특한 환경 — 즉 야권의 상당한 정치적 반대와 통제하기 어려울 정도의 정부재정적자에 시달리던 옐친 정부가 올리가르흐들에게 매우 낮은 가격으로 국유자산을 넘겨주는 상황 — 에 기인했다.

푸틴이 대통령직을 맡은 이후 그러한 상황은 크게 바뀌었다. 2000년 7월 푸틴은 가장 유력한 올리가르히 일부와 회동했다. 이 회동에서 푸틴은 국가와 대기업의 관계에 새로운 조건을 제시했다. 푸틴은 지난 날 올리가르흐들이 자산을 취득한 방식에서 불미스러운 부분이 있다고 하더라도 그들이 정치에서 손을 떼고 해외로 자금을 빼돌리는 대신 러시아 국내에 투자를 하는 한 그들의 재산은 안전을 담보 받을 것이라고 약속했다.*** 그 이후 대부분의 올리가르흐들은 새로운 게임의 규칙을 준수하는 데 동의했다. 그들은 지역 수준에서 정치조직을 구축하려고 경쟁해왔지만 좀 더 광범위한 정치적 영향력을 추구하려고 하지는 않았다. 그러나 초기 올리가르히 가운데 몇몇은 운명을 시험해보려는 유혹을 받아 푸틴에 대항했다. 그리하여 그들은 자신의 도전적 행동에 대한 비싼 대가를 치러야만 했다. 2000년에서 2001년에 이르는 기간에 이루어진 형사소송 및 민사소송을 통해 푸틴은 베레좁스키 및 또 다른 저명 올리가르흐인 블라디미르 구신스키(Vladimir Gusinsky)에게 언론사 주식의 상당 부분을 포기하라고 강요했다. 두 사람은 기소된 상태에서 현재 해외에 체류 중이다.**** 이러한 조치는 호도르콥스키와 유코스를 파멸시키려는 시도와 더불어 올리가르히에게 보내는 분명한 신호였다. 즉, 대기업의 수장은 대통령에게 도전하지 않는 한 재산을 축적할 수 있는 권리를 누릴 수 있지만 푸틴에 도전장을 내미는 순간 가차 없이 처벌받을 것이라는 메시지가 전달된 것이다.

그러나 옛 올리가르히의 권력을 박탈하려는 푸틴의 노력이 권력과 부의 집중을 종식시키지는 않았다. 푸틴 시기에 접어들어 새로운 올리가르히 그룹이 득세를 했다. 그들은 푸틴 및 보안경찰(정권 내부의 이른바 '실로비키'파)에 바탕을 둔 사회적·직무적 네트워크에 속한 인사와의 개인적인 연줄 덕분에 이득을 취했고, 옐친 시기 올리가르흐로부터 탈취한 것을 포함, (재)국유화된 자산에 대한 통제권을 획득함으로써 부를 축적했다. 그들은 1990년대 러시아 경제계를 대표했던 옛 올리가르히와는 달리 부와 권력이 다른 형태로 결합된 구조에 바탕을 두었기 때문에 정치학자 트리즈먼은 이 집단을 "푸틴의 실로바르히(silovarchs)"라고 불렀다.*****

---

* 우크라이나와 몇몇 여타 포스트공산주의 국가에서도 유사한 올리가르히가 등장했다. 그

러한 국가에서는 기업가가 부분적 개혁을 통해 일정한 이익을 얻을 수 있을 정도로 경제가 개방되었지만 동등한 조건에서 다른 기업가와 경쟁해야 하는 수준까지 개혁이 진전되지는 못했다.

** Steven L. Solnick, *Stealing the State: Control and Collapse in Soviet Institutions* (Cambridge, MA: Harvard University Press, 1998).

*** Peter Rutland, "Putin and the Oligarchs", in Dale R. Herspring(ed.), *Putin's Russia: Past Imperfect, Future Uncertain*(Lanham, MD: Rowman & Littlefield, 2003), p.141.

**** 옮긴이 주: 이 가운데 14년째 런던에 망명 중이던 베레좁스키는 2013년 3월 그의 자택에서 목을 맨 상태로 숨진 채 발견되었다. 그는 런던에 체류하면서 푸틴을 계속 비난하면서 재기를 도모하던 것으로 알려졌다.

***** Daniel Treisman, "Putin's Silovarchs", *Orbis*(2007), pp. 141~153.

우량 기업의 소유권을 소수의 부호에게 넘기도록 설계되었음에도 옐친과 그의 정부는 주식담보대출 계획을 승인했다. 포타닌이 소유한 은행은 경매를 조직했으며 그가 통제하던 은행은 노릴스크 니켈 경매의 유일한 응찰자였다. 당연히 이 경매의 낙찰자는 포타닌이었다. 1년 뒤 정부가 대출을 상환하지 못하자 포타닌은 노릴스크 니켈 주식지분의 과반수를 획득하기 위한 절차를 밟았다. 이는 실로 놀라운 할인 판매였다. 포타닌은 현재 러시아 GDP의 2%에 육박하는 가치가 있는 기업을 단돈 1억 7,000만 달러에 매입했다.[20] 그러나 당시 이 기업은 비효율적으로 운영되었으며 생산고는 생산능력을 밑돌았다. 주식담보대출 방식이 아무리 문제가 있다 하더라도 그러한 방식의 사유화로 올리가르히가 획득한 노릴스크 니켈과 여타 기업의 효율성이 크게 향상되었다.

노릴스크 니켈의 사례는 악명 높은 '주식담보대출' 프로그램의 한 예에 불과하다. 러시아에서 가장 규모가 큰 석유회사 여러 개에 대해 대주주의

---

20) http://www.nornik.ru/page.jsp?pageId=about

권한을 행사할 수 있을 정도의 주식지분 역시 지극히 낮은 가격의 경매를 통해 다른 올리가르흐에게 넘어갔다. '주식담보대출' 프로그램은 전체적으로 러시아의 올리가르히와 옐친 정부 사이의 편안한 유착 관계에 관한 악명 높은 사례에 해당된다. 다른 형태의 사유화와 마찬가지로 '주식담보대출' 프로그램은 러시아에서 극단적인 수준의 소유권 집중을 초래했던 것이다. 2003년 현재 러시아 10대 최상위 재벌 그룹이 주식시장 시가총액의 60% 가량을 소유하고 있었다. 이는 유럽의 기준에서 보면 높은 수준이지만 다른 개발도상국의 경우와 근사한 수치이고 100년 전 미국이나 유럽에 비하면 낮은 수준이다. 더구나 자세히 들여다보면 러시아의 올리가르흐들이 소유한 기업은 국영기업보다 생산성이 더 높다는 것을 알 수 있다.[21]

(2) 사유화의 결과

애초에 사유화는 경제제도 개조와 현대화라는 시급한 과제에는 별로 기여하지 못했다. 대중 사유화의 첫 단계에 사용된 바우처는 다른 법적인 거래행위에는 사용되지 않았기 때문에 인플레이션을 유발하지는 않았다.[22] 그러나 금융시장이 확립된 국가처럼 생산자본의 형태로 활용되지

---

21) 트리즈먼은 비록 '주식담보대출' 프로그램이 도입 과정에서는 불미스러운 측면이 있었지만 2000년대에 들어와서는 실제로 러시아 경기 활성화에 촉매 역할을 했다고 주장한다. 그는 올리가르흐들이 소유한 기업이 국가가 소유한 기업보다 실적이 더 좋았다고 분석한다. Daniel Treiman, "'Loans for Shares' Revisited", *Post-Soviet Affairs*, 26:3(2010), pp. 207~277. 올리가르히의 역할에 대한 전반적인 재고찰에 대해서는 다음을 보라. Sergei Guriev and Andrei Rachinsky, "The Role of Oligarchs in Russian Capitalism", *Journal of Economic Perspectives*, 19:1(2005), pp. 131~150.

22) 바우처는 국영기업 주식 매각 과정에서의 정부 지분으로 보증되었다. 각 기업은 매각 대상 주식지분 가운데 최소한 35% 이상을 바우처로 발행해야 했다. 이는 연방

도 못했다. 따라서 바우처는 효율성과 생산성 향상을 위해 기업이 동원할 수 있었던 자원의 수량을 확대시키지 못했다. 이는 시장경제의 공고화를 가져올 수 있는 과정을 촉진시킬 수 있는 요소로 기획되었던 것이다. 정책결정자들은 대중 사유화를 통해 새로운 자산 소유자들이 그들 자신의 자산 가치를 높이는 데 관심을 갖게 될 것이라고 믿었다. 그런데 그러한 목표는 기업의 개조와 현대화에 투자함으로써 달성할 수 있는 것이었다. 그런 다음 자본에 대한 수요는 건전한 자본시장의 형성을 유도할 수 있다. 그러나 시장에서의 교환에 필요한 제도적인 인프라가 미비하고 미래에 대한 확신이 결여되어 있는 상황 때문에 기업인은 자본 투자를 꺼려했다. 러시아에서 자본 투자율은 2000년대에 접어들어 상당한 증가세를 보였으나 1990년대에는 극히 낮은 수준에 머물렀으며 자본의 해외 도피는 매우 높았다. 2008년 세계적인 불황이 닥쳤을 때 러시아의 자본은 또 다시 해외로 유출되었다. 전반적으로 볼 때 러시아의 자본 투자는 다른 이행기 국가 수준에 미치지 못한다.[23] 국제 투자자들을 대상으로 2009년 실시한 설문조사에 따르면 러시아와 CIS 회원국은 투자 대상 우선순위 목록에서 신흥시장 국가 가운데 최하위를 나타냈다. 중국, 브라질, 인도, 중유럽, 라틴아메리카, 아프리카 및 중동 국가는 모두 러시아 및 CIS 회원국보다도 높은 순위를 차지했다.[24]

정부가 스스로의 지분으로 선언한 주식의 지분율과 일치하는 수치였다. 그리하여 사유화 대상 기업의 매각에서 연방정부의 지분은 바우처의 형태로 시민에게 배분되었다.

23) OECD 추산에 따르면 중국의 GDP 대비 총 고정자본 투자 비율은 약 40%에 달하는 데 반해 러시아의 투자 비율은 고작 18%에 머물렀다. Organization of Economic Cooperation and Development, *OECD Economic Surveys: Russian Federation* (Paris: OECD, November 2006), pp.26~27 참조.

24) Iogr' Naumov, "Rossiia i SNG opustilis' na dno investitsionnogo mira", *Nezavisimaia*

재산권에 대한 유명한 경제학의 공리(公理)가 있다. 즉, 만약 경제적 거래비용이 낮다면 특정한 경제 자원에 대한 재산권이 처음에 어떠한 방식으로 분배되든 궁극적으로는 재산 소유자 간 협상의 결과 사회적으로 효율적인 소유권 배분이 달성되며, 자산 소유자들이 재산을 매매함에 따라 그러한 자산 통제권은 호혜적인 계약관계에 도달한다.[25] 다시 말해 궁극적으로 모든 자산은 최대로, 그리고 가장 바람직하게 사용될 수 있다는 것이다. 하지만 '만약에'라는 말에 주목할 필요가 있다. 이 공리는 만약 자산 소유자 사이의 협상 및 합의 도출비용이 낮다면, 그리고 만약 국가가 재산 및 계약의 권리를 강제한다면 재산권의 분배가 사회적인 최적상태에 도달할 수 있다고 제시한다. 그러나 현실 사회에서는 신뢰의 부족, 매매 대상의 품질에 대한 정보의 부족, 합의에 도달한 이후 그것의 실행에 대한 보장 문제 등 때문에 거래비용이 만만치 않다.[26] 더구나 러시아에서는 경제적·정치적 조건의 변동을 둘러싼 불확실성 때문에 거래비용이 엄청나게 높다. 따라서 많은 기업의 소유자는 자신의 자산 가치를 최대화하는 데 관심을 두기보다는 스스로의 정치적 영향력에 편승하고 경제의 비효율성을 이용해 이권을 챙기려고 했다. 예컨대 다수의 기업 소유자는

---

gazeta, May 15, 2009.

25) 이는 경제학자 로널드 코스(Ronald H. Coase)의 이름을 따라 코스의 정리(Coase's Theorem)로 알려져 있다. 이것은 아주 빈번하게 잘못 해석되고는 한다. 코스는 거래행위가 수반하는 비용에 대한 시장의 민감성에 주의를 환기시키고자 했다. 계약과 재산권이 일관되게 강제적으로 집행되지 않고 정보가 희소할 경우 최초에 재산권을 분배하는 일은 효율성을 증대하는 경제적 교환에서 장애물이 된다고 내다보았다.

26) 이러한 관점은 제도경제학의 밑바탕에 깔려 있다. Douglass C. *North, Institutions, Institutional Change and Economic Performance*(Cambridge; Cambridge University Press, 1990).

새롭게 사유화된 기업으로부터 자산을 빼돌려 그 수익을 해외 은행의 계좌로 입금시켰다. 많은 자본가는 자신의 기업을 구조조정하려는 시도를 하지 않은 채 저리 대출 및 보조금 등과 같은 국가가 제공하는 이른바 생명 유지 시스템에 의존해왔다.[27] 다수의 신흥 부자는 자신의 기업에 재투자하기보다는 사치 소비재 구입에 돈을 소비했다. 사적 자산가들은 정치체제가 상대적으로 더 예측 가능해진 1990년대 후반에 접어들어서야 단기적인 수익보다는 자신이 소유한 자산의 장기적인 가치에 더 많은 관심을 기울이는 것처럼 행동하기 시작했다.

(3) 취약한 자본시장과 1998년 8월의 경제위기

사유화는 자본시장을 규제하는 효율적이고 공정한 제도가 결여된 채 시행되었다. 러시아에서는 시장경제가 개인의 저축을 기업 투자로 전환하는 채널 — 금융기관, 연금 및 보험펀드, 주식 및 채권 시장 등 — 도 취약했다. 국가의 규모가 크고 산업 잠재력이 거대한 러시아의 주식시장 및 채권시장은 왜소하다.[28] 1990년대에 운영자본이 부족했던 많은 기업은 제때 급여를 지급하거나 세금을 납부할 수 없었으며, 물물교환 형태로 다른 기업과 거래했다. 1998년경에는 기업이 생산한 물품 가운데 최소한 절반은 물물교환의 형태로 '매각'되었다.[29] 물물교환은 비현실적 가치의 세

---

27) Blasi et al., *Kremlin Capitalism*; Michael McFaul, "State Power, Institutional Change, and the Politics of Privatization in Russia," *World Politics*, 47(1995), pp. 210~243.

28) 러시아의 채권 및 주식시장은 세계 기준으로 볼 때 계속 작은 규모를 유지했다. 예컨대 러시아 300대 기업의 시가총액은 2004년 가을 기준 약 2,500억 달러에 머물렀는데, 이는 제너럴 일렉트릭(GE)의 시가총액보다 작은 규모다. *Kommersant-Dengi*, September 14, 2004.

29) European Bank for Reconstruction and Development(EBRD), *Transition Report 1998: Financial Sector in Transition*(EBRD: London, 1998), p. 186.

계, 즉 '가상경제'를 창출했다. 그러한 가상경제하에서는 상품의 비용을 계산할 수 없으며 투자자들이 어떠한 부분에서 가장 많은 투자수익을 낼 수 있을 것인가에 대한 합리적인 판단을 내리기 불가능하다. 가상경제는 근본적으로 비효율적일 수밖에 없다.[30)]

1990년대 중반 무렵 러시아 연방정부의 단기적·장기적 목표는 서로 충돌했다. 장기적으로 정부는 사유화가 재산권과 자본시장을 창출할 것이라고 기대했다. 그러나 단기적으로 정부는 세수 감소를 보충하기 위해 현금을 조달할 필요가 있었다. 사유화는 생산기업의 주식을 경매로 매각함으로써 정부가 예산 수입을 마련할 수 있도록 했다. 그러나 불행히도 기업의 주식지분에 대한 정부의 수요는 낮았으며, 오히려 정부는 국유자산을 황당할 정도로, 때로는 수치스러울 만큼 낮은 가격으로 매각했던 것이다. 더구나 정부는 기업의 주식지분을 경매 처분하는 동시에 엄청나게 높은 이자율의 국채(GKO)를 발행했다.[31)] 수지맞는 국채시장이 산업투자에 필요한 자본시장을 밀어내버렸던 것이다. 다시 말해 국채발행을 통한 예산지출의 충당이라는 정책목표가 국유기업을 사적 소유권으로 전환하려는 다른 정책목표와 정면으로 경합하는 형국이었다.

설상가상으로 국제 석유가격이 급락했다. 1997년 1월부터 1998년 12

---

30) 가상경제에 대해서는 다음을 참조할 것. Clifford G. Gaddy and Barry W. Ickes, "Russia's Virtual Economy", *Foreign Affairs*, 77(September-October 1998), pp. 53~67; David Woodruff, *Money Unmade: Barter and the Fate of Russian Capitalism*(Ithaca and London: Cornell University Press, 1999).

31) 1996년 봄 대통령 선거운동이 절정에 이르렀을 때 러시아 재무부 발행 국채는 6개월 만기 채권에 연리 200%가 넘는 과도하게 높은 이자로 매매되었다. 이런 상황에서 투자자들이 주식시장에는 관심을 갖지 않게 된 것은 너무나 당연한 일이다. 정치환경이 불안정했던 데다가 지불정지될지 모른다는 공포심 때문에 대부분의 국채가 단기로 발행되었던 것이다.

월 사이에 배럴당 국제 석유가격이 50%나 하락함으로써 러시아의 수출 소득이 격감했다. 국제시장은 아시아를 뒤흔들었던 금융위기의 영향을 받아 함께 흔들렸으며 초조한 투자자들은 많은 신흥시장 국가에서 투자금을 회수했다. 외부의 압력과 국내 재정상황의 불안정성 때문에 러시아 정부는 부채의 덫에 걸려들었다. 정부는 기존의 부채를 갚기 위해 또 다른 부채를 끌어올 수밖에 없었고 채무의 이자를 갚기 위해 또 다른 대출, — 예컨대 IMF로부터의 구제금융, 높은 이자율의 국채, 사유화 등 — 을 얻어 더 많은 현금을 조달해야 했다. 정부의 원리금 상환 능력을 의심하면서 채권자들은 국채의 이자율을 더욱 높여줄 것을 요구했고, 이는 정부를 부채의 덫에 더욱 깊숙이 밀어 넣었다.

마침내 1998년 8월 거품이 터져버렸다. 정부가 채무 상환을 지킬 수 없게 된 것이다. 정부는 채무에 대한 지불유예를 선언했으며, 달러화에 대한 루블화 가치의 평가절하를 단행했다. 루블화는 하루아침에 원래가치의 2/3를 상실했으며 신용(credit)은 고갈되었다.[32] 투자자들이 보유하던 국채는 거의 휴지 조각이 되었다. 수입업자들은 파산상태에 빠졌다. 금융위기의 효과는 경제 전반에 파장을 미쳤다. 루블화의 급격한 평가절하는 수출업자의 경쟁력을 강화시켰고, 국내의 생산업자들에게도 촉진제가 되었으나 국민의 생활수준을 하락시키는 효과도 발휘했다. 비록 매우 빠르게 회복되기 시작했으나 1998년 위기는 근 10년간의 경제침체를 최악의 상태로 만들었다.

도대체 1990년대의 경제적 침체는 어느 정도로 심각했나. 공식통계가 그 정도를 과장했다는 것은 명백한 사실이다. 소비 부문은 생산 부문보다

---

32) Thane Gustafson, *Capitalism Russian-Style*(Cambridge, England: Cambridge University Press, 1999), pp. 2~3, pp. 94~95.

그 하락세가 덜했다. 공식통계를 불신하는 관찰자들에 따르면 과거[소련 시기]에는 관리자들이 실제 생산고보다 부풀려서 보고했지만 지금은 세금을 피하기 위해 오히려 실제 생산고보다 줄여서 당국에 보고하는 경향이 있다는 것이다. 더구나 국민소득 자체의 구조에서도 변화가 있었다. 러시아의 서비스 부문에서 훨씬 더 많은 경제활동이 있었음에도 생산고 통계에는 제대로 잡히지 않는다. 국민경제에서 서비스 부문의 하락세는 공업 및 농업 부문에 비해 훨씬 작았다. 당국에 보고되지 않은 비공식적인 경제활동이 존재했는데, 그 일부는 합법적 활동이었으나 탈세를 했으며 일부는 불법적인 활동이었다.

그러나 1990년대 러시아가 겪었던 경제침체는 1929년 서유럽이나 미국이 경험했던 대공황보다 훨씬 심각했으며 더 오래 지속되었다. 그것은 제1차 세계대전, 볼셰비키 혁명, 그리고 그 이후 러시아 내전의 결과로 각각 초래된 재앙적인 생산고 하락의 대략 절반에 가까운 경제적인 침체였던 것이다.[33] 1990년대 경제침체는 러시아 연방정부가 펼친 개별적인 여러 생존전략이 집합적으로 나타난 결과였다. 현금이 부족했던 일부 기업은 연방 국세청의 지역 사무소 세무 공무원에게 중앙정부에 납부할 세금을 유예시켜 달라고 압력을 가하는 한편, 주정부에 납부할 세금을 낮추기 위해 연방주체정부와 손을 잡았다.[34] 러시아의 주요 석유, 가스 및 전력

---

33) 러시아 내전(1918~1921)은 공산혁명이 일어난 이후 볼셰비키군('적군')과 반공주의자('백군') 사이에 치러진 전쟁이다. 백군은 볼셰비키 신정권에 반대하는 다양한 세력으로 구성되어 있었다. 그 가운데는 군주제를 옹호하는 세력과 사회주의자도 포함되어 있었는데, 이러한 이질성 때문에 볼셰비키에 대한 단결된 저항이 이루어지지 못했으며 그들은 결국 볼셰비키에게 패배했다.

34) Shleifer and Treisman, *Without a Map: Political Tactics and Economic Reform in Russia*, pp. 113~136.

회사가 대규모의 소비자로부터 대금을 회수하지 못해 어려움을 겪고 있는 것을 인지한 연방정부는 군부대 및 주요 산업체에 에너지를 계속 공급하는 조건으로 에너지 기업이 사실상 납세액의 상당 부분을 탈루하는 것을 묵인했다. 러시아 경제의 이러한 연쇄적인 지불체계의 각 연결지점에서는 현금 및 신용 부족현상이 나타났으며, 그 결과 러시아 경제는 구조적인 위기를 겪었다. 정부는 만성적인 현금 부족사태에 직면해 연금 지급, 교사 및 기타 국가 공무원의 급여를 포함한 정부의 재정 지출 의무를 제대로 수행할 수 없었다. 일반 시민은 비공식 부문에서 수입을 보충하고, 벌어들인 수입에 대해서는 국세청에 신고하지 않는 한편, 가진 돈을 은행에 예금하는 대신 숨겨둠으로써 이러한 난국에 대처했다. 또한 은행과 기타 금융기관은 예치금을 경제에 대한 투자로 전환하는 대신 외환시장에 투기함으로써 돈을 벌어들였다.

(4) 회복

그러나 1999년부터 러시아 경제는 회복되기 시작했다. 경제회복은 세 가지 요인으로 촉진되었다. 첫째, 달러화에 대한 루블화의 가치가 강세였을 때는 약했던 국내 기업의 경쟁력이 국내시장 및 해외시장에서 높아졌다. 둘째, 푸틴 대통령은 자신의 초기 정책적 조치들을 통해 국가의 기강을 재확립할 의도가 있으며 친기업적인 경제를 건설하겠다는 점을 확인시켰다. 셋째, 아마도 가장 중요한 요소로 세계에너지 시장에서 석유 및 천연가스가격이 다시 오르기 시작했다는 것이다. 2008년 1월 국제유가는 배럴당 100달러로 상승해 1999년 12월 당시의 약 10달러보다 10배 정도 상승했다. 러시아 경제가 2008년 터져 나온 글로벌 금융위기에 취약했던 것은 그 이전에 일어났던 유가상승으로 불로소득을 얻은 푸틴이 좀 더 근본적인 경제개혁을 실시하지 않았던 탓도 어느 정도 있다.

그러나 1999년부터 2008년까지 10년간 러시아 경제는 꾸준한 상승세를 이어갔다. 국민총생산은 연평균 7%의 성장을 기록했다. 돈이 다시 돌기 시작했으며 물물교환 거래는 대부분 종식되었다. 정부는 연금을 제때 지불했다. 임금과 연금이 인상됨으로써 실질소득은 1998년 수준을 훨씬 넘어섰다. 실업률은 1998년의 13%에서 2008년 초 무렵의 7%로 떨어졌다.[35] 빈곤선 이하의 인구비율도 1990년대 말 30% 이상에서 2008년 20% 이하로 1/3가량 감소했다. 세금 수취비율이 높아짐으로써 정부는 상당한 재정흑자를 냈다. 정부는 그러한 여유자금으로 외채를 상환했으며, 이를 새로운 경기침체에 대비한 보험금의 성격으로 보유하는 한편, 인플레이션 압력을 완화하기 위해 안정화기금이라고 불린 예비 기금 — 러시아 정부는 2008년 금융위기가 닥쳤을 때 이를 적극적으로 활용했음 — 을 조성할 수 있었다. 〈그림 7-1〉에서 볼 수 있듯이 공식통계에 따르면 2007년 말 무렵 구매력으로 환산한 러시아의 일인당 GDP는 1990년도에 비해 약 10% 상승했다.

그러나 러시아 경제성장의 상당 부분은 국제 에너지 시장에서 석유와 천연가스가격이 상승한 것에 기인하기 때문에 석유자원이 풍부한 다른 국가의 경제와 마찬가지로 러시아 또한 '풍요의 패러독스'에 빠져 있었다. 사실 천연자원의 수출에 수입원을 의존하는 상황을 때때로 '자원의 저주'라고 부른다.[36] 푸틴의 경제 보좌관을 지냈던 한 인사는 러시아 경제의

35) *Rossiiski statisticheskii ezhegodnik 2008*(Moscow: Goskomstat, 2008).

36) 국민소득의 대부분을 천연자원의 수출에 의존하는 국가는 인적자본 같은 생산성을 높일 수 있는 여타의 원천에는 투자하지 않고 효과적인 책임성과 지배 구조를 발전시키지 못하는 경향을 보인다는 것은 이미 잘 알려진 사실이다. 바로 이러한 이유 때문에 그러한 국가는 장기적으로 경제적 성과도 낮을 수밖에 없으며 민주주의에서 일탈하는 경로를 밟는 경향을 보인다.

'베네수엘라화'를 우려하는 경고의 메시지를 보냈다. 말하자면 러시아는 자원 수출로 벌어들인 수입을 바탕으로 인기영합적인 재정정책을 펼치고, 경제에 대한 국가 통제를 강화하며, 권위주의적인 정치성향 쪽으로 몰고 가는, 다중적인 덫에 빠졌다는 것이다. OECD 소속 경제학자인 윌리엄 톰슨(William Tompson)은 러시아는 전형적인 산유국(petro-state)은 아니지만 높은 에너지가격에서 불로소득이 발생하는 국가이므로 푸틴 정권이 1990년대의 민주주의 경향을 후퇴시키고 러시아 경제의 구조개혁을 회피했다고 말한다.[37]

국제유가의 급격한 하락으로 엄청난 예산수입 적자가 발생했다. 2009년도 예산 적자는 7%가 넘었다. 정부는 경제를 지탱하고 루블화 가치의 붕괴를 막기 위해 안정화기금을 꺼냈다. 금융위기의 심각성은 경제 기반으로서의 천연자원 의존이 얼마나 위험한지를 일깨워주었다. 푸틴과 메드베데프는 더 이상 경제 번영을 위해 높은 국제 에너지 가격에만 의존해서는 안 된다는 점을 강조하지만 여전히 그들은 사실상 인적자원 및 천연자원에 대한 국가 통제를 포기하지 않은 채 자원에 바탕을 둔 재정수입의 확보에 의존한다. 에너지에 바탕을 둔 재정수입의 획득은 정부가 방만한 분배 프로그램을 통해 정치적 지지를 유지할 수 있는 편리한 방편인 것이다. 그러나 국제 석유가격이 급락할 경우 그 결과 야기되는 금융위기는

---

37) William Tompson, "A Frozen Venezuela? The 'Resource Curse' and Russian Politics", in Michael Ellman(ed.), *Russia's Oil and Natural Gas: Bonanza or Curse?* (London: Anthem Books, 2006), pp. 189~212. 이 밖에 다음을 보라. William Tompson, "The Political Implications of Russia's Resource-Based Economy", *Post-Soviet Affairs*, 21:4(2005), pp. 335~259; M. Steven Fish, *Democracy Derailed in Russia: The Failure of Open Politics*(Cambridge: Cambridge University Press, 2005), pp. 114~138.

경제의 기저에 깔려 있는 취약성을 드러낸다.

4) 호황과 불황의 주기

푸틴과 메드베데프는 투자와 혁신을 유인할 수 있는 환경을 조성함으로써 러시아 경제를 자립적·독자적인 성장동력을 갖출 수 있는 길로 진입시키겠다는 의지를 천명해왔다. 푸틴 1기 1990년대 초 가이다르 경제팀의 구성원으로도 활약했던 일부 개혁주의자들 — 가이다르도 포함해서 — 은 세제개혁, 행정개혁, 사유화 및 기타 정책에 관련된 입법안을 기초하는 데 관여했다. 푸틴의 초기 입법의제 가운데는 한계세율(marginal tax rates)[38]을 낮추고, 재산권을 보호하고, 기업에 대한 정부의 과도한 규제를 완화하며 노동시장을 자유화하고, 연금 시스템을 점차적으로 연금보험과 개인 저축으로 전환하며, 세계무역기구(WTO) 가입을 가로막아왔던 관세장벽과 관료적 장애물을 제거하는 한편 토지 매매시장을 형성하는 것 등이 포함되어 있었다. 이러한 의제에 관한 대부분의 입법안이 의회에서 법제화되었다. 푸틴 경제팀은 또한 안정화 기금을 털어 추가로 재정지출을 하라는 요구를 효과적으로 제압했다. 그러한 주장은 자칫하면 거시경제적인 안정을 파괴할 수도 있었다. 사회기반시설의 개선, 교육, 보건 및 농업 부문에 특화된 재정 지출을 실시함으로써 푸틴 정부는 해묵은 경제적 정체현상과 사회 부문에 대한 홀대 상황을 역전시킬 수 있었다.

그러나 2003년 무렵 경제개혁에 대한 대통령의 약속과 의지가 흔들렸다. 국가관료제를 개혁하고 거대한 자연독점(natural monopoly)[39]업체를

---

38) 옮긴이 주: 소득에 비례해서 세율을 높이는 방식으로 누진세율과 유사한 개념이다.

39) 옮긴이 주: 전력·상수도·전화·철도산업 등과 같이 자연적·기술적 특성 덕분에 높은

분할하려던 과제 등을 포함한 대부분의 야심적인 경제개혁 계획은 조용히 보류되었다. 푸틴은 거대한 천연가스 독점업체인 가스프롬을 여러 개의 경쟁적인 기업으로 분할하는 대신 오히려 석유 및 가스산업 전반에 대한 국가 통제력을 확대하기 위한 수단으로 이용하고자 했다. 주택, 수도 및 도시가스 등 설비 부문, 전력 독점체 등에 대한 정부의 개혁 의지는 약화되었다. 위험스러울 정도로 취약한 금융산업을 개조하려던 계획도 없어졌다. 그 대신 정부는 석유, 천연가스, 전력, 자동차, 기계제작, 항공, 원자력 및 기타 기업에 대한 통제권을 다시 회수하기 시작했다. 이 가운데 가장 두드러진 예로는 유코스 그룹을 해체해서 그중 가장 큰 이익을 남기는 자산을 국영석유회사인 로스네프트에 흡수시키고자 한 대대적인 공세를 들 수 있다.[40] 이전에는 사기업이던 석유, 조선, 항공, 트럭 제조, 정보통신 등 몇몇 전략 부문 기업의 일부 또는 전체가 다시 국가 소유로 전환되었다.[41] 2003년 말 무렵 러시아 20대 기업의 주식에서 국가가 소유한 지분의 비율은 11%였으나 2007년 초에는 거의 40% 가까이 상승했다.[42] 대부분의 경우 푸틴은 경제적 관리에 능숙한 전문가보다는 안보 부문에서 경력을 쌓은 자신의 측근을 국유화된 기업을 감독하는 고위직에 배치했다.[43] 국가는 목표 기업을 인수하기 위해 공갈과 파산정책을 일삼았으

규모의 경제(economies of scale) 효과가 있는 산업 부문에 종국적으로 하나의 독점기업이 출현하는 현상이다.

40) *OECD Russia Survey 2006*, p. 38.

41) Marshall I. Goldman, *Petrostate: Putin, Power, and the New Russia*(New York: Oxford University Press, 2008), pp. 133~135.

42) William Tompson, "Back to the Future? Thoughts on the Political Economy of Expanding State Ownership in Russia", *Les Cahiers Russie: The Russia Papers* 6(2008), pp. 1~2.

43) Goldman, *Petrostate: Putin, Power, and the New Russia*, p. 193.

며, 그렇게 취득한 기업의 자산을 보안부서에 소속된 핵심 관료조직의 동맹자에게 재분배했다. 이러한 과정은 이후 '조용한(벨벳) 재사유화'라고 알려졌다.[44)]

정부는 또한 외국인 투자자들의 주요 석유 및 가스 사업의 대주주 지위를 박탈하고 이들이 사업을 계속할 수 있는 조건으로 소주주의 지위를 받아들이도록 강요하기 시작했다.[45)] 요컨대 대기업을 국가의 강력한 통제하에 두고 전략적 중요성을 지닌 일부 기업의 재국유화를 강조함으로써 푸틴의 성장 어젠다는 빛을 잃었다.

동시에 러시아 지도부는 좀 더 근본적인 개혁의 기회를 스스로 무산시켜버렸다. 만약 그러한 근본 개혁이 취해졌다면 러시아는 지속적인 경제성장의 길로 접어들 수 있었을 것이며, 세계금융시장과 세계경제 시스템의 동요에 대한 취약성을 줄일 수 있었을 것이다. 정부는 난방, 전기, 기타 서비스 요금을 낮게 유지해야 한다는 대중의 기대가 충족되지 않을 경우 정치적으로 큰 파장을 불러일으킬 수 있다는 위험성에 예민하게 반응한 나머지 주택과 전기, 수도 등 공공서비스 부문에 시장경제의 원칙을 적용하지 않았던 것이다. 2005년 1월 정부가 다수의 복지혜택을 현금 지급으로 대체하려는 정책 — 이는 정책 디자인부터 실행에 이르기까지 허점 투성이였음 — 을 발표하자 이에 대한 대대적인 사회적 저항이 터져 나왔다.

---

44) 이러한 관행의 일부는 저명한 경제신문에 보도된 시끌벅적한 인터뷰에서 그 윤곽이 드러났다. 이러한 거래를 여러 차례 다루었던 회견지에 따르면 이러한 거래를 주도했던 그룹의 수장은 보안경찰과 연관된 다수의 인사를 결집시키는 비공식적인 관료분파 조직의 수장으로 추정되던 부총리 세친이라는 것이다. Maksim Kvashe, "Partiiu dlia nas olitsetvoriaet silovoi blok, kotoryi vozglavliaet Igor' Ivanovich Sechin," *Kommersant*, November 30, 2007, p. 20 참조.

45) Goldman, *Petrostate: Putin, Power, and the New Russia*, pp. 128~133.

이에 놀란 지도자들은 국민에 대한 기초보장 서비스를 시장경제의 원칙에 맞추려던 계획을 보류했다. 2010년 기준 러시아는 18년간 협상을 이어왔음에도 WTO 가입을 성사시키지 못했다.[46] 따라서 은행, 보험, 정보통신 같은 다수의 러시아 경제 부문은 국제경쟁에 뛰어들지 못했다. 이러한 상황 때문에 러시아 경제는 크렘린의 정치적 이해관계에서 발생하는 변화무쌍한 압력에 의존하고 그에 취약할 수밖에 없었다.

전면적인 경기침체로 이어졌던 2008년의 금융위기는 이러한 러시아 경제의 구조적 취약성을 여지없이 드러냈다. 1998년 발생한 금융위기처럼 새로운 위기 또한 국외에서 시작되었지만 러시아 경제의 구조적 약점 때문에 더욱 악화되었던 것이다. 2008년의 금융위기는 전 세계적 규모의 급작스러운 은행의 신용경색을 초래했으며, 소비자의 확신을 감퇴시키는 한편, 주식 및 기타 금융자산의 가치를 급격하게 추락시켰고 대부분의 주요국 경제의 심각한 경기후퇴 또는 침체를 촉발시켰다. 2008년 8월 조지아 침공 이후 주식시장의 투매가 일어나면서 러시아는 글로벌 금융위기로부터 심각한 타격을 입기 시작했으며, 세계적 규모의 금융공황이 확산되면서 러시아의 경제침체는 가속화되었다. 2008년 10월 말 무렵 러시아 주식시장의 시가총액은 연초에 비해 3/4이나 하락했으며, 이는 세계 주식시장에서 가장 큰 하락폭으로 기록되었다.[47] 개인 연금펀드의 대규모

---

46) WTO 회원국이 되기 위한 조건으로는 관세 및 기타 무역장벽의 철폐뿐 아니라 기존 회원국의 동의도 요구되었다. 푸틴과 메드베데프는 WTO 회원국 지위 획득을 러시아 산업에 경쟁력을 갖추도록 압력을 가하는 방책의 하나로 간주했다. 그러나 그들은 WTO 가입 협상 과정에서 러시아 제조업체로부터 되도록 양보하지 말라는 압력을 받았다. 이러한 국내적 이유와 더불어 다른 회원국들로부터의 반대에 부딪혀 러시아의 WTO 가입 협상은 15년 넘게 지연되어왔다. [마침내 러시아는 2012년 8월 22일자로 WTO의 정식회원국이 되었다.]

47) Sergei Kulikov, "Rossiia stala autsaiderom", *Nezavisimaia gazeta*, October 28, 2008.

탈퇴현상도 벌어졌다. 금융위기가 발생한 첫 10개월 동안 약 5억 달러가 빠져나갔으며, 2008년 10월에만 거의 1억 달러가 인출되었다. 투자자들이 시장으로부터 탈출하는 현상은 2008년 봄 배럴당 140달러까지 오르며 최고치를 기록했던 국제 석유가격이 같은 해 12월 50달러까지 하락할 무렵 러시아 경제가 석유와 가스에 과도하게 의존한다는 사실을 통해 더욱 촉발되었다. 주식시세의 급락과 에너지 가격 폭락의 영향은 제조업과 상업 등 여타 경제 부문에까지 파급되었다.

그 결과 발생한 경기침체로 주요 20개국(G20) 가운데 러시아가 가장 큰 타격을 받았다. 2009년의 생산고는 7.9% 하락했다. 경제활동 인구 가운데 실업자의 비율은 10%를 넘어섰고, 그나마 명목상 고용된 노동자 가운데 다수는 무급 휴가에 들어가거나 조업 단축 또는 임금체불 등을 겪기도 했다. 2009년 실시된 한 설문조사에 따르면 노동력의 38%가 임금체불을 경험한 것으로 나타났다.[48] 실질임금은 급락했고 특히 금융, 도매업, 건설업, 에너지 등 한때 잘 나가던 산업 부문에서 그러한 현상이 두드러졌다.[49] 한편, 인플레이션 또한 높은 상태를 유지함으로써 국민의 구매력은 더욱 감소했다(〈표 7-1〉 참조).

단일 주요 산업에 의존하던 도시 — 러시아인은 '단일도시(monocities)'라고 부름 — 또한 경제위기로 심각한 타격을 입었다. 예를 들어 사마라 주에 위치한 토글리아티 시는 러시아산 승용차 브랜드 중 하나인 '라다'를 만드는 거대 자동차 업체 아브토바즈가 위치해 있는 도시다. 금융위기 전까지만 해도 아브토바즈는 약 10만 명의 근로자를 고용했는데, 이는 이 도시에 거주하는 성인 일곱 명 중 한 명에 해당되는 수치다. 이곳에 위치

48) "Na zaderzhku zarplaty zhaluetsia tret' rossiian", *Vedomosti*, July 20, 2009.
49) Polit.ru, March 6, 2009.

한 거의 모든 여타 사업의 향배도 아브토바즈의 번영 여부에 달려 있다. 도시의 재정수입 대부분은 이 기업으로부터 나온다.[50] 금융위기로 아브토바즈가 생산한 자동차의 판매실적은 2009년 들어 40% 이상 감소해 이 회사는 정부에 구제금융을 요청해야 했다. 정부는 부채 상환과 신규 투자를 위한 자금을 제공하고, 프랑스의 르노자동차로 하여금 아브토바즈의 주식지분 매입을 늘리도록 설득하는 한편, 약 2만 7,000명의 근로자를 감원함으로써 — 일부는 명예퇴직을 하도록 하고 일부는 다른 기업에 일자리를 알선하는 등의 방법을 통해 — 아브토바즈의 구조조정 계획 마련을 도왔다. 정부는 아브토바즈의 회생을 위해 총 750억 루블(약 25억 달러) 이상을 투입했다. 아브토바즈의 사례는 아마도 기업도시에서 경제적인 고통을 받은 기업으로 가장 잘 알려진 것이긴 하지만 러시아 전국에 그러한 기업도시가 정부 추산 약 300~400개 정도 있으며, 도시 인구의 약 1/4이 그러한 기업도시에 거주한다. 그 가운데 약 100개의 기업도시가 위기를 겪거나 거의 위기상황에 근접해 있다.[51] 따라서 정부가 이 모든 기업도시에 회생 조치를 취할 수 있다고 보기는 어렵다.

다행히도 충격완화용으로 여유분의 외환보유고를 적립한 신중함 덕택에 러시아 정부는 1990년대의 경제위기 때보다는 2008년 글로벌 경제위기를 대처할 수 있는 더 많은 선택지를 갖게 되었다. 정부는 잉여 석유 및 가스수입으로부터 조성한 1,800억 달러 정도의 안정화 기금 외에도 약 3,500억 달러의 외환보유고를 유지했던 것이다. 이 자금을 바탕으로 정부는 일자리 창출, 공공 부문의 높은 급여, 실업수당 개선, 연금인상 등을

---

50) "Mer Tol'iatti: sotsal'naia obstanovka v gorode odnoznachno napriazhennaia", *Vedomosti*, September 8, 2009.

51) Polit.ru, July 8, 2009; September 29, 2009; December 15, 2009; Sergei Kulikov, "Gradoobrazuiushchii vzryv", *Nezavisimaia gazeta*, December 15, 2009.

위해 돈을 풀 수 있었다. 푸틴이 2009년 3월 광부들과의 회동에서 밝힌 바대로 이 모든 것을 통틀어 러시아 정부의 경기부양 노력에 드는 비용은 GDP의 약 12%에 해당하는 금액이었다.[52] 2010년경 국제 에너지 시세가 반등함에 따라 러시아 경제도 서서히 회복되었다.

2008~2009년에 발생했던 경제위기는 글로벌 차원의 위기였으나 그것이 러시아에 미친 영향은 러시아 경제의 취약성을 노출시켰다. 러시아는 석유 및 가스, 기타 광물자원의 수출에 과도하게 의존했기 때문에 스스로 지속적인 성장을 지탱할 수 있는 경제체제를 아직 건설하지 못했다. 러시아는 국가가 소유하고 관리하는 소련체제하의 경제를 물려받았으며 거대기업이 운영하는 중공업 및 채굴산업에 집중적으로 투자했던 소련 경제의 기획자들의 편견을 아직도 사회 전반에 반영한다. 경제가 호황일 때에는 경제적 이권 분배를 중심으로 한 러시아 지도자 간 정치 연합 구축의 유혹이 매우 강한 반면, 불황일 때에는 정부가 사회 안정을 유지하기 위해 자원 채굴로 획득한 수입을 사용할 수밖에 없다.

5) 사회적 여건

러시아의 경제변동은 생활수준에도 지대한 영향을 미쳤다. 2000년대에 접어들어 생활수준이 회복되기 전까지 1990년대 대부분의 시기에는 실업, 물가상승, 연금 체불 및 임금 체불 등으로 대부분의 가구가 고통과 불안감을 겪었다. 로즈의 신러시아 바로미터(New Russia Barometer) 여론조사에 따르면 1998년 현재 불과 29%의 응답자만 새로운 경제체제에 적응했다고 답변했다. 2008년경에는 이 비율이 66%로 증가했다.[53] 러시아

---

52) *Nezavisimaia gazeta*, March 12, 2009.

시민은 경제에 관해 좀 더 낙관적인 생각을 갖게 되었다. 그러나 2008년부터 시작된 심각한 경제위기는 대부분의 러시아인이 생각하던 미래에 대한 믿음을 약화시켰다. 2010년 6월 실시된 여론조사에 따르면 러시아 시민 가운데 거의 3/4이 당시의 경제상황을 위기라고 인식했고, 11%의 국민은 이를 '재앙'으로 간주했다.[54)]

2000년대 들어와 경제가 회복됨에 따라 1990년대에 존재했던 경제적 혼란 — 실업률의 증가와 물가상승, 임금상승 간 지속적인 괴리 등이 야기한 빈곤층의 급증으로 대표되는 — 이 대부분 극복되었다. 1990년대 말 기준으로 최소한 러시아 인구의 30% 또는 분류 기준에 따라 최대 40%는 빈곤층으로 분류되었다. 대부분의 한부모가정은 여성이 가계를 꾸려가던 상황이었기 때문에 실업률이 증가하자 상대적으로 성인 남성에 비해 더 많은 여성과 어린이가 빈곤선 이하로 전락했다.[55)] 또한 과학자, 교사, 의료 종사자뿐 아니라 연금 및 장애인 보조금 등에 의존해 생활하던 사람들을 포함해 자신의 수입이 국가 예산으로부터 나오던 사람들 또한 1990년대 경제적 혼란 때문에 타격을 입었다. 국가로부터 받는 그들의 급여나 수당이 주기적으로 인상되긴 했으나 그 수준이 물가상승분을 따라 잡기에는 부

---

53) Richard Rose, *Understanding Post-Communist Transformation: A Bottoms-Up Approach*(New York: Rougedge, 2009), pp. 173~179.

54) Anastasiia Bashkatova, "Ekonomicheskie ministry pochemu-to ne vyzyvaiut doveriia", *Nezavisimaiia gazeta*, June 10, 2010.

55) Gail Kligman, "The Social Legacy of Communism: Women, Children, and the Feminization of Poverty", in James R. Millar and Sharon L. Wolchik(eds.), *The Social Legacy of Communism*(Washington, DC: Woodrow Wilson Center Press and Cambridge University Press, 1994), p. 261; Mary Buckley, "The Politics of Social Issues", in Stephen White, Alex Pravda, and Zvi Gitelman(eds.), *Developments in Russian and Post-Soviet Politics*, 3rd ed(London: Macmillan, 1994), pp. 192~194.

족했다. 급여나 연금을 몇 달간 받지 못하는 경우도 빈번하게 발생했다. 그러나 2008년경에는 소득이 상승하고 실업률이 줄어들고, 연금과 기타 사회보장 수당 등이 꾸준히 상승한 덕분에 빈곤층이 전체 인구의 20% 이하로 감소했다.

한편, 1990년대에는 소득불평등이 급격히 높아졌지만 2000년대 경기 회복 국면에서는 그 상승세가 완만하게 나타났다. 소득불평등은 여러 요인으로 유발되었다. 1990년대에는 주로 임금상승보다 높은 물가상승, 실업률의 급증, 연금과 기타 사회부조 시스템의 악화, 소수의 경제엘리트 수중에 어마어마한 부가 집중되는 현상 등으로 소득불평등이 야기되었다. 2000년대에는 빈곤층이 감소했는데도 임금수준의 심한 편차의 결과 소득불평등 현상이 지속되었다. 예컨대 같은 지역, 같은 직종의 두 근로자를 비교했을 때 어느 누가 어떠한 기업에서 일을 하는가에 따라 임금수준이 결정되는 경향이 존재했다.[56] 또한 이 시기의 임금격차는 에너지 및 금융 부문의 매니저들이 받았던 매우 높은 급여, 푸틴 정부가 상속세(estate tax)를 폐지하고(소득 구간과 관계없이) 일괄적으로 13%의 소득세율을 유지한 정책도 이 시기의 소득불평등 현상에 기여했다. 푸틴 정부의 정책과 당시의 경제적 상황의 결과로 러시아의 경제적 성과는 저소득층보다 상류층에 훨씬 많은 혜택을 주었다. 이 시기에 러시아에서 억만장자의 수가 급증한 것은 바로 그러한 러시아 사회의 경제적 사정으로 설명될 수 있다. ≪포브스(Forbes)≫에 따르면 2007~2008년 러시아에서 10억 달러대 이상의 재산을 가진 억만장자가 60명에서 110명으로 급증했다.[57]

---

56) Simon Clarke, "Market and Institutional Determinats of Wage Differentiation in Russia", *Industrial and Labor Relations*, 55:4(2002), pp. 628~648.

57) Nikolaus von Twickel, "Rich Get Richer as Poor Get Poorer", *Moscow Times*, August 8, 2008.

어느 시점에는 그들 가운데 러시아 상원의원직을 가진 사람이 12명이나 되었다.[58] 그러나 금융위기로 그들은 엄청난 타격을 입었다. 2008년 금융위기 이후 평균적으로 그들은 재산 절반을 날려버렸다.[59]

소득불평등을 측정하는 보편적인 방법 가운데 하나는 지니계수(Gini index)인데, 그것은 부 또는 소득 분포에서 가장 완벽한 평등으로부터 이격되어 있는 총량에 대한 집합적인 측정방식이다. 한 사람이 모든 소득을 독차지하는 사회가 있다면 이 경우의 지니계수는 1이다. 그리고 모든 사람이 균등한 소득을 얻는 경우의 지니계수는 0이다. 핀란드, 스웨덴 또는 노르웨이 같이 소득의 평등 분배 정도가 매우 높은 국가의 지니계수는 대략 0.25 정도로 나타난다. 영국, 프랑스, 이탈리아 등 소득불평등 정도가 상대적으로 높은 국가의 경우 지니계수는 0.27~0.37에 분포한다. 미국처럼 소득불평등 수준이 높은 국가의 지니계수는 대략 0.45 정도다. 1990년대 초반 무렵 러시아에서는 지니계수가 2배로 증가했다. 즉, 1987~1990년에는 0.26을 기록했는데, 1993~1994년에는 0.48을 기록했다. 러시아의 소득불평등 정도는 키르기스스탄을 제외하고는 포스트공산주의 국가 가운데 가장 높다.[60] 경제가 회복되고 빈곤층이 줄어들기 시작함에 따라

---

58) Hedi Brown, "Russia: The World's Richest Government", Fobes.com, April 1, 2008, http://www.forbes.com/2008/03/28/russia-billionaires-duma-biz-cz_hb_0401russiapols_print.html(검색일: 2008.04.02). 그러나 2008년의 금융위기는 다수의 러시아 재벌에게 타격을 가했다. 한 전문가의 추산에 따르면 《포브스》 러시아어판이 제시한 25대 부호의 총 자산은 금융위기 이후 단 5개월 만에 무려 2,400억 달러나 감소했다. Philp P. Pan, "Russian Elite Look to Kremlin for Aid as Wealth Evaporates", *Washington Post*, October 17, 2008.

59) 같은 글.

60) The World Bank, *Transition: The First Ten Years — Analysis and Lessons for Eastern Europe and Former Soviet Union*(Washington, DC: World Bank, 2002), p. 9.

지니계수도 2000년대 후반 0.42 정도로 다소 후퇴하기 전까지는 0.4로 약간 하락했다. 이 수치는 아직까지는 미국의 소득불평등 수준보다 다소 낮은 편이다. 미국의 경우와 마찬가지로 러시아에서 상위 20%의 소득자들이 벌어들이는 수입은 전체 소득의 대략 절반에 해당한다. 2009년 러시아의 상위 10% 고소득자들이 버는 수입은 하위 10%가 얻는 수입의 16배에 해당했는데, 이는 2002년의 14배보다 더 상승한 수치다. 소득불평등의 실질적인 수준은 소득신고 누락과 공식 장부에 기록하지 않는 소득 등을 통한 탈세 등으로 인해 아마도 공식통계보다 훨씬 더 클 것으로 보인다.

불평등의 지속적인 심화와 중산층의 성장이 정체되어 있는 상황 등은 러시아 지도자들에게 걱정거리다. 2008년 2월 8일 열린 국가회의에서 행한 연설에서 푸틴 대통령은 현존하는 소득불평등의 수준은 '절대적으로' 용납될 수 없으며 좀 더 낮은 수준으로 축소되어야 한다고 선언했다. 그러한 맥락에서 그는 중산층의 확대를 가져올 수 있는 조치를 요구했다. 그는 2020년까지 전체 인구에서 중산층이 차지하는 비율이 60% 혹은 70%까지 도달해야 한다고 선언했다.[61]

러시아의 체제 전환에서 발생한 사회적 효과의 또 다른 부정적인 측면은 공중보건체제의 악화현상이다. 비록 공산주의체제 말기에 공중보건 상태가 악화되었다 하더라도 체제가 변화되고 난 이후 그 상황은 더욱 나빠졌다. 특히 남성의 사망률이 급격히 상승했다. 러시아 남성의 기대수명은 개발도상국 또는 빈곤국가 수준에 머물렀다. 경제회복이 이루어지고 사회적 안정감이 더 강화됨에 따라 기대수명도 늘어나 2010년경 출생한

---

61) 이 부분은 2008년 2월 8일 열린 '2020년까지 러시아의 발전전략'에 관한 국가회의 확대회의 당시 푸틴 대통령의 연설에서 인용했다(http://president.kremlin.ru/text/appears/2008/02/159528.shtml).

남자아기의 기대수명은 63세였고, 여자아이의 기대수명은 75세였다.[62] 남성과 여성 사이의 기대수명이 크게 차이가 나는 것은 일반적으로 남성의 과도한 알코올 섭취 및 흡연 등에 기인한다. 다른 인구학적 지표도 암울한 편이다. 프랏코프 당시 총리는 2006년 7월 각료회의 석상에서 신생아 가운데 "30%만 건강한 상태"로 알려져 있으며 "약 50만 명의 어린이는 다양한 치료가 필요한 장애 상태에 있고, 약 73만 명의 고아나 버려진 아이들이 존재한다"라고 언급했다.[63] 러시아의 심혈관 질환 및 결핵으로 인한 사망률은 유럽이나 미국보다 3배나 더 높다.

러시아 지도자들은 이러한 인구학적 위기상황이 국가안보에도 위협이 된다고 생각한다. 인구의 감소는 건강한 젊은이들을 징집할 수 있는 인적 자원을 고갈시키고 일부 지역에서 노동력이 점점 부족해지는 현상을 초래하기 때문이다.[64] 아주 최근까지 출생률을 앞지르는 사망률 때문에 러시아의 인구는 매년 최대 약 75만 명씩 감소했다. 인구학자들은 2050년경 러시아의 인구는 1/3이 감소할 것으로 내다본다. 2008년 8월에 열린 각료회의에서 당시 재무장관이던 알렉세이 쿠드린(Alexei Kudrin)은 "우리는 인구학적 심연에 빠져들고 있다. 우리는 공장을 짓지만 그 공장에서 일할 사람은 줄어들 것이다"라고 언급한 바 있다.[65]

러시아가 점차 이주 노동자들에 대한 의존도를 높여감에 따라 유럽이

---

62) Sergei Kulikov, "Pravitel'stvo ustroilo demograficheskii vzryv", *Nezavisimaia gazeta*, February 18, 2010.

63) *RFE/RL Newsline*, July 20, 2006.

64) 러시아군 사령관의 보고에 따르면 2004년 가을 징집된 장정 가운데 1/3은 건강상의 문제로 복무에 부적합한 자라고 한다. Polit.ru, December 9, 2004.

65) Sergei Kulikov, "Nuzhnye liudi v nuzhnom meste", *Nezavisimaia gazeta*, September 10, 2008.

나 미국과 비슷한 문제가 발생했다. 전문가 추산으로는 약 700만~800만 명의 이주 노동자가 러시아에서 거주하는데, 그들 가운데 대부분은 여타 CIS 회원국 출신이다.[66] 러시아 정부는 할당제(quota) 시스템을 도입했는데, 이를 기반으로 해마다 기업은 다음해에 필요한 새로운 이주 노동자 요청서를 제출한다. 러시아 경제에서 — 특히 대도시 지역에서 — 이주 노동자의 수가 증대함에 따라 심각한 사회적 긴장이 야기되었다. 많은 이주 노동자가 악덕 기업주에게 피해를 입었으며 외국인 혐오분자에게 육체적 폭력을 당하기도 했다. 이민에 반대하는 집단은 정기적으로 시위를 통해 이민자는 자기네 나라로 돌아가야 한다고 주장한다. 이민 문제는 적절한 정책적 대응에 대한 시급한 논쟁을 촉발시켰다. 그러나 러시아 경제가 성장하고 러시아 정부가 석유 및 가스 생산을 확대하는 동시에 주요 인프라 시설을 건설하기 위한 대규모 계획을 실행하는 와중에 이에 필요한 국내 노동력이 점차 감소함에 따라 러시아의 이주노동력에 대한 필요성이 높아질 것이라는 점에 의심의 여지가 없었다.[67] 러시아 정부는 여타 CIS 회원국에 거주하는 러시아인을 끌어들이기 위한 프로그램을 가동해왔지만 여태껏 귀환한 러시아인은 많지 않다.

푸틴 정권은 지속적인 생산성 향상을 통해 러시아 경제가 성장을 계속 유지할 수 있는 길로 접어들 수 있도록 하기 위한 몇몇 초기 조치를 취했다. 그러나 러시아 지도자들이 일반 대중뿐 아니라 엘리트로부터의 정치적 지지를 공고히 하기 위해 높은 국제유가 및 상품가격으로 얻은 불로소득을 활용하는 방안을 선택함에 따라 그러한 조치는 당초의 계획에 미치

---

66) Alex Anishyuk, "Immigrants Make Up 10% of Work Force", *Moscow Times*, March 31, 2010. 국제연합(UN) 위탁 보고서에서 인용함.

67) 러시아 정부는 2008년 9,000만 명이던 경제활동인구가 2020년에 7,780만 명으로 줄어들 것이라고 추산했다. Kulikov, "Nuzhnye liudi nuzhnom meste".

지 못했다. 만약 푸틴 정부가 경제개혁이라는 장기적인 목표를 달성하고자 한다면 정부는 국가와 시장 간 관계를 전면적으로 재검토해야 한다. 소련의 국가체제는 기업이 무엇을 생산하고 원료를 어떻게 사용할 것인지에 관해 지시, 감독하는 중앙계획 시스템을 사용했다. 경제의 대부분은 중공업과 방위산업 위주로 편성되었으며 정부 부처는 경제의 각 부문을 직접 관리했다. 공산주의체제 퇴출 이후의 러시아에서 경제가 지속적으로 성장하려면 국가와 경제의 관계가 과거 공산주의체제와는 전적으로 달라야 한다. 그러한 새로운 관계는 경제활동을 위한 분명한 규칙을 제정하고, 법을 집행하며, 재화와 서비스를 공급하고, 또한 경쟁을 장려해야 한다. 차르 시기와 소련 시기 경제모델의 유산, 국토의 크기, 혹독한 기후 등의 요소는 러시아 경제에서 경제행위를 규율하고 자원을 재분배하는 데 여전히 국가의 중심적인 역할이 요구된다는 것을 의미한다.

메드베데프 대통령은 수세기 동안 지속된 부패, 천연자원 의존 문제를 해결하는 데 정부에 의존하는 관행 등의 영향 때문에 러시아 경제가 어려움을 겪고 있다고 언급한 바 있다. 이는 틀림없는 사실이다.[68] 메드베데프는 또한 "우리에게 아무리 많은 국유기업이 있다고 하더라도 현대화는 무엇보다도 사기업을 통해 이루어지며 오직 경쟁이 있을 때만 가능하다"라고 선언했다. 그는 또한 "국가는 경제라는 나무에서 사과를 억지로 따내지 말아야 한다. 정부는 사과 과수원을 가꾸는 데 도움을 주어야 하고, 우리 경제의 환경을 개선하는 데 도움을 주어야 한다"라고 말했다.[69] 그러나 러시아의 경제 구조와 러시아인의 태도가 근본적으로 변화되어야

---

68) Dmitrii Medvedev, "Go Russia!", September 10, 2009(http://en.kremlin.ru/text/speeches/2009/09/10/1534_type104017_221527.shtml).

69) "Medvedev Targets Investment Boost, Tax Cuts", *Moscow Times*, June 18, 2010.

한다는 대통령의 강력한 신호는 아직까지 별다른 효과를 발휘하지 못했다. 메드베데프의 현대화 드라이브에서 유일하게 부각된 구체적이고 주요한 결과는 모스크바 외곽의 한 도시에 러시아판 실리콘밸리 — 그곳에서는 혁신적인 창업 기업이 첨단기술을 시도할 수 있다 — 를 건설하기 위해 추진했던 대규모의 국책사업 프로그램이다. 이러한 프로젝트가 과연 메드베데프의 비전을 실현하는 데 필요한 경제 구조에 변혁적인 효과를 끼칠지는 미지수다.

제8장

정치와 법

1. 민주화와 법의 지배

러시아에서 법은 국가에 대한 공평무사한 제어장치가 아니라 권력의 도구로 인식되는 경우가 더 잦았다. 따라서 소련붕괴 이후 민주적 개혁주의자들의 가장 중요한 목표 가운데 하나는 법의 지배, 즉 당국의 의지와 상관없이 법을 집행할 수 있는 관행을 확립하는 일이었다. 이러한 노력은 다소 양면적인 결과를 가져왔다. 러시아의 사법체계는 부패와 정치적 남용에 오염되었다. 정권은 올리가르히와 조직범죄집단 등의 부유층이 사법체계를 조작할 수 있는 능력을 약화시키긴 했으나 사법체계가 권력을 쥔 당국의 영향력 아래에 놓이게 만들었다. 푸틴 대통령과 메드베데프 대통령은 법의 지배의 중요성을 종종 강조하곤 했지만, 정권은 주요 정치적인 이해관계가 걸린 사안에 대해서는 그들의 의지대로 사법기관을 조종한다.

헌법학자 스티븐 홈즈(Stephen Holmes)는 '법의 지배(rule of law)'와 '법에 의한 지배(rule by law)'를 구분해 설명한다. '법에 의한 지배'란 정치권력을 한 손에 쥐고 있는 강력한 정치엘리트가 자신의 특권을 보호하기 위해 법을 사용하는 것을 의미한다. '법의 지배'의 경우 어느 한 집단이 법에 대한 접근을 독점하는 것을 방지하기 위해 권력이 사회의 다양한 집단과 조직에 충분히 분산되어 있다. 다수의 시민과 집단은 자신의 권리와 이익을 지키기 위해 법에 의지할 수 있다. 그들이 지닌 자원의 범위와 다양성 덕분에 사법부가 정치적 영향력으로부터 독립성을 유지할 수 있다.[1] 단순히 법률을 개정하고 사법제도 자체를 개혁하는 것은 사법체계를 불편부당하게 만들기에 충분하지 않다. 홈즈가 주장하듯이 "러시아 국가 전체가 자유주의적이고, 다원주의적이며 민주적인 방향으로 탈바꿈할 때에만 사법개혁이 성공할 수 있을 것이다".[2]

소련체제하에서 권력 당국은 법을 국가의 목적을 위해 사용하는, 국가 권력의 연장으로 간주했다.[3] 그러나 스탈린 치하에 자행되었던 대규모 정치테러 때문에 스탈린의 후계자들은 비밀경찰의 자의적인 권력을 제한했다. 그것은 실제로 스탈린의 후계자 스스로도 그러한 정치테러가 주입시키는 공포와 불안감을 느꼈기 때문이다. 1953년 스탈린이 사망한 이후 소련의 사법개혁을 주도했던 이들은 법체계로서 시민적 권리를 좀 더 많이 보장하기 위해 법률과 사법 절차를 개혁하려는 시도를 했는데, 이는 적절한 조치였다. 1950년대 후반에 행해진 가장 중요한 제도 변화 가운데

---

1) Stephen Holmes, "Introduction", *East European Constitutional Review*, 11:1/2 (Winter/ Spring 2002), p. 91.

2) 같은 글, p. 92.

3) 소련 법률 발전에 영향을 끼친 선구적인 연구로는 다음을 참조하라. Harold J. Berman, *Justice in the USSR*, rev.ed(Cambridge, MA: Harvard University Press, 1963).

하나는 비밀경찰을 좀 더 엄격한 국가 통제 아래에 둔 조치였다. 스탈린의 공포정치 시기에 일상화되어 있던 사법제도를 벗어난 심리, 판결 및 선고 등의 관행은 금지되었으며, 형사 피고인은 중요한 권리를 인정받았다. 새로운 형법이 채택되었으며 '사회주의적 법치'라는 개념이 새로운 정책에 의해 장려되었다. 포스트스탈린 시기의 여타 많은 슬로건처럼 이러한 사회주의적 법치 개념도 양립할 수 없는 목표를 간과했다. 이는 새로운 사법체계가 정치권력 남용의 영향을 덜 받도록 해야 한다는 취지를 갖고 있었음에도 그것이 여전히 공산당에 종속되어 있다는 것을 의미했다.

사실 포스트스탈린 시기에도 공산당과 경찰은 체제의 권력과 안보를 유지하는 과정에서 취해진 행위를 정당화하는 방편으로 사법 절차를 계속 이용했다. 형법 자체가 '반소련적 선동과 선전' 및 '소비에트 국가 또는 체제를 비방하는 근거 없이 날조된 주장의 유포'에 대한 법적인 처벌 조치를 포함했다.[4] 포스트스탈린 시기에는 이러한 법적인 장치가 정권이 판단하기에 반소련적인 저작물(픽션, 논픽션 모두 포함)을 창작하거나 유포시키는 사람을 대상으로 자주 사용되었다. 한편 당국은 가끔씩 반대자들이 정신적으로 하자가 있다고 선언하고 이들을 강제로 정신병동에 감금하는 방식을 사용했는데, 정신병원에 잡혀온 그러한 반체제 인사는 나아가 정신을 개조시키는 약물을 주입 당함으로써 또 다른 형태의 처벌을 받았다.[5] 1980년대에 이르러서까지 정치적 억압의 수단으로 이러한 관행이 계속되었다는 사실은 공산당과 KGB가 어떠한 이유로든 위험하다고

---

4) 러시아 공화국 형법 전문 및 그에 대한 주석을 다룬 저작으로는 다음을 참고하라. Harold J. Berman(ed.), *Soviet Criminal Law and Procedure: The RSFSR Codes*, 2nd ed(Cambridge, MA: Harvard University Press, 1972).

5) Sidney Bloch and Peter Reddaway, *Psychiatric Terror: How Soviet Psychiatry Is Used to Suppress Dissent*(New York: Basic Books, 1977).

간주한 인물의 권리를 법이 보호해주지 못했다는 점을 증명한다.

1985년 고르바초프의 집권 당시 그의 주요 정책목표 가운데 하나는 법적 제도의 정당성과 권위를 제고하는 일이었다. 고르바초프는 '법치국가'의 확립을 개혁 프로그램의 가장 중요한 목표 가운데 하나로 삼았다.[6] 고르바초프에 따르면 '법치국가'란 통치자와 피치자 모두 법에 복종하는 것을 의미했다. 법치국가의 반대 개념은 공산당, KGB 및 기타 관리가 자신의 권력을 행사하는 데 헌법과 법규범을 빈번하게 무시하면서 추종자는 법을 지키도록 기대했던 소련 시기처럼 통치자가 권력을 자의적으로 행사하고 국가의 헌법과 법률을 마음대로 위반하는 상황을 일컫는다. 1991년 이래 법치국가의 이상은 러시아의 지도자들이 헌법을 어기는 행동을 취할 때조차도 그들이 법치국가를 지향한다는 겉치레를 하지 않을 수 없도록 만들었다. 예를 들어 푸틴은 러시아가 '법의 독재'에 따라 통치되어야 한다고 선언했다. 그런데 여기서 '법의 독재'라는 개념은 확실히 모호한 의미를 지니고 있었다. 여기서 푸틴이 의미하는 바는 과연 국가에 대한 법의 우위인가, 아니면 법이라는 수단을 통한 독재라는 뜻인가?

이와 유사하게 예전에 법학 교수를 지냈던 메드베데프는 입헌적 민주주의(constitutional democracy)를 강조하면서 권리, 자유, 법 등의 개념을 사용했다. 2008년 11월 의회에서 행한 연설에서 메드베데프는 "러시아 헌법은 자유로운 국가, 시민 각자의 권리와 존엄에 최고의 가치를 두는 사회로서의 러시아로 개조하기 위한 방향타를 제시한다"라고 선언했

6) 고르바초프 시기의 사법개혁에 대해서는 다음을 보라. Donald D. Barry(ed.), *Toward the "Rule of Law" in Russia? Political and Legal Reform in the Transition Period* (Armonk, NY: M. E. Sharpe, 1992); Alexander Yakovlev with Dale Gibson, *The Bear That Wouldn't Dance: Failed Attempts to Reform the Constitution of the Former Soviet Union*(University of Manitoba, Canada: Legal Research Institute, 1992).

다.[7] 국가 지도자들의 이러한 천명이 반드시 냉소적이거나 공허하지는 않다. 소련 시기와 마찬가지로 현대의 러시아 지도자들도 법이 사회질서를 위한 원천과 국가관리의 행동을 제어할 수 있는 장치로 작동하기를 원한다. 그런 의미에서 목표를 달성할 수 있는 지도자의 능력에 훨씬 더 직접적인 위협은 가능성이 낮은 조직화된 민중봉기가 아니라 관료에게 그들의 이익을 위해 법을 악용할 수 있는 능력이 있다는 사실이다.

이러한 경합하는 욕구 — 자신의 정치적 목적을 위해 법을 사용하고 싶은 욕심, 그리고 국가의 안정성과 예측 가능성을 강화하고 싶은 욕심 — 사이의 충돌에 주목하면 지난 20년에 걸쳐 러시아의 사법개혁이 갈 지(之)자 행보를 나타낸 것을 이해할 수 있다. 사법제도는 다수의 개혁을 거쳐 정치적인 영향을 덜 받음으로써 강화되었다. 사법체계는 어느 정도 독립적이고 효과적으로 발전했다고 할 수 있다. 민주적이고 다원적인 사회에 필수적인 여러 법적 원칙도 확립되었다. 가장 중요한 변화 가운데 하나는 정부 부처 사이에 그리고 중앙정부와 연방구성 주체정부 사이에 일어나는 분쟁을 조정하는 권한을 가진 헌법재판소를 설치한 것이다. 사유재산을 인정하는 일련의 법도 제정되었다.

한편, 사법체계는 아직 정치권력으로부터 완전히 독립적인 위치를 확보하지 못했다. 연방 차원에서 보면 대통령의 엄청난 비공식적인 권력은 법을 공정하게 집행할 수 있는 법원의 능력을 제한한다. 예를 들어 헌법재판소는 대통령의 특권에 관한 문제에서 대통령과 맞서지 않으려고 한다. 옐친 시기에는 헌법재판소가 대통령과 이따금씩 충돌했지만 2000년대에 들어와서는 법원이 대통령을 견제할 엄두조차 내지 못했다. 법원의

---

7) 2008년 11월 5일 의회에서 행한 대통령의 연례 국정연설(http://www.kremlin.ru/apears/2008/11/05/1349_type63372type63374type63381type82634_208749.shtml).

결정을 우롱할 수 있을 만큼 강력한 이익집단의 방해로 많은 하급법원의 판결이 집행되지 못한 채 지나가기도 하며, 어떤 판결은 고위급의 정치적 개입을 명백하게 반영하기도 한다. 연방주체 또는 지방 수준에서는 법원이 정치적 영향력 아래에 놓여 있다. 논란이 되는 광범위한 이슈 — 선거 분쟁, 연방주의 이슈, 재산권 갈등, 국가안보 사건 등 — 에서 법원은 규칙적으로 권력 당국의 의지에 굴복하는 판결을 내린다. 이는 연방권력 당국이 지방자치를 억제하려고 할 때 법원이 자의적인 지방관리를 꺾고 연방법을 관철할 수 있다는 것을 의미하지만, 한편으로는 법원이 대통령에 도전하는 판결은 거의 내리지 않는다는 것을 의미한다. 연방주체 차원에서는 주지사들이 그들의 정치적 이해관계에 영향을 끼칠 수 있는 사건의 경우는 법원에 유사한 영향력을 발휘하는 경향이 있다.

두 번째 문제는 부패다. 설문조사에 따르면 러시아의 기관 가운데 경찰과 법원이 가장 부패했다는 것이다. 어느 정도까지는 이러한 현상이 정치체제 및 경제체제의 변동이 빠르게 진행된 것에서 비롯되었다고 볼 수 있다. 소련체제의 붕괴는 범죄자에게 부를 축적하고 법집행 기관의 관리들을 부패시킬 수 있는 기회를 제공했다. 경찰과 법원이 자신의 기본적인 이익을 지켜주지 못하기 때문에 합법적인 기업의 소유자들은 불법적인 집단에 보호를 의뢰하지 않을 수 없는 입장에 처해 있다.[8] 많은 시민은 문제 해결을 위해서는 관리에게 뇌물을 줘야 한다고 생각하는데, 그들은 그러한 뇌물을 바칠 형편이 되지 않기 때문에 불만을 해결하기 위해 법에 호소할 수 없다고 말한다. 〈표 5-1〉에서 보듯이 그들의 법원과 검찰에 대

---

8) Federico Varese, *The Russian Mafia: Private Protection in a New Market Economy* (New York: Oxford University Press, 2001); Vadim Volkov, *Violent Entrepreneurs: The Use of Force in the Making of Russian Capitalism*(Ithaca, NY: Cornell University Press, 2002).

한 신뢰도는 낮다.[9] 메드베데프 대통령도 문제의 심각성을 인식해 2008년 5월 고위 법관들과의 회의에서 "우리 모두가 알다시피 전화 청탁, — 이 점은 부인할 수 없을 것입니다 — 금품 제공 등 여러 가지 압력의 결과 [불공정한] 결정이 발생하는 것이 사실입니다"라고 말했다.[10] 메드베데프는 러시아에서 '법적 허무주의' — 다시 말해 법을 행동에 대한 제어기제로 여기는 것이 아니라 어떻게든 피해가야 하는 귀찮은 존재로 여기는 경향 — 가 팽배해 있다고 분명하게 천명했다.

사법개혁가들은 두 가지 기본 원칙을 강조한다. 첫째, 개인의 권리가 국가권력보다 우선되어야 한다. 둘째, 사법권력은 입법권력 및 행정권력으로부터 분리되어야 한다. 이 두 원칙을 준수한다면 법에 대한 존중과 과거 소련 시기에 저질러졌던 빈번한 법의 남용 방지를 향한 커다란 발걸음을 떼게 된다는 것이다. 예컨대 볼셰비키들은 '혁명적 정의'가 성문법보다 우위에 있기 때문에 통치자와 시민의 권리 및 의무는 정권의 정치적 이해관계에 종속되어야 한다고 주장했다. 그러나 이처럼 법을 도구적으로 여기는 견해는 볼셰비키만 주장한 것이 아니다. 옐친 대통령 행정부 안팎의 많은 인사는 공산주의 통치의 토대를 제거하는 목표가 성문법보다 우위에 있어야 한다는 유사한 견해를 피력했다. 다시 말해 대중은 법에 복종해야 하지만 권력 당국('vlast')은 편의에 입각한 판단에 따라 언제 그것을 준수하고 언제 준수하지 않을지를 선택할 수 있다는 것이다.

문제는 비록 지도자들이 공직자나 시민의 실정법 준수를 기대한다고 하더라도 중요한 정치적 이해관계가 걸려 있을 때에는 그들 스스로 법의

---

9) 〈표 5-1〉을 보라.

10) Natalia Krainova, "Medvedev Orders Cleanup of Courts", *The Moscow Times*, May 21, 2008(http:www.moscowtimes..ru/article/600/42/367572.htm).

집행에 관여한다는 점이다. 그러나 소련 시기와 비교해볼 때 지금은 한층 광범위한 표현 및 결사의 자유가 존재하기 때문에 실재적이거나 조작된 정치적 반대자들에 대한 노골적인 억압은 훨씬 덜하다. 오늘날에는 '반국가적 선전과 선동'을 불법화하는 형법 조항은 존재하지 않는다. 그러나 개별적인 사례를 보면 권력 당국은 여전히 정치적인 억압의 목적으로 다양한 형법 조항을 이용한다. 여러 경우에 당국은 개별적인 기업인을 치려고 할 때 부채상환을 강제하기 위한 민사소송은 물론 세법 위반, 횡령 및 기타 범죄에 대한 형사소추의 방법을 동원해왔다. 유코스를 해체함으로써 그 재산을 국유화할 수 있도록 선별적인 형사 소추를 단행했던 것이 그 좋은 사례다(〈클로즈업 6-1〉 참조). 다른 사례를 보면 정부 당국은 반대를 노골적으로 표출해 당국자의 심기를 건드리는 사람을 형사소추하기 위해 '극단주의' 행위나 '종교적 또는 인종적 증오심을 선동하는' 행위를 금지시키는 법조항을 활용하기도 한다.[11] 그러나 아마도 정치적 억압의 가장 흔한 형태는 법률조항에 전혀 의존하지 않는 것이다. 때때로 정부 당국에 도전하는 정치적인 활동을 하는 인사들의 경우 경찰이나 신원불명의 불한당들에게 단순히 구타를 당하고 만다.[12]

사법개혁은 법집행에 직접적인 책임이 있는 기관의 관료적 사익을 포함해 많은 이해당사자들에게 영향을 끼친다. 수백 년 동안 러시아의 법집

---

11) *Vedomosti.ru*, May 28, 2008.

12) 예를 들면 2008년 4월 모스크바 경찰이 경찰의 폭력을 규탄하기 위한 시위에 참여 중이던 일단의 시위참가자들을 구타한 사건이 발생했다. 그달 초 한 저명한 정치분석가가 정체불명의 사람들에게 습격을 당했다. 통합러시아당이 2007년 12월 국가두마 의원 선거에서 선거부정을 저질렀다는 이유로 소송을 제기한 후 그가 여러 통의 협박 전화를 받았기 때문에 그는 자신에 대한 공격이 자신의 반정부 활동을 중단시키기 위한 당국의 노력에서 나왔다고 확신했다. *RFE/RL Newsline*, April 8, 14, 2008.

행 기관으로서 가장 중요한 역할을 해온 것은 검찰(procuracy)이다. 검찰은 사법체계를 감독하고 범죄를 수사하며, 국가와 개인의 권리가 확실히 보호될 수 있도록 하는 임무를 맡아왔다. 역사적으로 검찰은 사법체계에서 최고의 권위를 누리면서 가장 강력한 위치를 차지해왔다. 따라서 오랜 기간에 걸쳐 여러 차례 단행되었던 사법개혁은 개인의 법적 권리를 보호하는 데 검찰에 치우쳐 있던 힘의 균형 관계를 사법부 쪽으로 이동시키기 위한 시도와 다름없었다. 그러나 검찰은 그러한 개혁안이 제안될 때마다 이를 용케 무산시켜왔다.

1) 사법개혁

법의 지배가 완전히 구현될 경우 어떤 국가기관도 정치적 목적을 위해 법을 위반하거나 법집행에 영향을 끼치지 못한다. 그리하여 이러한 법의 지배는 행정부로부터 사법부의 독립을 전제한다. 그러나 소련 시기처럼 판사들은 직간접적인 정치적 압력에 계속적으로 휘둘린다. 위에서 인용한 메드베데프 대통령의 언급이 암시하듯이 악명 높은 정치적 영향력의 형태 가운데 하나는 '전화 재판(telephone justice)'이다. 이는 관리 또는 힘깨나 있는 인사가 특정한 사건에 관해 판사와 사적으로 지시성 전화통화를 하는 관행을 일컫는다.[13] 소련 시기의 '전화 재판'은 만약 공산당이 알코올 중독, 불량배의 난동행위 또는 경제범죄에 대한 반대 캠페인을 벌여야 할 필요가 있을 때 당이 판사에게 지시해 특정한 종류의 범죄자들에게 좀 더 엄격한 판결을 내리게 만드는 형태를 띠었다. 또는 자신과 특별한

13) Alena Ledeneva, "Telephone Justice in Russia", *Post-Soviet Affairs*, 24:4(October-December, 2008), pp. 324~350.

관계가 있는 피고인에 대해서는 관리가 판사에게 전화를 걸어 잘 봐주라는 지시를 내리기도 했다. 오늘날에도 판사에게 유사한 지시가 은밀하게 대통령 행정실 또는 지역의 주지사 사무실로부터 전달되는 듯하다. 또한 이러한 정치적 협박을 제외하더라도 부패 현상의 만연 때문에 사법부의 독립성은 훼손되었다.

1989년 이래 러시아 사법체계의 개혁은 사법기관의 효과성과 독립성을 증진시키고 국가에 대한 개인의 법적 권리를 강화하는 데 주안점을 두었다. 이러한 제도적·법적 개혁 노력은 때때로 국가기관으로부터의 강력한 저항에 봉착했다. 더구나 당초 사법부의 독립을 강화하기 위해 채택된 공식적인 규칙도 사실상 종종 권력 당국에 의해 무력화되었다. 그러나 판사와 검사가 법을 공평무사하게 집행할 수 있는 사건의 범위는 상당한 정도로 확대되었다. 더구나 지금은 대부분 당국의 정치적 영향력이 미치지 않는 사적 소유권 등을 포함해 광범위한 민사 사건이 존재하는 상황이다. 그러나 같은 이유로 민사사건과 관련된 이해관계의 규모가 크기 때문에 수많은 이해 당사자들이 법적 분쟁에 휘말리고, 소송에서 승소하기 위해 갖가지 뇌물과 협박의 수단에 호소하는 유혹에 빠진다.

특히 사법체계의 세 가지 차원에 대해 살펴보기로 하자. 구체적으로 그 대상에는 검찰과 여타 법집행 기관, 특히 헌법재판소를 비롯한 사법부, 각종 법률과 사법 절차 등이 포함된다.

2) 법의 집행

러시아의 사법체계는 전통적으로 검찰에 많은 권한을 부여해왔다. 검찰은 사법기관 가운데 가장 권위 있는 부서로 간주되었다. 러시아 검찰은 미국의 연방검찰체제와 어느 정도 유사하지만 미국의 검찰보다는 훨씬 광범위한 권한을 갖는다. 러시아 검찰은 관료의 범죄, 부패, 권력남용을 처벌하고 일반 시민들의 범법행위를 수사하며 관료의 비리에 대한 시민의 민원에 대응해야 하는 포괄적인 책임이 있다. 검찰은 형사사건을 법원에 기소해야 하는 일차적인 책임이 있다. 검찰은 사건 수사를 감독하고 사건에 대한 기소 준비를 한다. 이에 더해 검찰은 전통적으로 공직자의 권력남용과 불법행위에 대한 견제자로 인식되어왔다. 검찰의 임무 가운데 하나는 모든 국가 공무원과 국가기관이 법을 준수하도록 감독하는 일이다.

검찰은 국가 전체를 통틀어 범법행위와 관련된 문제를 조사한다. 예컨대 메드베데프 대통령이 초등교육의 질 향상이 급선무라고 선언하자 검찰은 러시아 전국의 학교 교사 및 행정 담당자가 저지른 행정적 비리와 범법행위를 조사함으로써 대통령의 언급에 호응했다. 어느 지역에서는 검찰이 2개 학교의 교장이 행정법을 위반했음을 밝혀냈다. 검찰은 해당 학교에서 변기가 파손되고, 창틀에 유리창이 없었으며 지붕에서는 물이 샌다는 것도 밝혀냈다. 프스코프 주의 한 지구에서는 무허가로 학교 화단에서 기른 채소를 학생들에게 급식으로 제공하고, 이가 빠지고 갈라진 식판을 사용했다는 혐의로 검사가 농촌학교 네 곳의 교장에게 500루블의 벌금을 부과했다. 부랴치야공화국에서는 검사가 학교로 전달된 컴퓨터들이 사용되지 않았음을 적발했다. 이바노보 주의 어느 학교에서는 교장실에서만 인터넷 접속이 된다는 것이 밝혀졌다. 검찰은 또한 아무르 주에 소재한 어느 학교의 행정 담당자가 자신의 급료장부를 조작한 사실을 적발했다.[14] 이러한 사례에서 볼 수 있듯이 검찰은 권력의 높낮이와 상관

---

14) Dmitriii Kamyshev, "Vypolnenie Poslannogo", *Kommersant Vlast*, 45:798, November 17, 2008.

없이 모든 국가 영역에서 법과 규칙의 집행에 책임을 진다. 2004년 5월 당시 검찰총장이었던 블라디미르 우스티노프(Vladimir Ustinov) 장군이 한 연설에서 언급했듯이 러시아에서는 시민사회가 아직 채 발달하지 않았기 때문에 검찰이 국가기관의 권력남용을 제어하는 데 시민사회의 역할을 대신 떠맡아왔다.15)

공식적으로 지방의 검찰지청은 모스크바의 대검찰청에 예속되어 있다. 그러나 1990년대에는 많은 지방검찰청 소속 검사가 주지사와 손을 잡고 있었다. 그 당시 주지사의 도움이 없었더라면 검사는 사무실을 유지할 수도, 직원의 급료를 지급할 수도 없었다. 이러한 사정 때문에 중앙의 법 집행 능력은 심각하게 약화되었다. 따라서 푸틴은 집권하자마자 러시아 구석구석에서 연방 법률을 집행할 수 있도록 검찰 재집권화(recentralization) 조치를 단행했다. 2000년 5월 푸틴은 7개의 '수퍼' 연방관구를 창설했고, 이때 검찰도 각 연방관구마다 새로운 관구 수준의 검찰지부를 설치한다고 발표했다. 신설 연방관구 검찰지부는 각 연방주체에 소재하던 연방검찰지청을 감독하는 임무를 부여받아 검찰 내부의 통제권을 재집권화하는 데 기여했다. 신설 연방관구 검찰지부들은 연방 법률을 위반하고 있는지 파악하기 위해 지역 수준의 법규를 정밀조사하고 그러한 문제를 교정하는 임무를 하달 받았다. 검찰지부는 각 연방관구에서 그러한 연방법 위반사례 수백 건을 적발해 연방법에 저촉되는 지역 법규를 개정하도록 연방주체 의회와 집행부에 압력을 가했다. 푸틴은 "이러한 노력은 러시아에서 단일한 법적 공간을 창출해내는 임무를 실행하는 데 중요한 역할을 수행하는 것"이라고 치하했다.16)

---

15) *RFE/RL Newsline*, May 17, 2004.

16) 이 부분은 다음 문헌에서 인용했다. Brian D. Taylor, "Russia's Region's and Law

검찰은 상당한 정치적 영향력을 보유하고 있으며 제도적인 특권을 보호하기 위해 그러한 영향력을 사용한다. 검찰은 가장 기본적인 사회적 요구 — 예를 들어 아주 심각한 폭력범죄 사건을 수사해서 그 범인을 법정에 세우는 것 등 — 를 수용하기에도 자신이 보유한 자원이 턱없이 부족하다고 불만을 표시하지만 정작 이 조직을 대표하는 인사들은 스스로의 책임 범위를 줄여야 한다는 주장을 하기보다는 조직을 위한 자원을 더 많이 확보해달라고 요구한다. 검찰은 최근 제안된 사법개혁안이 자신의 권한을 약화시킬 것이라고 판단해 자신이 누려왔던 특권을 지키기 위해 로비를 펼쳐왔다. 이를테면 검찰은 공판 이전에 피의자가 원하면 언제든지 자신의 변호사를 접견할 수 있는 권리를 부여하는 사법개혁안을 강력히 반대해왔다. 또한 검찰은 배심원제도의 도입을 반대했으며 공판 이전에 검찰의 피의자 구금 결정을 법원이 심사할 수 있도록 규정하는 개혁안에도 반대했다. 푸틴 대통령이 형사사건의 수사를 감독하는 새로운 독립적 위계조직을 창설했을 때에도 검찰은 형사사건 수사 감독권을 그대로 존치시키려고 노력했으나 뜻을 이루지 못한 적이 있다. 검찰은 자신의 특권을 지키기 위한 싸움에서 어느 정도 뜻을 이루기도 했고, 어떤 경우에는 다른 사법기관의 권한을 강화하기 위해 제안된 개혁안 물 타기에 성공하기도 했다. 러시아의 국가주의적 전통 — 혁명 이전의 시기와 소련 시기의 사법기관의 경험을 포함해 — 및 대륙 계통의 사법제도 도입[17] 등이 사법체계에서 검찰

Enforcement," in Peter Reddaway and Robert W. Orttung(eds.), *The Dynamics of Russian Politics: Putin's Reform of Federal-Regional Relations*, Vol. II(Lanham, MD: Rowman & Littlefield, 2005), p. 74.

17) 대륙법 체계하에서의 심문(inquisitorial) 모델은 영미식 배심원 재판 절차에서 사용되는 적대적(adversarial) 모델과는 대조를 이룬다. 심문체제에서는 재판을 주재하는 관리(판사 또는 치안판사)가 원고와 피고 사이에서 공정한 심판노릇을 하기보다

의 역할을 강화하는 요인으로 작용했다. 그러나 2002년 7월 1일 발효된 형사소송법은 체포, 도청, 수색, 압수를 위한 영장발부와 기타 공판 이전의 소송절차가 검찰이 아니라 법원에 의해 수행되도록 규정했다.[18)]

러시아 사법체계에서 검찰이 차지하는 중심적인 위상 때문에 전국의 검찰조직을 이끄는 검찰총장직은 정치적으로 상당히 민감한 자리다. 대통령이 검찰총장 후보자 지명안을 상원에 제출하면 상원은 그 후보자를 인준하거나 거부할 수 있다. 이와 같은 방식으로 검찰총장을 해임하기 위해 대통령은 상원의 인준을 얻어야 한다. 포스트소비에트 시기 검찰총장

는 당해 사건에 대한 총체적 진실을 결정하기 위해 적극적으로 노력한다. 소련 및 러시아의 사법 전통에서는 소송 과정에서 검찰이 중심적인 역할을 담당해왔다. 판사는 증인을 심문하고 법적인 판결을 내리는 일에 적극적으로 참여하지만 검사는 국가를 대신해 단지 피고에 대한 승소를 이끌어내는 데 그치지 않고 법 정의 구현이라는 좀 더 높은 명분을 위해 봉사하도록 기대되었다. 영미식 사법체계의 관점에서 보면 이러한 상황은 잠재적으로 검사를 상호모순적인 입장에 처하게 하는 것이다. 검사는 재판 절차 전체의 적법성 — 예컨대 필요시에 피고인의 권리를 보호하는 것 등 — 을 확보해야 하는 한편, 사건을 기소해 승소해야 하는 임무도 동시에 맡는 것이다. 검사는 공판 이전에 수사를 감독하는 과정을 통해 재판을 진행하는 데 충분한 증거를 확보했다고 결론 내리기 때문에 검찰이 승소 가능성이 낮아 사건을 기각하는 것은 극히 드물었다. 영미식 사법체계의 시각에서 보면 이는 마치 검사가 피고인, 판사 및 배심원의 모자를 모두 쓰고 있는 것과 같다는 것이다. 어쨌든 소련 시기에는 판사가 검사의 결정을 매우 존중하는 경향이 있었다. 비록 어떤 경우에는 상급법원이 문제될 만한 사건의 판결을 배제하거나 수사보강을 하도록 환송시킴으로써 사실상 하급심을 뒤집기도 했지만, 검찰의 그러한 권한과 특권의 결과 소련 시기 형사사건에서 무죄 방면은 매우 드물었다. 서방 모델 및 옛 러시아의 역사적 선례를 맥락에 놓고 소련 검찰을 논의한 연구로는 다음을 참조하라. Berman, *Justice in the USSR*, pp. 238~247.

18) Peter H. Solomon, Jr., "Putin's Judicial Reform: Making Judges Accountable as well as Independent", *East European Constitutional Review*, 11:1/2(Winter/Spring 2002), p. 121.

이 대통령에 직접 대립한 사례는 매우 드물었지만 한 가지 중요한 사안에서는 검찰이 정치적 독립성을 제대로 과시했다. 1994년 2월 국가두마는 1991년 8월 및 1993년 10월의 실패한 쿠데타에 가담한 죄로 재판을 앞둔 피고인을 포함해 여러 유형의 범죄자에 대한 사면을 인준했다. 1993년 헌법은 하원에 사면권을 부여했다. 하지만 이러한 권한이 어떻게 행사되어야 하는지에 대한 세부적인 법률은 만들어지지 않았다. 옐친 대통령은 하원의 결정에 노발대발했고, 그의 참모들은 국가두마의 행동이 불법적이라는 것을 입증할 목적으로 다양한 법률적인 견해를 피력한 바 있다. 검찰총장은 비록 하원이 헌법이 부여한 권한을 남용했다고 생각하긴 했지만 그 결정에 따라 수감자들을 석방했다. 옐친은 석방을 중단하라고 검찰총장을 압박했지만, 검찰총장은 결국 이를 거부하고 그 대신 사표를 던졌다. 석방은 정확하게 실시되었다. 그 이후 수개월 동안 상원은 옐친이 지명한 검찰총장 후보자 인준을 거부했다.[19)]

옐친 대통령 집권기에 검찰은 행정부로부터 상대적으로 많은 독립성을 발휘했다. 하지만 푸틴이 집권한 이래 검찰은 크렘린의 정치적 의지를 충실히 받드는 기관으로 변모했다. 검찰은 러시아 전역에 걸쳐 연방 법률을 집행하고 지방관리의 권력남용을 견제하는 데 힘을 쏟은 한편, 정치적 반대를 억압하는 역할도 수행했다. 정치적으로 중요한 사건의 경우 검찰의 조치는 크렘린과 밀접한 조정을 거쳐 취해졌다. 전 검찰총장 우스티노프의 말에 따르면 그는 '보고'하기 위해 일주일에 한 번씩 푸틴 대통령을 만나기는 했지만 법집행 시 검찰은 행정당국으로부터 완전히 독립적인

---

19) Donald D. Barry, "Amnesty Under the Russian Constitution: Evolution of the Provision and Its Use in February 1994", *Parker School Journal of East European Law*, 1:4(1994), pp. 437~461.

지위를 갖고 있었다는 것이다.[20] 그러나 이것은 의심스러운 주장이다. 기록을 보면 검찰은 크렘린이 정치판에서 퇴출시키고 싶은 인사를 처리하는 도구로 사용되었음을 짐작할 수 있다. 2006년 6월 푸틴은 우스티노프를 검찰총장에서 해임시키고 법무부 장관을 지냈던 유리 차이카(Yuri Chaika)를 후임으로 임명했다. 기이하게도 그 당시 푸틴은 우스티노프를 법무부 장관으로 기용했다. 이러한 인사조치 — 차이카에게는 승진이었고, 우스티노프에게는 좌천이었음 — 는 법집행기관에 대한 통제권을 놓고 벌어진 크렘린 내부 관료 사이의 좀 더 광범위한 권력 투쟁의 한 부분이었던 것 같다. 2007년에는 차이카의 반대가 있었음에도 검찰 내부에 새로운 조직인 '수사위원회(Investigative Committee)'가 설치되었기 때문이다. 이 조직은 사실상 검찰총장의 지휘를 받지 않은 채 주요 범죄에 대한 수사를 진행할 수 있는 권한을 부여받았다. '수사위원회'가 재무부 차관과 연방마약수사국장을 체포하려다 오히려 이 위원회의 수사팀장이 수개월 후 수뢰혐의로 사임할 수밖에 없었던 사건 때문에 이 기관의 설치가 고위 관리 간 힘겨루기의 일부라는 인상이 더 짙어졌다. 법집행기관 간의 이러한 투쟁이 푸틴에서 메드베데프로의 권력승계와 연관되어 있었음은 물론이다. 이 사건은 관료분파들이 경쟁세력보다 우위에 서기 위해 강제력을 행사하는 기관에 대한 통제권을 확보하려고 하기 때문에 법집행기관에 대한 통제권은 정치화될 수밖에 없다는 점을 잘 보여준다. 그러한 쟁투의 중대성은 국가안보의 약화를 막기 위해 다수의 권력엘리트 간 싸움을 막을 수 있는 강력한 최고지도자가 있어야 한다는 절박한 욕구를 만들어낸다.

검찰 외에도 다수의 기관이 법집행의 책임을 진다. 그 가운데 일부는

20) 일간지에 보도된 인터뷰 내용. *Komsomol'skaya Pravda*, July 19, 2002. *RFE/RL Newsline*, July 19, 2002에서 재인용됨.

내무부(MVD) 소속이고, 다른 기관은 소련 시기 KGB의 특화된 후계 기관이다.

내무부는 밀리치야(Militsiia)라고 불리는 제복을 착용하는 정규경찰과 폭동을 진압하거나 여타 기능을 수행하는 군대조직을 갖춘 보안병력을 관리한다. 내무부는 또한 교통경찰 같은 특수한 경찰인력을 보유한다. 제복을 입고 강압력을 행사하는 조직인 내무부는 무력부서(Silovye Struktury) 가운데 하나다. 한편, 이 조직은 부패, 잔인성, 무능 때문에 욕을 먹는다. 2009년 11월 노보로시스크(Novorossiisk)에 거주하는 경찰부대의 어느 대령은 메드베데프 대통령에게 부패, 열악한 근무조건, 무고한 시민에 대한 범죄수사 등과 같은 내무부의 심각한 폐해를 다루도록 촉구하는 동영상을 그의 웹사이트에 올린 바 있다. 이 동영상은 유튜브(YouTube)에 올려져 일주일 동안 100만 번 이상의 조회 수를 기록함으로써 전국적인 스캔들이 되었다.[21] 이와 동시에 널리 알려진 경찰의 비리로 내무부의 문제가 가장 중요한 정치적 의제가 되었다. 이에 대응해 메드베데프 대통령은 내무부 구조를 광범위하게 변경하도록 하는 대통령 포고령을 공표했다. 그는 두 명의 차관을 해임하고 후임으로 대통령 행정실 출신 관리를 임명했을 뿐 아니라 수 명의 다른 고위직 인사를 단행했다. 메드베데프 대통령은 또한 내무부 본부 소속 공무원의 수를 2만 명에서 1만 명으로 절반가량 줄였으며, 조직의 대대적인 개편 및 추가로 20%의 인력 삭감과 남아 있는 인력에 대한 급료인상을 2012년까지 실행하도록 지시했다. 그는 또한 경찰관의 비리를 처벌할 수 있는 일련의 법률안을 국가두마에 제출했다.[22] 이러한 조치는 극적인 제스처였다. 그는 푸틴 대통령이 8년간 시행

21) Natalya Krainova, "New YouTube Videos Criticize Corruption", *The Moscow Times*, November 16, 2009.

했던 것보다 더 많은 내무부 관리를 일거에 해고했던 것이다.[23] 그러나 내무부의 문화를 전환시키려던 그의 노력이 성공을 거두기 위해서는 위로부터의 장기간에 걸친 꾸준한 압력이 필요할 것이다.

소련 시기 KGB는 매우 광범위한 권한을 행사했다. 이러한 권한은 국내 및 해외 정보에 관한 임무를 망라했다. KGB는 또한 정치적 반대 또는 이견을 방지하기 위해 사회에 대한 광범위한 사찰기능도 행사했으며, 임무 수행 시 초법적인 행동을 하는 경우가 다반사였다. 1991년 8월의 쿠데타 — KGB 의장은 이 불발 쿠데타의 주동자 가운데 한 명이었음 — 이후인 그해 가을 옐친 대통령은 KGB 러시아 공화국 지부를 해체하고, 이를 여러 개의 새로운 기구로 나누는 개편을 단행했다. 그 결과 만들어진 새로운 부서에는 국내 치안 문제를 담당하는 '공안부(Ministry of Security)', KGB의 해외첩보 및 정보수집[24] 기능을 담당하는 '해외정보국(Foreign Intelligence Service)', 국가 정보통신시스템상의 안보를 다루는 '정부 간 정보 및 통신을 위한 연방기구(FAPSI)', '연방 세무경찰(Federal Tax Police)' 등이 포함되었다. 이러한 조직 개편에는 KGB 후계 기관의 구조와 임무 변경이 포함되었지만 인적 청산은 포함되어 있지 않았다. 문서보관소에 보관

---

22) 국가두마 내의 내무부 동조세력은 이러한 제재조치를 약화시키기 위해 노력했다. 예컨대 그들 중 한 명은 만약 경찰관이 범죄를 저지르면 그가 법집행관리라는 사실이 불리한 조건으로 간주되어 유죄로 판단될 경우 더 높은 형량을 선고받을 것이라고 주장했다. 헌법재판소는 그러한 조항은 위헌이라고 경고했고, 국가두마는 그것을 삭제했다.

23) Alexandra Samarina, "Territoriia bezopasnosti Drmitriia Medvedeva", *Nezavisimaia gazeta*, February 18, 2010.

24) 가짜 신분으로 활동하던 10명의 '긴급사태 대비 첩보원들(sleeper spies)'이 불법 활동을 한 혐의로 2010년 6월 미국에서 체포되어 러시아로 추방된 지 얼마 되지 않아 해외정보국에 고용되었다.

된 과거 비밀경찰의 활동을 기록한 많은 자료의 감사를 통해 소련체제가 자행한 테러의 여러 양상이 공개되었지만[25] 과거 비밀경찰의 조직원 또는 협력자 가운데 그 당시의 활동으로 기소된 자는 아무도 없었고, KGB의 정보원 가운데 공개 재판에 회부된 사람도 없었다. 실제로 옛 비밀경찰에서 일했던 사람들은 그들 스스로 스탈린의 자의적인 통치와 테러의 희생자였다고 주장한다.

KGB 후속조직은 1990년대 내내 재조직화 과정을 거쳤다. 1993년 보안부(Ministry of Security)는 연방 방첩국(Federal Counter-Intellegence Service)으로 개편되었다. 1995년 옐친 대통령은 이 조직을 FSB로 다시 개편해 광범위한 권한 및 책임을 부여했다. 이 조직의 고위 관리가 언론매체에서 언급한 내용을 보면 FSB에 얼마나 많은 권한이 있는지를 알 수 있다. 이 관리의 말에 따르면 FSB는 "조직범죄집단과 외국조직에 침투할 수 있고, 심문할 수 있으며, 예비 수사도 수행하면서 자체 감옥도 보유하고, 사기업으로부터 정보를 요구할 수 있으며, 자체적으로 특별팀을 만들거나 위장기업(front enterprises)을 설립할 수도 있다"라는 것이다. FSB의 임무에는 "러시아의 경제, 과학기술, 국방능력을 증강시키고 모든 정부기관의 보안을 담보하기 위한" 해외정보활동도 포함된다.[26] 러시아 정부 당국은 FSB의

25) KGB는 볼셰비키 혁명 이후 정적을 제거하기 위해 소비에트 당국이 사용했던 체카(Cheka), 게페우(GPU), 엔카베데(NKVD) 등과 같은 강력한 강압기구의 후속기관이었다. KGB의 공보담당관에 따르면 스탈린 사후 KGB가 그러한 초기 강압기관과는 관련이 없었으며, 법을 수호하는 역할을 하는 한편 시민과 국가의 안전보장과 관련된 사안에만 전념했다는 것이다. KGB 공보관은 마약거래와 테러 근절을 위한 KGB의 현대적인 노력을 자주 언급했다. KGB는 스스로 언론에 긍정적인 조직으로 비춰지도록 신경 쓴 결과 1980년대 무렵 법을 꼼꼼하게 지킬 뿐 아니라 재능과 용기를 발휘하면서 어려운 과업을 수행하는 '영웅적인' 국가기관으로 이미지를 탈바꿈하는 데 성공했다.

업무 범위를 계속 확대해왔다. 2009년 메드베데프 대통령은 FSB가 테러, 민족주의 및 극단주의에 대처하고 방첩활동을 하는 책임뿐 아니라 당시의 경제위기 상황에서 정부가 은행과 기업에 제공한 구제금융이 효과적으로 사용되는지에 대한 감독책임도 갖는다고 천명했다.[27] 정부 당국은 또한 FSB의 정치 사찰권을 확대하는 방안도 갖고 있었다. 2010년 7월 국가두마는 FSB가 제출한 법안을 통과시켰다. 이 법안을 통해 FSB가 개별 시민에게 그들의 행위가 허용 범위를 넘어섰으며, 극단주의적 행위 금지법을 위반할 위험성이 있음을 사전에 경고할 수 있었다. 이 법안은 러시아 인권운동가와 국가 인권위원장의 반대를 무릅쓰고 거의 반대토론 없이 국회에서 통과되었다.[28]

보안기관은 포스트소비에트 시기의 새로운 환경에 능숙하게 적응해왔으며 자신의 권한과 자원을 강화시켜줄 수 있는 새로운 보안임무를 찾아냈다. 그 사례 가운데 하나로 국가 정보통신 보안을 취급하는 FAPSI를 들 수 있다. FAPSI는 다수의 정부조직, 금융기관 및 상업적 조직에 정보통신 서비스를 제공하며 그들에게 정보를 취득할 수 있는 특권을 부여한다. 푸틴 대통령 시기에 들어와 국가 보안경찰을 한층 더 강화시킨 또 다른 조치는 FAPSI와 연방국경수비대(Federal Border Guard Services)를 FSB로 통합하는 것을 골자로 한 일련의 대통령 포고령으로 이루어진 2003년 3월의 결정이다. 소련 시기에는 그러한 기능이 KGB 소관이었기 때문에 일부 분석가들은 이 통합조치로 러시아의 정보조직이 과거 소련 시기의 '초거대 기구' 모델로 돌아간 것이라고 논평했다.

---

26) *OMRI Daily Digest*, April 7, 1995.

27) Irina Granik, "FSB vnedril v bor'bu s krizisom", *Kommersant*, January 30, 2009.

28) Polit.ru, July 9, 2010; Ivan Pavlov and Alexandra Samarina, "Gosduma podderzhit FSB v bor'be s ekstrimizmom", *Nezavisimaia gazeta*, June 4, 2010.

비록 자신의 권력을 증대시키려는 욕심을 갖고 있기는 했지만 보안기관은 능력과 정직성을 갖춘 조직으로 정평이 나 있다. 많은 전직 정보요원이 사기업에 채용되어 일한다. 또한 대표적인 정치인 가운데 다수는 정보기관에서 일했던 경력이 있는데, 그 가운데 가장 유명한 사람이 푸틴이다. 푸틴이 임명한 고위 공직자 중에는 정보기관 출신이 많았다. 푸틴이 KGB에 있을 때 동료로 일했던 사람 가운데 상당수가 행정부의 고위직 또는 국영기업의 대표로 — 종종 양쪽을 겸직하는 형태로 — 진출했다.[29)]

FSB와 기타 정보기관은 그 직무가 아주 광범위하고 활동이 워낙 비밀스럽다 보니 관찰하기가 대단히 어렵다. 사실상 정보기관이 유일하게 책임을 지는 대상은 대통령이다. 그런 상황에서 푸틴과 메드베데프는 이러한 정보기관의 예산과 직무영역을 계속 확대해나갔다. 전임자처럼 이들 지도자들도 자신에 대한 정치적 지지를 얻는 대가로 정보기관에 광범위한 자율권을 주었다.

---

29) 이런 경우에 해당하는 가장 저명한 인사는 세친일 것이다. 푸틴 밑에서 대통령 행정실 부실장을 지낸 세친은 푸틴과 함께 2008년 5월 행정부로 옮겨 석유 및 가스를 포함하는 전략산업을 책임지는 부총리를 맡았다. 동시에 세친은 러시아의 주요 국영석유회사인 로스네프트의 이사회 의장도 겸했다. 그는 1996년 그의 상관 푸틴과 함께 모스크바로 옮기기 전까지 상트페테르부르크 시정부에서 그와 긴밀한 관계를 유지하면서 함께 일했다. 세친은 KGB에서 일한 경력이 있는 인물로 간주되며 정보기관과 연관되어 있는 관료 분파의 수장으로 알려져 있다. 푸틴 시기에 정보기관의 정부 및 대통령 행정실의 고위직 엘리트 충원에 대해서는 다음을 참조하라. Olga Kryshtanovskaya and Stephen White, "Putin's Militocracy", *Post-Soviet Affairs*, 19: 4(2003), pp. 289~306.

3) 사법부

러시아에서 검찰이 전통적으로 휘둘러왔던 영향력에 비하면 사법부는 상대적으로 약하고 소극적이었다. 전통적으로 판사는 법조계에서 가장 경험이 적은 인사들이 맡았고, 급여가 제일 낮으며 정치적·행정적 외압에 가장 취약한 직책이었다.[30] 그러나 이제 이러한 상황은 바뀌었다. 판사직의 전문성과 권위가 높아지는 추세다.[31] 법관이 보복에 대한 우려 없이 공정하게 자신의 권한을 행사하려면 그들이 수행하는 업무를 둘러싼 정치적 환경이 사법부 독립의 원칙을 존중하는 방향으로 바뀌어야 한다. 그러나 러시아의 체제 변화는 효과적이고 독립적인 사법부의 발전에 부정적인 영향을 끼쳤다. 1990년대에는 조직범죄집단의 관여 및 강력한 기업의 이해관계가 사법부의 독립성을 저해했다. 이 시기에 조직범죄집단의 활동에 방해가 되는 판결을 시도한 판사가 살해된 몇몇 사례가 있었다. 2000년대에 들어와서는 법관이 행정부의 이해관계를 거스르는 판결을 잘 내리지 않으려고 했다.

게다가 많은 법관이 급여를 더 많이 받는 법조계의 다른 직종으로 자리를 옮기기 위해 법원을 떠났다. 법원에 접수되는 사건이 늘어남에 따라 판사는 업무 처리에 커다란 압박을 받았다. 일반 법원 — 중재법원 등을 제외한 — 에는 약 3만 명의 판사가 근무한다. 그들이 1년간 다루는 사건은 거의 600만 건이나 된다.[32] 러시아 사회에 시장경제적 관계가 확산되고

---

30) Eugene Huskey, "The Administration of Justice: Courts, Procuracy, and Ministry of Justice", in Eugene Huskey(ed.), *Executive Power and Soviet Politics: The Rise and Decline of the Soviet State*(Armonk, NY: M. E. Sharpe, 1992), pp. 224~231.

31) Kathryn Hendley, "Putin and the Law", in Dale R. Herspring(ed.), *Putin's Russia*, 3rd ed(Lanham, MD: Rowman & Littlefield, 2007), p. 108.

법원으로 가져오는 분쟁이 계속해서 늘어남에 따라 법원의 업무 부담은 지속적으로 증가했다. 1997년에는 재판 당사자들이 법원의 결정에 반드시 따르도록 하기 위해 '사법집행관'제도를 신설했음에도 재판에서 불리한 판정을 받은 측으로부터의 완강한 반대 때문에 법원은 재판결과를 집행하는 데 여전히 애를 먹는다.[33] 법관은 법정의 치안을 유지하고 판결을 집행하는 데 필요한 사법집행관이 아직도 크게 부족하다는 불만을 계속 제기한다.

소련체제하에서는 법관이 형식상으로는 자신이 근무하는 관할 구역의 지방 소비에트에 의해 선출되었다. 하지만 사실상 그들은 공산당이 통제하던 노멘클라투라 시스템의 일부여서 실제로는 공산당 간부가 그들을 임명했다. 1980년대 후반에 시작된 사법개혁은 법관의 임기를 연장하고 그들이 근무하는 관할지역보다 한 단계 더 높은 수준의 소비에트가 그들을 선출하도록 함으로써 그들의 독립성을 강화시켰다. 이러한 개혁이 실시되었지만 강력한 지역 행정기관은 여전히 법관의 판결에 영향력을 발휘했다. 따라서 1990년대 초 개혁파는 모든 연방 판사에 대한 임명권을 대통령에게 부여하는 법을 의회를 통해 제정했다. 하지만 이 경우에도 대통령은 법관자격심사위원회를 통해 선발된 후보 가운데서 연방 판사를 임명하게 되어 있었다. 대통령은 또한 연방판사가 일할 관할지역 지방의

32) Hendley, "Putin and the Law", p. 110. 이 중 120만 건은 형사사건이다. *Vedomosti*, October 20, 2006.

33) 새로운 사법집행관제도에 대해서는 다음을 참조할 것. Todd S. Foglesong and Peter H. Solomon, Jr., *Courts and Transition in Russia: The Challenge of Judicial Reform*(Boulder, CO: Westview Press, 2000), pp. 165~171; Peter L. Kahn, "The Russian Bailiffs Service and the Enforcement of Civil Judgments", *Post-Soviet Affairs*, 18:2, April-June 2002, pp. 148~181.

회의 건의를 고려해야 했다. 법관은 종신직이만 2001년 통과된 법은 법관의 정년을 65세(대법원 판사의 경우 70세)로 규정했다.

1996년 말 통과된 사법개혁은 러시아 연방 전국에 걸쳐 단일 법률질서를 확립하는 것을 목표로 한 가지 중요한 조치를 취했다.[34] 민족 구성 공화국과 여타 지역 수장의 반발을 무릅쓰고 상하 양원과 대통령은 모든 일반 관할법원을 연방법원으로 하고 연방 헌법, 연방 법률 및 연방대법원의 훈령에 따라 운영되어야 한다는 데 합의했다. 또한 새로 제정된 법률은 경미한 사건을 다루기 위해 지방 치안재판소제도(mirovye sud'i)를 두도록 했는데, 이는 볼셰비키 혁명 이전까지 존재했던 제도다. 이러한 재판소들은 급속히 확산되어 이제 상당히 높은 비율의 민사 및 형사사건을 다룬다. 미국의 다층적인 연방법원 시스템과는 대조적으로 러시아 법률은 전국적으로 단일 연방 사법기관을 두고 있다.[35]

푸틴의 적극적인 지지에 힘입어 중범죄에 해당하는 사건의 경우 전국 법원에서 배심원 재판이 도입되었다. 하지만 배심원제도는 논란의 대상으로 남아 있다. 이 제도를 지지하는 사람들은 이 제도가 시민 스스로 자신을 사법부의 의지에 따라 움직이는 수동적이고 무력한 존재가 아니라 오히려 사법체계, 더 나아가 정치체계의 일부로 간주하도록 도와주는 역할을 한다고 믿는다. 적어도 이론적으로 배심원제도는 대중이 민주적 자

34) Eugene Huskey, "Russian Judicial Reform After Communism", in Peter Solomon (ed.), *Reforming Justice in Russia, 1864-1991*(Armonk, NY: M. E. Sharpe, 1997).

35) 모든 일반 관할 법원은 연방 차원의 헌법, 형법 및 민법, 민사/형사 소송법을 적용해야 한다. 지역 수준에서 연방법원에 속하지 않는 사법기관은 민족공화국 및 일반 행정 영역 단위에 설치되어 있는 '헌장재판소'뿐이다. 이러한 사법기관은 공화국 헌법이나 연방주체 헌장에 관련된 분쟁에 대한 판결을 내리지만 이 법원도 연방법과 연방 헌법을 준수해야 한다. 또한 군대와 관련된 사건을 다루기 위해 특별 군사법정도 두었다.

치정부와 연관되는 책임을 직접적으로 경험할 수 있도록 해준다. 배심원 제도가 도입되면 경찰, 수사관, 검사 및 판사가 권력남용과 비리를 저지르기 어렵기 때문에 사법개혁론자들은 배심원 재판으로 사법제도가 더 정직해지고 더 효과적으로 변화될 수 있을 것이라고 주장한다. 마지막으로 그러한 사법개혁론자들은 배심원제도가 시행되면 전통적으로 검찰에게 부여되어 있는 강력한 이점을 상쇄시키고 원고와 피고 사이에 공평한 기회를 제공해주기 때문에 형사사건의 소송절차에 내재해 있는 편향성을 시정해줄 수 있다고 주장한다. 배심원 재판이 민주주의의 필요조건은 아니라는 것은 확실하다. 여타의 사법적 실체 규명 절차도 민주적인 원칙과 완벽하게 일치할 수 있다. 그러나 지방자치 및 잠재적이지만 강력한 평등주의와 공산주의의 오랜 전통이 있는 러시아에서는 이러한 배심원 재판이 민주적인 가치를 보강해주는 간접적인 영향을 발휘한다고 하겠다. 더구나 이는 러시아 사회에 상당한 뿌리를 내린 제도이며, 1860년대 대개혁의 일부로 러시아에 도입되어 광범위하게 사용되었을 뿐 아니라 배심원은 시민참여의 중요한 수단이 되었다.[36] 그러나 1917년 10월 혁명이 일어난 이후 볼셰비키가 배심원제도를 폐지해버렸다.

영미 지역과 유사하게 피고인에 대한 태도에서 배심원은 판사보다 더 관대한 경향을 보인다. 배심 재판의 석방률이 일반 재판의 석방률보다 훨씬 높다.[37] 일부 석방조치는 배심 재판 제도를 재고하게 할 만큼 억지스

---

36) 러시아 역사에서 가장 유명한 배심원 평결 가운데 하나는 베라 자술리치(Vera Zasulich)의 재판이다. 1878년 상트페테르부르크 경찰서장을 암살한 혐의로 기소된 이 젊은 여성 혁명가는 이 재판에서 러시아 정부의 불의를 신랄하게 질타한 변호사의 화끈한 변론 이후 무죄로 석방되었다.

37) 2002년 배심 재판에서는 8.5%의 석방률을 보인 데 비해 같은 해 일반 재판에서의 석방률은 1% 미만에 그쳤다. Hedley, "Putin and the Law," p. 113. 여기서 우리가

럽다. 예를 들어보자. 2006년 상트페테르부르크의 한 배심원단은 특정 인종에 대한 혐오를 이유로 베트남 학생을 살해한 혐의로 재판 받던 청년을 석방했다. 18명 중 17명의 피고인이 완전히 석방되었으며, 한 명은 살인죄가 아닌 다른 죄목으로 유죄 판결을 받았다. 2006년에 있었던 다른 재판에서는 체인과 칼로 무장한 채 아홉 살짜리 타지키스탄 소녀를 때려서 숨지게 한 러시아 깡패에게 배심원은 그들의 살인 혐의가 입증되지 않았다는 이유로 무죄 평결을 내렸다. 그 대신 이 젊은 러시아 깡패들은 훌리건 범죄가 적용되어 가벼운 처벌을 선고받았다. 세 번째 사례는 콩고 출신 유학생에 대한 인종 혐오 살해사건이다. 이 사건에 연루된 네 명의 러시아 청년 역시 석방되었다. 이 사건은 검사나 수사관이 범죄수사를 엉망으로 했거나 배심원이 범인에게 동정심을 나타냈음을 증명해준다.[38] 2008년 가을, 테러, 간첩행위, '대중 선동' 등의 혐의에 대해 정부가 배심재판을 금지하는 법안을 관철시킨 사례는 이러한 배심 재판 제도가 법무행정에 영향을 끼쳤음을 나타내는 한 증표라고 볼 수 있다.[39]

일반 관할 법원은 피라미드 형태로 된 지방과 지역 법원체계를 형성한다. 그러한 피라미드의 꼭대기에는 대법원이 위치해 있다. 대법원은 하급법원에서 상고되어 올라온 사건을 심리할 뿐 아니라 사법적인 업무에 대한 지침을 하급법원에 하달한다. 대법원이 판결에 적용하는 법리는 공개되며 하급심이 판결을 내리는 데 하나의 지침으로 작용한다. 그러한 관행

유념해야 할 사실은 유죄 평결을 위해서는 12명의 배심원 가운데 7표라는 다수의 찬성이 필요한 데 비해 석방을 위해서는 6표로 충분하다는 점이다. Solomon, "Limits," p. 103.

38) *Vedomosti*, October 20, 2006.

39) Polit.ru, November 13, 2008. 이 법안은 정치적 시위사건을 포함해 관련 사건에 연루된 피고인들이 배심 재판으로 심리 받지 않도록 하기 위한 목적으로 이용된다.

은 대법원의 판례에 구속력이 있는 것으로 인식하게 함으로써 러시아 사법체계의 응집력을 형성시키는 기능을 한다. 하지만 대법원에는 법률 및 입법부, 행정부가 채택한 여타 법규의 위헌 여부를 따질 수 있는 권한이 없다. 러시아 연방 헌법에 따르면 그러한 권한은 헌법재판소에 있다. 헌법상 헌법재판소 재판관은 대통령이 지명하고, 연방회의(상원)가 인준하도록 되어 있다. 같은 방식으로 헌법재판소 소장은 대통령이 지명하고 상원이 인준한다.

파산절차 등 기업 간 민사 문제와 기업과 정부 사이에서 야기되는 분쟁을 해결하기 위한 또 다른 형태의 법원시스템이 존재한다. 이 법원은 '중재법원(arbitrazhnye sudy)' 또는 '상업법원'으로 불린다.[40] 각 연방주체 단위마다 1개의 중재법원이 있으며, 항고 사건을 다루기 위해 10개의 추가적인 지역 간 중재법원이 있다. 이러한 중재법원 시스템의 정점에는 최고중재법원이 존재한다. 대법원과 마찬가지로 최고중재법원은 중재법원의 최고심급 법원으로 기능하는 한편, 하급심의 판결에 지침과 판례의 원천으로서의 기능도 맡는다. 또한 대법원의 경우와 유사하게 중재법원 원장은 대통령이 지명하고 상원의 동의를 얻어 임명이 확정된다. 러시아에서 상업적 거래가 늘어남에 따라 중재법원의 업무량도 늘어났다. 현재 중재법원은 연간 100만 건 이상의 사건을 다룬다.[41] 세금 관련 소송사건이 점차 늘어나는데, 기업이 정부의 세무당국자를 상대로 소송을 걸어 승소하

40) 이러한 법원을 '중재법원'으로 부르는 것은 잘못되었다. 이들 법원은 분쟁을 해결하기 위해 중재가 아닌 사법적 절차를 사용하기 때문이다. 이 명칭은 소련 시기에 기업과 산업 관련 정부 부처 사이의 분쟁을 해결하기 위해 사용되었던 '중재위원회(arbitration boards)'에서 따온 것이지만 지금은 연방사법제도에서 별도의 법원 구조를 이루고 있다.

41) Polit.ru, May 20, 2009.

는 경우가 증가했다. 신설 중재법원 시스템은 러시아의 시장경제의 법적인 토대를 확립하는 데 이바지한 다수의 중요한 판결을 내린 바 있다. 중재법원은 판결을 집행하는 데 때때로 어려움을 겪기도 하지만 새롭게 도입된 법정 경위제도(judicial bailiffs)는 그러한 판결 집행에 도움이 된다. 더구나 기업은 판결 결과가 집행될 수 있을지 확신하지는 않지만 향후 송사에 활용할 수 있는 전례를 확보하기 위해 다른 기업과의 분쟁을 해결하는 데 판결 결과를 확보하는 것이 유용하다고 간주한다.[42] 약 2/3 정도의 기업인은 사업상의 분쟁을 해결하기 위해 행정기관, 언론, 조직범죄집단, 또는 다른 통로를 이용하기보다는 중재법원을 이용하겠다는 견해를 보인다. 절대다수의 기업인 — 약 83% — 은 상대방이 다른 기업일 경우 법원에서 자신의 권리를 방어할 수 있는 가능성이 높은 것으로 본다. 그러나 상대방이 연방주체정부 또는 지방정부일 경우 70%의 기업인은 자신이 승소할 가능성이 낮다고 생각한다.[43]

2001년 푸틴 정부는 사법제도 개혁을 위한 입법을 지원했다. 이 사법개혁의 목표 가운데 하나는 법관의 행동에 대한 책임성을 제고하는 데 있었으나 그러한 책임성 제고는 사법부 독립이라는 다른 목표와 서로 충돌했다. 법률 전문가, 법관, 대통령 행정실 간부 및 의회 관계자들이 법안에 대해 광범위한 심의를 벌인 후 이 법안은 통과되었다. 이 개혁안에는 법관을 위한 상당한 정도의 급여 인상과 근무환경 개선이 포함되었다. 근무

---

42) 이 점에 관해서는 다음을 참조. Kathryn Hendley, Barry W. Ickes, Peter Murrell, and Randi Ryterman, "Observations on the Use of Law by Russian Enterprises", *Post-Soviet Affairs*, 13:1(January-March 1997), pp. 19~41.

43) 이 수치는 VTsIOM 여론조사 결과에 근거함. Mikhail Malykhin, "Kazhdyi desiatyi rossiiskii biznesmen gotov pribegnut' k pomoshchi kriminal'nykh struktur", *Vedomosti*, June 30, 2010.

환경 개선책으로는 법관의 임면 방식에서의 조직상의 변화와 이전에 이미 언급한 바 있듯이 형사소송에 대한 예비심리를 감독할 수 있는 법관의 권리를 확대하는 형사소송법의 변화 등이 있다.[44] 푸틴은 또한 상당한 숫자의 민간인들을 사법부에 충원함으로써 법관의 충원과 해임을 규제하는 사법인사위원회 시스템도 개혁했다.[45] 보도에 따르면 푸틴은 이러한 사법개혁을 통해 전직 보안경찰 간부를 포함한 다수의 행정부 대표를 지역 사법인사위원회에 배치시키고자 했다는 것이다.[46] 확실히 푸틴의 사법개혁은 사법부의 정치적 독립과 지위를 제고하고 시민적 자유에 대한 사법부의 보호를 확대하기 위해 기획되었다. 푸틴 대통령은 지역 행정부 및 기업의 이익에 대한 사법부의 자율성을 증대시키려고 했다. 이는 국가 권력을 중앙집권화하려는 그의 목표와도 일치한다. 메드베데프 대통령 또한 사법부의 독립성 제고와 사법부의 부패근절을 위해 노력하고 법관의 새로운 윤리강령 제정 등을 주문했다. 사법윤리 문제에 대한 대통령의 관심이 실질적인 성과를 거둔 작은 증표로는 2009년 2월 아들이 수뢰혐의로 체포된 대법원 부원장의 사퇴를 들 수 있다.[47] 그러한 움직임은 러시아에서는 매우 이례적인 것이다.

---

44) Peter H. Solomon, Jr., "Putin's Judicial Reform: Making Judges Accountable as Well as Independent", *East European Constitutional Review*, 11:1/2(Winter/ Spring 2002), pp. 117~123.

45) Hendley, "Putin and the Law", pp. 106~107.

46) *RFE/RL Newsline*, August 26, 2005.

47) Roza Tsvetkova, "Pokazatel'nye ukhod", *Nezavisimaia gazeta*, February 18, 2009.

4) 헌법재판소

헌법재판소 창설은 1980년대 말과 1990년대 초 러시아에서 일어난 민주화 과정에서 가장 중요한 성과 가운데 하나다. 소련체제에서는 국가의 입법 및 행정적 법규가 헌법과 일치되도록 보장하는 제도적 장치가 결여되어 있었기 때문에 고르바초프 시기에 개혁을 추진하던 엘리트들은 법률의 합헌성과 중앙정부 및 구성 공화국 사이의 분쟁에 대해 판결하기 위해 프랑스 제5공화국의 헌법위원회 또는 독일의 헌법재판소 등과 같은 기구에 상응하는 헌법재판소를 설치할 것을 주장했다. 그러한 제도 개혁 이전의 초기 단계의 조심스러운 실험적인 조치로 1988년 12월 '헌법감독위원회(komitet konstitutsionnogo nadzora)'를 설치하는 것을 포함한 헌법 개정이 통과되었다. 이 조직은 1990년 1월 1일자로 출범했다. 1990년 9월에 내려진 이 위원회의 첫 번째 공식 결정은 같은 해 고르바초프가 대통령으로서 모스크바 시내에서의 시위를 금지 또는 허용할 수 있는 권한을 행사하는 포고령을 선포한 것이 위헌이라고 판단한 것이었다. 고르바초프는 이러한 결정에 도전하지 않았다. 하지만 헌법감독위원회는 소련, 공화국, 지방 당국 사이에 벌어진 '법령전쟁'이 낳은 난맥상을 극복할 수 없었다. 더구나 이 위원회는 법원이 아니었기 때문에 사건을 판결해서 해결할 수도 없었다. 그럼에도 이 위원회의 창설은 중요한 선례를 남겼다.

이 위원회는 1991년 12월 연방정부의 다른 조직과 마찬가지로 해체되었다. 그러나 러시아 공화국은 1991년 7월 헌법 개정을 통해 헌법재판소를 창설했다. 이 당시 15명의 헌법재판소 재판관은 인민대표자회의에 의해 종신직으로 선출되었다. 인민대표자회의는 상대적으로 젊은 학자인 발레리 조르킨(Valery Zorkin)을 헌법재판소 소장으로 선출했다.

헌법재판소는 첫 해에 몇 건의 중요한 판결을 내놓았다. 그 가운데 하나는 2개의 정부 부처를 통합하기로 한 옐친 대통령의 결정이 위헌이라는 1991년 12월의 판결이었다. 대통령은 헌법재판소의 결정을 따름으로써 헌법재판소의 사법적 심사 선례를 형성하는 데 기여했다. 또 다른 중요한 결정으로는 1991년 가을 공산당을 불법화하고 공산당 소유 자산을 국유화한 옐친의 포고령을 들 수 있다. 옐친의 행위를 심사한 헌법재판소는 1992년 11월 대통령이 공산당 집행기구의 활동을 금지한 것은 정당한 권한행사였지만 당원의 기초조직(PPO 또는 세포조직) 형성을 금지한 조치는 권한을 벗어난 행위라고 판결했다. 더구나 헌법재판소에는 국가가 공산당의 자산을 몰수할 권리가 없다고 판단했으나 자산의 소유권이 불분명하거나 그것을 둘러싼 분쟁이 있을 경우 최고중재법원만이 국가의 권리 유무를 판단할 수 있다고 판시했다. 이 결정은 공산당 측과 대통령 측 모두 각각 승리를 주장할 수 있도록 허용함으로써 사법적으로 공정하면서도 정치적으로 노련한 판결로 널리 간주되었다. 또한 소련공산당 자체가 헌법에 위반된다는 옐친 대통령의 주장에 동조하지 않고 이를 비켜나간 헌법재판소의 결정은 아마도 현명한 판단이었는지도 모른다. 이렇듯 헌법재판소는 스스로 정치적으로 중립적인 기관으로 자리매김했다. 이는 팽팽하고 양극화된 당시의 정치환경에서 나온 무시할 수 없는 성과다.

헌법재판소는 이후 1992년 12월 의회와 대통령의 정당한 권한 범위에 대한 옐친 대통령과 인민대표자회의 사이의 논쟁을 유발시킨 심각한 정치적 대결 국면에 개입했다. 당초에는 조르킨 소장이 러시아를 통치하는 데 필요한 기본 헌법 원칙을 결정하기 위한 국민투표 실시를 제의했고, 양측은 처음에는 이에 동의했다. 그러나 얼마 지나지 않아 조르킨 소장이 의회의 편을 들기 시작했는데, 이는 사법적인 의지보다는 정치적인 욕망을 드러낸 것이었다. 1993년 10월 옐친이 의회를 해산하고 새로운 총선을 제안하는 동시에 헌법 개정을 위한 국민투표 실시를 요구하는 포고령을 발동한 이후 대통령은 헌법재판소의 활동도 정지시켜버렸다. 새로운 헌법이 채택된 이후인 그 다음 해 여름 새로운 의회는 헌법재판소법을 통과시켰는데, 그 법에 따라 19명의 재판관을 두고 그 재판관의 호선으로 소장이 선출되도록 했다.(옛 헌법재판소 재판관 가운데 13명이 새로운 헌법재판소의 재판관으로 잔류했다. 그 가운데는 조르킨 소장도 포함되었는데, 옐친은 조르킨을 소장에서 해임했으나 그는 재판관직은 유지하다가 2003년 다시 소장으로 선출되었다.) 그 이후 대통령은 헌법재판소 재판관의 공석을 채우기 위해 여섯 명의 새로운 재판관을 추가로 추천해 상원에 임명동의안을 제출했다. 상원은 그 가운데 세 명에 대한 임명 동의를 거부했다. 19명의 재판관 전원에 대한 임명동의가 이루어질 때까지 의회와 정부 사이에 새로운 국면의 정치적 협상의 장이 형성되었다.

1995년 업무를 개시하자마자 헌법재판소는 헌법 해석에 대한 권리를 확립하기 시작했다. 헌법재판소는 의회의 입법절차에 대한 몇 가지 모호한 문제에 대한 결정을 내렸다. 또한 헌법재판소는 러시아 연방 내의 민족공화국이 통과시킨 일부 법률이 위헌이라는 판결을 내렸으며, 개인의 권리를 제한하는 형법의 조항에도 위헌 판결을 내렸다. 일반적으로 봤을 때 헌법재판소는 국가 당국과 개인 간 분쟁에 연관된 사안에는 개인에게 유리한 판결을 내리는 경향을 보였다. 예를 들면 2009년 헌법재판소는 법정에 출석하지 않은 특정인을 정신적인 결격자로 선언하거나 법원의 심리 없이 강제적으로 정신병동 시설에 감금할 수 없다고 판결한 바 있다.[48] 다른 판결을 보면 헌법재판소는 군 당국이 제대기간이 지났는데도 범죄 행위에 대한 수사를 계속한다는 명분으로 제대일이 6개월이나 지난 병사를 계속 병영에 머물러 있도록 한 사건에서 이 병사의 손을 들어주었

48) Polit.ru, March 18, 2009.

다.[49] 헌법재판소는 국가에 대한 개인의 권리를 지지하는 판결을 정기적으로 내리는 경향을 보인다.

헌법재판소는 또한 중앙정부-연방주체정부 관계에서 다수의 중요한 판결을 내렸는데, 이러한 관계에서 헌법재판소는 연방정부에 대한 연방주체정부의 권한을 제한하도록 요구받았다. 이 분야에서는 대체로 헌법재판소가 연방주체정부의 자치요구에 대응해 오히려 연방의 단결을 옹호하는 경향을 보였다. 1990년대를 통틀어 헌법재판소는 자치를 확보하려는 지역 집행부 및 의회의 노력에 대해 연방법을 옹호하는 일련의 판결을 내렸다. 그러나 1990년대 헌법재판소는 그들의 결정을 이행할 수 있는 연방정부의 능력에 한계가 있음을 인식하고 있었다.

푸틴 대통령의 당선은 정치적 균형을 크게 변화시켰다. 푸틴은 종전에는 사실상 연방주체정부가 행사하던 특권과 권한을 연방정부에 다시 부여하고자 한다는 점을 분명히 했다. 헌법재판소는 2000년 집권화와 단일성을 유지하려는 푸틴의 노력과 일치하는 중요한 판결을 내놓았다. 고르노-알타이 민족공화국 헌법의 여러 조항이 연방 헌법과 합치하는지 여부에 관한 사건을 심리하는 가운데 헌법재판소는 공화국이 스스로 '주권을 갖는' 정치조직체인지 아닌지에 대해, 또한 공화국 내에 존재하는 천연자원을 자신의 '재산'이라고 주장할 수 있는지 여부에 대해서도 판단을 요청받았다. 헌법재판소는 주권조항과 천연자원의 소유권에 대한 주장은 (오직 러시아 연방만이 주권을 갖고 있다는 점을 근거로) 연방 헌법에 위반된다고 판결했을 뿐 아니라, 그러한 유사 조항을 담고 있는 여타 공화국의 헌법도 위헌이라고 선언했다. 이 점을 확고하게 하기 위해 러시아 연방 헌

49) Anna Pushkaraskaia, "Konstitutsionnyi sud pristupil k demobilizatsii", *Kommersant*, March 18, 2009; Polit.ru, April 20, 2009.

법재판소는 그러한 헌법조항을 유지하는 6개 민족공화국의 헌법재판소장과 회동을 가졌다. 헌법재판소는 이러한 조항은 모두 자동적으로 무효화되었으며 폐지되어야 한다고 설명했다. 분명히 러시아 연방 헌법재판소는 연방주체 당국의 주권 선언에 대항해 연방 법률과 헌법이 우위에 있다는 원칙을 확인하기 위해 국가권력을 집권화하려고 한 푸틴의 활기찬 강공책에 편승했던 것이다.

헌법재판소는 보기 좋게 무시당할 수도 있는 결정을 내리는 것은 꺼려하는 등 정치적으로 신중한 자세를 취해왔기 때문에 대통령의 막강한 권위 영역의 주변에서 조심스럽게 처신한다. 그러나 옐친 시기에는 헌법재판소가 대통령의 권력을 실제로 견제했다. '전쟁기간에 획득한 예술작품'에 관한 결정이 하나의 사례다. 이 법률안에 대한 옐친 대통령의 거부권 행사를 상하 양원이 재가결을 통해 무효화시켰으나 대통령이 서명을 거부하자 헌법재판소는 대통령이 그 법안에 서명해야 한다고 판결했다.[50] 또 다른 사례로는, 국가두마 의석의 절반을 비례대표로 선출하도록 되어 있는 선거법체제는 전적으로 헌법과 합치한다는 판결을 내린 것을 들 수 있다.(분석가들은 대체로 이 케이스는 연방주체 의회 가운데 하나가 제소한 사건이지만 크렘린의 암묵적 지지 또는 지원을 받았다고 생각한다.) 또한 헌법재

---

50) 이것은 옐친 대통령이 의회에서 통과된 특정 법률안을 위헌으로 간주해 서명을 거부함으로써 발생한 사례다. 이 법률은 소련군이 제2차 세계대전 중 나치가 점령한 유럽 지역에서 획득한 문화재와 예술품을 국유화시켜버렸다. 의회는 대통령의 거부권을 재가결했으나 옐친은 여전히 그 법률안에 서명하기를 거부했다. 이에 대해 의회는 이 사건을 헌법재판소에 제소했고, 헌법재판소는 의회가 재가결한 법률안에 대해 대통령이 서명을 보류할 권한이 없다고 판단했다. 헌법재판소는 이 법률이 일부 위헌적인 요소를 포함하고 있음을 인정했지만 동시에 대통령에게 적법하게 통과된 법률안이 위헌이라고 선언할 권리는 없으며 오직 헌법재판소만이 그러한 권한을 갖고 있다고 판시했다.

판소는 옐친 대통령의 3선 출마는 법적으로 불가능하다는 판결을 내린 바 있다.[51] 더 중요한 다른 케이스를 보면 헌법재판소가 대통령을 편들어주는 경향을 보였음을 알 수 있다. 헌법재판소의 가장 중요한 초기 결정 가운데 하나는 체첸전쟁을 개시한 대통령 명령에 대해 공산당 소속 의원이 제기한 도전과 관련된 사안이다. 이 사안에 대해 헌법재판소는 법의 힘을 빌려 명령을 발동할 수 있는 헌법적 권력 행사를 통해 대통령이 전쟁을 수행할 수 있는 권한을 갖고 있다고 판시했다.

헌법재판소는 먼저 사건 또는 유권 해석 문의 채택 여부를 결정함으로써 재판 절차를 진행한다.(헌법재판소는 연간 약 1만 5,000건의 사건을 접수한다.) 보통 헌법재판소가 사건 또는 유권 해석 문의를 채택하면 기존의 법, 포고령, 또는 국가기관에 의한 공식적인 조치에 대한 이의제기에 법적인 근거가 있는지를 결정해왔다. 그런 다음 헌법재판소는 관련 당사자 및 양측을 대표하는 전문가들이 법정에서 진술하는 청문회를 개최한다. 각 당사자는 상대방이 발표하는 주장을 듣고 더 설득력 있는 주장으로 반격을 시도한다. 그런 다음 헌법재판소는 제시된 정보를 숙고해 결정을 내린다. 소수 의견은 별도로 공표되지만 최근에 들어와서는 그러한 일이 매우 드물다. 헌법재판소는 일치된 목소리를 내는 것을 훨씬 더 선호한다.

헌법재판소는 천천히 움직이는 경향을 보인다. 대부분의 사건 결정에는 2~4주가 걸리는데, 그 기간의 대부분은 결정문을 작성하는 노력에 할당한다. 헌법재판소는 연간 약 20건에 대해서만 최종 판결(full rulings)을 내리지만 연간 수백 건의 '결정(findings; determinations 또는 러시아어로 opredeleniia)'을 발표한다. 이러한 결정은 특정 사건에 대한 최종 판결에는 미치지 못하지만 제기된 문제가 이전에 판결을 내렸던 사건과 유사한

---

51) *Segodnia*, February 21, 2000.

사건임을 확인하는 것이므로 헌법재판소가 일종의 판례법 형식을 도입하기 시작한 것으로 볼 수 있다. 이러한 의사결정 형식은 점점 늘어나는 헌법재판소의 업무 부담에 대한 스트레스를 경감시켜준다.

헌법재판소는 푸틴 시기에 접어들어 난처한 처지에 놓였다. 헌법재판소는 대통령의 도구로 인식되는 행태와 중요한 사안에 대해 대통령의 뜻을 거스르는 시도를 하다가 꼴사납게 무시당하는 노선 사이를 헤쳐나가려는 시도를 해왔다. 조르킨 헌법재판소장은 현 체제의 권위주의적 속성을 솔직히 인정했다. 그러나 그는 동시에 문명화된 국가치고 민주주의와 권위주의의 속성을 모두 갖고 있지 않은 경우는 없다고 지적하는 한편 "러시아에서 중요한 과제는 관료주의의 변덕(chinovnich'ego proizvola)과 무정부적인 무기력이라는 딜레마 사이에서 올바른 길을 찾는 것"이라고 주장한다.[52] 조르킨의 언급은 헌법재판소의 독립성이 지닌 한계와 헌법재판소가 내린 판결의 집행은 행정부의 손에 달려 있음을 정확하게 평가한 것으로 볼 수 있다.

한편 푸틴은 2008년 5월 재판관의 반대가 있었음에도 헌법재판소 청사를 모스크바에서 상트페테르부르크로 이전하는 법안을 국가두마를 통해 밀어붙임으로써 사법부보다 자신의 권력이 월등하다는 것을 분명히 보여주었다. 분석가들에 따르면 이러한 청사 이전은 모스크바에 위치한 중앙정부기관과 멀리 떨어진 곳에 헌법재판소를 위치시킴으로써 헌법재판소의 정치적인 권위를 축소시키려는 푸틴의 의도를 반영한 것이다.

그 운영이 심각한 정치적 제약을 받았음에도 헌법재판소는 정치체계

---

52) Anna Pushkarsakaia, "S nezavisimost'iu sudov moglo byt' i khuzhe", *Nezavisimaia gazeta*, April 16, 2010; Anna Pushkarskaia, interview with Valerii Zor'kin, *Kommersant*, May 7, 2009.

에서 위상을 확립했다. 헌법재판소가 국가관리의 행동과 연관되는 사건에서 개인의 시민적·헌법적 권리를 옹호한 판결을 내리는 것은 빈번한 일이다. 또한 법원체계상 헌법재판소는 헌법에 대한 해석의 독점적인 권리를 확보하고 있음을 분명히 했다. 세월이 흐르면서 헌법에 대한 해석을 포함해 결정이 차츰 축적되면 헌법재판소는 정치적인 정당성을 확보할 것이며 견제 받지 않는 행정부 권력에 대한 제약요소로 작용할 것이다.[53]

5) 법률개혁

사법제도 변동 외에도 지난 20여 년간 러시아는 민법, 형법, 행정법 및 절차법에 대한 근본적인 개혁을 진행해왔다. 이러한 개혁을 통해 개인의 법적·시민적 권리에 대한 보장이 확대되었고, 자본주의 경제에 걸맞은 규칙이 확립되었다. 좀 더 일반적으로 말하자면 종교 커뮤니티, 정당, 자선단체, 노조, 기업 등 사회조직 및 공공조직의 권리를 인정하는 법률의 제정을 통해 시민사회의 법적 조건이 창출되었던 것이다. 놀랍게도 이러한 법안은 포고령이나 지시 명령에 의한 것이 아니라 법관, 법률 전문가, 정치인 사이의 협상과 합의 도출이라는 피땀 어린 과정을 거쳐 통과되었다.

개인, 단체, 국가의 시민적 관계를 규율하고 재산권의 법적인 보장을 제공하는 민법 개정이야 말로 법률체계 개혁의 이정표 가운데 하나라고 할 수 있다.[54] 또 다른 주요 업적으로는 1996년 6월 옐친 대통령이 서명

---

53) 현 정권의 권위주의 강화 추세에도 그 역할 제도화에 성공했다는 점을 강조한 러시아 법원에 대한 연구로는 다음을 참조하라. Alexei Trochev, *Judging Russia: Constitutional Court in Russian Politics, 1990-2006*(Cambridge: Cambridge University Press, 2008).

54) 사적 재산권을 인정하고 상업 거래를 규제하는 제1편과 제2편은 1994년과 1995년에 각각 통과되었다. 상속권을 규율하는 제3편은 국가두마가 토지 매매에 대한 금

한 새로운 형법을 들 수 있다. 새 형법은 전문가, 관련 국가기관, 대통령 행정실, 국회의원이 1년 반에 걸친 협상과 심의를 거친 끝에 만들어졌다. 새로운 형법은 포스트소비에트 환경이라는 사회적 요구에 대한 정합성을 높일 수 있도록 개정되었다. 새로운 형법은 사형에 해당하는 범죄 항목의 수를 축소했으며, 심각성에 따라 범죄를 면밀히 구분하는 한편, 국가이익에 대항해 개인의 법적 권리를 보호할 필요성을 강조했으며, 소련 시기에 불법으로 규정했던 행위 가운데 일부를 합법화하는 동시에 자금세탁, 불공정 경쟁 등 이전에는 존재하지 않았던 새로운 형태의 범죄에 대한 개념을 새롭게 규정했다. 2001년 12월 채택된 일련의 사법개혁 관련법을 통해 법원의 근무조건을 개선하고 법원의 법적 권한을 확대하는 데 커다란 진보를 이루었다.[55] 2002년에는 개인의 권리를 증대시킨 새로운 형법이 통과되었다.[56] 그러나 법체계에서의 이러한 주요 변화가 진정한 사법적 독립을 가져오기 위해서는 그에 필요한 정치적 환경이 충족되어야 할 뿐 아니라 사법제도의 운영에서 정치적인 간섭이 종식되어야 한다.

6) 국제법의 점진적인 영향력 확대

사법적 독립이 확대되어가는 움직임에서 마지막 단계는 국제법의 중요성이 점차적으로 증대되어온 현상이다. 이러한 현상이 가장 두드러지게 나타난 곳은 인권 분야다. 1996년 러시아는 47개 유럽 국가를 회원으로 두고, 민주주의와 인권이라는 원칙의 고수를 공식적으로 천명한 유럽

지를 해제한 2001년에 통과되었다.

55) 이러한 법에 대한 고찰은 다음을 참조. Solomon, "Putin's Judicial Reform," pp. 117~123.

56) Hendley, "Putin and the Law," p. 104.

회의(Council of Europe)에 가입했다. 또한 1998년 유럽인권협약을 비준했다. 유럽회의의 규정에 따라 회원국의 시민은 어느 누구나 스트라스부르 소재 유럽인권재판소에 본국 정부의 법집행 기관, 사법부 또는 범죄 교정기관의 인권탄압에 관한 탄원서를 제출할 자격이 있다. 지난 10년간 러시아 시민들이 유럽인권재판소에 제출한 탄원 건수는 2001년 약 2,500건에서 오늘날에는 연간 1만 건에 이를 정도로 폭발적으로 늘어났다. 유럽인권재판소에 계류되어 있는 10만 개의 사건 가운데 약 1/3은 러시아에서 제출한 것으로 그 비율은 급속도로 늘어나고 있다.[57] 일반적으로 러시아인이 제소한 사건은 러시아 법원에서 연금 지급 또는 여타의 사회복지 혜택 지급에 관해 내린 결정을 행정당국이 집행하지 않은 것에 관련된 사안, 교도소의 수감생활 상황, 경찰이 피의자의 인권을 유린한 행위 등과 관련된 것이다. 가족의 실종이나 연방군대가 저지른 범죄 등의 결과 때문에 체첸 지역에서도 상당한 숫자의 사건이 제소되었다. 유럽인권재판소는 이처럼 단일 국가에서 점점 더 많은 사건이 접수되는 것을 우려해 러시아가 소송절차를 빨리 진행하도록 하는 협약을 비준하도록 촉구했다. 그러나 러시아 정부는 유럽인권재판소가 거의 모두 원고의 편을 들어 러시아 국가에 불리한 판결을 내릴 것이라고 우려해 최근까지 이를 묵살해왔다.(실제로 러시아와 관련된 800여 건의 사건에 대한 판결 가운데 약 95%가 이미 러시아 당국에 불리했다.)[58] 그러나 2010년 1월 메드베데프 대통령의 압력으로 의회는 그 협약을 비준했다. 더구나 러시아 헌법재판소는 러시아의 일반 관할 법원은 유럽인권재판소에서 판결한 사건을 심리하는

---

57) *Kommersant*, March 22, 2007; Yuri Chernega and Viktor Khamraev, "Gosduma otkazyvaetsia ot davleniia na Evropeiskii sud", *Kommersant.ru*, November 11, 2008.

58) Polit.ru, January 29, 2010.

데 동의해야 하며 손해 배상을 해야 하고, 유럽인권재판소가 개인에게 승소 판결을 내린 형사 및 민사사건에서 개인의 권리를 복구시켜주어야 한다고 판시했다.[59] 러시아 국가가 유럽인권재판소의 결정에 따를 용의가 있음이 증명될 수 있을지 여부는 유코스가 연관된 재판에서 판가름 날 것이다. 2004년에 유코스의 변호인들은 이 회사에 대한 러시아 정부의 행위가 "불법적이고, 편파적이며, 자의적이고 차별적이며 따라서 눈에 보이지 않는 갈취"에 해당한다고 주장하면서 유럽인권재판소가 이 사건을 접수해줄 것을 탄원했다.[60] 재판은 2010년도에 개시되었다. 이 법원의 판결 여하에 따라 러시아 정부는 유럽인권재판소의 법적인 규범에 따르겠다는 공언에 대한 심각한 도전에 직면할 수도 있을 것이다.[61]

2. 법의 지배에 대한 장애물

러시아 사법체계의 구조적 변화, 법규상의 변화와 한층 더 높은 수준으로 발전된 정치적 다원주의는 시민적 권리를 소련 시기에 비해 확대시켰다. 개인과 사회단체는 소련 시기보다 사법체계를 통해 그들의 권리를 지킬 수 있는 기회를 많이 갖고 있다. 그러나 사법개혁은 여전히 당국에 의

---

59) 같은 글, February 26, 2010.

60) "Yukos, Russia Face Off at Last in Strasbourg", *The Moscow Times*, March 4, 2010.

61) 옮긴이 주: 유럽인권재판소는 2011년 9월 이 사건에 대한 재판에서 러시아 정부가 유코스의 권리를 침해했다고 판결했다. 그러나 유럽인권재판소는 호도르콥스키에 대한 사법처리가 정치적 동기에 의해 이루어졌다는 옛 유코스 경영진의 주장을 기각했다. 또한 유럽인권재판소는 유코스 측이 제기한 980억 달러에 달하는 재산 피해에 대한 보상 문제에 대한 판결을 유보했다.

한 국가권력의 자의적 사용을 종식시키지 못했으며, 권력층 인사들이 그들의 정치적 목적을 위해 법체계를 조작하는 관행도 계속되었다. 테러와 극단주의의 위협이 존재하는 상황은 당국이 개인과 집단의 시민적 권리에 제한을 가할 수 있는 빌미가 되었다. 러시아 당국은 실체를 드러내지 않는 '외국의 이익단체'가 러시아에서 국가의 통합성을 저해하려고 기도한다는 주장을 반복해서 제기했고, 이러한 주장이 개인, 정당 및 언론의 자유를 제한하는 일련의 행정적·법적 조치의 정당화에 이용되었다.

법의 지배에서 끈질기게 지속되어온 또 다른 해묵은 장애물이 있다. 관료적 자율성과 불투명성은 관료가 행정부와 입법부 정책결정자의 의지에 도전하고 법을 자의적으로 적용하는 것을 허용함으로써 법의 지배를 가로막는 장애물이 되어왔다. 사법체계에서 부패가 만연한 현상과 더불어 당국이 법을 남용한 패턴은 법에 대한 존중을 해치는 요인이다. 이 문제에 대해서 좀 더 자세히 살펴보자.

1) 관료적 규칙 만들기

매우 관료화된 국가의 심대한 관성은 민주적 책임성 못지않게 중앙정부의 정책결정자에게도 도전이 된다. 오늘날의 러시아에는 수백 년 전 러시아 행정기관이 규칙 — 포고령, 규제, 지시, 명령, 지침, 회람, 여타 많은 종류의 공식적이고 구속력 있는 규칙으로서 그 가운데 많은 것은 비밀리에 시행됨 — 을 만들어내던 경향이 남아 있어 국가 통치자의 권력이 빈번하게 방해를 받는다. 그러한 규칙은 동일 기관의 하부조직에만 적용되는 것이 아니라 다른 정부조직과 일반 러시아 시민에게도 적용된다. 소련 시기에는 '유사법적 규범과 규칙(sublegal normative acts)'이라는 관행을 통해 이루어지는 관료적 규칙 만들기의 관행이 엄청나게 널리 퍼져 있었다. 소비에트 러시아가 출범한 이래 70년간 소련 의회는 800건 이하의 법과 포고령을 채택한 반면 비슷한 기간 중앙정부가 수십만 건의 포고령과 기타 법규를 공표한 사실은 그러한 관행이 과연 어느 정도의 규모였는지 보여주는 하나의 증표라고 할 것이다. 특정 정부 부처와 국가위원회가 공표한 수만 건의 추가적인 구속력 있는 법규도 법령집에 등재되어 있었다. 서로 보완하고, 해석하며, 자주 상충되는 수많은 규칙과 규제가 엄청나게 많이 존재하는 현상은 권세 있는 사람들이 복잡한 행정절차를 헤쳐 나갈 수 있도록 하는 인센티브였을 뿐 아니라, 그것을 피해갈 수 있는 기회를 제공했다. 국가 관료기관이 공표하는 법령이 법의 취지와 형식에 부합한다고 하더라도 실질적으로 그러한 법규는 상위법의 정신을 결여한 경우가 많아 실행단계에 도달하면 의회가 당초 채택했던 개혁은 형해화(形骸化)된다.

1993년 제정된 러시아 헌법은 의회에 행정부를 감사(kontrolirovat')할 수 있는 명확한 권한 — 이는 권력 분립에서 핵심적인 부분으로 간주될 수 있음 — 을 부여하지 않았다.[62] 2008년 11월 메드베데프 대통령이 지지했던 헌법개정안에는 의회가 행정부를 감사할 수 있도록 하는 조치도 포함되었다.[63] 의회에는 행정부 견제에 관한 다른 권한도 여러 개 있는데, 그 가운데는 예산안 심사 과정, 국정조사, 청문회, 회계감사원(Schetnaia palata) 등이 있다.[64] 의회는 이러한 기능을 바탕으로 그것을 사용할 용의가

---

62) John D. Huber and Charles R. Shipan, *Deliberate Discretion? The Institutional Foundations of Bureaucratic Autonomy*(Cambridge: Cambridge University Press, 2002).

63) 총리는 1년에 한 번씩 정부의 업적에 대한 보고를 해야 한다는 의무규정이 신설됨으로써 의회의 행정부 감사기능 강화가 예고되었다.

64) 회계감사원은 의회에 의해 설치된 감사기관으로 미국의 감사원(General Auditing Office: GAO)에 비견될 수 있다. GAO처럼 러시아의 회계감사원은 행정기관의 회계장부 감사를 실시하고 그 결과를 보고함으로써 의회를 위해 활동한다.

있는 경우 행정부의 관료기구가 의회의 요구를 확실하게 수용하도록 할 수 있다. 그러나 2000년대 러시아 의회는 행정부의 철저한 지배 아래 놓여 있었기 때문에 전자는 후자에 대한 실질적인 감독권을 거의 발휘할 수 없었다.

더구나 의회에서 만든 법규는 모호하고 일반적인 경우가 많다. 의회에서 통과, 발효된 법률에서 꾸준하게 발견되는 문제는 법안이 입법 과정을 거치면서 논란이 될 수 있는 부분이 삭제되거나 관료에게 그 법에 대한 '해석'의 광범위한 재량권을 부여하는 밋밋한 법조문으로 대체된다는 점이다. 공식 법규가 갖는 애매모호함 때문에 국가관리, 시민 할 것 없이 모두가 '비공식적인 제도'에 의존한다.[65] 관리는 사적인 이익을 위해 국가기관을 이용하고 업무에서 투명성과 개방성을 최소화할 수 있는 광범위한 재량권을 갖고 있다.

권력의 사유화, 비밀주의, 행정관리의 손에 맡겨진 과도한 재량권 등은 법의 지배를 가로막는 장애물일 뿐 아니라 국가 지도자가 자신의 정책을 확실히 집행할 수 있는 능력을 발휘하는 것을 가로막는 훼방꾼이기도 하다. 바로 이러한 까닭에 푸틴과 메드베데프는 연방법을 왜곡하거나 그 집행을 차단할 수 있는 규칙과 규제를 만들어 연방 법률을 우회하려는 관료의 습성을 여러 차례 비난한 바 있다. 푸틴은 공무원의 능력과 직업정신을 앙양하기 위해 국가 공무원제도 전체에 근본적인 개혁을 주문했다. 2002년 그는 국가관료제도에 지침이 될 수 있는 일반 원칙을 담은 2건의

---

65) Vladimir Gel'man, "The Unrule of Law in Making: The Politics of Informal Institution Building in Russia", *Europe-Asia Studies*, 56:7(November 2004), pp. 1021~1040; Peter H. Solomon, Jr., "Law in Public Administration: How Russia Differs", *Journal of Communist Studies and Transition Politics*, 24:1(2008), pp. 115~135.

대통령 포고령을 발표했지만 그 원칙은 지나치게 광범위한 내용이었다. 2003년과 2004년에는 공무원의 충원, 급여, 평가 및 승진 등을 규정한 법안이 통과되었다.[66] 2003년 푸틴은 국가관료제의 구조와 운영에 광범위한 개혁을 요구하는 또 다른 포고령을 발표했다.[67] 이러한 조치로 인해 2004년 3월 연방 행정부의 재조직화가 시도되었지만 대체로 이는 실패한 것으로 간주되었다. 2005년 말 무렵 러시아 정부는 국가 행정기관 시스템의 효율성, 책임성 및 투명성을 높이기 위한 새로운 문건을 발표했다.

메드베데프 대통령은 단호한 어조로 관료들이 사회에 참견하는 행태를 비판함으로써 수사법을 사용한 압박을 지속했다.[68]

> 한편 국가관료체제는 20년 전과 마찬가지로 개인의 자유와 행동의 자유에 대한 불신을 갖고 움직인다. 그러한 논리 때문에 관료들은 위험한 결론을 내리고 위험한 행동을 한다. 관료들은 주기적으로 기업인이 잘못된 행동을 하지 않게 하기 위해 그들에게 테러 — 글자 그대로 '악몽을 가져다주는' — 를 가한다. 또한 관료들은 잘못된 말을 하지 않도록 하기 위해 언론을 통제한다. 그들은 또한 적합하지 않은 인물이 당선되지 않도록 하기 위해 선거에 개입한다. 관료들은 법원이 엉뚱한 사람에게 유죄를 선고하지 않도록 하기 위해 법원에도 압력을 가한다. 그들은 이 밖에도 많은 간섭을 행한다. 그리하여 국가관료기구는 가장 큰 사용자이자 가장 활발한

---

66) *OECD Economic Survey*, pp. 128~129.

67) Polit.ru, August 13, 14; November 21, 2002; OECD Economic Survey Russian Federation 2006, p. 125.

68) 이 부분은 대통령의 대 의회 메시지에서 인용함. 자세한 내용은 대통령 웹사이트 참조(http://www.kremlin.ru/appears/2008/11/05/1349_type63372type63374type63381type82634_208749.shtml), 2008. 11. 5.

출판업자, 최고의 생산자이며 그 스스로의 재판관이자 정당이며 마침내 스스로 국민 행세를 한다. 이러한 체제는 절대적으로 비효과적이며 부패라는 생산물 단 한 가지만을 창출한다. 관료체제는 광범위한 법적 허무주의를 만들어내며, 헌법을 위반하고 창조경제와 민주주의의 제도 발전을 저해한다.

강력한 국가와 무소불위의 관료제는 동일한 것이 아니다. 전자는 질서 유지와 발전 수단으로서의 시민사회를 위해, 그리고 민주적 제도의 보호와 강화를 위해 필요하다. 후자는 그러한 것에 오히려 치명적으로 위험한 존재다. 따라서 우리 사회는 평온하고 지속성을 지녀야 하되 민주주의 제도의 발전을 내일로 미루어서는 안 된다.

국가관료의 자의적인 행위를 비난하면서 메드베데프가 사용한 그러한 강렬한 언어는 국가 최고 지도부조차 관료들을 확고하게 통제하지 못하는 무기력한 상황에 스스로 절망하고 있음을 보여주는 일종의 증거다. 지금까지 푸틴과 메드베데프 통치하에서 시도된 개혁조치들은 목표를 달성하지 못했으며 그들이 정치영역의 이해집단과 정당 사이의 자유로운 경쟁에 가한 제한적 조치 때문에 의회도 법원도 '무소불위의 관료제도'를 견제할 수 없을 것이다.

2) 테러행위와 국가안보

테러와 이에 대처하기 위해 취해진 조치는 다른 국가의 경우와 유사하게 법의 지배에 두 가지 위협을 야기했다. 미국, 유럽, 아프리카 및 아시아에서 이슬람 과격파들이 민간인에게 저지른 대규모의 폭력적인 공격으로 심지어 민주주의 국가조차 정부 당국에 테러주의자와의 전쟁을 위해 시민적 자유를 제한할 수 있는 광범위한 권력을 부여하지 않을 수 없게 되었다.[69] 그런데 이러한 권력은 통치자들이 반대자들을 억압하는 수단으로 남용되기 쉽다. 예를 들어 중앙아시아의 여러 국가에서는 권력 당국이 다수의 종교 및 정치집단 지도자들이 테러주의자와 공모해서 폭력행위를 거들었다는 혐의로 그들을 억압했는데, 사실은 그러한 폭력행위 가운데 상당수는 권력 당국이 그들의 경쟁자를 제거하기 위한 구실로 일부러 만들어낸 것으로 추측된다. 러시아에서는 당국이 시민적·정치적 자유를 제한하고 정부의 권력을 확대하기 위해 테러위협이 활용되어왔다.

〈클로즈업 3-1〉에서 볼 수 있듯이 최근 몇 년 동안 러시아인은 연쇄적으로 일어난 충격적인 테러사건의 희생물이 되었다. 이 가운데 어떤 사건은 군대, 경찰 및 민간 목표물을 겨냥해서 일어났으며, 또 다른 사건은 다수의 민간인을 인질로 잡는 형태를 띠었다. 특히 2004년에 일어났던 연쇄적인 테러는 정치적 중요성을 지닌 사건으로 간주된다. 이러한 사건을 계기로 국가의 안전을 책임지는 국가기관의 심각한 부패, 기강해이, 무능 등의 문제점이 폭로되었기 때문이다.

푸틴은 그러한 테러분자의 연쇄적인 공격에 대응해 정치권력을 집권화하고 보안경찰의 권한을 강화하기 위한 일련의 법을 제정했다. 제3장에서 보았듯이 푸틴은 베슬란 위기에 편승해 연방주체 주지사들의 직선제를 폐지하고, 공공심의원을 설치하는 한편, 국가두마 의원 선거에서 소선거구제를 폐지하는 법안을 밀어붙였다. 대테러 작전에 좀 더 직접적으로 관련된 조치로는 2006년 통과된 법률을 들 수 있는데, 이 법에 따르면

69) 미국에서 2001년 9·11테러 한 달 뒤에 통과된 애국법은 테러활동에 연관된 것으로 의심되는 미국 시민을 사찰할 수 있는 정부의 권한을 크게 확대시키고 테러활동 혐의가 있는 외국인을 무기한 구금할 수 있도록 규정했으며, '국내테러'라고 부르는 새로운 범죄의 유형을 규정했다.

FSB는 테러를 제압하는 일차적인 책임을 지며 테러분자의 공격이 발생할 경우 병력을 지휘하고 테러행위 용의자에 대한 통신 감청을 할 수 있을 뿐 아니라 납치된 항공기를 격추시킬 수 있는 권한도 부여받는다. 이 법은 '테러주의에 대한 선전, 정당화 및 지지를 포함하는 목적과 행동'을 나타내는 조직을 불법으로 규정한다.[70] 2006년 이라크에서 수 명의 러시아 외교관이 납치 살해당한 사건이 일어난 후 통과된 두 번째 법률은 대통령에게 러시아 영토 밖에 존재하는 테러분자에게 군사력과 특수 병력을 사용할 수 있는 권한을 부여했다.[71] 여러 명의 전문가는 이 법이 사실상 테러분자로 지목된 자의 해외 암살을 합법화하는 것이라고 논평했다.[72]

테러위협 및 그와 연관된 현상인 극단주의 또한 당국에 정치적 권리를 제한할 수 있도록 허용해주는 다른 법률과 정책에 대한 정당화의 도구로 많이 언급된다. 예를 들어 NGO의 운영에 관한 규칙을 더 까다롭게 만든 법률을 제정한 데 대한 푸틴의 변명 가운데 하나는 이 법률이 "외부로부터 우리 정치체계를 지켜줄 수 있을 뿐 아니라 테러주의 사상의 확산으로부터 시민들을 보호할 수 있다"라는 것이다.[73] 2007년 통과된 법률은 정치적으로나 이념적으로 연관된 파괴행위(vandalism) 혐의로 유죄 판결을 받은 자는 3년 징역형에 처하도록 형법을 개정한 것이다.[74] 검찰청 관리

---

70) Polit.ru, February 27, 2006; *RFE/RL Newsline*, March 7, 2006.

71) 같은 글, July 5, 2006.

72) 비밀경찰은 이 법이 통과되기 전에도 그러한 작전을 수행했다. 2004년 두 명의 러시아 정보기관원이 카타르에서 전 체첸 반군지도자와 그의 아들 및 경호원을 암살한 혐의로 체포되어 재판을 받은 결과 유죄 판결을 받았다. 카타르 정부 당국은 이들 요원을 5개월 복역 시킨 다음 석방했다. 러시아로 귀국하자마자 이들은 훈장을 받았다.

73) Polit.ru, November, 30, 2005.

74) *RFE/RL Newsline*, April 19, 2007.

는 극단주의 조직의 인터넷 사용 권리를 제한하는 법률안을 제안했다.[75] 극단주의와 테러주의는 정치적 억압을 위한 구실로 아주 쉽게 이용될 수 있다. 예를 들면 2008년 인터넷 블로그에서 경찰을 비판했던 한 시민은 극단주의 행동을 했다는 혐의로 체포되었다.[76] 같은 해 검찰은 '2x2'[77] 텔레비전 만화방송 네트워크가 등록 갱신을 바로 앞두고 있을 때 이 방송사가 사우스파크(South Park)의 공격적인 에피소드(〈핸키(Hankey) 씨의 크리스마스 클래식〉)를 방송함으로써 극단주의를 부채질했다고 비난했다. 국가두마 청소년문제위원회 위원장은 "2x2 방송은 잔인성, 폭력성, 성적 문란함을 퍼뜨림으로써 사회의 도덕적 기반을 약화시키고 자라나는 세대에 부정적인 영향을 끼친다"라고 협박조로 말했다.[78]

개인의 권리라는 원칙과 테러분자와 극단주의 조직이 사회에 가하는 위협 사이에서 균형을 맞추어야 한다는 점에서 러시아는 다른 현대 사회와 다를 바가 없다. 확실히 인종적·종교적 편견 때문에 발생하는 범죄가 늘어나고 테러의 위협이 있는 것이 현실이다. 그러나 러시아에서는 다른 민주주의 국가와 비교해서 정당, 언론매체, 선거 및 이익집단의 자유로운 경쟁에서 생겨나는 법적 수단을 자의적으로, 정치적 동기로 사용하는 것에 대한 견제장치가 약하다. 따라서 권력 당국의 행태에 비우호적인 언론보도를 징벌하고 반대자 집단이 극단주의자라거나 테러를 부추긴다는 혐

75) 같은 글, June 22, 2007, April 14, 2008.

76) Polit.ru, November 11, 2008.

77) 옮긴이 주: 1989년에 설립되어 1990년에 첫 전파를 탄 러시아 텔레비전 채널 이름이다. 2007년부터 이 채널은 성인을 대상으로 한 만화시리즈를 전문적으로 방송하고 있다.

78) Anna Malpa, "'South Park' Episode Called Extremist", *The Moscow Times*, September 9, 2008; Polit.ru, September 23, 2008.

의로 그들을 억압함에 따라 몇 년에 걸쳐 발생했던 테러분자의 공격에 대한 대응으로 러시아 정부 당국이 확대시켰던 국가권력이 남용될 가능성이 있다. 소련 시기에 정치적 억압을 목적으로 법이 악용된 역사가 있음을 고려할 때 최근 도입된 대 테러 및 반극단주의 법안은 법의 지배를 확립하는 데 좋지 않은 조짐을 의미한다.

3) 조직범죄와 부패

(1) 조직범죄

법의 지배 원칙에 대한 또 하나의 위협으로는 광범위하게 퍼져 있는 국가관료의 부패와 조직범죄의 힘을 들 수 있다. 이들은 서로 긴밀하게 연관되어 있다. 공산주의체제 종식 이후 부패 현상이 더 악화된 데에는 1990년대 조직범죄의 힘이 증대된 탓이 크다. 확실히 경찰은 조직범죄집단이 저지른 주요 범죄를 해결할 능력이 없는 듯하다. 수백 명의 저명한 인사 — 정치인, 기업인, 금융인, 언론인 등 — 가 청부살인의 형태로 암살당했으나 범인이 유죄 판결을 받는 것은 고사하고 체포된 사건도 거의 없었다. 다수의 국가두마 의원도 살해당했다. 언론인과 인권운동가가 범행의 대상이 되었다. 2009년 7월 인권단체 '메모리알'과 같이 체첸에서 활동했던 인권운동가 나탈리야 에스테미로바(Natalya Estemirova)가 그녀의 집 밖에서 납치되어 살해되었다. 1년이 지난 2010년 7월까지 그녀를 살해한 범인은 아직 검거되지 않았다. 2006년 10월 체첸 주둔 러시아 연방군과 모스크바 정부의 후원을 받은 체첸 정부가 사용하던 전술에 대해 적나라한 폭로기사를 쓴 기자 폴리트콥스카야가 살해되었다. 그 다음 달에는 전직 KGB 요원인 알렉산드르 리트비넨코(Alexander Litvinenko)가 런던에서 방사능 오염으로 살해되었다. (영국 경찰이 범행을 저질렀다는 혐의를 둔 자는 러시아자유민주당의 비례대표 후보로, 국가두마 의원에 당선되어 면책특권을 부여받은 상태였다.) 2006년 가을 두 명의 저명한 은행 임원이 살해되었다. 이렇게 살해된 사람은 모두 청부살인의 희생자인 것으로 추정된다. 범죄조직은 채권, 채무관계를 청산하거나 보복을 하기 위해 청부살인의 방법을 광범위하게 사용한다.

그들은 또한 국가기관과 밀접한 연계를 맺는다. 내무부장관 라쉬드 누르갈리예프(Rashid Nurgaliev)는 2007년 러시아 연방주체 가운데 10%는 "조직범죄집단의 통제하에 있으며 그들은 당국으로부터 거의 또는 아무런 제지를 받지 않는다"라고 언급한 바 있다.[79] 이 문제에 대한 러시아의 어느 전문가는 러시아에는 무려 1만 개의 조직범죄집단이 존재하며 이들 조직은 약 30만 명을 고용했다고 추산했다.[80]

분석가들은 조직범죄의 창궐을 초래한 조건으로 두 가지가 있다는 데 의견의 일치를 본다. 첫째, 국가관료체제는 부패에 매우 취약해서 조직범죄집단이 관료체계에 깊숙이 침투할 수 있다는 것이다. 둘째, 정상적인 기업은 조직범죄집단의 '보안서비스'에 기대지 않고서는 기업 운영이 불가능하다고 생각한다. 그 가운데에는 조직범죄집단에 보호비를 납부하고, 사업파트너가 유리한 조건으로 계약을 맺도록 강요하고, 구하기 어려운 희소 물자를 획득하는 것 등이 포함된다. 범죄와 부패가 끈질기게 지속되는 현상은 세 범주의 요인 — 즉 정부, 합법적 기업, 조직범죄집단 — 사이의 서로 맞물리는 관계로 형성되는 악순환의 산물이다. 중소기업과 대기업의 소유주를 포함하는 다수의 기업인은 조직범죄집단에 돈을 갖다 바치고 그 대가로 보호를 받는다.(물론 조직범죄집단의 깡패는 기업이 돈을

79) *REF/RL Newsline*, March 15, 2007에서 인용함.
80) 같은 글.

내고 '보호'서비스를 받도록 강요하기 위해 그들에게 폭력행위를 저지르기도 한다.) 정부기관, 특히 경찰은 원래 취약했는데 부패 때문에 더욱 취약해졌다. 조직범죄집단은 기업과 정부조직에 침투해 있는데, 기업에 단기 대출과 기업 간 계약의 이행을 강제적으로 대행해주는 일 등의 서비스를 제공해주며, 그들이 면책상태에서 영업할 수 있도록 해주는 대가로 법집행 관리에게 뇌물을 상납한다.[81] 전문가 추산으로 조직범죄집단이 벌어들이는 수입의 절반가량이 국가관리에게 뇌물을 상납하는 데 사용된다.[82]

이러한 유착관계의 삼각형을 형성하는 각 행위자는 다른 행위자에 의존한다. 기업인은 단지 법망을 피해가면서 영업하기 위해 관리에게 뇌물을 줘 그들을 부패시켜야 한다는 입장에 처해 있음을 자주 깨닫는다. 더구나 기업의 입장에서는 재산권을 지키고 계약을 이행하는 데 법원이 제 역할을 할 수 없다는 것을 알기 때문에 조직범죄집단의 청부업자에게 보호를 맡긴다. 국가가 법을 집행할 수 있는 능력을 결여한 상황을 악용해 — 그리고 국가조직에 대한 침투를 통해 그것을 약화시킴으로써 — 조직범죄집단은 기업을 먹잇감으로 삼고 정부를 부패시킨다. 그리고 정부관리는 범죄 및 부패와의 전쟁을 치르고 법의 공정한 집행 등 정당한 공공재를 제공하는 것보다 뇌물을 받아먹는 것이 훨씬 더 쉽고, 안전하고 이득이 되는 일이라고 여긴다. 또한 러시아가 연방국가라는 사실이 문제를 더 악화시킨다. 다양한 수준의 정부가 존재한다는 점은 사업을 하는 조건으로 뇌

---

81) Varese, *The Russian Mafia*; Vadim Volkov, "Who Is Strong When the State Is Weak? Violent Entrepreneurship in Russia's Emerging Markets", *Beyond State Crisis? Post Colonial Africa and Post-Soviet Eurasia in Comparative Perspective*. Ed. Mark R. Reissinger and Crawford Young(Washington, DC: Woodrow Wilson Center, 2002), pp. 81~104.

82) Polit.ru, September 24, 2008.

물을 요구하는 관리의 수를 증대시키는 요인이기 때문이다.[83]

(2) 부패

부패 현상은 법망을 피하고자 하는 기업의 이해관계와 정부를 고분고분하게 만들려는 조직범죄집단의 청부업자에 의해 확산된다. 모든 분석가는 부패를 정확한 잣대로 측정하기는 매우 어렵지만 그러한 부패 현상은 소련 시기 종식 이후 현저하게 심화되었으며, 푸틴과 메드베데프 집권 시기 국제 석유가격의 상승 덕택에 공공 수입과 사적 수입이 모두 크게 증가했기 때문에 더욱 악화되었다는 데에는 동의한다. 그러한 부패 현상은 일상생활과 국가를 상대하는 활동영역 모두에서 광범위하게 확산되어 있다. 메드베데프 대통령은 부패야말로 "체제에 대한 도전이며, 국가안보에 대한 위협이고, 시민 사이에서 국가가 질서를 회복하고 치안을 확보할 수 있는 가능성에 대한 불신을 초래하는 문제"라고 규정했으며, 부패와의 전쟁을 대통령으로서 가장 우선순위에 두는 국정목표 가운데 하나로 설정했다.[84] 2008년 메드베데프는 최초로 국가관리의 입장에서 부패가 어떤 것인지 명백하게 규정하고 공무원을 채용하고 평가하는 기준을 엄격하게 재정립하는 한편, 부패를 근절하기 위한 투쟁에 대중을 동참시키도록 하는 법안을 지지했다. 그러나 2년 뒤 메드베데프는 본인 스스로 그러

83) 정치학자 트리즈먼은 러시아와 다른 국가를 대상으로 부패 현상에 대한 비교연구를 수행한 바 있다. 그 연구에서 취급한 국가에서 나타난 부패 현상은 네 가지 요인으로 설명할 수 있다. 상대적으로 낮은 일인당 소득, 민주주의 경험의 부족, 낮은 대외무역 수준, 연방제 구조 등이 그것이다. 트리즈먼은 이러한 요소를 감안할 때 러시아는 다른 국가보다 부패의 정도가 특별히 높지 않다는 결론을 내린다. Daniel Treisman, "The Causes of Corruption: A Cross-National Study", *Journal of Public Economics*, 76:3(2000), pp. 399~457.

84) Polit.ru, June 25, 2008.

한 법안이 문제 해결에 별로 영향을 끼치지 않는다는 점을 인정했다.[85)]

부패 현상이 사회 곳곳에 스며들어 있으며, 이는 사회에 매우 파괴적인 영향을 끼친다는 메드베드프의 인식은 정확하다. 러시아의 어느 연구기관이 행한 연구결과에 따르면 그 규모는 가히 어마어마하다. 국립기업가정신 종합연구소(National Institute for the Systematic Study of the Problems of Entrepreneurship)가 소기업을 대상으로 한 조사에 따르면 전체 소기업 가운데 절반 정도가 공무원에게 뇌물을 준 경험이 있으며, 20%의 소기업은 조직범죄집단에 보호비를 제공한다는 것이다. 또한 70%의 소기업은 근로자의 임금 가운데 일부를 국세청에 보고되지 않는 비공식적인 방식으로 지급하고 절반 이상의 소기업은 공급자에게 장부에 기재되지 않는 비공식적인 대금을 지급하는 것으로 밝혀졌다. 시간이 경과할수록 공무원에게 뇌물을 제공하는 기업의 수는 증가했다.(이는 아마도 조직범죄집단의 청부업자에게 보호비를 주고 일을 해결하는 기업이 줄어들었기 때문일 것이다.)[86)] '반부패연대'라는 명칭의 지역 간 NGO와 전국전자상거래협회가 수행한 또 다른 연구에 따르면 정부 조달 주문으로 할당된 약 400억 달러 상당의 예산 가운데 약 20%의 돈이 부패행위를 통해 정부와 기업에 절취당했다는 것이다.[87)] 사회예측연구소와 비교사회연구소가 행한 연구결과에 의하면 정부와 기업 사이에는 규칙적으로 행해지는 여러 가지 형태의 부패한 거래 — 의회, 언론매체, 국가조달 시스템, 사법부 등과 관련된 — 가 존재한다. 예를 들어 의회에서 사용할 의자의 구매 비용이 200만~500만 달러라고 한다면 이 구매 프로젝트에서 정부 예산을 따내기 위해 사용하는

85) Elina Bilevskaia, "Mnogokratnaia shtrafnaia korruptsiia", *Nezavisimaia gazeta*, July 15, 2010.

86) *Kommersant*, April 25, 2007.

87) *RFE/RL Newsline*, October 18, 2007.

로비 자금은 전체 구매비용의 30~40%를 차지한다. 법원에서 재판에 승소하기 위해서는 전체 쟁의(爭議) 액수의 10%만 소송비용으로 지출하면 된다. 연체된 세금을 해결하기 위해서는 당초 연체금액의 절반 이하만 쓰면 된다. 국가조달 사업을 따내기 위해서는 통상적으로 계약금액의 20%를 뇌물(kickback)로 지불하면 된다.88) 국제유가와 가스가격의 상승 덕분에 외화의 유입이 더욱 늘어남에 따라 부패의 규모도 덩달아 커졌다. 국가전략연구소 소장의 추산에 따르면 2006~2008년에 부패와 연관된 거래액은 두 배로 늘어났다. 2006년에는 뇌물 수수와 관련된 돈의 액수가 2,400억 달러였으나, 2008년 무렵에는 그 액수가 배로 증가해 4,800억 달러, 다시 말해 국가 예산의 1.5배에 달했다.89) 최근 몇 개월 동안 러시아의 부패 규모에 관한 경악할 만한 언론 보도는 부패 문제에 대한 메드베데프 대통령의 관심의 정도를 잘 반영한다. 그러나 이러한 현상은 한편으로는 부패 문제가 경제에 얼마나 심각한 지장을 초래하고 국가의 능력에 얼마나 중대한 위협이 되는가를 보여주는 것이기도 하다.

러시아에서 부패는 그 뿌리가 깊을 뿐 아니라 다수의 러시아인은 그것이 제거될 수 없는 러시아 사회의 단면이라고 생각한다. 그러나 부패에 대한 비교연구는 정부와 대중의 기대를 변화시킴으로써 부패문화도 바뀔 수 있다는 점을 입증한다. 예를 들면 어떤 국가는 부패와의 전쟁을 위해 강력한 독립기관을 만들었다. 최고 권력 당국이 그러한 기관을 지원할 때 국민은 부패에 저항하고 그것에 연루되지 않으려고 하고, 정부관리는 행정서비스를 제공할 때 뇌물을 기대하지 않는다.90) 여기서 핵심은 정치지

---

88) Elena Ivanova, "Vzaitki otkatilis", *Vedomosti.ru*, February 6, 2008.

89) Nikita A. Krichevskii, "Aktual'nye predlozheniia na vechnuiu temu: kak dolzhna stroit'sia strategiia bor'by s korruptsiei", *Nezavisimaia gazeta*, June 11, 2008.

90) Susan Rose-Ackerman, *Corruption and Government: Causes, Consequences, and*

도자들이 부패와의 전쟁에 진정한 책임감을 갖고, 제도개혁과 지속적인 관심을 통해 이를 강화하는 것이다. 그러나 러시아에서는 부패혐의로 사법처리를 하는 대상이 이미 권력층의 눈 밖에 난 관리에게만 집중되어 있다는 사실을 고려할 때 부패를 근절하려는 당국의 책임감은 훼손되어 있는 것으로 보인다. 문제는 러시아 지도자들이 그러한 문제점을 인식하고 있는지가 아니라 과연 그러한 이슈를 해결하려는 정치적 의지를 갖고 있는가 하는 것이다.

3. 결론

공산주의체제의 종식 이래 법의 지배라는 이상을 향해 어느 정도 성과를 거두었음에도 러시아의 현황은 법의 지배보다 법에 의존한 통치에 더 가깝다. 법이 정치권력 및 행정권력의 우위에 있을 때 관료, 보안경찰, 대통령이 권력을 자의적으로 휘두를 수 있는 능력은 감소된다. 국가관리와 시민이 다 함께 법을 존중할 때 민주주의의 핵심요소라고 할 수 있는 시민의 솔선수범과 책임감이 확립될 수 있다. 이러한 요소야말로 러시아 사법개혁의 주도자들이 '법치국가'의 이상을 확산시키려고 한 이유다. 그러나 여타의 제도개혁과 마찬가지로 사법영역에서도 개혁의 성공 여부는 국가 최고위 지도자의 책임감에 달려 있다. 다시 말해 사법개혁의 성공은 최고지도자들이 단기적·정치적 이익을 위해 법을 남용하지 않고, 장기적인 안목에서 경제발전을 위해 법의 지배의 중요성을 인식하는 것을 필요로 한다. 또한 그것을 위해서는 정치적 다원주의의 발전이 필요하다. 그

Reform(Cambridge: Cambridge University Press, 1999), pp. 159~162.

러한 정치적 다원주의가 실현되면 정치적 영향력 발휘에 필요한 자원이 광범위하게 배분되는 한편, 사회집단이 국가관리를 감시하고 어떤 특정 집단이 법에 대한 접근을 독점하지 못하게 되는 것이다.

법치국가로의 변환이 내포하는 근본적인 함의 때문에 국가의 내부 및 외부에 견고하게 뿌리박힌 수많은 이해집단의 저항이 생겨났다. 어떤 경우 그러한 저항은 행정권력을 포기하는 것을 주저하는 관료의 태도에서 나온다. 또 다른 경우 방만하고 부패한 관행에 의해 자신의 개인적 부를 축적하는 공무원의 이익 추구 기회로부터 파생되기도 한다. 권력을 가진 자와 대중 가운데 다수는 법에 대해 회의적으로 생각하는 전통적인 태도 — 법은 단지 권력자의 도구에 불과하다는 견해 — 를 여전히 견지하고 있다. 그러나 국가관리와 일반 시민이 따라야 할 공정한 규칙의 집합으로서의 법의 개념에 대한 상당한 지지기반이 존재한다는 증거는 충분하다.

그러나 법의 지배를 실현하는 데에는 아직도 많은 장애물이 존재한다. 법집행기구의 비효율성과 부패, 조직범죄집단의 국가기관 침투, 러시아의 통치자와 국민 모두 법을 수단으로 여기는 오랜 관행 등이 법의 우위를 향한 발전에 지속적인 장애요소로 작용한다. 최근 국가는 사법부의 독립을 손상시키는 여러 가지 조치를 취해왔다. 푸틴과 메드베데프는 사법체계에서 효율성과 책임성을 강화하는 개혁을 지원했으나, 그들은 법의 지배를 앙양시키는 데 주안점을 두기보다는 법을 지역 엘리트 및 기업인의 이익으로부터 독립적인 것으로 만들고자 하는 데 더 큰 목적을 둔 듯하다. 러시아 정권이 정치적 목적으로 선별된 대상자들을 기소하기 위해 검찰, 국세청 기관 및 법원을 동원하는 행태와 극단주의 및 테러에 맞서 보안경찰의 권한을 강화시키는 새로운 법안은 크렘린이 사법체계에 대한 정치적 영향력을 가까운 장래에 포기하지는 않을 것이라는 점을 나타낸다고 할 것이다.

제9장

러시아와 국제사회

1,000여 년에 걸쳐 러시아에서 이루어진 팽창, 전쟁, 국가가 사회를 지배해온 역사는 전제주의적 지배와 국경 방어에 대한 집착이라는 유산을 남겼다. 20세기에 들어와 러시아 사회는 외부 세계와의 관계에 심대한 영향을 끼친 몇 가지 정신적 외상(trauma)을 경험했다. 1917년과 1991년 각각 체제 붕괴가 일어났으며, 두 차례의 세계대전은 수천만 명의 목숨을 앗아갔다. 소련 시기에는 내전과 스탈린의 테러로 또 다시 수천만 명이 희생되었다. 따라서 러시아인이 무정부적인 세계에서 국가성(statehood) 보존을 자국의 지상 과제로 간주하는 것은 당연한 현상이다. 마찬가지로 이러한 재앙의 역사 — 그 가운데 상당 부분은 자초한 것이지만 — 를 이해하면 러시아인들이 국가의 안보와 안정을 확실히 보장할 수 있는 지도자들에게 신뢰를 보내는 이유를 알 수 있다. 이는 또한 소련 해체 후 러시아 외교정책이 보여준 매우 실용주의적인 성향을 설명해준다. 다시 말해, 러시아 지도자들은 국제정치에서의 힘의 균형과 그 구도에서 러시아가 차지

하는 위치에 매우 민감한 경향을 보인다. 초강대국 지위를 상실한 것이 아무리 비통할지라도 러시아인들은 미국 또는 여타의 강대국과 갈등을 도발할 의사는 별로 없다.

러시아인들은 자국의 안보에 불안감을 많이 느낀다. 2009년 2월 실시한 여론조사를 보면 응답자의 37%가 러시아는 현재 외국의 군사적 위협에 직면해 있다고 생각한다.[1] 2007년 유럽연합의 후원으로 이루어진 설문조사에서는 러시아인 가운데 거의 절반이 유럽연합을 러시아에 위협 — 특히 금융과 산업 부문에서 — 적인 존재로 간주하고 있음이 밝혀졌다. 응답자의 단지 1/3만이 유럽연합을 러시아가 장기적인 관계를 발전시켜야 할 동반자이자 이웃이라고 생각한다.[2]

이러한 불안감의 일부는 외부세력이 체제의 변혁기에 있는 러시아의 취약성을 악용할지도 모른다는 두려움에서 나온다.[3] 러시아인들은 역사적 경험을 통해 내부의 혼란이 존재하는 시기에 외국이 러시아의 취약점을 이용하려는 시도를 할 수 있다고 생각하는 데 익숙하다. 체제의 붕괴와 사회적 무질서로 이어지는 역사의 과도기 현상 — 예컨대, 17세기 동란의 시기(Time of Troubles) 또는 제1차 세계대전 중이었던 1917년 일어난 로마노프 왕조의 붕괴, 그것이 초래한 2월 혁명 및 10월 혁명 등 — 은 외부세력으

---

1) 이 수치는 VTsIOM의 조사결과로 Polit.ru, February 24, 2009에서 인용.

2) 레바다센터의 웹사이트에서 인용. Levada Center, February 15, 2007. 조사결과 공개: 러시아인들의 유럽가치 수용(Release: reception of European values by Russians) 참조(http://www.levada.ru/press/2007021501.html).

3) 20세기를 통틀어 러시아인들이 외부 세계와 맺어온 관계의 양상을 보면 연속성이 매우 높다. 이에 대한 훌륭한 개관으로는 다음을 참조하라. Robert Legvold, "The Thress Russias: Decline, Revolution, and Reconstruction", in Robert A. Pastor (ed.), *A Century's Journey: How the Great Powers Shape the World*(New York: Basic Books, 1999), pp. 139~190.

로 하여금 러시아에 개입해 러시아가 통치하던 영토를 점령하도록 유혹했다. 오늘날 많은 러시아인은 1980년대 후반과 1990년대 초반의 러시아 상황을 그와 유사한 시각으로 본다. 다시 말해 러시아인은 서구에 양보하고, 의도적으로 연방 해체를 허용하고, 공산당의 통치를 포기시킨 고르바초프가 러시아의 힘을 약화시키고, 국제적으로 치욕을 당하게 만들었으며, 서구의 지령에 종속되게 만들었다고 믿는다. 서방이 러시아의 전통적인 영향력의 범위를 빼앗으려고 애쓰고 있다는 광범위한 믿음이 러시아가 외부세력에 의심의 눈초리를 보내는 주된 원천이다. 여기서 말하는 러시아의 영향력 범위는 동유럽권 국가를 포함하는데, 특히 소련 지역 국가를 의미한다. 러시아인들의 미국에 대한 의심은 특히나 널리 퍼져 있다. 18세와 19세의 젊은이들을 대상으로 실시한 설문조사에 따르면 거의 80%의 응답자가 미국이 세계의 다른 국가에 그들의 규범과 생활방식을 강요하려 한다고 믿는다. 또한 거의 70%의 응답자는 미국이 "해로운 것보다는 이로운 것을 더 많이 가져다준다"라는 주장에 찬성하지 않는다고 했다.[4] 일반 시민을 대상으로 한 설문조사를 보면 러시아인 가운데 미국의 중앙정보부(CIA)를 테러집단으로 보는 부류(30%)와 그렇지 않다고 보는 부류(32%)가 거의 비슷하게 나타난다.[5]

푸틴-메드베데프 외교정책은 소련의 국가체제가 붕괴한 후 러시아에 만연한 상실감과 불안감에 대응해왔다. 1999~2008년까지의 세계적인 국제유가 상승은 그러한 노력을 강화시켰으며, 2008년 10월의 국제유가 급락은 그러한 노력을 약화시켰다. 오늘날 러시아 정부의 정책은 소련 시기

---

4) Sarah Mendelson and Theodore Gerber, "Glavnyi vrag rossiiskoi molodezhi", InoPressa, August 23, 2007, http://www.inopressa.ru/print/wp/2007/08/03/13:08:26/vrag

5) *RFE/RL Newsline*, October 16, 2007.

와 달리 세계 자본주의 경제체제로부터 스스로를 고립시키려 하지 않는다. 또한 러시아는 글로벌 초강대국 지위를 놓고 미국과 경쟁을 벌이고자 하지도 않는다. 하지만 러시아는 소련 지역에서만큼은 자신의 영향력을 증대시키고자 한다. 이러한 입장 때문에 러시아는 딜레마에 빠져 있다. 즉, 러시아가 자신의 주변 지역에서 영향력을 확대함에 따라 러시아의 국경지대에 근접한 국가는 러시아로부터의 위험을 회피하기 위한 전략으로 미국 및 중국과의 관계 증진을 도모한다는 것이다.

따라서 러시아와 일부 이웃 국가 사이에는 일종의 고전적인 '안보 딜레마'가 생겼다. 안보 딜레마 상황에서는 어느 한 국가가 다른 국가로부터의 압박에도 견딜 수 있는 능력을 증가시키려는 노력을 기울일 경우 이 노력이 반대로 상대 국가에는 위협을 증가시키는 행동으로 보인다. 따라서 그 나라는 자신의 안보를 강화하기 위한 행동을 취하는 바, 그러한 행동은 당초에 안보능력을 증대시켰던 그 국가의 안보를 희생시키는 결과를 초래한다. 냉전 시기 미국과 소련 사이에 벌어진 핵무기 군비 경쟁은 그러한 안보 딜레마의 아주 좋은 예라고 할 것이다. 상대 국가가 대규모 핵 보복 능력을 갖춘 상황에서는 어느 국가도 안보를 달성할 수 없었으며, 이러한 상황은 쌍방으로 하여금 공격에 견딜 수 있을 정도의 핵무기를 만들려는 노력을 갑절로 쏟아붓도록 만들었다.

러시아와 남쪽의 이웃 국가인 조지아도 안보 딜레마의 덫에 갇혔다. 조지아는 러시아의 지배를 두려워한 나머지 러시아에 대항해 미국 및 NATO와 연합했다. 이에 대응해 러시아는 조지아에 대한 압력을 증대시켰다. 급기야 2008년 8월 양국 간 전쟁이 발발했다. 조지아 영토 내 2개의 소수민족 거주지인 압하지아와 남오세티아를 둘러싼 분쟁이 좀 더 직접적인 전쟁의 발단이라고 할 수 있다. 압하지아는 흑해 연안에 위치한 반면 남오세티아는 러시아의 남쪽에 인접해 있다.(사실상 남오세티아는 러시아의 소수민족 자치공화국인 북오세티아와 국경을 맞대고 있다.) 이 두 소수민족 거주지는 1990년대 초 조지아로부터의 독립을 선언했다. 물론 조지아 정부는 이를 인정하지 않았다. 1990년대 초반 이 두 소수민족 거주지의 군대와 조지아 군 사이에 전쟁이 발발한 적이 있다. 일단 평화상태가 회복된 후에는 러시아가 두 지역에서 평화유지군을 운영했다. 러시아는 그 후 오랫동안 이 지역을 국가로 승인하지 않았으나 각 지역에서 군사 및 경제 지원체계를 구축했다. 이들 거주지의 정치적 지위를 놓고 지역 지도자들과 조지아 정부의 대화는 실패로 끝났다. 조지아는 조지아 국가체제 내에서 이들 지역의 광범위한 자치를 부여할 용의가 있었지만 지역 지도자들은 완전한 독립을 요구하면서 조지아 정부의 제안을 거부했다.

2008년 8월 조지아는 남오세티아에 대한 지배를 다시 확립하기 위해 군사적 공격을 개시했다. 조지아군은 남오세티아의 수도인 츠힌발리(Tskhinvali)와 다른 지점에 대한 공습을 실시했는데, 이는 분명 러시아가 대응하기 전 이 지역을 점령할 수 있을 것으로 기대한 결과다. 조지아의 공격으로 남오세티아 군인 및 민간인, 조지아 민간인 및 군인, 그리고 러시아 평화유지군 사이에 사상자가 발생했다. 그러나 조지아군의 공격을 예상했음이 명백해 보이는 러시아는 단호하게 대응해 남오세티아에 있던 조지아군을 격퇴시켰을 뿐 아니라 압하지아에 있던 조지아군도 몰아냈으며, 양 지역 주변에 존재하던 완충 지역도 점령해버렸다. 국제사회의 긴급 외교 개입이 이루어진 이후에 러시아는 압하지아와 남오세티아에서 군대를 철수시켰다. 휴전 직후 러시아는 양 지역의 독립을 승인했다. 하지만 러시아를 제외하고는 니카라과와 팔레스타인의 하마스 그룹만이 이들 지역의 정치적 독립을 승인했을 뿐이다.

국제사회의 관찰자들은 러시아의 행동은 침략행위이거나, 아니면 최소한 과잉대응이라고 비난했다. 동시에 많은 관찰자들은 조지아의 대통령이 어리석게도 러시아의 그러한 대응을 도발했다고 비판했다. 러시아의 승리는 여러 면에서 속빈 강정이었다. 이 전쟁으로 러시아는 조지아에 군사적인 교두보를 얻었지만 그것은 결코 러시아의 지역안보 또는 국제적 위신을 증강시켜주지 못했기 때문이다. 5일간의 러시아-조지아 전쟁으로 구소련 지역에서 영향력을 확대하려는 동시에 국제사회에서 책임있는 강대국의 위치를 인정받고자 하는 러시아의 딜레마는 더욱 부각되었다. 이 전쟁은 러시아가 주변 영향력의 범위 내에서 자신의 힘과 안보를 팽창시키기 위한 일방적인 행동을 감행한다면 반발을 불러 일으켜 결국 러시아의 안보를 더욱 불안하게 만든다는 현실을 보여주었다.

1. 에너지: 권력 수단

러시아-조지아 전쟁은 직접적으로 군사력이 개입되었다는 점에서 예외적인 사건이었다. 소련 지역에서의 초강대국 지위를 재건하려는 러시아의 노력에서 나타난 전형적인 형태는 정치적인 영향력을 위해 에너지 자원을 이용하는 것이었다. 러시아는 스스로 '근외지역'으로 표현하는 소련 지역의 경제 및 인프라에 대한 지배권을 강화하기 위해 이러한 에너지 자원을 이용해왔던 것이다. 러시아는 소련이 남긴 에너지와 수송 인프라가 긴밀하게 통합되어 있는 것을 활용한다. 2003년 당시 국방장관이 언급한 바와 같이 "CIS는 우리의 안보에 핵심적으로 중요한 지역이다. 이 지역에는 약 1,000만 명의 우리 동포가 살고 있으며 우리는 이 지역에 국제시세보다 싼 가격으로 에너지를 공급한다. 이 지역의 문제를 해결하는 데 다른 모든 수단이 고갈되는 상황이 온다면 우리는 군사력을 사용할 수 있는 권리를 포기하지 않을 것이다". 푸틴은 같은 날 다른 도시에서 행한 연설에서 러시아는 소련 지역의 파이프라인 통제권을 결코 포기하지 않을 것이라고 선언했다. 푸틴의 언급에 따르면 이들 파이프라인은 소련체제가 건설했으며, 오직 러시아만이 이러한 파이프라인 시스템 — 심지어 러시아 영토의 바깥에 존재하는 구간을 포함해 — 의 운영을 유지할 수 있다는 것이다.[6)]

확실히 러시아는 소련 지역을 자신의 국익 범위에 들어가는 곳으로 간주한다. 러시아-조지아 전쟁 뒤인 2008년 8월 러시아 언론과의 한 인터뷰에서 메드베데프 대통령은 러시아에는 "특권적인 이익(priviliged interests)이 있는 지역이 있다"라고 선언했다. 그는 또한 다음과 같이 덧붙였다.

> 이들 지역에는 우리가 전통적으로 우호적이고 돈독하며, 역사적으로 특별한 관계를 맺고 있는 국가가 존재한다. 우리는 이 지역에서 매우 세심하게 활동할 것이며, 이들 국가를 비롯한 근린 국가와 각별한 우호관계를 발전시킬 것이다.

메드베드프는 어느 기자로부터 러시아가 높은 우선권을 두는 지역은 국경을 접하고 있는 곳인지에 대한 질문을 받고 다음과 같이 설명했다. "그 지역은 물론 국경과 인접한 지역이다. 그러나 반드시 국경을 접하고 있는 지역만은 아니다".[7)] 메드베데프가 말하는 국경을 접하지 않는 곳이 어느 지역인지는 분명하지 않다. 하지만 그 지역 가운데에는 세르비아가 포함될 가능성이 있다. 어쨌든 메드베데프는 포스트소비에트 러시아 외

---

6) 같은 글, October 10, 2003.

7) 2008년 8월 31일 실시된 인터뷰의 대본에서 인용한 것으로 다음의 웹사이트에 공개되어 있음(http://kremlin.ru/text/appears/2008/08/205991.shtml).

교정책의 핵심을 재확인해주었다. 즉, 소련 지역은 러시아가 특별하고 '특권적인' 이익을 갖고 있는 지역이라고 믿는 영역이다. 이는 미국이 라틴아메리카에 대해 그들이 배타적인 특권을 갖고 있는 지역이라고 선포한 1823년의 먼로독트린(Monroe Doctrine)의 경우와 흡사하다.

러시아는 구소련 지역에 대한 영향력을 구축하고 유지하는 유력한 수단으로 에너지 자원을 활용했다. 이는 부분적으로 기본적인 지정학적 현실을 반영한 결과다. 즉, 러시아는 경제를 지탱하기 위해 에너지를 수출해야 한다는 것이다. 따라서 러시아의 경제성장과 강대국으로서의 지위는 석유와 천연가스 수출을 지속할 수 있는지 여부에 달려 있다. 이러한 현실은 러시아가 세계시장으로 석유와 가스를 수출할 수 있는 믿을 만한 방법 확보에 의존한다는 것을 의미한다. 비슷한 양상으로 유럽은 러시아로부터 수입하는 에너지, 특히 러시아로부터 도입한 가스에 의존한다. 러시아산 천연가스는 유럽 전체 가스 소비량의 약 1/4을 차지한다.

따라서 러시아와 그 이웃 국가는 석유 및 가스 수송로의 안전을 확보하는 일에 중점을 둔다. 예를 들면 러시아에서 유럽으로 수출하는 가스의 3/4은 우크라이나를 경유하고 그 나머지 수송로의 대부분은 벨라루스를 통과한다. 따라서 러시아는 우크라이나 또는 벨라루스가 가스를 다른 쪽으로 빼돌린다든가 수출을 봉쇄할 가능성 — 실제로 일어난 바 있음 — 을 깊이 우려한다. 따라서 파이프라인 인프라에 대한 통제권을 강화하기 위해 에너지를 이용하는 전략을 쓰는 하나의 이유는 아무런 방해를 받지 않고 유럽시장에 자유롭게 접근할 수 있는 권한을 보장받기 위함이다. 러시아와 유럽 양자는 기존의 파이프라인 경로에 너무 많이 의존하지 않도록 하기 위해 최근 들어 러시아에서 서유럽으로 가스를 수송하는 새로운 대체 파이프라인 경로를 제안했다. 더구나 러시아는 일본 및 중국과 석유 및 액화천연가스(LNG)를 위한 새로운 주요 에너지 협정을 체결함으로써 소비국을 다양화하고자 노력한다.

푸틴 집권기에 국영 및 준국영 에너지 기업은 옛 소련 지역에서 영향력을 확대하고자 하는 러시아의 전략적 수단으로 변모했다. 이러한 기업 가운데 가장 큰 규모를 자랑하는 기업은 국영가스 독점회사인 가스프롬이다. 가스프롬은 거대한 조직체다. 이 회사는 40만 명 이상의 종업원을 거느린다. 그해 하반기에 에너지 가격이 급락하기 전 최고 정점에 이르렀을 때인 2008년 5월 당시 가스프롬의 시장가격은 약 3,630억 달러에 달함으로써 당시 세계 상장기업 가운데 5위를 기록했다.[8] 대통령이 되기 전까지 가스프롬의 이사회 의장을 지냈던 메드베데프의 말에 따르면 가스프롬이라는 일개 기업이 낸 세금이 러시아 연방정부 예산 수입의 20%나 차지했다.[9] 가스프롬은 기업 지배 구조의 투명성을 개선하기 위해 일부 조치를 취하기도 했다. 하지만 외국의 분석가들이나 일부 러시아 관리들은 이 거대 국영기업이 아직도 개혁에 저항하고 운영을 현대화하는 데 주저한다고 비판한다.[10] 가스프롬은 러시아에서 천연가스의 채굴, 가공, 수송 및 분배에서 거의 완전한 독점 구조를 유지하고, 여러 차례의 기업 인수를 통해 이제는 석유 부문에서도 거대 기업의 하나로 자리 잡았다. 가스프롬은 러시아 내의 전체 가스관 시스템뿐 아니라 이웃 국가에 가설된 가스관의 상당 부분을 소유, 통제한다. 근년 들어 가스프롬은 러시아 주변 국가에 판매하는 가스가격을 상당히 올렸으며, 소련 시기에 제공하던 가스 공급에 대한 보조금 지급을 점차 폐지하면서 이를 세계시장가격에

---

8) http://lenta.ru/news/2008/05/27/npf/. 2008년 5월부터 같은 해 10월까지 가스프롬의 주가는 71%나 하락했다.

9) http://lenta.ru/news/2008/05/27/npf

10) Jonathan Stern, "The Future of Russian Gas and Gazprom", *Oxford Energy Forum*, November 2005, p.14.

좀 더 근접시키려고 노력해왔다. 러시아의 정치지도자들과 가스프롬 경영자들은 이러한 결정이 시장의 동향에 근거를 둔다고 주장하지만, 가격 인상을 통해 가스프롬은 가격 협상의 일환으로 이웃 가스관 통과 국가의 파이프라인에 대한 좀 더 큰 통제권을 획득할 수 있었다.

예를 들면 가스프롬은 우크라이나에 대해 1,000m^3 당 50달러의 가격으로 천연가스를 공급해왔었다. 그 이후 2006년부터 새로운 계약을 위한 협상이 시작되면서 가스프롬은 우크라이나에 공급하는 천연가스가격을 서유럽 소비자에게 공급하는 가격에 육박하는 220달러로 인상했다. 가스프롬은 우크라이나가 러시아에 가스 대금을 납부하는 대신 가스프롬에 우크라이나 가스관 일부에 대한 통제권 또는 우크라이나 기업의 지분을 넘길 것을 요구했다. 하지만 우크라이나는 이 요구를 거절했다. 2006년 1월 1일까지도 새로운 계약이 체결되지 않았다. 이에 러시아는 우크라이나로의 가스 공급을 끊었고, 우크라이나는 유럽으로 향하는 러시아의 천연가스 공급을 차단했다. 마침내 협약이 성사되었다. 러시아는 주식지분의 절반은 가스프롬이 소유하고 나머지 절반은 그 소유자들이 조직범죄단체에 연루된 혐의로 미국과 우크라이나 당국의 수사를 받던 기업이 소유하는, 일종의 유령 공급회사(shadowy supply company)를 통해 할인된 가격으로 우크라이나에 가스를 공급하기로 했다.[11] 이와 유사하게 가스프롬은 몰도바, 발트해 연안국, 조지아, 아르메니아, 벨라루스 등에 공급하는 천연가스의 가격도 인상했다. 여러 사례에서 가스프롬은 가스 공급가에 상당한 할인을 해주는 대가로 협력국 내의 파이프라인 회사 주식지분을 획득하는 협상을 추진했다. 현재 가스프롬은 유럽으로 향하는 벨라

11) Tom Warner, "RosUkrEnergo Hits at Critics by Naming Owners", *Financial Times*, April 27, 2006.

루스 영토 경유 가스관 지분의 대부분을 소유하고, 아르메니아를 통과하는 가스관 전체를 소유했다. 이제 남아 있는 큰 경품 보따리는 우크라이나 가스관인데, 가스프롬은 우크라이나 파이프라인 시스템에 대한 좀 더 많은 통제권을 획득하기 위해 가스가격 양보라는 협상의 지렛대 사용을 시도한다.[12)]

러시아는 또한 이웃 국가의 전력망에 대한 통제권을 강화시켜왔다. 러시아 국영 전력회사인 통합에너지시스템(UES)은 해외의 자회사를 통해 아르메니아의 전력 생산 기업 및 송전시스템을 매입했다.[13)] UES는 조지아 및 몰도바를 포함한 여타 국가의 전력회사 주식지분의 상당 부분도 획득했다. 또한 이 회사는 불가리아, 루마니아, 터키 등 몇몇 다른 국가뿐 아니라 라트비아, 리투아니아, 우크라이나, 타지키스탄, 키르기스스탄의 전력회사 지분까지 확대하려고 한다.[14)]

러시아가 자신의 경제력을 정치력으로 전환하는 데 성공함으로써 많은 러시아인은 러시아의 지배권 아래 구소련 지역을 재건설하고자 하는 욕심을 표출했다. 2003년 말 어느 전직 KGB 의장은 "만약 우리가 소련을 재통합하지 않는다면 우리에게 미래는 전혀 없다"라는 취지의 언급을 한 것으로 보도되었다. 대중의 사랑을 받았던 비상상황부(Ministry of Emergency Situations)의 세르게이 쇼이구(Sergei Shoigu) 장관은 여당인 통합러

---

12) 2010년 친러 성향의 대통령으로 선출된 빅토르 야누코비치(Viktor Yanukovych)는 낮은 가격에 러시아 가스를 공급받는 조건으로 우크라이나 가스관 운영에 대한 통제권을 가스프롬이 포함된 컨소시엄에 매각할 용의가 있다는 의견을 표명했다. Andrew E. Kramer, "Seeking Lower Fuel Costs, Ukraine May Sell Pipelines", *New York Times*, March 24, 2010.

13) *RFE/RL Newsline*, September 27, 2006.

14) *RFE/RL Business Watch*, September 23, 2003.

시아당의 선거운동을 벌이면서 "우리가 소련의 국경 내에 존재하는 하나의 거대한 국가에서 살게 될 날을 보고 싶다"라고 말하기도 했다.[15] 크렘린과 가까운 어느 정치전략가는 러시아가 21세기에 접어들어 번영을 누릴 수 있는 유일한 길은 러시아의 자연적인 '역사적·지정학적 지역'인 포스트소비에트 공간을 지배하는 것이라고 천명했다. 또 다른 어느 전략가는 푸틴이 '조국을 오직 위대한 러시아'로 만들 수 있는 영감을 주는 새로운 프로젝트를 러시아인에게 제시해야 한다고 주장했다. 덧붙여 그는 "역사는 우리에게 다른 어떠한 선택지도 남기지 않았다"라고 주장했다.[16] 2004년 카자흐스탄의 레프 구밀레프 대학교(Lev Gumilev University)에서 행한 연설에서 푸틴 스스로도 CIS 회원국은 "이제 소련의 붕괴와 더불어 상실한 것을 회복하기 위해 노력하는데, 다만 그러한 노력은 새롭고 현대적인 기반에 입각해 있다"라고 말했다.[17]

2. CIS와 그 파생조직

일부 지도자들은 CIS가 새로운 (소비에트) 연방의 부활을 위한 조직의 틀이라는 역할을 담당할 수 있을 것이라는 입에 발린 말을 하지만, 실제로 러시아는 그러한 목적을 위해 거의 투자하지 않았다. 제1장에서 살펴

---

15) *RFE/RL Newsline*, December 1, 2003.

16) 같은 글, January 5, 2004.

17) 저명한 시인인 안나 아흐마토바(Anna Akhmatova)의 아들인 레프 구밀레프(Lev Gumilev)는 '유라시아주의'를 유행시킨 역사학자이자 철학자다. 유라시아주의는 러시아의 유럽적 유산, 정체성과 반대되는, 중앙아시아 및 몽골민족과의 연계를 강조하는 지적인 운동이다.

▎표 9-1 _ 2008년 현재 옛 소련 국가의 인구 및 소득(발트국가 제외)

(단위: 백만 명, 달러)

국가		인구	구매력 기준 1인당 GDP *
러시아 연방		141.95	14,706
서부 근린 국가	우크라이나	46.25	6,721
	몰도바	3.6	2,704
	벨라루스	9.68	11,340
캅카스 지역	아르메니아	3.08	5,611
	아제르바이잔	8.68	8,100
	조지아	4.3	4,586
중앙아시아	카자흐스탄	15.67	10,458
	키르기스스탄	5.28	2,025
	타지키스탄	6.84	1,761
	투르크메니스탄	5.04	6,119
	우즈베키스탄	27.31	2,455

* 2005년 불변가격.
자료: World Bank, "World Development Indicators".

본 것처럼 CIS는 소련의 해체 무렵 러시아, 우크라이나, 벨라루스의 지도자 사이에 맺어진 협정에 따라 1991년 12월 창설되었다. 옐친과 그의 동료들은 새로운 협력의 틀이 만들어질 때까지 CIS를 소련 국가를 연결시켜주는 끈과 같은 수단으로 간주했다. 다수의 러시아 지도자들은 소련의 해체는 일시적인 현상이며, 옛 소련 국가들이 혼자 힘으로는 생존할 수 없다는 것을 깨닫게 되면 국가연합이 새로운 형태로 복원될 것이라고 생각했다. 러시아뿐 아니라 소련의 다른 후계국가도 강력한 CIS 건설에 흔쾌히 나서지 않았다. 러시아는 자신의 광범위한 국내 정치 및 경제개혁을 수행하는 데 여념이 없었으며, 다른 국가는 CIS를 강화하면 러시아의 지배력이 더욱 커질 수 있다는 점을 우려했다. 어쨌든 CIS는 회원국 간에 정기적인 협의를 위한 느슨한 구조 그 이상이 되지 못했다.

러시아에 비해 현격하게 떨어지는 다른 CIS 회원국의 국력과 국가 규모가 CIS의 통합력과 조정능력에 주요 장애가 된 것은 분명해 보인다. 러시아의 인구 규모는 2위 우크라이나의 3배다(〈표 9-1〉 참조). 러시아는 자신의 직접적인 통제하에 있지 않은 기구에 대해서는 주권을 양도하려고 하지 않았으며, 여타 CIS 회원국 역시 러시아가 통제하는 기구에 국가 주권을 양도하려고 하지 않았다. 이러한 이슈는 소련이 정치적 행위자로서의 러시아 공화국의 지위를 좀 더 큰 상위조직인 소련의 국가체제에 종속시키고, 국가권력을 공산당이 지배하는 소련 국가 구조에 집중시킴으로써 그 기능을 발휘할 수 있었다는 점을 명확히 보여준다. 이러한 이유로 소련 해체 무렵 러시아 공화국이 소련 영역을 포기하지 않았다면 민주국가가 될 가능성은 아마도 없었을 것이다. 그러나 러시아 공화국 없이는 소련도 불가능했다는 것은 말할 것도 없다.

CIS가 심화된 통합을 이루지 못한 또 다른 이유는 회원국 가운데 일부가 러시아를 잠재적인 위협으로 간주하고 서구 및 중국과 안보 및 경제적 동반자 관계를 형성함으로써 스스로를 지키려고 하기 때문이다. 소련의 공화국이었지만 CIS에 가입한 적이 없는 에스토니아, 라트비아, 리투아니아(미국은 이들 국가를 소련의 공화국으로 인정한 적이 없음)는 현재 NATO 회원국이며 CIS 회원국이었던 우크라이나와 조지아는 NATO 가입을 추구해왔다.[18] 몇몇 CIS 회원국은 러시아에 대한 균형추로서 느슨한 연맹체인 구암연합(GUUAM)[19]을 결성했다.

더구나 미국은 옛 소련 지역에서 그들의 존재감을 드러냈다. 2001년 9월 11일 알카에다가 조종하는 테러분자들이 미국에서 일으킨 9·11테러 이후 미국은 중앙아시아의 소련 공화국인 키르기스스탄과 카자흐스탄[20]의 공군시설을 사용할 수 있는 권리를 얻기 위해 노력한 끝에 이를 성사

18) 조지아는 2008년 러시아와의 전쟁 이후 공식적으로 CIS에서 탈퇴했다. 한편, NATO는 양국이 궁극적으로 회원국이 될 것이라는 전망을 내놓았다.

19) 조지아, 우크라이나, 우즈베키스탄, 아제르바이잔, 몰도바 등이 회원국이다.

20) 옮긴이 주: 우즈베키스탄을 잘못 표기한 것으로 보인다.

시켰다. 이처럼 공군기지 사용권을 획득하고자 했던 직접적인 이유는 아프가니스탄 내의 탈레반정권에 대한 미국의 공습을 지원하기 위한 것이었다. 탈레반 세력을 제거하는 것이 안보상 이익에 도움이 된다는 점을 인식해 러시아는 한시적이고 한정된 공간에 국한한다는 전제하에 미군의 중앙아시아 주둔을 받아들였다. 미국은 또한 조지아의 군사력을 증강시키기 위해 군사훈련 전문가를 파견했는데, 이는 명백하게 미국이 러시아의 반대를 무릅쓰고 조지아를 지원할 것이며, 미국이 조지아에 적극적인 군사 원조를 제공할 것이란 점을 재확인시켜주는 것이었다.

러시아는 자신의 이웃에 미국이 진출해 있는 것에 점차 분노하기 시작했다. 메드베데프 대통령은 2008년 11월 의회에서 행한 연설에서 그러한 적대감을 표출했다. 이 연설에서 메드베데프는 미국이 중앙아시아 국가에 건설한 여러 군데의 미군기지, 미사일방어시스템, '무제한적인' NATO의 팽창, 다른 '여러 가지 선물' 등의 카드로 러시아를 포위하려 한다고 비난했다. 그는 미국이 흑해로 NATO 해군 군함을 진입시키기 위한 구실을 찾기 위해 조지아 전쟁을 일부러 도발했다고 비난하면서 조지아 전쟁과 글로벌 금융위기는 '매우 상이한 문제 두 개'이지만 '한 가지 공통적 기원'을 지닌다고 언급했다. 그것은 바로 둘 다 세계에 자신의 의지를 강요하고자 하는 미국의 정책이라는 공통점이다.[21] 아마도 러시아의 입장에서 가장 위협적인 시나리오는 우크라이나가 NATO에 가입하는 것이다. 러시아인은 만약 멕시코가 러시아 주도의 군사동맹체에 가입한다면 미국도 비슷한 반응을 보일 것이라고 본다.

CIS 회원국마다 외교정책이 서로 다르고, NATO와 미국 세력이 옛 소

---

21) 2008년 11월 5일 의회에서 행한 대통령의 국정연설(http://www,kremlin.ru/appears/2008/11/05/1349_type63372type62634_208749.shtml).

련 지역으로 동진했기 때문에 CIS는 소련 붕괴 이후 생겨난 공백을 메울 수 있는 새로운 국가 구조로 발전하지 못했다. 따라서 푸틴과 메드베데프 정부는 그 대신 특정한 임무가 있는 CIS의 하위조직을 통해 통합해나가는 노력을 선택했다. 이 중 네 가지가 특히 중요한데, 벨라루스와 러시아의 이른바 '국가연합', 유라시아 경제공동체(Eurasian Economic Community: EEC), 집단안보조약기구(Collective Security Treaty Organization: CSTO), 상하이 협력기구(Shanghai Cooperation Organization: SCO) 등이 그것이다.

1) 러시아-벨라루스 국가연합

러시아와 서부국경의 작은 이웃나라인 벨라루스의 지도자들은 1990년대 중반 이래 국가연합을 창설하려는 시도를 간헐적으로 해왔다. 독재적 지도자 알렉산드르 루카셴코(Alyaksandr Lukashenka)가 벨라루스를 통치하는데, 그는 벨라루스와 러시아가 합쳐진 국가연합에 자신의 정치적 미래의 희망을 걸었다. 만약 양국 간 국가연합이 성사된다면 루카셴코 자신의 정치적 입지가 러시아 대통령과 동급으로 격상될 수 있을 뿐 아니라 어려워진 벨라루스 경제가 러시아와 연계될 수 있을 것으로 기대되었다. 1996년부터 1999년까지 여섯 차례에 걸쳐 옐친 러시아 대통령과 루카셴코 벨라루스 대통령이 과시적인 기념식을 가지면서 양국의 통합을 약속하는 협정서에 서명했다.[22] 서류상으로는 합동의회와 같은 새로운 제도가 만들어졌으나 어느 국가도 국가연합에 실질적인 권력을 선뜻 양도하려 하지 않았다.

---

22) 양국 대통령이 협정 또는 조약에 서명한 날짜는 1996년 4월 2일, 1997년 4월 2일, 1997년 5월 23일, 1998년 12월 28일, 1999년 12월 8일 등이다.

2002년 푸틴 대통령은 러시아가 자신의 정치적 또는 경제적 이익을 희생시키면서까지 벨라루스와의 국가연합을 추진하지 않을 것이라는 명백한 사항을 지적함으로써 국가연합 창설 구상에 찬물을 끼얹었다. 그 이후 2006년 말 러시아는 벨라루스에 공급하는 천연가스가격을 2배로 인상하는 동시에 벨라루스에 공급하는 석유에 상당한 액수의 수출세를 신규로 부과함으로써 양국관계는 더욱 침체되었다. 처음에 벨라루스는 러시아산 천연가스가격 인상을 거부하고, 자국 영토를 통과하는 송유관에 통과세를 부과했다. 이에 러시아는 벨라루스가 자국을 경유해 유럽으로 석유를 수송하는 송유관으로부터 기름을 무단으로 뽑아 쓴다고 비난하면서 벨라루스로의 석유 공급을 3일간 차단했다. 그러자 벨라루스는 유럽으로 가는 송유관의 밸브를 닫아버렸으며, 이는 유럽 전체에 충격파를 던졌다. 이 사건은 러시아-벨라루스 국가연합이 망상에 가까운 성격을 가졌다는 사실과 러시아가 자신이 설정한 에너지 구매조건을 이웃 국가들이 받아들이도록 강요하는 강압적인 전술을 마다하지 않고 사용할 용의가 있음을 극적으로 보여주었다. 러시아가 특별한 정치적 관계를 유지하기 위해 벨라루스에 저렴한 가격으로 에너지 보조금을 계속 지급할 뜻이 없었다는 것은 분명하다. 푸틴은 만약 벨라루스가 러시아와 통합되기를 원한다면 벨라루스는 러시아와 대등한 하나의 국가가 아니라 러시아 연방주체 구성원 가운데 하나로 들어와야 한다는 점을 분명히 했다.

2) 유라시아 경제공동체

CIS의 산하기구로서 러시아, 벨라루스, 카자흐스탄, 키르기스스탄 및 타지키스탄 등 5개국으로 구성된 관세동맹이 창설되었다. 이 관세동맹의 목적은 관세장벽을 제거함으로써 회원국 사이의 거래를 활성화하는 데 있었다. 2000년에는 이 관세동맹 회원국이 유럽공동체(EU)를 모델로 삼아 '유라시아 경제공동체'를 결성했다. 의사결정에서 투표권 가중치 제도를 채택함으로써 러시아는 의사결정 능력에서 월등한 지위를 누린다. 회원국 간 관세장벽을 철폐하는 것 외에 이 그룹은 에너지 협력 이슈에 관해서도 논의한다. 비록 EEC가 아직 제대로 된 경제공동체로 발전하지는 못했지만 그 틀 안에서 러시아, 벨라루스 및 카자흐스탄 등 3개국은 2009년 12월 새로운 관세동맹을 창설하기 위한 조약에 서명했다. 새 관세동맹은 이들 3개국 간 무역관계에 실질적인 영향력을 발휘하지는 않을 것으로 보인다. 예를 들어 러시아는 벨라루스에 수출하는 석유에 대한 수출세를 철폐하지 않았다. 마찬가지로 벨라루스의 식품과 다른 산업은 국가에 의해 상당한 정도로 보호되었으며 만약 러시아로부터 들어오는 수입제품에 대한 관세장벽이 철폐될 경우 벨라루스의 산업은 황폐화될 것이다. 더구나 2009년 당시 총리이던 푸틴이 러시아가 벨라루스, 카자흐스탄과 함께 하나의 블록으로서 세계무역기구에 가입할 것이라는 깜짝 선언을 했다가 불과 몇 달 뒤 그 계획을 슬그머니 포기한 사실을 보면 새로운 관세동맹의 위상이 더욱 불분명해진다.[23]

3) 집단안보조약기구

EEC가 적어도 형식적으로는 포스트소비에트형 유럽공동체라고 한다면 집단안보조약기구는 포스트소비에트형 NATO라고 할 수 있다. CSTO

---

23) Ira Iosebashvili, "Putin Ditches Unilateral WTO Bid", *The Moscow Times*, July 1, 2010; Sergei Kulikov, "Ritual'no-tamozhennyi soiuz", *Nezavisimaia gazeta*, December 1, 2009; Alex Anishyuk, "Plan to Join WTO with Customs Union Abandoned", *The Moscow Times*, April 15, 2010.

는 전신이었던 1992년 만들어진 타슈켄트 조약을 바탕으로, 2003년 4월 창설되었다. 이 조직은 집단안보를 주목적으로 하며 안보 위협에 대한 집단적 대응 원칙을 추구한다. 러시아, 아르메니아, 벨라루스, 카자흐스탄, 키르기스스탄, 타지키스탄 등 이 조직의 회원국은 소련의 통합 방공망의 일부 요소를 유지했다. 회원국은 또한 러시아의 낙하산 부대를 핵심전력으로 하는 신속배치군을 창설하기로 합의했다. CSTO의 역할은 제한적이었다. 이 조직은 회원국 사이에 테러분자의 위협에 대한 대응책 협의를 촉진하는 역할을 했고,[24] 러시아에 중앙아시아의 군사기지를 확대할 수 있는 기회와 NATO 팽창에 대한 경고와 같은 정치적 선언의 장을 제공해 주었지만, SCO 때문에 집단안보기구로서의 위상은 빛을 잃었다.

4) 상하이협력기구

SCO는 러시아, 중국, 카자흐스탄, 키르기스스탄, 우즈베키스탄 및 타지키스탄을 포함한다. 이 조직은 국경을 넘나드는 마약 및 무기 밀거래, 테러분자의 이동 등의 문제를 다루는 등 회원국 간 안보정책을 조정하기 위한 목적으로 창설되었다. 이 조직은 2001년 창설되어 빠르게 발전했다. 회원국의 정부 수반이 회동할 때 인도, 파키스탄, 이란의 정상들도 옵저버 국가로 참석한다는 사실에서 SCO의 중요성을 알 수 있다.[25] SCO는

---

24) Fiona Hill, "The Eurasian Security Environment", Testimony before the US House of Representatives Armed Services Committee Threat Panel, September 22, 2005, p. 7; Alexander Gabuev, "Sammit v Kremle vyshel blokom", *Kommersant*, February 5, 2009.

25) Fred Weit, "Russia, China Looking to Form 'NATO of the East'?" *Christian Science Monitor*, October 26, 2005, http://www.csmonitor.com/2005/1026/p04s01-woeu

가상 테러위협에 대응하기 위한 합동 군사훈련 및 연습을 해왔으며, 지역 안보정책에 대한 공동선언을 채택해왔다. SCO의 이름을 걸고 러시아군 사령부의 통제 아래 키르기스스탄에 지역 대테러센터가 설립되었다. 2005년 7월 SCO는 공식적으로 미국에 키르기스스탄과 우즈베키스탄 주둔 공군기지의 철수 기한을 제출하라고 요구했으며, 그 직후 우즈베키스탄은 미국에 임대해준 공군기지로부터 미군 병력을 철수할 것을 공식적으로 요구했다. 이러한 조치는 그해 5월, 이 두 국가의 관계가 냉각 상태에 빠진 이후 취해졌다. 즉, 우즈베키스탄 보안군이 수백 명의 시위대를 사살한 유혈사태가 발생하자 미국이 우즈베키스탄 당국의 행동을 강력히 규탄한 것이다. 러시아의 분석가들은 미군이 우즈베키스탄에서 철수한 것은 중앙아시아 지역에서 미국이 영향력을 상실한 것을 의미하는 동시에, 러시아의 영향력이 증대된 것을 의미한다고 보았다.[26] 러시아는 SCO를 중앙아시아에서 미국의 영향력을 견제할 수 있는 잠재력이 있는 기구로 보긴 하지만, 이들을 자신의 정책 구상과 주도권에 무조건적인 지원을 해줄 수 있는 조직으로까지 신뢰하지는 않는다.[27] 예를 들어 2008년 8월 조지아와의 전쟁 이후 러시아는 이 전쟁에서 자국이 취한 조치에 대해 SCO로부터 미온적인 지지밖에 얻지 못했다. 더구나 CSTO나 SCO의 회원국 가운데 압하지아와 남오세티아의 독립을 인정해달라는 러시아의 요청

.html; Nabi Abdullaev, "SCO Endorses Iranian President's Re-Election", *The Moscow Times*, June 17, 2009.

26) 실제로 미국은 키르기스스탄과 주둔군 협정에 대한 재협상을 시도했으며 공군기지를 계속 사용한다. [러시아는 2012년 키르기스스탄과 칸트(Kant) 공군기지의 사용 연장에 합의함으로써 마나스(Manas)에 주둔한 미군기지의 철수를 기정사실화시켰다. 실제로 미국은 2014년 6월 마나스 공군기지에서 폐쇄식을 갖고 키르기스스탄에서 완전히 철수했다.]

27) Hill, "The Eurasian Security Environment", p. 7.

을 아무도 지지하지 않았다.[28] 따라서 자국의 국제적인 영향력을 증대시키려는 한 방편으로 다자외교 방식을 활용하려던 러시아의 노력은 동반자들의 저항에 봉착함으로써 한계를 가질 수밖에 없었다.

3. 지역 패권에 대한 장애물

이러한 지역협력 기구와 막대한 에너지 자원을 바탕으로 소련 지역에서 러시아의 경제적·군사적 영향력이 증대되었지만, 러시아는 이 지역을 지배하는 데 심각한 도전에 직면했다. 첫 번째 도전은 러시아와 이웃한 여러 나라는 억압적인 체제에 취약한 국가로서 그 안정성도 불확실하다는 사실이다. 최근 수년간 이 지역의 민심을 잃은 독재정부에 반대하는 여러 건의 대규모 반정부 민중 저항운동이 발생했다. 그 가운데 두 건(2003년 가을에 발생한 조지아의 '장미혁명' 및 2004년 가을에 일어났던 우크라이나의 '오렌지혁명')은 구시대 지도자들이 권력을 연장시키기 위해 선거결과를 조작하려는 시도를 하자 이를 저지하기 위해 일어난 민주주의운동을 대표했다.[29] 다른 사례인 2005년 키르기스스탄의 민중봉기는 현직 대통령을 하야시키는 데에는 성공했으나, 민주적 지배체제 수립에는 실패

---

28) Nabi Abdullaev, "Medvedev Disappointed in Dushanbe", *The Moscow Times*, August 29, 2008; Vladimir Solov'ev, "Organizatsiia antinatovskogo dogovora", *Kommersant.ru*, September 6, 2008.

29) 이들 민주혁명의 공통점에 대해서는 다음을 보라. Michael McFaul, "Conclusion: The Orange Revolution in Comparative Perspective", in Anders Aslund and Michael McFaul(eds.), *Revolution in Orange: The Origins of Ukraine's Democratic Breakthrough*(Washington, DC: Carnegie Endowment for International Pace, 2006), pp. 165~195.

했다. 세 나라 모두 대규모의 선거부정에 대한 반작용으로 민중운동이 형성되어 마침내 대통령 사임 때까지 대중의 저항운동은 그 몸집을 불려나갔다(〈클로즈업 9-1〉 참조). 서방의 분석가들은 이러한 민중운동을 성공적으로 보았으나, 러시아 당국으로서는 이러한 일련의 정치적 변혁이 지역의 안정을 위협하기 때문에 이를 매우 우려스러운 현상으로 간주했다. 우크라이나에서 일어났던 오렌지혁명은 특히나 러시아에 당혹스러운 사건이었다. 러시아는 자국이 선호하는 후보 — 그 후보는 선거결과를 조작하려는 시도에 반대해서 터져 나온 광범위한 대중의 시위와 이에 반대하는 서방의 일치단결된 입장에 직면해 급기야 권력을 내놓았음 — 를 당선시키기 위해 선거운동 과정에 공개적으로 깊숙이 개입했기 때문이다. 치욕적인 정치 패배를 막지 못한 러시아의 무능력은 다수의 크렘린 간부 사이에서 러시아와 이웃 국가에 정치적 불만이 얼마나 깊이 내재되어 있는지에 대해 확신을 갖지 못한다는 공포심을 강화시키는 한편, 서방의 정보기관원들이 그들의 안정을 해치기 위해 문제를 일으킨다는 확신을 더욱 굳건히 했다. 이러한 공포심을 더욱 부추기기라도 하듯이 2006년 11월에는 키르기스스탄에서 새로운 민중운동의 물결이 터져 나왔는데, 이는 새로운 체제의 안정성 또한 취약하다는 것을 나타냈다. 2010년 봄에 발생한 대중적 저항운동은 또 다시 키르기스스탄 대통령의 축출로 귀결되었다. 이 사례에서 러시아는 민중봉기를 사주한 것으로 추측되었다.[30)]

중앙아시아의 다른 곳에서도 대중적 소요사태들이 발발했다. 2005년

30) Andrew E. Kramer, "Before Kyrgyz Uprising, Dose of Russian Soft Power", *New York Times*, April 18, 2010. 무엇보다도 축출된 대통령은 미국 공군기지를 폐쇄하는 조건으로 러시아로부터 대규모의 원조를 받기로 해놓고 그 약속을 깨고 도리어 공군기지의 재개를 전제로 미국으로부터 더 많은 액수의 원조를 받기로 함으로써 러시아의 자존심을 건드렸다.

☞ 클로즈업 9-1 _ 오렌지혁명

우크라이나의 2004년 대통령 선거는 러시아 (대외)정책의 대실패를 초래했다. 러시아는 야누코비치 총리와 빅토르 유셴코(Viktor Yushchenko) 전직 총리 등 두 명의 후보 가운데 대놓고 적극적인 후원을 하면서 야누코비치 후보를 밀었다. 야누코비치는 러시아와 우크라이나 사이의 좀 더 긴밀한 유대관계를 선호하는 노선을 취했다. 예를 들어 그는 당선되면 우크라이나어와 함께 러시아어를 우크라이나의 국가언어로 채택하고 우크라이나 시민은 동시에 러시아 시민의 자격도 취득할 수 있도록 복수 시민권제도를 도입하겠다고 공약했다. 이에 대해 푸틴은 애써 중립을 지키는 체하지 않았다. 러시아 언론에서는 야누코비치가 월등히 많은 조명을 받았다. 예컨대 그가 10월 푸틴의 생일을 축하하기 위해 레오니트 쿠치마(Leonid Kuchma) 대통령과 함께 푸틴을 만나는 장면과 크렘린에서 러시아 거주 우크라이나인 전국협회에서 연설하는 장면도 보도되었다. 심지어 푸틴은 우크라이나 대통령 선거 첫 라운드 투표일 직전에 3일간 일정으로 우크라이나를 방문해 야누코비치 후보에 대한 러시아의 분명한 지지를 표명했다. 러시아의 정치 컨설턴트들과 전략가들이 야누코비치의 승리를 확실히 하기 위해 우크라이나에 파견되었다.

야누코비치는 우크라이나의 기성 정치권 및 일부 최상층 올리가르히와 밀접하게 연관되어 있는 인물이었다. 러시아어를 사용하는 동부 우크라이나의 산업지대가 그의 표밭이었다. 이와 대조적으로 유셴코는 유능하고 정직한 개혁주의자로서의 명성을 갖고 있었다. 그는 1999년부터 2001년까지 우크라이나의 총리를 지냈으며 그 이전에는 중앙은행 총재를 역임했다. 그의 표밭은 서부 지역이었는데, 이 지역에서는 우크라이나 민족주의와 러시아에 대한 반감이 매우 강하다. 민족주의 성향의 우크라이나 서부와 친러시아적인 우크라이나 동부 사이의 정치적·문화적 차이가 선거운동 기간에 아주 집중적으로 표출되었다. 다수의 우크라이나 투표자와 외부의 관찰자들은 야누코비치와 유셴코 사이의 경쟁은 우크라이나의 기본적인 정치적 정향을 결정하기 위해 결행하는 러시아와 유럽 사이의 선택을 의미하는 것이라고 주장했다.

선거운동은 상대방에 대한 표독스러운 공격과 비신사적인 속임수로 점철되었다. 선거운동 중 유셴코는 독성물질에 중독되었고, 9월 초 그는 격심한 병에 걸려 비엔나로 급히 후송되었다. 9월 하순경 선거운동을 계속할 수 있을 정도로 회복되었지만 그의 얼굴은 흉하게 망가졌다. 나중에 비엔나의 병리학자들은 그가 강력한 에이전트 오렌지(Agent Orange) 계통 고엽제*의 활성 요소인 고단위 다이옥신에 중독되었다고 발표했다. 병에 걸린 날 밤 그가 우크라이나 비밀경호국 수장과 저녁식사를 함께했다는 사실은 그를 독약으로 중독 시킨 자가 누가인가에 대한 의심을 증폭시켰다.

10월 31일 치러진 대통령 선거 1차 투표는 유셴코 후보와 야누코비치 후보 사이에 피 말리는 접전을 기록했다. 유시첸코는 37.87%의 득표율 기록했고 야누코비치는 39.32%의 표를 얻었다. 결선 투표는 11월 21일 치러졌다. 푸틴은 야누코비치를 지원하기 위해 우크라이나를 재방문했다. 투표일에 실시된 출구조사 결과는 유셴코가 낙승할 것으로 나왔지만 우크라이나 중앙선거관리위원회는 49.46% 대 46.61%로 야누코비치가 승리했다고 선언했다. 하지만 유럽과 미국에서 파견된 참관인들은 광범위한 부정선거가 있었다고 보고했다. 유럽안보협력기구(OSCE) 선거참관단은 이 선거가 민주적 기준에 미달했다고 발표했다. 부시 대통령의 대리인으로 파견된 리처드 루거(Richard Lugar) 미국 상원의원은 키예프에서 "투표일에 조직적이고 강압적인 일련의 선거부정과 불법행위가 지도부의 지시 또는 정부 당국의 협력에 의해 자행되었음이 분명하다"라고 선언했다. 이틀 뒤 유럽연합은 "우리는 이 선거결과를 받아들일 수 없으며 선거부정이 저질러졌다고 생각한다"라고 선언했다. 콜린 파월(Colin Powell) 미국무장관은 만약 우크라이나 당국이 "선거부정과 불법행위에 대한 신빙성 있는 수많은 보고"에 대한 조사를 하지 않는다면 그것이 초래할 미국-우크라이나 관계의 '결과'를 경고했다. 관찰자들은 선거부정이 야누코비치의 강세 지역이었던 우크라이나 동부지역에서 가장 두드러졌다고 보고했다.

그러나 푸틴 대통령은 그 어떤 부정선거 의혹도 인정하지 않았다. 그는 야누코비치에게 전화를 걸어 승리를 축하했다. 이 전화 통화에서 푸틴은

"선거운동은 힘들게 치렀으나 투명하고 공정했다"라고 언급했다. 푸틴과 다른 러시아 정책결정자들은 서방이 선거결과를 받아들이려고 하지 않는다면서 맹렬하게 비난했다. 푸틴은 OSCE가 우크라이나 대통령 선거를 부정선거라고 규정한 것을 "받아들일 수 없다"라고 말했다. EU 주재 러시아 대사는 "이것은 미국의회, 키에프에서 여러 날을 보낸 개별 의원들, 재단, NOG, 컨설턴트, 전문가 등이 개입되지 않고서는 일어날 수 없는 현상이며 이는 만인에게 명명백백한 것"이라고 선언했다.** 러시아 일간지 ≪이즈베스티야(Izvestiia)≫는 사설에서 우크라이나 사태는 서방이 러시아의 세력 범위 영역을 박탈함으로써 러시아를 약화시키려고 한다는 사실을 명백히 보여주었다고 주장했다. 그러면서도 이 신문은 러시아가 너무 서투르게 개입함으로써 사태를 악화시켰다는 점도 지적했다.***

우크라이나 선거관리위원회가 공식 결과보고를 발표하자마자 유셴코의 지지자들은 공식 선거결과에 항의하기 위해 키예프 중앙광장과 다른 도시에 쏟아져 나왔다. 시위대는 규모가 컸을 뿐 아니라 잘 조직화되어 있었다. 부정선거 반대시위자들은 오렌지 색상을 그들의 상징으로 채택하고 오렌지색 리본과 스카프를 착용했다. 그들은 선거관리위원회의 공식 선거결과 발표는 사기라고 비난하면서 공정한 선거를 새롭게 실시할 것을 요구했다. '이제 시간이 되었다'라는 뜻의 청년운동 그룹 '포라(Pora)'가 저항운동을 주도했는데, 그들은 텐트를 치고 응급처치센터도 설치하는 한편, 리본, 스카프 및 자료를 나누어주었다. 19세의 포라 지도자는 행동에 들어갈 준비가 되어 있다고 말했다. "우리는 야누코비치가 이러한 부정선거를 조직할 것이라는 말을 들었다"라고 말했다. 또한 그녀는 "우리는 이러한 상황에 대처할 준비가 되어 있다"라고 말했으며, "우리도 민중의 의지를 앙양시키기 위해 무엇인가를 해야 한다고 결정했다"라고 말했다.**** 수십만 명의 시민이 시위에 참여했다. 키예프 중앙광장은 거의 2주간 매일 24시간 내내 시위대로 채워졌다. 유셴코 지지자들은 11월 21일 결선 투표는 조작되었기 때문에 그 결과를 무효화하고, 새로운 선거를 실시하도록 명령을 내려달라고 우크라이나 대법원에 호소했다. 날이 갈수록 시위대의 힘은 더욱 강력해졌으며 사태를 평화적으로 해결해야 한다는 취지로 우크라이나 정부 당국에 가해진 압박 수준도 높아졌다.

푸틴 대통령은 심각한 딜레마에 봉착했다. 러시아가 야누코비치에 대해 지지를 보내고 우크라이나 선거부정을 인정하지 않음으로써 모스크바는 서방에서 신뢰를 잃었으며 유럽과 좀 더 긴밀한 유대관계를 구축하려던 러시아의 계획에도 차질이 생겼다. 11월 25일 열린 유럽연합-러시아 정상회담은 우크라이나 위기사태에 압도되어 미리 계획되어 있던 '전략적 동반자관계'에 관한 협정을 성사시키는 데 실패했다. 하지만 푸틴은 유셴코의 승리를 용인하는 것을 두려워했다. 그것은 곧 러시아와 우크라이나 관계를 꼬이게 만드는 결과를 가져올 것이며 러시아에는 또 다른 치욕적인 패배를 의미하기 것이기 때문이다. 12월 3일 러시아 국가두마는 유럽의회, 유럽연합 및 OSCE 등이 "우크라이나 사태를 악화시키는 파괴적인 외국의 간섭"을 획책하고 있다고 비난하는 결의안을 통과시켰다. 쿠치마 우크라이나 대통령은 교착상태를 벗어날 방안을 모색하기 위해 푸틴과의 협의차 모스크바를 방문했다. 야누코비치와 유셴코 측 진영의 대표들이 가능한 정치적 해법을 논의하기 위해 회동했다. 야누코비치는 대통령의 권한을 축소시키고 총리의 권한을 강화하며 양측이 대통령과 총리를 나누어 갖는 것을 골자로 하는 권력 공유 협정(power-sharing agreement)을 제안했다. 국내외에서 자신의 지지세력이 늘어가고 있음을 감지한 유셴코는 이 제안을 거절하면서 새로운 결선 투표를 실시할 것을 주장했다. 이에 대해 야누코비치는 만약 유셴코가 대통령의 권한을 약화시키고 총리의 권한을 강화시키는 헌법 개정에 동의한다면 새로운 결선 투표에 참여하겠다고 했다. 양측은 협상 타결에 거의 접근했다.

12월 3일 우크라이나 대법원은 11월 21일 치러진 선거는 광범위한 부정 때문에 무효라고 판결하고, 새로운 선거를 실시할 것을 요구했다. 닷새 뒤 우크라이나 의회는 선거부정을 저지를 수 있는 기회를 줄이기 위한 선거제도 개혁을 포함하는 일련의 법안과 대통령의 권한을 축소하고 총리의 권한을 강화하는 취지의 개헌안을 통과시켰다. 사실상 법안은 양측이 요구한 개혁안을 뭉뚱그려놓은 것이다. 이 법안에는 유셴코 지지자들이 요구한 좀 더 깨끗한 선거 과정이 포함되었다. 그 대신 이 법안은 12월 26

일 실시될 새로운 결선 투표에서 유셴코가 승리할 것을 두려워한 야누코비치 지지자들이 요구한 대통령 권한의 약화도 포함했다. 12월 9일 브뤼셀에서 열린 NATO-러시아협의체(NRC) 회의에서 만난 러시아 외무장관과 NATO 회원국 외무장관은 양측 모두 새로운 우크라이나 대통령 선거 결선 투표의 결과를 존중하기로 합의했다는 성명서를 발표했다. 12월 26일에 새로운 결선 투표가 실시되어 유셴코가 52%의 득표율로 승리했다.

당장의 위기는 지나갔지만 이 사건은 러시아와 서방의 이해관계와 인식에 얼마나 큰 차이가 있는지를 보여주었다. 많은 러시아 정책결정자에게 우크라이나는 러시아의 영향력 범위에서 핵심적인 위치를 차지하는 국가다. 실제로 많은 러시아인은 우크라이나를 러시아와 무관한 별개의 국가로 간주하지 않는다. 따라서 그들에게 서방이 유셴코를 지지하는 것은 우크라이나를 러시아에서 분리해 오히려 우크라이나를 러시아에 대항하도록 만들기 위한 포석인 것이다. 다수의 러시아인은 '오렌지혁명'을 사주한 것은 CIA와 기타 서방의 비밀정보기관이라고 확신한다. 그들은 우크라이나 사태가 그보다 1년 전 조지아에서 발생한 사건과 유사하게 전개되었다는 점을 지적했다. 그 당시 '장미혁명'이라고 알려진 대중운동은 서방의 도움을 받아 대규모의 대통령 선거 조작에 항의했으며, 셰바르드나제 대통령을 하야하게 만들었다. 그리하여 젊은 야당 지도자 미하일 사카슈빌리(Mikhail Saakashvili)가 권좌에 올랐다.[충분하다라는 뜻의 '크마라(Kmara)'라고 불리는 조직화된 청년운동을 포함한 사카슈빌리의 지지자들은 비폭력 저항운동의 상징으로 장미송이를 들고 의사당으로 행진했다.] 러시아인은 2000년 9~10월에 세르비아에서 유사한 순서로 발생한 사건도 상기했다. 그곳에서는 슬로보단 밀로셰비치(Slobodan Milosevic) 대통령이 자신이 패배한 선거의 결과를 조작하려고 시도했다가 대중의 저항, 파업, 의회로의 행진을 불러일으킨 바 있다. 선거 열흘 뒤 그는 결국 대통령직에서 물러나야만 했다. 일부 러시아인에게 이러한 사건의 유사성은 우연의 일치로 보이기 어려웠다. 그들에게 이러한 일련의 사건은 부정선거 규탄을 빌미로 러시아의 전통적인 동맹을 부정하는 동시에 응당 러시아의 영향력 범위가 되어야 할 영역 내에서 서방의 영향력을 확대하기 위한 수단으로 사용하려는, 치밀하게 조율된 서방 측 전략의 일부라는 것을 확인해주었을 뿐이라는 것이다.

서구의 관점에서 보면 그러한 비난은 민주적 선거에 대한 대중의 요구가 갖는 힘을 근본적으로 인정하지 않는 태도를 반영한 것이었다. 확실히 서구의 재단, NGO의 노력과 정부의 민주주의 수립 프로그램은 이러한 민중봉기에 기여했다.***** 각각의 경우 민중운동은 야당세력을 지원했다. 야당은 선거에서 이겼지만 승리를 선언할 수 있는 권리를 인정받지 못했기 때문이다. 서구의 지원은 시민사회, 자유로운 선거 및 경쟁적 정당제도를 활성화하려는 노력에 집중되었으며, 그에 따라 권력 당국이 부정선거를 통해 권력을 찬탈하려고 할 경우 재야운동에 도움을 주었다. 국제 선거감시는 선거결과의 신뢰성을 증대시키며 승자가 강제력이 아니라 법적으로 권력을 장악할 수 있도록 보증하는 데 그 목적이 있다. 서방의 공정선거에 대한 주장을 제로섬 게임식으로 파악하면서 러시아가 당연히 누려야 할 영향력의 범위를 서방이 침범하려는 시도로 간주하는 것은 민주적 원칙을 지키기 위해 제공했던 지원의 상당한 근거를 무시하는 것이다. 맥폴이 말했듯이 "민주주의는 미국의 음모가 아니다."****** 푸틴 대통령이 새로운 선거를 실시하기로 한 우크라이나인의 결정을 수용하는 신중성을 궁극적으로 발휘하긴 했지만, 선거에 관여하려고 노력했던 궁색함은 결국 치욕적인 패배로 끝났으며 국제체제에서 러시아가 처한 모호한 위치에 대한 러시아인의 불만을 더욱 강화시킨 요인이 된 듯하다.

오렌지혁명은 평화적인 저항운동이 억압적인 체제를 전복시키는 데 효과를 발휘하지만, 그것이 반드시 새로운 민주체제의 안정성을 보장해주지는 않는다는 점 또한 잘 보여주었다. 오렌지혁명이 일어난 지 1년도 안 돼서 우크라이나 시민은 그 결과에 광범위한 불만을 표출했다. 2004년 이후 '오렌지 연대'를 형성했던 정당 간 벌어진 계속적인 쟁투는 많은 정부의 실패를 가져왔다. 오렌지혁명의 두 동지였던 유셴코와 율리아 티모셴코(Yulia Tymoshenko)는 결별해 2010년 대통령 선거에서 오래된 정적인 야누코비치에 대항할 후보가 되기 위해 서로 경쟁했다. 야누코비치는 과반수 득표로 승리를 거두었는데, 이는 오렌지혁명의 결과에 대한 대중의 환멸과, 2008년 경기침체로 인한 경제적 어려움을 반영하는 것이다. 오렌지 혁명 이후의 사태 전개는, 민중혁명이 새로운 선거를 치르도록 기존 체제에 강요할 수는 있지만 새로운 체제가 구체제보다 더 유능하다거나 정직하다는 것을 보장할 수는 없다는 점을 보여준다.

---

* 옮긴이 주: 베트남 전쟁에서 미군이 사용한 고엽제 중 하나다.

** *RFE/RL Newsline*, November 29, 2004.

*** www.izvestia.ru/comment/article763957, November 29, 2004.

**** C. J. Chivers, "Youth Movement Underlies the Opposition in Ukraine", *New York Times*, November 28, 2004에서 인용.

***** 맥폴은 오렌지혁명을 초래한 내적 영향력과 외적 영향력의 상대적 중요성을 평가했다. Michael McFaul, "Importing Revolution: Internal and External Factors in Russia's 2004 Democratic Breakthrough", in Valerie Bunce, Michael McFaul, and Kathry Stoner-Weiss(eds.), *Democracy and Authoritarianism in the Postcommunist World*(Cambridge: Cambridge University Press, 2009), pp. 189~225 참조.

****** Michael McFaul, " 'Meddling in Ukraine': Democracy Is Not an American Plot", *The Washington Post*, December 21, 2004.

5월 우즈베키스탄 동부지역 안디잔 시에서 반정부 시위는 폭력으로 진압되었다. 그 당시 우즈베키스탄 보안군이 수천 명의 시위대에 총격을 가해 그 가운데 수백 명이 사망한 것으로 알려졌다. 우즈베키스탄 정부는 이 시위대의 주모자들이 급진적 이슬람운동세력과 연계되어 있다고 주장했다. 2006년 12월 투르크메니스탄의 괴짜 독재자31)가 사망했을 때 어떤 사람들은 이 나라에서 후계자를 둘러싼 경쟁이 벌어져 일종의 색깔혁명이 발생할 것을 우려했다. 선거는 평화적으로 치러졌지만, 대중의 불만이

---

31) 옮긴이 주: 사파르무라트 니야조프(Saparmurat Niyazov) 전 대통령을 일컫는 말이다.

대규모의 조직화된 저항운동으로 번질 수 있으며, 그러한 운동으로 권좌에서 내몰릴 것이라는 CIS 각국 지도자들의 두려움은 러시아와 소련 지역 지도자들의 정치적 계산에 강한 영향을 끼침으로써 잠재적인 반대자 집단에 대한 억압정책을 정당화하는 데 사용되었다.

주변 국가의 안정에 대한 우려는 탈레반 및 기타 국제 이슬람 집단과 연계되어 있는 중앙아시아와 남캅카스 지역 이슬람 근본주의 운동의 지속적인 위협과 연관되어 있다. 중앙아시아와 캅카스 지역에서 이슬람 과격파 집단의 영향력을 가늠하기는 쉽지 않다. 당국은 이슬람에 대한 신앙심을 무조건 정치적 동기가 있는 것으로 낙인찍는 경향이 있기 때문이다. 그럼에도 중앙아시아에서 실제로 일어난 여러 건의 테러행위와 연관 되어 있는 '우즈베키스탄 이슬람운동(IMU)'을 비롯하여, 중앙아시아에서 활동하는 이슬람 테러조직이 있다. IMU는 그 군사요원이 타지키스탄과 아프가니스탄 사이를 쉽게 오갈 수 있다는 사실 때문에 이 지역에 용이하게 접근할 수 있다. 아프가니스탄과 맞닿아 있는 타지키스탄의 국경 통제는 아주 허술하다. 이에 비해 우즈베키스탄-아프가니스탄 국경은 잘 관리된다. 아프가니스탄에서 탈레반 세력과 아편 밀거래가 다시 고개를 들면서 IMU는 자신의 이익을 취하기 위해 마약거래를 할 수 있는 기회를 갖게 되었다. 전문가들의 평가에 따르면 아프가니스탄에서 타지키스탄과 키르기스스탄 국경을 넘어 밀거래되는 마약의 대부분을 IMU가 통제한다는 것이다.[32)]

러시아 지도자들은 체첸 반군이 국제 이슬람 테러단체의 지원을 받아왔다고 지속적으로 비난해왔다. 2005년도에 살해된 저명한 이슬람 지도자 하탑은 체첸 독립운동에 이슬람 정치이념을 주입시키는 데 앞장섰던

---

32) Hill, "The Eurasian Security Environment", p. 5.

요르단인이었다. 이슬람 이데올로기의 확산에 대한 우려는 2001년 9월 뉴욕과 워싱턴에 테러 공격 이후 푸틴이 미국에 원조를 제공하고 아프가니스탄의 탈레반 정권을 말살시키기 위한 미국의 투쟁에 협력하기로 결정한 동기가 되었다.

러시아의 지역 패권에 대한 도전에서 마지막 요소는 옛 소련 지역의 풍부한 석유 및 천연가스자원에서 비롯되는 러시아의 영향력이 가변적이라는 사실이다. 한편으로 유럽시장에 대한 공급 약속을 지키기 위해 러시아는 자국에서 생산되는 가스뿐 아니라 중앙아시아에서 생산되는 가스도 보태야 한다. 단기간에 러시아산 천연가스의 산출량을 증대시킬 수 있는 가스프롬의 능력은 제한되어 있다. 가스프롬이 보유한 주요 가스전의 가스 생산량은 줄어들고 있으며, 향후 수년간 가스 생산량을 늘리기 위해서는 상당한 투자가 필요하다.[33] 따라서 늘어나는 수출 수요를 충족시키기 위해 가스프롬은 투르크메니스탄으로부터 값싼 천연가스를 획득해야만 한다. 러시아가 우크라이나에 할인 가격으로 천연가스를 공급할 수 있는 이유는 러시아가 시장가격보다 싼값으로 투르크메니스탄과 맺은 장기 가스 공급계약에 의존하기 때문이다. 따라서 러시아가 중앙아시아로부터 가스를 계속해서 공급받기 위해서는 러시아와 중앙아시아 국가 간 긴밀한 정치적 관계가 전제되어야 할 뿐 아니라 이 지역의 정치적 안정도 유지되어야 한다. 1990년대 말까지만 해도 투르크메니스탄, 카자흐스탄 및 여타 카스피해 연안의 가스 생산국에 대한 러시아의 영향력은 상당했다.

---

33) Claire Bigg, "Putin Receives Turkmen President for Gas Talks", *RFE/RL Russian Political Weekly*, 6:2(January 26, 2006). 전문가들은 미래의 가스 생산이 집중될 새로운 가스전의 개발을 위해 서방의 기술과 자본이 필요하다고 보았으나, 오히려 가스프롬은 최근 국제 에너지 기업에 합작 투자의 지분을 줄여 대주주의 위치에서 군소지주의 위치가 되도록 강요했다.

이 모든 국가가 생산한 천연가스는 러시아가 통제하는 가스관을 통해 유럽에 수출할 수밖에 없었기 때문이다. 그러나 이제는 새로 건설된 가스관 덕분에 투르크메니스탄은 자국이 생산한 가스를 러시아를 우회해서 이란에 직접 수출한다. 더구나 2009년 12월에는 새로운 가스관을 통해 중국에 직접 가스를 수출하기 시작했다. 이 가스관의 준공식에서 투르크메니스탄 대통령은 이 가스관의 정치적 중요성을 환기시켰다. 그는 다음과 같이 선언했다.

> 이 프로젝트에는 상업적 또는 경제적인 가치만 있는 것이 아니다. 이것은 또한 정치적인 것이기도 하다. 중국은 현명하고 장기적인 정책을 통해 세계안보의 핵심적 보장자 가운데 하나가 되었다.[34]

중앙아시아로부터 수출되는 원유의 수송을 위한 러시아의 송유관 통제권 역시 유사한 도전에 직면해 있다. 최근까지 중앙아시아와 카스피해에서 생산된 모든 원유는 러시아 송유관을 통해 수출되었다. 하지만 아제르바이잔에서 조지아를 경유해 터키의 지중해 항구까지 부설된, 이른바 '바쿠-트빌리시-제이한 송유관(BTC)'이 완공된 2005년 이래 카스피해 원유를 수출시장까지 수송하는 송유관에 대한 러시아의 독점은 깨졌다. 이 송유관 프로젝트는 러시아의 반대를 무릅쓰고 미국의 강력한 후원하에 추진되었다. 중앙아시아와 캅카스 지역에서 생산된 모든 석유 및 천연가스가 더 이상 반드시 러시아를 통해 수출될 필요가 없어졌다는 사실은 포스트소비에트 지역에서 러시아의 영향력이 감소했음을 의미한다.

---

34) Alex Anishyuk, "Turkmens Start Gas Supplies to China", *Moscow Times*, December 15, 2009.

4. 러시아와 국제사회

자신의 '근외지역'에서 영향력을 확대시키는 것에 대한 러시아의 관심사는 소련을 복구하거나 제국을 건설하려는 의도와는 다른 것이다. 우리는 오늘날의 러시아가 소비에트 시절보다 훨씬 더 개방적이고, 지도자들도 러시아가 더 이상 고립되거나 자급자족 상태에 머물러 있을 수는 없다고 인식한다는 것을 염두에 두는 것이 중요하다. 푸틴과 메드베데프는 교역 및 투자에서 외부 세계와 좀 더 연대하는 것이 러시아의 경제적 이익을 위해 필요하며, 러시아의 안보를 위해서는 강력한 잠재적 적국과의 대결을 피해야 한다고 거듭 강조해왔다. 그러나 탈냉전 시기의 환경은 대부분의 분석가가 기대하는 것 이상으로 러시아의 전략적 이익에 더 유리하다. 러시아인은 미국의 압도적인 군사력과 이러한 상황이 러시아의 안보전략에 안겨준 한계 — 예컨대 미국이 러시아에 NATO 팽창과 ABM 금지 협정의 종식을 받아들이도록 요구한 것 등 — 는 인정해야 한다. 한편으로 그러한 탈냉전기의 상황은 국제테러에 대한 세계적 우려에 대해 러시아가 일정한 역할을 떠맡음으로써 러시아 스스로 국제적 역할을 키워나갈 수 있는 새로운 기회를 부여해주기도 했다. 탈냉전 시기에 세계적으로 형성된 새로운 취약점 및 분열양상과 더불어 러시아의 막대한 에너지 자원은 러시아에 영향력을 개발할 수 있는 새로운 기회를 가져다주었지만, 한편으로는 외부 세계와의 교역 및 투자 면에서의 연계를 더 심화시킴에 따라 러시아의 석유 및 천연가스 공급로에서 발생할 수 있는 혼란 및 국제원자재 가격의 등락에 대한 취약성 또한 증가시켰다.

메드베데프 대통령은 러시아 경제의 현대화라는 자신의 장기적 목표 달성을 위해 대외정책을 활용하려고 한다. 2010년 7월 해외에 주재하는 러시아 대사들과의 회동에서 그는 러시아 대외정책의 최우선적 과제는 러시아의 현대화와 민주화라고 선언했다. 구체적으로 그는 러시아 정책 목표에서 최우선적인 위치를 차지하는 세 가지는 경제와 생산의 현대화, 민주주의 제도와 시민사회의 강화, 조직범죄와의 싸움이라고 말했다. 또한 메드베데프는 러시아의 주요 동반자는 미국과 유럽연합이며, 또한 아시아태평양 지역과의 협력을 심화시키고 싶다고 언급했다. CIS 회원국과의 관계는 그가 열거한 우선순위 목록에서 훨씬 하위에 위치했다.[35] 메드베데프는 미국과의 새로운 전략무기감축협정(START)을 타결시키기 위해 양보하고,[36] 이란이 핵개발 프로그램에 대한 유엔의 제한조치를 준수하지 못한 것에 대한 제제조치를 부과하는 것에 동의하는 등 외교정책상의 변화에 상응하는 여러 가지 조치를 취했다.

그러나 러시아 외교정책의 근본적인 재정향(Reorientation)을 초래할 수 있는 [메드베데프] 대통령의 능력은 매우 제한되어 있[었]다. 메드베데프는 푸틴과의 탠덤체제를 유지하고 있었기 때문에, 공직자들은 그가 국가권력을 확실하게 장악하고 있는지 또는 2012년 이후에도 그가 계속 권좌에 남아 있을 수 있는지를 확신할 수 없[었]다. 더구나 러시아 경제가 원자재 수출에 의존하는 상태로부터 탈바꿈하는 데에는 수십 년의 세월이 걸릴 것이며, 그동안 러시아는 소련 시기의 파괴적인 유산을 극복하고 여러 사회 프로그램을 운영하는 데 필요한 재원을 충당하기 위해 풍부한 자원이 제공하는 부에서 창출되는 수입을 필요로 한다. 한층 더 심화된 외부 세계와의 경제적 통합은 러시아 국내에서 기업가정신을 장려할 수 있는 제도적인 역량을 증진시킨다는 전제하에서만 현대화의 목표에 기여할 것이다.

---

35) Vladimir Solov'ev, "Ne ot MIDa sego", *Kommersant*, July 13, 2010.

36) 러시아는 이 조약에 대한 서명의 전제로 내세웠던 조건, 즉 미국이 동유럽에 미사일 방어 시설을 배치하려는 계획을 종식시켜야 한다는 주장을 철회했다.

러시아의 광대한 국토, 약한 국가의 능력, 전제정치가 남긴 문화적 유산 등은 국제환경이 제기하는 변화하는 요구에 신속하게 적응할 수 있는 능력에 제약을 가한다. 전쟁과 내부적 혼란에서 초래된 스트레스로 러시아인은 변화에 대한 개방성보다는 사회 안정과 안보에 주안점을 두었다. 러시아의 제도가 보수주의적 색채를 띠는 사실이 이러한 가치를 반영한다. 그러나 경쟁적인 글로벌 환경에서 러시아 국가 구조는 좀 더 선진화된 경제권과의 심화된 경제협력을 활용할 수 있는 기회를 가로막았다. 푸틴 대통령과 메드베데프 대통령은 러시아의 천연자원에서 나오는 단기적인 지대를 취하고 싶은 유혹을 극복하고 그 대신 개인이 교육과 혁신 등의 노력 — 그러한 노력의 결과는 시간이 지나야만 실현될 수 있음 — 에 투자할 가치를 느끼도록 만드는 정치 및 경제 구조의 근본적인 개혁을 실행할 필요성을 인식했다. 그러나 두 지도자는 그러한 개혁을 실행하는 데 필요한 정치적 자산을 사용할 수 없거나, 사용할 용의가 없었다.

러시아의 통치자들은 국가를 강화해야 한다는 임무와 경제성장 및 세계경제로의 통합의 필요성을 조화시키고자 애쓴다. 2008~2009년에 일어난 글로벌 경기침체가 러시아에 가한 엄청난 타격은 국가가 소비에트 통치의 유산을 극복하는 가운데 이룩한 진보가 보잘 것 없는 것이었다는 점을 보여주었다. 탈공산주의 러시아 국가체제의 생존능력은 국가의 제도가 글로벌화되고 상호의존적인 세계에서 국가가 얼마나 러시아 시민의 요구에 잘 반응하고, 잘 적응하는지에 달려 있다.

찾아보기

ㄴ

ㄷ

ㄹ

ㅁ

ㅇ

ㅈ

지은이 토머스 레밍턴(Thomas F. Remington)

미국 에머리 대학교(Emory University) 정치학과 교수다. 미국 유라시아 및 동유럽 연구협의회(National Council for Eurasian and East European Research) 이사와 미국 슬라브학회(American Association for the Advancement of Slavic Studies) 이사 등을 역임했다. 주요 논저로는 *The Politics of Inequality in Russia*(2011), *The Russian Parliament: Institutional Evolution in a Transitional Regime, 1989-1999*(2001), *The Politics of Institutional Choice: The Formation of the Russian State Duma* 등과 "Majorities without Mandates: The Russian Federation Council since 2000"(2003) 등 다수의 논문이 있다.

옮긴이 장덕준(張悳俊)

국민대학교 국제학부 교수이며, 한국 슬라브학회 회장이다. 주요 논저로는『자본주의로의 험난한 여정: 사유화를 통해 본 러시아의 체제전환』(2008),『중·러관계와 한반도』(2012),『현대 러시아의 해부』(2014) 등의 저서 및 공저서가 있고,「러시아의 신동방정책과 동북아」(2014) 등 다수의 논문이 있다.

한울아카데미 1725
러시아 정치의 이해

지은이 | 토머스 레밍턴
옮긴이 | 장덕준
펴낸이 | 김종수
펴낸곳 | 도서출판 한울

편집책임 | 염정원
편집 | 신유미

초판 1쇄 인쇄 | 2014년 8월 29일
초판 1쇄 발행 | 2014년 9월 15일

주소 | 413-120 경기도 파주시 광인사길 153 한울시소빌딩 3층
전화 | 031-955-0655
팩스 | 031-955-0656
홈페이지 | www.hanulbooks.co.kr
등록번호 | 제406-2003-000051호

Printed in Korea.
ISBN 978-89-460-5725-8 93340(양장)
978-89-460-4902-4 93340(반양장)

* 책값은 겉표지에 표시되어 있습니다.
* 이 책은 강의를 위한 학생용 교재를 따로 준비했습니다.
강의 교재로 사용하실 때에는 본사로 연락해주십시오.